本书为国家社科基金规划项目"西南民族人口文化研究"（项目编号：10XRK001）和贵州省教育厅同名项目最终研究成果

西南民族人口文化研究

杨军昌◎著

中国社会科学出版社

图书在版编目(CIP)数据

西南民族人口文化研究/杨军昌著.—北京:中国社会科学
出版社,2015.8

ISBN 978-7-5161-6449-5

Ⅰ.①西… Ⅱ.①杨… Ⅲ.①少数民族—民族文化—人口—
研究—西南地区 Ⅳ.①K892.3

中国版本图书馆 CIP 数据核字(2015)第 152524 号

出 版 人	赵剑英	
责任编辑	孙 萍	
责任校对	张依婧	
责任印制	王 超	

出 版	中国社会科学出版社	
社 址	北京鼓楼西大街甲 158 号	
邮 编	100720	
网 址	http://www.csspw.cn	
发 行 部	010 - 84083685	
门 市 部	010 - 84029450	
经 销	新华书店及其他书店	

印 刷	北京君升印刷有限公司	
装 订	廊坊市广阳区广增装订厂	
版 次	2015 年 8 月第 1 版	
印 次	2015 年 8 月第 1 次印刷	

开 本	710 × 1000 1/16	
印 张	34.25	
字 数	585 千字	
定 价	118.00 元	

序　言

黄荣清

　　文化是人类认识世界和改造世界的一种能力，人口文化是人类文化中基础而又重要的组成部分，是人口变动和发展过程中形成的观念意识、伦理道德、制度习俗和行为规范的总和。在人口问题越来越成为未来社会发展至关重要的影响因素而人们又在孜孜以求破解人口与发展种种难题的路径与方法的当下，人口文化的作用也越来越受到人们的重视。

　　我国是一个人口大国，自尧"华封三祝"而起，历朝历代均对人口问题极为重视，或从政治、或从经济、或从社会、或从军事等方面的考量和研究自古而今赓续延绵，从不间断。历史的车轮已进入 21 世纪的当今，我国人口在实现再生产类型转变后出现的诸如人口基数居高不下、"未富先老"的人口老年化加速、出生人口性别比失衡、人口红利期减退、人口综合素质较低等人口问题，都迫切需要理论界从不同的视角去加强研究，以促进我国人口向均衡、协调与和谐的方向发展。其中，文化的视野得到了普遍而高度的认同。2012 年 1 月 17 日原国家人口计生委出台的《关于加强人口文化建设的意见》强调要"通过文化的先导作用，促进人口自身数量、素质、结构、分布等各要素的协调发展，促进人口与经济、社会、资源、环境的协调和可持续发展，促进人的全面发展、家庭和谐幸福和社会和谐发展"。在新的时期，重视人口文化研究，批判继承及大力开拓推陈出新的人口文化有利于统筹解决中国人口问题，实现人口安全，有助于社会主义文化建设，也有助于我国综合国力的提高。

　　西南地区是我国自然生态环境、民族文化生态环境独具特色的区域，在中国边疆安全、民族团结和对外开放中具有特殊的地位；西南地区是我国多民族聚居的区域，各民族在创造光辉灿烂的民族文化的同时，也创造了丰富多彩的人口文化。由于各种因素的影响，当前，西南少数民族及其民族地区社会经济相对落后，人们的思想观念保守传统，人口增长过快、素质偏低、结构失衡等问题凸显，人口与资源环境矛盾日趋严重。从文化的角度研究西南民族人口以及西南民族人口和西南地区经济发展、社会进步和民族共同发展繁荣以及边疆安全等深层次问题，有着重要的理论与实践意义。

同时，由于西南每一个民族都有自己的文化生境和文化传统，各民族人口文化的内涵同中有异、异中有同而显得多姿多彩，并在各自的人口发展、种的繁衍中显示出了制度性的力量与价值，因此，对西南少数民族人口文化研究，必须从西南各少数民族自身发展的角度，将其置身于西南少数民族聚居地区独特的"人口—环境—经济—社会—文化"大系统之中，并注重人口文化"内生"机制与外部环境的综合考察，理论、政策、实践、文化体验缺一不可。

军昌教授的国家社科研究成果《西南民族人口文化》正是在上述背景和思路下通过辛勤劳动而撰成的著作，是目前学界研究人口文化的不可多见的力作。成果图文并茂，可读性强，呈现的亮点较多，如通过大量的田野调查与文献分析，展演了西南少数民族人口文化的方方面面，打开了一扇西南少数民族人口文化的窗口；又如通过对人口自身再生产、人口发展历程中的系列制度性规范以及人口、人类发展与资源环境、法律规制相互作用互为影响的观念意识及其行动调适等方面的内容整合，初步建构起了西南民族人口文化的研究体系和构架；再如成果较为系统地展现了西南民族人口文化的基本内容、价值作用、变迁特点和文化特征，在一定程度上填补了人口学、民族学研究的空白；还有，成果提出的西南民族人口文化的发展方向和根本目标是"和谐人口文化"的观点及其对其内涵、建设路径与动力进行的科学分析，是人口文化建设实践重要的理论支持。总之，《西南民族人口文化研究》是一部集资料性、学术性、可资性与可读性于一体的著作。

是为序！

2014 年 12 月

国家社科基金项目成果选介：
西南民族人口文化研究
（代前言）

中国人口发展历来与社会文化的发展有着相互影响的内在联系。人口文化是社会文化的重要组成部分，是人类在改造自然、改造社会、改造人类自我过程中获得的精神成果和文化成果。人口文化作为一种概念被提出来并作为一项社会事业来建设，是人们通过对我国几十年人口计生工作经验的总结，认识到要做好中国的人口与计划生育工作，依靠正确的政策与法规，加强政府的工作领导，以引导规范人们的生育行为是一方面；而开展文化宣传活动，教育人们转变思想观念，促进人们积极支持和自觉参与人口与计划生育工作，则是问题的另一方面，而且是一个十分重要的方面。因而，对人口问题，"应将其视野与角度置于'文化'这一更加广阔的领域加以考察和研究，才能得出更加符合实际的、正确而全面的结论，并因此有助于工作的开展"。人口文化在"文化越来越成为综合国力竞争的重要因素"，"是综合国力重要标志"的全新时代里，日益显示出它前所未有的特殊地位和作用。

《西南民族人口文化研究》（项目批准号：10XRK001）课题界定范围为西南广西、云南、贵州、重庆、四川5省市区的世居少数民族地区，而其中又以广西、云南、贵州3个省区为重点。这3个省区"五普"时分别有少数民族人口1682.96万、1415.88万、1333.60万人，分别占总人口的38.76%、33.43%、37.84%，分列全国第一、第二、第三民族人口大省；"六普"时，我国4个1000万少数民族人口大省区中，上述3省区均位列其中。西南是我国苗族、彝族、壮族、布依族、侗族、瑶族、白族、土家族、哈尼族、傣族、水族、仡佬族等族人民的主要聚居区。而经由西南各民族创造的人口文化，积淀久远，内涵丰富，形式多姿，表现复杂，作用多元，全方位地影响着西南民族人口与发展的进程，是西南民族文化的重要部分和新时期建设社会主义先进文化，促进文化大发展、大繁荣的文化基础和动力源泉。系统、全面、深入地研究西南民族人口文化，以弘扬优秀传统民族文化，服务国家文化软实力建设大局，推动西南民族人口和谐、均衡发展和人口安全环境建构，解决民族共同发展繁荣的相关深层次问题，并推动民族人口文化学学科的建构，既是项目研究的目的和归宿，也是项目研究的意义所在。

人口文化建设是新时期"推动社会主义文化大发展、大繁荣"的重要组成部分。重视人口文化研究，批判继承和开拓创新的人口文化有利于统筹解决中国人口问题实现人口安全，有助于社会主义文化建设和促进我国综合国力的提高。自 1993 年中国人口文化促进会成立并在全国推进人口文化事业建设以来，人口文化理论研究在全国已是势头勃勃，方兴未艾，成果迭出。但总的来讲，研究主要是在学科定义、研究对象、研究内容、学科体系、学科地位等方面徘徊，而对其内容的研究也多集中在婚（生）育文化方面，综合性的研究成果可谓寥寥。具体就西南民族人口文化研究而言，除杨筑慧撰著的《中国西南民族生育文化研究》（2006）具有较大影响外，至今也未有系统性、综合性的研究成果面世，使得课题研究可资借鉴的成果不多。

由于西南民族人口文化范畴所涉及的民族多、时间跨度长（区域民族人口、单一民族人口都如此），内容广泛，多样性特征突出，以及各民族社会经济发展不平衡历史与现实状况，同时又由于课题研究强调宏观与微观、深度与广度、传统与现代的结合并重，无疑课题要探索的问题、要突破的难点较多，其中研究内容体系、研究框架的选择与定位是为其一。为此，课题结合西南地区历史、环境、文化、人口发展特别是民族人口文化的历史与现状，将研究内容确定为绪论与西南民族人口文化生境、西南民族人口文化、西南民族人口文化的时代变迁与发展展望三大部分。

就成果特色与创新角度来看，首先，通过对已有研究成果的分析，在三大方面的内容整合上，建构了西南民族人口文化的研究体系与研究构架。这三方面的内容即为人的生育、成长、迁移流动、老年高龄长寿、死亡这一生命历程文化事项,与人口再生产密不可分的婚姻、家庭、亲属、继嗣、伦理、习俗、财产继承等制度性的规范和行为,人口、人类发展与资源环境、法律规制相互作用互为影响的观念意识及其行动调适。这种整合与建构,突破了当前人口文化研究多囿于生育文化研究的问题,也是试图建构较为完整的人口文化研究体系的实质性探索。其次,课题通过对西南民族人口文化价值、物质、制度、行为等层面内容的资料收集、整理、调查和研究,较为系统地展演了西南民族人口文化的基本内容、价值作用、变迁特点,显现了西南民族人口文化原生性、民族性、山地性、宗教性、多元性、制度性、发展性等特征风貌,在一定程度上填补了西南人口学、民族学研究的空白。最后,成果通过对西南民族人口发展面临的诸如人口增长过快、人口质量较低、出生人口性别比失调严重、未富先老问题突出、贫困人口密度较大等突出问题和人口文化变迁的模式特征的探讨,尤其是在国家"以人为本""激发全民族文化创造活力,提高国家软实力"建设战略背景下,提出了西南民族人口文化的发展方向和根本目标是"和谐人口文化"的观点,并对其内涵(包括人口自身发展和谐、人口与资源环境和谐、人口与可持续发展和谐、性别和谐、男女平等的文化,人口与社会经济发展相适应、相协调的文化,人口与国家政治进程及法律法规协调、和谐的文化等)进行了界定,提出了其建设的指导思想是高举中国特色社会主义伟大旗帜,以马克思列宁主义、毛泽东思想、邓小平理论、"三个代表"重要思想和科学发展观为指导,坚持社会主义先进文化前进方向,以建设社会主义核心价值体系为根本任务,发展民族的、科学的、大众的人口文化,培养高度的人口文化自觉和人口文化自信,为实现人口均衡发展和人的全面发展提供坚强思想保证、精神动力、舆论支持和良好文化条件。强调在和谐人口文化建设中要坚持以人为本,坚持用社会主义核心价值体系做引领;倡导科学、文明、进步的婚育观念和健康文明的生活方式,发挥人民群众在人口文化建设中的主体作用;遵循文化发展规律,适应社会主义市场经济发展要求,推动人口文化事业和人口文化产业全面协调可持续发展。认为和谐人口文化建设的路径动力是和谐人口文化重在建设,坚持事业化、产业化、体制化发展之路,科学处理与其他文化体系的关系,加强人口文化人才的造就培养,继承和发扬中国传统文化中的和谐理念等。以上,可视为成果理论意义的代表体现。

对人口文化研究中的概念体系进行定义和建构是成果的显著特点之一。不难看出,成果的三大部分中,都涉及必不可少的概念交代和讨论。其中,既有对以往概念的回顾、借鉴与认定,如"文化""婚姻""生态"等,又有对研究中的一些问题做定义的提炼和概括,如"人口结构文化""人口法律文化""长寿文化"等,还有对文化变迁与发展内容研究的理论创新性发挥,如"制度行为""引导型变迁""和谐人口文化"等。在一定程度上可以说,课题研究的内容体系和在引入借鉴、概括提炼、自觉创新基础上的概念体系是紧密联系、相辅相成的,研究内容是在概念体系建构基础上的展开,概念体系依托于研究内容而得以形成。这一研究特点,对学科建构或是区域性其他文化领域研究都有着一定的借鉴价值。

无疑,与上述几个方面相连的一些观点显现也使成果有着一定的理论与实践意义。如在成果中,认为人口文化是以提高人的素质为核心,关注人的自身生产、生存环境、生活质量与和谐发展,促进社会文明进步的"文化力";而西南各民族创造的丰富多彩的人口文化,不仅全方位地影响着西南民族人口再生产,而且对于促进西南民族地区的人口与经济发展、社会进步、人口与资源环境协调和谐产生了积极的作用和影响。对于人口文化与人口发展的关系,认为某一特定的人口文化可能对于人口发展的几个方面发生作用,人口某一方面的发展也可能被不同的人口文化所制约;而在具体影响上,强调西南民族人口文化对西南民族人口发展的双重影响,如在人口数量上多生多育与适度人口并存,在人口结构上重男轻女、重女轻男、男女平等、重男不轻女同在。在人口文化变迁上,鉴于历史、自然、制度等方面的原因影响,总结出了历史上西南民族人口文化变迁的速度较为缓慢,变迁的模式较为复杂,而在新中国成立后则速度较快而国家形态主导下的"引导型变迁"的模式非常突出的结论。在成果的第三部分中,提出了西南民族人口文化发展的方向是和谐人口文化的建立,和谐人口文化是西南民族人口文化建设和发展的根本目标的观点,提出的和谐人口文化建设的指导思想、基本原则及其建设面临的机遇与挑战、建设的路径对策等也紧紧结合了国家的文化软实力建设战略和人口与发展的国情实际。

[摘自全国哲学社会科学规划办公室编、社会科学文献出版社2014年11月出版的《国家社科基金项目成果选介汇编》（第十辑），第441—445页]

目　　录

第一章　绪论 ……………………………………………………… (1)

第一节　文化与人口文化 …………………………………… (2)

　　一　文化 ………………………………………………… (2)

　　二　人口与文化的关系 ………………………………… (7)

　　三　人口文化 …………………………………………… (11)

第二节　西南民族人口文化的研究背景、对象、意义与现状 …… (14)

　　一　研究背景 …………………………………………… (14)

　　二　研究对象与内容 …………………………………… (17)

　　三　学术价值和实践意义 ……………………………… (19)

　　四　研究现状 …………………………………………… (25)

第三节　西南民族人口文化研究重点、难点及其应注意的

　　　　结合问题 …………………………………………… (27)

　　一　研究重点、难点 …………………………………… (27)

　　二　几个结合思考 ……………………………………… (28)

第二章　西南民族人口文化生境 ………………………………… (31)

第一节　自然环境与社会生境 ……………………………… (31)

　　一　自然环境 …………………………………………… (31)

　　二　社会生境 …………………………………………… (34)

第二节　民族区域分布与人口变动 ………………………… (36)

　　一　民族区域分布 ……………………………………… (36)

　　二　人口变动 …………………………………………… (39)

第三节　西南民族文化环境 ………………………………… (46)

　　一　文化环境 …………………………………………… (46)

　　二　文化特点 ………………………………………………（51）

第三章　西南民族人口婚姻家庭文化 ………………………（55）
　第一节　婚姻与婚姻制度 …………………………………（55）
　　一　婚姻与婚姻制度 ……………………………………（55）
　　二　婚姻制度形式 ………………………………………（57）
　第二节　婚姻礼仪与传统婚俗 ……………………………（68）
　　一　婚姻礼仪 ……………………………………………（68）
　　二　传统婚俗拾偶 ………………………………………（82）
　第三节　婚姻文化的功能 …………………………………（90）
　　一　保障人口的增殖与种的繁衍 ………………………（91）
　　二　规范两性的结合与人口再生产的秩序 ……………（92）
　　三　重组情感和经济联合体 ……………………………（93）
　第四节　家庭类型与家庭关系 ……………………………（95）
　　一　家庭类型结构 ………………………………………（95）
　　二　家庭关系结构中的制度文化 ………………………（98）
　第五节　亲属制度文化 ……………………………………（106）
　　一　亲属关系网络 ………………………………………（106）
　　二　亲属称谓制度 ………………………………………（109）

第四章　西南民族人口生育文化 ……………………………（114）
　第一节　生殖崇拜 …………………………………………（114）
　　一　女性崇拜 ……………………………………………（116）
　　二　性器崇拜 ……………………………………………（118）
　　三　性事崇拜 ……………………………………………（121）
　第二节　生育观念 …………………………………………（125）
　　一　性别选择——多重男轻女 …………………………（126）
　　二　数量选择——多子多福、儿女双全 ………………（130）
　第三节　生育规范 …………………………………………（133）
　　一　求子习俗 ……………………………………………（134）
　　二　怀孕习俗 ……………………………………………（140）
　　三　产后习俗 ……………………………………………（143）

　　第四节　节育与计划生育 ……………………………………（147）
　　　　一　节育 ………………………………………………（147）
　　　　二　计划生育 …………………………………………（150）
　　第五节　养育、教育与成人礼仪 ……………………………（156）
　　　　一　养育 ………………………………………………（156）
　　　　二　教育 ………………………………………………（166）
　　　　三　成人礼仪 …………………………………………（184）

第五章　西南民族人口结构文化 …………………………………（189）
　　第一节　人口年龄结构文化 ………………………………（190）
　　　　一　人口年龄结构与西南民族人口年龄结构变动 ……（190）
　　　　二　西南民族人口年龄结构文化 ……………………（193）
　　第二节　人口性别结构文化 ………………………………（198）
　　　　一　西南民族人口性别结构发展状况 ………………（198）
　　　　二　西南民族人口性别结构文化 ……………………（201）
　　第三节　人口族际结构文化 ………………………………（210）
　　　　一　西南民族人口族际结构概况 ……………………（210）
　　　　二　西南民族人口族际结构文化 ……………………（213）
　　第四节　人口空间结构文化 ………………………………（220）
　　　　一　人口空间结构与人口空间结构文化 ……………（220）
　　　　二　西南民族人口空间结构文化 ……………………（222）
　　第五节　人口职业结构文化 ………………………………（229）
　　　　一　人口职业结构的分类与作用 ……………………（229）
　　　　二　西南民族人口职业结构文化 ……………………（234）

第六章　西南民族人口迁移流动文化 ……………………………（238）
　　第一节　迁移和流动观念 …………………………………（238）
　　　　一　传统农业生产形态形塑的"安土重迁"观念 ……（239）
　　　　二　传统文化固化的轻于流迁意识 …………………（240）
　　　　三　"守家固土"的乡土观念与情结 …………………（240）
　　　　四　"文化震惊"下的观念变动 ………………………（241）
　　第二节　西南民族人口迁移特点及其文化视角分析 ………（243）

　　一　西南民族人口迁移史迹 ················· (243)

　　二　西南民族人口迁移特点 ················· (249)

　　三　西南民族人口流迁的社会文化视角分析 ········· (253)

　第三节　改革开放后的西南民族人口流动 ··········· (260)

　　一　西南民族人口流动的基本状况 ············· (260)

　　二　改革开放后西南民族人口流迁的主要效应 ········ (263)

第七章　西南民族人口老年文化 ··············· (272)

　第一节　敬老孝老文化 ················· (273)

　　一　家庭、社会生活中的敬老孝老 ············· (273)

　　二　制度行为中的敬老孝老 ················ (276)

　　三　敬老孝老节庆习俗 ·················· (279)

　　四　口头文学传播的敬老孝老 ··············· (290)

　第二节　老年健康文化 ·················· (291)

　　一　西南民族生活中的文化事象与老年健康 ········· (292)

　　二　西南民族老年人口的健康观及健康现状 ········· (294)

　　三　西南民族老年人口健康文化建设未来展望 ········ (299)

　第三节　人口长寿文化 ·················· (300)

　　一　长寿文化的内涵及其寓意 ··············· (301)

　　二　长寿文化的现实意义与西南中国长寿之乡 ········ (303)

　　三　西南民族人口长寿文化内涵 ·············· (312)

　　四　西南民族人口长寿文化发掘保护与开发弘扬路径 ····· (316)

第八章　西南民族人口死亡与丧葬文化 ··········· (320)

　第一节　人口死亡文化 ·················· (320)

　　一　生死观 ······················· (321)

　　二　死亡过程与死亡仪式及其文化诠释 ··········· (325)

　第二节　人口丧葬文化观 ················· (328)

　　一　灵魂不灭观 ····················· (329)

　　二　祖先崇拜观 ····················· (330)

　　三　孝道文化观 ····················· (331)

　第三节　西南民族丧葬礼仪与葬俗 ············· (333)

　　一　丧葬礼仪 ……………………………………………（333）
　　二　西南民族葬俗类别 …………………………………（337）

第九章　西南民族人口生态文化 …………………………（348）
　第一节　相关概念及其关系 ………………………………（349）
　　一　生态、生态文化、人口生态文化 …………………（349）
　　二　人口与生态环境的关系 ……………………………（352）
　第二节　人口生态文化内容 ………………………………（355）
　　一　西南民族人口生态文化的内容 ……………………（355）
　　二　西南民族人口生态文化的特点 ……………………（369）
　　三　西南民族人口生态文化价值 ………………………（372）
　第三节　新中国成立以来西南民族人口生态文化的
　　　　　嬗变与思考 ………………………………………（377）
　　一　西南民族人口生态文化的嬗变 ……………………（377）
　　二　西南民族人口生态文化的发展方向与路径 ………（382）

第十章　西南民族人口法律文化 …………………………（387）
　第一节　人口法律文化的定义、结构和特征 ……………（388）
　　一　人口法律文化的定义 ………………………………（388）
　　二　人口法律文化的结构 ………………………………（389）
　　三　西南民族人口法律文化特征 ………………………（392）
　第二节　人口法律文化内容 ………………………………（398）
　　一　民族习惯法中的人口法律文化内容 ………………（399）
　　二　乡规民约中的人口法律内容 ………………………（406）
　　三　现代人口法律文化内容 ……………………………（413）
　第三节　现代化语境下西南民族人口法律文化的发展前景 ……（432）
　　一　现代国家法文化与民族法律文化的冲突 …………（432）
　　二　实现民族人口法律文化的现代化反思与展望 ……（437）

第十一章　西南民族人口文化的时代变迁 ………………（442）
　第一节　西南民族人口文化的时代变迁的原因与模式 …（442）
　　一　西南民族人口文化变迁的原因 ……………………（442）

　　二　西南民族人口文化变迁的模式 ……………………………（444）

　　三　西南民族人口文化变迁中值得注意的问题 ……………（457）

　第二节　西南民族人口文化变迁的效应及其反思 ……………（465）

　　一　效应表现 …………………………………………………（465）

　　二　问题反思 …………………………………………………（471）

第十二章　西南民族人口文化的发展思索 ……………………（476）

　第一节　西南民族人口文化特点与当前人口文化建设

　　　　　实践困境 ………………………………………………（477）

　　一　西南民族人口文化的特点 ………………………………（477）

　　二　当前西南民族人口文化建设实践困境 …………………（482）

　第二节　西南民族人口文化发展方向及其意义价值 …………（485）

　　一　发展方向——和谐人口文化 ……………………………（485）

　　二　意义价值 …………………………………………………（492）

　第三节　西南民族和谐人口文化建设面临的挑战与机遇 ……（495）

　　一　西南民族和谐人口文化建设面临的挑战 ………………（495）

　　二　西南民族和谐人口文化建设的机遇环境 ………………（501）

　第四节　西南民族和谐人口文化建设的路径与动力 …………（505）

　　一　和谐人口文化建设的指导思想与基本原则 ……………（505）

　　二　和谐人口文化建设的路径与动力 ………………………（506）

参考文献 ……………………………………………………………（519）

后记 …………………………………………………………………（531）

第一章　绪论

马克思、恩格斯的人口学说认为，人口是个社会的、历史的范畴，表现为自然和社会的双重属性。就本质而言，人口现象属于社会现象，人口规律是受生产方式制约的社会规律，人口是社会生活和社会生产行为的基础和主体。人口的变动和发展，以一定社会的物质资料生产为基础，人口再生产，即种的繁衍的规模、世代更替速度、人口素质结构都受一定的社会生产条件制约。在生活资料和人口两种生产中，主体是人类自身。在各种生产关系、人与人的互动这一动态结构中，人类是中心。

人类是善于创造符号的种群，其生存发展既是为了满足其生理上和社会性的需要，又是为了满足互动中的秩序、满足自尊感的需要，由此带来了其他的社会需要，即文化。人口文化是人类文化中基础且重要的组成部分，关于人口文化的内容记载在国内外的文献著述中，可谓浩如烟海，林林总总。对人口文化的关注和研究有着悠久的历史，在人口问题越来越成为未来发展至关重要影响因素的当代社会，人们都在寻求破解人口与发展所面临的种种问题的路径与方法，人口文化作为一种独特的人类创造性劳动成果的结晶，其与人口发展历程紧紧相随，息息相关。因此，对人口问题的认识，应将其视野与角度置于"文化"这一更加广阔的领域加以考察和研究，才能得出更加符合实际、正确而全面的结论，进而有助于工作的开展。

在"文化越来越成为综合国力竞争的重要因素""是综合国力重要标志"的全新时代里，重视人口文化研究，批判继承大力开拓与推陈出新的人口文化，不仅有利于统筹解决中国人口问题，实现人口安全，而且也有助于社会主义文化软实力建设，促进我国综合国力的提高。

第一节　文化与人口文化

一　文化

文化是当今社会最引人注目的词汇之一。"文化"的英文为 Culture，来源于拉丁文，本义为土地的开垦及植物栽培，后来引申为对人的身体和精神的发展和培育，特别是艺术和道德的培养，进而广泛指称人们的生活方式、思维方式及人们在征服自然和自我发展中创造的物质财富与精神财富。美国文化人类学家克罗伯和克拉克洪等在1952年合著出版的《文化：关于概念和定义的探讨》中，对1871年到1952年间有关西方的文化学概念进行搜罗，得到关于文化的定义有164种之多。他们认为：文化是由外显的和内隐的行为模式所构成；这种行为模式通过象征符号而获致和传递；文化代表了人类群体的显著成就，包括它们在人造器物中的体现；文化的核心部分是传统（即历史地获得和选择的）观念，尤其是它们所带的价值；文化体系一方面可以看作活动的产物，另一方面则是进一步活动的决定因素。[①] 美国学者克鲁洪从文化本身和与人类生活之间具体关系的层面对文化的内涵有一个描述："文化存在于思想、情感和反应的各种业已模式化的方式中，通过各种符号可以获得并传播它，另外，文化构成人类群体各有特色的成就，这些成就包括它们制造物的各种具体形式；文化基本核心由二部分组成，一是传统的思想，一是与它们有关的价值。"[②] 英国学者马林诺夫斯基则更加倾向于对文化本质的解释。他认为："文化史包括一套工具及一套风俗——人体的或心灵的特性，他们都是直接或间接地满足人类的需要。"[③] 英国学者爱德华·泰勒第一个科学完整地提出了文化的定义，这也是任何一个研究文化和相关学科的人都经常引用的文化经典概念之一。他在1865年出版的《关于人类早期历史和文明发展的

---

① 傅铿：《文化：人类的镜子——西方文化理论导引》，上海人民出版社1990年版，第12页。

② ［英］克鲁洪：《文化与个人》，高佳等译，浙江人民出版社1986年版，第5页。

③ ［英］马林诺夫斯基：《文化论》，费孝通等译，中国民间文艺出版社1987年版，第15页。

研究》一书中，对"文化"的概念进行了初步的界说；在《原始文化》中，他又做了进一步的修改和补充，提出了完整的定义："所谓文化或文明乃是包括知识、信仰、艺术、道德、法律、习惯以及人作为社会成员所获得的种种能力、习性在内的一种复合整体。"①

自古以来，我国就有不同层面和程度的对文化的研究。从字源上说，"文"和"化"在三千年前的卜辞中就已经出现。"文"本义为花纹或文理。《易·系辞下》曰："物相杂，故曰文。"《礼记·乐记》中又称："五色成文而不乱。"后渐被引申为包括语言文字在内的各种象征符号，进而具体化为文物典籍、礼乐制度、文采装饰、人文修养等。"化"字，甲骨文像两人一正一反，表示一个事物的两个方面，本义为造化、生成、改易。《易·系辞下》曰："男女构精，万物化生。"《说文》道："化，教行也。"引申为变化、教化。古书中最早把文、化二字放在同一句子的文献是《周易》，其《贲卦·象传》说："观乎人文，以化成天下。"后来，文化二字的合成词义有文治和教化之意。汉代刘向在《说苑·指武》中指出："凡武之兴，为不服也；文化不改，然后加诛。"晋代《补亡诗》也说："文化内辑，武功外悠。"其义有如文化不到的地方为蛮夷之地，未接受教化的民众为化外之民，统治者对内施以文化，对外也以文化之，对拒以文化之地，则以武服之。我国历来对"文化"的解释和探讨，主要方面是一种宏观上的对人生和文化在社会生活中价值的总结。但另一方面，文化又被狭义地理解为一般知识和精神成果的总和。

我国近现代学者也历来重视文化方面的研究。当代学者梁漱溟的文化观是对文化内涵和外延的综合性概括。他说："所谓文化不过是一个民族生活的种种方面。总括起来，不外三个方面：（1）精神生活方面，如宗教、哲学、艺术等是；（2）社会生活方面，如社会组织、伦理习惯、政治制度及经济关系是；（3）物质生活方面，如饮食起居种种享用，人类对于自然界求生存的各种是。"② 陈序经的观点又是在更加宏观的角度上提出来的。他认为，文化不外是人类为了适应自然现象或自然环境而努力于利用这些自然现象或自然环境的结果。③ 张汝伦有一个类似的观点认

① ［英］泰勒：《原始文化》，连树声译，上海文艺出版社1992年版，第1页。
② 梁漱溟：《东西文化及其哲学》，商务印书馆1920年版，第18页。
③ 陈序经：《文化学概观》，中国人民大学出版社2005年版，第28页。

为："文化可以说是人与自然界、人与世界全部复杂关系种种表现形式的总和。"① 相对于这些宏观文化观而言，后期的观点则转向对文化内涵方面比较具体的研究。杨宪邦的文化概念中明显体现了文化的社会属性。他认为："文化是一个社会历史范畴，是指人类创造社会历史的发展水平、程度和质量的状态。文化的主体是社会的人，客体是整个世界。所谓文化不是不受人的影响而自然形成的自然物，而是人在社会实践过程中认识、掌握和改造客观世界的一切物质活动和精神活动及其创造和保存的一切物质财富、精神和社会制度的发展水平、程度和质量的总和整体，它是一个有机的系统。因此，文化结构可以简单地分为互相有着内在联系的两个层面，即物质文化和精神文化。"② 《辞海》认为文化有广义和狭义之分，从广义上说，指人类社会历史实践过程中所获得的物质、精神的生产能力和创造的物质、精神财富的总和。狭义指精神生产能力和精神产品，包括一切社会意识形式：自然科学、技术科学、社会意识形态。有时又专指教育、科学、文学、艺术、卫生、体育等方面的知识与设施。作为一种历史现象，文化的发展有历史的继承性；在阶级社会中又具有阶级性，同时也具有民族性、地域性。不同民族、不同地域的文化又形成了人类文化的多样性，作为社会意识形态的文化，是一定社会的政治和经济的反映，同时也给予一定社会的政治和经济以巨大的影响。③

刘作翔通过对各种文化概念的分析，归纳出内涵不同的三种文化观："1. 广义文化观。这种观点认为，文化是指人类社会历史实践过程中所创造的物质财富与精神财富的总和。用文化学术语来讲，就是物质文化与精神文化的总和。2. 中义文化观。这种观点认为，文化是人类在长期的历史实践过程中所创造的精神财富的总和。具体讲，就是指社会的意识形态，以及与之相适应的制度和组织。这种中义文化观注重的是人类创造的精神财富，或曰精神文化，剔除了物质文化作为文化的构成要素。爱德华·泰勒给文化的定义就是典型代表。3. 狭义的文化观。这种观点认为，文化是指社会的意识形态或社会的观念形态。"④ 张岱年更加具体地指出：

---

① 张汝伦：《文化研究三议》，《复旦大学学报》1986 年第 3 期。

② 杨宪邦：《对中国传统文化的再评价》，《传统文化与现代化》，中国人民大学出版社1987 年版。

③ 辞海编辑委员会：《辞海》，上海辞书出版社 2010 年版，第 4117 页。

④ 刘作翔：《法律文化理论》，商务印书馆 2001 年版，第 21—24 页。

"所谓文化包含哲学、宗教、科学、技术、文学、艺术以及社会心理、民间风俗等等。在这中间，又可析为三个层次。社会心理、民间习俗属于最低层次，哲学宗教属于最高层次，科学技术、文学艺术属于中间层次。"①

　　笔者认为，人类之所以区别于动物，笼统说乃是人类的"生活"和"生存"有着自己特有的社会属性的形式或方式，这种形式或方式形成了人类的"文化"。由于人类的生存方式或形式丰富多彩，文化的产生又直接来源于生产生活，这就决定了文化有着多样性，因而对文化概念的阐释必然是多义性的。这种文化阐释的多义性实际上是文化概念理解的层面各异所致，但这种多元化的理解在一定程度上又是文化内涵的全部。从这个角度上讲，著名学者司马云杰先生也曾有过一个精简的表述。他认为："文化作为一种复杂的社会现象，要认识它，自然应该有科学的理论和方法。但由于方法论的不科学、不统一，对文化概念所引起的纷争也是令人难以想象的。历史学派常常把文化看作是社会的遗产，或者传统的行为方式的全部总结；心理学派则往往把文化视为主体心理在历史荧幕上的总印象，或者是满足个人心理动机所选择的行为模式；结构功能主义者强调文化是由各种要素或文化特征构成的稳定体系；而发生论者则分辩说文化是社会互动及不同个人交互影响的产品；有的人偏重文化观念的作用，把文化定义为观念之流，或观念联结丛；有的人则倾向文化的社会规范的价值，把文化定义为不同人类群体的生活方式，或者共同遵守的行为模式。如此等，不同的角度，有不同的文化定义。"②

　　综合来看，各国学者都从各自的立场和不同的角度给文化的概念赋予不同的内涵，虽说观点各异，众说纷纭，但文化定义的多样性反映出学者从不同的切入角度、不同的学术习惯、不同的历史文化背景对文化的界定。笔者认为，文化是人类在发展过程中创造、继承和发展的关于人与自然界、人与社会、人与人之间种种复杂关系的有形和无形的成果总和。文化的主体是人，客体是客观世界，核心是价值观念和思想规范，表现形式包括物质、精神、制度、行为等层面的成果。这一定义主要是基于如下几个方面的考虑：首先，文化的内容涉及方方面面，非常宽广，如果仅用现象描述、历史反推、主体立意等方式恐难穷尽文化的外延；其次，文化本

---

①　张岱年：《文化体用简析》，《文化与哲学》，教育科学出版社1988年版，第82页。

②　司马云杰：《社会文化学》，中国社会科学出版社2001年版，第3页。

身与人类这一主体紧相联系，文化即人化，文化的创造、传播、继承、利用、创新等都是人类在自己生存和发展中的各种活动的缩影，即人类发展的过程就是文化的创造和发展的过程，离开了人的因素而客观存在的其他东西就不是文化，文化的概念不能离开人类的主体性和特殊性；再次，文化和文明是两个不同的概念，文明是文化中的合理、科学、优秀的成分，而文化中决不可避免地存在糟粕和腐朽的内容，因此，从内容的性质上讲，文化的定义应是有着对精华与糟粕、正面与反面、动态与静态内容的客观包括；最后，文化发展与人类历史发展相伴随，也处于一个自我不断变迁和发展的过程中。在这一过程中的各种因素、各种关系彼此作用，互相影响，不仅使文化获得新的元素，赋予新的内容，得到新的发展，而且也使文化在这一关系过程中的内容更加丰富，形态也更加多样。即是说，对文化的认识需要有发展的、联系的视角和观点，否则，对文化的认识和理解就难免偏颇。①

这里要强调的是，从研究的角度看，人们不可能也没有必要对文化概念形成一个统一的认识。只要在全面了解各个领域文化研究的成就的基础上，把握住文化的本质特征和精神内涵，人们完全可以根据研究问题的性质和研究的需要来定义文化。因为其本身不仅仅是一个学术概念的旷日持久、多方纠结的认定争论问题，而且由于其内涵与外延的深邃与广阔、内容与形态的丰富与多样，使得人们对文化的研究视野、把握的研究重点、实现的研究目的各有侧重、各有方向、各有期待。因而，对文化概念定义的学者无计，各有己说，此现象的形成无疑自然且属情理之事。虽然，人们希望对文化有一个权威的、为学界所认同或者为大多数学者所认同的概念表述，以利研究的进行和深入，但除了上述因素外，学者的生活环境、文化背景、学科素养、人生观、价值观、世界观的差异，公认的概念的产生难免有待时日，还需要学者们的艰辛劳动与共同努力，但不能因之而对文化的研究产生影响，应在尊重、理解、帮助、支持的理念下对待他者的各方面、各层次的文化研究。

---

① 杨军昌：《文化、人口文化与民族人口文化研究刍论》，《西北人口》2008 年第 6 期。

二 人口与文化的关系

英国人类学家泰勒的《人类学——人及其文化研究》一书，在考察了人类文明发展史后指出：人是文化的动物。这一论断非常精辟，因为文化使生物学意义的人进化为社会学意义的人，从而区别于一般的动物而成为"万物之灵长"。① 即是说，每一个人一生下来就被抛进特定的文化之中，他如果不承认这种文化，就难以成为"人"。美国著名心理学家马塞拉的一番解释使我们更加清楚了文化与人类的关系，他在名著《文化与自我》中指出："文化是人类行为的主要决定因素之一，文化同自然环境一起代表着塑造着人类行为模式的两种主要的'外部'来源。这两种外部来源的影响作用又同生理与心理的两种'内部'来源交互作用，从而构成人类行为的基本的决定因素。"② 德国文化哲学创始人卡西尔在其著作《人论》中也提出，人是符号的动物，文化是符号的形式，人类活动本质上是一种"符号"或"象征"活动，在此过程中，人建立起人之为人的"主体性"，并构成一个文化的世界。③ 我国著名的社会学家费孝通早年也曾经说过，早起的人们在洒扫庭院，一言一行的寻常应对中都有着文化的投影。亦即在什么场合下，文化已替我们安排好了。行为时最不注意的，也就是最深入的文化体现。④

上述材料从不同的角度表明，一个国家、一个地区、一个民族的文化对人口的发展持续地产生作用。如果在此有必要举例说明的话，信手拈来即可成类成堆，比如，我国传统上愿意多生孩子，并且愿意要男孩，主要是受农业传统文化的影响；社会生活中浓烈的敬老孝老行为，主要是受传统孝文化和长寿文化的影响；在西南民族人口中传承的传统体育、音乐、舞蹈，主要是与山地文化有联系；贵州侗、苗等族中的树崇拜、水崇拜、动物崇拜、土地崇拜主要是受传统生计文化的影响。而在一些西方国家，比如，爱尔兰妇女主张晚婚，主要是受婚俗的影响；不少国家适婚人群不

① 转引自王夫棠、周毅《人口文化与西部可持续发展——西部人口文化探微》，内蒙古教育出版社2001年版，第13页。
② ［美］马塞拉：《文化与自我》，江苏文艺出版社1989年版，第251页。
③ ［德］卡西尔：《人论》，甘阳译，上海译文出版社2004年版，第35页。
④ 费孝通：《美国与美国人》，生活·读书·新知三联书店1985年版，第76页。

婚或晚婚而不育、少育、晚育，主要是受现代文化的影响。在某种意义
上，"人口发展是文化发展的投影。有什么样的文化自觉与文化环境，就
会有什么样的发展动力和发展远景。过去、现在和将来的人口发展都离不
开文化促进"，① 可以说，文化对人类的影响是巨大而且深远的。

把"文化"与"人口"结合在一起，这里有必要对人、人类、人口
等概念进行交代并予以区别。《现代汉语词典》解释说：人类是"人的总
称"，人则是"能够制造工具并使用工具进行劳动的高等动物"。马克思
说："人是一切社会关系的总和。"② 这里，人、人类完全是抽象的概念，
没有数量的含义和具体所指群体，是相对于自然界其他物种的"类"。人
口，在西方最早是一个统计学的概念，代表人类群体在定量方面的属性，
是一个有关数量或者规模的概念。具体指"居住在地球上某个地区（区
域、国家、省、市、县等）的人的总和。包括数量、质量、构成、分布、
迁移和发展等多种因素，是一切社会存在和发展的前提"③。人口不仅具
有规模（size）特点，还具有结构（structure）和发展（development）特
性，是一个有机的复杂的整体。

图 1-1　人口文化标语

人口范畴既有生物属性又有社会属性，但人口的本质属性是社会属

---

①　穆光宗：《论人口发展的文化促进》，《中国延安干部学院学报》2010 年第 6 期。

②　《马克思恩格斯全集》第 3 卷，人民出版社 2008 年版，第 7 页。

③　辞海编辑委员会：《辞海》（缩印本），上海辞书出版社 2002 年版，第 1395 页。

性。人口数量规模与变动，归根结底受制于当时的社会生产力水平和生产关系的性质。同时，一定数量的人口总是由具有一定素质的人群组成，人口数量和质量在一定意义上是不可分割的历史的辩证的统一体。人口质量也受社会经济发展水平的制约，它随社会发展尤其是生产力由低级到高级的发展逐步提高。除数量、质量外，人口还有构成的规定性，包括性别、年龄等自然构成、地域分布和各种社会经济文化构成，也有从生育、成长、迁移、死亡、转变等过程和规律，及其与其他因素诸如自然、制度、法律、习俗等关系和联系，亦即人口发展受着文化的深深影响。人口本质上是生物属性和社会属性的统一体，反映的是一切社会关系的总和。

当然，人口是由个人组成的，没有具体的个体的人，也就谈不上人口。而个人又总是这样那样的是某一群落中的成员，依存于一定人口集团或社会群体。"人口"与"人类"这两个概念，在某些特殊的场合可以是同义的，如"人口与环境""人口与资源"等，指的便是人类与环境、资源之间的关系。但通常情况下，"人口"通常是作为集合群体而不是作为"类"的含义来使用。

人是文化的生物，人与文化的关系息息相关。从上述分析可知，在某种意义上也可以说人口是文化的产物，人口发展也是文化发展的一种表现；甚至有什么样的文化发展，可能也预示着有怎样的人口发展。

远古时期人类的高生育率与生殖崇拜文化有着莫大关系。赵国华认为，人类文明恰恰是在生殖崇拜中诞生的；生殖崇拜是一种文化，而且是原始社会人类的主要精神文化，甚至也是上古早期的主要精神文化。[①] 甚至可以说，璀璨多姿、多元一体的中国文化，其活水源头之一就是生殖崇拜的观念和仪式。截至今日，在中国文化的深层结构中，仍然隐伏着强烈的生殖崇拜精神。对生育的普遍信仰和追求早已成为中国人最基本的价值观念，生育成了当然的人生使命。在传统文化的架构中——譬如在典型的村落文化中，不育往往会招来强大的舆论压力乃至骂名和恶名，因为生育早已是传统文化发出的一道指令。

生殖崇拜观念对中国文化、中国人口的深刻影响似乎从一开始就证明了人口与文化的血脉相连。生殖崇拜是人类祖先从弱小走向壮大的文化动

---

① 赵国华：《生殖崇拜文化论》，中国社会科学出版社1990年版，第389页。

力。在变幻莫测、时而狂暴时而宁静的大自然面前，人类总是那么弱小，生存总是那么艰难，弱肉强食、适者生存的自然法则使人类明白：人力可搏天力，但要足够强大。就在这时，生育的神圣和伟大被凸显出来了。女性因为生育价值的被肯定而登上了历史舞台，由此也就有了开天辟地的母系社会。极度落后的生产力加之人力的寡薄，使得人类祖先的生存环境显得格外恶劣，人类"种的繁衍"时刻面临挑战，婴儿存活率极低，而成人的平均寿命也就 30 岁左右。在原始墓葬中，经常会发现死者多是儿童，成年人也大多只活了二三十年，生命就似风中的落叶转瞬即逝。在这种情况下，生存的竞争就变成了生殖的竞争。极其残酷的生存条件使得原始先民对生存的渴望、对种的繁衍的追求甚至超过了物质生产的意义。这样，人类如痴如醉地通过各种方式来讴歌生育、崇拜女性也就是必然的了。①

文化发展的每一步都是人类自身利益驱动的结果，是人类为了寻求更强大的自我、更强大的生产力、更强大的战斗力，以及更好地控制和占有生存资料所做出的精神努力。可以说，文化是生存需要的产儿。

精神的力量可转化为物质的力量——在这个意义上，似乎可断言：文化是一种特殊形态的生产力；而物质的力量反过来又可以改善人类的精神品质，这就是文化先于文明而后又被文明涵化的过程。社会生产力的发展有着不可思议的力量，它可以推促文化的变迁，紧跟其后的则是人口的变化。人类学家克莱德·克拉考曾指出："无论我们是否意识到，每个人从生到死每时每刻都受到文化的控制，文化不断迫使我们服从一定的行为模式。"② 文化因素是借助于社会化塑造人们的思维方式和认识结构而作用于认识的，文化因素对认识具有驱动作用，并能指导、规范人们的行为。正因为如此，人们越来越按照经过社会化规范的价值观念选择进行人口再生产的活动。如今人类次第实现的低生育率与人们崇尚个性解放、实现自我价值的现代文化脱不了干系。家本位生育决策向个人本位生育决策的演进可以说是生育现代化具有实质性意义的一个过程。

----

① 穆光宗：《生育文化的现代化和生育控制机制的转变》，《中国人口科学》2000 年第 3 期。

② ［美］尹恩·罗伯逊：《现代西方社会学》，赵明华等译，河南人民出版社 1988 年版，第 99 页。

钟敬文在《关于文化建设问题的一点建议》中写道："凡人类（具体点说，是各族、各部落的乃至各氏族）在经营社会生活过程中，为了生存和发展的需要，人为地创造、传承和享用的东西，大都是属于文化范围。它既有物质的东西（如衣、食、住、工具及一切器物），也有精神的东西（如语言、文学、艺术、道德、哲学、宗教、风俗等），当然还有那些为取得生活物质的活动（如打猎、农耕、匠作等）和为延续人种而存在的家族结构以及其他各种社会组织。"[①] 这里，钟敬文从特定的视野将物质生产、精神生产和"为延续人种而存在的家族结构及其他各种社会组织"的人口再生产三者的成果都纳入"大文化"的外延之中。这三种文化的关系，如同"三种生产"一样，也是相互联系、相互影响和相互作用的。

按照马克思主义的观点，人口是社会生活的主体，同时也应是文化的主体，无论是物质文化或是精神文化，都是由具有一定的文化素质的人所创造出来的成果。人口生产如同物质生产和精神生产一样，是一种社会的、历史的现象，不是单单由自然的、本能的、生理的属性所决定，而是与一定的社会和时代的文化紧密相连的。人类发展史表明，人口增长与人类社会文明的不断发达和生产力的不断进步密切相关，与社会文化密切相关。

三　人口文化

人口文化的研究，是人口再生产发展的需要，是人类社会文明进步的必然，也是新时期统筹解决人口问题的需要。自20世纪80年代以后，我国的人口科学进入了快速发展的时期。1993年，中国人口文化促进会成立并正式提出"人口文化"概念，其目的就是"要在更高层次上从人们的道德观念、心理、行为方式、生活方式和文明强度上解决人口问题"。[②]但人口文化不是"人口"与"文化"的人为的、机械的、简单的相加和拼凑，而是人口与文化在各自发展历程中自然的、必然的、规律性的、内

---

① 钟敬文：《关于文化建设问题的一点建议》，载《话说民间文化》，人民日报出版社1990年版，第45页。

② 王夫棠：《在全国婚育新风进万家活动汇报会上的发言》，《人口文化》2000年第2期。

在本质的结合。然而，由于对文化的解释和理解，特别是由于人口与文化应如何结合，在理解上存在诸多不同看法，人口文化的定义在表述上也自然存在着分歧。

一种看法是从大人口文化的观念出发，认为应从宏观、整体上得到统一，在实践和发展的相互联系上为人口文化定位，"人口文化是人类在人口方面认识和改造世界的方式和能力，以及他们在人口方面认识和改造世界的过程中获得的精神成果"。基于人口文化发展的阶段性，现阶段中国的社会主义人口文化"就是以马克思列宁主义为指导，以爱国主义、集体主义、社会主义为主旋律，在人口方面树立正确的认识和改造社会、认识和改造自然、认识和改造自我的理论观点、思想体系、知识、经验、法规制度、风俗习惯、道德规范、文学艺术、社会心理等精神成果"。[①]

二是将"人口文化"区分为广义和狭义两种。涂途认为，作为"人口创造的精神结晶"的人口文化，其狭义的概念"是由人口生产直接派生的直属直系的人口文化系列，是人口文化的核心，包括性文化、婚姻文化、生育文化、家庭文化、老年文化、人口变迁文化、丧葬文化，这些文化因素，从多方面长期影响和制约着整个人类自身的生存、繁衍、发展、进化和升华，与物质文化与精神文化相互协调、互补互辅，共同推动和促进人类社会的进步和发展。广义的人口文化是与物质文化和精神文化联姻、嫁接的旁支旁系的分系统和分支，包括各种人口文化的传统、制度、机构、产业等等"。[②] 有学者基于对人口文化规定的特定性和范围，进而认为"人口文化是指人类在自己生命的生产中所创造的物质文化和精神文化的总和。人口物质文化是指人类为了自身的繁衍和生存创造的科学、技术的过程……人口精神文化是指在生育和死亡以及相关的婚嫁、抚育等问题上的观点、信仰、风俗、习惯及行为方式的总和"。[③] 也正是在这一明确而又特定的意义上，有学者提出，人口文化从广义上讲，乃"是人类在繁衍、生存和发展中所创造的物质文明和精神文明的总和。从狭义上讲是指人类对自身生产、抚育后代、婚姻家庭和这些方面的婚育观、道德

① 余飘：《论开拓人口文化与增强综合国力》，《北京社会科学》1998 年第 4 期。

② 涂途：《"人口文化"面面观》，《山西师范大学学报》（社会科学版）2005 年第 3 期。

③ 李新建：《对人口文化的理论内涵和人口文化学体系的理解与讨论》，载《人口文化论集》，中国人口出版社 1999 年版，第 51 页。

观、价值观，人生观和世界观等方面的意识形态系统，以及与之相适应的上层建筑"。① 与上述看法相类似，有学者将"人口文化"概括为："就是研究属于'人口'范围内的'文化'。"认为人口文化不同于人类文化（即一般的文化），"人口文化比人类文化反映的内容要窄得多，它包含在人类文化中，是人类文化的一个组成部分"。②

三是不少学者强调在对文化准确定位的前提下，"将'人口文化'与文化相互作用和渗透，抽象出人口活动的本质特征"，相对于上述两者而言，我们认为这种定义具有"人口自身"文化或狭义人口文化的性质。代表性观点如田雪原认为，"人口文化"作为一种特定概念，"反映的是人口活动，包括出生、死亡、迁移等人口变动，年龄、性别、地区、城乡等人口结构，婚姻、家庭等人口特征演变活动发生、发展规律在文化上的体现，是这些人口活动表现出的本质文化特征"。"'人口文化'不是人口的现象描述，而是对人口现象的一种本质的抽象，一种文化上的观念意义上的抽象"，同时也是"意识形态以及政策、法律、宗教等上层建筑中的一种形态"。③ 还有学者更加简洁明了地提出，人口文化"主要是指人类在婚育繁衍方面形成的观念、风俗、习惯、制度和道德"，"人口文化就是关于人口繁衍的文化"。④

笔者认为，人口文化是指人口再生产过程中，人口系统内部的变动及其与外部诸因素的联系和相互作用而形成的观念意识、伦理道德、制度习俗和行为规范。是人类在改造自然、改造社会、改造人类自我过程中获得的文化成果。⑤

对于上述人口文化定义的内涵，结合学界已有论述，笔者在此做以下几个方面的归纳。

第一，人口文化是社会政治和经济的反映，是人类社会文明进步的必然产物。"人口文化"以提高人的素质为核心，关注人的自身生产、生存

① 曹景椿：《试论计划生育与人口文化》，载《人口文化论集》，中国人口出版社1999年版，第42页。
② 路遇：《论人口文化》，《东岳论丛》1999年9月第5期。
③ 田雪原：《关于人口文化》，载《人口文化论》，大象出版社1996年版，第29页。
④ 杨魁孚：《关于有中国特色社会主义人口文化的粗浅思考》，载《人口文化论》，大象出版社1996年版，第15页。
⑤ 杨军昌：《文化·人口文化与民族人口研究刍论》，《西北人口》2008年第6期。

环境、生活质量与和谐发展，是促进社会文明进步的"文化力"。它随着社会经济的发展而发展，随着社会制度、生存环境的变化而变化，既具有历史的延续性，又不会停滞、僵化于不变的模式之中。在人类生命的全过程以及人们求生存、求发展，改造生存环境，提高自身素质和生活质量的能力中都蕴含着诸多的人口文化现象，包容着鲜活的人口文化因子。

第二，人口文化既包括与人口变动密切相关的性别文化、婚姻文化、家庭文化、生育文化、养育文化、流动迁移文化、养老文化和死亡文化，又涵盖与人口发展紧密联系的，与制度、习俗、法律规制、生态环境等因素的交互关系与观念行为，内容丰富，影响深远。

第三，人口文化是一个具有地域性和民族性的概念。在世界范围内带有普遍性和共同性。但由于它与某一国度、某一地区、某一民族的风俗、习惯、心理、文化传统、自然和社会等具体条件的不同，因此各个国家、各个地区、各个民族之间的人口文化又呈现出差异性与特殊性。

第四，人口文化的内涵是由社会政治经济所决定，反过来又给社会、政治经济以巨大影响。中华民族有几千年的文明史，有大量优秀的人口文化资源。进入社会主义尤其是改革开放时期以来，随着物质文明和精神文明的发展，我国人口文化实践和理论建设积累了丰厚的经验。批判地吸收古代和外国人口文化思想遗产中一切有益的成分，继承和发扬我们民族人口文化的优良传统，认真总结新中国成立以来人口文化建设方面的经验教训，对于促进新时期人口文化繁荣发展意义重大。

第五，人口文化重在建设，和谐人口文化是社会主义和谐文化的重要组成部分。人口文化建设旨在通过文化的先导作用，促进人口自身数量、素质、结构、分布等要素的协调发展，促进人口与经济、社会、资源、环境的协调和可持续发展，促进人的全面发展，增进家庭幸福和社会和谐。

第二节　西南民族人口文化的研究
背景、对象、意义与现状

一　研究背景

2006 年 12 月 17 日党中央颁布的《关于全面加强人口和计划生育工

作统筹解决人口问题的决定》提出：要不断丰富和发展中国特色统筹解决人口问题的思路、内涵和途径，要全面贯彻落实科学发展观，优先投资于人的全面发展。这一精神标志着"十一五"时期我国的人口和计划生育工作已从降低生育水平的第一阶段，经由稳定低生育水平的第二阶段，进入了统筹解决人口问题、促进人的全面发展的新阶段。在新的历史时期，建设社会主义新型人口文化，为人口计生工作创造良好的人口文化环境，无疑对丰富和发展我国统筹解决人口问题的思路、内涵和途径具有积极的现实意义。

中国人口的发展历来与社会文化的发展有着相互影响的内在联系。人口文化作为一种概念被提出来并作为一项社会事业来建设，是通过我国几十年人口计生工作经验的总结，人们认识到，要做好中国的人口与计划生育工作，依靠正确的政策与法规，加强政府对工作的领导，以引导规范人们的生育行为是一方面；而开展文化宣传活动，教育人们转变思想观念，促进人们积极支持和自觉参与人口与计划生育工作，则是问题的另一方面，而且是一个十分重要的方面。因而"对人口问题的认识，应将其视野与角度置于'文化'这一更加广阔的领域加以考察和研究，才能得出更加符合实际的、正确而全面的结论，并因此有助于工作的开展；人口问题的解决，一方面要依靠正确的政策和严格的法规规范人们的生育行为，另一方面要推动人们思想观念的转变，提高人们参与的自觉性"。[①] 人口文化建设是 20 世纪 90 年代以来随着我国人口计生工作思路和工作方式的转变而提出和发展的，其背后的理念与人口文化观念的转变有着密切联系。1991 年，党中央提出以宣传教育为主、避孕为主、经常性工作为主的"三为主"方针，把农村扶贫与计划生育结合起来，在增强贫困地区致富能力的同时严格控制人口增长。1993 年，全国农村计划生育优质服务工作试点展开，农村计划生育服务网络逐渐完善。同时，在全国推行农村计划生育"三结合"，即把农村计生工作与发展经济相结合、与帮助农民致富奔小康相结合、与建设文明幸福家庭结合的经验。在此背景下，"中国人口文化促进会"由民政部批准，于 1993 年 2 月成立，并以江泽民同志"发展人口文化事业，促进社会文明进步"的题词为宗旨，将我国人口文化作为一项社会建设事业正式启动。"中国人口文化促进会"成

---

① 田雪原：《人口文化通论》，中国人口出版社 2004 年版，第 220 页。

立以来，围绕人口计划生育工作开展了大量活动，如创办了"中国人口
文化奖"，推出了一批寓教于乐的艺术精品；多次组织人口文化博览会，
开展男性健康宣传教育项目试点；21世纪以来，蓬勃发展的"农村人口
文化大院"建设通过多种形式，在倡导新型人口文化上发挥了积极作用。
在理论建设上，由于国内人口文化研究的起步较晚，对人口文化的概念、
对象、内涵外延、学科体系等都处于百花齐放、百家争鸣、各执己见、莫
衷一是之状。但近年来，对于人口文化的研究已是势头喜人，方兴未艾。

图1-2　乡村人口文化大院

　　20世纪90年代中后期，计划生育工作实行"两个转变"，即由就计
划生育抓计划生育向与经济社会发展紧密结合，采取综合措施解决人口问
题转变；由以社会制约为主向逐步建立利益导向与社会制约相结合，宣传
教育、综合服务、科学管理相统一的机制转变。"两个转变"充分体现了
以人为本的工作理念，并产生了积极的影响。随着人口与计划生育管理与
服务水平的全面提升，大力发展人口文化事业必然摆在人们的观念与实践
的前沿。2007年6月，全国人大常委会副委员长彭珮云在建设社会主义
新农村与发展人口文化事业研讨班上要求"各级党政领导和人口计划生
育部门要更加重视发展人口文化事业"，"要充分发挥人口文化在统筹解
决人口问题中的作用。对于一项新兴事业的人口文化研究，国家人口和计
生委领导强调其还处在初创阶段，需要社会新的交叉学科，要形成成熟的

理论体系，既需要较长时期的人口文化实践积累，也需要众多理论工作者较长时期的潜心研究"。①

二　研究对象与内容

毛泽东同志在《矛盾论》中指出："科学研究的区分，就是依据科学对象所具有的特殊矛盾性。因此，对于某一现象领域所特有的某一矛盾的研究，就是构成某一门科学的对象。"② "人口文化"是"人口"与"文化"交叉、结合、统一过程中形成的新概念，是一种具有特定范围、特定性质和特定含义（意义）的文化，它研究的对象和范围是与"人口"相关的文化领域（问题），而并非一般意义上的文化，诸如人情文化、人食文化、人居文化、人境文化、人类文化，等等。"人口文化"的独特个性和品性，就在于它的最终目的是从文化的视野和角度来审视、探索、研究和解决人口问题。具体地说，就是要在唯物辩证法和唯物史观的理论与方法论指导下，紧紧围绕人口再生产这个中心，并将它放在文化背景的坐标上，从与其相关的各个方面、不同层次、多个角度以及与其他因素间的关系和联系，认识、研究人类改造客观世界和人类自身生产之间交互作用的关系、特点、方式、规范的形成因素和互动机制，以及人口文化形态理论的孕育、承继、传播、变迁、发展的创造过程、运行方式和演绎规律，从而形成人口再生产以及与人口相关的物质生产过程的理想运行状态。

人口在人类生活、社会结构、经济关系、自然环境、文化意识等多个层面有着特殊地位和独特个性，因而人口文化的研究对象根本上也具有不同层次的范畴。据此，笔者在此具体地将人口文化研究对象概括为客观对象（实践对象）和理论对象（逻辑对象）两个主要方面。

客观对象，或者说人口文化的实践研究对象是指那些在整个人口再生产和物质生产实践过程中形成的人口文化孕育与生产、传播与变迁、继承与借取、创造与整合的各种特定规律。从人口文化研究的客观对象内涵上又可具体分为一般对象和专门对象两个不同层次。一般对象是人口文化形成中的物质基础、观念背景、社会关系、意识规范等根本条件；人口文化

---

① 张维庆：《大力发展人口文化事业提高出生人口素质》，中国新闻网 2003 年 11 月 19 日。
② 《毛泽东选集》第 1 卷，人民出版社 1967 年版，第 284 页。

界定中的结构模式、本质属性、理论框架、功能特征等逻辑体系；人口文化发展的孕育基因、继承传递、创造更新、演绎变迁、整合发展的运动轨迹；人口文化广义上包含的物质基础和形态、民族心理和意志、社会结构关系、生态环境、规范律令等文化元素；人口文化的认识与实践、积淀与创造、解构与重构、哺育与反哺的动态过程。专门的研究对象就是探索在不同历史、地理环境、社会制度和经济模式下产生和发展变迁的人口文化现象及其特殊规律。具体内容包括：在文化背景下与人口再生产过程有关的自然和社会关系、文化内容和形态、社会经济发展互寓同构的文化辗力和文化源泉、文化互化和文化整合的态势；不同历史时期，在一定社会经济环境条件下人口再生产的方式所蕴含的人口文化意识和人口文化结构；纵向的不同层面的人口文化事业在文化结丛、文化因子的组合上具有统一性和差异性；横向上在特定民族、社区、阶层、群体及家庭中不同人口文化认识和人口文化趋向；人口文化在功能上对人口自身和社会作用表现出的优劣利弊、促进抑制、优化淘汰、交替反复等文化功能所反映出的客观现实。

理论对象，或者说逻辑对象是从人类活动与两种再生产之间的本质联系出发考察人口文化的文化逻辑和理论价值。物质再生产与人口再生产两者相互依存、相互制约、互为条件、互为目的，共同构成了人口和社会经济赖以存在与发展的前提和基础，而人始终是两种生产的核心，同时人也是所有文化现象的核心，因此，人口文化研究不能局限在人口本身的文化范畴，而是要以一种人文的态度来研究整个文化背景作为人口文化土壤的人的思想、行为、价值观念和社会物质生产之间的根本联系，通过协调人的创造力、自然界的辗辕力、社会的生产力、人类的文化力之间的逻辑关系，挖掘人口在文化范畴内之于社会的最优价值并最终实现人的全面发展。

从上述对人口文化研究对象的讨论可知，人口文化研究的内容宽泛而又复杂、抽象而又具体、历史而又现实，任何单个而又短期的研究行为都无法反映其全貌、穷尽其内容。笔者在这里仅仅结合西南地区历史、民族文化及人口发展特别是民族人口发展的历史与现状，拟从三个方面进行论述，即绪论（文化、人口文化、民族人口文化、西南民族人口文化生存的区情与文化环境等）、西南民族人口文化（包括制度、生育、结构、流迁与死亡、生态、法律、发展等文化）、西南民族人口文化的时代变迁与发展展望（包括时代变迁模式、变迁效应及其反思、发展方向、发展挑战与机遇、发展路径与动力等）。具体研究内容构架为：

绪论：内容包括文化与人口文化概念，西南民族人口文化研究的对象、意义、价值、重点与难点，西南民族人口文化生存的区情与文化环境。

西南民族人口文化包括：西南民族人口婚姻家庭文化，主要为婚姻与婚姻制度、婚姻礼仪、婚姻功能、家庭类型、家庭关系、亲属制度等；

西南民族人口生育文化，内容有生殖崇拜、生育观念、生育规范、节育与计划生育、养育教育；

西南民族人口结构文化，除相关概念外，包括年龄、性别、族际、宗教、空间、职业等结构文化；

西南民族人口流迁文化，主要论述流迁概念、史迹、流迁特点、当代流迁状况与效应，迁移特点与文化分析，改革开放后的西南民族人口流动等；

西南民族人口老年与长寿文化，包括敬老孝老文化、老年健康文化、长寿文化与西南长寿状况及其价值等；

西南民族人口死亡与丧葬文化，主要论述西南民族生死观、丧葬文化渊源、丧葬礼仪、流变与趋向等；

西南民族人口生态文化，包括生态、生态文化、人口生态文化概念与关系、生态文化的内容与价值、生态文化的嬗变、发展方向与路径等；

西南民族人口法律文化，在论述人口法律文化的定义、结构和特征的基础上，主要从民族习惯法、乡规民约、现代法三个层面讨论人口法律文化的内容和现代化语境下西南民族人口法律文化的发展前景；

西南民族人口文化的时代变迁发展展望。该部分为论文的最后部分，其两部分为西南民族人口文化变迁（主要进行变迁的原因与模式、变迁效应与问题反思等讨论）和西南民族人口文化发展思索（在对西南民族人口文化特点与建设实践总结基础上，对其发展方向与意义、面临挑战与机遇、建设路径与动力进行思考）。

三　学术价值和实践意义

如前所述，"文化"概念作为一个花费了人类无数精力的古老而常新的命题，至今仍争论不休，众说纷纭，尚无定论。这种争鸣还会伴随着人类的整个文明进程而延续下去。尽管如此，我们不难发现，无论人们怎样争论，怎样的认识不统一，但核心的问题在于，没有人不认同文化是与人类活动相关的，是由人类创造并不断推向前进的，是人类区别于其他生物的一种特有的生存方式。而且文化在当前这个时代，在经济社会发展进程中的作用越来越突出并不可替代。作为人类创造的文化凝结在人类活动当中而产生的力量，亦即文化力，在人类历史的发展中是一个永恒的主题，它广泛地影响着人类的精神世界、物质世界以及自然界，深深渗透并作用于人们的经济行为、政治行为、军事行为、文化行为，甚至于人的个性和习惯。在文化经济、知识经济时代，文化的力量（文化力）已成为综合国力、地区综合竞争力的重要组成部分已是一个毋庸置疑的事实。联合国教科文组织早在1998年通过的《文化政策促进发展行动计划》就指出："发展可以最终以文化概念来定义，文化的繁荣是发展的最终目标。"文化的创造是人类进步的源泉，文化多样性是人类最宝贵的财富，因此，"文化政策是发展政策的基本组成部分"，"未来世纪的文化政策必须面向和更加适应新的飞速发展的需要"。① 无疑，未来世界的竞争将是文化生产力的竞争，文化生产力的发展已成为21世纪最核心的话题之一。

新加坡前总理、现内阁资政李光耀在2007年曾撰文指出，"文化是中国最大的发展力量"，"中国现在最大的发展力就是文化力，中国应该通过自身文化重新复兴，来显示国家的实力"。② 作为一个具有五千年悠久历史的文化大国、文明古国，充分利用浩如烟海的文化资源，发展文化生产力的作用已成为全国人民的高度共识，为此，党的十七大报告高度肯定："当今时代，文化越来越成为民族凝聚力和创造力的重要源泉，越来越成为综合国力竞争的重要因素，丰富精神文化生活越来越成为我国人民的热切愿望。"同时强调在新的时期，"要坚持社会主义先进文化前进方向，兴起社会主义文化建设新高潮，激发全民族文化创造活力，提高国家软实力，使人民基本文化权益得到更好保障，使社会文化生活更加丰富多

---

① 联合国教科文组织：《文化政策促进发展行动计划》，http://news.sina.com.cn/c/，2004-10-12。

② 李光耀：《文化是中国最大的发展力量》，《企业家天地》（长沙）2007年第7期。

彩，使人们精神风貌更加昂扬向上"。① 习近平同志高度强调提高国家文化软实力的重要性，认为"提高国家文化软实力，关系'两个一百年'奋斗目标和中华民族伟大复兴中国梦的实现"。"一个国家的文化软实力，从根本上说，取决于其核心价值观的生命力、凝聚力，感召力。""核心价值观是文化软实力的灵魂、文化软实力建设的重点。"②

　　人口文化事业和理论研究，是一个宏伟的巨大的系统工程，人类的生存、繁衍、进化和升华，在 21 世纪将会为更多的人所关注，也必将迈向一个史无前例的新阶段。人口文化在"文化越来越成为综合国力竞争的重要因素"，"是综合国力重要标志"的全新时代里，日益显示出它前所未有的特殊地位和作用。任何一门学科的诞生和成长，都离不开人类的社会需求和实践。人口文化在我国的提出并经过近 20 年的成长壮大，逐步步入实践和理论趋向成熟的新的更好的发展阶段。而作为社会主义文化的

图 1-3　人口文化宣传墙

　　① 胡锦涛：《高举中国特色社会主义伟大旗帜，为夺取全面建设小康社会新胜利而奋斗》，2007 年 10 月，第 33—34 页。
　　② 《习近平谈治国理政》编辑组：《习近平谈治国理政》，外文出版社 2014 年版，第 160、163 页。

重要组成部分的人口文化，它的重要实践绩效同样是直接表现综合国力的重要标志，它通过传统优秀文化的发掘与弘扬、人口理论的宣传、人口知识的传播、人口经验的推广、人口文艺的鼓舞、人口舆论的导向、人口社会心理的咨询等多种人口文化的感染力、渗透力和凝聚力，已经产生了理想的效果，取得了巨大的成就，为我国在世纪之交少生 3 亿多人，实现人口再生产类型的转变，列入低生育水平国家行列发挥了积极的功能。

不可否认，在新的时期，中国人口发展仍然面临着诸如人口增长势头不减、稳定低生育率水平压力大、劳动年龄人口增加就业问题凸显、老龄化程度加剧、出生性别比失调、流动人口问题突出、人口素质偏低、人口生育政策与群众生育意愿存在矛盾等问题，而统筹解决人口问题的路径除了政策、法制、经济等手段外，文化的作用在其中更显得突出而又重要。众所周知，人口文化作为一种独特的人类创造性的劳动成果结晶，更显得与人的一生紧紧相随、息息相关，它在控制人口数量、提高人口质量、优化人口结构和促进人的全面发展等方面，都是紧紧围绕着人的生产这个中心，在文化的大背景和坐标下，从与此相关的各个方面、不同层次、多个角度，宏观地研究、调整和处理人类在繁衍、生存和发展中面临的问题，全面提高人的生理和精神素质，提高生育、生活质量，改变人类社会生态环境，升华人们的精神品位，增强人们改造客观世界和主观世界的能力，促进人口发展的和谐与社会经济、资源环境的良性协调。对此，党和国家的部分领导人对人口文化的重要性曾多有指示，如江泽民同志指出："发展人口文化事业，促进人类文明进步。"宋平同志指出："发展中国人口文化，造福后代振兴中华。"彭佩云同志强调："人口文化是具有中国特色社会主义文化的重要组成部分。"正是在上述意义上，笔者认为，在新的时期，重视人口文化研究，批判继承及大力开拓推陈出新的人口文化有利于统筹解决中国人口问题，实现人口安全，有助于社会主义文化建设，也有助于我国综合国力的提高。

西南地区是我国乃至世界自然生态环境、民族文化生态环境独具特色的区域，其生态环境的脆弱特征、民族文化的丰富多样性以及在中国国防、边疆安全、民族团结和对外开放中所具有的特殊地位，决定了剖析西南地区人口与经济社会发展问题、民族人口文化与和谐人口、安全人口环境建构等问题，必须立足于政策与发展以及全球化的背景，从民族团结发展的角度，将其置于中国发展与变革的特殊历史背景以及国家人口发展战略、统筹解决人口问题的角度进行综合考虑，而其中又必须从西南少数民族自身发展的角度，将其置身于西南少数民族聚居地区独特的"人口—环境—经济—社会—文化"大系统之中，并注重人口文化"内生"机制与外部环境的综合考察，系统寻析西南民族人口文化的内容与表现形式、功能与价值以及未来的发展方向与战略，从而为西南民族人口文化研究的深入化、系统化作基础的理论分析框架铺垫和参考。

西南地区是我国多民族聚居的民族人口大区，各民族在创造光辉灿烂的民族文化同时，也创造了丰富多彩的人口文化，对于促进民族地区的人口再生产和社会经济发展与进步产生了积极的作用和价值。但由于各种因素的影响，西南少数民族及其民族地区社会经济相较落后，人们的思想观念保守传统，人口增长过快、人口素质偏低、人口结构问题突出等人口发展问题凸显，人口与资源环境矛盾日趋严重。可以说，新的阶段，西南地区人口问题的重点是民族人口问题，反贫困的重点对象是民族人口问题，实现小康与和谐社会的关键之一也是民族人口问题。这些问题制约着西南民族地区全面小康建设与和谐社会建构，影响着西南边疆的社会稳定和民族共同繁荣发展目标的实现。因此，要重视从文化的角度对西南民族人口问题进行研究，从文化的角度来探讨民族人口和民族地区经济发展、社会进步和民族共同发展繁荣的深层次问题。一定的文化影响一定的社会政治和经济，因此，对西南地区民族人口文化的研究具有十分重要的理论与实践意义。

其一，有利于全面系统地反映西南地区少数民族特有的人口文化。西南地区是一个多民族聚居的区域，长期以来专家学者对各民族历史、文化、经济、社会等研究十分深入，成果卓著。但美中不足之处就是没有全面、系统地介绍、研究少数民族的人口文化。因此，本研究不仅可以填补此空白，更有利于系统全面地发掘少数民族传统人口文化资源。

其二，有利于西南地区人口和计划生育工作的开展。西南少数民族有优秀的传统文化，有些文化直接与婚姻、家庭、生育、性别、结构、迁移流动等相关，且其中不乏合理成分。通过研究这些人口文化，一方面本着批判继承的态度，有利于人们观念的转变，为人口和计生工作营造良好的观念与实践环境；另一方面通过对人口文化进行综合研究和分析，不断摈弃不利于人口和社会发展的落后观念，为计生工作提供更有针对性的工作目标和重点。

其三，有利于西南民族地区全面小康社会建设。小康建设是一个多维指标，不仅有经济方面的指标，也有文化、教育方面的指标。通过对西南少数民族人口文化的全面研究和对民族人口文化现状的把握，有助于加强现代化建设中社会文化基础的认识，更是对尚未被认识和重视的优秀人口文化的总结和发展，为社会主义先进文化建设注入新鲜活力。

其四，有利于西南地区的人口安全环境建构。人口安全是当前人口学界讨论比较热烈的话题，它是国家安全的基础和重要组成部分。其中人口性别比不平衡或失调是人口安全的不稳定因素之一。而最近的统计数据均表明，西南地区尤其是西南民族地区，如广西全区、贵州 3 个自治州、重庆各自治县等出生性别比几乎全面失调。究其原因是多方面的，但人们的传统人口文化中"重男轻女""传宗接代"的落后生育观念是造成该现象的最根本原因。因此，只有消除落后的性别文化及其产生机制、影响因素并采取相应对策，才能从根本上抑制性别比的偏高问题，为西南地区的人口安全创造良好的文化氛围和条件机制。

其五，有利于西南民族地区的人口与资源、环境、经济和社会的可持续发展。可持续发展是人类的必然选择，同时也是人类在遭受到自己过度向自然索取的惩罚后所做的无奈选择。但有些少数民族由于禁忌、传说、习俗等原因形成了朴素的人与自然的和谐观，对生存地区的生态环境产生了良性的持续影响。少数民族朴素的生态和谐观包含丰富的人口文化思想，对这些人口文化思想的研究和继承发扬，将十分有利于推进民族地区的可持续发展进程。

其六，有利于西南民族人口文化本身的创新发展。发展民族人口文化，继承是基础、是前提。没有对民族人口文化的发掘整理和系统研究，没有对其实质的深入了解和认识，就难以在新的时代环境对其继承、特别是对其中优秀的、科学的成分亦即精华的继承和发扬。民族人口文化只有继承得好、保护得好，才有发展可言，也才有创新的坚实基础和前提。创新是民族人口文化生存和发展的生命力，民族人口文化只有随着民族人口发展的步伐而不断赋有新的内质，在与其他文化交流中不断吸收合理的、科学的成分并融入自己的机体中，才能体现时代精神，才能实现自我的升华。

四　研究现状

从全国层面来看，我国对于人口文化的研究开始，标志性事件是1993 年中国人口文化促进会的成立和"人口文化"概念的提出。其目的"是要在更高层次上从人们的道德观念、心理、行为方式、生活方式和文明强度上解决人口问题"。之后，学术与理论界结合人口文化社会实践的开展进行了系列的研究和探索，产生了一些有影响的成果，其中代表性的著作有中国人口文化促进会编的《人口文化论》（1996）、《人口文化论集》（1999），王夫棠、周毅的《人口文化与西部可持续发展》（2001），田雪原主编的《人口文化通论》（2004），张纯元、张胜利主编的《生育文化学》等。其中田雪原主编的《人口文化通论》影响较大。该书分上下两编，上编内容为绪论、人口变动文化、人口结构文化、人口特征文化4 章；下编为中国人口文化概述、世界人口文化概述、人口文化传播、人口文化与现代化、人口文化与可持续人类发展 5 章。上下两编共同形成了人口文化学研究的基本框架体系，是目前人口文化学理论成果的集大成者。相对来讲，学术论文成果数量相对较多，其中具代表性者有如余飘的"论开拓人口文化与增强综合国力"（1998）、穆光宗的"试论人口文化"（1998）、路遇的"论人口文化"（1999）、涂途的"人口文化面面观"（2005）、夏国英的"人口的文化行为"（2002）、周毅的"人口文化释义"（2003）、张敏才的"人口文化的几个理论问题"（2001）、廖国强等的"中国少数民族生态文化研究"（2006）、"中国少数民族村寨人口流动特征及其影响因素分析"（余泳，2006）、杨军昌的"文化、人口文化与民族人口文化研究刍论"（2008）、叶文振的"论家庭人口文化的内涵建设"（2011）等。从中可看到，中国的人口文化学伴随着人口与计划生育事业的发展正在向成熟的学科方向迈进。

总的来讲，当前我国人口文化研究的状况主要是在学科定义、研究对象、研究内容、学科体系、学科地位等方面徘徊，之于人口与计划生育实践的研究多集中在婚（生）育文化上的研究，而于人口文化的其他方面则涉及不多，通论性的著述也还处在理论与学科体系的构建层面，具体全面而又系统地研究全国、区域人口文化的成果还有待时日。

具体就西南民族人口文化研究来看，同样未有全面、系统、深入的研究。就西南人口文化某一方面的研究，目前具代表性的成果是杨筑慧撰著的《中国西南民族生育文化研究》（2006）。而有助于西南民族人口文化研究，针对西南各少数民族或某一少数民族的特定文化现象研究的著作、论文、调研报告却比较丰富。其中专著有《贵州少数民族人口研究》（严天华，1995）、《中国少数民族人口政策研究》（邓宏碧，1997）、《布依族文化研究》（韦启光，1999）、《仡佬族文化研究》（陈天俊等，1999）、《苗族文化史》（熊玉有，2003）、《中国水族文化研究》（潘朝霖，2004）、《中国西部少数民族长寿人口典型研究》（央吉，2005）、《傣族村社文化研究》（曹成章，2006）、《中国苗学》（石朝江，2009）、《中国地方志民俗资料汇编——西南卷》（丁世良等，2010）等；研究论文则数量更多，如"彝族石崇拜与生殖文化探讨"（杨甫旺，1997）、"论彝族传统道德价值观的更新和发展"（王路平，2000）、"鉴村侗族计划生育的社会机制与方法"（石开忠，2001）、"浅析道真仡佬族'哭嫁'民族的民族社会伦理道德教育功能"（田小岫，2002）、"浅谈布依族神话和民间故事中的哲学思想"（王鸣明，2001）、"西南边疆历史上人口迁移特点及成因分析"（苍铭，2002）、"论纳西族生殖崇拜"（木丽春，2004）、"生育文化依存的文化框架"（李澍卿，2004）、"和平交往：广西边境地区跨国婚姻问题探讨"（罗文青，2006）、"教育人类学视野中的西南少数民族生殖崇拜"（张文，2007）、"西南山地民族人口生态文化及其价值"（杨军昌，2011）、"贵州农村人口文化建设的理论架构及路径研究"（李永贤，2011）等；调查报告主要有"傣族石崇拜及其传统与艺术表现"（李子泉，1988）、"侗寨占里实行计划生育的绩效与启示"（杨军昌，2001）、"岜沙苗族社区的环境与人文"（杨军昌，2001）、"贵州民族地区高龄人口与长寿文化——基于黔东七个民族县的实证资料分析"（杨军昌，2011）、"文山州仡佬族祖先崇拜、自然崇拜及其文化内涵"（蒲加旗，2006）、"贡山县少数民族生态文化研究"（党永刚，2008）、"广西贺州市推进新型人口文化阵地"（张应兰，2011）等。

此外，西南民族地区地方志、地情书等都有人口文化的相关阐述。

第三节　西南民族人口文化研究重点、
难点及其应注意的结合问题①

一　研究重点、难点

对于西南民族人口文化研究，笔者坚持的方法主要是运用辩证唯物主义和历史唯物主义的方法论指导，在调查研究成果和文献资料基础上，对研究对象的历史和现状资料进行系统、全面的收集，在注重西南民族人口文化普同性和特异性的前提下，结合有关学科理论，制订科学的研究方案，进行较系统深入的研究。为保证西南民族人口文化研究成果的质量，使研究成果在综合治理和统筹解决人口问题，建构全面小康建设良好人口安全环境和先进人口文化等中发挥作用，除民族学、人口学、文化学研究方法外，强调注重历史学、人类学、社会学、经济学、法学、环境生态学等学科理论与研究方法的运用（资料上以文献收集和实地调查为主），力图在研究中做到宏观与微观、理论与实证、静态与动态、定量与定性等方法并重。此外，积极借鉴国内外相关的研究成果和方法，以使研究成果具有较高的学术与资治价值。

对西南民族人口文化研究的重点是在对民族人口文化（或宏观、或中观、或微观研究）历史与现状进行论述的基础上，展现民族人口文化发展变迁的轨迹、趋向及动因，探析人口文化在各民族（或民族区域）人口发展过程中的功能与价值，在科学发展观的指导下，通过对民族人口文化客观的辩证分析和科学判断，寻求新时期民族人口文化创新与发展并使之服从、服务于西南和谐社会建设与良好人口安全环境建构的途径和对策。

对西南民族人口文化进行研究，由于所涉及的民族多、时间跨度长（区域民族人口、单一民族人口都如此），内容广泛，以及文化多样性特征突出，社会经济发展不平衡历史与现实状况，同时又由于宏观与微观、

---

① 该节内容来自笔者《文化、人口文化与民族人口文化研究刍论》一文，《西北人口》2008 年第 6 期。

深度与广度、传统与现代研究的强调，对西南民族人口文化研究来说无疑要突破的难点较多，主要有：一是对研究内容体系、研究框架的选择与定位；二是对民族（研究区域内民族或单一民族）历史、自然环境、民族知识的较好把握；三是对汉文化与各民族文化以及相互间关系的历史与现状的学习与熟悉；四是在写作上如何把握各时期、各民族人口文化的差异性及其相互间的联系和作用；五是对民族人口文化历史与现实评价及其现代化进程中发展趋向与路径的探索。对上述问题的准确把握，是西南民族人口文化研究能否获得较高质量成果、实现研究目标的关键。

选题研究的主要创新之处在于以多学科的视角对民族人口文化进行研究，从而为中国民族学、人口学、文化学等学科研究开辟新的视野。

二　几个结合思考

一是民族人口文化与社会主义文化相结合的问题。民族人口文化源远流长，内涵丰富，它以其特有的内容而成为社会文化的重要组成部分。社会主义文化是先进、科学的文化，先进、科学的文化是推动人类社会前进的精神动力，影响着人的精神和灵魂。其中，思想道德文化决定着整个文化的社会性质，统率着整个文化的发展，推动着社会经济政治的进步，是先进文化的核心内容。在当代中国，先进文化就是有中国特色的社会主义文化。当代民族人口文化是传统民族人口文化的批判继承和发展，是社会主义文化的重要组成部分。对民族人口文化的研究，不容置疑地应将之置于社会主义文化研究的方向视野内。创新是一个民族进步的灵魂，是一个国家兴旺发达的不竭动力。民族人口文化只有深深植根于民族土壤，继承和借鉴优秀社会文化成果，才能更好地创新发展，才能与社会主义文化形成有机的统一。作为西南民族人口文化的研究者、工作者对此应树立自觉的意识，并为之做出积极的努力和贡献。

二是民族人口文化研究与人口与计划生育工作相结合。文化是一种独特的人类创造性的劳动生产成果结晶，而民族人口文化更是与各民族人民的一生紧相伴随、息息相关的特殊品性的精神财富。人口文化事业是一个宏大的朝阳性的系统工程，在 21 世纪，人类的生存、繁衍、发展、进化和升华，会为更多的人所关注，人口文化事业在这全新的时代里日益显示出它前所未有的社会地位和作用。但任何一项事业的发展，都离不开人类

图 1-4 节庆中欢乐的人们

的需求和实践。当代中国的人口文化，毫无疑问根植于大人口理念下的人口与计划生育工作的广袤土壤中，人口文化的内涵需要从中获得丰富，人口文化的外延和形式也只有在其中才能获得拓展和清晰。同样，人口文化也将以其特有的功能作用于人口与计划生育事业，不仅能进一步促进人们人口观念的转变、工作理念的升华，而且更有助于人口与发展可持续性的、以人为本的观念、行为、艺术、道德、法律、制度等的不断完善和深入人心。由此认为，在当代，民族人口文化与民族或民族地区的人口和计划生育是相辅相成、互相促进的事业体系密不可分，在西南民族人口文化研究中对此应给予高度重视。

三是民族人口文化与民族传统优秀人口文化相结合。人口文化建设，有破有立，对于传统文化中的消极因素，在理论上加以否定，在实践中加以改造，在改造中创新发展。人口文化研究，本身就存在着一个从传统到跨越的涉及过程，对传统文化不能抱民族虚无主义的态度，应是实事求是、一分为二地进行分析，从传统文化中汲取合理的成分、有益的营养。而事实上，中华各民族在历史发展的进程中都创造了各自光辉灿烂的民族文化，其中不少部分就涉及人口发展的方方面面，并在人口发展中发挥着不同的功能。民族传统人口文化中的优秀成分本来就是先进人口文化的重要来源，甚至是重要组成部分。因此，在西南民族人口文化研究中应高度重视民族传统人口文化，特别是其中优秀成分的研究，并利用其研究成果服务于先进人口文化建设，推动社会主义文化向前发展。

四是民族人口文化与物质文化研究相结合。人口文化内容丰富，就现代而言，有不少内容与物质文化紧密相关，如"越生越穷，越穷越生""养儿防老""少生快富""奖励扶助"等。从实际情况来看，在物质文明建设水平较高的情况下，人口文化建设得好，人们的生育观念就转变得快，可持续发展意识就得到增强，生育率就率先下降或下降明显。我们在此不排除经济欠发达民族地区的生育率下降也有经济发展的作用，但从实际情况来看，经济欠发达民族地区的低生育水平一般是在生育观念尚未彻底转变的情况下实现的，由于传统生育观念的经济基础依然存在，所以这种低生育水平是不稳定的，具有强大的反弹势能，这在不少民族地方得到了实例的证明。"一定的文化是一定社会的政治和经济的反映，又给予伟大影响和作用于一定的社会政治和经济。"① 由此决定了我们对民族人口文化的研究，一定要注重与民族地区物质文化研究的结合，绝不能就人口文化而研究人口文化。

五是民族人口文化研究与学科建设相结合。三十余年来，作为世界第一人口大国的中国，通过政府行为成功实现了人口再生产类型的转变，使我国步入了低出生、低死亡、低增长国家的行列，创造了发展中国家人口再生产类型的"奇迹"。研究这一"奇迹"的成因，探索其中的发展规律，不仅对总结经验是必要的，而且也是发展人口文化学的需要。人口文化学作为人口与文化交叉研究，亦即从文化角度对人口现象的一种科学抽象的边缘学科，不仅需要对其性质、研究对象、研究方法、体系内容的学理建构，而且需要人口文化实践和各具特色的民族区域人口文化研究成果的支持。作为对民族、民族地区或单一民族人口文化的研究及其成果，无疑有助于人口文化学学科的建设。不仅如此，以多学科的视角对民族人口文化进行从传统到跨越的研究，也有助于为中国民族学、人口学、文化学、社会学等多学科的研究开辟新的视野。

---

① 《毛泽东选集》第2卷，人民出版社1967年版，第624页。

第二章 西南民族人口文化生境

习惯上，我国西南地区包括四川省、云南省、贵州省、重庆市及西藏自治区共3省1市1区，总面积236万平方公里，习惯上称为"大西南"。自2000年初，中央部署西部大开发战略时，将广西列入西部，自此，不少官方网站、政府组织、社会团体称西南地区为三省一市二区，国土面积260万平方公里。在这一广大的区域里，世居民族有壮、苗、侗、布依、水、傣、藏、彝、仡佬、白、傈僳、纳西、瑶、哈尼、羌、门巴、毛南、珞巴、怒、独龙、阿昌、景颇、基诺、拉祜、普米、京、佤、布朗、德昂、仫佬、土家、蒙古、满、回等。此外还有穿青人、绕家人、巴泥人、僮家、亿人、克木人、夏尔巴人、僜人、莱人等未识别民族，被人们称为"民族大观园"。

鉴于蒙古、满、回等民族的人口大多居住在西南以外地区，故本书稿在运用数据展示概貌、分析问题时集中选取人数主要集中于西南地区的世居民族，尽管这些世居民族在西南之外也有人口集中或分散、零星居住，但我们认为以之来反映西南少数民族经济、社会、人口、文化等状况是具有典型代表性与说服力的。

第一节 自然环境与社会生境

一 自然环境

任何一个民族都占有一片特定的自然空间，这片空间中所有自然特性——不同的气候带、植被区、地貌区等构成了该民族特有的自然生境。作为多民族居住的西南地区，自然环境十分复杂，在地理区位上，西南地区处于亚欧板块、印度洋板块与太平洋板块的交界地带，新构造运动强烈；加之石灰岩分布广，气候暖湿，流水侵蚀，溶蚀作用显著，因而地表极为破碎，成为我国乃至世界最为险峻的地区之一。

图 2 - 1　西南山地

在地貌形态上，西南地区显著地呈现为三个地形单元：一是四川盆地及其周边山地。主要范围包括重庆市大部、四川省的中东部和东南部。四川盆地地处一个十分重要的交汇与过渡区，北边是寒冷干燥的陕甘地区，南边是温暖湿润的云贵地区，西边是以游牧为主的康藏高原，东边是以农耕为主的江汉平原。这种特殊的地理位置，使得四川盆地必然成为东西南北各种文化因素交融之地。

二是云贵高原的高山山地丘陵区。主要范围包括贵州省全境、云南省的南部和中东部及广西北部山地。云贵高原是我国南北走向和东北——西南走向两组山脉的交汇处，地势西北高、东南低，大致以乌蒙山为界，分为西面的云南高原和东面的贵州高原两部分，是世界上岩溶地貌发育最典型的地区之一，山高谷深，河流纵横，气候温暖，湿润多雨。云南高原海拔在 2000 米以上，高原地形较为明显，高原地貌保存良好，山地顶部多呈宽广平坦地面，或呈和缓起伏地面；连绵起伏的山岭间，有许多湖盆和坝子；山岭基本上以南北走向为主，如点苍山、乌蒙山和龙山等。东部主要在贵州省境内，海拔在 1000—1500 米之间，起伏较大，山脉较多，高原面保留不多，称为"山原"，山岭基本上是东北——西南走向，如大娄山、武陵山等。云贵高原，是西南多民族生息繁衍的主要区域。

三是青藏高原高山山地区。主要范围包括西藏全境，四川省北部、西部、西南部和云南省的西北部。我们于此主要考察的是属于青藏高原的川西和滇西北的部分地区，即藏东高山峡谷区，一般海拔在3000米以上，海拔4500米以上的山峰终年积雪，这里土地广阔、日照充分，又有广阔的牧场和高山冰雪水源，具备农牧业发展的良好条件。

与地形区域相对应，西南地区的气候主要分为四川盆地湿润北亚热带季风气候、云贵高原低纬高原中南亚热带季风气候、高山寒带气候与立体气候三类。区域南端还分布有少部分热带季风雨林气候区，干湿季分明。

西南地区江河资源密布，中部和北部以长江流域的河流为主。南部和西部则分属珠江流域、元江（红河）流域、澜沧江（湄公河）流域、怒江（萨尔温江）流域、伊洛瓦底江流域、恒河流域和印度河流域。

西南地区拥有大面积高山区、草场以及常年生的林木和牧草，无霜期长，是我国发展橡胶、甘蔗、茶叶等热带经济作物的宝贵地区。同时，地区内矿产资源种类多、储量大，已发现矿种130种，有色金属约占全国储量的40%。例如，四川钒、钛储量分别占世界总量的82%和33%；云南有色金属达112种，其中铅、锌、锗均为全国之首；贵州拥有64种矿，其中汞、煤、铝、磷等30种矿物居全国前茅。

图2-2 山顶粮田

复杂多样的自然条件及生存环境,为不同地域单元内的人们因地制宜地发展农、林、牧、副、渔等不同类型的经济,以及狩猎、采集、种植等不同的生产活动奠定了基础。使西南地区形成了诸如河谷坝区稻作经济文化类型、山地农耕经济文化类型、山地耕牧经济文化类型、山地耕猎经济文化类型、高原游牧经济文化类型等生计方式和文化生态。30多个世居民族在这片地貌复杂多样的土地上,在这种多种经济形态始终共存的环境中,长期共存、生息繁衍,使西南成为世界上著名的多民族区域,成为我国少数民族文化的宝库。同时,也使各民族在生产生活中形成了各具特色而又内涵丰富的传统文化。一句话,自然环境因素在西南地区众多民族种类的形成、多元民族文化的产生、民族社会经济的发展过程中产生的影响是重大而多方面的。

二　社会生境

从社会生境来看,中华人民共和国成立以前,西南地区是中国社会生境最为复杂的区域,社会制度呈现立体多元状态,生计是一部活的社会发展史。分别存在着原始公社所有制、奴隶制、封建领主制、封建地主所有制等不同形态。各民族的社会发展有先有后,表现形式多种多样,即使在同一民族内部,由于地区间的差别,也有许多的不平衡。有学者研究认为,西南民族中存在着18种具有典型意义的社会,并归纳为三个大类:第一类是存活到20世纪的原始民族社会,如澜沧拉祜族的"底页"、贡山独龙族的"其拉"、金平拉祜西的"卡"、勐海布朗族的"嘎滚"和景洪基诺族的"卓米"等;第二类是处在原始社会与封建社会之间转体变型的社会,其中一种正在由原始社会通过不同途径向封建社会转化,如遮放山景颇族的山官制、阿佤山佤族的部落制、大瑶山瑶族的石牌制、雷公山苗族的议榔制、黎(平)从(江)榕(江)侗族的峒款制、怒江傈僳族的共耕制和处于封建社会包围之中的凉山奴隶制;第三类是有多种模式的封建领主社会,如阿坝草地藏族在游牧经济基础上形成的"游牧宗法制"、永宁纳西族的与母权制相结合的封建领主制、西双版纳傣族在村社联合的基础上形成的封建领主制、黔桂边境壮族布依族的亭目制、黔西北彝族把封建领主制与家支制度合为一体的则溪制。① 而在西南内地坝区和半山区、四川羌族地区的彝族、白族、壮族、回族、苗族、纳西族、水族、布依族、侗族、蒙古族、土家族等民族，则处于与汉族大体相同的封建地主制经济阶段。此外，在白族、纳西族等地区已开始出现资本主义经济成分。不同的社会形态是各民族经济社会发展进程差距大、发展水平不平衡的客观标志。

从社会文化的角度来看，其中不仅折射出西南民族文化的内涵丰富、复杂多样和立体久远，也使得其在新中国成立初经过社会改革向社会主义社会过渡后仍然以顽强的"文化惰性"生长着其内在的元素和特质，在某种意义上可以说，西南民族地区至今仍然被视为多姿多彩、原汁原味的原生态文化富矿区，除了复杂的自然生境、发展进程不一等因素外，与长时间处于立体的社会生境关系密切。

从生态人类学的立场观察，生态环境与民族文化类型的关系密切。一方面，生态环境类似，社会发展相似，而地域并不相连，相距很远的不同民族，其文化模式却具有一定的共性；另一方面，由于生态环境不同，处于相同社会发展阶段的不同民族，在适应和改造各自的自然环境的过程中，却会创造出不同特点的文化。文化之间的差异，是由社会环境与自然环境相互影响的特殊适应过程引起的。正是在这样复杂的自然生境与社会生境中，西南各民族为了征服和利用生境的需要，在累世累代的延续中，创造着各自特有的文化，以维系自己的"这一个"人们共同体，在生境、经济生活、语言、习俗、社会组织、认知方式、族名、信仰、伦理道德等诸多方面，稳定而系统地呈现出与其他人们共同体的差异。②

---

① 史继忠：《西南民族社会形态与经济文化类型》，云南教育出版社 1997 年版，第 6—7 页。

② 何光渝、何昕：《原初智慧的年轮——西南少数民族原始宗教信仰与神话的文化阐释》，贵州人民出版社 2010 年版，第 35—37 页。

第二节　民族区域分布与人口变动

一　民族区域分布

在西南地区，世居着30多个少数民族，几乎占全国55个少数民族数目的3/5。绝大多数少数民族都以或大或小的聚居区同汉族居住区交错穿插，从而形成了在地域分布上以汉族为主体的各民族"大杂居、小聚居""又杂居、又聚居"的分布格局。从民族的行政区划分布看，藏族主要分布在西藏、云南、四川；苗族主要分布在贵州、云南、重庆、四川、湖南、广西；彝族主要分布在云南、四川、贵州，以及与广西毗邻地区；壮族主要分布在云南、贵州、广西；布依族主要分布在贵州；侗族主要分布在贵州、湖南、广西；瑶族主要分布在贵州、云南、广西、湖南、四川；白族主要分布在云南、贵州；土家族主要分布在贵州、四川、重庆、湖南、湖北；水族主要分布在贵州、广西；仡佬族主要分布在贵州、广西、云南；羌族主要分布在四川；纳西族主要分布在云南、四川；傈僳族主要

图2-3　民族村寨

分布在云南、四川；哈尼族、傣族、拉祜族、佤族、景颇族、布朗族、阿昌族、普米族、怒族、基诺族、德昂族、独龙族主要分布在云南。西南是我国壮、苗、侗、藏、彝、布依、纳西、傣、羌、白、哈尼、瑶、傈僳、水、拉祜、佤等民族的最大居住区，也是羌、纳西、佤、傣、哈尼、彝、水、壮等民族的唯一居住区。西南少数民族的具体分布特点，可作如下几个方面的概述。

一是大部分少数民族在地理分布上相对集中。如 2010 年"六普"时，壮族人口有 1692.64 万人，分布于广西的壮族人口就达 1444.85 万人，占全国壮族人口总数的 85.36%；傣族有 126.13 万人，其中云南122.20 万人，占全国傣族人口总数的 96.88%；水族有 41.19 万人，其中贵州 34.88 万人，占全国水族总人口的 84.68%；布依族 287.00 万人，其中贵州 251.06 万人，占全国布依族总人口的 87.48%。[①] 其他一些民族如拉祜族、佤族、景颇族、布朗族、阿昌族、普米族、侗族、苗族等都表现为集中分布或跨区域连片分布。

二是一些民族兼有散居和聚居两种形式。如四川境内的傈僳族，目前约有 16000 余人，主要分布在德昌、盐边、米易 3 个县，呈小聚居分布，在会理、会东、木里、攀枝花市郊又与汉、纳西、苗、彝、藏等族交错杂居；云南省的 70 多个县市也都有傈僳族的分布，而在一些县乡又形成了傈僳族相对集中的聚居区。壮族、苗族等民族在其聚居区外，仍有相当数量的杂散居人口广泛分布；同时，在某些民族散居地区又有相对的集中，如主要分布在广西壮族自治区、云南、贵州等地的瑶族，其分布特点是大分散、小聚居，主要居住在山区。

三是大多数民族以村为单位聚居山区，表现为各民族居住环境以高山为主，以天然地势来划定同周围其他民族的居住地域。如人口较少的怒族，主要分布在云南省怒江傈僳族自治州的贡山独龙族怒族自治县、福贡县及兰坪白族普米族自治县，大多居住在海拔 1500—2000 米的山腰台地上。因其生存环境恶劣、土地资源贫乏，故怒族一般以血缘为单位构成一定的聚居村落。每村规模大者 150 户左右，中等者四五十户，小者不足10 户。又如水族，主要聚居地位于贵州省南部偏东，地处云贵高原的东

---

① 国务院人口普查办、国家统计局人口和就业统计司：《中国 2010 年人口普查资料》，中国统计出版社 2012 年版，第 37—54 页。

南斜坡。其居住地地势自北向南倾斜，平均海拔在 500—1000 米之间。而中国西南边疆的一个古老民族——佤族，其主要居住区则位于澜沧江与萨尔温江之间，怒江山脉南段的舒展地带。

四是多为农业民族。除藏族地区的部分牧区外，从古至今，属于封建地主经济形态的有云南内地彝、白、壮、回、纳西、水、布依、瑶、蒙古、土家、苗、侗以及四川羌等民族。这些民族世世代代耕耘于脚下的土地而创造出的山地农耕文明与生态智慧成了当代加快生态文明建设、促进人与自然和谐的宝贵财富。

五是少数民族地区人口密度低，地域间差别大。同全国民族地区一样，中国西南少数民族地区大多地广人稀，人口密度很低。2000 年，全国每平方公里平均人口密度为 133 人，东部沿海地区人口密集，每平方公里超过 400 人，中部地区每平方公里 200 多人，中国西南少数民族地区则每平方公里不足 10 人。

六是有不少的少数民族分布在沿边一线，跨境而居。如云南与越南、缅甸、老挝接壤，国境线长达 4061 公里，有 8 个州（市）、25 个县（市）、100 多个乡镇，分布在边境一线，人口 580 多万，其中近 60% 为少数民族，16 个少数民族跨境而居，形成地相接、山相连、水相通、人相往的居住格局。由于是同一种民族，有共同的语言、共同的民族意识、共同的生活习俗、共同的宗教信仰，境内外的经济社会交往十分频繁，比如国境线两侧的边民，历史上形成的探亲访友、通婚互市、拜佛朝庙、节日聚会等传统交往。①

中国西南地区各民族呈"大杂居、小聚居、你中有我、我中有你"的分布特点，使各民族文化的相互影响和交融混合现象普遍存在，因之使得许多民族间保持着较为密切的"文化亲缘关系"。比如，铜鼓文化在壮、苗、水、布依、瑶等很多民族中都存在，至今仍有繁荣之势；其他如洪水传说、洪水之后兄妹成婚生九子的传说在仡佬、苗、彝和汉等民族中都很流行，充分反映了这些民族之间在文化上的紧密联系。无论是生产、婚丧、民间信仰、工艺美术、岁时节日，还是服饰、建筑、戏曲舞蹈、游戏娱乐、宗族社团、宗教祭祀、语言文字等，都体现着民族文化多元交融

---

① 杨昹、李克建、肖琼：《中国西南少数民族文化要略》，四川人民出版社 2011 年版，第 13—16 页。

的情况，从而大大丰富和繁荣了中华民族文化宝库的内容。

二　人口变动

人口是一个内容复杂、综合多种社会关系的社会实体，具有性别和年龄及自然构成，多种社会构成和社会关系、经济构成和经济关系。人口的出生、死亡、婚配，处于家庭关系、民族关系、经济关系、政治关系及社会关系之中，一切社会活动、社会关系、社会现象和社会问题都同人口发展过程相关。人口的变动发展反过来又影响着一个地方的经济社会的发展、资源环境的变迁以及价值观念的形塑。西南地区是多族系的汇聚地和多民族的聚居地，人口较多的民族与人口较少民族长期以来在这片土地上繁衍生息、变动发展，人口发展不平衡是多民族共存前提下的客观事实。总的状况是，在新中国成立以前，由于生存环境的制约、发展进程的滞后、民族歧视的干扰、剥削阶级的压迫，少数民族人口尤其是生活在偏僻、边缘和环境恶劣的少数民族人口增长极其缓慢，有的甚至出现了负增长，1964 年"三普"时，居住于滇西、藏东南的基诺、德昂、门巴、独龙、珞巴等族均在万人以下。

新中国成立后，在西南民族地区的社会改革，以及相继一系列党和国家帮助、扶持和照顾少数民族地区经济社会发展的政策的出台及其实施，使西南地区告别了落后的制度与生产方式，走上了社会主义康庄大道，经济社会、文化教育、人民生活等发生了翻天覆地的变化，各民族的人口也随着区域内人口的增加而不断增长。2010 年，区域内各省区的人口为：云南 4602 万人，四川 8045 万人，贵州 3479 万人，重庆 2885 万人，西藏 301 万人，广西 4610 万人，分别比 1951 年增长了 177.22%、83.26%、140.76%、

图 2-4　贵州晴隆二十四道拐

67.25%、164.04%和141.87%（见表2-1）。主要居住于西南的少数民族人口也增长较快，如2010年"六普"时，基诺族23143人，德昂族20556人，门巴族10561人，独龙族6930人，毛南族101192人，分别比"三普"增长了93.50%、67.12%、816.40%、49.58%和165.19%。西南各少数民族人口新中国成立以后普遍处于增长状态（见表2-2）。

从表2-2可以看出，在西南地区，人口在100万以上的有壮族、回族、苗族、彝族、藏族、布依族、侗族、瑶族、白族、哈尼族、傣族等；人口在10万以上100万以下的有傈僳族、仡佬族、拉祜族、佤族、水族、纳西族、羌族、景颇族、毛南族；人口在10万人以下的有布朗族、普米族、阿昌族、怒族、京族、基诺族、德昂族；人口不足1万人的有门巴族、独龙族、珞巴族等。

根据2010年第六次全国人口普查，全国共有少数民族人口11 379万人，占全国总人口8.49%，比2000年"五普"人口数上升0.08个百分点。少数民族人口十年年均增长0.67%，虽略高于汉族0.11个百分点，但人口增长总体处于低生育水平阶段。具体来说，西南民族的分布特点依然是民族种类多，人口悬殊，世居的30多个民族聚居或杂居的格局未有根本改变。虽然有的民族在全国许多地方都有分布，但其主体或相当数量的人口分布在西南。从表2-1可以看出，"六普"时人口在100万以上且主要居住于西南的少数民族有壮族1692.64万人，占少数民族总数比例（后简称"占比"）为1.27%，苗族942.60万人，占比0.71%，彝族971.44万人，占比0.65%，藏族628.22万人，占比0.47%，侗族288.00万人，占比0.22%，布依族287.00万人，占比0.22%，瑶族279.60万人，占比0.21%，白族193.35万人，占比0.15%，哈尼族166.01万人，占比0.13%，傣族126.13万人，占比0.10%。人口在10万以上100万以下的有傈僳族（70.28万人）、仡佬族（55.08万人）、拉祜族（48.60万人）、佤族（42.97万人）、水族（41.19万人）、纳西族（32.63万人）、羌族（30.96万人）、景颇族（14.78万人）、布朗族（11.96万人）和毛南族（10.12万人）。人口在10万人以下的有普米族（4.29万人）、阿昌族（3.96万人）、怒族（3.75万人）、京族（2.82万人）、基诺族（2.31万人）、德昂族（2.06万人）和门巴族（1.06万人）。人口不足1万人的有独龙族（0.69万人）和珞巴族（0.37万人）。全国少数民族人口中最多的壮族和最少的珞巴族都集中于西南。

表 2－1　　　　　　　西南各省市区人口发展变化情况　　　（单位：万人）

年份	省（区、市）及人口数						
	云南	四川	贵州	重庆	西藏	广西	合计
1950	1626.73	4259.60	1417.20	—	—	1875.00	9178.53
1951	1660.23	4390.40	1444.70	1725.34	114.09	1906.00	11240.76
1952	1695.12	4628.50	1489.90	1776.52	115.00	1943.00	11648.04
1953	1730.60	4694.40	1521.50	1759.22	115.92	1976.00	11797.64
1954	1767.75	4782.60	1557.05	1816.73	116.85	2018.00	12058.98
1955	1805.83	4882.60	1586.77	1857.74	117.78	2053.00	12303.72
1956	1841.63	4989.50	1628.09	1962.89	118.72	2092.00	12632.83
1957	1896.78	5088.80	1680.86	2005.18	119.67	2147.00	12938.29
1958	1914.48	5095.30	1712.02	1958.62	120.62	2186.00	12987.04
1959	1911.93	4983.00	1743.96	1977.94	122.80	2205.00	12944.63
1960	1894.55	4783.80	1642.99	1884.00	126.98	2172.00	12504.32
1961	1899.86	4667.30	1623.53	1791.57	129.87	2159.00	12271.13
1962	1963.72	4688.30	1664.29	1797.19	130.17	2218.00	12461.67
1963	2021.08	4834.60	1703.56	1861.14	132.38	2300.00	12852.76
1964	2088.44	4980.90	1751.99	1917.37	134.67	2362.00	13235.37
1965	2160.36	5162.10	7820.71	1974.89	137.12	2445.00	19700.18
1966	2231.86	5335.50	1885.00	2032.80	139.67	2528.00	14152.83
1967	2287.13	5505.10	1957.00	2097.99	142.41	2588.00	14577.63
1968	2361.68	5685.30	2035.00	2144.93	145.16	2651.00	15023.07
1969	2422.79	5849.60	2108.00	2213.41	148.05	2738.00	15479.85
1970	2503.33	6052.40	2180.46	2289.64	151.20	2818.00	15995.03
1971	2592.69	6229.40	2259.00	2354.36	155.38	2898.00	16488.83
1972	2663.08	6403.90	2323.21	2413.36	159.28	2973.00	16935.83
1973	2746.89	6582.40	2395.23	2483.23	162.92	3057.00	17427.67
1974	2818.97	6729.50	2463.41	2541.08	166.12	3130.00	17849.08
1975	2884.29	6874.70	2530.95	2592.59	169.11	3201.00	18252.64
1976	2951.75	6963.00	2585.11	2615.57	172.40	3267.00	18554.83

续表

年份	省（区、市）及人口数						
	云南	四川	贵州	重庆	西藏	广西	合计
1977	3024.59	7031.30	2640.14	2682.06	175.62	3329.00	18882.71
1978	3091.47	7071.90	2686.40	2635.56	178.82	3402.00	19066.15
1979	3134.79	7120.50	2730.99	2653.69	182.69	3470.00	19292.66
1980	3173.39	7154.80	2776.67	2664.79	185.28	3538.00	19492.93
1981	3222.77	7215.60	2826.78	2694.05	185.96	3613.00	19758.16
1982	3283.10	7300.40	2875.21	2721.69	189.25	3684.00	20053.65
1983	3330.80	7336.90	2901.46	2738.63	193.14	3733.00	20233.93
1984	3372.10	7364.00	2931.85	2747.75	196.68	3806.00	20418.38
1985	3418.10	7419.30	2972.18	2768.26	199.48	3873.00	20650.32
1986	3480.00	7511.90	3025.86	2807.60	202.49	3946.00	20973.85
1987	3534.00	7613.20	3072.58	2845.14	207.95	4016.00	21288.87
1988	3594.00	7716.40	3127.27	2873.34	212.31	4088.00	21611.32
1989	3648.00	7803.20	3171.00	2897.01	215.91	4150.00	21885.12
1990	3730.60	7892.50	3267.53	2920.90	218.05	4242.00	22271.58
1991	3782.10	7947.80	3314.63	2938.99	221.79	4324.00	22529.31
1992	3831.60	7992.20	3360.96	2950.78	225.27	4380.00	22740.81
1993	3885.20	8037.40	3408.69	2964.92	228.88	4438.00	22963.09
1994	3939.20	8098.70	3458.41	2985.59	231.98	4493.00	23206.88
1995	3989.60	8161.20	3508.08	3001.77	235.55	4543.00	23439.20
1996	4041.50	8215.40	3555.41	3022.77	239.30	4589.00	23663.38
1997	4094.00	8264.70	3605.81	3042.92	242.74	4633.00	23883.17
1998	4143.80	8315.70	3657.60	3059.69	245.39	4675.00	24097.18
1999	4192.40	8358.60	3710.06	3072.34	247.72	4713.00	24294.12
2000	4240.80	8407.50	3755.72	3091.09	251.23	4751.00	24497.34
2001	4287.40	8436.60	3798.51	3097.91	253.70	4788.00	24662.12
2002	4333.10	8474.50	3837.28	3113.83	255.44	4822.00	24836.15
2003	4375.60	8529.40	3869.66	3130.10	259.21	4857.00	25020.97

续表

年份	省（区、市）及人口数						
	云南	四川	贵州	重庆	西藏	广西	合计
2004	4415.20	8595.30	3903.70	3144.23	263.44	4889.00	25210.87
2005	4270.32	8642.14	3867.73	3169.16	267.55	4894.17	25111.07
2006	4483.00	8169.00	3757.00	2808.00	281.00	4719.00	24217.00
2007	4514.00	8127.00	3762.00	2816.00	284.00	4768.00	24271.00
2008	4543.00	8138.00	3793.00	2839.00	287.00	4816.00	24416.00
2009	4571.00	8185.00	3798.00	2859.00	290.00	4856.00	24559.00
2010	4602.00	8045.00	3479.00	2885.00	301.00	4610.00	23922.00

资料来源：国家统计局国民经济综合统计司：《新中国五十五周年统计资料汇编》，中国统计出版社 2005 年版，第 12 页；国家统计局：《中国统计年鉴》（2005、2006、2007、2008、2009、2010、2011），中国统计出版社。

表 2-2　　　　　　少数民族人口变化及主要分布情况　　　　（单位：人）

民族	1953 年	1964 年	1982 年	1990 年	2000 年	2010 年	主要分布地区
壮族	6864585	8386140	13383086	15555820	16178811	16926381	广西、云南、贵州、广东、湖南
苗族	2490874	2782088	5021175	7383622	8940116	9426007	贵州、湖南、云南、四川、广西、湖北等
彝族	3227750	3380960	5453564	6578524	7762272	8714393	四川、云南、贵州、广西
藏族	2753081	2501174	3847875	4593072	5416021	6282187	西藏、四川、云南、青海、甘肃
布依族	1237714	1348055	2119345	2548294	2971460	2870034	贵州黔南、黔西南、黔东南、贵阳
侗族	712802	836123	1426400	2508624	2960293	2879974	贵州、湖南、广西
瑶族	665933	857285	1411967	2137033	2637421	2796003	广西、广东、湖南、云南、贵州
白族	56719	706623	132224	1598052	1858063	1933510	云南、贵州、湖南
哈尼族	481220	628727	1058806	1110758	1439673	1660932	云南红河、墨江、西双版纳、江城

续表

民族	1953 年	1964 年	1982 年	1990 年	2000 年	2010 年	主要分布地区
傣族	478966	535389	839493	1025402	1159989	1261311	云南西双版纳、德宏、临沧、普洱、玉溪、红河
傈僳族	317465	207628	481884	574589	634912	702839	云南怒江、丽江、迪庆、大理，四川凉山
仡佬族		26853	54164	43892	579357	550746	贵州、广西
拉祜族	139060	191241	304256	411545	453705	485966	云南思茅、澜沧、孟连
佤族	286158	299272	298611	351980	396610	429709	云南西南沧源、西盟、澜沧、耿马、孟连、双江、风庆、镇康、思茅
水族	133566	156099	286908	347116	406902	411847	贵州省东南部、广西、云南
纳西族	143453	156796	251292	277750	300839	326295	云南丽江，四川盐边、盐源
羌族	35660	49105	102815	198303	306072	309576	四川茂县、松潘、汶川、理县
仫佬族		52819	90357	160648	207352	216257	广西罗城、贵州黔南
景颇族	101852	57762	92976	119276	132143	147828	云南德宏
布朗族		38411	58473	82398	91882	119639	云南西双版纳、澜沧、双江、永德
毛南族		22382	38159	72370	107116	101192	广西环江、河池、南丹，贵州平塘
普米族		14298	24238	29721	33600	42861	云南兰坪、永胜、宁蒗，四川木里、盐源
阿昌族		12032	20433	27718	33936	39555	云南德宏
怒族		15047	22896	27190	29759	37523	云南怒江、迪庆
京族		4293	13108	18749	22517	28199	广西防城、钦县
基诺族			11960	18022	20899	23143	云南西双版纳
德昂族		7261	12297	15461	17935	20556	云南德宏、临沧、盈江、瑞丽、保山
门巴族		3809	1140	7498	8923	10561	西藏墨脱、错那、林芝

民族	1953 年	1964 年	1982 年	1990 年	2000 年	2010 年	主要分布地区
独龙族		3090	4633	5825	7426	6930	云南贡山
珞巴族			1066	2312	2965	3682	西藏米林、墨脱、朗县、察隅

资料来源：根据《中国民族统计年鉴》（1949—1994）、《中国统计年鉴 2003》、2000 年全国第五次人口普查以及 2005 年全国 1% 人口抽样调查（民族人口为百万以上数据）等有关资料整理而成。

在西南少数民族中，"五普"至"六普"间人口增长较快的民族有藏族（增长率 15.99%）、彝族（12.27%）、哈尼族（15.37%）、傈僳族（10.70%）、景颇族（11.86%）、阿昌族（16.56%）、普米族（27.56%）、怒族（30.47%）、德昂族（14.61%）、京族（25.23%）、门巴族（18.36）、珞巴族（24.18%）和基诺族（20.74）。处于人口负增长状态的民族有布依族、毛南族、仡佬族和侗族，增长率分别为 −3.41%、−5.57%、4.94% 和 −2.71%。[①]

需要指出的是，尽管西南少数民族人口发展已在现代人口再生产类型上前行，相对于汉族来讲，西南少数民族总体上尚处于人口增长快、人口年龄结构轻、人口科学文化素质低、人口分布和人口经济密度不平衡、人口在业行业多集中于第一产业、贫困人口多等状态。如在受教育年限上，"六普"时，只有仫佬族（10.01）、京族（9.01）两个民族高于全国 8.8 的年平均水平。年龄结构上民族间差异较大，65 岁以上人口占总人口比例最高的纳西族（9.18%）与最低的珞巴族（4.05%）相差 5.13 个百分点，等等。进一步稳定低生育水平，统筹解决人口发展中存在的问题，实现人口均衡发展，促进人口与社会经济资源环境可持续协调发展，是西南地区民族人口发展的重要主题。这一主题目标的实现，无疑需要相应人口文化的建构创新和支持引领。

---

① 国务院人口普查办、国家统计局人口和就业统计司：《中国 2010 年人口普查资料》，中国统计出版社 2012 年版，第 199—258 页。

第三节　西南民族文化环境

一　文化环境

　　这里所指的西南少数民族文化，从广义上讲，是指西南少数民族地区 30 多个世居少数民族在历史上形成的与自然资源相对的物质文化和精神文化，是一种历史和文化相结合的资源。可以说，中国西南少数民族地区的魅力，不仅在于秀丽的自然风光、宜人的气候、众多的民族，更重要的还体现在深厚的历史文化底蕴和多姿多彩的民族文化上。

　　中国西南少数民族地区自然地理环境条件独特，民族历史悠久，民族文化灿烂。早在秦汉以前，西南地区就是许多民族先民生活和活动的地方。《史记·西南夷列传》最早以"西南夷"名称来记载西南少数民族的历史。从古文献的记载来看，"西南夷"既是民族名称，又是地域概念。"西南夷"分布地域广阔，民族种类繁多，各民族的族称也是一种历史的、动态的概念，史书中相继出现的西南夷、西夷、南夷、昆明、蛮夷、和夷、百濮、百越、氐羌、东爨、西爨、乌蛮、白蛮、罗罗、磨些蛮、卢蛮、金齿等称呼皆指生活在这一地区的古代民族。生活在西南地区的 30 多个世居少数民族的语言分属两大语系 4 个语族，即汉藏语系藏缅语族、壮侗语族、苗瑶语族以及南亚语系的高棉语族。从现代语言谱系关系来看，西南是汉藏语系诸语族民族汇聚之地：属于藏缅语族的有藏、彝、白、纳西、傈僳、拉祜、哈尼、阿昌、景颇、普米、怒、独龙、基诺、羌等族；土家族语属于藏缅语族中比较接近彝语的独立语言。属于壮侗语族的有壮、傣、布依、侗、水、仫佬、毛南等族；属于苗瑶语族的有苗、畲族；瑶族的三种语言"勉语""布努语""拉珈语"以及仡佬族语言归属于汉藏语系。我国南亚语系孟—高棉语族的三个民族佤、布朗和德昂族，全都分布在西南。在西南，一个民族里使用几种不同的语言的现象并不鲜见；在同一种语言内部，有的也相当复杂，有的分方言土语，也有的只有土语而无方言。虽然西南各少数民族并非都有自己的文字，但都使用汉字，都使用自己的语言这一最重要、最基本、最复杂的符号系统来传承本民族的传统文化。在各民族传统文化中，更存在着大量非语言文字的约定俗成的象征符号，承载、传递并展示着本民族文化中的各种隐喻意义。这也正好说明了西南各民族在漫长历史中，经历了极为错综复杂的融合演进过程，展示了各民族语言文化的特点与魅力。西南，是我国民族语言的富集区域。

图 2-5　民族传统节庆

西南地区的民族文化遗迹，无论其丰富性，还是久远的历史价值及多民族特性都在世界上有重要的影响。1964 年，著名考古学家裴文中先生起始发掘的贵州黔西观音洞遗址，不仅是南方材料最丰富、最具代表性的古文化遗址，而且是我国旧石器时代早期三个重要类型之一，是新中国成立后发掘到的长江以南最大的一个旧石器时代早期的文化遗址。1965 年，在云南省元谋县上那蚌村西北部发现的"元谋人"，生活的年代为距今 170 万年左右；1987 年又在元谋县发现的"东方人"，生活的时间距今约 250 万年。"东方人"和"元谋人"是中国境内现在已知的最早的人类，比"北京人""蓝田人"的时间早。从全国来看，旧石器时代文化遗址中出土的骨器和角器是不多的，而贵州的兴义猫猫洞、普定穿洞、桐梓马鞍山、六枝桃花洞、安龙观音洞出土了数量可观的骨器、角器，在国内可谓是"独领风骚各万年"。20 世纪七八十年代，在云南发现的属于类人猿阶段的"开远森林古猿"和"禄丰古猿"，证明西南还是人与猿的共同祖先古猿的栖息地。20 世纪 80 年代，在重庆市巫山县发现的"直立人巫山亚种"，地层年代距今 201 万—204 万年，是我国目前发现最古老的人类化石。在四川广汉发现的三星堆遗址，证明距今 4500—3000 年前，古蜀先民在这块土地上创造了灿烂的古蜀文明。历年来，陆续发现的桐梓人、昭通人、水城人、穿洞人、丽江人、昆明人、蒙自人、资阳人、柳江人、西畴人、盘县人、筠连人等古人类化石，以及众多从旧石器时代早期到新石器时代晚期的原始文化遗址在西南各地普遍被发现，这些人类化石都有确切地点及层位，充分证明了西南地区是中国境内最早有人类居住的地方中国西南地区是人类起源的摇篮之一，众多的考古发掘同时也证明，在幅员辽阔、自然地理环境多变的西南地区，地方性是西南旧石器、新石器时代文化的根本特点，呈现出数量众多、面貌复杂的地区文化图景。

美国的文化人类学家克鲁伯和克罗孔在《文化：关于概念和定义的探讨》一书中指出："文化存在于各种内隐的和外显的模式之中，借助符号的运用得以学习和传播，并构成人类群体的特殊成就，这些成就包括他们制造物品的各种具体式样，文化的基本要素是传统（通过历史衍生和由选择得到的）思想观念和价值，其中尤以价值观最为重要。"[①] 一个民族的价值观是涵盖着群体所共有的意义系统。西南各少数民族的传统文化价值观及价值取向，既有中华民族价值观（主流价值观）的共性，又有每一个民族的个性（自我认同的价值观）。这种价值观的差异，在各民族社会生活的许多方面，特别是在生活习俗、道德观念、人生礼仪、宗教信仰即各种文化制度上，表现得十分明显。如在"经济文化类型"上，西南民族总体上属于其中的"耕牧经济文化类型"，但居住在西南山地的百越各民族在生产和生活上因与水有着密切的特殊关系而能够驯化野生稻，创造出相应的文化类型"稻作文化"，直到现当代，生活在西南、与古代百越具有族源关系的壮侗语族各民族，其所处生态环境、生产生活方式等诸多方面，仍然不同程度地反映出百越文化传统内涵。而在云贵高原、湘桂区及武陵山区生息繁衍的苗、瑶、畲等民族，开山造田、辅以狩猎，部分低平地区间种水稻，创造出独特的山地耕猎文化。分布在藏南、滇西北

---

① 殷海光：《中国文化的展望》，中国和平出版社 1988 年版，第 29—42 页。

至滇南的横断山脉南段山区的珞巴、独龙、怒、傈僳、景颇、佤、基诺等民族，适应亚热山区环境，创造了山地火耕旱地农作兼事狩猎的文化区。30多个世居民族在这片地貌复杂多样的土地上，在这种多种经济形态始终共存的环境中，长期共存、生息繁衍，使西南成为世界上著名的多民族区域，成为我国少数民族文化的宝库。

由于各民族发展历史、生存环境与生计方式、语言习俗等存在差异，各民族在宗教信仰内容、表现形式和方法等方面有着较大的不同，既有源自古印度的佛教（包括大乘佛教、小乘佛教、藏传佛教），也有来自西方国家的天主教、基督教、伊斯兰教，还有源自于本土的道教以及自发性的原始宗教。不同的宗教信仰形式对各民族的人口文化产生了较大影响。具体来看，大乘佛教主要在白族中盛行，部分拉祜族和少数壮、布依、侗、纳西、彝、羌等民族也有信奉。云南省大理白族地区，早在南诏、大理国时期（唐宋时期）佛教就很盛行，全国重点文物保护单位——大理崇圣寺三塔，就是南诏晚期和大理国初期先后修建的代表性建筑。小乘佛教的信仰者主要是西南边疆的傣族、德昂族、阿昌族，以及部分布朗族和佤族，其中傣族地区的村寨几乎都有佛寺和僧侣。信仰藏传佛教者主要是藏族，此外还有其他一些少数民族，如蒙古族及部分纳西族、怒族、羌族、普米族等。伊斯兰教的信仰者主要是居住在云南、贵州、四川的回族。西南地区各民族中，几乎都有多神崇拜的原始宗教信仰的习俗和惯性，自然崇拜、图腾崇拜、祖先崇拜、鬼神崇拜是其主要形式，而在近代，由于天主教、基督教在西南地区的传播，一些民族多有信仰，在一些地区或社区，甚至有各种宗教并存传播的特征，如贵州青岩除原始宗教外，在清末就呈现道教、佛教、天主教、基督教多教传播的局面并延续至今。宗教信仰的多样性与复杂性在很大程度上深深影响着民族的经济与社会生活，也使西南地区各民族的文化不同程度地镶刻着宗教的元素与特质。

西南民族的民俗风情，无论是其内容的丰富性、形式的多样性还是久远的历史价值都堪称世界之最。从种类上来讲，既有包括居住、服饰、生产、饮食、交通、交易等物质民俗，又有包括人生礼仪、族系（家族、亲属）、社会职业集团、节日、村落等在内的社会民俗，还有包括口承语言、行为传承、精神信仰等内容丰富的精神民俗。其中西南各少数民族在漫长的历史岁月中积淀的极其丰富的服饰、饮食、居住、生产、婚姻、丧葬、节庆、礼仪、禁忌等习俗文化以及反映民族传统文化于一体的节日（如藏年节、四月八、三月三、火把节、歌吁节、跳花会、端节、达努节、泼水节、牛王节、卯节等）就有千余种，这些民俗文化不但丰富了少数民族地区群众的精神文化生活，也产生了特有的文化凝聚力，是少数民族地区对外进行民族文化交流的内在潜力，也是西南地区经济社会发展极具价值而又开掘不尽的文化资源。

西南少数民族在长期的历史发展进程中，留下了光辉灿烂的文化财富。在民间文学方面，有藏族《格萨王传》、彝族《阿诗玛》等著名史诗；音乐舞蹈方面许多作品在国内外有重大影响，多声部的侗族大歌世所少见，土家族的"龙船调"被列为世界上最有代表性的民间歌曲之一；纳西古乐蜚声海外。西南民族地区是歌的世界、舞的海洋。歌的曲调有大歌（侗族）、大调（布依族）、玩调（佤族）、龙船调（土家族）等；舞蹈种类有木鼓舞、筷子舞、板凳舞、芦笙舞、铃鼓舞、扁担舞、竹竿舞、孔雀舞等，千姿百态，各具特色。在民族民间工艺美术方面，西南民族有着杰出的才华和创造，其中又以布依、苗、侗、瑶、亿佬等民族的蜡染、挑花、刺绣、脸谱、金银铜饰品等最为有名。在我国已列入的30余处世界文化遗产中，西南就有丽江古城、大足石刻、西藏布达拉宫（大昭寺、罗布林卡）、青城山—都江堰、九寨沟、武陵源、三江并流、荔波茂兰喀斯特、峨眉山—乐山大佛等。在我国列入世界生物圈的21个保护圈中，西南就有梵净山、茂兰、高黎贡山、西双版纳、卧龙、九寨沟、黄龙、山口等八处。"返璞归真，回归自然"十大旅游首选地，中国仅有西南地区的贵州黔东南入选。世界乡土文化保护基金会授予的全球18个生态文化保护圈中，亚洲仅有中国的贵州黔东南和西藏入选，均被认为是"世界最大的民族博物馆""人类疲惫心灵的最后家园""人类保存的最古老的歌谣"。

由于特定的地理环境和历史发展过程，西南少数民族地区呈现出和谐、融洽的民族关系。从民族分布格局来看，西南各民族呈大杂居、小聚居、你中有我、我中有你的分布特点。由于各民族交错杂居，文化的相互影响和交融混合现象相当普遍，致使许多民族间保持着较为密切的"文化亲缘关系"，西南少数民族地区民族文化丰富多彩，无论是生产、婚丧、民间信仰、工艺美术、岁时节日，还是服

饰、建筑、戏曲舞蹈、游戏娱乐、宗族社团、宗教祭祀、语言文字
等，都体现着民族文化多元交融的情况，从而大大丰富和繁荣了中华
民族文化宝库的内容。

二　文化特点

西南少数民族文化从不同的视野和角度，可以划分为不同的文化类
型。从纵向来看，它是几千年历史积淀下来的各类型文化；从横向来看，
是西南少数民族地区现存的各民族的文化，即每个民族都有自己独有的文
化特色，可以自成一文化体系；从纵横交错的结合点上来看，是西南少数
民族和历史交融的地域文化。这三个层面的交融充分体现了西南少数民族
文化的共有特性。总的来看，西南少数民族文化博大丰富，绚丽多彩，具
有历史性、民族性、多样性、地方性及与自然资源的交融性等特点，主要
体现在以下几个方面。

图 2-6　禾架

第一，物质性与精神性交融。从最广泛的意义上说，西南各民族的传
统文化中，既包括这一地域内人们的一切生活方式和为满足这些方式所创
造的事物，也包括基于这些方式所形成的心理和行为。其表层是物质文

化，深层是精神文化，是西南各族人民适应环境、进行创造活动及其成果的总和。其物质文化，既包括经过人力作用的自然物或对象化了的劳动，又内含隐藏、凝集在外层物质里的人的思想、感情和意志，不曾或不需体现为外层物质的诸如宗教、神话等精神产品，以及那些人类精神产品非物质形式的对象化，诸如各种社会制度、组织之类。文化的深层，则主要是文化心理状态，包括价值观念、思维方式、审美趣味、道德情操、宗教情绪、民族性格，等等。物质与精神层面的彼此相关、相互交融，使西南民族文化这个有机体，有自己的一贯"面貌"，有自己的"主旋律"，并由此规定着自己的民族如何吸收、改造或排斥异质文化的某些要素，寻求并选择自己的发展。

第二，多样性与独特性共存。西南少数民族地区民族种类繁多，人口数量大，特殊的自然环境和丰富的资源决定了西南少数民族经济生活的多样性，而经济生活的多样性又形塑了该区文化多样性的特点。西南民族文化的多样性，不仅表现为各民族都有自己的主文化，还表现为同一民族支系不同或居住地不同而表现出在许多方面的较大差异性亚文化，也表现为西南少数民族在坚守本土文化的基础上，吸收外来文化的文化创新。在认识西南民族文化多样性的同时，必须肯定，由于西南少数民族地区所处的自然地理环境复杂独特，历史沉淀深厚，民族众多，加上交通极为不便，经济发展相对滞后，因而许多极为原始古朴的民族文化资源得以在这里的各民族中保留，各民族在久远的历史进程中形成、创造的包括语言、音乐、舞蹈、节庆、服饰、建筑、手工艺、宗教信仰、礼仪习俗以及生存观、价值观、生活和生产方式等在内的独有的民族文化都带着古老神秘的原始气息和少见的地域文化特质。

第三，封闭性与开放性同在。西南地区是我国乃至世界上最为险峻的地区之一。这里高山环峙，地势高低悬殊，峡谷深切曲折，河水湍急。自古以来四川就以"蜀道之难，难于上青天"而著称，而云贵高原上更有"地无三里平"之说。如此险要复杂的地形，对西南地区及当地居民来说，犹如一道坚固的天然屏障，既隔绝了该地区内的人们与外界发展经济文化等方面的交流，同时，在历史上生产力水平还不高的情况下，它也有力地阻挡了一切外部民族对该地区的兼并与对区内民族的同化与融合。①

---

① 尤玉明：《试论西南地区少数民族众多的原因》，《中学地理教学参考》1999 年第 9 期。

使该地区的居民在漫长的历史时期得以自由地各自向前发展，并形成各具特征的封闭的文化发展外部环境条件。从文化区的理论来看，西南少数民族地区的民族文化处于汉文化、印度文化和东南亚文化交汇的边缘。尽管环境险阻，交通不便，但各民族之间的交流融合未曾中断过，众多少数民族文化和多国文化在西南呈现出多元共生、多元并存、多元一体的特点。如儒、道、佛等多种文化在西南的并存；又如彝族毕摩文化中的儒、释、道的局部渗透，藏族古老的本教及藏传佛教与纳西族的东巴教之间存在的密切联系，傣族贝叶文化与印度文化的交流，以及该地区诸多民族文化中的汉文化渗透等。多种文化资源共存于此区域内，显示了西南民族文化包容性的博大襟怀。

第四，地域性与资源性齐辉。由于自然环境、民族历史与人文环境的差异性，西南各地少数民族文化在空间上呈现出了明显的地域性特征，而且这种地域性特征，随着社会的发展变化，在与各少数民族文化的进一步交融中，逐渐形成了极具地方特色的文化现象和文化品牌，如彝族的火把节、壮族的三月三、苗族的姊妹节、白族的三月街、布依族的查白歌节、侗族的萨玛节、水族的端节和卯节等具有地域文化特征的节日文化已为世界所瞩目。在西南民族中，不少文化真实地反映了民族文化与自然资源及其环境的交融性特征，如云南红河哈尼、贵州从江加鸠加榜等地的梯田文化、侗族"稻—林—渔—鸭"复合农耕文化、清水江木商文化、乌蒙高原农牧文化、横断山脉的茶马文化等，每一种依托资源或环境而形成的文化都是一个内涵丰富的文化丛集，如哈尼梯田文化就是围绕梯和梯田为核心发生的一系列文化现象，包括对梯田的建设呵护、对水的使用安排、对森林的深刻崇拜、对丰收的祈祷庆贺，以及人生礼仪、服饰、歌舞、文学等，处处体现着认识自然、利用自然、感激自然、顺应自然、善待自然、与大自然和谐相处的梯田文化精神实质。

通过上述对西南地区自然、民族文化等的大致勾勒，不难发现，西南地区是我国版图中一块古老、神秘而又富饶的土地，是我国民族成分聚集且人口比重较大的区域特殊的区域自然环境是多民族生存的依赖基础，又是各民族文化产生和得以保存的重要缘由，多姿多彩而富有原汁原味的各民族内涵及其表现形式异常丰富和多样，它们与各民族的经济、政治、社会、文化息息相关，紧密相连。而其中关于人口生产和再生产本身及其与

外部诸如制度、法律、环境等因素的关系与联系的文化，如同民族文化的
其他方面一样，不仅内涵丰富，更是深深地影响着各民族的经济社会生活
和民族的生存、繁衍与发展，在民族文化中占据着极为重要的地位，发挥
着特殊的功能作用。

第三章 西南民族人口婚姻家庭文化

　　家庭是以婚姻、血缘关系为纽带的社会生活组织形式，是最重要的社会细胞。家庭一般是由婚姻开始的，而婚姻通常是男女之间依照社会风俗或法律规定结为夫妻关系的一种社会制度。婚姻是家庭的基础和纽带，家庭是婚姻的组织形式。家庭自婚姻始，没有婚姻就没有家庭。婚姻是合法生育的前提，是人类自身生产的社会组织形式，家庭则是人口再生产的基本单位。由于婚姻仅意味着夫妻关系，家庭既包括夫妻关系，又包括由夫妻关系发展起来的父母子女关系和其他亲属关系，因而家庭文化与婚姻文化不可分割但又各自具有相对的独立性。但由于婚姻与家庭对人口再生产的关系特别密切，婚姻文化与家庭文化也就共同形成为人口文化的重要组成部分。

第一节 婚姻与婚姻制度

一 婚姻与婚姻制度

　　婚姻是男女依据一定的法律、伦理和习俗建立的符合这些法律、伦理和习俗的两性关系。婚姻是人的自然性与社会性的统一，婚姻关系一旦建立，男女两性就必须承担起维持夫妻关系、建立家庭和养育子女等社会职责。可以认为，婚姻是一种社会形式，也是一种社会制度，是形成家庭的基础。婚姻制度即为社会规定的有关夫妻关系建立的一整套社会规范，其存在特征表现出一定的时间性和空间性。因此，"婚姻制度并不是也不可能以固定的程式保持和流传下去，它会随着时代变迁淘汰旧的内容，认可和接受新的做法"①。恩格斯和摩尔根都认为，婚姻制度是在不断发展中的社会现象。它是一定的社会经济制度的产物，随着物质文明的进步及人类社会的发展，婚姻形式也经历了种种变异，在人类发展的历史上婚姻制度及由此产生的家庭制度经历了不同形态的发展过程，亦即从血缘内伙婚的血婚家庭、血缘外伙婚的普拉路亚家庭经由族外通婚的偶婚制家庭和父权制家庭，到一夫一妻制家庭形态的转变完成。②

婚姻具有以下两个特征：（1）男女两性的结合。婚姻关系之所以不同于其他社会关系，就在于它具有"异性结合"这一自然属性；（2）男女两性的结合符合当时的法律、伦理及风俗的规定。虽然，婚姻是两性间的事情，但它具有重要的社会意义，是一种为社会制度所确认的社会关系。在原始社会，为当时的社会习惯所认可；在文明时代，则是为社会的法律制度所确认。婚姻作为一种社会制度形式已有久远的历史，虽然历经变化，但其本质一直未变，即通过建立男女两性特定的社会关系实现人类的再生产。对于个人来讲，婚姻成为生命周期中的重要一环，具有文化和社会标签的双重作用。

事实上，婚姻制度不仅包括了如上所说的婚姻已经发展为家庭阶段的制度，还应包括婚姻一开始就被一套体系规范着的各种约束和成规。从这个层面上说，婚姻制度是人类在婚姻过程中形成的思想观念、行为规定、伦理道德、价值取向、风俗习惯等的总称，内涵宽泛。联系着婚姻本身与制度文化之间的婚姻关系，是一切与婚姻相关的过程中形成的婚姻双方以及联系着的他人之间的关系，婚姻事实和因此而来的各种关系。婚姻关系的形成，也就是婚姻制度发挥现实作用的过程。从人类学的角度看，任何一个民族内部的婚姻关系都应该是符合本民族内部制度文化体系的，因此，婚姻关系中的制度文化，其主体必然是能反映本民族文化特征的婚前择偶习惯条件、婚礼中的规范习俗、婚后的分工联络、婚姻家庭方面的婚内家庭关系和社会关系等主要方面。此外，婚姻关系制度的各种承载形式背后，所蕴含的种种民族心理和文化价值，更是值得关注的。

① 王跃生：《社会变革与婚姻家庭变动——20世纪30—90年代的冀南农村》，生活·读书·新知三联书店2006年版。

② ［德］马克思：《摩尔根〈古代社会〉一书摘要》，《马克思恩格斯全集》第20卷，人民出版社1965年版，第25页。

1980 年 9 月 10 日，第五届全国人民代表大会第三次会议通过的新的《中华人民共和国婚姻法》规定，"实行婚姻自由、一夫一妻、男女平等的婚姻制度"。"禁止包办、买卖婚姻和其他干涉婚姻自由的行为。""禁止重婚。""夫妻应当互相忠实，互相尊重；家庭成员间应当敬老爱幼，互相帮助，维护平等、和睦、文明的婚姻家庭关系。"现代中国，只有通过婚姻（结婚或离婚）登记建立的婚姻关系才得到法律的承认与保护。

二 婚姻制度形式

西南少数民族种类多，历史上婚姻形式繁杂而多样，从而使其所表现的文化现象丰富并各具特色。但从婚姻制度上来讲，自进入文明时代后，各民族婚姻普遍实行一夫一妻制，在婚姻的若干主要方面也基本一致，如一夫一妻、同宗不婚、舅权制约、自由恋爱、自主婚配等。在漫长的封建文化的影响下，许多民族实行着严格的本族内婚、家支外婚、姑舅表婚等习惯婚俗，即使在现代化如此发展的今天，一些民族旧的婚姻习俗依然残存，并在一定程度上为民族成员认可与信守。

（一）族内婚制

《辞海》释曰：族内婚制，是"以一定集团范围内选择配偶为特征。在原始社会，通常指部落内婚制，即部落内若干氏族之间通婚；而氏族内禁止通婚。在阶级社会，内婚制的通婚范围除与血缘有关外，还和民族、宗教、等级、阶级有关。有的民族不与外族通婚；有的宗教，只在教徒内通婚；有的古代民族和近代民族则实行同等级或同阶级内部通婚"。① 这里，族内婚制主要是指通婚范围只限于本民族内部，表明不同民族之间不予通婚或鲜有通婚现象。族内婚制在西南少数民族中，是一个普遍存在的文化现象。

黔西北彝族传统上很少与外民族通婚，而且同姓不婚，部分不同自称的彝族人之间也不通婚，如"青彝""红彝"均在各自内部通婚。彝族人认为自己的血统最纯洁、最优秀，加之历史上封建统治者所采取的民族隔离、民族歧视政策，逐渐使彝族人对其他民族尤其是汉族产生了

---

① 《辞海》，上海辞书出版社 2007 年版，第 1221 页。

敌对或排斥的态度因而排斥族外婚。与其他民族通婚者，为习惯法所不容，为本族人所不齿。新中国成立前，四川凉山彝族奴隶社会的统治等级为了维护自身的所谓高贵血统的纯洁，严禁与不同民族、不同等级的人通婚，统治等级的女子如果与被统治等级的男子有性关系或结婚，双方都要被处死。

广西那坡黑衣壮是壮族的一个支系，聚居在那坡县境内生态环境脆弱的大石山区，以农耕为生。黑衣壮从古至今一直实行严格的族内婚制，禁

图3-1　那坡黑衣壮

止与黑衣壮以外的壮族其他族群和其他民族通婚。这种俗规对任何黑衣壮人都具有绝对的约束力且都会自觉地去遵守。就是当前外出工作的黑衣壮也须找一个黑衣壮做伴侣。除特殊情况外，黑衣壮的族内婚制规定直系血亲和7代以内的旁系血亲不能通婚。黑衣壮保持族内婚制的原因主要有四：一是祖先传统的沿袭；二是为了保持"黑"的纯正；三是受黑衣壮与世隔绝的生活环境的制约；四是周边民族难以适应其生活习惯。因此，黑衣壮的通婚半径长期囿于该县5万人左右的黑衣壮族群内。①

除上外，历史上，西南一带的傈僳、傣、佤、基诺等族的婚姻多由父母包办，行族内婚制，很少与外族通婚。新中国成立后，平等团结、共同发展繁荣的民族政策和《婚姻法》的实行，各族青年男女的婚姻多建立在自由恋爱的基础上，民族内婚逐渐改变，民族男女青年与相邻民族通婚越来越多，有的女子远嫁上海、广州、北京等地，民族男青年迎娶外地他民族女子为妻的现象也愈来愈普遍。

①　何毛堂、李玉田、李全伟：《黑衣壮的人类学考察》，广西民族出版社1999年版，第6页。

（二）家支外婚制

家支外婚制，也称族外婚制或氏族外婚制，其特点是禁止同一家支内部通婚，与族内婚制相左。家支在不同的民族中有不同的称呼，如"房族""宗族""鼓社"等。家支是源自同一祖先的血缘集团由于人口增多，大家族分裂成许多小家族而形成的。按辈分来说，家支内部同辈之间均为"兄弟姐妹"，家支内部成员之间严禁通婚，婚姻只能在不同的家支之间缔结。大的家支必须通过祭祖分支仪式分裂为不同的家支后方可通婚。否则，同一家支的成员即使长期散居各地，历经十几代甚至数十代，血缘关系已经极为疏远，在传统观念上仍然属于兄弟姐妹，相互之间通婚或发生两性关系，被视为邪恶的乱伦行为而要受到习惯法的惩处。如苗族同"鼓社"的青年男女被视为兄弟姐妹，彼此不能通婚，违者将受到惩罚。在社会交往中，苗族生动地把其他"鼓社"称为"穿他们家衣服的"，把本"鼓社"称为"穿我们家衣服的"。在多个鼓社共度的传统节日里，后生们的择偶总是严格地按照姑娘们所穿服饰来划分泾渭，对"穿他们家衣服的"异性，通常作为考虑恋爱、婚嫁的对象。"议榔"（苗族习惯法）在婚姻上为此明确规定同姓不准结婚，"议榔"词唱道："同宗鼓社的子女是兄妹，不能婚配；亲姨表兄妹也如同亲兄妹，不准婚配。违者罚以'白水牛'祭祖祭社；虽同宗同社，分社以后，可以开亲。"[1] 瑶族习惯法——油锅制规定：同一"油锅"的人，都是一个父系祖先传下的子孙，同辈的人都是兄弟姐妹，按照氏族外婚的原则，绝对禁止通婚。因此，婚姻关系只能在不同的"油锅"之间缔结。凡与其他民族通婚、本民族其他支系通婚、同一"油锅"通婚或姨表通婚者，家族内的人都不认他，亦即将其开除族籍。[2]

家支外婚制，是西南少数民族普遍奉行的戒律。但在历史发展进程中，家支的人口发展快慢不一，家支的规模也就有大有小。家支外婚制的严格遵行，就难免给聚族而居的大家支的婚配造成困难，因此，由寨老、族长、毕摩（巫师）等主持的有利于婚配的制度调整便得以进行。除直

---

[1]　卓轶群：《黔东南苗族侗族婚姻习惯法的调查与研究》，《咸宁学院学报》2010年第9期。

[2]　黄海：《瑶山研究》，贵州人民出版社1997年版，第229页。

接的家支以大分小外，尚有以下几种变革：一是破一为二，拆戚改亲。在居住人口密度较大的地方，除采取把一个宗族分成两个宗族以实现就近开亲的愿望外，另一做法就是把宗族的一部分归附于另一姓，改姓开亲。如黔东南州凯里市凯棠苗族，顾姓宗族人口发展快，王姓宗族人发展慢，经商议，将部分顾姓改为王姓，从而协调婚配比例，实现"开亲在寨内，结戚在村中，牛角才长长，子孙代代昌"之愿。二是倒栽枫树，划地开亲。如贵州三都县廷排境内有一株 600 龄的石枫，它是当地水族的婚界。历史上，当地水族同宗同姓的小寨发展成大寨，又扩展为若干大寨小寨，致使恪守同宗不婚的人们在几十里方圆内难以婚配。族长在族人的提议下，举行倒栽枫树仪式以求示苍天，树活则以此划界上下双方可联姻婚嫁。这一成活至今并高耸入云的枫树已达 600 余年，树上下双方的水族人家相互开亲至今。三是使用"第二姓"，同姓开亲。"第二姓"即指姓氏之外，还有第二种姓氏，女性外嫁同姓（非同宗）可以另姓婚配。如贵州都匀市富溪乡的坪寨及岩寨均为布依族罗姓寨子，坪寨女嫁岩寨男则易姓"李"，岩寨女嫁坪寨男则易姓"于"，两寨赖有第二姓能谈婚论嫁，世代联姻。四是"破姓开亲"。过去，侗族村寨坚守"同姓不婚"的规条，由于通婚圈限制在一两个固定的群体之间，对人们近距离结合往往造成不便，成为人口增殖的障碍。侗族《九十九公合款》载"我们总论姓氏结婚。三十天路程找女子，七十天路程寻郎婿，带肉肉生蛆，包饭饭变馊"反映了这一现象。为改变现状，清雍正八年（1730 年），黔东南州的黎榕从三县和广西三江、龙胜、湖南通道等县共 90 寨共同制定《九十九公合款》，规定"同寨同姓可开亲。隔匹山做礼性，隔条河可结亲；寨头讨寨脚不犯罪，寨脚讨寨头不罚银；男喜哪处娶哪处，女爱嫁哪门嫁哪门"[①]。"破姓开亲"实现了婚姻的自由缔结，促进了人口的变动增殖。

（三）姑舅表婚制

"姑舅表婚"是人类自血缘家庭建立以来，一直普遍存在的一种特殊的婚姻形式，是姑与舅的子女互为婚配的一种近亲婚配方式。在西南佤、景颇、侗、瑶、苗、彝、门巴族、珞巴、白族、阿昌、怒、回、独龙、布

---

① 李黔滨、杨庭硕、唐文元：《贵州民族民俗概览》，贵州人民出版社 2006 年版，第 228—229 页。

依族、毛难、土家等民族都盛行过姑舅表婚。西南民族姑舅表婚主要有三种形式。

（1）交错姑舅表婚。即舅舅的独生子可以优先娶姑家的女儿，而姑家的儿子也可以优先娶舅家的女儿，双方机会均等，属表亲内婚，具血缘性质。在西南民族中，以姑家女儿嫁舅家儿子的，称为"还娘头"；而舅家女儿嫁姑家儿子，称为"侄女赶姑妈"。"姑家的女儿是舅家的媳妇，姑家娶舅家的女儿也不费力。"对于"姑舅表婚"，古代文献也有较多的记载，如清田雯《黔书》曰：侗族"婚姻先外家，不则卜他族"①。清李宗昉在《黔记》中说：苗族"姑之女必适舅之子，聘礼不能措则取偿于子孙。倘外氏无相当子孙抑或无子，姑女必重贿于舅，谓之'外孙钱'，其女方许婚配。若无钱贿赂舅舅，终身不敢嫁也"②。清方亨咸的《苗俗纪闻》载：苗族"父母不受聘，聘归舅氏，云'还娘钱'。如女多，以一嫁舅家，舅则不复取聘矣"③ 等。在西南民族中，这类姑舅表婚在近现代很是通行，比如佤族中的舅表婚几乎占了全部夫妇关系的一半。在景颇族中，据1984年5月对一个小寨的统计，共有41户228人的寨子，已婚的有124人，其中姑舅表婚的有42人，占30%。④

（2）单向舅表婚。即姑家的儿子可以优先娶舅家女儿为妻，而舅家的儿子却不能娶姑家的女子。比如，云南景颇族就实行单向舅表婚，称"血不倒流"。规定舅舅的儿子不能娶姑妈的女儿，如果舅家有女儿，外甥在求偶时就无其他的选择余地；外甥如违背了惯例，向别的姓氏的人求亲，那就必须受到舅舅的惩罚，姑妈家还必须先向舅家送礼，表示向表姊妹道歉，当地人谓之"洗脸"。四川宁蒗县的纳西族也实行"本周尼周"，即单向舅表婚。云南独龙族则称单向舅表婚为"安克安拉"，意思是"外甥理应成为舅父的女婿"。在侗族地区，姑舅表兄弟、表姐妹之间有优先婚配的权利。虽然后来姑表婚被淘汰了，但舅表婚的优先权却不能轻易取消，否则就会闹起一场纠纷。黔东南苗族把舅舅的这种权利称为"还娘头"。在这种单向舅表婚中，占着支配地位的是舅舅，因为只有舅舅放弃

① （清）田雯：《黔书》，商务印书馆1936年版。

② （清）李宗昉：《黔记》，清刻本。

③ （清）方亨咸：《苗俗纪闻》，霞举堂刊本。

④ 《姑舅表婚》，http：//baike.baidu.com/view/3699670.htm。

这种优先权，姑家的儿子才被允许按自己的意愿去寻觅意中人，否则就必须送礼谢罪。而舅舅如果不愿意将女儿嫁给外甥，则只需简单地打个招呼即可。

（3）单向姑表婚。即舅家的儿子有优先娶姑家女儿为妻的权利。据《永须府志》载："土司旧例，凡姑家之女必嫁舅氏之子，名曰'骨种'，不论年之大小，竟有姑家之女年长十余岁的，必待舅氏之子成立才能婚配。"土家族有句顺口溜："姑家女，伸手要，舅舅要，隔河叫。"水族情歌道："表哥表妹正好恋，表妹不要表哥钱；田坎上边起牛圈，肥水不流外人田。"单向姑表婚规定：姑家的姑娘特别是长女，必须嫁给舅舅家的长子，所谓"舅爷要外甥，哼都不敢哼"。女儿想外嫁必须请求舅爷"开恩"，而娶到这个姑娘的人必须给舅爷家送"脸面钱"。单向姑表婚，是由民族传统的财产继承制度决定的，为了保证嫁出的姑姑带走的家族财产不外流，必须要求姑姑的女儿再带回来。如果舅家没有合适的对象，姑家女要外嫁，需送给舅舅一笔"舅爷钱"。

图3-2　三都水族

在苗族的姑舅表婚中，有一种形式"你姜"。"你姜"是苗语音译，意为"拜亲戚钱"，是姑姑的女儿因故外嫁后，要由甥女婿按一定程序献给妻子的舅舅的一笔钱。它是"单方面姑舅表优先婚制"在特定历史条件下的产物，又是苗族男女青年特别是近现代苗族女青年赎取婚姻自由的手段。苗族"你姜"有"大姜"和"小姜"之分，"大姜"主要是献给妻子舅舅的财礼，"小姜"则是酬谢参加议定"你姜"的双方理老、寨老和长者的程仪。当代苗族的"你姜"用人民币支付，数额有五六十元到三五百元不等，视女方首饰多寡和男方经济实力而定。

姑舅表婚原因主要是"亲上加亲"和"财富不外流"的观念，外婚制是其产生的根本原因，"舅权制"则是其存在的内驱力。这种婚姻制度最显著的特点是它的强制性，主要体现在择偶优先权上，尤其是舅家的优先权。事实上，属近亲相婚的姑舅表婚的盛行，自然也带来了一定的不良后果，其中，最为突出的就是人口素质的降低和婚姻舅权的至上以及由此而来的婚姻负担的加重，因此，在清乾隆年间，苗、侗等族便自觉倡导并推行了一系列的婚俗改革。其中，贵州锦屏县文斗的婚俗改革碑就是历史的印证。立于文斗的清乾隆五十六年婚俗改革碑，碑文反对姑舅表婚，禁止近亲结婚，反对强迫婚姻，禁止勒索财物，反对铺张浪费，提倡勤俭办婚，反对女方亡故娘家追回嫁妆，反对喜新厌旧夺人妻室等。该碑引起国内外专家学者的高度关注，被称为"西南少数民族地区古代婚姻法"的婚俗改革第一碑。该婚制随着新中国成立后《婚姻法》的颁行、习俗的改革、人口科学文化素质的提高而渐次走向衰微。

（四）包办婚姻与转房

包办婚姻是指第三者（包括父、母）违反婚姻自主的原则，包办他人婚姻的违法行为，又称不自主婚。包办婚姻随着私有制和"一夫一妻制"的确立而产生，长期盛行于奴隶制和封建制社会，并往往和买卖婚姻相联系。恩格斯说："在整个古代，婚姻的缔结都是由父母包办，当事人则安心顺从。古代所仅有的那一点夫妇之爱，并不是主观的爱好，而是客观的义务，不是婚姻的基础，而是婚姻的附加物。"[1] 贵州许多少数民族都实行过较为严格的包办婚姻。"父母之命""媒妁之言"是婚姻成立的要件，包办子女、卑幼的婚事是父母、尊长的特权。娃娃亲是包办婚姻的一种，而且在一些少数民族地方历史上形成了缔结"娃娃亲"的习俗。很多家庭的父辈在子女年幼时便为其订婚，订婚时男方要向女方支付一大笔聘金，以此时为婚约成立，不得悔婚。结婚后，除非一方有重大过失，一般不得离婚。任何一方提出悔婚或离婚的，将被视为对本家族的侮辱，因此必须向对方支付高额的赔偿金。如果另一方不同意或对支付金不满意的，家族就会出面纠集大批成员前来闹事、械斗，直至问题的解决

---

① ［德］恩格斯：《家庭、私有制和国家的起源》，人民出版社1999年版，第78页。

得到双方的认可。新中国成立后，包办婚姻渐行渐少。

转房婚是指丈夫有变故，妻子转嫁给丈夫之兄弟的婚姻形式，主要有4种类型：（1）兄早死，嫂尚年轻或已有子女，而弟弟已长大，却苦于家贫仍未娶妻，于是，父母或亲友乃说合叔嫂成婚，俗称"叔嫂婚""嫂就叔""小叔就兄嫂"。（2）长兄定亲未婚先夭，男家征得女家同意，改由弟弟顶替，迎娶未婚之女为妇。（3）父母为兄聘婚，兄不受。而其弟有意，且女方认可，便转嫁与其弟。（4）长兄亡妇，弟媳丧夫，鳏寡两相将就，重新组合。转房婚又称"收继婚""续婚""换亲"等。也可叫"寡妇内嫁制"。转房婚产生于对偶婚过渡到一夫一妻之后，其形成有两个根源：其一，它是"夫兄弟婚""妻姊妹婚"这种族内群婚、共夫共妻群婚的历史残存形式；其二，它是财产继承人转移的变异形式。买卖婚姻的出现，使女人成了丈夫财产的一部分，因而丈夫死后，丈夫的亲属有权转移她的婚姻关系。转房，既继承和维护了原有的亲族系统，使死者子女和死者财产不致外流，又维持了原有两个家族间的和睦关系。转房婚在西南许多民族都有存在，其中以兄死嫂嫁其弟、弟死媳嫁其兄为主要形式，举两例为示：

黔西北彝族妇女在丈夫死亡后，再婚受到严格的限制，尤其是妻子仍在生育年龄，无子女或子女尚幼的情况下，必须转房给死者的同胞兄弟等平辈，特殊情况下还可以转房至死者的晚辈或长辈近亲属。对此，彝族谚语中有形象的描述："兄死弟在，牛死圈在。"

黔东南加宜苗族丈夫去世后，只要亡夫兄或弟没有妻子，寡妇可以转房给他们其中一人，但转房要双方同意认可。一旦决定转房，男方还要送给女方舅舅一头牛或一定钱物，向舅舅家赔礼。亡夫兄弟已有配偶，则由寡妇自行改嫁。寡妇改嫁前，一般都回娘家暂住，回娘家居住也即表明与亡夫家脱离关系，公婆对其改嫁不能进行干预。改嫁时，新夫给的彩礼由女方娘家支配。如留有子女，而原夫家又无力抚养，可随母改嫁，男孩长大后，再回生父家，继承其父的财产。

（五）入赘婚

入赘婚又称为招赘婚，是指男方到女方家成亲落户的婚姻。在我国入赘婚姻是古老婚俗，也是非正统的婚姻模式，具有女娶男嫁、夫从妇居的特点。中国古代招赘婚姻的存在，其本质原因是宗法制度的要求和传宗接代的考量，社会性别视角是男尊女卑、男权至上、传宗接代、养儿防老。如今，招赘婚姻已显示出性别平等、民主协商、权利义务相统一的特质，是男女平等的婚育观和养老观的体现。

西南少数民族大部分有入赘婚习俗，也具有与汉族入赘婚同样的原因和特点。但在不少民族中，入赘婚显然与稻作农耕的生产方式、相对封闭的生存环境紧密相连，特别是显现着男女平等、重男不轻女的观念意识，入赘婚既在传宗接代、抚育与赡养、调剂家庭男女余缺以及保障穷人婚配等方面起了积极的作用，又在生产力水平十分有限的环境里，划动了男女平权、性别平等的社会性别主流化风帆，是民族社会和谐、有序的积极因素之一。仅以壮族、瑶族、侗族入赘婚为示。

壮族入赘婚较为普遍，尤其在广西的田林、隆林、西林、凌云、东兰、巴马、凤山等地。壮族人认为，上门入赘与娶媳妇一样光彩，同样生儿育女，继承家业。壮族招婿原因有几种：有的家中有女无儿，招婿上门继承家业；有的家中儿多无女，送儿上门做婿；有儿有女的人家，愿意"嫁"出儿子为婿。壮族男从女居，通常都由女子主持家政。男的过门后要改从妻姓，并按女家兄弟辈分排辈起名，入赘者可作为女方家的儿子，可以继承妻家财产，但同时承担起赡养女方父母的义务。生下的孩子可以随母姓，或者取双姓，母姓在前父姓在后；或者大的随母姓，小的随父姓；有的地方既可随父姓也可随母姓，但第一个孩子必须随母姓。也有的如柳江壮族、那坡黑衣壮入赘婿不跟妻姓，在女家若干年生下儿女后，可带妻子回男家。如果赘婿不带妻子回自家，则可在女家继承家产。在壮族入赘家庭中，男从女居的结果是没有婆媳、姑嫂和妯娌的关系，只有女婿和岳父母、姐妹、连襟的关系，所以一般入赘婚较少产生家庭纠纷和矛盾。[①]

瑶族习惯法规定："凡招赘入舍，视为骨肉一体，不得做外人。不拘男女，或有异心，即看分论。每年与钱二千文，面斥，各位遵禁（照）。"瑶族社会男女平等，重视对女性社会地位和权利的保障，在命名、婚嫁、继承、社会地位等方面均对男女一视同仁。入赘婚是瑶族习惯法规定的婚姻缔结主要方式，瑶族入赘婚具体包括四种形式：（1）"卖断婚"。又称从妻居，即男到女家以后，改姓女家的姓，同女方家庭一样排辈分，终身

---

① 黄伟晶、黄桂秋：《壮族民俗风情》，广西民族出版社 2012 年版，第 99 页。

在妻子家中居住，子女跟母亲姓。（2）"卖一半"。是卖断婚的一种派生形式，它的特点是上门男子从属于女方，但他在女方家庭里可分得一小部分财产，夫妻一旦反目离异时，丈夫还可以从女方处分得上门以来共同创造的财富。在"卖一半"中，男子上门后的名字可改也可不改。（3）"两边走"。即"两可居"。要求男女都要参加双方家庭的生产和生活。男子一般先入女家住一段时间，然后女子随丈夫回男家居住，一般在双方家庭的居住时间均等。婚后所生第一个子女取母姓，第二个取父姓，第三又随母姓，依次类推。男子上门女家，一般不改姓名，婚姻生活比较稳定。男女双方在家庭中地位平等，家庭财产为夫妻共有。（4）"招郎转婚"。即男子上门后，在女方家劳动和生活一段时间，然后就可以带着妻子儿女回男家居住，不再返回女家。总之，瑶族历来认为生男生女都一样。没有男儿之家即招郎入赘，家有男儿的也让女儿招郎。让男儿出外入赘，或者让一个女儿招郎，又让一个男儿娶妻回家，形成和睦相处的家庭，来共同享有继承财产的权利和赡养老人的义务。有的地方男方入赘女家的家庭达20%以上。① 贵州黎平双规一带的侗族"嫁男人"是一种古老的入赘婚习

图 3 - 3　黔南瑶族

---

① 广西壮族自治区编辑组：《广西瑶族社会历史调查》（第一册），广西民族出版社1984年版，第301页。

俗。"嫁男人"又称当"上门郎",一般是单户女和双户女人家要招上门郎,对上门的男人,男方家要陪送一定的财产,由女方家办酒,如同男人娶新娘一般。男人上门后不改姓,生下的孩子也随父姓。上门男人有继承女方家庭财产的权利,同时承担家庭责任和赡养双方老人的义务,也因此,许多上门女婿的家庭常常是和谐的组合家庭。双规村共有人家 450 户左右,1952 年有上门女婿户 11 户,2013 年有 16 户。①

(六)阿注婚

居住在云南盐源县左所、前所、右所、沿海、瓜别,以及木里县的屋足、项脚、博凹、博科、列瓦等地的纳西族自称"纳""纳西""纳汝""纳日",他称"幺些""摩梭"。部分地区,特别是泸沽湖畔的部分纳西族人还残存具有原始社会时期对偶婚特点的走婚形式。这种婚姻关系的男女双方彼此不称夫妻,而叫"阿注",意为"朋友"。这种婚俗称为阿注婚姻。具有初期对偶婚的性质,其分为阿注婚、阿注同居婚两种形态。

图 3 - 4　云南摩梭人

---

① 贵州省计划生育协会:《贵州少数民族婚俗文化趣谈》,贵州民族出版社 2012 年版,第 55 页。

阿注婚：其特点是男、女到了一定的年龄，又非同一母系血统的后代，双方愿意，男方即可请舅舅出面，带上礼物送到女方家中，就算明确了阿注关系。有阿注关系的男、女各居母家，男子只夜晚到女阿注家住宿，次日清晨则返回母家参加生产劳动，与母家成员一起生活。阿注配偶仅是婚姻生活的关系，没有组成单独的经济单位，因此关系很不稳定，结合很容易，离异也经常发生。男女建立阿注关系的时间，长的几年几十年，短的只有一两年，或者更短些，甚至是临时、偶然的结合。阿注同居或异居所生的子女属女方，由母亲或姐妹抚养，父亲不抚养孩子，他抚养的是自己的外甥，而他的孩子又由阿注家舅舅抚养。在农忙季节，女方家需要帮忙，男方可以前去协助。该婚姻在于维系以母亲为核心的血缘大家庭，家庭中不存在父子关系、婆媳关系、妯娌关系等。母亲死后，家庭中的女子谁能干就由谁来承担家庭的重任。

阿注同居婚：在长期的阿注婚中，婚姻形态也在逐渐转变，由分居向同居转化，其特点是男女双方不再各居母家，而是共同生活在一个母系家庭，一般是男到女家（也可以女到男家），无论到哪家，都是母系大家庭中合理的成员。

以上两种阿注婚，同一母系血缘内，均绝对禁止结交阿注关系。新中国成立以后，通过社会改革，废除了封建领主制度，除以走访式为主的阿注婚、阿注同居婚外，越来越多的人通过举行结婚仪式建立正式夫妻关系，形成一夫一妻制的父系家庭。当下，随着改革开放和旅游事业的发展，一夫一妻制家逐渐增多，阿注婚姻在逐渐减少。

第二节　婚姻礼仪与传统婚俗

一　婚姻礼仪

在婚仪和婚俗上，西南地区各个民族同中有异，异中有同，形形色色，绚丽多彩，形成独特的婚姻文化系列，并随着历史的发展愈显得丰富多彩。这里，特对各个民族基本一致的婚姻习俗——恋爱、说亲、订婚、结婚、回门等作简要的阐述。

（一）恋爱

西南少数民族大都能歌善舞，青年人长到十六七岁即可参加传统节日或集会以谈情说爱、选择配偶的社交活动。一般每年春节、三月三、四月八、六月六等节日，青年男女通过对情歌、跳芦笙等活动自由择偶恋爱。各个民族对谈情说爱的方式有不同的叫法，如苗族叫"游方""坐妹""玩表""踩月亮"，侗族叫"走姑娘""走寨""走聚堂""坐夜歌"，布依族则叫"赶表"，各种谈情说爱方式的基本内涵大致相同。恋爱之后，随着感情的日渐加深，双方均将恋爱之事告知各自的父母，父母如若同意，则由男方派人到女方家提亲，然后商议其他结婚事宜，按传统仪式缔结婚约。兹简要介绍部分少数民族恋爱习俗如下：

图 3-5　苗族游方

西南苗族有丰富多彩的恋爱习俗。"游方"是黔东南苗族青年恋爱的主要方式。"游方"又称"友方"，有的又称"摇马郎"，苗族小伙子和姑娘们往往通过这种活动结识朋友、物色对象或倾吐爱情。为了选择一个称心如意的终身伴侣，有的小伙子往往要跋山涉水到十几里、几十里甚至上百里的村寨去游方。游方一般是在农闲季节（如从秋收结束到第二年插秧前等）、传统节日（如苗年、吃新节、芦笙节、苗族游方斗牛节、爬坡节、翻鼓节、闹春节、对歌节等）和赶场天进行。在苗寨游方，一般都有固定的"游方场""游方坡"或"游方坪"。还可选在离村寨较远的河岸、桥头、田间或花木丛生、风景宜人的山谷去进行游方活动，但都得按照苗家的规矩，青年男女游方的地点必须在公开的地方进行。为了参加游方，姑娘们身穿盛装，头戴银饰，发插鲜花，颈套银项，手戴银镯，以此来显示自己的富有和才艺，表现自己美丽的容貌和身姿，以吸引小伙子的爱慕。男女青年在游方中相识，之后经过对唱情歌和单独接触增进彼此的了解，直到确定恋爱关系。

"都芒"，苗语意为互送定情信物，是广西融水苗族男女青年恋爱的高潮，是双方表达爱情、决定终身的一种结交方式。苗族男女青年自由恋爱，互相了解，真心相爱到一定程度后，为使对方消除疑虑，相信自己，往往采取"都芒"的办法，让对方吃下"定心丸"。一般女方多赠刺绣、织锦、花带、头簪和手镯等礼品给男方；男方则反馈以衣服、苗笛、短刀、钢笔和钱币等，表示以心相许、以身相许，作为定下终身的见证物。过后双方父母通过相互往来，谈婚论嫁，择日成婚。

"背背带织锦"是贵州织金一带苗族男女青年的传情形式。每年花坡场上，苗族女青年背着背带织锦到花场。背带上绣着的美丽图案，表明自己未选定对象。小伙子从背带上刺绣出的图案、颜色、式样等工艺来衡量姑娘是否手巧。男女青年在花坡场上互相对歌、谈心。经过一段时间的相互往来，彼此都中意对方，双方可选定吉日缔结婚姻。贵阳、平坝一带苗族的"牵羊"、黔西北苗族的"抢发髻"、松桃一带苗族的"掐手传情"等所体现出的恋爱方式近同此俗。

分布于西南四川、贵州、云南等地的彝族婚恋奇特有趣，只有举行过"换裙礼"的少女，才能谈情说爱。彝族姑娘进入成年时（一般多在15岁），都要举行隆重的"换裙礼"。换新裙后，姑娘便可到"玩场"上跳舞唱歌，参加社交活动，开始寻找自己的心上人。彝族恋爱有"篝旁"情、"踩月亮"等。

"篝旁"情，是彝族、特别是云南哀牢山一带花腰彝族男女约会、倾吐爱情的一种社交活动，一般由男方主动邀请邻近村寨的女子对歌。对歌多在男方寨子进行，活动则事先由男女双方领头的歌手组织自己的伙伴做好对歌的准备。对不赢女方时，男子们则会把寨上的长辈歌手请来帮忙，而女方就得全靠自己的硬功夫。无论哪方对输，都要按彝族的风俗习惯买礼物赠予对方。每每对歌日期一到，成群结队的彝族小伙们则会穿上雪白的衬衣，带上自己心爱的龙头月琴，边弹边唱着优美动听的山歌，去迎接即将来临的姑娘们。天刚黑，对歌场中央则会燃起一堆熊熊篝火，青年男女们高高兴兴地围成一个大圆圈，拍着巴掌跳起"唉说威"舞，脚步声、掌声和月琴声紧密配合，优美动听。通过对歌，双方尽吐肺腑之言。在彝族唱场上结成的姻缘是相当牢靠的，十有八九会结为夫妻。因此，这里的彝族人称之为"比蜂蜜还甜"的爱情。

图3-6　布依族"椰梢"

"踩月亮"，是黔西北彝族青年男女的传统恋爱方式。每当风清月明时，小伙子们便拿着芦笙或木叶走出家门，三三两两地来到山坡或高地上，趁着皎洁的月光，吹起动听的芦笙、木叶。优美动听的乐曲呼唤着寨内的姑娘出来赏月，颇有点"月上柳梢头，人约黄昏后"的韵味。随乐曲呼唤而来的姑娘，则通过对歌与小伙们交谈并寻觅意中人。意中人之间的感情通过对歌来诉说，爱慕之情通过对歌来倾吐，并随着"踩月亮"次数的增多而逐渐加深。等到二人情意相通时，便互赠礼物表示定情。一般来说，小伙子送给姑娘的礼物是木梳、口弦或银饰品，姑娘回赠的是自己亲手织绣的花布带等。"踩月亮"与苗族"游方"大同小异。

布依族的恋爱习俗形式多样，内涵丰富，其中以贵州布依族的"椰梢"和"查白歌节"影响较大。"椰梢"，布依语是会朋友的意思。这个社交活动不只限于未婚男女，已婚者也可参加。"椰梢"活动对未婚者来说是初恋，对"已婚"青年来说，如果他（她）对父母包办的婚事满意，那只是来炫耀唱歌的才能，反之，则表示对包办婚姻的反抗。"榔梢"通常在赶场天进行，身着艳装的姑娘和小伙各站一边，互相物色意中人。相中者便请媒介者传意牵线。媒介者俗称"银雀"，多半是男方的姊妹。如果小伙相中了某个姑娘，"银雀"就带着礼物"飞"到女方身旁，先唱一首歌："我替兄弟传情意，这块蓝靛送给你，他望这蓝靛染出色，他盼这蓝靛发出光……"如姑娘不同意则回歌谢绝；如若称心则回眸一笑，男女双双便可走出人群，上山对歌。对歌内容，除唱情歌外，还唱苦歌、告状歌和逃婚歌等。通过"榔梢"活动，小伙子用歌表达自己的情感，姑娘则用对歌来吐露自己的意愿。

图 3-7　查白歌节

　　查白歌节源自于黔西南州兴义市查白村流传的一个凄美动人的爱情故事：传说很久以前，一对相爱的青年男女——查郎、白妹，为了忠贞的爱情，不畏山官的威逼利诱，在这里双双殉情。于是，每年的农历六月二十一日至二十三日，人们都自发地来到这里，用歌声、用舞姿，凭吊这对忠贞的恋人，追寻和演绎着自己的浪漫爱情故事，成为布依青年男女相聚对歌、谈情恋爱的一次盛大聚会。节日里，年轻人不仅盛装英姿，而且带着定情信物，满怀喜悦，盼望得到查郎与白妹那种忠贞不渝的爱情。歌节期间都要到查白桥、查白河、松林坡、查白洞、查白井等地祭查郎与白妹，去吹木叶、打花包、浪哨交友。节日高潮是小伙儿和姑娘来到查白场一展歌喉，相互对歌。对歌多为情歌，"四、六、八句"，讲究有问有答，严格合韵应和。查白歌节不仅是纪念性节日，更是布依青年谈情说爱和求婚择偶的独特时机。

除传统节日外，侗族青年男女恋爱主要通过"行歌坐月"来进行。行歌坐月又称"行歌坐夜"，侗语的意思就是"月下对歌交流感情"。由于活动内容以唱歌、对歌为主，所以才以行歌为名；又因为是在夜晚进行，才有坐夜之称。行歌坐月是侗族男女青年唱歌交往相识并谈情说爱的一种习俗。侗族青年男女从十五六岁起，便常在相对固定的场所聚集集中"谈情唱歌"。这种男女交往活动，婚前人人皆可参与。姑娘们或纺织、或绣花、或做鞋，小伙子们则弹着琵琶，拉着牛腿琴，与姑娘们低声对歌吟唱，互诉衷情。每当夜深人静，歌声清晰，音韵悠扬，琵琶铮铮，如蝉鸣幽谷。"行歌坐月"中，有时"腊汉"（男青年）买来白砂糖煮稀饭或杀鸡、鸭吃"宵夜"。如有情投意合者则悄悄互递信物，诸如手镯、戒指、头巾、彩带、荷包等。在此过程中，青年人从相识到相知，有的从中找到了自己的意中人，订下终身。

傣族青年男女，在婚前有相当充分的社交自由，男女社交恋爱，傣语称为"约骚"，当地汉族称为"串姑娘"。"约骚"的场合和方式都很多，一般是，当晚饭之余，夜幕徐徐降临的时候，姑娘们来到村寨广场上，燃起篝火，纺织棉线，并且在自己的身边准备了一个小凳子。或吹着竹笛、或弹着琴弦而又肩披毯子的小伙则悠然自若地来到姑娘们的身边。在嗡嗡的纺车声中、悠扬的笛琴声里，男女青年互诉情思、互表情意。如果姑娘不喜欢来串的小伙子，纺车就会发出"噼噼啪啪"没有节奏的噪声，这时，小伙子就要知趣地离去，另去寻找其他姑娘；如果纺车能伴随着悠扬的笛声和琴声发出有节奏的声音，就是姑娘有情意了，小伙子就可以慢慢地坐到姑娘身边的小凳子上，继续和姑娘诉说情怀，两人越说越靠近，最后，小伙子就把毯子的一半披在姑娘的身上，彼此倾吐爱慕之情。"凿壁谈婚"是黔南荔波瑶麓一带瑶族和广西黑库瑶的恋爱方式。自古瑶族女子降生，就受到厚待，父母要为她备办首饰妆奁，教她精习刺绣技艺。及笄，又为她准备单独的"寮房"。寮房以红杉木板围装而成，在临街一面的板壁上，凿开一个小孔，瑶族称为"K笛"，汉语意为"谈婚洞"。在瑶寨谁家有无妙龄少女，只需看他家临街的壁板上有无凿开的小孔就能知道。按习俗，姑娘到了出嫁的年龄，父母就安排姑娘住进寮房。房内床头

图3-8　水族恋爱石刻图

对准壁洞，看中姑娘的小伙，夜间便到"谈婚洞"前，用木棒将姑娘捅醒，若姑娘有意，便起身坐于床上与洞外小伙子细语轻歌，倾吐情思。如无意或已有意中人，姑娘则将木棍推出，失意的小伙便唱着祝福姑娘的歌谣怅然离开。若双方投缘互慕，姑娘便起床开门，把小伙及其同伴迎入堂屋，端上糯米饭和米酒招待。此后，意中人避开同伴，独自到"K笛"孔边与姑娘互换信物。经数月或一两年，双方感情成熟，遂缔结婚约，准备婚嫁。凿壁谈婿充满了神奇情调，洋溢着瑶家人的浪漫与温馨。

　　除以上习俗外，西南的许多节俗，如贵州麻江跳月节、黄平踩亲节、凯里舟溪芦笙节、麻江畲族等郎会、榕江茅人节、镇远报京播种节、台江姊妹节、从江秋千节、三穗赶歌场、三都水族卯节、黎平月也，云南西双版纳泼水节、大理三月三、中甸傈僳族赛歌会、澜沧拉祜族葫芦节、临沧佤族木鼓节、贡山独龙族鲜花会，广西京族唱哈节、毛南族分龙节、瑶族盘王节、壮族三月三等，既是民族文化传承的重要载体和场域，又是未婚青年男女谈情说爱的重要节日，在民族婚恋文化中，有着重要的地位和影响。因各节俗均有文章发表、专著出版予以介绍，本书不再赘述。

（二）说亲

　　也称"提亲"。西南少数民族中，无论是自由恋爱还是父母包办，都要经过"说亲"这一过程。男女青年经过恋爱找到意中人后，便由父母请人到女方家说亲。媒人多由男方的长辈，或由夫妇双全、子女双全而又善于言谈者担当。初到女方家，媒人一般都要随身带些礼物，如糖、酒、烟等以示礼仪。如果女方家对婚事有意，就会热情招待来者，接受礼品；反之，则会冷淡对待，甚至避而不见，或干脆直接拒绝。遇到这种情况，媒人可能就不会再次提亲。有时，女方家即使对男方家的提亲中意，也要故意折腾媒人多跑几次，以显示自家姑娘的尊贵——即所谓"多求则贵，少求则贱"。经过媒人多次说合，若双方父母均感到满意，就开始商议下一步的其他事宜。

在贵州的苗族中，有"提亲找花带"之说。苗族人家按照乡俗要选定媒人前去说亲，媒人带上礼品到了女方家门口时，要说"我来你家找花带"。女方家这时通常要以"四言八句"与媒人对言对唱，并从中得以了解说亲人家的条件环境、说亲人家后生的品貌德行。如果女方家同意这门亲事，女子的弟兄就会每人送一根花带系在媒人腰间，以示媒人大功告成。

黔东北一带土家族、侗族媒人前去说亲时，必须带上一把大红雨伞。雨伞是红纸圆形，象征吉祥、圆满的结果，因而，无论天晴或下雨，路途近与远，哪怕是在本村寨提亲，都要带上。第一次提亲时要带上红书一封和一定礼品，叫下头书。如女方家退回书单，不收聘礼，说明不同意开亲；反之，则为同意，并约定日子，请媒人下第二封书（也称荒书）。凡女方家的堂公伯叔、主要亲属没有意见，乐意收下聘礼，说明这门亲事正式成立。之后，男方家要择日请媒人下第三封书（也叫烧香），同时要带上俗定礼物。女方家要在堂屋香火前烧纸告知先祖前辈定亲一事并发红书由媒人带回。此后，双方不得反悔亲事，结婚事宜便纳入议程。

云南独龙族的说婚很特别：说婚人只从小伙子家带去一把茶壶、一个口缸、一袋茶叶和几包香烟。到了女方家后，不管女方家里的人热情不热情、高兴不高兴、打不打招呼，说婚人都会以最快的动作，将带来的茶壶灌上女方家的水，放在女方家的火塘上烧开后，用自带的茶叶和口缸泡好茶，再用女方家的碗一碗一碗地把茶水按长幼顺序送到女方家的人面前，姑娘的茶水为最后送。送上茶水后，说婚人便开始说婚，内容主要为小伙子潇洒、能干、诚实，家境好，姑娘嫁过去则是好花配绿叶、金鞍配良马

图3-9　独龙族妇女

等。说了一阵就唱，唱了一阵后又说，如此反复，非把女方一家人说动心不可。如果说到一定的时候，姑娘的父母把摆在面前的茶水喝了，那就表示父母已经同意，姑娘也就会把摆在面前的茶水喝下，这门亲事就算成了。如果任随说婚人怎么说、怎么唱，甚至连续几晚都来说唱，姑娘家的人就是死活不喝茶，说明姑娘家不同意这门亲事。说婚时的茶水凉了热，热了又凉，这成了独龙族婚恋中的一种有趣现象。①

这里也有必要交代黔西北彝族的问清"喽益"之俗。黔西北彝族在男婚女嫁之初，首先要了解对方的"喽益"，而汉姓相同与否则不影响双方婚姻的缔结。因为"喽益"是某一家庭的根源、祖籍，是盘认家支的依据。各家支都有自己的"喽益"，"喽益"相同的就是同一家支，不同的就不是同一家支。同一"喽益"者以族人相认或相处，不行通婚；不同"喽益"者以婚亲关系相认或相处，按习俗可行通婚。因此，彝族在谈婚论嫁时，先要相互盘问"喽益"，只要"喽益"不同，即不同宗同源，就可以通婚，如果"喽益"相同，即使汉姓不同，也不能通婚。这是因为彝族人的汉姓起源较晚，是明太祖朱元璋赐奢香夫人之子"陇弟"姓"安"而产生彝族的第一个汉姓"安"姓以来，彝族各家支才逐渐有了自己的汉姓。那时取汉姓，一般具有任意性，没有规律性可循。有的是取彝族的第一个字的谐音为汉姓，有的是取汉意译音为汉姓，有的随继父取姓的。由于彝族民间取汉姓具有任意性和无规律可循，因此就出现了一家支多姓制和多家支一姓制，例如，安、苏、禄、杨、李、陇、陈姓是一家，他们本来同宗同源，但是他们各居一地，各自任意取了一个汉姓，形成了一家支多姓制。相同汉姓者不一定同宗，而不同汉姓者也不一定同宗。盘问"喽益"是彝族青年谈婚论嫁必须经过的第一步，这为彝族地区重要的制度性习俗。②

（三）定亲

定亲也称订婚，要择吉日进行。西南少数民族也有不同的叫法，如"放话酒""吃允口酒""鸡卦酒""放话礼""下聘书""杀鸡看眼睛"

---

① 《饮茶定亲——独龙族婚俗》，blog. sina. com. cn 2012 – 06 – 12。
② 安定江：《黔西北彝族婚俗：谈婚》，载贵州省计划生育协会编《关雎》，贵州民族出版社 2012 年版，第 74 页。

"看鸡卦"，如此等等，不一而足。

苗族定亲有一个仪式，意同汉族的"看八字"，以测定男女双方命相的相生相克，名曰"打鸡卦"。定亲时，男方家挑选一两个人随媒人带着礼物前往女方家。女方家人检查男方家带来的大公鸡后，由鬼师念经，请鸡来分辨姻缘。然后，将双方监督杀死的鸡煮熟，并给在场的人审看，如鸡眼双睁或双闭，则认为"八字"相合，婚事吉利；若一只眼睁一只眼闭，则视为不吉，婚事可能会告吹，需要"解"。如果双方不计较鸡卦的结果，也同样按仪式缔结婚约。彝、仡佬等族也有"打鸡卦"之俗。

侗族打算办婚事的当年，男家在农历八月十五给女方家送礼时，要向女方父母索要姑娘的年庚八字，请阴阳先生据之测定婚期，并用红纸写好，由男方父母亲自送到女方家磋商，如女家无异议则各自开始筹办婚事。黔东南锦屏侗族讨八字习俗较为复杂，有讨"小八字"和"大八字"之分。

乌蒙山彝族订婚有"吃允口酒"习俗。新中国成立前，绝大部分的婚姻都是包办婚姻，都必须请媒人去提亲。媒人到女方家介绍男方情况，女方父母满意了，答应两家开亲，这被称为女方"允口"。此后，男方请媒人和儿子背上一壶酒到女方家去吃酒，亦即吃插香"允口酒"。女方父母喝了男方送来的"允口酒"，就算订了孩子的婚姻大事，并寓意信守诺言，不允变卦。该俗今有遗存。

一般来说，西南许多民族的定亲仪式只进行一次，然而，纳西族却要举行两次。纳西族青年男女通过相识和恋爱，确定了对象后，父母就要通过媒人给他们定亲。第一次到女方家定亲称为送小酒，一般是送给女方家酒、茶、糖、米等礼物。女方家收下后，这门亲事就算定下来了，但如有什么不合适，双方都可以反悔。如果女方家反悔，就要把送小酒时男方家的礼物全部退回。送小酒后半年或一年左右，男方家就要给女方家送大酒。这次送大酒，除了酒、茶、糖、米四色礼外，还要送布料、衣服、首饰、猪肉等，并由媒人率男方亲友披红挂彩，很隆重地送到女方家。女方家收了大酒后，这门亲事就不能再反悔了。

（四）婚嫁

结婚是人生中的大事，在西南民族社会就更为重视。西南少数民族婚嫁内容既有族与族之间的差异，也有同族不同支之间的区别，同时随着族

际交往的密切和文化间互动与借鉴的增强，民族间婚嫁形式与内容的同质
性成分在增加，这些无疑使得民族婚嫁呈现出五彩斑斓、丰富多彩、争奇
斗艳之象，使得有限的篇幅无法满足丰富内容之表达。大体上来讲，结婚
大致都经过以下几个程序：婚前一两天男方家要到女方家送礼，女方家要
向男方家回礼，这种形式被称为"过大礼"；且在结婚的前一夜，女方家
通常也须杀猪办酒，宴请宾客，俗称"嫁女酒"。

　　基诺族青年结婚，要先由媒人和亲友带着酒、肉到姑娘家共同商定婚
期。举行婚礼这天，男方家要杀一两头猪并将其一半送给女方家招待亲

朋。下午太阳偏西后，新郎
的父母陪着新郎来到女方家
接亲，男方要送给女方母亲
奶母费，送给舅舅接人费。
婚礼上要将一只碗打碎，再
包起来交给舅父保存，如后
离婚时则将所包破碗扔掉。
女方家同时要杀猪祭祖，祭
完后要送三根肋骨给族长，
四根肋骨给父亲，猪腿和猪
头给寨长。白天全寨聚餐共

图3－10　基诺族婚俗

同庆祝婚礼，晚上在寨子里的空地上烧起火堆擂响太阳鼓载歌载舞时，新
郎就拉着新娘的手走出竹楼，和迎亲者一道把新娘迎回家。到家的时候，
新郎的母亲在门外给新娘一个鸡蛋，并在新娘的手上拴一根红线，同时在
手腕上绕三圈。这时新郎要给新娘敬一杯酒，同时要唱一首歌，内容是今
后新娘要尊敬母亲，虚心向母亲学做家务等。当新娘进了男方家的竹楼
后，新郎的父亲要给新娘一只鸡脚，同时给新娘手上拴红线。之后，宾客
也纷纷给新娘拴红线。[①] 在基诺族的观念中，拴红线不仅拴住了人，也拴
住了人的魂，此后新娘就永远在男方家了。

　　傈僳族举行婚礼的头一天，新郎打扮得整整齐齐，身披彩带，由媒人
陪同来到女方家娶亲。到了女方家后，新娘却躲着让新郎到处去找。新郎
在新娘女伴的告密下找到新娘后，娶亲者即受到女方家的盛情款待。第二

---

　　① 《基诺族》，http：//www.zwbk.org/mylemmashow.aspx? lid = 1047。

天早饭后，女方家组成热闹的送亲队伍，抬、背着嫁妆，由新娘的舅舅背着新娘，在鞭炮和火枪声中离开女方家。此时，新娘表示不忍离别父母姐妹，要礼仪性地哭泣上路。到男方家门口时，从竹楼到庭院，到处都聚集着男方迎亲的人。新娘进了男方家的竹楼后，女方家送亲队伍中的小伙子即围着男方家火塘跳舞（跺脚舞），而围坐在火塘边的老人一边喝酒，一边唱起了傈僳族的"创业歌"，以歌声教育新人不忘民族的历史，不忘祖先创业的艰难。接着，男方家的歌手和女方家的歌手开始对歌。婚礼这天，女方家送亲的人们在男方家受到盛情款待。第二天早上，送亲的人们返回时，男方要托他们带一些酒肉给女方父母。新人同房是在第二在晚上之前，要请一老人在火塘边持酒为新人祝福，婚后数天至十多天，新郎陪新娘一道回门。

　　贵州仡佬族在接亲程序上比较特殊，一般由媒人和男方家至亲准备花轿到女方家迎接新娘，而新郎本身不亲往迎接。仡佬族地区多有"歌卡"之俗，即迎亲队伍在"卡"前唱答盘问通过后方能进入新娘家。新娘家祭祖后，即可发亲。送亲队伍一般由新娘的女性长辈、姊妹、好友等组成，随接亲队伍前往。新娘抵达男家时，男家请的阴阳先生要做法事为新娘驱邪。新娘入门时，男家直系亲属老少都要回避，意为未进男家门，不是男家人，先见面今后会不和睦。新娘入洞房后，男家邀请两个能说会道的男子去女家拜望，称为报亲。而普定、镇宁一带仡佬族姑娘在出嫁前，

图 3-11　仡佬族婚俗

要将前额头发剪短，用帕揎一下牙齿，似为古时凿齿的遗俗。此外，仡佬族还有"把门枋""追姑娘"和"打湿亲"习俗。"把门枋"是新娘离家出嫁时，要双手紧紧拉着门枋表示不肯离去，这时媒人便要过来强行拉开新娘的双手，牵着新娘离开娘家；"追姑娘"是姑娘出嫁前要放声号哭，唱"哭嫁歌"并乘人不备"逃跑"，嫁家婶娘、嫂子等女亲戚把她找回来之后要拜别娘家祖宗，这时姑娘的父亲要解开她衣领边的扣襻，表示出嫁了的闺女已不是本家族的成员而加入夫家氏族中去了；"打湿亲"则是在新娘娶进夫家之时，一跨进屋，就要用夫家准备好的清水洒向接亲的人，传说这样可让清水淋去邪魔求个吉利。

　　西南大部分少数民族多有"哭嫁"的风俗，用出嫁的歌词来告别父母亲人，亲友们则以钱物相赠，称为"苦礼"。哭嫁在迎亲前开始，各地略有差异。哭嫁的内容丰富多彩，有的有许多较为固定的歌词，一般所唱内容都是关于感谢父母养育之恩之类，也可以根据当时的情况现编现唱。

　　在贵州石阡一带的侗族、仡佬族中，"哭嫁"俗称"哭妈妈娘"。始于正酒日零时后，由母亲开哭（俗称"开声"）对女儿的难分难舍，告诫女儿到婆家后要孝敬公公婆婆，要尊敬丈夫，要勤劳节俭，要友好邻里，要守女人之道；而女儿则哭以对父母养育之恩的感激，对父母及家人的难以分别和牵挂。正酒（花阳酒）这天，女方家的长辈、同辈姐妹都要用哭声陪哭，一应一和，此起彼伏。"哭嫁"中诉及的诸如对父母养育操劳、出嫁后对老人生活照料的忧虑以及对刻骨铭心往事的追忆，等等，往往会引发在场客人的情感共鸣，有的情不自禁参与"哭嫁"以了却已被牵动的心事情绪，"哭嫁"人数此时多有3—5人不等，时间往往长达半小时以上，在多次劝"休息"的场景中才告一段落。当地"哭嫁"没有固定的哭本哭

图3-12　土家族哭嫁

词，全由心有所生、情有所感而发，是当地婚庆中最靓丽的环节之一，独具特色，文化内涵丰富，从一个侧面真实地反映了当地民族妇女的婚姻生活。

土家族的哭嫁开始于婚礼前的一个月左右，每晚都要哭，哭的内容很丰富，而且同一寨子里的姐妹们还要来陪哭。婚礼当天下午，男方家由"头嘎"（媒人或其代理人）、"二嘎"（专门背"三茶""六礼"的人）、"摸米"（代替新郎迎亲的人）组成的花轿队前往女方家迎亲。迎亲队伍到女方家门口时必须经历"拦门"对歌，女方满意之后方才进入。上轿前，新娘要由陪嫁女们扶着去堂屋举行隆重的"辞家仪式"。其中，女方要手握竹筷，背对神龛行"甩筷子礼"，并念祝福娘家兴旺的话。新娘出大门前，双脚不能落地，得由哥哥或弟弟背上花轿。一般情况下，这些仪式要在早晨最好是天亮之前举行。天亮以后，轿夫将花轿抬起，所谓"起肩"，是由娘家的女亲戚们上前拉住轿子不让走，如此一前一后，三次谓之"拦轿"。拦轿之后，吹打鞭炮齐鸣，新娘停止哭泣，由送亲者陪送至新郎家。

西南民族婚嫁礼仪的具体形式虽然因各民族本身文化的不同而有所差异，但它普遍是婚姻中被大家认同并严格遵守的规范程式。作为一种制度文化，婚礼的举行意味着一个新的家庭的正式成立，因此，婚嫁过程中所有祝福几乎是围绕着这个家庭以后的幸福而来的，也有对家庭功能发挥的集体期望，如祝愿"生活富有""儿孙满堂"等。少数民族地区的婚姻法实施较晚，但其婚姻制度却十分健全，一定程度上，婚姻制度的形式和内涵完全承担着现代婚姻法的职能和作用。在民族意识中，参与者即是见证者，婚礼的举行就是双方按照前辈们的模式履行婚姻义务的开始。因此，西南少数民族地区的婚姻制度文化不论是专门从制度文化的角度，放在整个婚姻关系建立过程中考察，还是作为礼仪制度文化的子系统来看，都有其具体的文化价值和功能。

（五）回门

所谓"回门"，是我国民间的一种传统婚俗，系指男女结婚后，新郎携礼品随新娘返回娘家省亲，感谢女方父母养育之恩。回门不单在汉民族中流传，许多少数民族也一样盛行，但更讲究，花样更多，颇有奇趣。贵州少数民族结婚，很重视回门。回门当天，男女双方都要办酒席宴客，亲朋好友，尤其是至亲必来送礼贺喜。回门仪式结束，整个嫁娶过程才正式结束。

就回门时间来说，民族不同，习俗往往有别，礼仪也各自有异。贵州省威宁地区的苗族，则在婚后一两个月才回门，有的甚至要待到半年或一年后。此时，新郎陪新娘回娘家，需带活鸡、鸡蛋、炒面等礼物去拜见岳父岳母，并在女方家住上几天方能返回。若新娘想多住些日子，新郎可先返家，待女方住满日子再去接回。

而礼俗最烦琐的，当推贵州省东南部的侗族。不仅婚礼要举行三天，而且要回门三次，才可一起生活。第一次，婚宴一结束，新娘就由女方送亲姐妹陪同回娘家。男方则要选吉日派伴娘、带礼物去女方家接回新娘，并在男方家住一晚。第二次，新娘回娘家后，伴娘又到女方家去接回，且在男方家住两晚。第三次，新娘又回娘家，新郎须表现宽容，让她在娘家多住十天半月，再由伴娘去接回。

而黔东北一带的侗族"回门"与相近地区汉族相似。结婚第三天，新娘偕新郎婚后第一次回娘家。新娘回门时婆家要同去一男一女两人作陪，作陪的一般是与新郎新娘同辈的，并带上一桌办结婚喜酒的主菜及糖、酒等，进屋出门都要放炮，娘家也放炮迎送。新娘回门要走出嫁时走的老路，不能走别的路，有"三天不走两条路""好女不走二路"的说法，即是情感专一、一夫到老的意思。新娘回门也是新女婿第一次上门拜见岳父岳母，并且还要一一拜见岳家诸亲长辈。岳父母家要设晚宴款待新女婿，新女婿入席上座，由女方家族尊长陪饮，非常隆重。一般新婚夫妇第一次回门在当日返回，不等夕阳西下，新婚夫妇必须告辞岳父母返程归家，返回时女方家要打发作陪的二人各一段布料做礼物。对路途较远当日确又返回不了的，可留住一晚。留住时，新郎新娘则不同宿一室。

在西南民族地区，回门为婚事的最后一项仪式，有女儿不忘父母养育之恩赐、女婿感谢岳父母及新婚夫妇恩爱和美等意义。

二　传统婚俗拾偶

民族传统婚姻婚俗是民族男女建立婚姻关系的必要途径。在西南民族漫长的历史长河中，婚姻只是其中的一部分，但它却是具有很大能动因素的社会结构的基础。西南各少数民族的人们在婚姻关系的发展过程中，都确立了一定的礼俗来规范婚姻行为。在婚俗形成的过程中，各个民族往往把自己各个时期的文化意识、审美标准和社会伦理观念等积淀其中，虽然该民族在历史沿革过程中在社会形态、社会制度、生产方式上可能发生变化，但是积淀在婚俗中的行为方式、思想观念、审美意识和伦理道德等往往会被保留下来，而之又使得传统的婚姻习俗显得多彩多姿，不仅成为该民族特殊的文化事象，而且成为反映该民族历史文化特征的"窗口"。这里，仅拾如下几端以示其貌。

（一）抢婚

抢婚亦即抢亲，是原始社会抢劫婚的遗俗。在西南景颇、傣、阿昌、水、傈僳、彝、白、布依、苗等族中，青年男女除了按传统仪式缔结良缘外，均存在过抢婚习俗。抢婚，景颇族曾称为"迷确""迷鲁"，苗族称为"偷亲""抢亲"，侗族称为"拐婚""逃婚"，布依族称为"跑婚"。其大致情形有三种：一是男女青年在双方家长不知情的情况下，或者是男方家长知情的情况下，两人私下经过协商后，女方便将自己的衣裙、首饰、日常用品等带到约定的地点，男方则邀约本村寨的未婚好友到约定地点接姑娘回家中成亲。第二天，男方家再请善于言谈交际的亲戚到女家报信，并央求认亲。遇到这种事情，女方父母见生米已成熟饭，大都无可奈何地认可这门亲事。二是在女方家事先不同意这门亲事的情况下，小伙子照样私自将姑娘接回家中，之后再到女家赔礼道歉和补办婚礼。三是有的青年男女感情很好，但女方父母坚决不同意，在这种情况下，男女双方事先约好时间、地点，或女方在走亲访友时，男方约上本寨姐妹或自己的兄弟一起把姑娘抢过来，再按礼仪成婚、求亲。

但在贵州的彝族地区，抢亲不意味着随便抢，一般是在经占卜认为按传统程序结婚不吉利的情况，或者新娘已经许配给了别家，限于同一辈分有通婚资格的特别是有姑表亲等亲密关系的情况才可以抢亲，而且一般事先已得到双方父母和家支的默许，否则将成为引起家支械斗的严重事件。

抢婚作为一种婚姻仪式，比较简单，所需要的彩礼也很少。所以多为家境贫寒者所采用。现代社会中自由婚姻增多，因此抢婚实际上已改变它原来的意义，但抢婚作为婚礼的仪式依然保留。但不可否认，"抢婚"难免存在悖于习俗而实质为抢婚霸婚、违背妇女意愿的不法行为。比如，雷山县朗德20世纪90年代前发生"抢婚"3例、90年代后2例。其中，1992年该村青年陈某利用邻村女青年杨某到本村走亲戚之机，想把两人3年的"游方"经历变为结婚事实，就将她带至家中。由于杨某不从婚事，陈某家人就硬将陈某和杨某推进卧室，并将门锁上，随即操办了婚事。半个月后杨某逃出"洞房"，遂以强奸罪状告陈某，陈某随即被绳之以法。[①]"抢婚"婚俗现已因妨害婚姻自由被依法取缔而逐渐消失，但案例中陈某家人等人的积极参与体现了旨在传宗接代、光宗耀祖的"抢婚"习俗真实价值。

（二）不落夫家

西南的壮、苗、瑶、侗、水、彝、布依、哈尼、普米、仫佬、毛南等民族曾有"不落夫家"婚俗流行。[②]"不落夫家"，也叫"坐家"，指新娘婚后在娘家居住。坐家时间长短不一，一两年至四五年甚至十余年的均有。有些地区有"三年上，五年下"之说，即在娘家时间最少3年，至多5年。

广西平果乐尧山区自称"布陇"的壮族，新娘出嫁时不着新装，只穿平日的衣服，腰上必带一把柴刀，头上戴特制的尖顶竹帽。这种帽子在不落夫家期间，如偶尔回婆家帮忙时，作为一种标志必须戴上。在娶亲的当天举行完婚礼，吃过饭后，新娘就与前来送亲的伙伴一道返回娘家。第二天，新娘独自再次去男家。去时拿三炷香、三枚铜钱，到水边挑一担水给男家。过后又返回娘家。一个月后，选择吉日到夫家住一晚上。这之后，只有农忙时才回夫家帮工，住一两晚。等到生了第一个小孩后，才回夫家长住。

广西隆胜地区的侗族中，流行一种叫作"接纺车"的不落夫家婚俗。侗族姑娘出嫁时，按照传统习俗，要陪送一辆纺车做嫁妆。可是这辆纺车在侗族姑娘出嫁时并不送往男方家，要等到姑娘出嫁两三年后不落夫家生

---

① 文新宇：《苗族婚姻礼俗及其与婚姻法的冲突——贵州省黔东南州雷山县上朗德村苗族婚姻状况调查》，中国西部经济法律网，2004年3月30日。

② 1990年，联合国援华项目"少数民族人口调查"课题组对贵州罗甸、贞丰、册亨3县布依族4800名农村妇女的婚姻、生育行为做了入户问卷与田野调查，结论是"不落夫家"的平均年限为1.8年，其中55—65岁为2.3年，50—54岁为2.2年，20—24岁为1.1年，15—19岁为0.1年。

活结束时，才举行一定的仪式，将纺车接回男方家。接纺车时，由男方家派出几位妇女，带上几包糯米饭到女方家去，女家请几位妇女相陪，打油茶招待客人。纺车接走时，女家要回赠几包糯米饭作为礼品。

贵州黎平、榕江侗区，婚礼后新娘离开新郎家时，多悄悄在衣柜里放一些物品暗示新郎：若放围腰即暗示当年春节可接回，放衣服即次年可接，一样不留则是三五年后再接回。在不落夫家期间，新娘仍然可与做姑娘时那样"行歌坐月"，新郎也是如此。

图 3-13 布依族接亲

布依族也有不落夫家或坐家之俗。新娘在结婚当天或一天之后，由新郎家派人送回娘家不能与丈夫同房。此后，夫家遇农忙、红白喜事等大事，就由新郎的母亲或姊妹将新娘接回家。其间，新娘可与丈夫同房，每次住三五天，然后返回娘家，如此往返两三年，才常住夫家。如新娘很快就怀孕，也可缩短住娘家时间。在布依族中，婚后的妇女要结束不落夫家的生活，可采取两种形式：一种是在不落夫家期间，男方家要请得勤。农忙或节日期间都要派人去请新娘，表示男家的诚意。如果夫妻感情好，就可早一些结束不落夫家的生活；另一种方式是向新娘强制施加一种仪式，迫使她结束不落夫家的生活。如镇宁扁担山一带的布依族中，流行一种

"更考"（形似簸箕的女帽，以竹笋壳为架，青布包扎制成的"假壳"）仪式。即新婚妇女如果婚后一两年还不到夫家落户，无论她对这桩婚姻满意不满意，都要给她"戴假壳"。男方家准备假壳的事，每年的八九两月或次年的四月，新郎的母亲、嫂嫂带着一只鸡和假壳到新娘家去。她们的行动非常隐蔽，要乘新娘不备时，将假壳戴在她的头上。

如果戴假壳时被新娘挣脱，那就要等到来年再戴。凡戴上假壳的新娘，两三天内就要到婆家去。到婆家前要"哭假壳"，表示对娘家亲人的依依不舍。在不落夫家的这一地区，往往对那些结婚不久就离开娘家与丈夫同住的女子极为鄙视。

云南省哈尼族支系叶车人，新婚之夜，新郎新娘不同房，而是由新娘的女伴陪同。住在村寨中专为未婚青年男女建造的"公房"里。次日新娘天不亮就起床，抓一把白米，在伴娘的陪同下到村外的井边去背水。到了井边，将白米撒入井内，表示新娘已经成了喝这口井水的人。背回水之后，请全家老少都喝一点水，表示从此以后就是一家人了。但当红日从东方升起时，新娘却在伴娘的陪同下返回娘家居住。即使是情投意合的夫妻，也要遵循这一古老的习俗。在不落夫家的初期，新娘每隔12天左右到男家住一两天。以后次数逐渐增多。这样过了一两年，就不再回娘家了。在"不落夫家"期间，男女双方都享有社交自由。

不落夫家是西南少数民族中较为普遍流行的习俗。作为一种特殊的婚姻现象，民俗学家、民族学家、社会学家、人类学家都很重视，并不断探讨它的产生原因。有人认为不落夫家是母系社会向父系社会过渡期的遗留风俗，是妇女对父系制的一种反抗；有人认为不落夫家习俗是由包办婚姻造成的，在这种制度下，妇女的地位十分低下，于是她们用不落夫家的方式进行消极地反抗；也有的学者认为，不落夫家是早婚现象的产物，可以通过不落夫家的方式，使姑娘到成婚的年龄再与丈夫同居。还有的学者认为，在许多少数民族中，姑娘出嫁时，都有自己的"私房钱"，不落夫家期间，她们在自己分得的土地上耕作、可以做私房积累；也有学者认为，不落夫家习俗是和一些民族的青年男女婚前社交自由分不开，带有群婚习俗的残余，等等。[1]

上述争论孰是孰非，笔者于此不予争鸣，但要说的是，西南少数民族

---

①　王丽丽：《"不落夫家"习俗》，women. sohu. com/20，2014 年 11 月 22 日。

不落夫家习俗应有其值得肯定的地方：一是推迟了妇女的初育年龄，对妇女的个人健康和下一代的人口素质都有好处；二是缩短了可能生育的时间和减少了子女的数量，对人口控制有着一定的作用；三是在"不落夫家"期间，男女双方仍然可以参加寻偶社交活动，一旦选中另外的意中人，还可以实行退婚，提高了自由婚配、自由恋爱的比例，有利于婚姻的幸福美满。总之，该习俗缩短了可能生育的时间和减少了子女的数量，对西南有此习俗的少数民族的人口再生产特别是人口控制有着一定的积极影响。

（三）回车马神

"回车马神"是西南川、渝、滇、黔民间婚俗中的祭祀仪式，指新娘从娘家坐轿或坐车来到夫家，要等道士打花鼓、唱花鼓戏、念神咒、跳神巫舞蹈、向彩舆喷洒神水、神酒或鸡血、绕喜轿或喜车襄祈送回车马神等一系列法事后方可进屋，目的是避车马祸祟，使新郎新娘平安幸福。在仪式中，很多神灵成为祭祀对象，如白虎、姜太公、紫薇星君等。今黔东北沿河、印江、江口、务川等县流行"回车观神"风俗且内容大体相同。以务川风俗为例：新娘坐花轿到夫家，"先生"早已在院坝中摆好挂有纸钱和装饰品的香案桌子，桌中摆家神牌位，牌位前是香烛供品，新娘花轿停在香案前，轿夫们站到香案后不能跑动。先生点燃香烛，挥舞法器，口念巫词："白虎神，坐堂神，保佑联姻两姓人，千年狐精你降服，百样鬼怪你收尽，女家宅神回家转，男家宅神坐堂前。出力的，引路的，看热闹的，各自都有安顿，切莫惹是生非。切莫祸害别人。……"念毕后即向新娘来的方向拜三拜，向新郎家堂屋拜三拜，用大红公鸡鸡冠血点在家神牌位和纸钱上，然后把家神牌位和纸钱等烧掉，随即高喊"回神"，把大红公鸡从轿顶扔过去，新郎亲人接着。然后搬开桌子香案等，用毛毡或竹席从轿门铺到堂屋，由有子有福寿的婆婆当"牵客"，把新娘从轿子中扶出来，进屋拜堂正式成亲。[①]

贵州西部回车马神风俗有所不同。民国《兴义县志》载："次第导行送至婿家，谓之摆对。扶舆则用童子二，至则婿家设香案于堂致祝。谓之退车马。然后行交拜、合卺礼。……"民国《毕节县志》载："……迎娶

---

① 冯先政：《务川土家族的回车马神》，载贵州土家学研究会编《贵州土家族研究》第4集，贵州民族出版社2005年版。

至门，设香案，用巫祝一人。谓之退车马……"毕节回车马神风俗以纯洁二童子扶新娘从车驾中出来，道士在堂屋设香案，以巫术仪式驱逐车马神等不祥神煞，再进行其他仪式。

黔东南州回车马神风俗主为祭祀紫薇星君。清光绪《古州厅志》载："……至如新妇将迎至，主人于门外设香案，陈牲礼，祭告紫徽星君（书写牌位），谓之迎喜神（行三叩礼）。祝文曰：维年月日，致告于紫薇星君大神之前曰：日吉辰良，磬管锵锵，礼成亲迎，凤舞鸾翔。敬伏吉神，呵禁不祥。一切神煞，退避潜藏。门庭瑞霭，喜气洋洋。两姓合好，百世其昌。"

贵州南部回车马神风俗大同小异。（清）傅玉书《桑梓述闻》载："……女家外或兄或弟内或嫂或姨，婿家皆舆马迎之，曰送亲。妇至，使星士向舆祝之，曰退喜神。合卺，曰交亲。必延诸母之有福寿者。……"民国《独山县志》曰："……临日……妇至，舆且止外，将届入门，行退车马用香烛，执雄鸡一。向花舆前诵：娘家车马请回去，云云。此盖闻古礼反马名，不得其解，而臆造斯举也……"担心来自新娘父母家的车马神会对新娘新郎带来灾祸。驱逐对象明确，态度鲜明。回车马神在西南不少民族的结婚仪式中，都是重要的程序之一。该习俗有迷信成分，当移风易俗。但其作为婚礼民俗仪式，有着浓烈的民俗文化因子，是民间礼仪文明的重要组成部分，它长期为民众所传承，是天人合一、人神和谐相处、社会心理平衡的需求和展示。

（四）射背牌

"射背牌"为高坡苗族独特的婚俗文化。据《元史·本纪》载："至元二十九年（1292年），正月丙午，从葛蛮安抚使宁子贤清，诏谕来附平伐、紫江、翁眼、皮陵、九堡等处诸洞猫蛮。""皮陵"即今高坡"批林"村，说明高坡苗族先民至少在元至元时就于高坡定居。高坡苗族同族同宗同姓不允许开亲，一般小孩两三岁时就因父母之命在联姻圈内定下了娃娃亲。但小孩长大后彼此可能会有与自己感情好的异性朋友，或因通过赶场、跳坡等活动与异性结识而有感情交流逐渐升华。无奈于娃娃亲在前，又迫于族规祖训的严厉与威慑，两情相悦相恋的男女不可能结为夫妻，因而借用古老的"射背牌"叙事而"了结"难以割舍的相爱之情。射背牌（一件女性上装的衣着饰物，呈条状，长1米左右，宽约60厘米，中间开岔，两端绣有特定图案，黑底白线或黄线，缀满银铂或海蒪，穿戴时由头顶自上而下，分别罩于前胸和后背）之俗由此而来并延传至今。

高坡苗族射背牌的古老叙事为：地玉和地莉是一对相爱的苗家青年男女，他们感情至深，却因为父母之命不能缔结婚缘，成为夫妻。于是，他们向父母和族人提出了"阳间不能婚、阴间结夫妻"的要求，并要求双方父母和全部族人到场，通过射背牌仪式，缔结阴间婚姻，即"结阴亲"。父母同族人被他们的爱情所感动，同意了他们提出的这种既不悖父母之命，又能了结双方情愫的做法。自此，射背牌为所有不能成婚的恋人所效仿。

图 3-14　高坡苗族射背牌

射背牌一般在四月八日举行。四月八日前 13 天，姑娘以射背牌的名义请姐妹陪伴到后生家聚会，并送后生一双银耳环作为射背牌的礼物，双方伙伴亲友聚于男方寨上，吹芦笙，唱歌，通宵达旦尽欢。唱歌内容丰富，背牌歌、桌凳歌、碗筷歌、酒肉歌、答谢歌俱有；四月八日前 3 天，后生要制作好弩和箭；前 1 天，姑娘须把一条用旧的背牌给后生做试靶，同时赠送花手帕、花领牌。四月八日当天早餐过后，即在高坡场射背牌。活动由寨主主持，靶板放在指定的位置上，寨主宣布射背牌开始，男女分别向天空各放 3 箭，以示对天发誓。而后，后生瞄准自己情人亲自刺绣的背牌放 3 箭，姑娘对着自己恋人的连衣裙左下方（穿在身上，用手撑开左下角）放 3 箭，表示今生不能成一家，来世再来做夫妻。仪式毕，姑娘把亲自刺绣的黄背牌赠予后生，后生将割下左下裙一块给予姑娘，同时姑娘将手绣的两块手帕、两块花领牌由自己和后生各执一块，相约谁先死，谁就拿着花手帕、花领牌到阴间污水河边的路口上等待另一方，要手帕和花领牌都对和，两人才能手牵着手渡过九道污水河，以后转生还做结发夫妻。射背牌之后，男女之间的感情便自然减退，以后不再往来，并各自娶来嫁往，不再牵连。

　　射背牌是一种特殊的民俗文化，是华夏婚俗文化中绝无仅有的独特模式。射背牌仪式佐证了苗族"来世婚，结阴亲"的独特婚姻习俗，是高坡苗族基于情感、责任、道德之上进行男女择配的制度性安排，是有情人各安其分、回归现实的社会规范在制度上的体现。虽然该习俗是因青年男女对父母指定婚姻不满而又不能反抗，同家庭达成的妥协产物，表示对婚姻的无奈——今生不能成一家，来世再来做夫妻，但以此仪式见证爱情，表达了男女彼此间的"两情相守"，实质成了执着爱情者的精神慰藉。自20 世纪 80 年代以后，射背牌的习俗虽然渐渐淡退，但作为一种民族文化在当今却得到了良好的传承和高度重视。

第三节　婚姻文化的功能

　　马林诺夫斯基认为，文化与人的需要有不可分的关系。人有机体的需要是第一个基本需要，从而形成了基本的"文化迫力"，它强制一切社会发生种种有组织的活动来满足生理的需要。种族的繁衍是人类社会发展的第二个基本需要。对此，人类用各种规则和真正的文化要素来改变其自然的冲动，从而使生殖作用在人类社会中成为一种文化体系。① 这一文化体系包括了婚姻。就婚姻的功能而言，一般认为它具有三个方面的功能：一是保持社会（群体）的稳定；二是为繁衍后代提供适宜的条件，包括社会条件和经济条件；三是增进不同群体之间的联合。这是对婚姻就其本身的社会作用方面而言的。笔者认为，婚姻作为一种制度性的体系存在于整

---

　　① ［英］马林诺夫斯基：《文化论》，费孝通等译，中国民间文艺出版社 1987 年版，第30 页。

个家庭和人类生活中，其在制度文化层面的作用是值得重视和思考的，婚姻制度文化从文化之于人口再生产方面的价值角度看至少具备以下功能。

一　保障人口的增殖与种的繁衍

婚姻是组成家庭的纽带，是人口再生产的社会形式，女人和男人结合产生新的一代人，是人口增殖与种的繁衍的自然行为，正如恩格斯在《家庭、私有制和国家的起源》中所说："生产本身有两种：一方面是生活资料即食物、衣服、住房以及为此所必需的工具的生产；另一方面是人类自身的生产，即种的蕃衍。"《礼记·婚义》上也说："婚姻者，合二姓之好，上以事宗庙，下以继后世。"明确地表明了婚姻的目的是为了规范生育，添丁增口，生育的目的就是使家族香火不断，后继有人，实现"种的蕃衍"。由于西南少数民族地区长期处于以小农经济为主的阶段，经济、文化发展较为落后，这就不可避免地导致了其婚姻目的的实用性，各个民族增加人口的欲望清晰可见，刚性强烈。首先，结婚是为了增加人口，扩大家庭、家族规模，使祖嗣不绝，香火不断，根种延续。娶妻生子在西南各少数民族的婚姻礼仪中都得到了反映，如举行婚礼时要吃枣子、花生、红鸡蛋，其含义是早生儿子、多子多福；又如，请已生男育女的妇女当接亲婆和送亲婆，这意味着将来新娘和她们一样，子女双全。生育与不生育，生男或生女对于已婚妇女来说，是决定其在家庭地位的至关重要的问题。人丁兴旺、传宗接代的思想渗透在整个婚姻当中，丈夫可以把不生育的妻子赶出门外，而不管这种不育是由女方或男方造成，其责任一概推给女方。一些少数民族有恋爱的生活而无婚姻的自主，爱情和婚姻是被分割的，他们结合而生儿育女不是爱情的结晶，仅仅是婚姻的生育目的。其次，婚姻的缔结，是族群生存和实力增强之于人口的需求。西南民族恶劣的生存环境、长期遭受的来自于外力的歧视、压迫和武力征剿，甚至民族间为了生存空间的争夺，都需要通过人口的增加而使实力增强而图存，必然，婚姻是为民族社会生活备受重视的大事情。再次，娶妻生子是为了养儿防老、养老送终。小农经济下，家庭是相对独立的经济单位，赡养功能完全由家庭承担。结婚生育后代，既是免除老来无所依靠的最佳选择，又是人们心理之于儿孙绕膝、天伦之乐意愿实现的孜孜以求。最后，娶妻生子，是家庭财产后继有人的唯一选择。这一方面刺激着人们婚后对生育的渴求，另一方面又驱使着人们不断地创造财富、增加收入，既期望在世时人口与生活财富的双赢，又盼望离世后财产有人继承不致外流而心无遗憾。正是婚姻具有的保障人口的增殖与种的繁衍的作用，千百年来，西南各少数民族都各自对其进行了系列的建构和完善，也正因此，才有多姿多彩的西南少数民族文化习俗。

二 规范两性的结合与人口再生产的秩序

人们知道，在原始群婚时期，男女的性关系是杂乱的，那时婚姻规则尚未产生。人类的婚姻规则大约出现在新石器时代。这个时期出现的婚姻形式，一般被称为集团内婚，此后又出现集团外婚。随着通婚禁忌的日益增多，亲属间的通婚越来越不可能。因此，群婚形式中相对固定的配偶关系逐渐稳定，并开始向对偶婚制发展。对偶婚制的出现又为现在普遍的一夫一妻制个体婚的产生奠定了基础。

图 3 – 15 新娘挑"净泉水"

婚姻的产生和发展，既有生产力发展的因素，又有自然选择的作用。正如恩格斯所说："在这种越来越排除血缘亲属结婚的事情上，自然选择的效果也继续表现出来。用摩尔根的话来说就是：没有血缘属关系的氏族之间的婚姻，创造出在体质上和智力上都更强健的人种；两个正在进步的部落混合在一起了，新生一代的颅骨和脑髓便自然地扩大到综合了两个部落的才能程度。"① 在这里，生物学对人类性关系的制约通过婚姻表现出来，其目的是为了人种体质和智力上的更健康。

在某种程度上可以认为，正是生育的契机，导致了婚姻的进一步发展。现在许多调查材料上可以看到通婚禁例，许多就是从人种健康的角度而设置，如苗族曾有过不同支系之间的通婚，但通婚后夫妻常不和睦，且多病、聋、瞎、不生育等，故以后就不再通婚，并成为一种禁忌。居住在怒江地区的白族支系墨脱人认为，同一家族内的同胞和同堂兄弟姊妹都出自于共同的男性祖先，他们的血缘关系是一样的，若彼此通婚，生下的孩子会呆、哑，发育不好，死亡率高，人口难以增殖。再如德昂族也有相似的通婚禁忌，他们认为同姓氏族成员间通婚，将来所生育的子女会成为哑巴。因此，在西南许多少数民族中对违背禁例者，都将受到社会舆论的强烈谴责。此外，这些律令的设置是因为西南少数民族传统的继嗣制度以单系为主，或女性，或男性。凡属于某一单系的后代都视为血亲关系，之间不能谈婚论嫁，实质上是为了克服集团内血缘婚的弊害。婚姻制度中所体现出的这些禁忌、约束、规范，历史地首先担当了规范少数民族地区两性间的结合、人口再生产的任务，有秩序的人口再生产不仅使得民族内家庭得以发展，并且是民族自身良性发展的前提，因此而来的是基于人口增长的民族力量的壮大，这也是任何民族希望自己兴旺发达的文化性根源。

三　重组情感和经济联合体

西南少数民族地区因为落后而长期处于野蛮时代的事实表明，无制度的时代性需求导致的族内和族间争斗时有发生，因此带来的伤亡和损失也不利于民族自身和族内人口的发展。相反，制度化的婚姻关系方面的规定，使得人们在情感上保持稳定有了共同认识层面上的支持，起到了性对象专一稳定和情感归属确定持久的保障。有了这种新的情感联合体，首先是婚姻男女双方在性交往和生育方面有了更加文明的转化，并

---

① ［德］恩格斯：《家庭、私有制和国家的起源》，人民出版社 1972 年版，第 44 页。

且由男女双方各自原有情感集团延伸交互形成了更大的家庭式的情感联合体，更加保证了婚姻关系在人口再生产方面的作用，主要体现为双方对生育子女的共同渴望以及抚育子女方面的共同负担。事实上，婚姻制度规定了男女双方关系的同时，在双方原有家庭的基础上组成了新的家庭，这个新的家庭一定程度上是一个新的经济联合体，并且这个经济联合体所拥有的资源除了双方自有的之外，还包括了由于婚姻关系规定的两个家庭所拥有的家庭资源和亲属关系资源，犹如平静湖面投石后涟漪的不断展延，因此，婚姻制度规定的，不仅仅是结婚双方的关系体系，还包括了因此而联系着的一系列社会关系网络的形成与经济社会资源的共享。因而，笔者认为，婚姻制度文化客观上起到了社会关系建构、经济支持和扩大生存资源的现实作用，尤其这种经济联合体对子女和婚姻家庭的维持十分明确，几乎任何婚姻都具备了这一功能。同时，对结婚双方来讲，基于家庭关系的经济社会资源延伸形成的大范围的经济社会支持网络，又无疑在生育养育后代、抵御婚姻家庭中各种风险方面有着重要的保障作用，从人口再生产的层面看，必然是为民族人口的延续发展和经济社会生活提供最直接、最持久的支持。因此，基于情感联合体基础上形成的经济联合体，使得家庭、家族、宗族的经济社会资源支持网络的扩大、生存资源的扩展成了可能，是为各民族自始而今极为重视婚姻制度文化建设的重要因由。

当然，作为婚姻制度文化的研究，要始终重视婚姻作为情感归属的历史价值和现实作用，这种规范男女情感的制度文化，其一个重要作用就是规范了人口再生产的文化土壤，使人口再生产得到了秩序的进行，民族繁衍得到了制度性的保障。我们在肯定西南少数民族婚姻文化在民族人口的再生产和民族社会发展上起着的积极作用的同时，也承认其中也存在着不少的陋习，甚至是糟粕性的东西，如早婚早育、包办婚姻、近亲结婚、礼仪的烦琐、迷信的充斥、婚宴的过度浪费等，但我们相信，在新的时期，随着西南少数民族经济的不断发展，民族人口科学文化素质的不断提高，各民族对自己传统文化扬弃与创新意识的不断自觉，西南民族婚姻文化必然会在保持自身特色、合理内核的基础上，发生系列形式与内容的变迁，而且这种变迁的趋向必然是有利于各少数民族爱情的甜蜜、婚姻的自由、家庭的稳定、代际的和谐、民族间的团结、人和自然协调可持续发展的文化创新与文化自觉。

第四节　家庭类型与家庭关系

家庭是构成社会的基本单位。一般认为，家庭是建立在姻缘关系和血缘关系基础上形成的初级社会群体，是社会生活中最基本的组成单位。在文化人类学中，家庭是指共同生产、共同消费、共同居住的一群人，其内部由血缘、婚姻或收养等关系构成。在人口学视域中，"家庭是婚姻的载体，是实现生育行为的基本单位，是实现人口再生产的社会细胞组织"①。家庭的职能主要有三：一是维持一家人的生计；二是维持家族的延续与扩大，即生儿育女；三是制约、调整家庭内部成员的行为，保持成员之间的感情融洽，使家庭成员与整个社会产生物质生活与精神生活的相依性。西南少数民族家庭从结构和功能方面讲，既有一般家庭所具有的共性，又有明显的民族性特征。

一　家庭类型结构

家庭结构是指家庭成员之间的组合状况以及由此形成的家庭模式和类型。美国学者奥尔科·朗以家庭夫妇数目为标准，将中国人家庭的结构分为核心家庭、扩大家庭和主干家庭三类。费孝通先生在对江村的多次调研后，把江村的家庭分为四类，即残缺家庭、核心家庭、主干家庭和联合家庭。认为当核心家庭中原来的配偶中有一方死去，或有子女未婚的父母双亡，这样的家庭就可称为残缺家庭。在主干家庭和联合家庭的界定上，他认为这两种家庭都是由两个或以上的核心家庭构成，虽然这两个或以上的核心家庭在辈分上有所差异。一般而言，现在普遍认可的家庭类型主要有核心家庭，又称夫妇家庭，就是以婚姻为基础，父母与未婚子女共同居住生活的家庭；主干家庭，指父母（或一方）与一对已婚子女（或者再加其他亲属）共同居住生活的家庭；联合家庭，指的是父母（或一方）与多对已婚子女（或者再加其他亲属）共同居住生活的家庭；扩展家庭一般由年迈的父母及其子女与两对以上的已婚子女组成的家庭，这种家庭有

① 李竞能：《人口理论新编》，中国人口出版社2001年版，第286页。

时由四代或四代以上的成员组成。就家庭的现代化发展而言，随着子女独立生活的社会事实逐渐增多，现代家庭的类型主要向着核心家庭的模式转变。西南民族社会由于经济发展缓慢和现代文化影响较晚，其家庭结构的转变正处在多样化的变迁时期，总体格局是以核心家庭为主、各种类型的家庭并存。具体来看，其类型结构有以下两大特征。

图 3-16　清水江畔的清代宗祠之一

　　一是多种家庭类型并存。在长期的宗族兴旺发达的民族心理追求之下，西南少数民族家庭主要以家族体系为主，一般情况下，如果家庭成员没有意外损失（诸如死亡、迁移等）的话，团聚性是其主要特征，由此形成了传统的家族式联合家庭。随着生产的分工和资源私有化的形成，家族开始解体，但来自于物质方面影响的家族解体却先于宗族兴旺这层意识的转变，因此出现了以族系体系为框架的家族内部分化，形成了以主干家庭为主要形式的家庭结构类型。随着人口数量的逐渐增多和家庭资源有限性方面的矛盾的日渐突出，家庭进一步分化便首先发生在一些发展落后、家庭资源（尤其是土地资源）匮乏、家庭人口迅速增加的规模较小的主干家庭或者还在勉强维持的联合家庭之中。核心家庭是将家庭资源制度化再分配的一种主要制度载体，通过这种分配，事实上提高了家庭成员各自的劳动效率，一定程度上起到了增加生活资料，促进家庭更好发展的作用。同时，伴随着家庭分化整个过程的一些原始联合家庭由于资源充分、家底雄厚，不存在较为严重的资源短缺等问题，仍然保持了那种兴旺发达的大家形式，或者只是分化为几个主干家庭。如苗族普遍实行以父系为中心的家庭，家庭成员以两代、三代同住者居多，侗族也是以父系为中心的两代、三代结构家庭为主，侗寨占里 2002 年还有一家五代八口人的个案。基诺族还保留着同姓合居的习俗，在一个父系大家庭的"大房子"内，有一个氏族总火塘，每个小家庭又有一个小火塘，有的"大房子"内居住着几十甚至上百个小家庭。在整个家庭类型的演变过程中，事实上家庭结构首先是由物质文化的变迁导致的，存在于民族心理的宗族兴旺观念变迁明显滞后，因此导致了多种家庭类型并存的局面。

二是宗族意识弱化，核心家庭正成为主流。随着少数民族地区经济社会的发展，人们对家庭的经济功能逐渐开始有较多的关注，即如何最大限度地实现家庭的生产和消费功能，是家庭的共同本质。传统的宗族意识适应于较为落后的、自然封闭的民族地区，但不适应于现代化作用下的经济效益占主导地位的家庭，联合家庭的一个主要缺点就是难以最大限度地发挥家庭的生产效率，反而一定程度上限制了这种效率的发挥，相反，以婚姻结构为基础的核心家庭，能刺激年轻夫妇的家庭责任感和生活上的上进心，同时核心家庭的制度模式能强化家庭资源的私有化属性，从而保障家庭内部的生产积极性。因此，核心家庭替代以往的联合式大家庭成为必然。同时，笔者注意到，家庭文化的变迁在其中起到了很大的作用，新中国成立后，尤其是改革开放以后，党和国家加大了对少数民族地区的发展支持，先进的文化教育逐渐在西南少数民族地区得以实施。随着经济生活水平的显著提高和各族人民自我意识的增强，宗族意识不断弱化，人们更多关注的是家庭内部或者家庭之间的关系，而很少考虑到事事为族人着想这一步了。在这种情况下，核心家庭因其私有化程度之最高而得到广泛的认可。现在西南少数民族当中，基本上都是儿子成婚以后就分家立户，只有小儿子才和老人一起组成主干家庭，虽然有老人单独居家的现象，但总体上还是一个主干家庭分化成多个核心家庭和一个规模更小的主干家庭这种模式。当然，在西南家庭结构由大家庭向核心家庭演变的过程中，民族人口计划生育政策在其中也起到了推动的作用，多数计划生育家庭为核心家庭类型，即使代际较多的扩展家庭，不仅数量在逐渐减少，而且人口规模也大不如前。

图 3 – 17　大理白族本主庙

必须看到，在当下家庭结构变迁中，民族地区的老年"空巢老人"家庭在逐渐增多，据调查，仅贵州黔东南、黔南、黔西南 3 个民族自治州在 2012 年 8 月就分别有"空巢老人"家庭 43893 户、94205 户、45218户①，而且数量还在增长着。空巢老人和空巢老人家庭的增多，是人口发展在新时期的特有人口现象，其中，显现出的诸如空巢老人在经济供养、医疗卫生、生活照料、晋升慰藉、权益保障等问题，成了健康老年化、积极老年化实现道路上的严峻挑战，必须引起全社会重视。

二　家庭关系结构中的制度文化

一般认为，家庭关系即家庭内部的人际关系，它是以姻缘、血缘和收养关系为基础的关系。家庭关系可以从横向上分为夫妻关系、兄弟姐妹关系、姑嫂妯娌等平行关系；从纵向上看有父母与子女关系、婆媳关系、祖孙关系等代际之间的关系。在家庭关系中，权利关系是一个核心，它是影响家庭关系的主要因素。换句话说，家庭制度文化中的重点，就是以家庭

---

① 杨军昌：《问题与对策：贵州"空巢老人"生活状况调查分析》，《西北人口》2013 年第 6 期。

权利关系为实体的制度文化。

（一）权利制度关系下的家庭分工

家庭关系组成主要依权利的核心归属而来，总体来讲，在西南民族地区，这种权利归属由于在长期的父权制影响下先天地归于男性所有。男性在家庭中的权利观念是历史过程的产物并且有着强烈的刚性，因此在家庭关系中，越是年长的男性越是家庭权利的最高点。有时候，出于生产方面的需要，家庭中的老年长辈会将这种权利转授给下一代，但即便是下一代接受了这种权利，也要保持对长者的尊敬和服从。从权利构架的角度看，家庭内的关系制度实际上是以权利的逐级下放至各代男性形成的。家庭中的上级权利组织延承了祖先的各种制度设置，同时对下又规定了新的更具体的关系维持制度。从制度的层面上看，这种家庭的关系体制最核心的体现主要是家庭的分工体制，包括横向的夫妻分工、子女分工、父母分工以及纵向的父子分工、婆媳分工等。

关于家庭分工，西南各民族既有相似的一面，又有各自的独特性。从相似性的角度看，家庭分工关系主要有：（1）长幼义务：敬老爱幼的现实体现为年长者要关注和负责下一代的成长直至结婚，晚辈要负责老一代的病养死葬；（2）父子权责：父辈要传授给子代各种生存和生产技能，并且要规范和监督子代的言行，同时在家庭地位上要受到尊敬，儿子不可随意顶撞父辈，要承袭父亲的技能并保证家风与先前一致；（3）男女家庭分工：男性是家室以外的活动承担者，女性主要是操持日常家务，男女共同劳动是较为普遍的习俗；（4）婆媳上下分工：婆媳上下等级明显，婆婆可安排媳妇干家务等活，儿媳要顺服婆婆；（5）父母之间：父要主持公道，分配家庭资源，联络家庭以外的关系，母则要教育媳妇并带孙子，作为传承家庭妇德的榜样；（6）夫妻分工：普遍为"男主外，女主内"，即夫主社会交往、务工劳作，承担家庭经济收入的主要责任，妇则育儿教子、侍奉父母、纺纱织布、洗衣做饭等。这些分工关系在民族生活方面的作用既可以理解为制度文化的功能，又可以解释为一种生活适应过程中的习惯性安排，总之是家庭关系的一种规范体系。这种自觉与不自觉的关系要求，是家庭成员所共同遵守的言行规范和伦理纲常。如苗族"尊老爱幼"蔚然成风，世代相守相传，苗族一家之内由长者掌家，即使长者丧失劳力，只要神志清晰，遇到农事安排、相关应酬和重大花费开销等大事，均须征求长者参与意见，争取长者拍板定夺。有了这种家庭分工，家庭生活才变得井然有序，家庭成员之间才有较为明确的权责意识；对于家庭的生产方面，男性参与较多的优势主要体现在强劳动量和效率上，而妇女主持家务则无形强化了在现实中的不平等意识。

图 3-18 山里田间

一些少数民族的分工虽然大体上和上述共性特征类似，但不乏其特殊性。如傣族是一个女主外、男主内的民族，傣族妇女多要翻田种地、背驮扛抱，一些田间劳作等重体力活都是由她们来干。究其缘由，傣族是一个信仰小乘佛教的民族，男子大都进入寺庙诵经念佛，甚至无暇顾及家庭生产，久而久之，形成了这种特殊的家庭分工。壮族女劳男逸的现象从宋朝就有了记载。周去非的《岭外代答》是古代民俗学的著作，他在书中这样说："我观察两广的女子，黑而肥壮，少病而有力；男子往往身形单薄，面黄枯瘦。为什么呢？因为这里一夫而多妻，几个妻子都忙于经商，往返于城乡圩市之间做买卖，大家共同养活了这个丈夫。丈夫终日游手好闲，有孩子的就整日抱抱孩子而已，没有孩子的就溜溜达达，袖手旁观。妻子因劳动而健壮，丈夫因无所事事而体弱多病。"① 这种分工制度的出现，综合来看，是出于社会性别的不平等造成的，颠倒了男女在体能上的差异。在夫妻分工方面，"产翁制"更是颇有特色。所谓"产翁制"，就

---

① 张婷：《关于产翁制》，blog. sina. com. cn/s/b，2013 年 5 月 24 日。

是男子在其妻子生产期间，模拟妻子"分娩"，或在妻子分娩以后装扮成产妇卧床抱子，代替妻子"坐月"，而真正的产妇则照例外出干活，并为卧床"坐月"的丈夫准备饮食。在这里，模拟妻子"分娩"、代替妻子"坐月"的产妇之夫便称之为"产翁"或"产公"。① 从文化的角度看，这一习俗的文化根源仍然是与民族固有的父权意识和子嗣继承有关。"产翁制"有如法国学者拉法格在《宗教与资本》中所说的是"改装为妇女的男神胆怯地偷偷进入神圣的位置，在这里强迫人们崇拜自己，最后从这里把妇女的神赶出去"。法国另一学者弗勒克在《家庭进化论》中直接认为，产翁"装做怀孕分娩，好像这样就可以证明孩子是由他做父亲所生的，而有权按父系来计算亲属关系"，其性质"是男子用来夺取女子财产和她的品级之欺骗的手段之一种"。② "产翁制"作为一种历史遗俗，虽然到了近代还在西南的壮族、仡佬族、布依族、傣族和藏族等残存着，但随着历史的发展、社会的变迁，它已成为一种陈风陋俗，永远失去了其合理存在的土壤。③

（二）代际间的关系制度

从纵向来看，家庭层级之间关系是为代际关系。代际关系是家庭诸种关系中最重要的关系形式，也是社会关系的基础，其核心是亲子关系。家庭代际关系不仅以血缘关系（含收养关系）成员为建立基础，而且是一种靠制度维系的关系。在人的一生中，有两个生活依赖期：儿童少年期和老年期。处于儿童期时需要从父母那里得到成长的抚育，获得感情的交流、行为的指导、知识的启迪及关爱；老年期后由于生产劳动的能力、生活自理能力的逐渐丧失而需要子女的反哺。这样就形成了代际支持的两个部分：爱幼与敬老。

爱幼是中华民族甚至整个人类社会所共有的本性，但在西南少数民族地区，爱幼更反映着对子代的关注和繁衍子嗣在观念和现实生活中的重要性，爱幼即是希望子代健康成长，传承民族和家族的血脉。对幼儿的爱

---

① 程林盛：《探秘原始密俗"产翁制"》，《百科知识》2011 年第 9 期。

② 《男性对权力篡夺的努力：产翁坐褥》，http：//blog. sina. com. cn/s/blog_ 4b44e2b10102dqqx. html。

③ 宫哲兵、宫步坦：《中国南方女性的奇风异俗及成因新探》，《湖南大学学报》（社会科学版）2008 年第 4 期。

图 3 - 19　祖孙俩

惜、关护，是在长期的历史过程中沉淀下来的民族人口再生产的关键因素，这种爱护不仅仅是感情上的寄托，更是作为老一代人将来的后备资源所必需的，并且这种需要也是爱幼习俗得以延续的主要原因。在西南民族中，体现着爱幼的制度习俗成百上千，难以例举，就生命的历程来看，婚姻的缔结本身就是对子嗣的期盼，婚后各种各样的生殖崇拜、求子习俗、保胎习俗饱含着年轻父母对新生命的渴望，婴儿诞生后的诸如洗浴、喂养和各种有益的禁忌如忌踩奶、忌惊吓、忌风寒等凝集着父母对孩儿的深情，儿童成长期间生活常识的启蒙、伦理礼仪的教育、行为规矩的引导、地方性知识的传授是深含着父母长辈对子女成才的期盼，而后的送学读书、技能培养、社会交往、谈婚论嫁、成家立业又无不伴随着父母长辈及家人的呵护、培养、希望。爱幼，体现着父母对子女的骨肉深情和纯洁、无私。在西南民族社会，对子女的爱与教又是紧密联系在一起的，各民族在长期的实践中积累了许多教子的经验，并有一些教子的经验总结传世，如清道光年间黔北郑珍的《母教录》、清光绪年间黔东北印江的《严氏家书》、刻于清代的贵州彝族《教育经典》等。其中不少经验直至今天仍有借鉴意义。

　　敬老是代际支持的重要部分。如果说爱幼是以父母及其他长辈为主体的下行代际关系体现，那么敬老就是以子孙辈为主体的上行代际关系体现。中国自古以来就提倡百善以孝为先，在最早的训诂书《尔雅》中就将"孝"解释为"善父母"，其他众多古籍中都多处提到"孝"。西南民族虽有其独特的历史文化背景，但长期以来受汉文化的影响，对"孝"的提倡也不出左右。例如，在清道光年间（公元 1821—1850）居住在今天贵州省黔东南州黎平、溶江、从江地区的侗族制定的 12 条规约中第 7 条写道："老人的话要听，父母之言要从，儿子不能打骂父母，媳不得虐待老人。父母在，儿子养，父母死，儿子葬。谁不孝顺，任意虐待，不遭天公雷劈，也绝子断代。接情论罚，不放宽贷。"这种敬老的文化性制度在苗、布依、壮族、毛南等民族中都有明确的语言性规定，虽然这种语言性规定只能起到导向性的作用，但就其文化价值来看，尤显得朴实而又珍贵。关于敬老、孝老的阐述，详见《西南民族人口老年文化》章。

图 3 - 20　黔南魁文阁牌坊
（上书："一等人忠臣孝子，两件事读书耕田"）

　　尊老爱幼是两代甚至两代以上家庭成员之间的道德关系，是一种传统文化倡导，并不具有强制的约束性，属于泛制度文化的范畴。在整个代际关系中，最能体现其制度文化内涵的是家庭关系中的命名制度，这一制度从形式到心理上都起到了规范家庭代际关系秩序的作用。
　　给孩子命名，各民族的习俗不尽相同。世居于贵州省的"南部侗族"，多在婴儿出生后三天就要由外婆或家族邻里取名，称为取奶名，这是人生中的第一次命名。当孩子长到 11 岁或 13 岁时就要正式取名。取名多以花草树木、居住地点、出生或命名时间、小孩讲话、哭、笑声音大小及形象为依据。由于这次取名在鼓楼里进行，常被称为"取楼名"或"取鼓楼名"。

按苗族的命名习俗，一个人一生中可能有三个名字。出生后第三天或"满月"时取乳名。取乳名时有一定的性别角色期待，如女孩多用花、草、用具、粮食等来命名，希望女孩子漂亮、勤俭持家；男孩则多以"金""银""宝""龙""石头""树"等命名，希望男孩子坚强、勇敢，能担当起养家糊口、使家庭丰裕的责任。而在长大结婚第一个孩子出生时取苗名，即老名，其间如读书上学、参加工作时，还要取书名。①

傣族一般有名无姓，命名时男孩以"岩"字开头，女孩以"玉"字开头。如为贵族，男子名的第一个音是"召"，女子为"喃"。在与汉族长期交往、融合中，受汉族的影响形成了一些汉姓或汉姓的傣语发语，如曩、闷、板、鸠等。因之，同姓不同宗、同宗不同姓的现象在傣族地区极为普遍。②

藏族人命名一般有二字、三字、四字等，以四字者居多。藏族人给孩子命名形式多样，有在孩子出生当天就为其命名的，有的则在"三朝"仪式或满月后才给孩子命名。由于藏族家庭多数请活佛或喇嘛给孩子取名，使得藏族人的名字具有很强的宗教色彩，如常见的女孩名字如卓玛，就是佛母的意思；而男孩名字如多杰，就是金刚的意思，丹增意为主宰圣教等。如由长者取名，往往表示对孩子的良好祝愿和赞美，如尼玛是太阳的意思，达娃是指月亮，梅朵是鲜花，才让是长寿，③ 等等。

彝族人一般有两到三个名：本名、尊名和丑名。本名即主名，是长辈对晚辈用的呼名，也是对人使用的名字；尊名即次名，是同辈和兄弟姐妹们用的呼名，多为排行名。族外人多用尊名加本名称呼；丑名即贱名，是孩子出生后，请毕摩为其排流年，如果命宫不好，怕日后夭折或多病多灾才取的，目的是为孩子求平安，免灾难。

连名制是西南部分民族特殊的命名方式，在命名习俗中独具特色。连

---

① 杨旭：《西南少数民族人口制度文化研究》，硕士学位论文，贵州大学，2009 年 3 月 1 日。
② 同上。
③ 同上。

名制既有父子连名，也有父女连名和母子连名、舅甥连名，但以父子连名居多。兹仅对父子连名制做简要介绍。

父子连名制产生于母系氏族解体，父系氏族确立之后，以此确保父系血统按直系血亲承递，并区分出直系血亲与非直系远亲，同时保障直系子孙享有财产继承权。其具体连名方式主要有以下三种。

正推顺连法。即父名在前，子名在后，以父名最末的一个或两个音节冠于子名之前；子名的最末一个或两个音节又冠于孙名之前，如此世代相连，犹如链条一环扣一环。例如，四川、云南和贵州的部分彝族，名字通常为四个音节，具体连法是：古候吼兹—吼兹讫得—讫得谋巫—谋巫乌儿—乌儿洛勒—洛勒莫阿—莫阿阿讫—阿讫阿兔……以谋巫乌儿为例，谋巫是父名，乌儿是本人名，洛勒是子名，莫阿是孙名。怒族的母子连名制、舅甥连名制、父子连名制，以及哈尼族、基诺族、珞巴族和部分苗族等的父子连名均属此类连名法。

逆推反连法。即子名在前，父名在后，以父名的一个或两个音节置于子名之后。采用这种连名方式的有佤族和部分苗族。苗族的逆推反连法如兴发—发抽—抽远—远朗—朗孟—孟文—文厚—厚供—供娘—娘送—送当……①兴是曾孙名，发是孙名，抽是子名，远是本人名，朗是父名，孟是祖父名，文是曾祖父名。佤族的连名法是：……康更—猛康—克龙猛—特外克龙—萨特外—松萨—比里松—散比里，依此类推。

冠姓连名法。即在名字之前或名字之后加上姓氏。例如，白族历史上的三位大理国主姓名是：段智祥—段祥兴—段兴智，分别是祖父名、父名和本人名②。

以上三种连名方法中，采用正推顺连的民族比较多。某些民族由于名字相同的人较多，为便于区别，有的在父名、本名之前或本名、父名之后加上祖父名，有的加上家族名或部落名。见面称呼时，一般只叫本人名，不连称父名、家族名或部落名，若连称父名和祖父名，则被认为是对其祖先的侮辱。

命名作为一种语言符号，是人类社会特有的一种文化现象，是人类对

---

①　张联芳：《中国人的姓名·苗族》，中国社会科学出版社1992年版，第284页。

②　中国大百科全书编委会：《中国大百科全书·民族卷》，中国社会科学出版社1986年版，第124页。

自身社会身份认知的结果，其基本职能在于区别独立的个体并获得社会认同，参与社会交往，从而确立社会身份。将命名制度作为一种文化，从中表现出父母对孩子的祝福和期待、习俗意识以及家族的代际历史等。姓是家族的象征代号，名象征的家族关系和生命意义，名字之间的关系制度，事实上规定了家庭成员之间的包括族缘、血缘、长幼、男女地位等一系列规定性划分，也规范了家庭成员之间在文化意识层面的相互认可形式，其现实作用如每一个成员的长相、音别一样，并包含着这一层面之上的精神内涵。

第五节　亲属制度文化

一　亲属关系网络

亲属关系在一般意义上是一种家族关系包括家族成员之间的纵向和横向的关系。纵向关系主要包括了以血缘关系为纽带的家庭成员之间的辈分关系，并且这种关系始终以成员之间的称谓直接表现出来；横向关系则主要是同辈之间的称谓制度。

亲属的分类是随着家族关系和亲属网络自身的变化不断演变的，并且还受到来自社会交往方面的其他文化的影响。我国古代按照男系宗法主义，分亲属为宗亲和外亲。宗亲又称内亲，父族为宗亲，它是以男系为中心的亲属。一般宗亲由三部分组成：（1）出自同一祖先的男系血亲；（2）出自同一祖先的男系血亲的配偶，即"来归之妇"（嫁入的妇女，如婶母、儿媳、嫂子、弟媳妇等），这部分亲属虽然来自外姓，但已经脱离本宗，加入了丈夫的宗族；（3）在室女，即同一祖先未嫁的女性，如未出嫁的女儿、姑姑、姐妹、侄女、堂姐妹等，这类亲属一旦出嫁，即加入夫宗。出嫁女离婚后回娘家，称为"大归"。大归之女，恢复其宗亲地位，宗亲以九族为限。《尚书·尧典》中有"以亲九族"的说法。九族，上自高祖下至玄孙。外亲又有外姻、外族、女亲之称，是女系相联络的亲属，指以女系血统相联系的亲属。外亲异姓者，从母与姊妹子、舅与外祖父母，皆异姓。母族、妻族及女子出嫁族为外亲。母族对母亲的血亲而言，如外祖父母、舅姨、表兄弟姐妹等。妻族，又称妻亲，指妻的血亲而

图 3 - 21　百岁老人与其晚辈们

言，如妻的父母、妻的兄弟姐妹等。女族是对出嫁女及出嫁姑的夫族亲属
而言。母族，如外祖父母、舅、姨、舅姨表兄弟姊妹等。

我国目前将亲属分为三类，即配偶、血亲、姻亲。配偶是夫与妻的对
称。是血亲和姻亲赖以形成的基础，是亲属关系的源泉，在亲属关系中承
担着承上启下的作用。血亲，凡是有血缘联系的亲属为血亲。血亲分为自
然血亲和拟制血亲。自然血亲是指因出生而自然形成的、源于同一祖先的
有血缘联系的亲属。拟制血亲（准血亲），是指本无血缘关系，而由法律
确认其具有与自然血亲同等权利义务的亲属，又称为准血亲。我国婚姻法
所确认的拟制血亲有两种：养父母与养子女、继父母与继子女（形成抚
育关系的）。一般而言，这种亲属网络要广泛得多，所涉及的成员之间关
系可远可近，以家庭为界限，家庭内的成员之间关系较为紧密，而血脉关
系或准血脉关系延续的可划定为家庭之间的关系要相对疏远，甚至有明确
的代层划分，如"五伏"或"三伏"（即指五代或三代以内）。姻亲是指
除配偶本身外以婚姻关系为中介而产生的亲属。男女结婚后，配偶一方与
另一方的亲属发生姻亲关系，但配偶本身除外。姻亲可以分为三种：
（1）血亲的配偶，是指己身与自己血亲关系的配偶之间的关系，如自己
的嫂子、姑父；（2）配偶的血亲，指己身与自己配偶的血亲之间的关系，
如岳父母。此外，没有形成扶养教育关系的继父、继母与继子女之间，一

般也属于姻亲关系；（3）配偶的血亲的配偶，是指己身与自己配偶的血亲的配偶之间的关系，例如姒娌、连襟。可以将这种亲属认为是一种跨越式的亲属关系，即必须经过一个直接关系亲属延伸而来，往往被延伸的是这个起到中介作用的亲属的一些亲属关系，也是一种亲属网络的扩大和延伸。

西南少数民族亲属制度文化具有一般意义上的亲属制度的特征和共性，但其称谓和类别上都体现着深刻的民族独特性，并且这种特性与民族生境、民族生活本身有着千丝万缕的联系。

就西南少数民族地区的亲属制度本身而言，形式上体现为亲属的类型与具体的称谓系统两个方面。其亲属制度类型上一般是多重属性同时交织存在的。源于相同祖先的原始家庭在历史的发展中逐渐分化为相互独立的家族，随着家族数的增大，祖先观念随之弱化，家族观念突出，就形成了家族与宗族两种观念交织的复杂关系体系，以婚姻为基础的家庭，在这个体系中因为其生产功能的集中性而演化成了不同家族内部的基本组成单元。在家族观念和宗族意识的强弱对比中，西南少数民族更关注的是家庭在恶劣的生产环境中的生产功能，婚姻创造了家庭这个基本单位，也成了亲属制度发展变化的基点。不同的是，西南少数民族的宗族观念消退速度远低于生产力较为发达的汉族地区，宗族观念成了扩大家庭功能的选择思路，新的家庭组建以后，新的生产单元成立，必然需要新的制度化体系来从整体上规范这种关系，整个亲属制度体系便得到更新并扩大。因此，西南少数民族家庭亲属制度的类型既不能说是简单的血亲，也不仅仅是姻亲关系，而是一种以血亲为体系、因姻亲而发展、得外亲而扩展的多元结构类型。在大多数少数民族亲属制度中，都包含这种多元的亲属关系类型。

从亲属制度所包含的关系程度来讲，西南少数民族亲属制度与汉族地区不同，经历了一个复杂的演变过程。这种演变可以概括为四个阶段：第一阶段是原始部落阶段，即亲属制度形成阶段，主要是以宗族制度为核心的关系网络，婚姻关系和外亲关系还处在极次要的位置，这个时候的亲属制度可以称之为宗法制度；第二阶段是家族分化独立阶段，生产的进一步发展和人口的增多导致了宗族内关系的支系化，家族演化成主要的生产组织，亲属制度因此主要体现在血缘关系内，也即血缘亲时期；第三阶段是随着婚姻家庭的地位上升而来的姻亲和血亲的并重。人口的进一步增加和生产资料短缺之间的矛盾对家族形成了冲击，以婚姻为基础的家庭承担的生产职能优势逐渐被重视起来，随着分家而来的亲属关系核心转向家庭内部，同时与本家族之间保持着最为紧密的亲属关系，相互支持、互为需求，姻亲和血亲并重是这个时期亲属制度的特征；第四阶段是现代型的综合型亲属制度类型。生产进一步扩大对劳动力的阶段性需求促进了劳动方面的合作，这种合作又促进了双方感情的强化，同时，姻缘关系基础上的两个家庭开始相互支持协作，姻亲关系超出了概念上的夫妻关系，延伸到了两个结婚家庭之间，并且随着交往的增多，一两个家庭为联结点的双方家族之间建立了程度不同的亲属关系。

此外，西南少数民族中还存在一些因为亲属关系形成所依赖的家庭关系等影响导致的特殊的亲属关系类型。如苗族的婚前生育子女习俗中，一般女子婚前生育的第一个男孩在男方家没有继承权，因此该男孩与父亲之间的感情程度远远不及母子之间，父子关系实质上只是一种名义上的关系，这就形成了单一的母子以及与母亲家更亲的关系类型。事实上，这种单向性的亲属关系在其他民族中也不为鲜见。

二　亲属称谓制度

亲属称谓是亲属制度的分类术语，在某一特定的语言中是一套符号化的词语，标志着个体与亲属成员之间的各种关系特征和层次。随着在某个系谱中距离的加大，表明亲属关系越疏远。亲属称谓不仅仅是一种语言现象，更重要的是它的社会意义和价值。正如恩格斯所说："父亲、子女、兄弟、姊妹等称谓，并不是简单的荣誉称号，而是一种负有完全确定的、异常郑重的相互义务的称呼，这些义务的总和便构成这些民族的社会制度的实质部分。"[1] 因此，在它们身上，积淀着民族文化的个性特征，反映出民族制度文化的某些价值层面。

客观来讲，亲属制度中的类型和具体的称谓，只是分别从抽象和客观的层次上对亲属制度文化的表达，并没有直接体现出这一套文字、语言体系所产生和依赖的文化背景，或者说不能直接反映出这种文化形式对民族生活的客观作用。因此，探讨西南少数民族的亲属制度，只有从制度文化的层面入手，才能认识到体现于其中的详细内核，亦即亲属称谓制度不仅是一种称谓，而且体现了人们的相互关系和所应当承担的义

---

① ［德］恩格斯：《家庭、私有制和国家的起源》，人民出版社 1999 年版，第 28 页。

图 3 - 22　苗族牯脏节祭祖

务。西南少数民族的亲属称谓因为其语言本身的特殊性在直接表达中必
然不同于汉族地区，但其中也包含了汉族地区称谓中的各种关系层次，
若将其与汉族地区的称谓体系（可以看作一般性体系）进行对比，就
既能显现其民族性一面，比较出其不同的文化特征，又能在两个体系中
体现出共同的文化本质。在此，试对苗族、侗族、彝族的亲属称谓制度
做如下粗浅的讨论。

　　苗族的亲属称谓制度就是一种极具民族语言特色的称谓体系。如在姻
亲关系中的亲家双方之间可按照子辈的称呼尊呼为"阿乃""阿木"（岳
父、岳母）；媳妇按苗语称为"能"（即媳），但都随晚辈尊呼为"嫂"；
女婿按苗语叫"委"，但多数人将其平等尊呼为"比确"（苗族对姐夫或
妹夫的一种称谓）。若遇不相识的老人，则视其年龄、性别而尊称为"得
果（老人家）"或"剖果（老爷爷）""卜果（老奶奶）"。苗族称阿伯为
"阿催"，阿叔为"阿约"，阿姨为"阿妮"，阿姑为"阿嬢"，阿哥为
"阿那"，阿姐为"阿娅"，年幼者为"得苟（弟妹）"。苗族的亲属关系
根据世系来划分，以鼓社（苗族认为木鼓为祖先亡灵所居，是一个血缘
家族的纽带与象征）的形式表现出来，可以分为自己与父亲的鼓社、自
己与母亲的鼓社、自己丈夫的鼓社、自己妻子的鼓社、外鼓社（即从自
己鼓社出嫁妇女的丈夫的鼓社）等 5 类。苗族与汉族间的具体称谓对比
如表 3 -1 所示。从表中可以看出，苗族在亲属称谓的规范上要比汉族

地区具体翔实，并且一些称谓还可以相同（或相似），如儿媳和侄孙媳都称为"niangb"，侄女和侄孙女也都称为"niak"，但这种称法只能是作为长辈的时候可以这样称呼，反映着长辈对晚辈之间的一种公平态度，也相当于一种"爱称"。表3-2明确反映出的是以成员所处亲属关系的位置点而设置的不同的称谓体系，该体系要比仅从一个方向（比如从"己身"上下延伸）得到的称谓复杂得多，而且这一按照具体的个体全面辐射状设定的体系，补充了单向称谓制度在规范使用和范围上的缺陷。

表3-1　　　　　　　　　　　　　　　　父亲及自己的鼓社

父亲的鼓社		自己的鼓社			
汉族称谓	苗族称谓	汉族称谓	苗族称谓	汉族称谓	苗族称谓
曾祖父	ghet tat	兄	dail	子	daib
曾祖母	wud tat	嫂嫂	naigb	儿媳	niangb
祖父	ghet	弟	ut	女	daib ad
祖母	wuk	弟媳	nius	侄子	bed
父亲	bad	姐	ad	侄媳妇	niangb
伯父	bad hlieb	妹	dad	侄女	niak
伯母	mais lul	堂兄	bed ghab but	堂侄子	bed ghab rut
叔父	bad yut	堂兄嫂	niang ghad but	堂侄媳	niangb ghab but
叔母	mais yut	堂弟	ut ghad but	堂侄女	niak ghab but
姑母	deik	堂弟媳	nius ghad but	孙子	hlangb
自己		堂姐	ad ghad but	孙媳	niangb
		堂妹	niak ghad but	孙女	hlangb
				侄孙	hlangb
				侄孙媳	niangb
				侄孙女	niak
				曾孙子	hink
				曾孙女	hlink

资料来源：贺又宁：《汉、苗族亲属称谓文化特征之比较》，《贵州民族研究》2001年第2期。

表 3 - 2　　　　　　　　　　　　　　　　其他鼓社

自己母亲的鼓社		自己丈夫的鼓社		自己妻子的鼓社		外鼓社	
汉族称谓	苗族称谓	汉族称谓	苗族称谓	汉族称谓	苗族称谓	汉族称谓	苗族称谓
外祖父	ghet khat	公　公	daid nenl	岳　父	daib yus	姑　父	daib yus
外祖母	wut khat	婆　婆	dod mais	岳　母	deik	姐　夫	hvithlidep
母　亲	mai	大伯子	bad lul	内　兄	daib nenl	妹　夫	hvit yut
舅　父	dtib nenl	小叔子	bad yut	内　弟	daib nenl	女　婿	daib niak
舅　母	dod mus	姑　子	dod/deik	大姨子	mais lul	侄女婿	jid
姨　父	bad yut			小姨子	niul	孙女婿	hlangb niak
姨　母	mais lul						
表　兄	hvithlicp						
表　弟	hvit yut						
表　姐	niangb						
表　妹	niul						

　　资料来源：贺又宁：《汉、苗族亲属称谓文化特征之比较》，《贵州民族研究》2001 年第 2 期。

　　侗族的亲属称谓一般属于类别式亲属称谓，包括父方亲族的称谓、母方亲族的称谓、妻方对夫方亲族的称谓等几种。从表 3 - 3 可见，在侗族的亲属称谓中，一个明显的特征就是增加了婚姻关系中形成的母亲方的亲属称谓，这种称谓的象征意义就是表明侗族在血缘亲属之外对姻缘亲属的重视，也说明姻缘亲属在其历史生活中的重要性，因为任何一种称谓在制度化以前，都经历了相当长时间的演变，并且在整个演变过程中其现实作用不能削弱。

　　在西南少数民族亲属称谓制度中，其复杂性基本上是因为民族语言特征的作用与特征所致。但就其规模和跨度来讲，苗族、侗族、土家族等民族都有"一代亲、二代表、三代四代认不了"的说法，其时空跨度一般较小，但彝族的亲属关系称谓之明确，恐怕不是哪个民族可以相比的。一般而言，彝族对 16 代以内祖孙都有各自独立含义的称谓。彝族人称自己的祖祖辈辈、子子孙孙有其固有的称法，可以列出 16 代人的祖孙称谓，具体为：第一代称"阿祝"（高祖），第二代称"阿舞"或称"阿匹"（曾祖），第三代称"阿普"（祖父），第四代称"潘"（父），第五代称

表3-3   侗族亲属称谓

父方亲族称谓		母方亲族称谓	
汉族称谓	侗族称谓	汉族称谓	侗族称谓
高祖	Og pu og mag	曾外祖父	Ta mang
曾祖	Og mag	曾外祖母	Te mang
祖父	Og	外祖父	Ta
祖母	Sa	外祖母	Te
父亲	Pu	母亲	Mei
自己	Ju	母亲的哥	Ljog
儿子	La：k	母亲的弟	Tu
孙	La：k khwa：n	母亲的姐	Nei la：u
曾孙	La：k khwa：n	母亲的妹	Nei win
玄孙	La：k khwa：n la：k khwa：n	舅或姑母 的孩子	U biu

"惹"（子），第六代称"尔"（孙），第七代称"乃"（曾孙），第八代称
"机"（重孙），第九代称"吾"，第十代称"次"，第十一代称"色"，第
十二代称"黑"，第十三代称"俄"，第十四代称"薄"，第十五代称
"席"，第十六代称"洛"。而称祖父以上为"普坡"，子以后不管是多少
代都总称为"惹尔"。彝族人对其子孙后代为何隔那么多代而还能称呼？
其主要称谓是按动物的内脏之名而命名的。如"惹"（儿子），原来词根
为"支"，后音变为"惹"，意为"牙"；"尔"（孙），意为"齿龈"；
"乃"意为"胰腺"，俗称"链条"；"机"为"胆"；"吾"意为"肠"；
"次"为"肺"；"色"为"肝"；"黑"为"心"；"俄"为"肾"；"薄"
为"膀胱"；"席"为"脚"；"洛"为"手"。不难看出，彝族的亲属制
度是按照一定的结构构架起来的。这种源于自然法则的体系结构，一方面
便于记忆推算。另一方面，通过拥有象征意义的自然结构映射出了民族认
同感的渊源。

第四章　西南民族人口生育文化

关于生育，国际人口科学联盟编著的《人口学词典》解释为："人口学对生育的研究，系考察同人类生育或再生产有关的某些现象……系指生育行为，而不是指生育能力。"① 《辞海》有两种解释：一是"生长、养育"，一是"生孩子"。"生"有"生长""出生""活""性"等 12 种含义；② "育"有"生育""教育""养活"等含义。③ 生育文化中的"生育"，即为《诗·邶风·谷风》中所说的"既生既育"。而人口生育文化则是人们在生育变动和发展过程中形成的观念、伦理、道德和行为规范，以及由这种意识形态变换的物化形态。④ 从生育文化的表现形式来看，它主要包括生殖崇拜、生育观念、婚姻与家庭和生育习俗等。

第一节　生殖崇拜

生殖崇拜是中国生育传统文化的一个重要组成部分，它不仅具有悠久的历史，还具有巨大的文化活力。生殖崇拜文化广泛蕴藏于中国各民族的神话、宗教、民风民俗及各种艺术载体之中，至今仍对中国各族人民的生产生活产生较大的影响。生殖崇拜构成生育文化的基本形态，生殖崇拜的功能反映了生育文化服务于社会最初的生存观和人口观的状况。

---

① 国际人口科学联盟：《人口学词典》，商务印书馆 1992 年版，第 71—78 页。

② 中国社会科学院语言研究所词典编辑室：《现代汉语词典》（修订本），商务印书馆 1999 年版，第 1541 页。

③ 《辞海》（缩印本），上海辞书出版社 2000 年版，第 2085 页。

④ 田雪原：《人口文化通论》，中国人口出版社 2004 年版，第 28 页。

人类在发展初期，对自然界和人类自身的各种现象无从了解，如人从何而来？女性孕育是如何发生的？为什么会生孩子？等等。对生的渴望和对死的恐惧，对自身之谜求解的欲望和执着激发了早期人类朴素的想象力和思考力，并以一种复杂的心情倾注到宗教形式下的精神创造活动中，从而催生出生殖崇拜这一重要的人类文化事象。① 这种解释可以将其看作人类生殖崇拜的一般性文化解释。但西南民族地区的生殖崇拜从根源上说还不仅仅是这些，形式繁多的生殖崇拜中同时也包含了与民族地区生活息息相关的各种特有的民族意识和社会生产根源。

西南地区古有西南夷之称，历史上一直有生殖崇拜遗迹。早在新石器时代，即有男根（祖）模型出土。20世纪70年代，广西邕宁县坛楼遗址发现1件石祖。该器物系用砂岩凿磨而成，为新石器时代晚期遗物。20世纪80年代，云南施甸县团和镇仁和窝发掘一处新石器时代遗址，出土8件史前陶祖，其基本形态是圆头、锥形、大平底，为夹砂红陶。进入青铜时代以后，这一地区的同类器物增多。20世纪90年代末，云南考古工作者在昆明市官渡区清理了近500座属于滇文化的墓葬，出土的一批漆器的手柄部分多做成祖形；出土的铜器中的一件铜祖，为一铜铲之柄部，还铸有阴囊，形象逼真。另外，在西南地区现存的岩画中，也多有生殖崇拜的内容。如西藏阿里地区齐吾普岩画中有许多夸张的男女生殖器官图像，其中有一对舞蹈男女，男子双腿间有生殖器垂露。这些，都说明西南地区历史上曾经广泛流行过生殖崇拜。而现在西南的各少数民族地区，生殖崇拜留下的习俗与遗迹仍广泛存在于民间节日与宗教生活中。无论是形式还是仪式，生殖崇拜的内容都十分丰富，既有生殖力表达、性交形式，也有生殖器本体，还有与生殖器相关联的象征物，以及其他与生育关联的载体。它不仅表现为古老、质朴的原始风貌，而且还涉及人们的思维方式、审美观念、民间文学创作、价值取向、经济活动等社会生产生活的诸多领域。其中流传较广、影响较深的主要是与生殖崇拜有关的象征物及其本体，即女性崇拜、性交崇拜和性器崇拜。

---

① 杨筑慧：《中国西南民族生育文化研究》，中央民族大学出版社2006年版，第15页。

一　女性崇拜

女性崇拜是先民把人类的生殖行为神化的一种观念，是人类早期所有氏族社会图腾文化及精神崇拜的唯一共同性标志。源自于人类对将自己带到这个世界之前所曾居住母亲子宫生活记忆、怀念的潜意识形成过程，其最基本特征是人类婴幼儿时期便产生、保持对自己母（亲）性最大程度的敬畏和顺从而顶礼膜拜。在原始民族生活相关的图腾和符号中，有许多女性崇拜的表现，如生殖偶像表现怀孕和生殖时的形态。在人类早期所崇敬天地、鬼神、先人三位一体偶像关系排列中，女性崇拜占有最重要位置（人可以不敬畏天地，但不可以不孝敬母亲），这既是此后一切社会道德意识架构的最基本要素，也是一切社会良俗规范形成的根源。

由于原始先民受生产力低下、生活结构原始简单等因素影响，西南许多少数民族曾形成了以崇拜葫芦、蛙、鱼、蝴蝶、瓜类等许多动物或植物来象征女性生殖繁衍的这种神力。女性崇拜不仅仅是对作为人的女性的崇拜，还包含了一些强生殖力象征物的崇拜。从许多文献资料来看，女性崇拜几乎在西南各个少数民族的发展历史上都存在过，产生了女性崇拜的各种值得重视的文化现象。

例如，葫芦之所以与人类的起源发生联系，是有其物质基础和思想基础的。神话中的葫芦是伏羲和女娲的化身，是诞生中华民族的原始先民龙、虎两个部落的摇篮。在西南几乎一半以上的少数民族都有关于人类起源于葫芦的神话传说，如苗、壮、瑶、水、布依、仡佬、傣、阿昌、彝、傈僳、景颇、白、侗等，虽然情节各异，但都有一个共同的主题，即葫芦是造人的材料和避洪的工具。葫芦浑圆而饱满，外形同孕妇高高隆起的腹部极为相似，而葫芦中空多子的内涵使人产生了女性孕育、生子的联想，于是先民不断推断出人源于葫芦的神话故事。其中有黎族《人类的起源》、阿昌族《遮帕麻与遮米麻》、德昂族《葫芦与人》、傣族《金葫芦生万物》、基诺族《玛黑、玛妞和葫芦里的人》、拉祜族《牡帕密帕》等。时至今日，云南楚雄州南华县的一些彝族仍把葫芦当作祖先的化身来供奉。与葫芦类似，瓜类同样是女性崇拜的形象物。在贵州的一些民族中，多子的瓜类如南瓜也多被视为子嗣繁盛的象征而加以崇拜。

蛙的肚腹和孕妇的腹部形态相似，都有浑圆而庞大的特征。从内涵上说，蛙产子量多，有很强的繁殖力。因此，蛙也被许多少数民族的原始先民作为女性生殖的象征。在民族锦绣、剪纸、蜡染以及银装饰品等民间工艺品中，不难看到其记录着对生命及生殖的含义，如苗族、布依族、侗族蜡染中比较常见的蝴蝶纹。蝴蝶轻盈秀美的形象深受各民族的喜爱，并赋予其某种寓意和传说；又蝴蝶产卵多，生殖繁衍能力强。因此，选择蝴蝶这种环境对象物作为崇拜对象，是原始先民从直接现实抽象到对女性崇拜意识层次的一个必然转折。

此外，鱼被作为女性崇拜的历史悠久，在出土的史前陶器、玉器中就出现了鱼纹。由于产卵多，其腹内多子，鱼纹的原始寓意象征生殖。在苗、侗、水、布依族等稻作民族中，鱼也往往与女性生殖崇拜相联系。因为鱼（更准确地说是双鱼）的轮廓，与女阴的轮廓相

图4-1　水族鱼图腾

似，隆起的腹部又有如孕妇的形状；从内涵而言，鱼腹多子，繁殖能力非常强。所以，鱼形符号是女性生殖器的象征，鱼体是女性生殖器的象征物，鱼纹上体现着女阴崇拜的内涵。

从女性崇拜观念和其象征物的内涵来看，少数民族地区的女性崇拜有两大特点：其一是共同性方面，即女性的生殖力对于族群的繁衍价值是产生女性崇拜的根源。可以认为，女性在原始的民族生活中首先被重视的价值是体现在生育上的价值，并随着民族生活结构的逐渐复杂化和整体水平的提高，这种价值也随之变化。在少数民族形成的原始阶段，女性崇拜的意识往往较强烈，当这种崇拜达到一定程度的时候，基于生殖神力崇拜的意识便延伸到了具有同样形式的环境对象物中，就产生了对于植物或动物的崇拜，如前面所列示的蝴蝶、葫芦等；其二是差异性方面，不同民族因其生存环境的不同选择了不同的延伸崇拜物。从文献中看，被视为女性崇拜象征物的内涵广泛，种类繁多。但就具体的民族而言，则体现在这种象

征物上面的差异性是明显的。如苗族崇拜蝴蝶的观念，源于一个将女性崇拜无限想象之后的神话古歌"蝴蝶妈妈"，即认为人世是由枫树和蝴蝶结合而开创衍生来的。由于古歌神话的描述各民族有所不同，其神话象征物也必然不同。西南少数民族女性崇拜不论是从意识层面还是物化形态层面而言，都十分丰富，其所反映或包含的人口文化价值也是我们研究民族地区生殖崇拜文化的重要组成部分。

二　性器崇拜

性器崇拜是先民将生殖器神化并赋以神力而加以崇拜的一种观念。在中国古代的语言文化中，常用"根""阴"泛指男女生殖器，如"男根""女阴"等。人们或以一些人体或自然物为崇拜对象，或是将雕刻着彰显这种功能的胴体或生殖器赋以神力并加以崇拜。性器崇拜几乎在西南各个少数民族发展历史的各阶段都存在着，各个少数民族有关性器崇拜的文化现象也比比皆是。形式上，既有表现于母系氏族社会性质的女性生殖器崇拜，又有父系社会形态下的男性生殖器崇拜；既有以某种性器替代物的形式出现，又有以性象符号的形式出现。我们在此按男、女性器崇拜表现作一些实例的叙述。

关于女生殖器崇拜，云南省西盟县岳东乡西侧的山中，有一个被称为"巴格岱"的圣洞。当地群众一年一次到圣洞进行祭祀，认为圣洞的洞口已被一块巨大的岩石封住，但如果洞口被打开，将会走出另一代人，而现在的这一代人将被毁灭。[1] 凉山彝族自治州喜德县观音岩上有一石洞，名为"摸儿洞"，洞内有石块和砂子。当地妇女欲求子女者前去参拜，在洞中摸索，得石块者生男，得砂子者生女。四川省盐源县前所崖石上有一石洞，名为"打儿窝"，当地人认为是巴丁拉木女神的生殖器，凡不育妇女前去参拜，向洞中投掷石块，中者即可怀孕。[2] 云南丽江达瓦村背后，有一形似女阴的山谷，名为"达瓦母谷"，岩石上有一形似女阴的洞穴，当地人求子，便用石锤击打洞穴。云南中甸白地白水台、永宁者波村后都有

---

① 《中国各民族宗教与神话大词典》编委会：《中国各民族宗教与神话大词典》，学苑出版社1990年版，第592页。

② 宋兆麟：《生育巫术对艺术的点染》，《文博》1990年第4期。

形似女阴的岩洞和山沟，也成为当地人祈求子嗣的场所。① 在云南省和四川省毗邻的著名的泸沽湖地区，居住着至今还保留着母系制的摩梭人。他们认为女性生殖器是生命的来源，具有繁殖生命的神圣力量，从而对各种具有女性生殖器特征的自然物都予以崇拜。如永宁区的摩梭人把格姆山山腰的山洼视为女性生殖器，左所区的摩梭人把泸沽湖西部的一泓水视为女性生殖器，乌角区的摩梭人把喇孜岩穴的钟乳石凹视为女性生殖器……同时，在这些女性生殖器象征物的所在之处，一般都有一处泉水，象征"产子露"，妇女们都要在那里点灯、烧香，供上祭品献祭，以祈求生育、多育。祭祀完毕，妇女们还要双手捧起泉水喝上几口，以表示洗涤了自己生殖器的污垢，疏通了闭塞。当晚她们都要与男性交媾，并相信这样就可以借助女阴象征物的神力达到生育的目的。盐源县有公母山，山有公石和母石，相距 200 米，公石如男根，母石如女阴。当地人如想求子息，则往往饮公石所流出山泉，或取母石之小石带回家。云南个旧老阴山有一岩洞，形似女阴，附近老阳山洞穴中则有一钟乳石形似男根，两者都是当地彝族人崇拜的生殖器象征。②

图 4-2　瑶族公房前的生殖图腾

①　木丽春：《论纳西族生殖崇拜》，《云南社会科学》2004 年第 6 期。
②　杨甫旺：《彝族石崇拜与生殖文化探讨》，《民族艺术研究》1997 年第 8 期。

　　云南剑川一带无子的妇女或已怀孕的妇女都要到该地石宝山"阿央白"——女阴石雕处求子或祈求顺产。由于年代久远，到此跪拜的人难计其数，以致女阴石雕前的石板上留下了深深的凹痕。①

　　在西南各民族的历史进程中，对于男性生殖器的生育崇拜构成了西南生殖崇拜文化的一个重要部分。男性生殖器崇拜现象丰富多彩，除考古发掘的大量生殖器形物外，还体现在生产生活、祭祀礼仪、绘画雕刻、工艺美术等活动和作品中。云南大理九河岸上有一个天然石柱，被当地白族人视为石祖，已婚妇女多前往求子。这种拜石柱为男根的现象几乎通于云南各个地区。西藏的勒布门巴族屋脊上有木雕男根，盖新房时，女主人身着盛装，腰缠长约半米的木质男根，同时手拿"切玛"（吉祥供盒），由盖房师傅领着绕新房三圈，然后在集体吟唱的祝祷声中，由女主人用绳索把阳具拉上房梁，在向阳具献了哈达敬了酒以后，由盖房师傅将其安装到大门上方的梁柱接头处，作"脊梁"偶像。② 贵州苗族在"吃牯脏"——祭祖仪式中，多以木或糯米饭制成男根，供不育妇女祭祀，其中用糯米饭

图4-3　德昂族村寨神鬼场中的男根图腾

所做的生殖器最后都由妇女偷吃掉。③ 在傣族的传统文身艺术中，也涉及对于男性性器的生殖崇拜，如一个名叫布撇岩硬的耿马县滚来寨人，就在胸前文生殖器之神"叭亚满"，其男根生殖器刻意文出，背部文一大男

　　① 云南省民族事务委员会：《白族文化大观》，云南民族出版社1999年版，第94页。

　　② 刘志群：《门巴族生殖崇拜及其祭祀习俗》，http：//info. tibet. cn，2005-05-10。

　　③ 宋兆麟：《民间性巫术》，团结出版社2005年版，第54页。

根。① 黔南荔波瑶族有着浓烈的性器崇拜意识。自然中类似男根、女阴的石笋、石穴或是类似的植物都是人民敬畏的崇拜物，都被看成有生命和创造生命的"神器"而加以保护和祭拜。在德昂族、佤族、哈尼族的村寨中，有的甚至把类似男根、女阴的石头安置在公共建筑（小庙或社房）前面，成了成年男女，尤其是已婚久不怀孕的夫妇的祭拜对象，也是一个家族祈盼人丁兴旺、家族兴盛的仪式场所。

对于以性象符号出现的性器官崇拜，常见的主要是以动物、植物的形象作为性器官的象征物。如云南西双版纳基诺族以贝壳作为女阴之象征，彝族以葫芦象征子宫，以竹象征男根；壮族以鱼象征女阴，以蛙象征孕妇等；白族以鱼、海螺象征女阴；哈尼族以鱼象征女阴。云南峨山太和村彝族崇拜石块，也与生殖崇拜有关。还有一种纯粹符号化的性器官表现形式，最常见的有三角形和菱形，象征男性和女性生殖器；勐海哈尼族男女衣服上装饰有同样图案，寓意相同；傈僳族挂包、傣族背饰、白族窗棂上都有同样图案，寓意也相同。② 此外，还有普遍对龙、石柱以及辣椒等的崇拜。从中我们可以看出，生殖器的崇拜是少数民族生殖崇拜观念的直接表达，也直接反映出少数民族传统文化观念中的生殖神圣意识。在研究西南少数民族生殖崇拜文化中，生殖器的崇拜提供了最直接、最丰富的证据。

三 性事崇拜

性事崇拜是将性交作为神化的一种观念。《周易·系辞下传》云："天地氤氲，万物化醇。男女构精，万物化生。"《周易》强调"性交是一切生命的基础，它是阴阳良好总宇宙作用力的体现"③。在中华传统文化中，伏羲、女娲可以说是最早的始祖神。虽然在有的神话传说中，女娲是独自一人捏土造人，但众多的汉砖图像却明白无误地告诉我们，伏羲、女娲之所以能够成为人类的始祖，是与他们通过性交来繁衍人类有着极大的关联的。在中华文明史上，还有许多表现人类通过性交繁衍后代的传说、

① 李子泉：《傣族石崇拜及其传统与艺术表现》，《民族调查研究》1988 年第 1 期。
② 张文：《教育人类学视野中的西南少数民族生殖崇拜》，《西南大学学报》（社会科学版）2007 年第 2 期。
③ ［荷兰］高罗佩：《中国古代房内考》，上海人民出版社 1990 年版，第 53 页。

事象与艺术形式。

　　西南民族中关于男女神通过性交来繁衍人类的传说多存载籍，如傣族的《"英麻板"神果园的英叭和贡曼》，壮族的人类起源男女始祖在梦中"同床共枕，恩恩爱爱"而生下六男六女、《卜伯的故事》，侗族的《老人为什么忌讳乱滚石头》，哈尼族的《兄妹传人类》，布朗族的《岩布尔嘎·伊梯林嘎》，纳西族的《查班绍》，独龙族的《卡窝卡蒲分万物》等。这些神话故事从不同角度传递出了各民族祖先所公认的男女结合而孕育生命的神话性史迹。

　　西南各地，均有男女性交崇拜的事象遗存。在云南摩梭人地区，有一种叫"久橹"的男根石，当无儿无女的夫妇举行求子仪式时，女性必须做的一件事就是坐在"久橹"上以示交媾，以从中获得生育能力。永宁纳西族地区有男女神并存的现象，在狮子山上有一石洞，被称作"干木泥可"，意为女神住处，洞内有洞，形如女阴，每年七月二十五日祭祀，妇女多在其上拴线求子。洞口有一男根形状石柱，不育者也在石柱上拴线，并与石柱做交合动作，以求怀孕生子。四川省木里县大坝村鸡儿洞里，供着一根30厘米的石祖。当地普米族妇女乞求生子时要到洞里烧香叩头，最后拉起裙边或坐或蹲在石祖上，认为这样和石祖接触后才能生孩子。广西融水县苗族地区，春节期间流传着一种叫"芒蒿"的祭祀活动。"芒蒿"有公母之分，其扮演者头戴面具，身穿用稻草结成的衣服。"芒蒿"不论公母皆在腰际挂一个用稻草扎成的生殖器官模拟物。其中"公芒蒿"用稻草扎成的阳性生殖器官，在田沟沾上泥浆（意为男性精液）左右挥舞，有意识地追逐姑娘们，并向她们指指戳戳。姑娘们半推半就，若躲若凑，衣服上沾上泥浆污点，被认为是今后"多子"的好兆头。①

　　贵州丹寨县羊排、大豆、小豆一带的苗族鼓社祭祀时，请一中年男人扮"高陶"进行表演。寻一根系发达、枝叶繁茂的杉或枫树，雕成男性器官状，表演时"高陶"用之象征性地向祭鼓家族的媳妇们追逐以示"性交"，并一同到溪边，用带叶竹子挑水相淋，也有的用酒糟置于竹筒内射向女方，以示受精。活动时，祭师念道：丈夫要妻子，男人要女人，悄悄去造人，房内去育伴，不让根骨断，不让种子灭。生九男英俊，育七

---

　　①　顾建国：《苗族"芒蒿"的文化审美意识》，《民族艺术》1993年第2期。

女灵巧。①

舞蹈是一种经过人为加工的优美艺术形式，带有节奏的人体动作，来表现人的思想感情和社会生活。性舞蹈是性文化崇拜的一种表现形式，是普遍存在于世界诸多民族中的一种文化现象。西南不少民族能歌善舞，从一些民族舞蹈动作中可以看出其蕴含的对性交崇拜的意味。如苗族的板凳舞：苗族妇女双手握着小木凳，一边唱歌一边随着歌的节拍双手合击木凳。双凳合二为一，蕴含交媾、孕育的意象。其力度之强，声音之响，节奏之妙，俨是一种对情感的宣泄和一种对生命的颂扬。再如芦笙舞，总是男生吹奏，女青年踏着笙音的节奏舞蹈。男人以吹笙最好为骄傲，女人以穿着最华丽的、最漂亮的服饰（银饰）为自豪，男人动作轻巧，女人含情脉脉。芦笙是苗族、侗族、布依族等族青年表达爱情的一种方式，通过这种娱乐方式传递爱的信息，歌颂美好生活，而女人则通过自己华丽的服装、姣好的容貌、柔美的姿态来含蓄地表达自己对吹笙者的爱意。吹芦笙这种游戏活动，其实就是谈情说爱。这其中就包含了性、生殖、繁衍生命的意象。又如有些地方，苗族人吃孩子满月酒结束之后送客时，有的妇女双腿夹着灌满水的酒瓶，一边送客，一边打开瓶盖让水流出来，有些甚至快步上去有意淋湿客人的身子背后。这些表面上看起来很粗俗，但实际上却体现了这个民族对性交及生殖的崇拜。②

贵州麻江苗族人在办满月酒时，有一种迎接外婆的骑马仪式，即"用木棒、扫把、萝卜之类夹于腿间象征男性生殖器，互相拥抱作房事状，狂欢跳舞，不避生人，若有生人路过，舞者即迎上做手语：左手拇指和食指握成圆圈，右手食指反复插入，象征性交，意在以此庆贺添人进口，家族兴旺，民族昌盛"③。

在西双版纳傣族自治州勐海县格朗河的拉祜族山寨里流行一种世代相传的舞蹈——"嘎内嘎"。该舞蹈于每年"扩路麻"（春节）初三深夜举行。跳舞时，人数、年龄不限，人们以偶数围成两个圆圈，参加的人必须成双成对。男子吹芦笙在里圈，妇女牵手在外圈。舞蹈的特点是脚跟立起

---

① 潘光华：《苗族祭鼓词》，贵州省民族事务委员会 1983 年编印，第 86 页。

② 吴家引：《黔东南苗族的生殖崇拜初探》，《和谐发展与贵州小康建设暨贵州省社会学会 2007 年年会论文集》，2007 年，内部印刷。

③ 宋兆麟：《生育巫术对艺术的点染》，《文博》1990 年第 4 期。

踩地，同时膝稍屈，向前送胯，作交媾状。此舞蹈必须按上述动作反复跳三次才能结束，多则不限，实为拉祜族生殖崇拜的遗风。①

图 4－4　彝族原始舞蹈——撮泰吉

在贵州威宁彝族地区的原始舞蹈"撮泰吉"（彝语"变人戏"之意）中，有一场表现男女交媾的剧情：劳动休息的时候，戴兔唇面具的嘿布（男性成年人）挑逗戴娃娃面具的阿达姆（女性成年人），并从阿达姆背后抬腿与之做表示性交的示意动作；戴白胡子面具的阿达摩（男性成年人）发现后，马上追打嘿布，接着他也与阿达姆"性交"。而在婚后多年未能生育的人家，阿达姆和阿达摩在堂屋中当众作交媾状表演，以为这样就能让未育夫妻在来年生儿育女。②

广西合浦县张黄、归川、白石水、小江等地，春天插秧完毕后，人们都到野外搭棚厂，厂中供神像，杀牛羊祭祀，"同时打扮一男一女，穿起奇怪的道服，戴着面具在棚口互相歌舞，以取笑于观众为能事"。说村话，干野事，曰"跳岭头"，其目的是"驱除妖魔——意为驱除害虫——使那年有丰盛的收成之故"。在"跳岭头"时，舞者还手拿一根扁担式的

①　李扎行：《拉祜族民间舞蹈》，云南民族出版社 1993 年版，第 149 页。
②　廖明君：《生殖崇拜的文化解读》，广西人民出版社 2006 年版，第 577 页。

男根，作交媾状。①

　　性事是人的一种本能行为，但在少数民族先民看来，它是一个神圣的过程，因为这是一个新生命诞生的必要环节，这也体现出了男女两性在生育中的不可或缺性。在众多的西南民族传统习俗和文献中，关于性事的表述比比皆是，并且这种被公开的表述方式始终是与生育子女的客观需求相联系的，当生育环节出现问题的时候，生育行为因为其在生育中的重要性而被理解为一种文化方式，自然可以被赋予神圣的一面，这也就是性事崇拜在生育文化中的文化价值之所在。

第二节　生育观念

　　生育观念是生育文化的重要内容之一。它是指人们对生育现象的认识和态度，是人们在婚育繁衍过程中形成的观念、道德、习俗和制度的总和。它的核心是生育意愿，也称生育观，主要包括对生育子女性别的偏好，对生育子女数量的期望，对生育行为的价值取向、行为准则和风俗习惯，以及对生育的目的和意义等思维模式的总和。生育观念与社会发展程度、社会因素、文化因素和自然环境等因素关系极为密切。

　　从时间的角度而言，一些学者将生育观念区分为传统生育观念和现代生育观念。传统生育观念多与落后的经济发展水平和低效程度的社会保障体系等因素有关，而现代的生育观念是在科学技术和经济发展水平以及社会保障较为健全的状态下形成的。传统生育观主要表现为早婚早育、多子多福、多生多育、儿女双全、偏重男性后嗣、养儿防老；从生育需求来说，主要为满足传宗接代，情感需要，增加劳动力，增强家族势力和社会地位等。这些传统生育观念在西南绝大多数少数民族中均有不同程度的表现。现代生育观与经济社会发展水平紧相联系，表现为在生育动机上，人们不再以完成传宗接代、养儿防老任务为目的，代之而起的是为了满足自己精神生活的需要；在生育的时间、数量和质量上，讲究根据自己的实际情况科学、合理、有计划地选择，并倾向于晚婚晚育、少生优育、优教；在性别取向上，伴随男女平等意识增强而来的是生男生女都一样的观念和

---

①　宋兆麟：《民间性巫术》，团结出版社 2005 年版，第 163 页。

行为。从生育观念所承载的媒体来看，分为主流生育观念、群体生育观念和个体生育观念。主流生育观念在这里特指国家或政府基于资源、人口发展状况、社会经济等方面因素在生育现象上的认知和态度而产生的观念意识，并对公民的生育行为进行一定的指导和支配；群体生育观念是指在一定的社区或一定族群民众在生育现象上的认知和态度而产生的思维观念总和，为大多数人所认同和遵循，也是生育的外在驱动力，对民众的生育行为产生一定的影响甚至支配作用；个体生育观念是指个体基于自身对生育现象的认知和态度所形成的思维观念总和，在同质性较高的社会中，个体的生育观念从根本上往往受到群体生育观念的影响，并常与之重叠，而在一个异质性较高的社会中，个体生育观念往往又与群体生育观念相悖，显示出特立独行的个体差异。

一　性别选择——多重男轻女

传宗接代是中国最为传统的生育动机。中国传统社会是典型的男权社会，家庭则是典型的男权制家庭。在家庭中，以男性为中心，以父系为世袭，女子婚后就由自己的父姓家族转入夫姓家族，家族的姓氏传递通过男性后裔进行。这种父系家族制决定了承继祖业、传宗接代非男性莫属，其基本内涵是将父系的血缘承接下去，这是一种随着父权制发展起来的价值观念。生活在具有浓厚父系色彩社会中的人们，无论男女，往往都会把"传宗接代"内化为自己的生存目的，视为人生价值得以实现的一个重大目标。如果达不到这个目标，就被认为是自己人生最大的败笔。不仅觉得自己此生黯淡无功，愧对祖先，而且也会丧失许多社会资源获得的机会，如不能做头人，不能充当媒人，不能主持婚礼，不能主持重大的宗教祭祀活动，没有村寨大事的发言权，不能做村寨活动的领导者等。在西南许多民族社会中，不同房族、家族的群体往往聚族而居，其居住地的大小、在当地社会资源中享有程度的高低以及通婚关系的建立也往往与其人口的多寡互为依持。而实际体现出的传宗接代的内涵中不仅包含了延续本家庭的父系血缘支系，同时也包含了延续血缘和增加人口、扩大家族势力的需求，对这种需求的满足则意味着要落实到生育儿子的基点上来。在西南少数民族中，重男轻女的观念反映在传统生育文化中的表现是形形色色的。

由于是少数民族聚居区，西南各民族具有明显"重男轻女"的特征，如苗族认为多子女是一种吉祥兴旺发达的象征，没有子女或有女无儿的家庭被视为"绝户"，不仅活着的时候受人欺侮，没有人养老送终，死后也不得安身。按苗族习惯，只有男子才能参与祭祖仪式，以及给死者献祭。有些地方甚至有这样的习俗：有儿子的夫妇，死后作人埋，即坟墓直埋或顺山埋，砌上石头；没有儿子的夫妇，死后不能作人埋，只能作牛马埋，即坟墓横埋，不砌石头，也不垒坟，只是一个土堆。这对许多无儿的苗族人来说，是极大的屈辱和无奈，因而在生活中处处低人一等。历史上沿承下来的这一习惯，也使孩子们在耳濡目染中逐渐融成他们的行为规范，并内化为自己的生存需要和目的。

侗族的传统生育文化同样重视子嗣，尤其重视男性子嗣。在侗族人观念中，一些没有儿子的家庭往往处于不利的社会环境中，如与他人发生纠纷，别人总是以"断子绝孙""断尾巴狗"等恶毒的语言予以攻击，并视为前世造孽，今世不得好报等，他们在家族、房族生活中的地位总是低人一等，为此，他们总是避免与他人发生矛盾。

由于受"重男轻女"思想的影响，水族人普遍认为女孩长大了要嫁人，"迟早都是别家的人"，只有儿子是家庭长久的劳动力，才能传续"香火"，延续家庭血脉，没有儿子就会绝后，低人一等，因此，极为重视男孩，人们都希望有个能"传宗接代"的儿子。由此使一些水族村寨的出生性别比出现失衡，这将对水族的社会发展产生不良影响。

仡佬族婴儿出生，若是男性，则称为"门口站""读书的"；若为女性则叫作"锅边转""烂箱子""空人人"。女婴出生后没有专门的祭祀祖先的仪式；女子除了一份不重的嫁妆外，没有财产继承权。这一切源于女子是为别人养的观念，迟早是别人家的人，姑娘再多也没用，姑娘不能养老送终等观念。

彝族对子嗣的延续十分看重，尤其是男性子嗣之于家庭方面的价值更是不可替代，这就强化了彝族人对男性的偏好文化。比如，凉山彝族认为生男生女在于女方，女方生育魂"格非"主宰其生育，生育魂丢失，就无生育能力，或生子夭折、畸形。如果女方接连生几个女儿，必定遭到怪罪，三胎均为女孩，可能就要谈离婚之事。彝族人相信人死为魂魄，同样祖先之灵虽在阴间但一直关注、保佑家庭的兴旺发达，因此家庭供桌上，都供有祖先祖灵"玛都"，即祖宗牌位。因此，无子必然是一个家族的悲哀，既无人奉祖，又断族脉，生育男子就成为一个家庭最本质的功能。

图 4 - 5　负重的年轻父亲

　　纳西族人们受儒家文化影响较深，"不孝有三，无后为大"的观念较突出。无后完全指向无男孩的观念。导致性别选择行为上的重男轻女。认为男贵女贱，生男为根，生女为枝，把没有男性成员的家庭称为"绝户"。而且认为，如果人死后没有后代为其送终，死者的灵魂就不能到达先祖的居住地，而是变成孤魂野鬼作祟于人。

　　实际上，在西南少数民族中，从性别选择的层面看，在没有生育数量限制的情况下，一般具有纵向（生男）和横向（生女）结合的双重观念，并以之将自然生理过程变为满足人生生存需要的价值体系，即纵向上的生男表现为延续家脉、养老送终、奉祀祖灵、享受家庭社会资源等；而横向上的生女价值则表现为扩大亲属网络、满足情感需求、体现舅权等。因此，在重男轻女的性别观下，横向上的生育选择同样不可缺少，几乎在西南所有少数民族家庭中，既有男孩，又有女孩。

　　此外，值得注意的是，在西南诸多的民族或民族中的个别社区，有着重女轻男和重男不轻女的现象。摩梭人由于母系制的长期延续，在他们看来，只要有女儿，家庭才兴旺，母系才能得到延传，"无男不愁儿，无女水不流""生女重于生男，女儿是根根"。虽然经历了女神赐子到注重男性作用的观念转变，但最终还是保持着男女并重的观念层面，较为科学的是，妇女们在选择配偶时对男子的身体健康、智力等也愈益关注，认为这对后代的体质和智力有好处。[①] 这种男女并重的生育选择观念虽然看上去仍然没有脱离男性必需的性别偏好，但强调女性重要性方面的积极意义以及择偶条件方面的健康要素等，已经形成了现代文明生育观念的雏形。

至于在西南民族社区男女平等的观念表现，这里录以生于斯长于斯的周素莲女士所作的《瑶乡风情》中的一段为示：

> 广西都安过山瑶，从某种意义上讲，有着母系社会的痕迹。如，男女都可以出嫁。有的人家把男的嫁出去，留女在家招郎。在继承权上，男女平等（包括上门女婿）。过山瑶男子出嫁，与别的民族有所不同：男的出嫁到女家，要跟女方姓。而女的出嫁男方，则不必跟男方姓。夫妻婚后，如有子女，必须有一个姓回父姓，这叫"转顶"。若是只是一儿或一女，可移到第三代、第四代，再"转顶"父亲的姓。近几十年来，上门儿有了改进。即可不跟女方姓，仍用自己原来的姓名。但生儿育女后，第一个是跟母亲姓，然后才是跟父姓。即"先女后男"之说。

> 过山瑶，由于上门儿与亲生儿一样的待遇，因此在过山瑶中，实行计划生育，较其他民族易执行。笔者家的寨子，共 30 多户人家，就有 21 对是女招男上门。有的三代都是留女在家，有两家留二女招郎，而且家庭和睦，邻里之间友好相处，从不歧视上门郎。所以实行计划生育后，没有超生的。不管生男生女，一对年轻夫妇，只生两个。[②]

随着经济发展水平的提高，大部分少数民族的生育观念发生了由早生、多生向晚生、少生的转变，但是总体上崇尚男孩的思想依然影响着人们的生育行为。虽然计划生育工作在西南民族地区已经开展多年，但几千年来形成的生育文化的思想仍然还在左右着他们的生育行为。重男轻女几

---

① 杨筑慧：《中国西南民族生育文化研究》，中央民族大学出版社 2006 年版，第 266、267、272 页。

② 周素莲：《瑶乡风情》，贵州民族出版社 2002 年版，第 81—82 页。

乎仍是各少数民族生育文化的核心内容，各种"传宗接代""养儿防老"，追求"儿女双全""多子多福"等生育思想，从不同角度和不同方式与计划生育相冲突，困扰着计划生育工作的展开，使计划生育工作在少数民族地区成为"天下第一难事"。

二　数量选择——多子多福、儿女双全

重男轻女的生育观念只是表明了人们在对待男孩和女孩态度的不同，并非不愿生育女孩。事实上，人们在偏好男孩的大前提下，更希望儿女双全。人们希望生育男孩主要是为了传宗接代和增加劳动力，希望生育女孩则是为了多几门亲戚，逢年过节有人来往，显得热闹。而从心理层面考虑，家族人丁兴旺能提高家庭和家族的地位，扩大家庭的影响，子孙满堂能满足人们光宗耀祖的心理，因而"四世同堂"的家庭自然成了荣耀乡里的资本。人们总以家庭人口多为荣，而将没有后代视为缺憾甚至耻辱。多子多福、儿女双全是民族社会在生育上较为普遍的数量选择。

图4-6　负重的年轻母亲

苗族人追求儿女双全，多子多福。苗族传统的生育文化认为，有儿子才能代代相传，保持家庭、房族向社会的纵深发展；有女儿才能主动联系社会，使家庭、房族和家族向横向发展。这样，才能使家庭、房族和家族

与外界形成一个大的社会网络，人生的社会价值才能在这个网络中实现。在许多苗族人家，当连续生了几个儿子或几个女儿后，都再想要女儿或儿子，以成全生育意愿的"纵横观"，体现人生价值。在没有开展计划生育之前，一个苗族家庭生育三五个孩子的情况极为普遍，有的甚至更多。

因生产活动和习俗的需要，侗族群众对子嗣极为重视，认为儿子多是家庭有实力、家族兴旺的象征。因而，民间没有避孕的意识和方法，从而早婚早育、多生多育的观念渗透到人们社会生活的诸多方面，"左手牵一个，右手拉一个，前面走一个，后面跟一个，背上背一个，肚里带一个"的现象极为普遍，人口增长也较迅速。然而，侗族重男并不意味着没有女儿也同样幸福。他们认为，没有女儿的家庭也是不完善的，只是与无儿相比，完善程度较高一点而已。虽然女儿长大必定外嫁，但她在娘家时，可以承担众多的家务事，如照看弟妹、洗衣做饭、卫生打扫、下地干活等，是家庭劳动的好帮手。女儿出嫁后，还会带来家庭亲属关系的扩展，使家庭多了一份社会资源，多了一份社会力量和社会支持。而且女儿嫁到近处，也可时常回娘家照看弟妹、洗衣做饭、打柴喂猪、打扫屋子、帮助生产等。故不少人家在有了儿子后，尤其是有了几个儿子后，对女儿的期盼更加强烈，因此，因根深蒂固的传统生育文化浸染和生产需要，侗族人形成了多子多福的强烈观念，人们不可想象婚姻中没有孩子，家庭中没有儿女，这样人生不仅不完整，甚至没有意义。所以，尽管一些人很穷，也很劳累，但儿孙绕膝所带来的心理满足和安慰，远远弥补了身体的劳累和物质生活的匮乏。

在这里需要提到的是，在贵州省从江县高增乡占里村的侗族人，在长期的生育实践中，逐渐形成了一套从避孕到孩子性别选择的人口控制方法。他们用自己配制的草药进行生育调节，百余年来人口一直呈零增长，实现了人口的稳定再生产，对占里乡的经济发展与人与自然的和谐产生了良性影响。

在仡佬族人的观念中，没有儿女、有女无儿的家庭均是不完善的家庭。仡佬族十分重视本族人口的繁衍生养，多子多福的生育观念占有主导地位，只有人丁兴旺，才能五谷丰登。而一个家族的男性人口的多少则直接决定了子孙后代是否能"枝繁叶茂"。家族人口越多，在当地的影响力才会越大，全家族的地位也才能更大。

盘瑶、山子瑶等瑶族支系也认为，人多能增加劳动力，所以希望多生育子女，甚至自己有了子女，还到外族、外姓中抱养。由于"香火"意识较浓，多数地区的瑶族人都希望能有子嗣来继承家业，将来死后有子孙供奉，以免成为孤魂野鬼。

基诺族把"吃饭时人要围满桌，坐下时人要围满火塘，睡觉时人要睡满房"视为一种幸福生活的表现。所以，民间多倡导多生育。

后代的繁育是景颇山寨的大事，人们认为家庭只有子孙满堂，村寨只有门多户多，才能兴旺、昌盛和富足。子女多的人更容易得到人们的信赖和肯定，顺利分娩是值得庆贺的喜事，健康的孩子往往能肯定母亲的能力，扩大母亲的影响。

尽管布依族社会中男子占有重要地位，但对于一对夫妻来说，仅有儿子而无女儿不能算是全福之人。对之从长辈的葬礼中就能够反映出来：当老人去世时，出嫁的女儿要与其夫抬一头猪和几十个甚至上百个装有肉、菜、糖果等食物的"祭碗"和各种各样的花幡旗伞来下祭，使葬礼更为隆重。若无女儿，老人的葬礼则明显冷清。因此，布依人家生育女婴，都视为喜事好事，都尽力给女孩较好的抚育。

综上所述，西南少数民族生育观的特点归结起来是：崇尚多子多福，重男轻女，传宗接代，养儿防老。随着经济的发展，传统生育观赖以存在的经济基础已不复存在，但传统生育观仍然存在，这是因为生育观属于意识形态的范畴，它的发展变化具有相对独立性，虽然它与经济发展水平有很强的相关性，但并不与经济发展完全同步，其变化往往滞后于经济发展水平。

西南少数民族传统生育文化是形成并存在于小农经社会的传统的生育文化，由于众多因素的存在（如文化本身的滞后性、落后的经济状况、封闭的地理环境等），从而导致少数民族传统生育文化向新型生育文化的变迁缓慢，并在其变迁过程中形成了自己独具的特征，主要表现为：（1）生育观念上的复杂性。追求数量方面的多生观念，追求性别方面的生男观念，追求势力联合的婚姻门第观念，注重婚姻、生育礼仪的繁杂观念往往交织纠缠，难以厘清。（2）传统生育文化的农耕性。在经济文化都相对落后的西南少数民族地区，自给自足的小农生产方式占主体地位，它的特点是"男耕女织""男主外，女主内"，男子田间劳作，养家糊口，女子操持家务，生儿育女。在此生产方式下，土地为家庭提供绝大部分生活资料，男子是家庭生活的主要保障。传统的小农生产，使用简单的手工工具，男子长大成人后自然成为主要劳动力，因而小农生产方式下的家庭，多生男孩，增加劳力的愿望必然强烈。此外，男孩还有传宗接代，提供养老保障，提高家庭地位，扩大家庭实力等效用。从价值层面看，生育满足了继嗣上的要求；在经济层面上，生育满足了扩大体力型劳动力的社会需求，表现出对孩子数量的追求，并由此形成了生男和多男的追求。（3）男尊女卑的社会性别现实。由于西南各个少数民族的生育文化封建色彩依然很浓，女性地位低下，反映在人们的生育行为时，必然是重男轻女，甚至溺杀女婴。如 2004 年 4 月，台江县郎某用毛毯、砖头将其出生 2 天的女儿裹缚后沉入河中溺死的案件就是其中的典型事例。[①]（4）家庭观念和宗族意识有较强的刚性。生育在此时不只是妇女的个人行为，而是整个家庭甚至是整个家族的事情，因此，家庭的传宗接代必然导致宗族势力的扩张。一方面，种的繁衍为宗族势力扩张奠定了社会基础，传宗接代给宗族势力延续提供了文化安排；另一方面，宗族势力千方百计地鼓励种的繁衍，支持传宗接代，使"不孝有三，无后为大"的生育观念渗透到家族的每一个成员的心灵深处。重视对西南少数民族传统生育观与生育行为的总结、分析和批判继承，无疑有助于促进民族新型生育观的树立和人口文化的现代建构，使民族人口发展迈向和谐、均衡的里程。

第三节　生育规范

在生育制度中，生育规范的重要性表现为它规定了两性怎样的结合才能生育子女和养育子女，即规定了生育的合法性问题。生育规范在不同的社会有着不同的表现形式，并且是不断变化的。最早的生育规范是有关生育行为的习俗和禁忌。生育习俗是调整人们生育行为的社会行为规范，是社会生产力发展水平的客观反映。[②] 随着生产力的不断发展，生育习俗也随之发生变化。可以说，围绕着生育在西南的许多少数民族中演绎出许许多多的规范现象。

[①]　杨军昌等：《西南民族地区出生人口性别比失调问题研究》，民族出版社 2010 年版，第 115 页。

[②]　田雪原：《人口文化通论》，中国人口出版社 2004 年版，第 36 页。

一　求子习俗

西南各民族的求子习俗与生殖崇拜是紧密相连的，许多求子习俗实质上就是生殖崇拜。生儿育女在传统生育文化中位尊首要地位。"不孝有三，无后为大"的理念往往使结婚成为传宗接代的工具。在许多人的观念意识里，没有了后代，就等于宣判了自己的"死刑"，"断子绝孙"成为一种极其恐怖的现象。为此，婚后不育求子成为自古以来甚为重视的习俗，它是各民族群众在长期繁衍后代的过程中逐渐形成的。从表面上看，虽然生育是一种生理行为，但包含了丰富的文化内涵，反映了人们对生育理性和非理性的认识。如何求子，居住在西南地区的各个少数民族有各自的认识和方法，也有许多相似之处。受历史条件的限制，西南各个少数民族的求子习俗都有一定的迷信色彩或亚文化现象。

花山节是苗族的传统节日，包含着浓厚的求子内容。该节日多由没有儿子或无儿无女的人家主办。节日之时，主人家要砍一根木杆或竹竿竖在山上，杆顶上挂一块褐色或红色的布条，称为"立山"。大年初一至十五，人们从四面八方涌来，聚集在花杆周围，唱歌、跳舞、说古、谈情说爱、寻找伴侣等，进行广泛的社交活动。节日结束后，主家把花杆拿回家，劈断搭成床铺，杆上的布条则系在腰间上，认为此举就能生儿育女了。有的地方在立花杆求神时，还带香和纸钱献给花杆神，并把自己的愿望告诉卦师，向花杆跪下作揖。卦师随即进行占卜，给求者一个答复。如果事后如愿以偿，必须在下次花杆节上还愿，生子者以公鸡还愿，生女者以母鸡还愿。

在西南苗族的祭祀活动中，"敬桥""跳花""接龙"等属于生育方面的祭祀。"敬桥"求子是苗族人的另一种求子习俗。他们认为，小孩胆子小，易迷路，"敬桥"是为小孩投胎铺平道路，后来又演变为积功德，可以得子的一种行为。"敬桥"活动流行于黔东南的苗族地区，有单家独户行祭，也有集体行祭，都是以鸭蛋和鱼为祭品，以麻丝为祭物。祭祀多于每年的二月二进行。而关于它的传说也是围绕着求子：远古时候，苗族夫妇告纳和务仰长期不育，后得到了燕子的指点，在那些沟沟坝坝上搭桥，并用鸭蛋和鱼作祭品，把孩子引过桥来，之后他们就生育了。后人仿效，逐成习俗。

　　各地苗族跳花的传说有很多，本文仅以流传于贵州大方的跳花传说为例：远古时候，有一对苗族夫妇，婚后多年未能生育。有一天，他们在坡上劳动时，谈论起了无儿无女的痛苦，突然听到了林中有婴儿的哭声，夫妻俩循声过去，见到一只老虎口含一个婴儿在行走，丈夫扑了过去，打死了老虎。正要怀抱婴儿时，婴儿和老虎都不见了，只见一位仙翁从林中走出来说："我知道你们很想生儿育女，我告诉你们，春天来了，花开过后，就会结果，你们回去开一个花场！请四方的亲友来跳花，万灵之气就会使你们生儿育女了"。这对夫妇按照仙翁说的去办了，果真灵验。关于跳花的传说还有很多，但其中心内容都是围绕着种的繁衍。

　　"接龙"，苗语俗称"亚戎"，盛行于黔东的苗族地区，也是一种古老的祭礼，多为求子，一般于农历二月或十月举行。传说从前玉皇大帝令龙神多降雨给苗家耕耘，一次龙神降错了雨，被玉皇大帝关押在苗岭山下，贬为老蛇受苦。之后被一个苗族唢呐手拯救，龙神便把女儿嫁给唢呐手。苗岭山中有一个恶棍，企图与唢呐手交换妻子。龙女将计就计，施法将恶棍处死，让唢呐手享受荣华富贵，儿女成群。为了感谢龙神赐福，唢呐手和妻子时常到井边象征性地接龙王来家敬祭，久之成俗。

图4-7　"敬桥"求子

以"修桥"和"架凳"的求子方式在西南苗族、侗族、布依族、土家族地区都很流行。修桥的目的有两种，一种是为交通而修，没有什么迷信意识；另一种是为求子嗣而修，要举行一定的祈祷仪式，当然这种也起到便利交通的作用。求子而修的桥，一般都用杉木，多为三棵、五棵或七棵，不用双数（为什么不用双数？笔者认为因为奇数代表阳性，这与侗寨鼓楼的层数相似，侗寨鼓楼均呈奇数，不呈偶数）。树子要选择不断稍（象征有后代）、枝叶不干枯（象征兴旺）者。树脚同放在一头，并镶为一排，架在小沟上以接通道路，树脚的一头放在朝往桥主家的方向。桥头还设一小座土地祠（一般是敬桥求子，用几块石板镶成），内安一小石头为"土地菩萨"。桥架好后，杀鸡、鸭各一只供祭（不请鬼师主持仪式）。据说桥像陷阱一样，谁的魂魄过桥，即投生为桥主的儿子；而土地菩萨是去引诱魂魄来过桥的。架桥以后，不论是否生子，以后每年农历二月和除夕或大年初一，须各备肉或鱼及酒饭去祭桥，同时以一个蛋祭桥头的土地菩萨。后代也延续下去。

婚后数年无儿无女的布依人家，或连续生育几个女儿的，要择吉日向神灵求子。"搭花桥"是常见的一种求子方法。是时，要请"布摩"搭桥，以求王母娘娘送来子女。居住在贞丰一带的布依族，用一对竹子为桥柱和桥梁，将红绿纸剪成许多人形，红为男，绿为女，然后"迷拉婆"就在房外唱唱跳跳，随后用一根白线从花桥迁到村外，从旁爬过的昆虫被认为龙王贵子，主人要把它捉到花桥上。仪式结束后，将桥安置在求子妇女的房门上或床头上方，一直放到女方年老无生育能力时为止。生活在罗甸、平塘、独山、荔波一带的布依族人，也有一种"架花桥"的求子仪式。届时，年轻夫妇在桌子上摆三碗糯米饭、三挂粽子、三个鸡蛋、一个花筒，筒里的花象征着没有投胎的孩子。仪式由"布摩"主持。他手里拿着一根木棒，木棒的另一头一尺许的白布，然后一边唱《米魂引花歌》《粽子引花歌》《鸡蛋引花歌》，以便用白布抹花筒里的花，如果花筒里的花沾上了白布，意味着就要得到孩子。望谟，册亨一带的布依族则在正月间请人来"曩今"或"姑牙要化"（一种巫术活动），被请来的妇女用头帕蒙住眼睛，用蜡熏其面鼻，摇头晃脑地唱歌，从地上唱到天上，唱到从王母娘娘的花园中采花来送给想生子女的夫妇。之后，求子夫妇如碰巧怀孕生子，就要杀猪向王母娘娘还愿，礼仪非常隆重。而都匀江肘一带的布依族求子习俗也别具特色，如女儿不孕，做母亲的就要做花树供在女儿床头上，以求子嗣。

结婚生子，在侗族看来是人生极其自然的事情，如果婚后一段时间新婚夫妇没有孕育的迹象或家中主妇只生育女孩而无男孩，就要采取一定的措施，或到主掌神灵处祈求、拜祭，如榕江侗族则多在二月初二选择一条小溪或小沟架设便桥供人行走，或在岔路口安块指路牌为陌生人行路提供方便，以此广聚阴德，祈求多子多福或使小孩长命富贵，易养成人。

与榕江侗族的求子仪式相似，贵州三都水族自治县和独山、榕江等地的水族妇女，若婚后长期不孕，就要举行"暖桥"的祈子仪式。事先她们要准备好米、香烛、纸钱、鸡、肉、酒钱等，然后请巫婆来"过阴"。巫婆说必须造桥修公德方可得子，无子人家就要选择一吉日良辰，在路口或溪沟上架设一座石桥或木桥。他们相信这样做了以后就可得子。

水族社会重男轻女，认为无男孩是命中某关煞所致。因此，需要选择一个吉日在没有的桥的沟道上，用梨、桃、柿、橘等果树的树枝架设一座"桥梁"。这意味着阴阳相通，可以得到儿子。"桥"建好后，要用花糯米饭、红鸡蛋、好酒好肉在"桥"边设祭。同时从"桥"头牵红白两根线到求子妇女的房中，代表打通了关煞，男婴的魂灵可以顺利进入求子妇女的腹中。搭桥附近严禁鳏夫、寡妇经过。他们若出现便抵消祈男功效。这天，长辈不许责骂小孩，男子不许责怪妇女，还忌说"不结果"之类不吉利的话。榕江计划等地的水族在农历二月初二举行祭桥仪式，如果是求生儿女就用林木架新桥，做新板凳安放在桥头，用竹篾缠上纸条在桥的两头插成弧形，在弧形框内放入纸画的或剪的小人，然后插上香，用粽子、红蛋、黄糯米饭在桥的两头供祭。祭祀时烧纸钱，在新板凳上贴纸钱，祈求地母娘娘的保佑，让孩子踏着新木桥而来。

婚后久不生育的傣族人也有求子的习俗，人们常会拜佛求神，祈求他们赐予子嗣。德宏傣族祈神求子是以蜡条四对、花一束、铜或银片两方（上面写着夫妇两人的名字）放置在小桌上，然后请佛爷或巫师来家中祷告神灵：某男某女，结婚数年，仍不生育，请求神灵显示，是男子不育，还是女子不育。我将睡卧，请神灵在梦中提示。在梦中看到他们谁有小孩，如妇无小孩，则夫可另娶；如夫无小孩，可过继别人孩子。说完之后，将蜡条点燃，或卧或倚，闭目若睡。过数十分钟至数小时，便将梦中所见告知主人。

藏族人家如果没有子嗣，常常请寺院里的一位活佛或高僧来家念经祈祷，也可以去寺院拜佛烧香，请高僧念经祈福。祈祷时所念的经都是对灵魂的感召，以求得子嗣。另外，有的藏族不孕妇女常到寺院拜见活佛或者某位高僧，请他们诵经祈祷，领一个专门的护身符日夜携带。据说这种求子护身符可以保佑其早日怀孕生子。

"巴拉丁木"是四川木里普米族所奉祀的生育女神，当已婚妇女久不育时，往往由巫师带领到供奉女神之处烧香饮水求子。有的在家中由巫师用粑粑面塑一个女神偶像，同时以栗木削制一女鬼像，头上粘些求子妇女的头发，腹部突起，宛如孕状。之后巫师将木鬼偷埋于地下，经过念经、找鬼等巫术后，把木鬼找出来，丢在野外，为求子人作法求子。

图 4-8　石头祭祀

如果婚后久不孕，布朗族人也多会准备些祭品到寺庙或神林处求神赐孕、送子，而白族人则会求拜"本主"、观音娘娘等。

对一些自然之物，西南各个少数民族将之视为灵物，因而对之顶礼膜拜，以祈求生儿育女、人丁兴旺。以贵州省为例，该省雷山县掌坳村有一个形如乌龟的巨石，当地苗族视石头祭祀为"石父""石母"，缺儿少女的人家多求之赐予儿女。求男者杀雄性牲畜献祭，求女者则杀雌性牲畜献祭。惠水县上摆乡有两块长方形相互并列的巨石，被当地苗族群众称为"夫妻龙石"，前往求福者络绎不绝。关岭县的花嘎村，有一块人形巨石，说是甚为灵验，许多想要子女的人终年向其顶礼膜拜。被誉为"天下奇观""地质绝品"的黔西南贞丰双乳峰因酷似大地母亲袒露的双乳而得名，被当地布依族称为"圣母峰"，被世人称为"天下第一奇峰"，当地布依族一直把之当作"大地母亲"和"生命之源"来崇拜，远远近近的善男信女和游客多慕名到山下烧香磕头，求婚，求子，求财，求运，求平安。

图 4 - 9 贞丰双乳峰

综上观之，西南少数民族深受汉族宗法思想和儒家"孝"观念的强烈影响，以祖先崇拜为主的家族、宗法文化保存得特别完好。祖先血脉传承和延续的生育观，对他们影响最大、持续时间最长，也是最为深刻的。因此，作为子女对祖先最大的"孝"便是生儿育女、维持"家系"与"香火"的延绵不绝。那些年轻的"无子"家庭为了完成对祖先的孝行，不惜对抗计划生育国策而东躲西逃，目的就是要生一个儿子，避免自己日后成为"无嗣之鬼"。从西南少数民族各种各样的求子习俗中可以看出，各民族的"求子"并非单纯的求儿子，它包含了这样一个内涵：久婚不育时求的是生儿育女，只生女不生男时求的是儿子，只生男不生女时求的才是女儿。由于求子的起源很早，原始的神秘色彩以各种形式保留和流传了下来，掺杂在求子过程中的各种信仰、禁忌、巫术等习俗，反映出人类早期对生育产生的敬畏心理并未完全消除。面对如此的传宗接代观，在计划生育法规政策的执行中，单纯的罚款和行政手段不能从根本上解决问题。针对求子习俗现象，我们应该深究它所反映的实质，从根源上破除少数民族对传统观念的迷信，在发展经济的同时，不断提高少数民族人口的科学文化素质，从而使之循序渐进地转变生育观念。同时，发展经济，消灭贫困，建立健全农村社会保障体系，让人们老有所养、老有所依，才能让"不孝有三，无后为大"的陋俗终将成为历史。

二　怀孕习俗

怀孕俗称"有喜"，是人生中的一件大事，也是人生的又一大转折，也是家人、亲朋好友，甚至整个家族为之关切的一件大事，其风俗习惯和一些禁忌也自然不少，在少数民族风俗习惯资源丰富的西南更是如此。值得注意的是，怀孕既然是大事、喜事，所以一切风俗习惯都在于提醒孕妇小心在意，切勿超越范围伤害了胎儿，为此，怀孕的风俗习惯大都转化为了禁忌。

仡佬族把妇女怀孕视为人生的一件大事，称为"有好处"，较为重视对孕妇进行照顾和保护。孕期要尽量让孕妇吃好的食物，尽量补充营养。一般不再做重活，也不能到离家太远的地方劳动，通常还要远离婚丧嫁娶等人多嘈杂的场所。妇女怀孕后还有许多饮食禁忌，例如在饮食上忌猪、牛、羊、鱼等肉，认为吃了小孩有"母猪疯""羊癫疯"和流口水、吐白沫等，也不能随便摘树上的果实，否则该树便不再开花结果实等。

对于怀孕，居住在贵州山区的一些苗族人认为，怀孕生子并非是男女两性结合的结果，而是神鬼赐予的，没有孕育或无子，都要去祈求神鬼的护佑。还有的苗族认为，生男主要靠男人，就像土地里不撒种就不能长出庄稼一样，但生男生女却主要由女人决定。还有的苗族认为，孕育七个月生下的孩子多难存活，八个月的必是长命者，所以有"七死八活"之说。当妇女怀孕后，家人都视之为大事，尤其是怀第一胎，孕妇受到的关照更多。如果此时还在娘家"坐家"的小媳妇，怀孕后就必须返回夫家孕育和生产。为了保证孕妇能顺利生育，苗族民间还有不少针对孕妇的禁忌，这些禁忌有的完全是神鬼观念在作祟，有的是对妇女的歧视，而有的则纯粹是子虚乌有的迷信行为，但其目的都是为了趋利避害，客观上有利于孕妇的健康与胎儿的发育。主要的禁忌如：孕妇不能参加婚礼，因为"四眼婆"去看,对新媳妇不吉利;孕妇不能为过世的老人缝寿衣,不能参加丧葬活动,认为会妨碍老人的灵魂的离去;不能吃母猪肉和公羊肉,否则生下的孩子会得"母猪疯""羊癫疯";不能吃老鹰等咬死的鸡;不能跨拴牛马的绳子,否则会难产,等等。一些苗族妇女为避免"儿多母苦"的状况,在长期的生活和生产实践中逐渐掌握了某些节制生育的方法。她们在经前用一种灌木植物煎水喝,以达到避孕的目的。在现实生活中,由于苗族向来对子嗣较为关注,又因为女人主要承担着生育的重任,所以,当女孩子还未成家时,母亲或其他长辈女性就让她在生活中逐渐了解一些生育常识。当然,这些常识有时是以神鬼或禁忌的方式出现的。如烧柴时不能倒着烧,以免将来孩子会倒生,引起难产;出门赶货,也不要将猪草与柴薪同时放入一个竹篮里背负,否则将来会生怪胎;不要吃双生瓜果,以防将来生双胞胎或多指婴儿,等等。

对于侗族来说,妇女怀孕后,一般不再从事繁重的生产劳动,仅力所能及地做些家务和轻微的田间劳动,家人在生活上给予适当的照顾。因此,怀孕既是父家大事,也是娘家大事。这时,娘家才认真准备起嫁妆,夫家才认真布置新居。女方一旦怀孕,男方即派人带着礼物到岳母家接妻子,女方家也以相同的人数相送,有的还举行隆重的仪式。在孕产期,侗族民间还有许多禁忌:出猎时,忌看见孕妇或正在梳头的妇女;忌孕妇进入别人家;忌孕妇触动死者,否则会使死者到阴间增加罪过;斗牛时,忌孕妇从牛王面前经过,其夫也不得参加斗牛队伍;忌孕妇站在砍柴人面前,以免胎儿破相;妻子怀孕,忌丈夫给别人抬丧,否则会伤元气,影响胎儿正常生长;孕妇忌吃葱、蒜、羊肉、牛肉,否则孩子会得狐臭,变成哑巴等,若不慎犯忌,要请巫师作法,驱邪除晦,以求安宁。

水族人认为多子多孙才能多福。因此,妇女怀孕后,全家人一方面对胎儿施加种种有益的影响,即胎教。另一方面,对孕妇精心照料,以期生育一个理想的孩子。从现代意义上讲,所谓胎教是指妇女在怀孕期间,除要关注她的身体外,还要注意她的精神状态和外部环境,养胎的主要目的是养育出一个健康聪慧的孩子。水族人的经验是,婴儿健康漂亮与否,在很大程度上要依靠母亲的行为和外界接触感知的事物,这种外部感应的思想、环境决定性格的用意在贵州的水族社会中是比较明显的,因而也就出现了一些针对孕妇的禁忌。如水族民间认为孕妇不能看见奇怪的事物;不能做有损胎儿健康的重活、脏活;不能抽烟酗酒;不能进入集市和公共场

图 4 - 10　水族怀孕石刻图

所；不能参加各种宗教活动等，此外，孕妇必须遵循一些特殊的禁忌，如不能参加别人的婚礼仪式，否则就会导致新娘不孕，冲了别人家的"喜"；有迎亲队伍路过时，孕妇要主动避开，认为遇见孕妇，日后新娘有可能不育；有客人时，孕妇走路须十分留神，不能从客人伸出的腿上迈过，否则，不仅会被客人认为是一种侮辱，还会导致自己家中谷物歉收。

布依族新婚夫妇如果怀孕，娘家就用染红的鸡蛋或具有喜色标志的物品送到男家，男家一见到这些东西，隔数日也同样带相应的礼物作为回敬，这便是礼尚往来的表示。同时，丈夫或其弟妹要前往女家将孕妇接回。也有的"坐家"妇女回夫家后，一段时间内不再回娘家，便预示着有孕在身了。农村布依族妇女孕期没有到医院检查的习惯，多顺其自然。但由于人们对孕育的神秘或无知，当妇女怀孕后，一些地方的布依族还会请"布摩"到家里念经，祈求母子平安，顺利生产。居住在安顺、镇宁、普定、六枝等地的布依族，当妇女怀第一胎并临近产期时，为了让她顺利生产，要举行一种叫"改都雅"的仪式。届时，由舅家派两名"多子多女"的男性长者送来一对"神竹"。祭司就用此竹弯成拱门形状，上扎各色花朵，挂着纸剪的人形，纸人互相牵手，表示子孙发达。同时，祭司还念祭词，主要是感谢"神竹"赐子，祈求母子平安。然后将"神竹"安放在孕妇的卧室门上或床头上，主人家这天还要杀猪置办酒席，招待亲朋。经此仪式后，这对"神竹"一直保留到该妇女超过生育年龄时才可取下。北盘江沿岸的布依族行此仪式时，则是由祭司砍大楠竹做成船形，船上扎一个茅人，茅人身带竹桨作划船工具，放在主人家水缸脚前祭祀。人们认为，"竹船渡魂过江"，孕妇便能顺利生子。

三　产后习俗

有人说："人的一生就像竹子，其过程并不是平直的，而是有许多节，人生是由若干阶段组成的，人就是在具备某些条件时，通过一个个人生之节，发育成长，走向终点的。"因此，如果把人生比喻成竹子，那么婴儿阶段就应该是最重要的一个人生之节，它是人的一生的起点。在这一起点上，各个民族都赋予了各具特色的丰富的文化内涵。从分娩到满月，这一个月里是习俗最多的时候，也可能是人生中礼仪最多的一个阶段。

西南大部分仡佬族地区，新婚夫妇生头胎时，女婿或亲友须带一只鸡及其他礼物前往岳父母家报喜。如果带去的是公鸡则代表生男孩，带母鸡表示生女孩。岳母如见女婿带来公鸡，则取一只母鸡连同该公鸡让女婿带回，反之则取公鸡带回。还有的这时才将准备的陪嫁品送到女儿婆家。报喜者进门后，有的要敲神龛上的磬报喜，报生男孩敲四下，报生女孩则敲三下。产妇"坐月"期间多吃放椒面的鸡蛋、油和米饭。贵州大方一带的仡佬族有吃"三朝鸡"的习俗，即将供祖先的鸡送给新生儿的爷爷吃，鸡屁股给奶奶吃，烫鸡的水给新生儿洗澡。生完孩子的三天后，产妇的婆婆还用烧红的木炭放在产妇的床前，然后将酸汤倒在上面，用烟熏产妇的手脚。此仪式后，产妇就可以烤火。据说，如不如此，产妇和新生儿会周身起泡，俗称"找醋坛"。

"月米酒"是用来庆祝新生婴儿满月的较为隆重的酒宴（在有的地方也称为"三朝酒"，在西南几乎每个少数民族都要为其孩子举行），主要由孩子的外婆家出面邀请亲戚朋友和邻居前往祝贺，女婿家的亲朋好友也要参加。若是长子的"月米酒"，更是热闹非凡。"月米酒"的目的，一是增加喜庆气氛，二是表明孩子开始了一个新的生长期，三是表明亲属们与孩子的一种认同关系。到吃"月米酒"的那天，参加酒宴者往往带上大米、鸡蛋、小孩的衣物和背扇等礼物前来祝贺。如果生育的是男孩，有的仡佬族地区还要举行专门的仪式把生男孩的好消息报祖。报祖一般是在小孩出生的第一个清明节杀一只公鸡敬奉祖先报喜，并留一只鸡腿给小孩吃。亲戚好友要用红布缠在小孩头上，以示祖先保佑。满月酒这天，一些地方的仡佬族人家还会请巫师给孩子剃胎头，以求平安。师傅剃头时要念唱"主家请我剃胎头，我今剃的健儿头，自从今日剃过后，一生清安无忧愁。手拿一把剃头刀，金光闪闪是宝刀，我今来把头剃过，成长健壮百病消。今我剃剃小儿头，紫微高照正当时。今天是个好日子，寿延一百零二十"等祝福词。在西南多个民族中，均有"剃毛头"之俗，即孩子出生后的毛发是不能完全剃掉的，须等到一定年龄后请人剃光。剃头的年龄只能在 3 岁、6 岁、9 岁或其倍数之时，或请干亲来剃，或请爷爷舅舅来剃。

在传统侗族社会里，从孩子出生到长大成人，侗族人根据自己的认识，形成了一整套别具特色的抚育习俗和仪式，尤其从婴儿出生的"报生"到满周岁期间。婴儿出生的第二天，主人家要派专人到外婆家报生。报生者只需带一只大公鸡，因为公鸡吃米头朝地，鸡叫时头朝天，司晨司暮，掌管一天的十二时辰，带它去报信，表示慎重、准确、无戏言。也有的侗族是在婴儿出生十天后才报生。届时，主人家派一位老人携带鸡（生男带公鸡，生女带母鸡，双生则带两只）、酒、糍粑等礼物到外家报喜，外家把带来的糍粑或糯米饭分发给同房族人，并定下到女儿家办"满月"的日子。之后，外家按照送来公鸡换母鸡、母鸡换公鸡的规矩，送一只鸡给报喜人带回。当外孙"满月"前后，外婆常在约定好的日子里，邀约同房族妇女带上糯米、鸡、鸡蛋、布料、甜酒、红糖、背带、衣服、鞋、袜、帽等礼物前往女儿家祝贺。这一天，主家也组织自家房族妇女接待外婆家客人。席间，外婆受到格外尊重，主人及众多客人均要向她敬酒、唱歌，祝贺她有福气，养了一个好女儿。贵州黎平、榕江、从江一带的侗族在三朝酒宴前，还要举行一个仪式：主人在堂屋摆上一条长凳，一头朝大门，一头朝里屋，凳上铺着新的"亮布"（用牛皮胶水和鸡蛋清染制的一种土布）。新生儿的父亲站在长凳里边，巫师和其他人分站两边，两旁的人一个接一个象征性地抱着婴儿从布上走过，边走边说些称赞婴儿如何健壮之类的话，然后交给他父亲。其意是使婴儿的成长像布和蛋一样光滑顺利，道路平坦。而在"不落夫家"甚为严格的榕江一带，认亲的满月酒场面更为热闹。婴儿满月这天，所属房族妇女们抬着鸡、肉、蛋、糖、米等礼物，浩浩荡荡地来到婴儿外婆家认亲，做满月酒。一是给外婆家赔赔罪；二是表示娘家认可了这门亲事，喜酒与满月酒一同举办；三是为外孙子或外孙女祝福。有的人家，在孩子出生满月后，要在公山上插上还愿桅杆，祝愿孩子易长成人。从江等地的侗族在孩子出生后，往往栽上一些杉树，一方面祝愿孩子像杉树一样茁壮成长。另一方面则是为孩子今后的婚嫁做好准备，此即侗族地区著名的速生树"十八年杉"。孩子出生后如多病多灾，有的就栽种树木，以求消灾；有的则拜干爹干妈（须有儿有女者），以祈求分其福分；还有的寄拜给亲友做寄子，托其帮养一段时间，以求富贵和健康。孪生子凡有一个夭折后，父母必须给仍活着者栽一棵常青树，代夭折者陪伴存活者，否则认为存活者会多病多灾，甚至也会夭折。这些拜祭习俗，实际是给人们多一种心理安慰，多一层保护，多一重安全感。"满月"是产妇和新生儿一个新的生活阶段的开始。

图 4-11　生育还愿桅杆

　　在云南绿春保别新寨，当产妇分娩后，家人要立即为其在产房内搭一张竹床，整张床头高脚低，距地面约 40 厘米，宽约 1 米。搭好后，旁边帮忙的妇女随即将产妇移到竹床上躺下，以利于产妇将体内的污物流出。白族在产妇分娩后也很重视净身和身体恢复。而居住在云南双江一带的傣族产妇生育三天后要用九里光、席风草、节骨叶、冰片叶、竹叶等草药煮水洗澡。这种传统医药的作用往往能更快使产妇身体恢复健康。

　　事实上，大多数少数民族都有以草药为基础的意在恢复产妇健康的措施。西双版纳、金平一带的傣族产妇分娩后，家人便将数种草药放在火灰里，用竹凳罩住，让产妇在竹凳上接受蒸汽熏疗，防风防冷，以达到止血愈伤、治疗子宫收缩和子宫脱落、预防风湿病的作用。瑶族民间给产妇吃喝和洗浴的草药主要有接骨草、冷骨风、爬树龙、刺五加、石菖蒲、大黄藤等30余种。他们常用大铁锅旺火将中药煮沸，让产妇先喝一碗后将其余的倒入大木桶或大木缸中，让产妇在水中浸泡。满月那天，一些地方产妇还要进行"大洗"，以示"坐月子"的终结。

在草药的运用中，苗族更是有其传统的医药秘方运用优势。他们常用草药煎水为产妇和婴儿洗浴。如贵州织金一些地方的苗族妇女用三角枫、九里光、追风草、臭草、臭牡丹、柏杨皮、苦楝子等煎水洗浴；贵州天柱等地的苗族妇女则在生育后用清热消炎凉血、活血化瘀的老虎麻、枇杷叶、芝东草及四方藤各适量加水煎洗，一日三次，连洗三天。据称，这些草药对产妇伤口能起到消炎止痛的作用，并有促进产妇子宫恢复之效。丽江鲁甸一带的纳西族妇女分娩后，家人立即将米酒、羊油、鸡蛋和红糖煮成一大碗，让产妇吃下，有的还用九里光、鬼吹啸、艾叶、刺黄柏、蛇床子等草药煎水洗浴，以扫产毒。正是因为如此，纳西族妇女总体上身体素质都较好，同时寿命较长。

除此之外，更多的生活经验和认识也在产后健康方面形成了许多禁忌，客观上有利于母子的共同健康。在坐月子期间，苗、侗、土家、仡佬等族一般禁止产妇摸冷水、接触风寒，并认为若不遵守这些禁忌，就会得"月里风"或"冷骨风"（风湿骨病），于身体健康极其不利。在民间还流传着"大月伤娘，小月伤郎"的坐月子或月经期间不能同房的俗语。纳西族妇女在四期（经期、妊娠期、产期、哺乳期）也有相应的传统保健知识，无论是在药物方面还是在行为方面，人们都十分注意，如坐月子期间，讲究充足的睡眠、愉快的心情、富有营养的饮食等，只有这样，才能解除十月怀胎和分娩的疲劳，也能治愈过去的老毛病。[1]

由于生产和医疗条件方面的落后，当妇女分娩之后，一方面出于对新生命的珍视，另一方面为了保证婴儿在出生后能有充分的母乳喂养，对产妇的相应习俗性规定也在不断延续和发展。这种意在希望子女健康成长的心理作用在生活方面所体现出的种种规定或俗约，虽然会因少数民族各地生活环境、状况的差异而各有特色，但其在生育文化层面的价值是一致

---

① 杨筑慧：《中国西南民族生育文化研究》，中央民族大学出版社2006年版，第142—144页。

的，即母子的健康是保证家族薪火相传的直接措施，新一代的长大成人是延续家族的根本保证。而本来意在保障妇女健康方面的具体措施，尤其是草药医疗的运用，不但积累了丰富的民间医疗文化，而且为少数民族地区人口的健康发展提供了较为科学的保障，现实的求母子健康之术，在生活实践中逐渐积累了文化方面的内涵和价值，这也是人口文化学所要探求的内容之一。

第四节　节育与计划生育

一　节育

节育即节制生育，是指采用各种避孕方法对生育行为进行人为控制的方法，以达到控制人口增长的目的。西南民族的节育行为主要是基于以下几种因素：

一是宗教的影响。西南少数民族的宗教信仰中有着抑制生育、厌恶生育的观念，如藏族的生育观就深深打上了佛教的印记，从而使藏族的人口出生率一直偏低。藏族地区的藏传佛教——喇嘛教教义讲到人生有八苦，人的诞生或生育之苦列为八苦之首，视生育为苦中之苦。认为"生育即拉命债""生育即烦恼""生育乃前世冤孽"，即儿子长大后宰牛宰羊，女儿长大后踩死虫蚁，都会伤生造孽。而且子女的一生也在受苦、受烦恼，因此不愿多生多育。

此外，在西南其他民族中，每当村寨或家族有重要的宗教活动时，也往往禁止夫妻同房，这无疑也起到了一定的避孕效果，延迟了生育的时间。

二是资源环境承载力限制。由于人口的增长和生存资源环境的矛盾，一些民族在一定的时间里采取一定的措施节制生育。如贵州从江占里侗族，为了使人的增长与资源环境相适应，在长期的生产生活实践中，经过其先辈的不断探索和经验总结，逐渐形成了一整套节制生育的方法。即靠民间中草药秘方进行节制生育，控制人口增长。这些办法由寨中的中老年妇女掌握，一般一兜（兜，即房族）一个，传女不传男，当地称之为"药师"。"药师"的职责是：给即将结婚的青年男女讲授生理、生育、节育知识；给怀孕的妇女定期检查并接生；给避孕失败或超怀的妇女做人工流产、引产；给需要避孕绝育的妇女、男子发放中草药等。妇女怀孕期间，药师采配中草药帮助健体安胎，妇女生育后，则服用一种叫"血美"的草药汤，这种药剂能使产妇口味好，恢复快，后遗症少。不论是避孕或绝育，药师均施以不同的药方，服后便可达到避孕和终身不育的效果，且对身体无任何副作用。[①]

　　曾实行"七牛婚姻制"的贵州瑶麓青裤瑶在废除该婚制后，人口逐渐增长，但这又与狭小的生存空间发生了矛盾。为减缓人地矛盾，当地妇女以喝酸草灰水来避孕，以溺婴来控制人口。一般贫苦人家无力养活过多的人口，生下两个男孩和一个女孩以上的都要溺死，社会舆论也允许。茶山瑶认为，"田少人多，就会受苦，没有饭吃"，不愿意生育过多的子女。一般人家只生两个，少数生三个，再多就溺婴，也有的在怀孕初期，用一种叫土牛七的草药插入子宫，使之流产，或者采用服榕树根煎水的方法绝育。八排瑶也有孩子多受穷的观念，他们也不愿意生育过多的子女，若多了，也溺婴。此外，在不吉利的日子、时辰出生的孩子也或溺或弃，如他们认为旧历五月生的子女都会败家，午时出生的子女不孝顺父母，"破日"出生的女婴与父母命相克。这些婴儿都不能让他们留下来，或送给附近的汉族人家，或放在路边显眼的地方让别人抱走。花篮瑶也有与茶山瑶、八排瑶相同的生育观念，他们出于害怕子女太多，田地分家，造成今后人多田少，饮食不敷的现象出现，所以长期以来实行人工控制人口，使每个家庭只保留两个孩子左右。由于过去避孕方法不周，因而也多采取溺婴的办法来控制人口。在金秀村一带，为控制人口，当地瑶族甚至还形成了晚婚的习俗，男子 30 岁左右，女子 20 多岁才结婚，以及堕胎、溺婴的不成文法。溺、弃婴儿的习俗在当今已近消失。

　　三是禁忌习俗的作用。如苗、侗等民族婚礼之后的"不落夫家"习俗、生育前后的性禁忌、儿女稍长后夫妻异居等。又如佤族抚育中对婴幼儿哺乳期的延长，纳西族夫妻实行分房分床就寝制等，均在某种程度上起到了节育的作用。傣族地区，气候湿润，河溪密布，土壤肥沃，衣食无忧，加之信仰上座部佛教（小乘佛教），以及妇女在社会、生产及家庭中

---

　　① 杨军昌：《侗寨占里长期实行计划生育的绩效与启示》，《中国人口科学》2001 年第 4 期。

的重要作用，使傣族人子嗣观念并不十分强烈。他们希望婚后家庭中有儿有女，也希望老有所养，病有所医，如果没有，社会仍有一套机制来弥补此缺憾，如收养子、女儿招婿、社会扶助等。历史上傣族也有避孕的药方在群众中流传，但由于宗教观念和当地气候环境及疟疾流行所导致的婴幼儿高死亡率，故而使用并不多，生育上往往"听天由命"。如果要采取节育措施，就不让进佛寺拜佛、不让念经，而备受歧视。同时民间也有一些规范来控制生育，如禁止婚外生育，以及性禁忌等。所以，20 世纪 50 年代前，傣族的人口过程属于高生育、高死亡、低增长的自然型。此外，对生育的恐惧和怕影响身材的想法，也在一定程度上影响了傣族妇女对生育孩子的要求。

由于对妇女怀孕以及人体生理缺乏科学的认识，基诺族对畸形胎儿和双胞胎儿一般都遗弃或处死。因为在他们的观念里，神话传说中的人类始祖——玛黑、玛妞是双胞胎兄妹，河水泛滥时靠躲进木鼓得以逃生，是他俩繁衍了人类。因此生下双胞胎，人们会认为：生下来就是祖先，哪个敢把祖先当儿女养，伺候不好要发洪水。于是按照古规，生了双胞胎，不剪脐带，不喂奶，让他们自然死亡。因此，20 世纪 50 年代以前，基诺族中没有一对双胞胎成活下来。①

总体来看，对西南少数民族的节育观念和行为，必须要看到两个方面：其一是少数民族生活资源的配置规则客观上对生育子女的数量和性别产生了根本的影响。大多节育意识的形成往往与家庭资源的再次分配密切相关，即多生将会"少福"的忧虑。其二是节育观念和性别平等的意识存在一定的关系。越是男性偏好强烈的民族，节育观念越是滞后；相反，认为男女一样可以依靠的民族中，也较为注重节育。客观来说，虽然诸多西南少数民族的节育，本质上也是一种控制出生的人工干预手段，起到了控制人口增长的作用，但由于少数民族文化和自然科学尤其是医学方面的落后，这种干预十分有限，其效果也难以准确预测，甚至对妇女造成伤害。因此，从生育文化的角度看，少数民族的节育客观上是一种优秀的文化意识，但其实现手段方面却不敢苟同，需要进一步科学化和现代化。节制生育的思想必须建立在对这种传统的节育意识的改良和发展之上，任何

① 杨筑慧：《中国西南民族生育文化研究》，中央民族大学出版社 2006 年版，第 281、282 页。

试图直接移植一种新的生育文明观来实现少数民族地区的生育控制都是不现实、不理智的。

二　计划生育

我国是一个多民族组成的国家，除汉族外有 55 个少数民族。2010 年第六次人口普查时，少数民族人口总数为 133281 万人，占全国总人口的 8.49%。中国各少数民族中有多种宗教信仰、多种风俗习惯和多元文化。中国共产党和人民政府从各民族的人口、社会、经济、宗教、风俗习惯等实际情况出发，先后制定了有利于少数民族人口繁荣与发展的政策，以及少数民族也要实行计划生育的政策。

（一）从放开生育到适当放宽的计划生育政策

中华人民共和国成立初期，中国共产党和人民政府开始在汉族地区实行节制生育的同时，对少数民族实行的则是鼓励生育、提高出生率、降低死亡率的"人口兴旺"政策。直至改革开放前，中国共产党和国家领导人的讲话和国家的有关文件，都有关于鼓励少数民族发展人口和不实行节育的明确要求和规定。1952 年 10 月，毛泽东主席在接见西藏致敬团时说："西藏地方大，人口少，人口需要发展，还有经济和文化也需要发展。"1957 年 8 月，周恩来总理在《关于民族繁荣和社会改革的问题》一文中指出："有些兄弟民族还需要增加人口，汉族地方要提倡节制生育。"1960 年 4 月，第二届全国人大二次会议通过的《一九五六年至一九六七年全国农业发展纲要》中明确规定："除了少数民族地区以外，在一切人口稠密的地方，宣传推广节制生育，提倡有计划地生育子女，使家庭避免过重的负担，使子女受到较好的教育，并且得到充分就业的机会。"这一时期对少数民族地区的计划生育工作除放开之外，完全是依照少数民族夫妇本人的意愿，给予节育技术上的指导。1962 年，中共中央《关于认真提倡计划生育的指示》中提出："在少数民族地区，对个别生育过密、有节育要求的男女职工和社员，也应当做好技术指导工作。"1978 年 2 月 24 日，国务院批转的《全国计划生育工作汇报会的报告》中指出，在人口稀少的少数民族地区，采取有利于发展人口的政策，为了保护妇女、儿童的健康，也应积极宣传、普及妇幼卫生、节育科学知识，对子女多、间隔密、有节育要求的夫妇给予指导和帮助。1979 年 7 月，中共中央批转的《全国边防会议的报告》中指出："我们在少数民族中不提倡计划生育……但对子女多、间隔密、有节育要求的夫妇，也可以给予指导，但不能强迫进行结扎等手术。"20 世纪 80 年代以前，中国共产党和人民政府发出的有关人口、避孕节育、计划生育的许多文件中，一直沿用"少数民族除外"的提法。

少数民族人口数量变化由中华人民共和国成立时的停滞到缓慢，到 20 世纪 80 年代，已呈现出增长过快的态势，开始影响到少数民族地区的社会发展和经济繁荣。1980 年，中共中央《关于控制我国人口增长问题致全体共产党员、共青团员的公开信》

图 4 - 12　计划生育宣传牌

中提出："对于少数民族，按照政策规定，也可以放宽一些"，"节育措施以避孕为主，方法由群众自愿选择。"1982 年 2 月，中共中央、国务院《关于进一步做好计划生育工作的指示》中提出："对于少数民族，也要提倡计划生育，在要求上，可适当放宽一些。具体规定，由民族自治地方和有关省、自治区，根据当地实际情况制定，报上一级人大常委会和人民政府批准后执行。"1982 年 12 月，第五届全国人民代表大会第五次会议批准的《国民经济和社会民展第六个五年计划》中指出："少数民族聚居地区，也要实行计划生育，并根据各个地区的经济、自然条件和人口状况，制定计划生育工作计划。"1984 年 4 月，中共中央批转的国家计划生育委员会党组《关于计划生育工作计划情况的汇报》中要求："对少数民族的计划生育问题，要规定适当的政策。可以考虑，人口在 1000 万以下的少数民族，允许一对夫妇生育二胎，个别的可以生育三胎，不准生四胎……少数民族地区和偏僻山区，要大力宣传婚姻法，宣传近亲结婚的害处，防止近亲结婚。"2001 年，九届全国人大常委会第二十二次会议通过的《中华人民共和国人口与计划生育

法》，在第二章中规定：各级人民政府应当对贫困地区、少数民族地区开
展人口与计划生育工作给予重点扶持。在第三章中规定："少数民族也要
实行计划生育，具体规定办法由省、自治区、直辖市人民政府或者其人大
常务委员会规定。"① 我国少数民族地区的计划生育政策基本上经历了这
样一个从放开、鼓励并支持自愿选择的刺激少数民族人口增长阶段，到后
来全面实行计划生育政策过程中优于汉族适当放宽生育条件的控制增长阶
段。但这一政策演进过程中，形成了少数民族地区人口增长的强势，同时
其也是当前西南民族地区人口增长惯性出现并持续的政治社会根源所在。

（二）民族人口计划生育政策在西南民族地区的实践

　　长期的放开生育使得少数民族省区逐渐产生了人口增长过快和素质提
高滞后等多种人口问题和相应的社会问题，在人口政策的层面，各个民族
地方根据中共中央、国务院规定的少数民族的生育政策精神，结合当地的
人口、经济、社会、资源、环境状况与民族意愿，陆续制定和实行了适合
各民族地区实情的计划生育政策。以云南、广西、西藏、贵州 4 个民族省
区为例，这一人口政策变化过程的进步也向我们证实了少数民族地区实行
计划生育的重大社会意义。

　　云南省于 1963 年 7 月成立了云南省计划生育领导小组，1983 年 6 月
成立云南省计划生育委员会。根据中共中央"少数民族也要实行计划生
育"的精神，全省各地相继制定了少数民族实行计划生育的具体规定，
少数民族的计生工作也逐步由城镇向农村扩展。1984 年 8 月，云南省委
发布了云发（1984）52 号文件，该文件坚持分类指导原则，提出了"一、
二、三"的生育政策：国家干部和职工、城镇居民，除特殊情况需批准
外，一对夫妇只生育一个孩子。群众有实际困难要求生育二胎的，有计划
地进行安排，但必须间隔 3—5 年；人口稠密、耕地面积少的坝区农村，普
遍提倡只生一个孩子，符合照顾条件的，有计划地安排生第二个孩子；内
地农村少数民族，允许一对夫妇生育两个孩子；高寒山区和边疆县以及执
行边疆政策县的农村少数民族，最多可以生三个孩子；边沿一线（即接近
国境一线）的乡，进行正面教育，不下达人口指标。由于计划生育工作的
有效开展，云南省人口自 1987 年后逐渐转为低增长。1990 年 12 月，云南

---

① 国家人口和计划生育委员会：《中国人口和计划生育史》，中国人口出版社 2007 年版。

省人大颁布了《云南省计划生育条例》，这是该省第一部计划生育的地方性法规。2002年9月1日起，云南省施行该省第九届人民代表大会常务委员会第二十九次会议审议通过的《云南省人口与计划生育条例》（修订）。该《条

图4-13　计划生育宣传牌

例》第十九条规定："提倡农业人口一对夫妻生育一个子女。确有困难的，经过申请、审查、批准，可生育第二孩。"其第二十条规定："在十九条基础上，夫妻双方都是居住在边境村民委员会辖区内的少数民族以及夫妻双方或者一方是独龙族、德昂族、基诺族、阿昌族、怒族、普米族、布朗族的经过申请可以生育第二胎。"通过政策性的调控，云南少数民族地区人口问题得到了有效的治理，为各民族的发展创造了更好的人口社会环境。

广西壮族自治区革命委员会在1979年做出的《关于计划生育工作若干问题的规定》中提出，在汉族和人口稠密的少数民族地区实行计划生育。同时规定，人口稀少的少数民族地区不适用此规定，但也应进行计划生育的宣传。1985年，自治区人民政府制定的《关于贯彻执行国家计划生育政策的若干规定》中规定：夫妇一方系瑶、苗、侗、回、毛南、京、仫佬等人口在一千万以下的少数民族，可有计划地安排生育两个孩子，个别的可生育三个，不准生育四个。壮族、汉族提倡一对夫妇只生育一个孩子。1988年，自治区第七届人大常委会颁布了《广西壮族自治区计划生育条例》，规定夫妇双方均为瑶、苗、侗、仫佬、毛南、回、京、彝、水、仫佬等一千万人口以下的少数民族，可以有计划地安排生育第二个孩子。1997年和1994年，自治区人大党委会对1988年《条例》又做出了补充规定，并通过了《广西壮族自治区计划生育条例修正案》。2002年7月，自治区第九届人民代表大会常务委员会第三十一次会议通过《广西壮族自治区人口与计划生育条例》。该条例规定：鼓励公民晚婚、晚育，

提倡一对夫妇只生育一个子女；夫妻双方均是全国总人口一千万以下的少数民族，本人提出申请，经批准，可以安排生育第二个子女；夫妻双方均是全国总人口在一千万以上的民族，有特殊情况的，由本人申请，经过批准，也可以生育第二个子女。广西壮族自治区的计划生育政策规定经过不断的修改，日趋完善，推动该地区的计划生育工作取得了明显成效。自治区壮族妇女总和生育率由 1970—1974 年的 5.54 下降到 1985—1989 年的 3.63。全国壮族妇女的总和生育率由 1989 年的 2.91 降到 2000 年的 1.41，下降了 51.55%；瑶族由 2.93 降到 1.51，下降了 48.46%；毛南族由 2.44 降到 1.48，下降了 39.34%；京族由 2.73 降到 2.10，下降了 23.08%；仡佬族由 2.82 降到 2.17，下降了 23.05%。

　　1975 年，中共西藏自治区委员会发出《关于认真抓好计划生育工作的通知》，要求实行少数民族已婚干部、职工在内的"晚、稀、少"政策。1980 年，自治区人民政府批转的《全区计划生育工作会议纪要》中提出：对世居在西藏的少数民族，提倡合理生育，发展人口；区内少数民族与汉族通婚的职工，可生育二胎，最多不超过四胎。1983 年，自治区人民政府发出《关于在全区开展计划生育工作的指示》，要求根据不同地区和不同民族的情况，实行"一、二、三、四和不实行指标控制"的政策。1992 年，自治区计划生育领导小组发布的《西藏自治区计划生育暂行管理办法》（试行）中规定：进藏工作的区外少数民族的生育可按原籍办理；区内藏族干部、职工及其户口在单位的家属及城镇居民，一对夫妇可有间隔地生育两个孩子；在腹心的农牧区，坚持宣传教育为主、自愿为主、提供服务为主的原则，提倡少生、优生和有间隔地生育，提倡已生有三个孩子的夫妇不再生育；在边境农牧区的乡（区）和门巴族、珞巴族以及夏尔巴人、僜人中，暂不提倡生育指标，但必须大力宣传《婚姻法》，推广新法接生，进行合理生育、优生优育科学知识的宣传教育，努力提高人口素质。经过宣传实践，自治区藏族妇女的总和生育率由 1970—1974 年的 5.11 下降到 1975—1979 年的 4.70，1980 年又上升为 5.18，到 1989 年又下降到 4.22。其中市为 1.82，镇为 2.16，农牧区为 4.57。1989 年全自治区出生婴儿 5.17 万人，出生率为 24.4‰，1—2 孩与多孩构成分别为 45.29% 和 54.71%。2000 年，自治区的人口出生率下降到 20.85‰，其中少数民族人口出生率为 24.73‰。

　　贵州省从 1980 年开始在少数民族聚居区推行计划生育工作，1987 年

7月，省六届人大常委会第二十五次会议通过了《贵州省计划生育试行条例》，使贵州的计划生育工作正式纳入法制化轨道。1998 年 7 月 24 日，贵州省第九届人民代表大会常务委员会第三次会议通过了《贵州省计划生育条例》，在此基础上修订的《贵州省人口与计划生育条例》在 2002年 9 月 29 日经贵州省九届人大常委会第三十一次会议通过执行。此次《条例》规定："公民有生育的权利，也有依法实行计划生育的义务，夫妻双方在实行计划生育中负有共同的责任。"而在民族人口政策上涉及的条款有：第二十四条规定："民族宗教事务部门应当配合计划生育等行政部门开展人口与计划生育宣传教育，引导少数民族实行计划生育，对实行计划生育的少数民族贫困家庭给予重点扶持。"在生育子女上，第三十一条第二款规定：夫妻双方是农民，"夫妻双方或者一方是少数民族的"，可以生育第二个子女；第三十二条规定："夫妻双方都是少数民族的农民，两个孩子有一个非遗传性残疾，不能成长为正常劳动力的，可以申请再生育一个子女。"2000 年，贵州民族区域人口出生率较 1990 年下降了3.43 个千分点，人口自然增长率下降了 3.82 个千分点。

（三）民族传统生育观念的变化

在西南各地的人口与计划生育工作中，通过计划生育、优生优育开展以及对《婚姻法》《计划生育法》《母婴保健法》《计划生育技术管理条例》《未成年法》《妇女权益保障法》《义务教育法》等国家法律，《关于加强婚育管理制止早婚早育的意见》《关于开展对农村部分计划生育家庭实行奖励扶助试点工作的意见》《关于综合治理出生性别比升高问题的意见》等国家法规性文件以及各省区市《人口与计划生育工作条例》《实施出生缺陷干预提高出生人口素质》《禁止非医学的胎儿性别鉴定和选择性别终止妊娠的规定》等地方法规的宣传、教育和贯彻执行，以及"关爱女孩行动""少生快富工程""婚育新风进万家""出生缺陷干预工程""奖励扶助""计划生育优质服务"等活动的开展和深入人心，人们的生育观已从早婚早育、多生多育向晚婚晚育、少生优育、人口增长与资源环境协调的方向转变，并在人口再生产中得到了积极的实践，并取得了显著的成效。

第五节　养育、教育与成人礼仪

一　养育

养育亦作"养毓",是指供给生活所需,使其生长、成长。就文所论及而言,专指对年幼者的抚育教养。德裔美籍人类学家阿伯兰·卡迪纳(Abram Kandiner,1891—1981)在《个人及其社会》中指出了文化现象产生的三段式过程:初级制度—基本人格结构—次级制度。在其"基本人格结构"理论中,他认为养育儿童的方式,在任何一个特定的社会中,都是相当固定而且标准化的。虽然在某些方面有个别差异,但就整体而言,母亲喂奶的时间大致和邻居一样长,给婴儿喂大致相同的食物,进行类似的训练。因此,在某个特定社会里成长的儿童,会经历相同的童年经验;他们很容易以相同的方式对这些经验加以反应,因而发展出共同的人格特质,形成基本人格文化的基础。一个社会的秩序、凝聚力、认同感和稳定性来自具有某种基本人格的社会成员。在具有某种特点或风格的"基本人格结构"占统治地位的地方,其文化类型也相应地呈现某种特点和风格。[①] 在其观点中似乎有一个相辅相成的寓意,即文化影响在于儿童基本人格的塑造,而基本人格又是一个社会的文化基础。即"个体生活在他者的文化中,其文化又依靠个体而存在。"[②] 由于人出生时没有谋生的本领,就需要成年人来满足其生长中所需要的物质和社会知识,而成年人就会依其所生活的社会群体规范来养育后代,因而,人的生存就是一种文化的生存。一个族群、一个社会,如果没有相对标准化的抚育模式或"规范"去塑造孩子的行为,那么所培养出来的孩子就不能很好地继替社会及其文化传承的重担,社会秩序就不能有效地运转,社会管理的成本也会因此增大。事实上,西南少数民族中许多的各异养育习俗,实际上都是

---

①　夏建中:《文化人类学理论学派——文化历史的研究》,中国人民大学出版社1997年版,第173页。

②　[美]露丝·富尔顿·本尼迪克特:《文化模式》,何锡章、黄欢译,华夏出版社1987年版,第2页。

应对社会文化而言的。"文化总是煞费苦心千方百计在错综复杂的条件下使一个新生儿按既定的文化现象成长。"①

关于西南民族婴幼儿的养育，这里仅从喂养、招魂护身、寄拜等几种文化现象作如下考察。

（一）喂养

喂养是对出生后的婴儿给以食物吃喝并照顾其生活，使其成长。其主要由婴儿父母或负责抚育的成年人来承担。至于何时何地喂食、喂什么、怎样喂，均依照成年人所处的社会文化规范（喂养方式和习惯）来安排，并由此影响婴幼儿及其一生的行为。在一定程度上可以说，喂养实际上是一种情感体验，一种文化归属过程。

母乳喂养是传统社会中西南各民族普遍采用的一种哺乳方式，在婴儿进食流质食物之前，母乳是天然的营养品，其科学性、合理性已为理论与实践所证明。为了保证这种喂养方式的执行，西南许多民族还借神鬼名义，使用巫术手段来加强其效用，如佤族禁忌在产妇坐月子期间米汤从锅里溢出，据说这样会使小孩吐奶水。又如贵州土家、仡佬、苗等族以及云南白、蒙古等族禁忌孕妇进入产妇家，否则会将产妇的奶水"踩干"，甚至"踩走"（至孕妇身上）。在苗族社会中，忌讳丈夫及同辈兄弟在家中吃婴儿剩的饭菜。他们认为，假若吃了婴儿剩的饭菜就会沾上母乳，这等于吃了小孩的奶，既不利于婴儿成长，又违反伦理道德。藏族一些孩子的母亲奶水虽然充足，但不能让一滴奶水掉落在地上，特别是不能掉在不干净的地方，否则将对孩子和母亲都有害。②

母乳喂养的前提是产妇在产后的三天左右分泌足够的乳汁。但事实上产妇往往因种种原因而不能如期产乳，因而在西南民族中就出现了"乞乳""催乳"等习俗。对于前者，温益群在《木鼓中的母性之魂》中曾有这样的描述：未产母乳的产妇往往带上一碗米、一个鸡蛋、几个芭蕉，到一种划破树皮便会流出白色浆液的树下，围着树根撒上一圈米，念诵着乞乳的祷词，希望鬼神能赐予乳汁。然后，产妇将祭过树神的米带回家，掺

---

① ［美］玛格丽特·米德：《三个原始部落的性别与气质》，宋践荣译，浙江人民出版社1988年版，第268页。

② 杨筑慧：《中国西南民族生育文化研究》，中央民族大学出版社2006年版，第185页。

进茴香根、鸡肉或一种叫作"批把菜"的植物，煮成稀饭吃。这种基于"相似律"的顺势巫术，是将树干的白色液浆看成了与母乳相似的东西，对树的祈祷能带来乳汁分泌的效果。[1] 在一些苗族地方，有的产妇就用岩羊角在乳房上按顺时针和逆时针方向各绕三圈，认为这样奶水很快就会流出来。在侗族、土家族、布依族、苗族、水族、瑶族的一些居住地域，往往在产妇未产乳时，多捕（或买）揭壳鱼炖汤让产妇喝，并让产妇用木梳从四周由底向乳头反复梳刮，以示"催乳"。

此外，在西南的一些民族中，存在着"开奶"的习俗，即当产妇乳汁不下或不足时，同村寨的哺乳妇女一般去到产妇家帮助喂养新生儿，以帮助产妇渡过"难关"，以减轻产妇及家人不能保证婴儿营养的不安心理。随着婴儿的长大，母乳不能满足其需求时，育儿家庭会逐渐添加其他食物，如米浆、蛋、稀饭、麦糊等，并适时对婴儿"断奶"。"断奶"又叫"隔奶"，西南各民族均大体相似，方法大致是让幼儿与母亲隔离一周左右。这其间，会将孩子送与孩子的奶奶或外祖父母家代养，而母亲在接孩子回来前，多在自己的乳头上涂些无损皮肤的苦蒿水或鸡胆、猪胆等味苦的东西，使小孩知"苦"而退。断奶后，孩子的饮食多以富有营养的糊、浆、粥等为主，并逐渐过渡到与父母的饭菜一样。

德昂族认为，"婴儿在初生的一个月内，是不算人的，他仅是鬼娃娃，成活到一周岁才称得上人"，"不该死的，病了也不会死，该死的吃药也医不好"，基本上还是受"听天由命"的思想观念影响。由于信奉万物有灵，相信人的吉凶祸福、生老病死都由各种鬼神掌管，于是为了免灾祛祸，不被疾病侵扰，傈僳人就会举行各种祭鬼祀神的活动。

婴幼儿期对个体的成长的一生都产生着重要的影响。由于婴幼儿受身体素质和机能特点所限，其基本活动局限在吃、喝、排泄、爬、站立、抓握等方面。通过这些生理活动，他们对周围的世界产生了初步的心理反应，如好奇、信任、安全感等。成年人则通过喂养等活动，训练他们的基本生活技能、认识周围的人和物、培养良好的心理素质等，也就是成年人依据社会环境和社会规范来对婴幼儿的原始需要和生物本能加以有目的的干预，以免使他们形成妨碍他人和社会的

---

[1]　温益群：《木鼓中的母性之魂》，云南教育出版社1995年版，第23页。

行为习惯。① 对此，联合国儿童基金会执行主任詹姆斯·格兰特（James Grant）说："母乳喂养在儿童生存和健康发展方面的作用远比我们所想象的重要得多。"② 即是说，母乳喂养除了能为婴儿健康和生理发育提供良好的物质来源外，对于推动婴儿的社会化过程和促进其健康的心理发育也颇有益处。母乳阶段是人生第一个重要的阶段，直接关乎以后的身体状况和健康成长，因此西南少数民族地区对这一阶段非常重视而产生的各种以喂养习俗为主要内容的养育文化内容朴实自然，其积极意义更是显而易见的。

（二）招魂护身

鬼魂崇拜在西南少数民族中流行盛广，其在一定程度上是万物有灵观念的深化。"原始人由于观察生物的两种现象，而构成了一种与身体不同的东西，就是灵魂的现象。这两类现象是：（1）睡眠、出神、疾病及死亡的现象；（2）做梦与幻想的现象。""这样推想出来的灵魂的概念，最初仅仅引用到人的灵魂上，嗣后就发生了死后灵魂会继续存在及转世超生的信仰。"③ 由上述两类现象的观察得出"灵魂"的概念，并由人有灵魂而推及万物之所以变化、运动、生长、枯荣，皆因有灵魂使然。而亡人的灵魂不死的直接表现就是鬼魂，鬼魂脱离了身体的羁绊，就有超人的力量，并会给活人带来某些影响，例如给亲人带来祥瑞，给仇人降下灾难等。而在某些时候，灵魂会由于鬼魅作怪而离开肉体，但人还没有死。此时，如果及时将灵魂招回，人还有复活的希望。同时，人们为了使自己、亲人尤其是尚处生命脆弱阶段而"火焰不高"的婴幼儿和儿童免受鬼魂侵扰，也常采取一定的手段加以实现，这些手段就是招魂中的巫术或带有巫术性质的迷信活动。

招魂在西南壮、侗、苗、水、纳西、瑶、佤、门巴、傈僳、基诺、布依等族中均有存在，且相沿至今。文中仅举水、壮、瑶、仡佬族中的招魂和"做阁"概况，以示一斑。

水族的招魂术多半是用于招回病儿的灵魂。他们认为，小儿稚嫩，生

① 李珊泽：《生育文化的田野调查与教育内涵分析》，博士学位论文，西南师范大学，2003年4月1日。

② 詹姆斯·格兰特：《致医生的一封信》，《健康报》1994年7月31日。

③ ［德］施密特：《原始宗教与神话》，上海人民出版社1987年版，第98页。

命力弱，灵魂很容易为鬼魅所伤害。如有小孩惊风、妄语、高烧、昏迷、腹痛或无故受伤等现象，就说明其灵魂已受到鬼魅之害，甚至被勾走，迷失回归身体的方向。遇到这种情况，只有施行巫术把作祟的鬼魅驱走，才能把受制的灵魂招回肉体。驱鬼招魂的巫术一如其他驱鬼巫术，同样以"媚鬼"为核心，亦即尽可能不得罪鬼灵，以免再遭受灾祸。水族祭祀"皆绞"即为其例。皆绞，水语称护子娘娘。孩子生病，是皆绞没有护好孩子，致使孩子丢魂落魄。但不能以此怪罪皆绞，而要祭祀祈祷以赎罪，求得皆绞的眷顾：在堂屋内设祭，供上糯谷穗三把、红鸡蛋三枚、黄糯米饭一团、粽粑三束、猪肉一斤、米酒三碗、熟牛皮三块及白布三尺。鬼师念咒曰："孩子某某掉了魂，请你快把魂找来。这里有酒有肉，请你吃饱又喝足，多少人呀在等你，护好孩子勿疏忽……"如此，他们认为小孩的魂就会回归，病就好了。招魂祭皆绞时，还要在堂屋布置一个灵位，由鬼师用红绿纸剪成一排小纸人贴在墙上，并用竹条缠上彩色纸须做成叫"科泛"的小拱门，插在供桌的墙壁上。这里的小拱门与其下的小纸人有一个图解式的文化含义：小拱门可理解为小桥，其含义有希望孩子沿这小桥进家来的意思；从另一个角度来考虑，小人从拱门中进来，好像又是生殖的图解：小排小人，是希望子嗣发达的意思。以纸须裹成的"枚化"弯曲而成的小拱门又颇似女阴。那么，这一排小人自枚化中走出来，其含义便不言自明了。事实上，祭祀皆绞，招魂以免子孙魂魄被摄，正是为了子孙繁衍，人丁兴旺。

招魂巫术有时不一定都得由鬼师来施行。如果孩子的病情不甚危急，或者只是一般的受到惊吓等，通常就由母亲给孩子招魂。这种招魂巫术，一般称为叫魂。同样存在于西南诸多民族。叫魂的方法很简单：母亲到孩子受惊吓处或孩子经常去玩的地方，呼喊孩子的名字，呼唤他回家，许诺给他最爱吃的东西，这样游荡的灵魂就能回到孩子身上。

叫儿魂也不一定是遭受鬼魅祸害之后才进行的。有时，它也是一种保护性的预防手段。水族认为，灵魂是人的生命之所系，尤其是生命力比较脆弱的孩子，其灵魂与肉体的联系比较脆弱，必须随时防止邪魔恶鬼伤害孩子，因而要不时地祭鬼叫魂，加固灵魂与肉体的联系。据陈国安《水族的宗教信仰》介绍，在贵州荔波县的水尧、瑶庆、永康等地，"叫儿魂"已形成了一种儿童节日性质的活动。起初，叫儿魂供祭仪式很简单，只是在水历十二月（农历八月）酉日这天，由母亲在自己家门口阶梯上喊魂。"后来，不仅母亲，而且儿童也参加了这一活动。最后发展成酉日前几天就开始准备鱼、豆腐、南瓜和甜酒等，将桌子、碗柜和炊具都洗干净，到酉日傍晚，将准备好的供品摆在一个簸箕里，再放到大门外的阶梯上由自家的年老的妇女喊儿孙的'灵魂'。"张紫晨在他的《中国巫术》一书中特别引用了这一材料，并认为，"水族之喊儿魂是在傍晚以后进行，并不是在白天。这和有的地区的做法是一样的。魂灵属于阴性，往往在黑夜飘荡，喊魂也往往必须在夜间，白天喊魂是不会有效的。其次，虽有供祭仪式，但不用巫师，喊魂者或是儿童的母亲或是祖母等。这表现了喊儿魂的又一特点。"为什么在这种形式下由母亲或祖母来喊儿魂？这是因为孩子年纪小，尚不能脱离对母亲的依恋，母亲（或祖母）亲切的呼唤，能深深地打动孩子的灵魂，使其恋恋不肯离去，即使是暂时出了窍，也会赶快回来。[1]

壮族认为人是由花儿变来的，所以，在壮族地区，凡未满3岁的儿童都称"花童"。3岁前，儿童的身体好坏，主要靠是否得到了花婆的保佑。所以，凡"花童"有病，便认为是得罪或怠慢了花婆，要立即举行祭仪祭花婆，讨好她，向她赔罪，祈求她的原谅和保佑。如"花童"长期夜里吵闹、啼哭，家人便在夜深人静里祭祀花婆，然后用红纸书写"天皇皇，地皇皇，我家有个夜哭郎，过路诸君念一遍，一觉睡到大天光"的诵词贴于村头或十字路口，让过路行人念诵。他们认为，经祭花婆神后而写的诵词是具有一定"法力"的咒语，经人们念诵后，在原始交感律的作用下，便可产生灵验。"花童"长到3周岁里，要请道公做道场，摆三牲，烧香烛，祭花婆，酬谢花婆的抚爱、保佑，使"花童"顺利长大，俗称"放花根"。

除花婆神外，壮族民间还认为社神也是人的保护神。在壮族地区，社神是一种社会保护神，它不仅主管农业生产的好坏，而且还可保护村寨的人丁平安。所以，部分地区的壮族每年除夕祭社时，凡属当年新生的婴儿，必由父母带到社庙前与父母一道将煮熟并染红的百来个鸡蛋分发给众人。主祭人则赐以首饰，祝愿婴儿戴上祛病延年。年满3岁的男孩，由父母带到社庙前跪拜，以鸡、酒祭神，并请舅父命名，而后将鸡切成小块，连同一片黄糖，送给各家各户，告以孩子姓名。如果是女孩，还须于社庙前穿耳戴环。人们相信这样做后，孩子日后才能健康成长，壮实聪颖。是晚，各家将从社庙前带回的祭肉、粥和舅父送的粽子、红鸡蛋等置于有孩

① 刘之侠、石国义：《水族文化研究》，贵州人民出版社1999年版，第190—192页。

子的媳妇门前，算是给孩子"赎魂"。一些地区的壮族还有到社坛挂灯的习俗。挂灯的时间各地略有不同：广西横县壮族从正月初一到十五都挂，宾阳一带壮族则在正月十二灯酒节时挂。届时，凡前一年新添男丁的人家，须自制或买一只花灯挂于社坛前。表示添丁，并告祭祖先神灵，要求入宗社，祈求社神保佑男孩平安长大。若同时有几家挂灯，则按孩子出生日期先后次序挂列，直到正月十五或十六，才取下烧掉，名曰"完灯"，以示入社完毕，成为家庭成员。[①]

此外，在孩子成长的过程中，由于气候、饮食以及自身身体状况等原因，常会遇到各种各样有碍孩子正常生长的事。在这种情形下，瑶族人一方面会用一些民间传统的中草药进行医治，另一方面则将之归于鬼神的作祟。云南的一些瑶族认为婴儿生病或夜间哭闹，是野鬼来捣乱，让婴儿失了魂，这就需要举行"叫魂"仪式。届时由一老年妇女盛一碗米，插一个鸡蛋在米上，然后说"请魂归来"。蛋倒下后，又竖蛋"叫魂"，连续叫三次，婴儿的魂才会完全归来。之后把蛋用火炭烧熟，让婴儿吃少许，蛋壳则用纸包好放入枕内，让婴儿枕睡，最后用红、白、黑三色线搓成一条红线拴在婴儿手上。如婴儿夜惊，也认为是孤魂野鬼作祟，需向四方念"天惊、地惊、牛惊、马惊、天骇、地骇、牛骇、马骇"咒语，然后用燃着的草纸环绕婴儿身体数周，再取一碗冷饭和一碗水倒于村外路口边送鬼。[②]

为小孩"做阁"，仡佬语称"倒高"。小孩满周岁，为了祈求保佑，退避凶兆，使小孩无病疫无灾难地健康成长，家长要请人为小孩做阁。"阁"是一种吉祥的象征物，由七根竹丝做成"∩"形，分别由七根纸束缠住，是为小孩的保护阁。据说这样的阁能为小孩辟邪，尤其能使小孩夏天避免落水，冬天避免掉进火塘，走路能顺利过桥。做阁时由主人请老莫（巫师）祈祷念唱："踏一脚 / 喊一声 / 踏二脚 / 喊二声 / 踏三脚 / 喊三声 / 要使三魂七魄附本身 / 一根黄杨木 / 生在昆仑基 / 生得枝来枝对枝 / 丫对丫 / 野鹅飞过不敢爬 / 叫你来 / 你快来/ 叫你到 / 你快到 / 手里拿着招魂牌 / 你是真魂桥上过 / 你是假魂桥下行……"念后，老莫用几匙黏米去撒在阁前，并烧纸默祈小孩魂魄常在，并健壮成长。[③]

① 玉石阶：《壮族民间宗教文化》，民族出版社 2004 年版，第 132 页。
② 徐祖祥：《瑶族文化史》，云南民族出版社 2001 年版，第 206 页。
③ 陈天俊：《仡佬族文化研究》，贵州人民出版社 1999 年版，第 111 页。

上述讨论的各民族为能给孩子治病、疗伤、抚慰以及祈福、消灾的招魂、叫魂等活动反映了在生产力低下、人的认识能力有限的传统农业社会中，既对鬼魂等超自然力量的恐惧和敬畏，又有针对性地对超自然力量之于人身的危害而进行的防范、控制和抗争，其直接目的，一方面是获得使子女健康成长百病无侵的精神寄托以及为之努力而获得的心理慰藉，另一方面则在一定程度上起着稳定或消除儿童紧张情绪，并使之间接产生文化、社会信任和依赖的情绪，也正因为这方面的功能和视角，这一习俗文化得以流传至今。实际上，除了用鬼魂的方式医治体弱或生病的婴幼儿外，不少西南民族在生产生活实践中积累了量多而效实的土方、偏方可以治疗，以致不少成了当今民族医疗、民族药业的基础或支柱。限于篇幅，本文在此方面不展开论述。

（三）寄拜

寄拜即拜干爹、找保爷，也是西南不少民族禳邪避灾、繁衍人口的一种较普遍的形式。其主要目的是怕小孩体弱"命薄"，需要借助一种原始家庭之外力量的关注，一方面能驱邪避鬼，另一方面也是对新生命的一种加倍保护意识的体现。不少民族在这方面的习俗基本相同，即从小孩出生时起，任何成年人（不分民族、性别和贫富）首先进到出生小孩的家中，这个人便是小孩的保爷和保娘。具体为当这个人走进门时，主人抱着小孩随即认保爷或是保娘，并求给婴儿起名。保爷或保娘起名后，还要封赠长命富贵、体健聪颖等吉祥语。主人煮鸡蛋米酒招待保爷、保娘，而保爷、保娘过几天要买一些小礼物赠送给小孩，这就标志着建立了"保佑"关系，之后便至春节父母带小孩前往谢之。四五年之后，小孩能健康成长者，家长还要送一段布（约七尺）或做一件衣服送给"保爷"以报"保佑"之恩，保爷也赠给小孩一件或一套衣服。这种"干亲"关系一直保持着。这种以干亲关系表现的社会关系在西南民族地区十分普遍。事实上，干亲作为寄拜的一种结果，恰恰满足了少数民族关注后代并希望得到更多关注资源以使小孩健康成长的心理需求，也一定程度上扩大了个体家庭的社会关系网络。虽然不同民族有具体不同的寄拜形式，但其所反映的心理意识则是相同的，归结起来，主要有二：或者佑祝小孩健康成长；或者延伸社会关系资源。

图 4 – 14　石神寄拜

　　桂西一带，小孩出生后若体弱多病，父母便择吉日为小孩"寄爷"。是时，用一个碗装清水放于堂屋神龛下的桌上，有的地方还在碗上架一双筷子，将小孩的帽子放在筷上，然后烧香焚纸钱，请祖先保佑小孩，俗称"架水碗"或"设牌"。架水碗后，若有人登门，此人便是"踩水碗"，成为小孩的"寄爷"或"寄妈"。这种被寄拜者往往是熟人或者亲戚，是以佑护为主要目的的。广西贺州一带，如小孩体弱多病，被认为是"命大"难养，则择吉日由小孩的母亲早早起来，走到村寨大路上，当第一个人从路上经过时，上前讲明心意，将带来的东西摆在路边请路人吃饭，然后请其为小孩起一姓名，此后彼此之间有无往来皆可。贵州册亨者岩的布依族请保爷是要请"老摩"（巫师）来推算。老摩根据孩子的出生日期及孩子头顶上的纹路来判断应找什么样的保爷。其方式大致有三：一是"老摩"推算出"保爷"的姓氏，孩子的家长根据"老摩"的指点，遇到合乎条件者，就请其当孩子的"保爷"；二是如前所述在被认为吉日时于家中"架水碗"或"设牌"等方式随机拜认。有的孩子的名字还要加上保爷的姓氏。孩子父母与"保爷"的关系，当地人叫"打干亲"；三是在农历正月十五或七月十五那天，母亲领着体弱多病的孩子在三岔口上等候第一个路过的人，不论男女老少，都可以拜为保爷或保娘。懂得这一习俗的人都会乐意担当，并当场接受酒肉的款待，替"干儿子"取个名字，说几句吉利话，祝福其健康成长，临别时还送一点钱或其他物品作为纪念。据说，采用这种方式拜"保爷"，孩子的身体就会渐渐强壮起来。①

图 4 - 15　古树寄拜

除以拜人为对象外，一些少数民族中，还会选择拜认自然物。从文化的角度看，这是一种自然崇拜观念的反映，认为山、大树等这些自然物有某种保佑的神力，并且高于人。此外，五行文化中的生克原理在此也被直接运用，通过自然物属性的作用，希望达到某种意愿上的心理完美。还有就是希望以自然物之特性比喻孩子，祝愿能像其崇拜物那样茁壮健康。贵州南部侗族地区拜认干亲是孩子降生后的一个必然过程。拜人以外，还有拜山、水、林石等。即在孩子出生后，约请寨老和鬼师根据小孩的生辰八字推算其崇拜对象，缺木则拜常年葱绿的大古树，缺水则拜水井，其意是让小孩像大树一样挺拔高大，像井水一样永流不竭，长命百岁。还有选择岩石作为保爷的，必挑高大雄伟的生岩，意为像岩石那样根基稳固，不遭病灾。流行于贵州安顺、铜仁、遵义等地区的仡佬族也有相似的育儿风俗。如家中婴儿、儿童、少年难养或体弱多病，则拜一巨石或一大树，把

<hr>

① 杨筑慧：《中国西南民族生育文化研究》，中央民族大学出版社 2006 年版，第 201 页。

巨石或大树当作祖先的化身，保佑孩儿健康成长。而父母和儿子平时要注意保护巨石或大树，并定期（一般为二月初二）供祭。拜干亲是一种具有虚拟性质的亲属认同形式，客观上使主家的社会关系得以扩大，或原有关系得以密切，并在某些方面承担起一定的义务和责任。而这种习俗经过人们的想象，崇拜的对象由人转移到树木、石头等身上，使其超越了原始的人际关系而反映了人神之间交流的特点，在一定程度上反映了人们的祖先崇拜（祖先托魂灵于其上）情感。诸多自然物崇拜的结果也促成了人与自然协调共存的朴素意识。总之，这种干亲文化，或者说是寄拜习俗，都是源于养育观念之中的物化形式。因此，我们完全可以将其视为西南少数民族养育文化之特殊形成，也是生育文化的生活化表现。

二　教育

（一）民族习俗教育

民族习俗教育是一个民族在其漫长的历史发展过程中，在服饰、饮食、居住、生产、婚姻、丧葬、节庆、娱乐、礼仪等物质生活和文化生活方面广泛流传的喜好、风尚、习气和禁忌等，是一个重要的文化现象。由于西南各民族间或同一民族的不同地区历史上形成的发展环境不同，又存在着许多差异，这就使得民族习俗显得丰富多彩，杂然而前陈。在漫长的历史长河中，西南少数民族主要依靠习俗来调整人与人的相互关系，靠习俗来维持共同的生活基本秩序，靠习俗来反映民族的生产生活和精神风貌。同时由于"十里不同风，百里不同俗"而带来的丰富多彩的社会习俗有着多种多样的教育功能，如传承历史、教授技艺、规范伦理、约束言行、启育后人等。从理论上，我们可以把这些功能一一分解，逐项列出，但实际上，各种功能和效应则是综合与重叠的。如果从教育就是培养人这一特定含义出发，西南少数民族习俗和各种功能实质上就包含教育的因素。

从民族习俗的形成、发展来看，经济基础与上层建筑、意识形态之间的关系，由一个复杂的密如蛛网的民俗经络系统联系着，它标志着民族习俗的广泛存在和范围的宽泛。其大致包括了如下四个方面：（1）经济的民俗：民间传统的经济生产习俗、贸易和运输的习俗、消费生活习俗（服饰、饮食、居住等）；（2）社会习俗：家庭、乡里村镇的传承关系、习俗惯例、社会往来、组织及个人生活礼仪、婚姻、丧葬的习俗等；（3）信仰的习俗：传统的迷信和俗信诸事象，岁时节庆等；（4）游艺的习俗：以民间传统文化娱乐活动（其中包括口头活动）的习俗，也包括竞技等事象在内。凡是人类社会生活中从物质到精

图 4-16　基诺族织布传习

神、从心理到口头再到行为所形成的习俗惯例，世代传承的事象都在不同程度上反映了各民族的传统历史、经济生活、文化艺术、价值标准、心理素质和宗教等意识观念和精神活动。这些习俗极大地丰富了民族教育的内容，强烈地影响着一个民族对教育目的、地位、作用以及教育内容、教学方法的选择和看法。①

图 4-17　苗族织锦传习

西南少数民族大多无本民族的文字，传承于其内部的各种民俗事象等同于他们的"史记"，从某种意义上说，习俗教育有着更广泛的社会文化价值。民族习俗的产生、演变和发展，在很大程度上隐含、折射了各民族的历史发展过程。习俗活动向本民族成员进行传统

---

① 顾龙先：《试论民族习俗与民族教育的关系》，《贵州民族研究》1994 年第 1 期。

文化教育，形成了活态的不以文字而以习俗为主要载体的习俗教育。作为一种非制度文化和非规范化的教育，西南少数民族习俗教育的类型就像习俗本身一样丰富多彩，而这一教育形式的执教者主要为家长及长辈、学校教师、长老寨老、歌师鬼师、群体组织，等等。文中仅在众多的习俗教育中选择数例以窥其豹。

侗族是一个以歌教为主的民族。侗歌大多是通过侗族人民口耳相传、即兴创作而绵延至今，少有专人修饰整理、搜集研究，因此得以保持其朴素的自然形态。在侗族村寨中，除了鼓楼和歌坪是人们进行歌舞的特定场所以外，到处都是教歌和学歌的地方。在侗乡，举行社会活动、生产活动的方方面面，都离不开唱歌，进寨要以歌对答，喜庆要以歌助兴，悲悼要以歌泣述，村寨之间要以歌沟通。侗歌内容广泛，形式不拘。其中最有名的是"鼓楼大歌"，它是一种无伴奏的多声部合唱。不仅曲调优美动听，而且曲式上紧密完整，演唱形式活泼多样，特别是合唱中自由和谐地出现多音部，在我国各民族民歌中实为罕见。通过口耳相传，自然会对人们产生教育作用。它们所表达的思想内容，或讲述民族历史，或讴歌优秀传统，或激发人们积极向上，或鞭挞各种丑恶现象，自然成了侗族人民生活的重要内容，在一定程度上影响和支配着侗族人民的精神世界，其教育作用不可低估。

图 4-18　民间侗歌传习

图 4-19　毛南族猴鼓舞

　　芦笙是西南苗族、水族、瑶族等少数民族最钟爱的民族民间乐器，它像空气和水一样，浸润于民族社会生活的各个层面，在生产生活、社会交往、风俗礼仪乃至维护传统制度中起着多重作用。苗族芦笙乐曲十分丰富，有娱乐曲、交际曲、节日曲、礼乐曲等，各种曲调各有其社会功能。擅长吹奏和表演的芦笙乐师，很受社会的尊重。在芦笙乐师那里，男孩学吹奏，女孩学舞蹈，在学习歌舞的过程中，人们不仅受到了音乐和美德的熏陶，也学到了本民族的传统文化。

　　节日是根据时间变化而周期性出现的习俗。作为一种社会文化现象，节日反映着民族的共同心理素质和外貌特征，是西南少数民族传承历史文化的重要手段。著名民俗学家钟敬文说："民间流

图 4-20　苗族芦笙舞绝技——滚山珠

行的节日，是各民族所同具的、必然要有的文化。"并强调指出，民间节日是"一种文化事象"，"是民族传统文化中不可缺少的部分"。[①] 高占祥在"民族文化的盛典"一文中总结说："中国文明的博大精深育化出丰富多彩的民族节日……节日文化是以文化活动、文化产品、文化服务、文化氛围为主要表象，以民族心理、道德伦理、精神气质、价值取向和审美情趣为深层底蕴，以特定时间、特定地域为时空布局，以特定主题为活动内容的一种社会文化现象。它是人类文化的组成部分，是社会文化的一个重要分支，是观察民族文化的一扇窗口，是研究地域文化的一把钥匙。"[②] 因此，从文化视角看，节日这种习俗在传统民族地区甚至现代都承载着重要的文化教育功能价值，也是研究西南少数民族地区人口文化所必须重视的现实载体。

西南少数民族的节日依内容不同大致可以分为农事节日、纪念性节日、宗教节日三大类。从节日活动中，我们可以看到民间艺术、民族建筑（节日活动往往在重要建筑中或周围举行）、民族服饰（最精美的盛装）、

图 4 - 21　哈尼族竹竿舞

① 钟敬文：《钟敬文文集：民俗学卷》，安徽教育出版社 2002 年版，第 358 页。
② 高占祥：《民族文化的盛曲》，《论节日文化》，文化艺术出版社 1999 年版，第 7 页。

民族礼仪、民族饮食、宗教文化、经济生活和娱乐方式等文化形式，几乎包括了民族文化的各个方面。如在黔东南少数民族的节日期间，要唱山歌、飞歌、情歌、对歌、大歌，要跳芦笙舞、铜鼓舞、木鼓舞、长鼓舞、板凳舞；要吹芦笙、吹唢呐、弹牛腿琴、踩歌堂、演侗戏；还要抢花炮、射箭、斗雀、斗牛、斗马、赛马、摔跤、拔河、耍狮子、赛龙舟；再加上拦路酒、拦寨酒、拦门酒等别具风格的接待礼仪和古朴典雅的苗家吊脚楼、侗家鼓楼、风雨楼，异彩纷呈，令人流连忘返。民族节日是综合反映民族文化的博览会，更是进行民族文化教育的生动的大课堂。对没有民族文字的少数民族和学校教育比较落后的地区来说，这一功能显得尤为重要。此外，民族节日荟萃了民族歌舞、民族艺术、民族礼俗、民间文学、民间工艺品等多方面的精华，置身其中，耳濡目染，潜移默化，深受熏陶，自然有传承与教化的作用。

不可否认，民族习俗中既有精华的成分，也有糟粕的东西。良好的民族习俗可以陶冶人们的道德情操，从小造就好的品行；而糟粕的东西会抑制、阻碍民族教育的发展，不利于文化科学的传播，不利于人们的健康成长，不利于社会的发展和进步。

美国人类学家本尼迪克特（Ruth Benedict）认为："我们必须看到，风俗习惯对人的经验和信仰起到了决定性的作用，而它的表现形式又是如此的千差万别……每一个人，从他诞生的那一刻起，他所面临的风俗便塑造了他的经验和行为。"① 民族教育与民族习俗二者相互影响、相互制约，存在着密切的联系：民族习俗是客观存在的，影响着民族教育的发展。优良的民族习俗对民族教育起积极的促进作用，落后的民族习俗对民族教育起消极、抑制、阻碍的作用。同时民族教育具有能动作用，对民族习俗有选择、变革的作用。二者是辩证统一的关系。这就要求我们抱着尊重我国宪法规定的各民族"都有保持和改革自己风俗习惯的自由"和"取其精华，弃其糟粕"的态度，分清民族习俗的良莠对民族教育的正反影响，并且尽力对民族习俗中民主性精华的肯定、弘扬，从而达到发展民族教育的目的。② 与此相对应，有目的、有方向地对落后的民族习俗进行扬弃、

---

① ［美］露丝·富尔顿·本尼迪克特：《文化模式》，何锡章、黄欢译，华夏出版社1997年版，第2页。

② 顾龙先：《试论民族习俗与民族教育的关系》，《贵州民族研究》1994年第1期。

变革乃至剔除，做到"择善者而从之，其不善者而改之"，这样就会使民族民俗教育发挥其在人格塑造、人口素质的提高、人的全面发展中的作用。

（二）寺院教育

在有宗教信仰的西南少数民族地区，宗教教育往往是儿童启蒙教育和社会教育的重要内容，这集中表现在云南傣族奘房教育与回族的经堂教育，以及西藏、云南、四川的藏传佛教寺院教育上。在边疆傣族地区，自南传佛教兴盛以来，傣、布朗、德昂等民族几乎是全民信教。早期，由于傣族寨子没有学校，人们要认识傣文并进一步学习文化，只有到当地佛教寺庙——"奘房"才能达到目的，并逐渐形成了"佛寺是学校，佛爷是教师，和尚是学生，经书是课本"的寺院教育制度，是为"教教合一"。进入奘房学习的"嘎备"（指没有受过戒的小和尚，即学生）年龄一般在10岁左右。"嘎备"在奘房的学习生活是非常清苦的，其间他们主要学习巴利文、傣文、历史、文学、算术、佛经、医药、绘画、剪纸、艺术等。

图 4-22　高黎贡山藏族法事

一般情况下，"嘎备"通过一年的学习就能读写经文，但要在三年后经考核合格才可以还俗。佛寺还培养高级人才，据说"当年，只有比丘才能在佛寺里受高等教育，也就是在较大的佛寺师从高僧，在其指导下学习巴利文和深奥的佛学知识，包括药典、星象、语法、修辞等。古代的大佛寺还培养出不少博学之士，为土司和地方统治机构输送了为数不少的人才。"① 在生产力落后的民族地区，教育体制机构还未成型的时期，宗教中心自然充当着本民族主流文化或者说宗教文化的传承基地。因此，在西南地区，教堂、奘房、寺院这些宗教文化统治中心在少数民族文化的发展中起到的作用是十分重要的，也是民族地区各种人口文化传承的历史场所。

奘房教育是受地理、历史、宗教、民族、习俗、经济等方面因素的影响，在特定的社会背景中形成的一种颇具民族宗教特色的教育方式。在那种生活环境中，奘房教育可以说对普及和传播傣族文化知识，净化人们心灵，提高人口素质，培养民族人才等方面做出了其他教育不可替代的贡献。到 20 世纪 50 年代，奘房教育对傣族地区乡村和城镇的文化教育事业仍有相当的影响，并占有一定的地位。②

"求知是穆斯林的天职。"穆斯林有在寺院进行宗教教育的传统。清真寺是穆斯林教徒们学习和进行宗教活动的集中地，在教育方面，主要由教长或阿訇在清真寺设帐招收学生，在清真寺大殿的经堂里教授阿拉伯语、《古兰经》《圣训》等课程。这种形式在西南回族地区比较盛行，以云南省禄丰县三家村清真寺经堂教育为例：三家村清真寺经堂教育开办于清初，学生来源于云南省各地，成为当时罗川教育文化的中心。这里教出的众多阿訇和宗教知识分子等都成为民族文化发展传承中的骨干力量。三家村经堂教育组织是：第一，在教育过程中，注重学生的思想道德和法制教育；第二，在组织学习伊斯兰文化知识、提高民族文化素质的同时，还倡导学生学习各种现代科技知识和文化知识；第三，聘请境内学识渊博的教师兼课，以拓宽学生的文化视野；第四，注重普及教育，即每年寒暑假，组织本村青少年进寺学习宗教知识，规范自己的言行。三家村经堂教育以伊斯兰教的道德观、人生观为中心内容，并结合国家的法律、法规、

---

① 张建章：《德宏宗教》，德宏民族出版社 1999 年版，第 221 页。

② 吴之清：《论云南傣族奘房教育与回族经堂教育的异同》，《中南民族大学学报》（人文社会科学版）2005 年第 6 期。

教规、教义教育民众，使学生和民众加强抵制不健康思想的侵扰的辨别能力，积极规范自己的言行。

有观点认为，藏族人口历史上始终处于一个相对稳定和平衡的状态中，其原因却并不是战争、瘟疫以及贫困、饥荒等，而是因为有寺院的存在。藏族习俗中，一家有二子，必有一个出家为僧，有三子，甚至二子出家为僧，如果有八子、九子，乃或有五六个儿子出家为僧。这种做法很好地协调了人口的无序和恶性发展，结果使藏区如此脆弱的生态环境始终未遭到无节制的掠夺和破坏。① 这一观点从一个侧面肯定了寺院存在的价值及寺院教育的作用。在藏族的历史上，寺院不仅仅是宗教、政治、经济和文化的中心，也是重要的文化传承机构，担负着文化教育的功能责任。

藏传佛教寺院僧人不仅要学习佛教理论，还需掌握讲辩、译著的能力，为世间众生服务的技能，学习与社会生活密切相关的知识。其教育以"五部大论"为中心内容，包含了藏族文化的大部分。藏传佛教的寺院教育制度各派不尽相同，其中最完备、影响最大者莫过于格鲁派。该派各寺院均以"五部大论"的教学次第，从低到高设立班级，每级修习时间不等，各寺也略有差别。藏传佛教的格西学位制度早在格鲁派三大寺创立之前即已建立起来，并有不同级别格西学位的称谓。藏传佛教寺院教育具备了佛教的全部教育次第，以智慧和德性为目的，是一种集重师乘、重实践、重专精、重记诵、重辩论为一体的教育形式。诚然，藏传佛教寺院教育存在着一定的局限性，但其在提高藏族人口科学文化素质，保留与传承藏文化方面有着重大的作用和影响。

西南民族地区丰富而各具特色的教育机构形式，一方面显示了民族地区人民对智慧的崇尚，另一方面也是一种文化统治的实体承担。尽管宗教教育主要以传播宗教文化为目的，但集中在一起的文化影响必然联系着本民族特有的精神意志。宗教文化赖以生存和传播的基础始终是民族心理意识共同作用下的民族文化，因此，宗教形式中的寺院教育客观上起到了民族文化传承和发展的作用，也是民族人口文化得以发展的原因之一。

---

① 　华热·才加让：《藏传佛教寺院教育的特点及现代性启示》，《青海师范大学学报》（社会科学版）2005 年第 3 期。

（三）学校教育

1. 古代学校教育

秦汉以后，中原与西南地区的交流日益增多，以儒家为代表的汉文化逐渐传入。东汉时，毋敛人尹珍游学至京，学成归乡里教授，开南疆学校教育之先河。唐宋时，西南地区先后出现了官学和书院。元代，西南各地区学校"明礼仪"，儒学大兴。明代起，封建统治政权在对少数民族进行武力征服的同时，十分重视通过教育手段"宣扬朝廷德威"，用儒家思想"教化"少数民族，以达到"以夏变夷"的目的。统治者视西南地区为"荒服之区，蛮夷之地"，说西南"俗丑民夷"，主张"化民成俗，其必由学"，即通过教育，使少数民族"服诗书"，"循礼仪，忠君孝亲"，成为封建社会的顺民。明清两代在西南推行的教育政策，大的方面与全国一致，但由于西南在政治、经济、文化和民族成分等方面，和全国其他地区都存在着较大差异，因而也采取了一些特殊的教育政策，如土司子弟教育、义学教育、卫学教育等。从学校教育的角度而言，主要有官学、书院、社学和义学等几种形式。

（1）官学。中国的官学教育制度确立于汉代，到唐代日臻完善。西南民族地区的官学也始于唐代，但在元代之前，为数不多，资料也不够翔实。而至明代，官学体系形成，办学数量也日渐增多，实则各宣慰司、宣抚司、安抚司，各府、卫、州、县几乎都建有官学。据《贵州省教育史》统计，明代西南地区的贵州"共建有各类官学 80 所，其中宣慰司、宣抚司学 7 所，府学 16 所，卫学 23 所，州学 5 所，县学 11 所，医学 7 所，阴阳学 11 所"[1]。明末清初的历次战争，对西南民族地区的教育造成了很大破坏，"三藩之乱"平定后，官学复兴。清中期，几乎西南各府、州、县、厅均设有官学。今云南、广西、四川，在明代前就推行科举考试，而贵州则于明代建省后的嘉靖十四年（1535 年），才获准独开取士。官学的开办与科举的推行，使西南各省"人才日盛，科不乏人。近年被翰苑台谏之选者，往往文章气节与江南才俊齐驱"。如贵州在"明代中进士者121 人，举人 1720 余人，清代中进士者 616 人，武进士 103 人，举人3100 余人，武举 1700 余人。中状元者 3 人，其中曹维城（贵阳人）于康

---

①　孙令中主编：《贵州教育史》，贵州教育出版社 2004 年版，第 41 页。

熙四十二年（1702 年）中武状元，赵以炯（贵阳青岩人）于光绪十二年
（1886 年）中文状元，夏同龢（贵州麻江人）于光绪二十四年（1898 年）
中文状元。"① 清中期以后，由于西南地区的书院大都纳入官府管办范围，
官学逐渐被书院所代替。

　　（2）书院。书院是我国古代教育特有的一种教育机构。书院之名始
于唐代，原是朝廷收藏、校勘图书的地方。后来书院逐渐发展为讲学授徒
的场所。至宋代，书院大盛，正式成为一种学校制度。书院的活动主要是
讲学。西南地区最早的书院出现在南宋，如贵州的鸾塘书院、竹溪书院，
广西的驾鹤书院、勾漏书院、龙溪书院等。之后，书院渐增，于清为盛，
如广西在清朝共建书院 258 所，占南宋至民国广西所建 347 所书院的
74.4%。各书院的山长（院长）由书院所在的地方官延聘经明行修、品
学兼优之学者统任。经费来源于朝廷拨款、拨税款、拨公田、公地公山、
集资捐款等。

　　书院的教育宗旨为明伦、进德、修业、亲贤。一般而言，州县的书院
属于小学水平，清光绪三十年（1902 年）把书院改为学堂时，州县一级
的书院都改为小学堂，或高等小学堂，或两等小学堂。在这一级的书院里
选用的是启蒙教材《三字经》《千字文》等。待有一定知识基础后，则进
入较大书院教习《诗》《书》《礼》《易》《春秋》等经典。小学一级的书
院是培养参加县试考秀才的书院，但个别出名拔尖的也可以参加乡试
（省试）考举人。

　　书院的教学分为官课、师课。官课是由当地的官员给书院生员上课。
由于知县要举人以上才能当，知府要进士才能任，因此知县、知府必是知
识分子，都能上课。官员上课，因其精通经、史，又能联系时政，往往效
果较好。师课是由书院的山长（院长）上课，小书院由一个山长主持，
大书院除山长外，还有其他教习授课。②

　　在西南书院中，以贵阳的文明书院和修文的龙岗书院最为有名。文明
书院是当时贵州最大的书院，有学生 200 余人，设五经教读，分斋教授。
正德二年（1508 年），中国古代教育家王阳明被贬谪为贵州龙场（今修
文）驿承。他在修文创办龙岗书院，后受贵州提学副使席书邀请，到贵

---

　　① 安永新：《封建教育制度在贵州的形成和发展》，《贵州文史丛刊》1998 年第 4 期。

　　② 陈业强：《广西书院研究》，《广西地方志》2004 年第 2 期。

图 4 - 23　龙岗书院

阳文明书院主讲。席书亲自带学生到书院听课，并在各府、州、县选一批优秀学生到贵阳向王阳明学习。王阳明在贵州的弟子及再传弟子遍及全省各地，许多成为当时的知名人士。王阳明的哲学思想"心学"，就是在贵州讲学期间提出来的。[1] 不少书院培养了大批杰出的人才。如近代教育家严修任贵州学政期间，亲自拟定改革章程的学古书院（即南书院）于光绪二十三年（1897 年）在全省范围内选择高才生 48 名入学学习，除学习传统课程外，开讲数学课，部分学生选学英文。学古书院后改名为经世学堂，是贵州新式学堂的萌芽。经世学堂的学生中，大多数成了贵州各方面的杰出人才。其中，有辛亥革命烈士、贵州自治学社社长钟昌祚，著名国画家姚华，中国高等工业学校的创办人邢端，贵州第一任教育厅长周恭寿，民国《贵州通志》主编任可澄等。[2] 广西历史上，唐朝进士 10 人，状元 1 人；五代南汉进士 1 人，状元 1 人；宋代有进士 279 人，状元 2人；元代进士 10 人；明代有进士 239 人，状元 7 人；清代有进士 585 人，状元 4 人；8 个状元中有 2 个三元及第。[3] 这些人才的成长都是与书院教育有关的，书院作为一种正式的人才培养机构，在民族地区教育的发展

①　安永新：《封建教育制度在贵州的形成和发展》，《贵州文史丛刊》1991 年第 2 期。

②　同上。

③　陈业强：《广西书院研究》，《广西地方志》2004 年第 2 期。

中，是主要的正规性体系化教育场所，为民族地区文化的发展和传播起到的规范和引导作用，不可忽视。

（3）社学和义学。社学是明代和清代初期在农村创办的学校，相当于后期的乡村学校。西南民族地区的义学和一般的义学含义不同，它是清代由官府办在少数民族地区，主要招收少数民族子弟的学校。民国《贵州通志》学校志《义学》部分的按语说："书院之外有社学、义学。凡汉人在乡之学，总曰社学，所以别于府州县在城之学也。""朝廷为彝洞（当时对少数民族泛指）设立之学及府州县为彝洞捐立之学，则曰义学，盖取革旧之义引于一道同风耳。如古州新辟，即设东寨义学、月寨义学也。"① 自明洪武八年（1375 年）太祖下诏在全国推行社学后，西南各地农村办了许多社学。至于西南地区有多少社学，可惜无确切的统计资料流传下来。

图 4-24　清代义学第一碑（碑高 420 厘米，宽 152 厘米，厚 9 厘米，为清水江一绝）

清初继续提倡社学，对于社学经费的开支、社师的聘请和社师的待遇等，都有明确的规定。康熙二十一年（1682 年），下诏兴办义学。此后，有关社学的记述逐渐减少，有的把社学和义学混在一起。但总的来看，清代主要是提倡义学，至清末，仅贵州义学就达 300 余所。这些义学最早建于康熙、雍正年间，时兴时废，一直延续到清末改为学堂。此外，在近代，西方传教士进入西南少数民族地区传播基督教、天主教，对民族教育也有一定的影响。有的传教士为没有文字的民族创制了拼音文字，用新文字翻译了圣经，编写了教科书，培养了一批知识分

---

① （民国）《贵州通志·学校志》，贵州省文史馆古籍整理室点校，贵州人民出版社 2008 年版，第 117 页。

子。如 1899 年，英国牧师党居士在贵州安顺办起苗夷学校，是苗族第一个教会学校——该校主要学习汉语文。19 世纪 40 年代后，西方传教士在景颇族地区创制景颇文，并开办学校。1922 年起，先后在等嘎、卡兰、卢兰建立了 3 所教会学校，教授景颇文。少数民族地区的教育机构形式多样灵活，除官办性质外，一些偏远农村地区主要还是以社学和义学为主，这种层次性结构显然更加有利于少数民族地区尤其是落后地区的教育发展，又客观上促进了少数民族文化的进步，也必然有利于这些地区人口文化的发展进步。

2. 近、现代学校教育

在西南专为少数民族实施的教育始于明代。明代强调对边疆少数民族的"教化"，太祖朱元璋提出"移风善俗，礼为之本，敷训导民，教为之先"，把在少数民族地区兴办教育作为"安边之道"。当时，教育形式主要是吸收土司子弟到京城入太学，并规定土司子弟必须送入府、州、县学或宣慰司学习礼，未经儒学习礼者不准承袭土司职务。清末废科举兴新学后，西南各省、府、州、县的书院一律改为大学

图 4-25　石门坎老苗文翻译的《圣经》

堂、中学堂、小学堂，由此开始了近代学制的学校教育。在西藏，1907年，西藏历史上第一个统管全藏学务的常设机构——学务局成立，依照清政府颁行的《奏定学堂章程》，并参酌西藏地方实际，分别制定了养育院、初等小学堂、藏文传习所、汉文传习所等新式学堂章程，并分别创办了各类学堂和蒙养院。清末民初，外国教会在西南少数民族地区开办了一些"苗民学校"和"彝民学校"，在进行宗教教育的同时，把西方的科学文化知识引进少数民族地区，培养了一批人才。其中，最为有名的是贵州石门坎教会学校。石门坎是贵州省威宁县西北与云南接壤、位处乌蒙大山深处的一个苗族村寨。20 世纪初，在基督教英国循道公会传教士柏格里

与当地民族同胞，尤其是少数民族精英的共同作用下，石门坎勃勃生发了一系列教育文化的成就与辉煌，具体表现有如：创制苗文，并在川滇黔苗族中广泛传播，结束了苗族无母语文字的历史；创办了乌蒙山区第一所苗民小学，也是第一所新式教育学校，兴建西南苗疆第一所中学，培养出苗族历史上第一位博士，以及一批苗族知识分子；中国第一个倡导和实践双语教学并开中国近代男女同校先河的学校；倡导体育运动，开辟足球场和游泳池，开展相关竞赛活动，被称为贵州足球和农民运动会的摇篮；发育出 20 世纪上半叶中国西南最大的基础教育网络，管辖川滇黔地区 100 余所学校和机构；中国境内首次发现和报告地氟病的地点；创办中国最早的麻风病院和中国第一所苗民医院；建立农业试验场并为当地苗民引进了土豆、玉米等农作物，为当地苗民改进了土灶和纺织机。在学校开办的前40 年间，仅光华学校便毕业了 4000 多名学生，数百名初高中生及中专生，30 多名大学生，4 位硕士和博士。石门坎这个极为普通的村寨创造了震惊中外的"教育神话"，成了"西南苗族文化的最高区"，被基督教世界视为"海外天国"和"锡安圣地"，被当今学者称作"石门坎现象"或誉为石门坎"教育神话"。[①]

民国初年，民族教育被称为、"边疆教育""边民教育"和"苗夷教育"，各地都开办了专门学校教授少数民族子弟。如在西藏，1916 年，十三世达赖在拉萨周吉林寺创办了"门孜康罗布扎"（医算专科学校）和创办于 1938 年的"国立拉萨小学"就影响较大。在四川、云南藏区，清末民国时期也陆续建立了旨在国民教育的现代学校。1937 年，四川藏区就有中等学校 13 所，小学校 157 所，学生 5200 余人。云贵川桂的近代教育与全国同步，其间各省各级各类学校都得到了较为迅速的发展。其中云南的《苗民（泛指少数民族）教育计划》，广西针对壮、瑶、仫佬、侗、苗、水、彝、京等民族的"特种教育"，贵州在抗战时期在少数民族聚居地区举办的边疆小学和边疆师范学校，同时在黔东南、黔南少数民族地区的"乡村教育运动"等最具有代表性，影响较大。

中华人民共和国成立以来，党和国家高度重视民族教育事业，把发展民族教育作为促进经济振兴、民族昌盛、社会进步的根本大计，制定了一系列发展少数民族教育事业的方针政策，采取了一系列措施，促进了少数

---

① 杨军昌：《石门坎教育文化》，《教育文化论坛》2011 年第 3 期。

民族教育的发展。具体到西南地区而言，民族教育经历了初步形成时期（1949—1956 年）、发展时期（1956—1965 年）、受挫时期（1966—1976年）、健康发展时期（1978 年以来）等几个阶段。通过少数民族教育方针的贯彻，双语教学、教育经费、教育师资、支援协作、语言文字、教材建设、结构布局、减免照顾等政策制定与相应措施的采取，如今，西南民族地区已基本形成了较为完整的学校教育体系，教育事业发生了翻天覆地的变化。少数民族幼儿教育、基础教育、职业教育、师范教育、高等教育、双语教育等规模和机制正在不断发展和完善，民族人口素质因之而不断提高。以至今仍属"两欠"（欠发达、欠开发）的贵州省为例：从"四普"到"五普"的 10 年间，贵州少数民族人口素质有了较大的提高，平均受教育年限提高了 2.6 个百分点，成人文盲率从 45.13% 下降到 21.31%。民族教育的发展、民族人口素质的提高，使西南民族地区经济社会发展有了更强劲的推动力和支持力，人口多的劣势也正在转变为人力资本积聚和增强的优势。从人口文化的角度而言，人口素质的不断提高促进了民族地区人口生育观念的转变。少生优生、男女平等、轻数量重质量的生育新风已深入人心，新型的人口文化正在逐渐形成，这不仅有利于西南民族地区在新的时期进一步降低生育水平，统筹解决人口问题，也有利于传承、创新民族传统文化，促进民族地区经济社会不断发展，实现民族平等和共同发展繁荣。

（四）家庭教育

家庭教育，主要指以家庭、家族组织为载体进行的教育活动。家庭教育作为人类活动早期的基本形态，一直贯穿于西南少数民族的古今教育中。即使后来学校教育成了提高人口素质的重要途径，家庭教育仍然是各民族传统教育的基础和重要形式，只是发展水平不同的民族其内容有所差异而已。家庭教育在儿童健康成长过程中所具有的特殊作用，使它古往今来备受社会重视。由于西南大多数民族既没有自己民族的文字，又长期以来学校教育滞后，家庭教育就成了人们接受生存技能、文化传递、发展教育的重要场所。即是说在各自的经济文化背景下，下一代应该具备的语言能力、生产和生活的知识与技能、本民族的文化基本上都是在家庭中习得的。贵州黔东南苗族的一首理词曾对家庭教育有这样的形象描述："里屋的娘，中堂的爹，母教闺女，父教儿郎，哥教弟弟，姐教妹妹。教才明理，导才开心窍。相教共做吃，互导共做穿。姑娘要手巧，男儿要勤劳。"① 这即是说家庭教育是在一种相互分工的基础上直接完成的，也反映出家庭教育在民族习俗传统中的重要性。

在西南少数民族传统社会的家庭教育中，语言教育是最基本和最主要的教育内容和教育形式。语言产生于人际交往的需要，是民族的一个重要特征，它是任何一个民族生存和生活必不可少的工具。每一种民族语言都在一定程度上反映了该民族的人们对事物的认识水平，凝结着人们经过长期实践所积累起来的知识，人们学习和使用自己民族语言的过程，也就是学习、继承自己民族文化的过程。有了共同的语言，民族的历史、文化才能一代一代地传承下去，并在传承中得到发展和提高。西南民族由于没有或很少有文字，许多文化因子都是通过民族语言来实现代代传承的，诸如各民族的神话、史诗、民谣乃至民族习惯法条款等均保存在人们口头语言当中。正是通过家庭中的长辈对晚辈，抑或生活中的朋友或师徒关系通过语言这一媒介使这些文化得以传承，保留至今。以彝族为例，彝族是西南民族中为数不多的具有自己文字的古老民族，也是一个十分注重家庭教育的民族。在彝族地区，每家的堂屋正中都有一口用石镶成的方形火塘，这口火塘特别

图 4 - 26   石门坎苗族儿童

受到彝族的崇拜。彝族人民认为火塘是诸神灵、祖灵的居住来往之地，是凡人与神灵沟通的地方，也是家庭兴旺的象征。千百年来，火塘是彝族人民心中的一块圣地，把它作为教育场所，具有极其庄严、严肃的意义。即使有了学校的教育，家庭的火塘也是彝族子弟学习彝文文献的主要场所。

---

①　文经贵、唐财富编译：《苗族理词》，麻江县民族事务委员会1991年编印，第137页。

这种学习场景使彝族的传统教育更具有薪火相传的象征意义，同时也凝聚了这个民族崇尚祖先的情结，起到了联络家庭成员之间文化互动和学习传承的作用。而水书、东巴文等传习也大致如此。

　　在西南少数民族的家庭教育中，生产技艺教育是其中一项重要内容。西南民族传统社会长期处于自然半自然的经济状况。男耕女织的社会分工，使得家庭中父教子、母教女的教育分工相沿成习，并且这种子女在成年时掌握传习技艺的程度被视为一种能力和身价的象征。如在西南苗、侗、布依、水、瑶、彝、藏、羌等民族中，女孩从小就开始学习绣花，绣花的题材和图案极为丰富，有反映家庭生活的，如"双凤朝阳""双狮滚球""喜鹊闹梅"；有反映生产的，如"五谷丰登""六畜兴旺""瓜秧绵绵"；有反映爱情的，如"鸳鸯戏水""鱼水相怜""月下对歌"；有反映原始崇拜的，如"龙蛇飞舞""鱼蛙鸟蝶"等。据有关学者调查，保存至今的苗族传统女装样式就多达130余种，其中贵州就有120余种。在西南少数民族民间社会，许多巧夺天工的民族民间工艺，如挑花、刺绣、织锦、蜡染、银饰、雕刻、编织、彩绘、漆器、剪纸、乐器等，大都是通过家庭教育代代相传，保存至今的。①

图4－27　苗族习俗传习

　　家庭教育中的伦理教育被视为子女成人过程中的重要环节，普遍教育自己的后代要信守诺言、襄助邻里、热心公益、以诚待客、大公无私、勤

---

　　①　杨旭：《西南少数民族人口制度文化研究》，硕士学位论文，贵州大学，2009年3月1日。

劳朴实、恪守规约法律等。在父母长辈的教育下，这些传统美德代代相传，长幼承袭，成为西南少数民族普遍推崇的道德规范和行为准则。其中尊老敬老是重点之一。比如彝族信奉："天上雷公大，地上父母大。""山大养柴草，人大养父母。"苗族教育自己的子女："逢老要尊老，逢小要爱小，老爱小，小爱老，敬老得寿，爱小得福，处处讲礼貌，才成好世道。"布依族教育子女从小就要尊老敬老，兄弟分家时，要留出"养老地""养老树""养老牛"，以供养老人。在仡佬族社会，至今还保留着通过"跳牛筋舞"，向老人进行祝福的传统习俗。这些尊老观念中体现出来的伦理规范共同说明了西南少数民族纯朴温善的传统，以及传统观念中至今值得发扬的优秀文化一面。

值得一提的是，在西南一些地方、一些民族中，为了教育自己的子女，一些有远见卓识的父母对家庭教育实践的不断总结并结合其他民族的家教经验进行思考和探索，积累了广为流传的家庭教育教材。其中有如贵州黔西北彝族的《训世经》、遵义郑珍著的《母教录》、广西田林瑶族的《教儿信歌》、《莫氏宗谱》中的《教士条规》等即是代表。它们不仅是教育子女、族人子弟的经典教材，也是为人父母必学口诵与行为的传家宝。[①]

总之，西南少数民族家庭教育的形式和内容基本相同，一般是父母对子女、长者对幼者根据家庭分工的不同，实行男女别教。在家庭教育中，父母长辈都是老师，家庭、道路、农田、山林、河流、集会仪式场所都是学校，教育的基本途径是口头教育和行为引导，教育手段和方法主要是语言、口耳相传和行为模仿，使之将生存与生活的知识、本领在潜移默化的熏陶中掌握、发扬。在西南各民族社会中，家庭教育的功能与作用不可低估，尤其是家庭教育对子女习得文化方面，起到了直接和基础性的作用，对民族文化传承发展具有不可替代的历史和现实价值，也是民族人口文化形成和发展的基础性载体。

三　成人礼仪

成人礼仪就是指个体正式被接纳为社会成员（或族内成员）的一种

---

① 杨旭：《西南少数民族人口制度文化研究》，硕士学位论文，贵州大学，2009 年 3 月 1 日。

制度礼俗。《淮南子·齐俗训篇》中说："中国冠笄，越人剟发。"剟发即断发。中国男子成年实行冠礼，女子成年实行笄礼。古人成年先行冠礼，然后才行婚礼。《黔书》说凿齿是为了不"妨害夫家"，即女子要先凿齿，后出嫁，否则必害夫家。这即是一种成年礼仪。在西南民族地区，成人礼亦称"成丁礼"或"成年式"，是男女青年跨入成年阶段时举行的仪式，但其形式因民族不同而各具特点。

图4-28　基诺族成人礼仪式

　　基诺族男女青年开始社交活动和婚恋前必须举行成年礼。举行成年礼的年龄，一般在十五六岁。基诺族男子的成年礼最奇特之处在于采用"突然劫持"的方式。仪式由村里的"勺考玛"（村中未婚男女青年组成的一个组织）主持。劫持过程往往秘密进行。仪式开始后，人们首先在寨内剽牛祭祀祖先，然后把牛肉分给全村老幼，让每个人都能享受到祖先的福分。行成年礼的小伙子的那份肉，按份额用芭蕉叶包成肉包，分摆在篾桌子上。准备工作就绪后，勺考玛人员躲在受礼者上山劳动归来的途中或寨中玩耍之处，将受礼者突然劫持到新竹楼中，让其恭立桌前参加由村寨长老主持的仪式。仪式上，长老首先带领大家吟唱基诺族史诗，再让受礼者在仪式中接受成人教育——用说唱形式对青年人进行社会生活知识、生产技能和道德礼节的常识教育，按照古规做人，再将事先准备好的两小包肉送给青年人，表示他已成为村寨的正式成员。随后，受礼者的母亲将筒帕亲手挎在儿子肩上。这个筒帕是成年的重要标志，挎上它便享有了成年者的地位，承担成年人应承担的责任和义务。仪式中的高潮是敬酒，如新"勺考"不喝酒，有一个人便会持火把火苗迅速吹向其脸，同时，抬水筒的人会向其身上洒水，让新"勺考"羞怯失态而引来满屋笑声。回到家中，受礼者的父母要赠给他全套农具和成年衣饰，自此，他便可以参加各种成人社会活动了。①

文身和绣脚是傣族、布朗族男子的成人礼。民间有谚语说："蛙腿尚有花纹，男人之腿怎可没有花纹。"男性以文身为荣，身上不刺文者，人格低下，不如水中青蛙，会被姑娘们视为懦夫，很难得到女性爱慕，只能孤独终生。文身一般在十四五岁时举行。刺文时，受刺者需服用一些带有麻醉性质的药物，文身师用墨在肌肤上绘出图案轮廓，以针蘸上颜料扎入皮肤，让颜料残留于皮肤内，形成永不消退的纹痕。②

摩梭族、纳西族、普米族、彝族等都通过更换服饰象征成年，女的换裙，男的换裤，换过之后，方可谈情说爱。摩梭族孩子长到 13 岁，便要举行成年礼。民间传说，古时天神向地球上所有生物赐寿，人只能活 13 年，而狗却能活 60 年。后来，人与狗换寿，13 岁成了人的成年标志。成年礼仪式一律在农历大年初一凌晨举行。行礼时，男孩站在正房左边"男柱"下，女孩站在右边"女柱"下，一只脚踩着猪膘肉，另一只脚踩着粮袋，象征终生吃用不尽。女孩由阿妈为其穿上漂亮的金边衣、百榴裙，扎上红腰带，盘缠发辫，佩上彩色项链、耳环、手镯等饰物；男孩由舅舅为其穿戴簇新男装，扎上腰带，佩上腰刀③。纳西族、普米族的成人礼与此相似。

在凉山彝族地区，当孩子长到一定年龄后，要举行成年仪式，称为"换童裙"。"换童裙"是女孩子的成年仪式，一般在单数年龄举行，以 15 岁或 17 岁为多。举行仪式时，家人要请一位有福气、人丁兴旺而又经济状况较好的妇女来主持仪式。仪式举行一般在晚上的户外，男性不得参加。仪式开始后，大家便把少女簇拥在中间，说些吉祥话。接着，在主持

---

①　《基诺族成年礼：在"突然劫持"中长大》，新浪网 2010 年 3 月 23 日。

②　《世界各地千奇百怪的成人礼》，http：//blog. sina. com. cn/s/blog_ 7e1304530100uokf. html.

③　同上。

的帮助下少女将全身换为成年女性的装束。同时，主持者还要对她讲一些青春期女子应注意的诸如生理、心理、男女交往等应有的规范。仪式结束后，还要举行喝酒唱歌跳舞的庆祝活动。成年仪式不仅是装束上的改变，更重要的是它区分开了未成年人与成年人，通过仪式她们获得了参加成年人社交活动的权利。

瑶族男孩长到十五六岁，即要举行"度戒"成人礼，接受诸如"上刀山""过火炼""睡阴床""跳云台"等近10种危险考验。现在度戒仪式简化，以跳云台为重要内容。云台是将四根4米多长的木柱摆成正方形，一边扎以横木作梯。受戒者在师公的带领下登上云台，等师公念完戒词，受戒者发誓不杀人放火、不偷盗抢掠、不奸女拐妇、不虐待父母、不陷害好人等，誓毕，将火掷进一个水碗令其熄灭，暗示受戒者如有不轨，其命运便如此火。然后，受戒者团身抱膝，从台上勇敢地翻至云台下那张铺有稻草的藤网，刚落下，下边的人就拉起藤网一齐用力旋转。此时四周欢呼雀跃，赞扬孩子的勇敢无畏，祝贺又一个瑶山汉子走入了社会。①

这里有必要对芭沙苗族独特的成人礼予以记述。芭沙男子3岁就开始蓄发。15岁以后，都要进行"补荡"（苗语：成人仪式之意）。举行仪式的时间一般在秋季或初冬。成人礼，一般都在寨外河边的草坪上举行，男

图4-29　芭沙巫师用镰刀剃成人礼头

孩要穿上母亲为其缝制的新衣服，父母要邀请本房族中所有已经举行了成人礼的兄弟前来参加。首先由巫师给施行成年礼仪的男孩用镰刀剃头，如果芭异地举行礼仪和筵席则回到寨上或施行礼仪者的家中剃发。在寨上和家中给施行成年礼的男孩剃头的人不一定是巫师，由父亲或其他长辈男性

---

① 杨旭：《西南少数民族人口制度文化研究》，硕士学位论文，贵州大学，2009年3月1日。

来完成，但主刀剃头的人必须蓄有长发。相继"鬼师"正式为男孩举行成人礼法事：鬼师用一块板子把仪式所需要的食物：鱼、鸭肉和其他菜肴放成三堆后，即念词祈祷。祈祷内容包括：缅怀祖先的业绩，让即将成年的人牢记祖先艰辛的创业史和苦难的经历，做好担当养家糊口重任的准备；对施行成年礼者进行教育主要内容是为人处世等道德教育，鼓励其尽快地成长起来；祝福即将成年可以独立的人拥有过人的聪明和才智并健康成长。① 相继房族兄弟拥着男孩默念成长经历，并承诺日后要与成年弟兄一起"上山同路，下水同蹚，有苦同担，荣辱共赴"。做了成人礼后，男孩至此开始了人生新的旅程：享受和承担起作为成年男人的权利和义务，可以谈婚论嫁，可以"入堂"议事，等等。贵州省从江县岜沙苗族独特的男子成年礼仪已经成为一种独特的民族文化，包含着深层的文化内涵，具有一定的学术研究价值。

从西南少数民族各不相同的成人礼仪中可以看出，成人礼虽然形式不同，但其主要象征意义基本上是共同包含了这样几个方面：其一是一种对生理上成熟的男女参与社会生活的肯定仪式，通过这个仪式之后，接受其为正式的社会成员；其二是履行过成人礼的青年男女因此而具备了承担相应的家庭责任和社会义务的条件；其三是成人礼的举行是青年男女开始寻找配偶，组建家庭的开始；其四是成人礼的文化认同在众多少数民族当中都是一致的，被视为人生正式开始的意义是其最核心的价值所在。从制度文化的角度，成人礼将生理上成熟或者基本成熟的年轻人参与社会生活的地位和权利一并赋予，缺少了这个仪式的同时等于失去了从家族中获得正式认可和部分资源使用权的机会，因此，在长辈看来，举行成人礼意味着赋予子女正式的"做人"的资格，是其必须履行的职责，同时也是一种权利；对子女本身来讲，接受成人礼的过程等于自我独立的开始，同时被赋予的"成人特权"更是日后生活资料获得的潜在基础。

---

① 吴佺新：《岜沙成年礼：社会性别暗示和资源支配期待》，《贵州农业科学》2005 年第3 期。

第五章　西南民族人口结构文化

人口，根据不同的分类标志，可以划分成许多结构。人口结构是在一定的时空范围内，以构成人口总体的一定的质的规定性来划分的各个组成部分的数量及其比重或比例关系。人口结构按性质可分为自然结构和非自然结构两大类。各种人口结构之间存在不同程度上的相互联系、相互依存、相互渗透、相互制约的关系而不是彼此隔绝和完全孤立。纵观人口发展的历史过程，人口构成既是以往长期的人口变动的结果，又是今后人口变动的基础和前提。人口结构是随社会的发展而不断发展变动的历史范畴，相应地，与之相互作用的观念、伦理、道德和行为规范，即人口结构文化也在发展变化着。

人口结构文化是人口发展过程中形成的文化现象和本质，是反映人口结构变动和发展的意识形态，以及这种意识形态变换的物质形态。其包含以下几层含义：首先，人口结构是人口结构文化的基本立足点，是人口结构文化研究的基本范畴，即研究人口的结构现象及其演变的规律，从"结构"这一特定角度去探讨人口现象和文化现象。而结构本身是动态发展的，因此，只有涉及人口结构变动和发展的文化，才属于人口结构文化。其次，人口结构文化的关注点是人口结构与文化之间相互作用、相互影响中形成的文化。一方面，它因人口结构的变动而变迁；另一方面，又影响和制约着人口结构的变动、发展。人口结构的变动始终离不开一定的人口结构文化背景。

西南地区是中国古人类的发祥地之一，这一区域地理环境多样、民族种类和民族人口数量多、民族文化丰富、民族人口多为聚居、各少数民族多为农业民族的特点，造就了西南民族地区特有的人口年龄、性别、族际、宗教、空间和职业结构等文化，这些人口结构文化体现着西南民族人口发展的状况和特性。

第一节   人口年龄结构文化

一   人口年龄结构与西南民族人口年龄结构变动

(一) 人口年龄结构与年龄结构类型

年龄是以年为计量单位的人生尺度,表明一个人从出生到现在为止生存的时间长度,是人口一个基本的自然属性。所谓人口年龄结构,是指一定时期、一定地域内,各个年龄组人口在其总人口中所占的比重的状况,是基本的人口结构,也是社会结构的一部分。人口年龄结构是过去几十年甚至上百年人口自然增长和人口迁移变动综合作用的结果,又是今后人口再生产变动的基础和起点,不仅对未来人口发展的类型、速度和趋势有重大影响,同时对社会经济发展也将产生一定的作用。

人口年龄结构类型是指把特定年龄结构的人口集团,根据反映年龄构成状态的一定统计指标,按照一定的标准来划分类型。国际上通常根据一个国家或地区的老年人口系数 (65 岁及以上老年人口占总人口的百分比)、儿童少年人口系数 (0—14 岁儿童少年人口占总人口的百分比)、老少比 (指人口中老年人口与儿童少年人口的百分比) 和年龄中位数的状况判断一个社会的人口年龄结构类型。依据不同指标,人口年龄结构类型可分为年轻型人口、成年型人口和年老型人口。划分各种年龄结构类型的指标数值见表 5 – 1:

表5 – 1   划分人口年龄结构类型的标准数值

人口年龄结构类型	老年人口系数	儿童少年人口系数	老少比	年龄中位数
年轻型	4% 以下	40% 以上	15% 以下	20 岁以下
成年型	4%—7%	30%—40%	15%—30%	20—30 岁
年老型	7% 以上	30% 以下	30% 以上	30 岁以上

资料来源:蔡昉:《中国人口问题报告》,社会科学文献出版社 2000 年版。

人口年龄结构是人口自然属性中的一个重要方面,它对社会经济以及人口自身的发展有着极为重要的影响:首先,从人口年龄结构的类型上看，它决定了人口变动发展的类型，从而也决定了社会人口再生产的潜能，尤其是各种年龄结构类型中的人口状况，是制订各种社会发展规划和社会服务计划的参考素材，有利于把握由人口结构所建构起来的各种社会关系和社会力量构成的变化。其次，年龄结构状况决定着一个国家或地区的人力资源的供给状况。它的变化会影响社会劳务的需求，以及面临所带来的相应社会问题或社会负担。人口年龄结构类型的掌握，有利于分析未来人口发展的态势，找到解决社会问题的重点，从而制定针对性的对策措施，促进社会经济发展的良性运行。最后，年龄结构类型的划分，就会使各年龄层形成一个群体，各群体间都会有不同的文化特点，形成不同年龄结构的"文化类型"。

（二）西南民族人口年龄结构变动

根据以上对人口年龄结构及其类型的划分标准，在此选取人口主要分布在西南地区的 30 个少数民族的 2000 年、2010 年的人口普查数据，来分析西南民族人口年龄结构的发展状况（具体数据见表 5 - 2）。

表 5 - 2　　　　　　2000 年、2010 年西南民族人口年龄结构

结构\民族	年龄结构（%）							
	少儿系数		老年系数		老少比		劳动力系数	
	2000	2010	2000	2010	2000	2010	2000	2010
壮族	24.43	20.70	6.79	7.56	27.81	43.27	68.77	62.31
苗族	29.80	25.47	5.42	5.23	18.19	20.13	64.78	59.28
彝族	30.27	27.24	4.79	5.89	15.82	21.61	64.94	60.35
藏族	30.99	25.64	5.11	5.91	16.49	23.06	63.90	62.19
布依族	30.87	26.49	8.97	8.13	29.06	30.71	60.16	57.00
侗族	27.78	22.36	6.18	8.73	22.25	28.59	66.03	59.54
瑶族	27.01	23.99	5.52	6.94	20.42	28.93	67.48	64.19
白族	27.32	21.05	6.23	7.90	22.80	37.55	66.45	62.66
哈尼族	27.76	23.13	4.67	5.97	16.81	25.82	67.58	64.38
傣族	26.88	20.01	5.41	6.22	20.14	31.03	67.71	66.80
傈僳族	28.40	22.91	5.02	5.83	17.69	25.43	66.57	64.40
仡佬族	32.69	28.44	5.16	7.58	15.78	26.65	62.15	55.19

续表

结构\民族	年龄结构（％）							
	少儿系数		老年系数		老少比		劳动力系数	
	2000	2010	2000	2010	2000	2010	2000	2010
拉祜族	27.40	19.83	4.41	5.42	16.11	27.33	68.19	66.07
佤族	29.43	19.84	3.95	5.53	13.43	27.89	66.62	67.87
水族	32.20	27.46	5.23	6.23	16.23	23.77	62.57	57.97
纳西族	24.77	16.87	3.59	9.18	14.48	41.69	71.64	65.22
仫佬族	27.11	20.98	5.52	7.59	20.35	36.17	67.37	63.57
羌族	28.49	18.91	4.52	7.20	15.86	38.09	66.99	65.07
景颇族	31.08	24.43	3.61	4.49	11.62	18.38	65.30	65.39
布朗族	29.93	24.01	4.93	5.08	16.46	21.17	65.15	69.93
毛南族	22.54	22.62	6.01	8.63	26.66	38.15	71.45	60.28
普米族	29.22	23.74	5.08	5.59	17.38	25.05	65.70	64.19
阿昌族	33.28	28.39	4.26	4.79	12.81	16.87	62.45	61.39
怒族	29.12	23.30	5.17	6.41	17.76	27.52	65.71	63.19
京族	28.30	23.82	7.17	7.74	25.34	41.86	64.52	61.02
基诺族	28.86	20.79	2.54	6.20	8.79	29.83	68.60	65.86
德昂族	31.69	25.60	4.20	4.49	13.27	17.52	64.10	64.41
门巴族	18.73	27.72	3.89	4.83	20.77	17.42	77.38	62.60
独龙族	29.10	24.89	5.70	5.24	19.57	21.04	65.20	64.07
珞巴族	37.71	31.07	2.80	4.05	11.36	13.02	58.01	59.97
合计	27.98	23.58	5.90	7.02	21.09	29.76	66.12	62.40

资料来源：根据《2000 年人口普查中国民族人口资料》（上册），民族出版社 2003 年版,，第 540—579 页："各民族分年龄、性别的人口"和《中国 2010 年人口普查分民族人口资料》（上册），民族出版社 2013 年版，第 817—876 页：各"各民族分年龄、性格的人口"数据整理而得。

由表 5－2 可以看出，较 2000 年而言，2010 年西南民族人口年龄结构有以下变化和特征：

第一，西南民族少儿系数整体上仍然是年老型阶段，各民族人口少儿系数均有所下降（除毛南族基本持平、门巴族上升 8.99 个百分点外），其中纳西族少儿系数 16.87％为最低；30 个少数民族中，29 个少数民族已经属于老年型人口阶段，只有珞巴族处于成年型人口阶段。而在 2000 年时，处于成年型人口阶段的只有 9 个民族。第二，老年系数已经完全属于成年型，并逐步向年老型迈进。其中壮、布依、侗、白、仡佬、纳西、仫佬、羌、京、毛南等 10 个民族已进入年老型阶段。老年系数以纳西族的 9.18% 为最高，且与 2000 年相比，是直接从年轻型步入年老型。其余 20 个少数民族均为成年型。第三，老少比整体已经从成年型变为年老型初期，壮、布依、白、傣、纳西、仫佬、羌、毛南、京 9 个少数民族老少比已经属于年老型，其中以侗族 43.27% 为最高。老少比较低的阿昌族、德昂族、珞巴族也都不同程度地有所上升，处于年轻型的民族已从 2000 年的 7 个减为仅珞巴族 1 个。第四，劳动力系数较 2000 年整体有所下降，平均下降 3.72 个百分点，其中以仡佬族的 55.19% 为最低，显现了劳动年龄人口有减少的趋向。

　　总体可以认为，西南民族人口年龄结构类型已由成年型过渡到老年型初期阶段，说明西南民族地区尚处于社会经济负担较轻、实现经济快速发展的人口红利期。

二　西南民族人口年龄结构文化

（一）人口年龄结构文化的表现

　　人口年龄结构文化是人口结构文化中的一个"文化因子"，是指人口年龄结构在长期的演变过程中形成的某种相对稳定的观念、伦理、道德和行为规范，它反映着不同历史条件下人口年龄结构变动本质的意识形态，以及这种意识形态变换的物质形态表现。西南民族人口年龄结构文化是人口年龄结构变动与社会经济发展紧密结合的产物，它的形成和演变除了受各个时期国家和邻近地区的传统文化和汉文化影响外，还受各民族所居住地域的生产力发展水平及其生产关系的性质影响。

　　西南各少数民族在漫长的发展岁月中，长期处于刀耕火种、赶山吃饭、聚族而居、耕作耕牧并重的农业及农业前社会状态中，生产力技术水平不发达，社会生产依靠的是手工工具，以人力畜力为动力；又由于自然环境的割裂，交通的闭塞，文化、信息间的交流梗阻，外界相对先进的生产方式和劳作技术鲜有渗入民族地区，因日积月累而掌握丰富手工技巧和经验的老年人，自然便受到民族社会的普遍尊重和崇拜。在西南地区各少数民族中，都认为生产生活经验同人的年龄增长成正比，年龄越长经验越

丰富，见识越深广，判断越准确，年龄被视为经验、技术、地位的象征。老一代不仅传给年轻一代基本的生存技能，还包括他们对生活的理解、公认的生产方式及村寨的价值观念。不论居住环境优越与否，人口多少不同，村中的老人在村社生产生

图 5－1　天伦之乐

活中都被视作知识和智慧的载体，他们拥有的生存经验和处世原则以及渗于血缘、地缘、业缘等关系而获得的社会资源和身份地位，使老年人的社会价值达到了主导性和精神性的高度，因而使得老年人常处于社会经济和文化的核心地位，而赢得家庭和社会的广泛尊重。久而久之，尊老、敬老、养老、爱老的人口年龄结构文化便形成和固化于民族社会的四面八方，表现于社会生产生活的各个方面，尊老和孝道成了民族社会文化的基石和传统良风，在民族社会中得以代代传承守护，以至于今。比如，民族社会中有着内容丰富和形式多样的为老人祝寿的习惯和方式，不少民族如哈尼族、侗族、土家族、仡佬族有晚辈集体为全寨老人举行的"老人节"，在毛南族中有为年过六旬而又体弱多病的老人"扶马"和"添娘补寿"的习俗；壮族中有为老人所备的"寿米缸"和"养缸"；仡佬族中有为老人祝寿而在厅堂上表演的"牛筋舞"。以至于各种为老人置办的寿酒、寿庆活动在西南民族社会更是相沿成习。养老孝老在"禁忌"习俗中也是很有特色的。如布依族有祈求老人康健、人寿年丰的"老人房"节日；白族在农历二月初八有为 70 岁以上老人办的"耆老节"，就是以"禁忌"形式而开展的敬老养老活动。在行为礼仪上，各民族都有若干"禁忌"来深化人们的敬老养老意识，如吃饭时请老人坐上首席、喝酒先敬老人、家有红白喜事时要请寨上老人到家中做客、要给老人让座让道、

在老人面前言行规矩礼貌、善言对待老人的过错过失等。在民族习惯法中也富有孝敬老人的内容、成分。如兰靛瑶青年人结婚"权戒"时，孝敬父母老人是其中主要内容之一；德昂族在泼水节到来前夕要向寨中老人贡上上等饭菜；布朗族在"山抗节"（春耕誓师和预祝丰年集会）清晨要先向老人送芭蕉糯米粑问好祝福；哀牢山的拉祜族在结婚喜宴过后，新郎新娘要端着木盆、背着热水挨家挨户为寨子里的长辈老人洗脚以示孝敬。

美国著名的人类学家玛格丽特·米德在其《文化与承诺》一书中从人类所生活的发展阶段出发，将人类文化分为前喻文化、并喻文化和后喻文化三种类型，认为前喻文化产生于生产力低下的社会和"小的宗教与意识形态飞地"，其权威来自过去。"兹后，伟大的文明为了进行大规模的变化，需要发展工艺，特别需要利用同伴之间、友伴之间、同事之间，以及师兄弟之间并喻型学习。而我们今天则进入到了历史上的一个全新时代，年轻一代在对神奇的未来的后喻型理解中获得了新的权威"。① 其中的前喻文化，即是农业及农业前社会的基本特征，事实上在西南民族地区来讲，也是一切传统社会的基本特征。在这样的文化中，尊敬老人自然就成了一种最为基本的美德，前喻文化因之而有"老年文化"之喻。

随着生产力的进步，尤其是进入以生产资本为主要依靠的传统工业社会后，机械化生产、蒸汽机在西南民族社会的逐渐进入，科学技术的快速发展以及社会流动频率的加快，民族社会经济生活对人口的要求与其他地区一样，逐渐形成了智力与体力并重，传统经验型人口不断让位于新知识与新技术人口。而社会风尚方面也因老年人的传统经验和所掌握的新的技术技能相比的劣势而居于下风位置，年轻人由于拥有广泛的获取经济地位资源的能力、丰富的社会关系网络和不断获得新的知识信息与生产能力的优势而在经济社会中居于主体作用。民族社会中反压迫反剥削中的主力是成年的一代；在家庭建设、各行各业第一线的主力劳动者是成年一代；新知识新技术接受和传播主力是成年一代；抑或社区文化传承创新也在很大程度上取定于成年人的态度和行为。成年型文化成了社会的主导力量，老年人的地位尤其是在经济生活中的地位多让位于成年型的年轻一辈或晚辈。前喻文化经历着年老年轻间人们的交互学习尤其是同代人相互学习的

① ［美］玛格丽特·米德：《文化与承诺》，河北人民出版社 1987 年版，第 1—2 页。

文化过程而向着后喻文化转移。

任何文化都有传承发展的社会土壤，文化有着"惰距"的变化规律，又由于西南民族文化的久远多元和细腻厚实，即使在社会转型、经济转轨、信息化、全球化的当今，西南民族人口年龄结构文化并未出现代际差异的绝对颠倒。相反，而是在高度重视和发挥青年"后喻文化"、在注重晚辈养育和发展的文化主流中，一直呵护和坚守代际和谐、代际公平、尊老爱幼、余热奉献等传统的精华，计划生育、优生优育打破了"多生多育"、越生越穷、越穷越生的怪圈，老、中、青、幼不同年龄层次的人们在社会生活中都有着自己的角色定位、道德规范和行为要求。在人口结构逐渐从成年型进入老年型或已经进入老年型社会的民族或民族地区，一方面，老有所为、老有所学已蔚然成风；另一方面，"敬老文化""孝老文化""长寿文化"等已在社会的广泛关注和支持下得到全面的弘扬和发展，年龄歧视的个别现象已为全社会所攻伐、所不齿。在一定程度上可以说，西南民族社会新中国成立以来一直保持着的和谐稳定状态可认为是西南民族人口年龄结构的文化折射和缩影。

（二）人口年龄结构文化的作用

不同年龄人口组成的年龄结构，在人口结构体系中具有重要地位。人口变动主要是人口数量上的增减，人口发展则主要是人口质量的提高和结构的转变。在长期处于农业和农业前社会的西南民族地区，人口年龄结构文化的首要影响在于强调人口的增殖，注重子嗣的延续，祈盼家族的扩大和族群的人丁兴旺。因之，"奉先思孝""传宗接代""多子多福""儿孙绕膝"等观念在民族社会中根深叶茂，并长期刺激着民众的生育行为，也导致在民族社会中形成了早婚早育、多生多育的婚育习俗。如果考虑婴儿死亡率、预期寿命以及疾病、战争等因素对西南民族人口增长的负面影响，无疑西南民族人口年龄结构文化维系西南各民族人口的可持续延续和变动增长的基本功能在始终发挥着，也正因如此，西南成了我国世居少数民族富集区，成了民族人口的大家园。

作为观念形态的西南民族人口年龄结构文化必然对经济社会发展产生影响。比如，西南传统农业经济主要靠天恩赐，靠家长组织，靠老人传授知识。而"多代同堂、家有田土"所孕育出的以孝为核心的传统年龄结构文化，就正好造就了能管理家庭组织生产的家长、富于农事经验的长者

图 5-2　三代同堂的拉祜族家庭

和能保佑家庭昌盛的祖先。而民族社会通过对老年人尊敬，又使人们能够直观地从自己、从家庭的角度建立起对国家的服从和责任。西南民族尊老敬老文化突出了传统社会中家庭的功能，使家庭既是一个生育和消费的单元，又是一个生产、教育和养老的组织。虽然这种组织的经济生产功能在现代社会已为社会化大生产所代替，其部分教育职能也只是现代社会教育的一种补充形式，社会养老在现代社会养老体系中已有一定的比例，但其传统的作用对社会的稳定和发展仍然不可低估。又如，现代社会年龄平等、老少共融的人口年龄结构文化一方面将青年人推向了时代的前列，成为拉动社会之舟前进的先锋队；另一方面又使青年人面对新经济对技术和文化的高标准新要求，而不断的进取以获得新知提高素质，并导致社会和个人家庭对健康和教育投资的大幅增加以面对日趋激烈的竞争；同时也促使老年人在"健康老年化""积极老年化"的实践中增强了更多的文化自觉。此外，还需强调一点的是，现代社会的人口年龄结构文化追求提高人口质量，视以个人为本位的自我发展变得格外重要，这种自我发展不仅包括个人自身的全面发展，还包括代际之间的全面发展。而随着西南民族地区经济社会的发展，孩子对家庭的经济效用逐渐减低，而孩子的抚养教育费用等质量成本在大大提高，这将促使西南少数民族的生育观由追求孩子的数量转变到追求孩子的质量。这一点从西南民族人口年龄结构类型中少儿系数已迈入老年型的门槛得以证实。

第二节　人口性别结构文化

一　西南民族人口性别结构发展状况

（一）人口性别结构的含义

人口性别结构是指一定时期、一定地域内男女两性在总人口中所占的比例及其相互关系。这个比例关系，尤其是特定年龄段的性别结构，直接影响着人们组织家庭、生育儿女等社会生活，因此，它同上一节中的人口年龄结构一起构成人口结构中最基本的结构。通常情况下，性别结构除按总人口分类外，还可以按总人口性别比、年龄组人口性别比、出生人口性别比等分类。

总人口性别比是用总人口中男女人数之比再乘以 100 表示，它反映的是一个国家或地区全体人口中男性人数与女性人数之间的比例关系，是综合、大体、概括反映人口性别构成的静态指标。

年龄组人口性别比是以某个年龄段中男女人数之比来乘以 100 表示，它反映的是在某个年龄段中男性人数与女性人数之间的比例关系。某些年龄组的性别比失衡，势必造成劳动力市场、婚姻市场供求关系严重失调，并带来一系列社会问题。

出生人口性别比是指某国或地区人口在某一时间（通常为 1 年）内出生的婴儿中男性与女性之比。目前，世界各国基本一致认为，出生性别比的正常值域是每出生 100 名女婴的同时，与之对应的有 103—107 个男婴出生，凡下限低于 103、上限高于 107 的均被视为"出生人口性别比失衡"。

人口性别结构受多方面因素的影响，既有生理的、自然的因素，又有社会、经济、文化因素等，而且还带着历史的烙印。一定的性别结构一旦形成，反过来会对人们的文化生活、社会经济发展产生重大影响。对人口性别结构及指标类型的分析、认识，对人口再生产、社会稳定和社会经济文化都有重要意义。

首先，在人口再生产领域，从出生率角度来看，它对人口的婚配与生育行为有十分明显的影响。因为生育子女的职能是由（育龄）妇女来承担的，生育率在相当程度上就取决于已婚育龄妇女的数量，所以了解人口性别比的状况和变化趋势，进而了解育龄妇女的数量和变动趋势，以及人口再生产的规模与变动趋势就显得十分重要。从死亡率的角度来说，对各年龄组人口性别比的情况和变动趋势，可以分析死亡率性别比的变动情况，女婴死亡率、育龄妇女死亡率偏高或偏低，也必然对人口再生产过程产生不同程度的影响。其次，人口性别结构的最根本原则是男女两性在数量、素质和结构上的均衡，特别是育龄年龄人口的性别结构必须长期保持均衡，才能保证男女婚配的正常供给。这样，人口性别结构的均衡发展，可以说是实现和谐人口所必需的自然基础，又是维持良好的婚姻家庭模式和社会稳定所必需的。最后，人口性别结构对社会经济文化方面有着重要影响。一个国家或地区劳动力资源的劳动年龄人口，必然会受到人口的年龄和性别比结构的制约，如战争会使大量男性青年死亡而使人口性别比结构偏低，传统农业社会重男轻女的习俗和生育偏好会造成人口性别比结构偏高等。因此，充分认识并长期保持人口性别结构的均衡状态"原理"，消除性别歧视等，无疑有利于社会的稳定与发展。

（二）西南民族人口性别结构发展现状

人口性别结构的最基本原则是男女两性在数量、素质和构成上的均衡，只有男女两性人口数量均衡才能有利于两性间的优化组合，从而有利于人口再生产过程的良性运行。从表 5 - 3 可以看出，2010 年西南民族总人口性别比（以女性为 100）整体有所下降，由 2000 年的 107 下降到 105。各少数民族中，除藏族和京族有所上升之外，其余民族总人口性别比不同程度地下降着；其中以仡佬族和侗族为最高，均为 111，最低的是景颇族，为 93。最高值与最低值悬殊 18。在出生人口性别比（以女性为 100）上，2010 年较 2000 年有所上升，整体上从 114 上升到了 117，高过 103—107 的正常值域，虽然壮族、侗族、哈尼族、拉祜族、布朗族、普米族、珞巴族、京族、阿昌族出生性别比呈现出下降趋势。处于正常值域的只有藏、傣、傈僳、佤、羌、布朗、普米、怒、基诺等 9 个民族；尚有阿昌、珞巴两族在 100 以下。2010 年，出生性别比最高的为门巴族的 166，最低为珞巴族的 88，两者相差 78，以上数据说明西南民族人口出生性别比存在着普遍失调与局部偏低并存的现象。无疑，这与西南民族人口性别文化有很大的关系。

表 5 - 3　　　　2000 年、2010 年西南民族人口性别结构发展情况　　（单位：人）

民族 \ 性别	性别人数								性别比			
	总体男性		总体女性		0 岁男性		0 岁女性		总人口性别比		出生性别比	
	2000	2010	2000	2010	2000	2010	2000	2010	2000	2010	2000	2010
壮族	8376754	8689488	7802057	8236893	113531	132207	92669	108905	107	105	123	121
苗族	4656974	4870382	4283142	4555679	86506	81438	74399	66148	109	107	116	123
彝族	3989391	4456382	3772881	4258011	82316	74227	74263	66766	106	105	111	111
藏族	2697807	3155625	2718214	3126562	52016	50533	50185	47144	99	101	104	107
布依族	1530887	1455720	1440573	1414314	31903	25566	27799	20630	106	103	115	124
侗族	1566575	1511959	1393718	1368015	26040	25384	20809	20684	112	111	125	123
瑶族	1391332	1458842	1246089	1337161	19324	26433	16354	22304	112	109	118	119
白族	947010	978998	911044	954512	16338	12679	15865	11468	104	103	103	111
哈尼族	751899	863370	687774	797562	14734	13419	12586	11866	109	108	117	114
傣族	578938	625176	580051	636135	9535	9262	9339	8728	100	98	102	106
傈僳族	326274	355374	308638	347465	5750	5211	5529	4992	106	102	104	104
仡佬族	310775	289369	268582	261377	6958	4499	6117	3716	116	111	114	121
拉祜族	234144	247667	219561	238299	4255	3360	4013	3287	107	104	106	102
佤族	202626	216439	193984	213270	3636	2877	3515	2800	104	101	103	103
水族	213488	213644	193414	198203	4442	4118	3718	3159	110	108	119	130
纳西族	154971	162635	145868	163660	2309	1677	2212	1499	101	99	104	112
仫佬族	107154	110516	100198	105714	7289	1905	6623	1639	107	105	110	116
羌族	155981	156539	150091	153037	2194	1840	2121	1760	104	102	103	105
景颇族	65291	71318	66852	76510	1316	1354	1192	1182	98	93	110	115
布朗族	47534	61230	44348	58409	980	1038	867	997	107	105	113	104
毛南族	56443	52836	50723	48356	749	922	662	756	111	109	113	122
普米族	17043	21433	16557	21428	306	326	276	305	103	100	111	107
阿昌族	17189	19751	16747	19804	364	414	345	422	103	100	106	98
怒族	14857	18907	13902	18616	273	302	275	290	107	102	99	104
京族	11328	14416	11181	13783	234	300	162	240	101	105	144	125
基诺族	10596	11744	10303	11399	155	203	151	192	103	103	103	106
德昂族	9032	10039	8903	10517	192	232	173	191	101	95	111	121

续表

性别民族	性别人数								性别比			
	总体男性		总体女性		0岁男性		0岁女性		总人口性别比		出生性别比	
	2000	2010	2000	2010	2000	2010	2000	2010	2000	2010	2000	2010
门巴族	4428	5261	4495	5300	93	126	98	76	99	99	95	166
独龙族	3649	3349	3777	3581	66	57	63	51	97	94	105	111
珞巴族	1484	1803	1481	1879	38	36	40	41	100	96	95	88
合计	28451854	30110212	26673148	28655451	493842	481945	432420	412238	107	105	114	117

资料来源：根据《2000年人口普查中国民族人口资料（上册）》，民族出版社2003年版，第540—579页："各民族分年龄、性别的人口"和《中国2010年人口普查分民族人口资料（上册）》，民族出版社2013年版，第817—876页："各民族分年龄、性别的人口"数据整理而得。

二 西南民族人口性别结构文化

（一）人口性别结构文化的形成与表现

一般认为，人口性别结构文化是基于男女两性社会特征、社会行为和社会关系而形成的价值观念、伦理道德、知识经验、风俗习惯、制度规范等意识形态中关于两性结构的认识及其表现。性别结构文化作为一种制度形式存在的社会性别观念——是与阶级、种族等并列的一个重要分析范畴，是社会基于生理性别的差异在社会的政治、经济、文化等领域对男女两性的行为、角色进行不同标准的规范和塑造的产物，是后天注入的，是家庭、社会长期教育的结果。性别结构文化是社会意识形态的上层建筑，与建立在一定经济基础和政治结构上的社会性别相对应，生产关系决定的经济基础和政治上层建筑决定了男女两性在社会中的基本地位和关系，并为观念层次的性别文化所反映、维护和调整。西南少数民族经历了数千年的前农业社会及农业社会的洗礼，形成了以农业及前农业社会人口性别结构文化为主体的西南民族人口性别结构文化，而其现代社会人口性别结构文化受传统人口性别结构文化和国家人口政策的影响，在新形势下表现出了新的特征。

1. 农业及农业前社会的西南民族人口性别结构文化

农业及农业前社会是以小农经济为主要生产方式的社会，该经济类型最显著的特点是对自然条件和劳动力有很强的依赖性，在技术水平和自然条件既定的情况下，劳动力就是生产的决定因素，因而西南少数民族长期注重人口的增长。在原始社会，女性因为生育价值的被肯定而登上历史舞台，由此开始了母系社会。进入农业社会，生产方式的进步和生产力的提高使男子逐渐在社会生产中崛起，男性因体力优势而受到偏爱。私有制的确立和家庭的出现，土地财产和男性紧密结合起来，男系偏重的财产继承方式使得男性取得了明显优于女性的社会经济地位，在此基础上，形成了"男主外，女主内"的性别分工，重男轻女观念与行为在西南民族人口性别文化中占据着主导地位，表现如下：

（1）养儿防老。男娶女嫁是西南少数民族的婚居模式。这种婚娶模式的结果是从夫居，这使得原则上女儿不能为娘家父母提供经济资助和生活照顾，而父母接受女儿的照顾可视为对亲家利益的冒犯。实际上，女儿自出嫁以后就变成了"外人"，为了避免家庭利益受到损害，女孩在被剥夺继承家产权的同时，也失去了赡养生身父母的权利，这使得多数情况下，主要由儿子来承担养老责任，这就必然使有强烈养儿防老需要的父母偏好男性，并刺激和增强人们的男孩偏好。反映在人们的道德、知识、民俗和制度上，养儿防老具有广泛的社会基础，可谓根深蒂固。例如，黑彝的"家支"制度，以父系血缘为纽带，民谚称"缺不得粮食，少不得家支"，

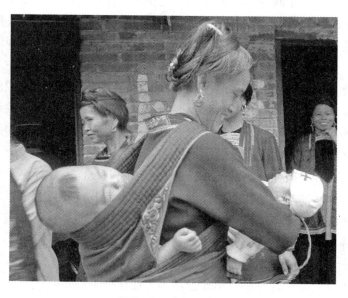

图 5-3　希望的喜悦

"猴子靠树林，彝人靠家支"，没有儿子意味着无人养老送终，意味着家支的灭亡，为保障"家支"的纯正，人们反对"招婿上门"和外人进入"家支"。在侗族地区，社会生活具有集团化特征，多节日、多仪式、重社交礼仪，"男主外、女主内"的家庭分工使得没有男性的家庭会失去很多社会参与的机会，养老也没有可靠的"支柱"，没有儿子的夫妇被视为"腰杆软"。传统壮族社会认为多子多福，尤其重视男孩，他们认为人丁兴旺，意味着家庭或家族有更多的劳动力，可以获得更多的生存与养老资源。

在许多西南少数民族的传统观念里，养儿是父母失去劳动力或卧病时的依靠，也是养老送终的实际承担者。这种观念下，强调在撒手归天前有人为自己备好棺材，死后风光地入土，方能"入土为安"。临终前，要有孝子在床前守护；出殡时，由长子捧灵在前，其余人按辈分、长幼紧随其后，三步一跪，五步一磕，在凄惨的号哭中将老人送至墓地，下葬、封墓、垒坟、立碑、烧钱化纸，才算一个完整的葬礼。此外，对亡灵"慰问"和"照料"的祭拜活动也是不可缺少的环节。每年的正月初一，晚辈要带着死者生前喜欢的食品、纸钱、鞭炮到坟前祭拜，为给先人"拜年"；清明时节，要为亡人扫墓，各个房族轮流饲养上坟的牲畜以作为祭祀物品，亲朋好友在坟前喝酒聊天、共议家事，不仅"热闹"了祖先，而且加强了家族的联系。这些，事实上暗示、导向着人们的生育观和生育行为：只有儿子，才有人为死者端灵牌，只有儿子才能将姓名刻在墓碑上；只有多子女，尤其是多弟兄，亲朋好友才多，丧事才会办得体面、热闹。多子女的"优势"和"光彩"在民族社会长期被视为一种价值而被追求、实践。

养儿防老的另一层含义在于保障年老时的社会地位，尤其是不受歧视。如苗族视无后为"绝户"，被认为是因果报应和不吉利，以致很多场合活动禁止无后家庭进入、参与。人们一般只请儿女双全的"全福"之人来主持婚礼、祭祀仪式等，没有子女不仅意味着失去很多社会参与的机会，在公共事务中没有话语权，甚而备受讥讽，如有的苗族地区对死亡无子女者不能当人埋，死后只是草草掩埋，不垒坟堆，不砌石头，不立墓碑。这些均对人们的生育观具有潜移默化的影响。

（2）传宗接代。西南地区不少民族有"树怕断根，人怕绝后"的说法，人们生男不仅是养老的需要，也是保障家族血脉传承的心理固结。第一次社会大分工的出现使男性在社会中的体力优势得以体现，伴随种植业而形成的居所的稳定，利于推动血缘关系的父系确认，父子联名制是其集中体现。侯德昌先生在《西江苗寨简史》手稿中记载了迁徙到西江的苗族祖先引虎飞的父子联名制世系，从清代雍乾年间采用汉姓截止往后推算，共经历了 280 多代，按 20 年一代计算，可往后反推 5600 年以上，时间跨度直达原始社会父系氏族社会的五帝时期。① 封建政府在当地建制管辖以来，西南民族地区血缘传承的重要性受外来文化的强化，如被赐予汉姓的贵州省黔东南州的台江一带，在明清时期开始采用"姓＋字辈＋名"的命名方式，姓、字辈都具有传宗接代意义，如台江台拱寨王姓字辈是"朝廷恩光治，平文安家邦"；郎登寨张姓字辈是"盛邦化日长，玉文正呈祥，明道自心得"。② 在血缘传承观念下，人们总是将自己看作由祖宗传下来的生命之环中的环节，将这链环延续下去是他们此生不可失掉的责任和生活目标，如果让祖辈传递下来的链环在自己这一代断裂，这是任何人都难以承受的道德罪责。因此，妇女如生了男孩，家人便欢天喜地，妇女家庭地位也得以确立，是谓"母以子贵"；而生了女孩却往往备受冷遇，二胎不见儿子的往往要谈离婚之事。在黎平县地坪的花桥和高青寨旁的民国时期"栽岩"碑文第九条规定："婚后无育，双方同意，经寨老裁决可以离婚，其财产，男的归男，女的归女。离婚后男婚女嫁互不相干。"③ 新中国成立前夕，从江县的苗族中如妻子不生育或有女无子，男方年过 40 后可以纳妾，在调查的纳妾中还包括贫农。④ 民族习惯法一般在保障婚姻稳定上发挥作用，但传宗接代可凌驾在该原则之上，人们对子嗣的重视可见一斑。

（3）财产的单系继承。男子取得支配生活资料的权力后，开始将生活资料转化为私有财产，进而产生了将财产传给子女的需要。民国时期，贵州"苗夷地区""一般女子均不承受财产……亦有疼爱其女分给少许田地，嫁后随婿耕种，惟田契留于母家，此女死后田须婿家归母家，此即俗

---

① 张晓：《西江苗族妇女口述史研究》，贵州人民出版社 1997 年版，第 18 页。
② 贵州省编辑组：《苗族社会历史调查》，贵州人民出版社 1986 年版，第 405 页。
③ 伍新福：《苗族文化史》，四川人民出版社 2000 年版，第 237 页。
④ 贵州省编辑组：《苗族社会历史调查》，贵州人民出版社 1986 年版，第 86 页。

语'还姑娘田''姑娘土，归舅主'之讲也"①。用"肥水不外流"来概括家产的继承限于男性的原因是比较适合的，贵州"苗夷地区"各民族一般聚族而居，同姓不婚，通婚圈限于不同血缘的某个固定的族群，从而形成了两者不同的家族利益，女孩出嫁后带走财产就是对娘家利益的损害，族人对此有权过问和干涉。姑娘嫁入夫家后，其在新家庭中地位的确立往往只能依靠生育一个可以传承血脉和继承财产的男孩后才得以确认。财产的单系继承在西南民族社会，尤其是农村社会是一个普遍的现象，这种现象时至现今尚未有明显性的改变。

（4）性别歧视。"母权制的被推翻，乃是女性的具有世界意义的失败。"② 随着社会生产方式和性别分工的变化，女性开始沦为男性的附庸，丧失了先前的自由和尊重，重男轻女的价值观逐渐被普遍认同。西南民族人口性别结构文化在体现"重男"的同时，包括了"轻女"的一面。侗族地区谚语有"十刀不及一斧，十女不及一男"之说，是男性体力优势在生产劳动中的客观反映，但长期以来逐渐引申至其他领域，如寨老、鬼师、活路头等村寨领袖均为男性，大型祭祀活动基本由男性来组织，其原因很大程度上在于对女性劣等的判断。享誉世界的"千户苗寨"——西江苗族有一种"害羞文化"，③ 产生于人们有一种对"性"的耻辱感，并通过这种禁锢来限制两性的交往，尤其是避免婚前的性行为。新娘的害羞源于其作为"性"的角色被嫁入夫家的。长期以来，女性受到性耻辱感的禁锢，而且成了"性"的化身，即人们对"性"的耻辱感某种程度上被转到了女性身上。此外，西南一些民族中，至今仍有关于"蛊"的传说和恐惧。过去，人们认为"蛊为女子遗传而得，有蛊之女，其毒常发作，周身不舒，乃不得不乘时纵出以害人，……若不纵出，则必害其自身。"④ 中蛊之症状为"绞肠吐泻，十指皆黑，吐水不沉，嚼豆不腥，含矾不苦，是其证也"。有学者认为，"蛊"产生于阶级社会出现之前的一种"性妒忌"心理，当一个集团的男性无法得到另一个集团的女性时，

---

①　吴泽霖、陈国均：《贵州苗夷社会研究》，民族出版社 2004 年版，第 85 页。
②　［德］恩格斯：《家庭、私有制和国家的起源》，人民出版社 1999 年版，第 57 页。
③　张晓：《西江苗族妇女口述史研究》，贵州人民出版社 1997 年版，第 85 页。
④　吴泽霖、陈国均：《贵州苗夷社会研究》，民族出版社 2004 年版，第 204 页。

便想办法孤立对方，以致"被疑为有蛊之女子，必终身无人娶之为妻"。①
女性在一定程度上被认为是邪恶的化身。上述种种，均反向强化着人们的
男孩偏好。

2. 现代社会的西南民族人口性别结构文化

新中国成立后，人口性别结构文化开始向现代型迈进。而现代型人口
性别结构文化是一种张扬两性平等的性别文化，强调两性同时具有独立的
人格和尊严，表现为妇女地位和社会参与度的提高，改变传统妇女依附丈
夫、生育子女、操持家务的社会角色；将妇女发展纳入世界和平与发展的
主题，强调女性的主体性和参与性，妇女从家庭走向社会。西南民族在国
家、政府各项制度和政策的贯彻执行和现代文化的影响下，生育观念和性
别观念也在逐渐改变，女性的社会地位和合法权益不断得到保障，现代型
人口性别结构文化正在形成。

其一，新中国成立以来，政府将实现男女平等作为一项基本国策，积
极推动妇女解放，提高妇女地位，并制定了一系列保障妇女权益的法律制
度。我国《宪法》第 48 条规定："中华人民共和国妇女在政治的、经济
的、文化的、社会的和家庭的生活等各方面享有与男子平等的权利。"
《民法通则》《劳动法》《教育法》《婚姻法》《母婴保健法》《未成年人
保护法》《预防未成年人犯罪法》《村民委员会组织法》《人口与计划生
育法》《全国人民代表
大会关于严惩拐卖绑架
妇女儿童犯罪分子的决
定》《计划生育技术服
务管理条例》《流动人
口计划生育工作管理办
法》等法律、行政法规、
地方性法规、计划生育
部门及地方政府规章中
都有对妇女权益的特殊
保护条款。这些宏观国

图 5 - 4　性别平等和谐宣传牌

---

① 傅安辉：《西南民族地区放蛊传说透视》，《黔东南民族师范高等专科学校学报》2005 年
第 2 期。

策和法律制度在西南少数民族中的贯彻落实，逐渐改变了传统型人口性别结构文化中性别歧视的消极内容，保证了女孩与男孩享有同等接受教育的权利，保证了女儿同儿子有平等继承家产的权利，有权依法按照自己的意愿选择、决定、变更姓名的权利。同时，规定夫妇负有共同赡养双方父母的义务，倡导男到女家落户，"生男生女一样好"。这些制度的建立和相关规定，保障了妇女地位的提高，推动了西南民族人口性别结构文化向现代型迈进。

其二，人口计划生育政策的全面推行，及其与计生政策相联系的各项奖励扶助政策的实施，成为推动西南民族人口性别结构文化发展的动力。政府主导下的人口计划生育工作，使少数民族群众生育活动逐渐向有意识、有理性、有科学指导的人口性别结构文化转变，有利于真正意义上的妇女解放。20世纪90年代以来，西南民族地区广泛开展"婚育新风进万家"活动，广泛宣传"晚婚晚育、少生优生、男女平等、生男生女一样好、女儿也是传后人、计划生育丈夫有责"等新型婚育观念；同时开展了普及避孕节育、生殖健康保健知识，开展公民道德教育和精神文明建设，使得越来越多的少数民族群众接受了这些新观念，使计划生育逐渐成了人们的自觉行动。这些政策和措施也为人口性别结构文化的发展创造了良好的人口环境。

其三，控制出生性别比失调的法律保障体系和利益导向机制逐步建立，促进了性别平等的现代型人口性别结构文化的形成。西南民族自治地区或依据国家、省、地、州、市相关法律、法规，或在此基础上结合当地实际情况，制定出具体的法规和实施细则，对出生性别比失调问题进行综合治理。到目前为止，西南民族地区已逐步建立起以国家相关法律、法规为指导，各省相关法律法规为主体，市（州、地）、县相关法规为补充的法律框架，对监管主体、监管对象、监管内容、法律责任等做出了详细的规定，为治理出生性别比失调提供了较为全面的法律保障体系。因相关章节有载，在此不再赘述。

（二）人口性别结构文化的影响

人口发展是各个人口要素相互作用的过程，强调人口数量、素质和结构的相互关系的变化与改善，意味着人口数量适中、人口质量不断提高和人口构成不断优化。文化变迁的滞后性，决定了西南少数民族传统人口性别结构文化至今仍通过影响人们的生育观影响着人们的生育行为，影响着人口的发展。

在传统民族社会中，重男轻女、男尊女卑的性别价值取向构成了人口性别结构文化的核心内容，在按男系做计算世系方法（典型者如父子连名制）和男性享有继承权的规制下，生育儿子、延续"香火"以不绝祖嗣成了生育行为的刚性追求，为求有后，早婚早育成了民俗社会中的重要现象；为了"续绝"，过继、领养、离婚再娶等在一些民族中已成制度性规范。人口的生育率和增长率因之而高位徘徊，这从西南大多数民族的发展史迹中就可以看出。同时，由于性别结构文化的"别子为祖"，使西南民族社会中的土地财产和男性结合起来，确立了私有财产、社会地位、荣誉等都是根据血缘纽带传递继承的制度，女儿则嫁即"归"，不算是家族中的成员，只能以"亲戚"相待，是谓"嫁出去的女泼出去的水"，女儿没有分割、继承财产的资格，这种现象一直在民族社会中主流地存在着，如女儿外嫁后不能再耕种自己的承包地，更不能变相带走而只能权属于父母兄弟就是明例，民族地区的私有制家族制度和宗法统治因之而得以维护和巩固。

在当代社会，传统人口性别文化作为环境变量，对人口发展，尤其是对人口素质的影响仍然较大，其主要体现为在特定观念下两性在获得赖以提高自身素质的资源和机会方面的差异上。这里我们从"群众生育意愿调查"①"在家庭经济条件有限时，谁成绩好谁先上学的占81.70％，让儿子先上的占13.72％，让女儿先上的占4.57％"的问卷结果看出，总体上多数人在观念上赞成子女教育上的性别平等，但仅就后两项来看，让儿子先上学的比例比让女儿先上的高3倍多，可见尽管多数人认为在子女教育上一视同仁，但仍存在事实上的不平等。如2000年，贵州省黔东南州适龄女童入学率有半数县低于70％，1997年入学的52990名女童到2002年时仅剩余20844人，坚持读完初小的比例仅为50.3％。②"五普"时，黔东南州15岁及其以上文盲人口比例为16.8％，其中男性文盲人口比例为

---

① 国家社科基金项目《西南民族地区出生性别比失调问题研究》（05XRK003）课题组于2007年7月在课题区域开展了"群众生育意愿调查"。所述数据均系问卷数据统计而得。

② 贵州省人口和计划生育委员会：《贵州省"关爱女孩行动"工作资料汇编》，2004年。

7.68%，女性人口文盲比例为 26.75%，女性文盲率比男性高约 3.5 倍；全州每 10 万人口中的受高等教育程度（大专以上）人数为 1280 人，其中每 10 万男性人口中的受高等教育人数为 1765 人，每 10 万女性人口中的受高等教育人数为 734 人，男性每 10 万人口中的受高等教育程度人数是女性的 2.4 倍。[①]

众所周知，在人口生命历程的早期，低龄人口生命的脆弱性决定了其对父母照料的依赖较大，因而低龄人口既是衡量人口身体素质的重要指标，又是体现资源分配之于低龄性别人口差异的晴雨表。我们再以贵州省黔东南州为例：从低龄人口分性别死亡情况看，据黔东南州"五普"资料，0 岁人口死亡性别比为 80.55，其中男婴死亡率为 61.41‰，女婴死亡率为 98.64‰，女婴死亡率比男婴高 37.23 个千分点；0—4 岁男童死亡率为 14.4‰，女童死亡率为 21.5‰，女童死亡率比男童死亡率高 7.1 个千分点。这与在正常状态下男婴死亡率略高于女婴的一般规律相悖，可见，人们在对子女的照料上仍然存在着事实上的不平等。[②]

不可否认，在传统民族人口性别结构文化中，既存在着男女平等、生男生女都一样的理念，如部分藏族、羌族、壮族、纳西族等；又有着重男不轻女，甚至是重女轻男的意识，如傣族、部分侗族、壮族、瑶族等，其中云南的纳西族、普米族更视女儿为传宗接代的根种，"无男不愁儿，无女就断根"，没有女儿的家庭往往要过继一个女儿来"传宗接代"[③]；也存在着妇女为争取平等权益而做出的抗争与努力，如黔东南清水江畔侗族妇女的经济社会组织妇女会、"宁劳"以及经济活动"妇女井""争江"等有较大的影响[④]，但都有如滚滚江河之涓涓细流始终处于被淹没的状态。不难看出，真正在西南民族社会开始男女平等、构建先进的现代型的人口性别结构文化，应是新中国成立后的实践壮举。西南民族人口性别结构文化的当代构建，正在推动着西南各民族人口向着现代性、均衡型的方向发展。

---

①　贵州省黔东南苗族侗族自治州第五次人口普查办公室：《黔东南苗族侗族自治州 2000 年人口普查资料汇编》，2002 年编印，第 76—83 页。

②　彭德乔：《黔东南人口性别文化》，硕士学位论文，贵州大学，2008 年 3 月 1 日。

③　张天路：《民族人口学》，中国人口出版社 2010 年版，第 199—201 页。

④　杨蕴希：《近代三门塘男女平等思想的表现及原因》，《人口·社会·法制研究》2009 年卷，知识产权出版社 2010 年版，第 425—428 页。

第三节　人口族际结构文化

一　西南民族人口族际结构概况

大杂居、小聚居的 30 多个西南少数民族，尽管各自形成的时间有早有晚，但都拥有悠久的历史和让人惊叹的人口文化，他们都在历史发展过程中通过各种形式的交往，战胜各种艰难险阻，共同开发西南民族地区，推进了西南民族地区政治、经济、文卫、科技等各项事业不断向前发展，体现出了极其生动的族际关系和内涵丰富的族际文化。

中国西南虽然民族众多，但从族属的亲缘关系上看，不外乎以藏缅语族各族、壮侗语族各族、苗瑶语族各族为主。新石器时代，中国境内的西北、东南沿海分别出现了一些民族群体，同时，西南地区也有众多民族群体分布，并分别与西北、东南沿海的各民族联系密切。以西北甘青高原为中心的氐羌民族和以东南沿海为中心的百越民族，其分布都一直延伸到西南各地。属于氐羌民族的人口，多散居在今四川的西北部和西南部，云南的北部、东北部和西部、西北部，贵州的西部；属于百越民族的人口，则散及今贵州全省和云南的东部、东南部、南部、西南部；壮侗语族的人口，多分布在广西全境、贵州中南部和云南南部。[①] 此后，孟高棉民族的部分先民也进入云南南部。而苗、瑶民族的先民进入西南的时间相对较晚，且持续的时间很长，汉族则在秦汉时期就有移民不断进入西南。可以认为，西南少数民族在形成和发展过程中不断与其他民族进行交往融合，这其中既有汉族吸收少数民族，也有汉族因为通婚的原因部分融入少数民族中，使少数民族的人口始终处于变动之中（第六章有较为具体的阐述）。如元、明、清时期的汉族吸收少数民族有两种情况：一是主动地、不自觉地融入汉族；二是在封建统治阶级大汉族主义的压迫下，部分少数民族在民族传统上有所保持，但为了避免遭受民族歧视而称汉族，实际上这种现象只是一种民族的假融合。明代以后进入西南边疆的汉族因为通婚

---

①　王文光、朱映:《中国西南民族史研究论纲》,《西南边疆民族研究》2010 年第 1 期。

的原因，也有部分融入边疆民族之中。总之，由于民族分布地域的变化，民族聚居的状态被打破，生产方式和文化习俗的变更逐渐形成了今天的人口分布居住格局，为我们认识、分析西南人口族际结构及其相应的人口族际结构文化提供并展现了基本的民族历史图景。

人口族际结构是人口结构三大类中的社会结构的一个"结构"部分，是指各少数民族人口在少数民族总人口的比例关系及其在长期的历史进程中相互交往而产生的人口发展变动状况。在一个国家或地区中，同时存在着若干民族，而且，这些民族相互之间进行着经济、思想、文化等方面的交流活动和不断的迁徙活动，在居住地域上呈现出民族大杂居、小聚居的人口格局，这样的人口格局必然会使各民族之间相互交流融合，并促进各民族人口繁衍发展，这是人口族际结构形成的前提。

图 5 - 5　族际通婚

在漫长的历史长河中由于历代王朝统治者推行民族压迫政策，使各少数民族民众都成为直接的被压迫者、受害者，许多少数民族生存空间不断被压缩，不得不避居高山深谷、寒峰密林、交通不便的山区，形成了人口族际结构分布的大分散、小集中和各少数民族成片聚居、多民族杂居的特点。兹以 2000 年、2010 年西南民族人口族际结构变动情况为例作相关的简要分析（详见表 5 - 4 和第二章"西南民族人口文化生境"表 2 - 2）。

表5-4　　　**2000年、2010年西南民族人口族际结构基本情况**　　（单位：人）

民族	人口数		所占比例（％）		民族	人口数		所占比例（％）	
	2000	2010	2000	2010		2000	2010	2000	2010
壮族	16178811	16926381	29.35	15.12	纳西族	300839	326295	0.56	0.291
苗族	8940116	9426007	16.22	8.42	仫佬族	207352	216257	0.38	0.276
彝族	7762272	8714393	14.08	7.78	羌族	306072	309576	0.56	0.193
藏族	5416021	6282187	9.82	5.61	景颇族	132143	147828	0.24	0.132
布依族	2971460	2879974	5.39	2.57	布朗族	91882	119639	0.17	0.107
侗族	2960293	2870034	5.37	2.56	毛南族	107116	101192	0.19	0.090
瑶族	2637421	2796003	4.78	2.49	普米族	33600	42861	0.06	0.038
白族	1858063	1933510	3.37	1.73	阿昌族	33936	39555	0.06	0.035
哈尼族	1439673	1660932	2.61	1.48	怒族	29759	37523	0.05	0.034
傣族	1158989	1261311	2.10	1.13	京族	22517	28199	0.04	0.025
傈僳族	634912	702839	1.15	0.63	基诺族	20899	23143	0.04	0.021
仡佬族	579357	550746	1.05	0.49	德昂族	17935	20556	0.03	0.018
拉祜族	453705	485966	0.82	0.43	门巴族	8923	10561	0.02	0.009
佤族	396610	429709	0.72	0.38	独龙族	7426	6930	0.01	0.006
水族	406902	411847	0.74	0.37	珞巴族	2965	3682	0.01	0.003

资料来源：根据《中国民族统计年鉴》（1949—1994）、《中国统计年鉴2003》、2000年、2010年全国第五次人口普查等有关资料整理而成。

表5-4显示，2010年西南各少数民族族际人口比例仍然以壮族的15.12%为最高，以珞巴族的0.003%为最低。各少数民族人口族际结构较2000年均呈下降趋势。其中，壮族下降14.23个百分点；苗族下降7.8个百分点；彝族下降6.3个百分点；藏族下降4.21个百分点；布依族下降2.82个百分点；侗族下降2.81个百分点；瑶族下降2.29个百分点；白族下降1.64个百分点；哈尼族下降1.13个百分点。

表5-4和第二章"西南民族人口文化生境"表2-2呈现了西南少数民族的一个基本人口数与分布状况，即西南少数民族具有居住分散、分布较广、多民族杂居、个别民族在小范围内聚居的特点。认识到这一特点，有利于制定西南民族地区的社会经济发展规划、经济政策、民族政策和人口政策，有利于提高人口素质，实现各民族的共同繁荣发展。也正是这样的居住特点，产生了丰富多彩的西南民族人口族际结构文化。

二　西南民族人口族际结构文化

正如前述，目前对人口文化、人口结构文化的定义较少，而人口族际结构文化更是如此，但不同的文化总是不同民族智慧的结晶，文化因此被打上了深深的民族的印记。根据田雪原先生对人口结构文化的定义及其含义，可以认为，人口族际结构文化是人口结构文化中的一个"子结构文化"，或说是"子文化"之一，是关于民族与民族间相互交往、互动而形成的文化的总称，是民族人口结构文化中的一个有机组成部分。

（一）人口族际结构文化的形成与表现

民族一经形成就具有一定的稳定性和文化性，即形成了本民族文化，也在与其他民族发生政治、经济、文化的联系。从以上关于人口族际结构文化的定义看出，西南各少数民族族际经济文化交流、民族迁徙杂居、族际通婚等民族互动交往就是其人口族际结构文化的表现。而且，这种人口族际结构文化在现代社会更成为推动民族关系发展的重要力量。

图 5-6　佤族服饰

西南民族分布体现出了"杂居"与"聚居"关系，不同民族大体上有着自己传统的聚居地，同时又散居于其他民族传统的聚居地当中。例如，苗族和侗族在贵州以及周边地区均有分布，而尤以贵州的东南部为聚居地区。因此，在贵州东南部的族际关系结构中，苗族和侗族大体上构成了族际关系结构中的主要方面。再如，彝族主要聚居在四川西南部、云南东北部和贵州西北部的毗邻地区，尤以"大小凉山"和贵州西北部为主要区域。在这一地区，彝族显然在族际关系方面处于一种"强势"地位。因此，族际关系是随着聚居情况的不同而有不同的表现。也就是说，在"大杂居、小聚居"的总体架构中，民族聚居程度的强弱、聚居人口的多少，对于族际关系的影响是十分显著的。这种影响主要表现为聚居程度高、人口众多的民族往往会对周边其他民族产生影响，或提供一种文化交流的"标准"。[①] 这种"标准"在该区域内起着"中心"文化或主流文化的作用。

　　西南民族的族际关系结构主要是通过各少数民族之间民间交往来实现的。因此，各少数民族之间民间交往的频度、特点直接影响着西南民族族际关系的特点。而推动西南各少数民族之间交往的因素，通常是经济和文化的互动，构成了在这一结构中影响族际关系的主要因素。在共同缔造西南历史的过程中，彼此结成了相互离不开的密切关系。这种密切关系的发生，大体与西南特有的多样性的生态环境以及各民族所操持的多样的生计方式、聚落形态，并与通婚、交易等有关。这其中，经济文化类型对于族际结构的形成具有重要的影响。

　　经济文化类型基本定义是居住在相似的自然地理条件下，并有近似的社会发展水平的各民族在历史上形成的经济和文化特点的综合体。经济文化类型不是单纯的经济类型，而是经济和文化相互联系的特点的综合体，具有超地区性的特征。每一个类型的特征首先取决于该类型所处的地理条件所规定的经济发展方向。[②] 西南地区经济文化类型有采集渔猎、高山草场畜牧、山林刀耕火种、丘陵稻作、山地耕牧等类型，其多样性使得各民族所操持的生计方式具有多元的特征，因而使不同民族之间的交往具备了客观基础。而由操持不同生计方式的各民族建立的各种形式的联系，是历史上西南民族族际结构的重要内容。在西南各民族的经济文化类型和生计方式的演进过程中，客观上存在一种"趋同"的方向，有着向定居农耕过渡和发展的清晰脉络。因此，各民族对于资源的分配（或重新分配）

---

①　蒋立松：《略论西南民族关系的三重结构》，《贵州民族研究》2005 年第 3 期。
②　林耀华：《民族学通论》（修订本），中央民族大学出版社 1997 年版，第 80 页。

是影响西南地区民族关系的重要变量。在一个相当规模的空间范围内并存着众多的民族，其族际文化制衡格局未受到扰动前，相关的各民族各自按照不同的方式对区域内的资源相关部分加以利用。而由于各种自然或社会原因而导致区域内族际文化制衡格局发生扰动后，相关各民族文化处于调适期，各民族生境已存在的资源问题不尽相同，这就使得资源利用条件发生了相应的变化，从而表现为人为资源利用格局的失控，使过去操持其他类型生计方式的民族不得不重新选择自己的生计方式，以适应这种变化。此外，特殊的地理环境也在很大程度上限制了整个西南少数民族地区的对外交流，同时，也限制了西南少数民族内部族际文化上的整合。[①] 今天，西南民族地区有如此多的少数民族及其支系，有如此独具魅力的民族文化多样性，是与其地理格局紧密相连的。

图 5 - 7　洞中人家——紫云中洞

从历史上来看，西南少数民族的分布居住格局大体上是由于民族迁徙而形成的。民族迁徙实质上是民族融合和发展过程的重要内容。这是因为民族过程本身是动态的，而民族迁徙在这一动态过程中，不仅表现为民族

---

① 蒋立松：《经济文化类型：西南地区民族关系的物质基础》，《西南民族大学学报》（人文社会科学版）2005 年第 5 期。

在空间范围内的流动，而且还表现为民族的文化、语言、生计方式等各方面的变迁。同时，这种变迁又往往是在与其他民族的不断接触和文化交流过程中完成的。因此，民族迁徙、民族过程、族际关系这三者是紧密联系在一起的。探讨民族迁徙对于族际关系的影响，必须将民族过程与族际关系联系在一起，并放在一个动态的历史环境中进行考察。① 从第六章"西南民族人口迁移流动文化"可知，民族迁徙对于西南地区族际关系的格局的影响是重大的。今天西南地区多主体的族际关系格局，大体上与古代的民族迁徙、融合有极大的关系。

族际婚姻是传统农业社会人口族际结构文化的组成部分，许多民族逐渐通过族际联姻来实现族际之间的休养生息与和平共处，而且，族际联姻也是推动婚姻文化发生变化的重要因素。通过联姻，外来民族文化亦可在不与本民族文化相冲突的情况下，与本民族文化有机结合，从而构成新的文化体系。不过，族际联姻在传统农业社会是很少的，西南少数民族之间在婚姻选择上大体还遵循着族内婚的原则。这种原则在西南各少数民族的婚姻选择上大都如此，不同民族之间尽管地域很近，但是相互之间联姻的情况却很少；即使在云南这种多民族聚居的地区，也保持了非常高的同族通婚比例，如表 5－5 所列的 30 个西南少数民族，2000 年族际通婚率超过 40% 的只有京族、仫佬族、独龙族和仡佬族，30%—40% 的有珞巴族、毛南族和普米族，20%—30% 的有怒、阿昌、布朗、水、瑶、白、侗、纳西、苗等 13 个民族，在 20% 以下的有彝、傣、门巴、德昂、景颇等 10 个民族。族际通婚率最高的京族（54.26%）与最低的藏族（7.70%）相差 46.56 个百分点，占 30 个民族 86.67% 者未超过 40%。总体来说，一方面，在西南民族中混合民族家庭仍然只是少数现象，与异族通婚在少数民族区仍然普遍不是人们的选择。但另一方面也应该看到，西南各民族之间族际通婚已经和正在发生的消除隔离逐渐扩大的现象，标志着西南各民族人口的族际关系已经有了更为广泛而深入的血缘基础，并为多民族的文化族际交流打下了基础。

---

① 蒋立松：《略论西南民族关系的三重结构》，《贵州民族研究》2005 年第 3 期。

表5-5 2000年西南各民族族际通婚状况

民族	通婚率（%）	位次	民族	通婚率（%）	位次
京族	54.26	1	苗族	23.83	16
仫佬族	51.60	2	拉祜族	22.96	17
独龙族	46.02	3	基诺族	21.61	18
仡佬族	42.26	4	羌族	21.43	19
珞巴族	39.70	5	布依族	20.06	20
毛南族	33.68	6	彝族	19.22	21
普米族	32.83	7	傣族	18.95	22
怒族	29.90	8	门巴族	17.42	23
阿昌族	29.36	9	德昂族	15.69	24
布朗族	28.07	10	景颇族	15.54	25
水族	27.81	11	壮族	14.57	26
瑶族	26.46	12	哈尼族	14.24	27
白族	25.43	13	佤族	13.92	28
侗族	25.16	14	傈僳族	13.77	29
纳西族	23.96	15	藏族	7.70	30

资料来源：郝时远、吴兴旺：《中国少数民族人口的发展与回顾》，载郝时远、王希恩主编《中国民族发展报告（2001—2006）》，社会科学文献出版社2006年版，第226页。

说明：这里的通婚率是指该民族与其他民族通婚总人口占该民族已婚总人口的比重。

新中国成立以来，尤其是改革开放以来，西南民族经济文化发生了较大的变化，族际经济文化交流越来越频繁，作为民族的群体迁徙情况少了，但是民族人口的迁移流动规模却越来越大，族际之间通婚的现象也越来越多，族际文化的交流与融合也呈现出多样化的特征，这些造就了西南民族现代人口族际结构文化的变动。

在现代社会，族际人口流迁是西南民族人口发展变动的最主要特点，由族际人口流迁带来的民族文化交融和变迁应该是人口族际结构文化现代变迁的主要特征。族际人口的流迁给人口族际结构文化带来了许多新的变化，其中最主要的是族性的张扬与融合。族际人口流迁既是一个张扬族性、增强认同的过程，又是一个消弭差异、增加共性的过程，两个过程是矛盾的，又是共存的、统一的。因此，族际人口流迁的总体趋向是差异族性的下降、共性的增多和融合的实现。

图 5 - 8 德宏景颇族的传统节日——目脑纵歌节

应该看到，人口族际结构文化在现代文化多元、个性张扬的社会里，面临着诸多的挑战和冲突。人口族际结构文化是反映和体现族际之间交流、促进民族共融的一种结构文化，在历史上起了积极的作用，并在现代社会也有其重要的文化价值体现。但也应看到，人口族际结构文化毕竟属于传统文化，任何一个民族的传统文化都具有鲜明的特性、个性，也具有明显的时代性。进入现代社会后，传统文化作为历史的积淀仍然存在着，负载着一个民族发展的价值取向，影响着一个民族的生产生活方式。人口族际结构文化中优秀的成果既体现着民族特性，更属于族际间的多元文化，从保护文化多元的角度来说，应该积极加以扶持，并不断融入现代社会的"文化因子"，使之更加完善繁荣和发扬光大。只有这样，才能在文化变迁中把握族际交往的方向，构建和谐的族际关系，实现西南各民族的繁荣富裕。

（二）人口族际结构文化的影响

1. 对于人口发展变动的影响

各个民族或民族地区多种多样的社会经济形态、风俗习惯、心理特征和宗教信仰等，都从不同的侧面对其人口变动起着影响。如在风俗习惯上，藏、壮、瑶、傣、景颇、哈尼、布依、侗等民族的某些地区，还保留着"从妻居""不落夫家""姑舅表婚"等习俗，这些习俗的保存，直接导致了少数民族早婚早育现象相当普遍，影响了民族地区计划生育、优生优育政策的顺利推行。又如在宗教信仰上，西南民族中万物有灵的原始宗教认为，一切事物皆有精灵寄托，所以崇拜多种鬼神为其表现形式，这一神灵崇拜观念，促使人们形成了渴望多子多孙的生育观。各种宗教都有自己崇拜的神灵，在这些神灵中，既有最高的神，也有一种专门管理有关婚配和生育的职能神，他们都管理着人类的婚姻、配偶和生育。如门巴、白、羌等族崇拜的神灵中，专门管理生儿育女的神就有近 10 个。西南少数民族的宗教信仰有的起着鼓励生育的作用。以云南信仰小乘佛教的少数民族为例，在云南少数民族中，傣、布朗、阿昌、佤、德昂等民族皆信仰此教。小乘佛教除了对这些民族的政治、经济、文化有影响外，还对其人口的婚育有深刻的影响。小乘佛教认为一切生命都有灵魂，故有"不害"（不伤害有生命的物类）的原则。这种教义演变到现今对待生育方面的观点则认为：妇女生儿育女是命中注定，是佛的安排。妇女生孩子如同鸡下蛋，是自然行为。由于宗教对这些民族的渗透，使得信仰小乘佛教的傣、布朗等民族的出生率很高。同时，西南少数民族中还有抑制生育、厌恶生育的宗教观念。如藏族人民的生育观深深打上了佛教的印记。在西藏，由于僧尼不能婚育、不需要从事生产，从而使藏族的人口出生率一直偏低。

在当代民族社会，族际之间的交往和通婚对于人口质量的提高具有重要的作用，它增加了各民族人民之间交流和接触的机会，改变了人们传统的婚姻模式和生育行为，使更多的人口按照现代的婚姻模式和生育模式进行家庭组合和人口再生产，这有利于民族体质的提高和血统的融合，有利于提高出生人口质量和促进民族人口现代化的进程。如前所述，族际交往和通婚，尤其是族际通婚的面还不是很宽，但还是在以不断增长的态势在扩展着。随着族际交往的愈益频繁，文化间交流的频率加快，各民族人口素质的提高，族际通婚的面会更加放大，这又无疑会反过来促进民族之间的交流交往和促进民族人口综合素质的全面提高。族际通婚的增加是族际人口流动迁移的结果，也是经济社会发展过程中必然出现的正常现象。

2. 对经济社会发展的影响

西南各民族通过交往，使先进的生产生活工具、技术、经验在相较落后的地方得以传播和借鉴，如在民族地区普遍存在的梯田文化、稻作方式、稻林渔鸭生计、蜡染技艺、牛耕牧用等，从而推动了民族地区生产方式的变革和经济的发展，为民族的生存、人口的增加获得了必要的生存发展资源。由于资源禀赋、文化生境的相同或相近，在民族交往的作用下，在近现代，西南各民族之间经济文化类型在逐渐趋同，而这种"趋同"本身就是人口族际结构文化对经济文化影响的结果。而且，在现代社会，族际人口流迁本身就是劳动力资源的再配置、推动经济社会发展的人口变动现象，有利于人口流入地区的产业经济和社会事业发展，也有利于人口流出地区人口的再分布和社会福利增长。普遍的观点认为，人口流迁的增加是流入地区经济社会发展带来的拉力所致，人口的流入更进一步加快流入地区经济社会发展，同时也会给予流出地以经济、社会生活、观念、文化与发展的影响，带来系列的文化变迁。而西南民族和民族地区如何面对族际交往而带来的文化变迁？我们认为，正确的态度是站在改革开放、民族团结共同发展繁荣的大视野下，通过现代文化、科学、技术的输入和异质优秀文化的传播，并用典型案例加以示范、引导、启发，发挥各民族自己的能动性，以文化自觉、文化创新的视野对本民族文化进行积极内容的增加、消极因素的改造和原有质量的提高，在"各美其美"的基础上，实现各民族的"美美与共"，这是西南民族人口族际结构文化之于民族经济社会发展的当代要求与文化方向。

第四节　人口空间结构文化

一　人口空间结构与人口空间结构文化

（一）人口空间结构的定义与分类

具有一定数量、质量和构成的人口，必然是生活在一定的地域空间上的人口，因此也就必然存在着一定的人口地域空间的结构分布状态。人口空间结构是指一定时点上，人口在地理空间的集散状态或人口过程在空间上的表现形式。任何人口过程和人口现象及影响因素，不仅属于一定的历史范畴，发生和发展有其时间上的阶段性，而且又都离不开特定的地理空间，其演变过程和组合类型均有其鲜明的地域差异。随着人口过程及其影响因素的发展变化，人口的空间结构也处在不间断的演变之中，而表现出不同的特点。因此，人口空间结构总是一定历史过程中的空间现象，而人们的历史发展过程又总是在一定地理空间中发展变化的，二者互为表里、互为依托，相互关联而又各具特色。由于人口所包含的属性很多，就广义的

图 5 – 9　怒族村寨

理解，人口分布就是人口各种属性的分布，如人口数量的分布，人口性别、年龄等自然属性的分布，人口教育水平、行职业结构等社会、经济属性的分布等。而狭义的理解，则只限于人口数量、密度等以地域差异情况及其发展的一般规律。在此，研究人口空间结构，固然主要从狭义的角度考察人口数量的分布状态，但是这一定数量的人口是和它所处的自然环境条件和社会经济发展水平密切联系在一起的。因此，考察人口空间结构时必须将人口的数量、自然环境条件和社会经济发展水平结合在一起进行综合分析，才能深入其内在联系，把握人口空间结构状态的特征、发展趋势和变动规律，从而对制定区域人口政策、人口合理再分布，以及实现人口、资源、环境的协调持续发展起指导作用。

人口空间结构依据不同的标准可以划分为不同的类别。第一，从地理位置来说，人口空间结构可分为人口的水平分布和人口的垂直分布。人口按陆地平面投影的地理位置分布的是人口水平分布，世界人口主要分布在 20—60 纬度地带；人口按海拔高度所在位置分布的是人口垂直分布，绝大多数人口生活在海拔 200 米以下。通常来说，人口垂直分布有随高度增大而数量密度减少的变动趋势。第二，从人口变动的角度来分，人口空间结构可分为人口的静态空间结构和人口的动态空间结构。人口的静态空间结构是人口过程在一定历史时间中相对静止状态的空间现象，人口的动态空间结构则是人口空间现象在历史发展中的变动情况。前者反映特定时间中的人口空间特征，后者则反映长期时间中人口

空间特征的变化。第三，从涵盖范围来看，人口空间结构有广义和狭义之分。广义的人口空间结构，包括人口各种属性的空间分布状况，主要有人口数量的分布，人口出生率、死亡率等变动要素的分布，人口性别、年龄等自然属性的分布，人口教育水平、行职业结构、收入状况、婚姻状况、家庭规模等社会、经济属性的分布等。狭义的人口空间结构一般仅指人口数量的分布，其中人口数量的分布又可以分为人口数量的水平分布以及人口数量的垂直分布。

（二）人口空间结构文化的含义

人口空间结构文化是指人口因处于不同的社会经济发展水平和自然环境条件而形成的影响，它反映人口空间结构变动和发展的相对稳定的观念、伦理、道德、行为规范等意识形态及由此变换的物质形态，从一个侧面反映出人口结构文化诸方面在空间分布上的表现。通常认为，一个民族生存的外部环境——自然环境与社会经济环境，是一个复杂的物质和精神的有机组合，一个民族要在一个变动的自然生境和社会经济生境中生存、变化和发展，必须形成自成体系的结构文化来适应其生存环境，以换取自身的生存延续和发展。因此，本章研究的年龄结构文化、性别结构文化、族际结构文化、职业结构文化等在某种程度上与人口空间结构文化紧密联系在一起。如西南少数民族正是由于少数民族居住的自然环境条件和经济社会发展水平低下形成了多生多育、男性偏好等人口性别结构文化，而自然环境条件和经济社会发展水平恰恰又是一个民族空间结构变动及其文化意识的重要影响因素，对于本章研究的其他人口结构文化也是如此。

二　西南民族人口空间结构文化

（一）西南民族人口空间结构文化内容

前面谈到，一个民族要生存、变化和发展，必须形成自成体系的结构文化来适应其生存环境，以换取本民族的生存延续和发展。在这个过程中，文化成了工具，外部环境则是加工对象，加工者则是民族自身。经过加工后的外部环境，由于是社会活动的结果，原先没有系统的组合，自然变成了与该民族文化相适应体系，能够为该民族所利用的有系统的人为外部空间体系。这个经由特定文化加工，并与特定文化相适应的人为外部空间体系，才是该民族的人口空间结构文化的基础。由此可见，西南民族人口空间结构文化的形成和发展，与社会经济发展水平和自然环境紧密相连。

1. 传统农业社会的人口空间结构文化

传统农业社会中，西南民族人口空间结构文化主要是建立在其居住的特定地理环境上的一种文化形态。自然环境对西南民族人口空间结构文化的影响主要是通过经济文化类型的一系列相关因素而实现的，西南民族人口空间结构文化又表现在各民族生计方式的选择以及居住形式、分布格局等以及由此派生出的诸多文化要素上。

首先，从西南民族生计方式的选择上

图 5-10　侗寨占里

看，西南地区复杂的特有的地理环境决定了西南各民族经济文化类型的多样性，又进一步表现为各民族所选择的生计方式的多元性。以云南为例，高原山地占全省总面积的 94%，其中高原占 10%、山地占 84%。而且垂直差异非常大，全省地势北高南低，由西北向东南倾斜，大体分为三个梯层逐层下降，由北而南，平均每公里下降 6 米。这种高低悬殊的地形地貌在云南西北高山峡谷地区表现得十分突出。高黎贡山、怒山、云岭与怒江、澜沧江、金沙江相间纵列，山巅和谷底相对高差都在 1000 米以上。[1]在有的地方，从山脚到山顶，自然风貌亚热带到寒带都同时具备。学术界对于西南地区经济文化类型及其相关的生计方式的划分大体一致。例如，史继忠先生将西南的生计方式划分为三种类型：一是游牧经济，如藏北高原及阿坝草地的藏族；二是刀耕火种农业，如滇西的若干民族及部分苗

---

① 蒋立松：《经济文化类型：西南地区民族关系的物质基础》，《西南民族大学学报》（人文社科版）2005 年第 3 期。

族、瑶族；三是水田稻作农业，如傣族、壮族、布依族等。① 林耀华主编的《民族学通论》将我国的经济文化类型分为三大类型组，每个类型组下面又具体分为若干类型。按照这一基本框架，西南地区的经济文化被分为畜牧经济文化类型组和农耕经济文化类型组两大类②，其中尤以农耕经济文化类型为主。西南各民族的经济文化类型在这一框架内展现出十分复杂的变化。以农耕文化为例，西南各民族的农耕文化又大体分属于山林刀耕火种、山地耕牧、山地耕猎、丘陵稻作等不同的类型。大体而言，不同的民族或民族集团所处的经济文化类型不同，因而所操持的生计方式也不一致，并因此使得经济文化类型和生计方式具有了民族的特征，进而构成了本民族人口空间结构文化的主要内容。西南地区各民族所处的经济文化类型不同，并在此基础上衍生出各种亚型和变化十分复杂的各种次生形态，使得他们在生计方式的选择上也变化多端，客观上存在着一种"趋同"的方向。在西南各民族经济文化类型的演进历程中可以看到，虽然不同的形态可以同时存在，但当我们把这些不同的形态放在历史的长河中加以考察的时候，就会发现，这些形态有着向定居农耕过渡和发展的清晰脉络。定居农耕构成了整个西南地区向工业文明过渡之前的最重要的基础。只是，这种变化发生的时间在不同民族中是不一致的。例如，苗、瑶民族在很长的时间内刀耕火种的生产方式比较发达，狩猎经济在苗、瑶等民族中占据着较大的比重。据调查，贵州南部的瑶族社会一直到解放初期仍然比较广泛地操持着游耕和狩猎的生计方式。③

其次，从西南民族居住形式上看，居住方式是西南各少数民族根据本民族所处的空间地域特点和生计方式在长期的空间结构演进过程中形成的，这主要取决于各民族的社会经济发展水平、自然地理条件以及生计方式等。这里，围绕如下经济文化类型，通过观察西南民族人口的居住方式来进一步了解西南民族人口空间结构文化的又一特征。

采集渔猎型在西南少数民族中典型者如云南的佤族和部分语言与其相近的布朗族和独龙族。在这些民族中，很多物质文化特点明显地与半流动的采集渔猎型的经济文化生活有着联系。比如存在着两种住宅——河边的

①　史继忠：《西南民族社会形态与经济文化类型》，云南教育出版社 1997 年版，第 151 页。
②　林耀华：《民族学通论》，中央民族大学出版社 1997 年版，第 90—95 页。
③　贵州省民族研究所：《月亮山地区民族调查》，1983 年编印，第 117 页。

和山上的，这与两个主要的经济季节有关：冬季捕鱼和夏季采集。这个类型中居民住宅也别具一格，作为冬季定居的住宅是永久式的建筑，多建在山下的平坝上，形制为厚重坚固的双层或三层土木平顶碉楼，室内供奉佛像。

图 5-11　西江千户苗寨

高山草场畜牧型的主要代表是藏北高原、阿坝草地的藏族。这一类型的经济基础是以繁殖牦牛为主的畜牧业。作为夏季游牧的帐篷相当简陋，通常是用树支起的几块牦牛皮。举家随畜迁徙的现象在这个类型里并不多见。即使是在夏季，也往往是由男女青壮者赶畜群上山，而孺老则留在山下永久性的住宅里料理家务，并负责照看青稞等。

山林刀耕火种型主要集中在青藏高原与云贵高原接合部的横断山系南段，属于这一类型的民族有独龙、怒、佤、德昂、景颇、基诺以及部分傈傈、苗、瑶等族。群居生活是刀耕火种民族采取集体生活的方式，凭借集体的力量在大自然生活中生存，抵御自然灾害，抵御猛兽袭击，获取食物，开垦土地。语言谱系的复杂和各民族较为简陋的住房以及高度分散的居住方式，反映出从事刀耕火种生计中需要频繁迁徙的特征。

丘陵稻作型主要分布在云南中南部、贵州、广西及国内的其他地区，属于这一类型的民族有傣、壮、侗、水、仡佬、哈尼、毛南等族。居民建筑形式属于"干栏式"楼房,整个建筑多为木结构,其建筑式样虽不尽相同,但都是楼上住人,楼下关牲畜。

图 5-12　哈尼族村寨

最后,从西南少数民族的人口分布格局来看,可以用人口分布的离散度来衡量。人口分布的离散度是人口数量在空间分布状态的一种度量。人口集中于少数地区,其集中程度便高,离散程度便低;人口在各个地域均匀分布,其集中程度便小,离散度便大。因此,人口分布的离散度是可以用来表明西南各少数民族空间分布特点的数学工具。从西南少数民族聚居地来看,其离散度要比东北和其他地区民族大得多。因此,由于西南地区特殊的地理环境,西南各民族大体"聚族而居"的历史格局并没有多少改变。这种状态的背后有着十分复杂的历史、地理、经济方面的原因,也反映了西南各少数民族与汉族之间、各民族之间依然存在着比较明显的分布界限,进而从一个侧面反映了人口空间结构文化的某些特点。

2. 现代社会的人口空间结构文化

新中国成立以后,国家对西南少数民族地区实行政治民主改革,高度重视民族经济发展,给予种种扶持和优惠政策。改革开放以来,尤其是以市场经济为导向的改革目标的确立,加上西部大开发工作的全面开展,经济文化系统逐渐向工业化方向发展,西部大开发从根本上说,就是推进西部地区的工业化。工业经济文化类型的崛起和强势,对各种传统经济文化类型均提出了挑战。原有的经济文化类型由于嵌入工业经济文化类型并进而向这一类型转化,都正在改变着或已经改变了原有的价值观念和经济行为,对西南民族人口空间结构文化产生了巨大的影响,使得现代社会西南民族人口空间结构文化在生计方式上逐步"同一化"或"趋同化"。

从居住形式上看,由于受各种社会运动的影响,西南少数民族的住居方式也发生了较大的变化，在人口聚居的现代行政中心尤其如此，也逐渐走上了"趋同化"的道路。这种趋同的结果就是各民族在人口空间结构文化上逐渐地"汉化"，或呈现出"汉化"的印迹。近年来，由于民族旅游和乡村旅游的兴起，以及文化多样性浪潮的影响，西南少数民族地区的行政部门开始认识到少数民族传统住居文化的旅游价值和魅力，在民族地区又掀起了保护民族传统住居文化或"复兴"民族传统住居文化的热潮，西南民族人口空间结构文化出现了"汉化"与"复兴"交织并进的现象。

从人口布局来看，由于工业经济文化类型的嵌入和影响，以及国家对民族地区实施的"开发式扶贫"的人口迁移政策，西南民族人口布局也开始出现了新的变化：首先，随着经济社会的发展，加快了西南少数民族出现人口集中聚居的进程，推动了西南民族地区人口城镇化过程，逐渐改善了西南少数民族生态环境恶化地区的人地关系，保护了生态环境；其次，始于 20 世纪 80 年代中期的全国"民工潮"现象，使西南少数民族劳动力人口也迈上了外出务工的路程，形成了具有一定规模的流动人口。由于大量的农业人口向非农产业转移，土地压力不断减轻，改变了西南民族人口空间结构。又由于他们受沿海地区和发达地区现代文化和汉文化的影响，进而也改变了西南少数民族的现代人口空间结构文化。

总的来说，现代社会的人口空间结构文化呈现出多样化的特点，既有积极的一面，也有不利的一面。如工业化经济文化类型的嵌入忽视了民族经济发展应与地区生态环境相适应，忽视了应建立在对传统产业传承和发展的基础上，以至于对其所处自然生态环境构成了难以预料和控制的威胁，这就影响到西南各少数民族未来的可持续发展。

（二）西南民族人口空间结构文化路向

传统的人口空间结构文化，不仅是西南少数民族生态环境选择的结果，更是人文历史的沉淀，因此，西南少数民族的传统人口空间结构文化在倡导文化多元化的今天应该受到应有的尊重。新中国成立以来，西南少数民族地区人口结构文化变迁的演进历程给予的启迪是，重视西南少数民族传统文化体系中那些富有价值的经济社会和政治内涵，保持民族文化的传承性，充分认识千百年来延续至今的传统民族文化体系在少数民族发展中的人文价值，尊重各民族立足于传统民族文化维系的经济结构、产业体系和多样化选择，充分发挥传统人口空间结构文化的优势，在其现代变迁过程中传承和发展其文化的合理内核，这是贯彻科学的西南民族人口空间结构文化必须加以重视的重要方面。如目前西南少数民族地区环境污染问题的出现，无疑是倡导工业经济文化类型造成的，它不仅本身还未形成修复自然生态失调的机制，而且也改变了其他经济文化类型与其所处的自然生态环境的内在关联和协调。现在，不论哪一种经济文化类型，由于嵌入了工业经济文化类型并进而向这一类型转化，都正在改变着或已经改变了自身民族原有的经济社会行为和思想文化意识，并构成了对其所处自然生态环境的难以预料和控制的危险。① 这也正是在治理环境污染过程中难以恢复原有的生态环境或影响改善环境空间质量的效果。因此，如何传承和发扬西南民族人口空间结构文化的合理内核，始终是现代文化变迁过程亟须解决的问题。

当今社会是一个倡导多元的社会，在传承和发扬传统人口空间结构文化合理内核的基础上，就需要构建现代人口空间结构文化。目前，西南各少数民族地区的人口城镇化过程如火如荼地进行着，这是一种行政力量主导或干预下的人口空间结构的迁移变动，这与各少数民族的居住生活方式是否一致还不好说；但是有一点，就是在人口自由流动迁移的制度环境还没有真正建立起来的时候，人口迁移流动之后的生计方式还没有从政策层面根本解决的时候，这种盲动的人口城镇化将导致人口迁移后生计方式的缺失，如失地农民群体生计困境、进城农民未有制度性的保障而沦为贫困人口等。可见，这种加速的人口空间结构变动过程难以真正实现各民族人口的合理分布。因此，西南民族地区人口空间结构文化的现代变迁应该与现代的生计方式紧密相连，在现代变迁过程中要传承和发扬其传统人口空间结构文化的精华，从多元文化的视角构建现代人口空间结构文化，将现代生计方式融入现代人口空间结构文化变迁过程中，进而促进和实现西南各民族人口的合理分布。

---

① 王俊敏：《经济文化类型的相互影响和各民族可持续发展》，《内蒙古大学学报》（人文社会科学版）2000 年第 1 期。

第五节　人口职业结构文化

一　人口职业结构的分类与作用

（一）人口职业结构的分类

从人口经济特征视角来看，人口职业结构就是劳动人口借以谋生的职业分类，它随着社会分工的不断发展而不断增加。现代社会，人们通过参加社会劳动，获得社会地位和经济收入已成为劳动年龄人口必然的和必需的基本生存和生活方式。人口职业结构依据不同的标准可以划分为不同的类别。第一，以就业状况分类，职业结构可分为在业人口和不在业人口。在业人口是指15周岁及15周岁以上的从事一定社会劳动并取得劳动收入的人口；不在业人口是指没有从事社会劳动的劳动适龄人口，包括在校学生、料理家务的人口、待升学待就业人口、失业人口、离退休人口和丧失劳动能力的人口。失业人口是不在业人口中重要的经济概念和人口概念，是指城镇劳动适龄人口具有劳动能力和工作意愿、要求有报酬的工作而尚未获得工作职位的人口；农村的此类失业状况称为不充分就业。第二，以产业部门分类，职业结构可分为三种产业结构：第一产业为农业，第二产业为工业，第三产业为各种服务业。人口的产业结构受到社会生产力发展水平的影响。英国经济学家克拉克提出的"配弟—克拉克定理"认为，随着社会经济的发展，一个国家的劳动力构成会逐渐由第一产业占优势而逐级向第二产业和第三产业占优势的方向发展。一般来说，社会经济发展水平较低的国家或地区，职业结构中从事农业劳动的人口比重较高，社会经济发展水平较高的国家或地区，从事工业和服务行业劳动的人口所占比重较高，而且，从事服务行业的人口比例越高，反映这个国家或地区的社会经济发展水平越高。第三，依据各种产业部门的劳动分工，人口职业结构可分为更加具体的职业化结构。通常这种职业分类的依据是从业人员所从事的生产及其他活动所具有的同一性，按照从业者的工作内容、方式、性质和所涉及的领域等将职业分为不同的小类、中类、大类。这种分类既有社会分层的意义，也具有职业结构分类的意义。

（二）人口职业结构的作用

社会生产力是人口职业结构形成的物质基础，伴随着劳动分工和社会生产力水平的发展和进步，人类的认知能力和科技水平的逐步提高，不断推动着科学技术的向前发展，使得职业越来越多样化、职业划分越来越细化，传统的人口职业结构在不断变化，有的职业类别在逐渐消失，新的职业类别不断涌现，进而推动着人口职业结构的发展演变。总体上来看，传统的以体力为主的职业结构在人口职业结构中所占比重在逐渐下降，而且，就算是传统的体力型职业也越来越要求更多的技术含量，要求的文化技术起点越来越高，导致社会和家庭对教育培训等智力成本的投资不断重视，投入不断增多。这对于提高人口质量，提高劳动生产率，实现人口的全面发展，都具有重要意义。

图 5 - 13　农事祭祀

人口职业结构是一种复杂的人口经济现象，它的发展与演变体现着一定的社会工业化、农村现代化、非农化和城镇化的发展水平，是人类征服自然战胜自我的标尺，是人类文明进步的标志。在现代社会中，职业是联结个人与社会的一个重要媒介物，人口职业结构又在经济发展和社会结构变迁中建立了一种联系，人口职业结构的变化能直接反映经济发展对社会变迁的影响。人口职业结构的发展与演变是源于人类适应一定的自然生态环境和生产力水平基础之上的，由自然生态环境和生产力水平所决定的人口职业结构已经形成，并固定为人们的习俗和传统，便会反作用于自然生态环境和生产力水平。当生产力发展到更高的水平之后，必然要求人口职业结构也随之发生变动。由于生产力是生产关系和社会发展的决定力量，而且生产力发展的总体趋势是向更高的水平迈进，因此，人口职业结构的变动也必然要适应这种趋势，随着生产力水平的提高而向前发展演变，这是人口职业结构体现社会进步的重要方面。因而，加速人口职业结构类型的转变，是推动经济文化发展和实现社会现代化的重要途径。

（三）西南民族人口职业结构的发展现状

"五普""六普"全国人口普查中把职业分为：（1）国家机关、党群组织、企业事业单位负责人（简称：负责人）；（2）专业技术人员（简称：技术人员）；（3）办事人员和有关人员（简称：办事人员）；（4）商业、服务业人员（简称：商业服务人员）；（5）农、林、牧、渔、水利业生产人员（简称：农业人员）；（6）生产、运输设备操作人员及有关人员（简称：生产人员）；（7）不便分类的其他劳动者。为了分析的需要，笔者对这7类人员进行了归类：把国家机关、党群组织、企业事业单位负责人和专业技术人员归为"白领"阶层；把农、林、牧、渔、水利业生产人员归为农业从业阶层；把办事人员和有关人员，商业、服务业人员和生产、运输设备操作等人员归入"蓝领"阶层；由于不便分类的其他劳动者人数较少，不纳入本处分析的范围之内。按上述分类，2000年西南民族人口职业结构发展情况如表5－6所示：

表5－6　　　　2000年西南民族人口职业结构发展情况表　　（单位：人、%）

民族	总计	负责人	技术人员	农业人员	办事人员	商业服务人员	生产人员	"白领"阶层比例	农业阶层比例	"蓝领"阶层比例
壮族	9683300	62340	399160	6701620	229940	910720	1369220	4.77	69.21	25.92
苗族	5050130	26700	159040	3555360	97100	336160	872890	3.68	70.40	25.86
彝族	5163040	26810	144940	4263720	84320	258730	383070	3.33	82.58	14.06

续表

民族	总计	负责人	技术人员	农业人员	办事人员	商业服务人员	生产人员	"白领"阶层比例	农业阶层比例	"蓝领"阶层比例
藏族	3230340	24530	164330	2679900	88550	157690	113010	5.85	82.96	11.12
布依族	1517470	8530	54190	1051490	32930	93960	275580	4.13	69.29	26.52
侗族	1601700	11870	72030	1014770	42940	143600	314850	5.24	63.36	31.30
瑶族	1564830	9050	57250	1154930	34560	97860	209420	4.23	73.81	21.85
白族	1088410	9550	63780	725600	35940	105730	147380	6.74	66.67	26.56
哈尼族	1019660	4200	26340	802440	15080	71370	99810	3.00	78.70	18.27
傣族	792310	3340	25070	637520	15070	61530	49680	3.59	80.46	15.94
傈僳族	461630	1350	8670	414030	5370	14300	17880	2.17	89.69	8.08
仡佬族	265570	3160	17090	163650	8920	21960	50610	7.63	61.59	30.69
拉祜族	332890	1190	6490	290020	3730	15210	16190	2.31	87.12	10.55
佤族	281100	940	7780	213440	4460	16560	37920	3.10	75.93	20.97
水族	227150	950	6860	171040	3670	11330	33230	3.44	75.30	21.23
纳西族	195110	2030	14390	131430	10680	24770	11760	8.42	67.36	24.20
仫佬族	104480	1620	6900	58130	4240	13870	19630	8.16	55.64	36.12
羌族	183560	1600	7410	133800	4750	16210	19670	4.91	72.89	22.14
景颇族	88610	460	2610	72960	2720	5560	4300	3.47	82.34	14.20
布朗族	74640	290	2110	63780	1030	3240	4190	3.22	85.45	11.33
毛南族	57700	530	3400	36550	2020	4670	10510	6.38	68.11	29.81
普米族	24460	210	1090	19040	680	2010	1430	5.32	77.84	16.84
阿昌族	21520	130	760	16970	410	1140	2110	4.14	78.86	17.01
怒族	22220	200	960	17790	630	1260	1380	5.22	80.01	14.72
京族	12940	260	870	6470	720	3310	1310	8.73	50.00	41.27
基诺族	15170	130	770	12500	430	980	360	5.93	82.40	11.67
德昂族	12610	20	210	11310	180	490	400	1.82	89.69	8.49
门巴族	6100	20	220	5140	240	260	220	3.94	84.26	11.80
独龙族	4530	40	190	3970	70	100	160	5.08	87.64	7.29
珞巴族	1860	10	40	1630	60	60	60	2.69	87.63	9.68
合计	33105040	202060	1254950	24439960	721440	2394640	4068230	4.40	73.83	21.70

资料来源：根据《2000 年人口普查中国民族人口资料（上册）》，民族出版社 2003 年版，第 228—231 页："各民族分性别、职业大类的人口（长表数据）"数据整理而得。

表中"负责人"，即为"国家机关、党群组织"、企业、事业单位负责人。

从表5-6可知，西南少数民族人口职业结构呈现出两个特点：第一，从总体上看，西南民族人口职业结构中，农业从业阶层比例仍占主体地位，而"白领"阶层和"蓝领"阶层所占比例较低；农业从业阶层比例为73.83%，"白领"阶层和"蓝领"阶层所占比例分别为4.40%和21.70%。第二，从分民族来看，人口职业结构变化较大的排在前面的3个民族分别是京族（农业从业阶层比例、"白领"阶层和"蓝领"阶层所占比例分别为50.00%、8.73%和41.27%）、纳西族（农业从业阶层比例、"白领"阶层和"蓝领"阶层所占比例分别为67.36%、8.42%和24.20%）和仫佬族（农业从业阶层比例、"白领"阶层和"蓝领"阶层所占比例分别为55.64%、8.16%和36.12%），而其中人口规模最大的壮族的"蓝领"阶层比例为25.92%，人口规模较大的苗族、布依族、侗族、白族、仡佬族的"蓝领"阶层比例均在25%以上。这些都是可喜的变化，表明这些民族已经逐步向现代型人口职业结构转变；而傈僳、布朗、德昂、拉祜、独龙、珞巴6个民族的农业从业阶层比例相当大，均在85%以上，说明

图5-14　银饰工艺

其人口职业结构的变迁还有很长的路要走。第三，从结构变化速度看，"五普"至"六普"间，西南各少数民族人口职业结构向非农化方向转移速度加快。除上述京族、纳西族和仫佬族继续保持较快速度外，大多数民族的"白领""蓝领"比例均有增长。以"蓝领"数据为例，"六普"时，壮族增长了68.53%，苗族增长161.21%，藏族增长61.16%，侗族增长129.14%，瑶族增长106.13%，哈

尼族增长 173.50%，仡佬族增长 175.49%。① 民族人口职业结构的变化，反映了民族地区产业结构在不断地升级调整，是民族地区经济社会在不断向前发展的缩影。

二　西南民族人口职业结构文化

人口职业结构文化是指人们因从事不同性质、不同类别的职业活动带来的在观念、伦理、道德、行为规范等意识形态上的印迹和反映。人以类聚，物以群分，现代社会中，就业往往是人们所从事职业的直接说法，也即人只要就业，就会有一定的职业，职业是连接个人与社会的一个重要媒介物，在从事职业活动的同时，也就是参与社会活动的过程，从事于相同或相近职业的人群会形成相类似的价值观念、生产生活方式，这就构成了人口职业结构文化的主要内容，换句话说，人口职业结构文化所研究的主要是人口职业活动中形成的各种文化总和。

社会生产力是人口职业结构变化的物质基础，有什么样的社会生产力水平就会有什么类型的人口职业类型。伴随着生产力的发展，人口职业结构文化的形成经历了传统农业社会人口职业结构文化和现代社会的人口职业结构文化。

（一）传统农业社会的人口职业结构文化

西南地区少数民族大多居住在交通不便的山区，由于僻远险阻的地理环境所制约，也由于落后的社会政治制度本身对于生产力发展的禁锢和破坏，西南民族社会经济发展长期处于停滞不前的落后状态，基本上没有形成物质资料的社会分工。农业是主要生产部门，生产力水平低下，生产力技术水平不发达，社会生产以手工工具劳动为主，依靠的是自然资本。畜牧业是主要副业，由于饲养、管理粗放，繁殖率很低。更由于西南少数民族居住地区偏远落后的地理环境限制，农业生产需要的劳动力极多，其劳动强度也极大。再加上我国传统社会重农政策影响，使得总从业人口中农业从业人口占绝对多数，有的民族甚至在新中国成立前

---

① 国家统计局人口和就业统计司、国家民委经济发展司：《中国 2010 年人口普查分民族人口资料》，民族出版社 2013 年版，第 269—275 页。

图 5 - 15　传统农耕

是全员从事农牧业。正是因为有了这样的人口职业结构，西南民族人口职业结构文化形成了以农业为主的农耕文化，产生了不少与农业耕作相关的"孕育仪式"。以少数民族的民间节俗"三月三"为例即可窥见西南少数民族传统农业社会的人口职业结构文化之一斑。在"三月三"之前，人们进行了备耕、春播等活动后，便在这一天祭祀主管大地丰产的植物（生殖）之神，或是田公地母（受佛教影响的地区祭菩萨则是后来演变的），随之进行一系列的对歌、舞蹈等娱乐活动，以人的欢乐取悦、感动神灵，促使种子萌芽、植物生长，并用集体的"交合"仪式来影响大地生殖，祈求丰收。人们之所以选择这几天举行这种仪式，更多的是寄寓着对万物复苏、植物生长关键时节的春天的期待。传统的农耕经济，与生存环境与生产力低下的水平相适应，地域隔离，交通不便，观念保守，种养殖单一，人们往来频繁，守望相助，人们对于自己的职业充满着热爱和激情，并由此创造了诸如梯田、"稻林渔鸭""耕林耕牧"等各具特色的农耕文化。

（二）现代社会人口职业结构文化

20 世纪 50 年代，西南少数民族地区进行社会改革，使处于立体社会形态的西南民族社会迈入了社会主义社会。进入 80 年代，在西南民族中进行的第二次变革是一场改变贫穷和落后的变革，是一场经济变革，也是传统和文化观念的变革，现代的思想观念在西南少数民族中得到了有力而迅速的传播。这两次社会变革，使西南少数民族地区出现了新的生产方式和生活方式，社会生产更多地依赖于人力资本和社会资本，逐渐过渡到现代型人口职业结构文化。从事现代生产的经济活动人口越来越多，改变了西南民族人口的职业结构，从事工业生产和商业生产的人口比重越来越大，从事脑力劳动的人口也相应地增加。他们普遍尊重知识，重视教育，接受新事物快，对生活品质要求较高，生活节奏明显加快，竞争意识和独立意识明显增强，对个人声望的追求意愿强烈，使得"白领文化"和"产业文化"成为西南民族人口的主导文化，这是现代社会人口职业结构文化的重要特征。

目前，学界对白领的认识和理解还不统一，一般认为白领主要包括各类企业以工资性收入作为主要生活来源，并以脑力劳动为主的劳动者。从广义上说还包括高校、科研机构的知识分子群体和国家企事业单位的职业群体。从发展上看，他们是现代科技和发展生产力的代表，在现代经济活动中，他们正在不断壮大。尽管在西南少数民族中，白领阶层是一个从业人口比例很少的阶层，但是其先进的职业文化必然会逐渐占据人口职业文化的主导地位，对其他更广大人口的工作和生活方面具有示范作用。这种示范作用不仅表现在消费方面对其他阶层尤其是对其他的低收入阶层的影响，更重要的是在职业精神、成就动机、素质提升、文化品位以及子女教育方面向整个社会，尤其是低收入和低文化阶层提供了一个可以学习的榜样。因此，倡导"白领文化"将在西南少数民族实现全面小康社会并向工业文明、后工业文明迈进的过程中具有积极意义与价值。

优秀的"产业文化"能够激励从业人员的爱岗敬业精神，形成先进的产业文明和平等的文化因子，共同推动西南民族人口职业结构文化的现代变迁。在西南民族地区逐步实施新型工业化和现代农业的过程中，倡导"产业文化"是必需的。因为在西南民族地区，更多的人口将从事的是除白领职业之外的职业，需要有自己的"产业文化"，即把现代的生产技术和具体的职业岗位结合起来，在各自职业上营造和创新的"产业文化"。因此，要迅速实现各少数民族人口职业结构文化的现代变迁，向现代社会技术文化方面转移，就应该把开发智力资源，提升人力资本，倡导"白领文化"，激励"产业文化"，加速科技知识传播列为工作重点，在以人为本的发展观指导下，全面提高民族人口综合素质，优化民族人口就业结构，以促进西南民族地区社会主义现代化建设各项事业向前发展。

第六章　西南民族人口迁移流动文化

人口迁移与流动是引起人口变动的主要因素，是人类社会普遍存在的社会经济现象。国际科学联盟的《多种语言人口学词典》认为：人口迁移是指人口在两个地区之间的地理流动或者空间流动，涉及永久性居住地由迁出地到迁入地变化的迁移被称为永久性迁移。换言之，以永久性改变居住地为目的的人口迁移称为人口迁移，以谋职、探亲访友、旅游等为目的，不涉及永久改变居住地的人口移动称为人口流动。在西方国家，人口流动、迁移因不存在有如我国的户籍制度而两者没有明确的界限，多数国家将人口空间上的流动都视为人口迁移。在此，根据我国户籍制度状况，仍将两者作相应的区分。那么，我们讨论的人口迁移和流动文化，就是人口在发生迁移或流动过程中形成的观念、伦理、道德和行为规范，以及这种意识形态的物化形态。[①] 人口迁移流动历来是人口学关注的一个重要问题，伴随人口学的产生而成为人口研究中不可回避的内容，从人类产生就存在着人口的迁移流动，成为一种普遍的社会现象，其带来的后续效应也成为影响社会发展的重要因素。

第一节　迁移和流动观念[②]

人口迁移和流动不仅仅是一种自然现象，更是一种社会经济现象，与

---

① 田雪原：《人口文化通论》，中国人口出版社2004年版，第63页。
② 该节内容主要在笔者与杨旭合著旳《贵州民族人口迁移流动中的观念意识和文化事象》[（载《人口·社会·法制研究》2013年卷（一），第93—97页）]一文基础上，结合西南资料撰写而成。

社会形态以及社会经济发展的水平有着密切的关系，由此也决定着人们迁移和流动观念的形成和发展。

严格地说，人口迁移现象只是到人类开始进入定居型农业社会之后才开始出现的。在原始社会和奴隶社会的早期，由于生产力水平低下，生产工具、劳动技能落后，从事游牧和狩猎的部落需要大片土地才能维持生存和部落的人口增长，需要在一定区域内通过不断地迁徙以寻找新的生存空间，他们逐水草而居，没有定居的居住形式。当原始农业取代了渔猎采集经济之后，生产方式才由"迁移农业"逐步转变为定耕农业，人类社会才出现了以种植业为主的农业人口，人们从此结束了漂泊不定的流动生涯而在一个地方永久性地定居下来，开始从事农业生产。从此，人口迁移才真正出现。①

一　传统农业生产形态形塑的"安土重迁"观念

东汉班固《汉书·元帝纪》曰："安土重迁，黎民之性"；"骨肉相附，人情所愿也。"中国是一个农业古国，农业生产的特点决定了人口相对稳定地集中在某一地域内，土地成了社会最基本的生产资料，农民各种生活所需，直接、间接地都要从土地上获得，"有土斯有财"，没有土地，农民将无以为生，土地是他们的安身立命之本。因此，农民对土地有着深深的依恋，对一个农民而言，没有比丧失土地的打击更严重的了。对于生养他们的土地，无论是多么贫瘠荒凉，在他们心目中总是世界上最美好、最神圣的地方，只要有一丝生机，他们绝对不会离开；只要不是战争、不是瘟疫、不是迫害，他们决不轻言离开。"以农为本""以土为根"深深扎根于历代农民的观念里，所谓"故土难离"也。这样一种自给自足的生产方式使得人们对外界的交往及其对外部世界的变化往往是漠视的，日出而作、日落而息的单调但却是自足自在的生活方式，使他们感到自然和满足。因而不寻求突破封闭格局，只求简单自保自存，迁移流动对他们来说不啻是很少的谈资话语。自然，在这一生存背景下，除非有诸如灾荒、瘟疫、战争等不可抗拒的外力影响，人口的被迫迁移才有可能。

---

① 田雪原：《人口文化通论》，中国人口出版社2004年版，第64页。

二　传统文化固化的轻于流迁意识

在中国，以儒家思想为核心的传统文化把人口的迁移流动视为封建道德规范的组成部分，对人们的迁移流动思想起着禁锢和束缚的作用。儒家强调"内省克己"，孔子称"一日克己复礼，天下归仁焉"。这些观念无疑使民族的性格心态积淀起浓厚的克己、自制和封闭的品性。面对急剧变化的外部世界，连孔子这样的圣人也只能发出"逝者如斯夫"的感叹。"生死由命，富贵在天"正是广大民众缺乏自主能动、安于天命的真实写照。老子崇尚"鸡犬之声相闻，民至老死不相往来"的生活环境，"重死而不远徙"。孟子主张百姓应该"死徙不出，乡田同井，出入相友，守望相助，疾病相扶持"。继承祖业、传宗接代、侍奉父母，是封建社会中子女对家庭、父母必须遵循的道德规范，是衡量子女是否"孝顺"的尺度。对家庭和宗法的重视，"不事远游""父母在，不远游"等观念成了许多年轻人走出家庭、外出发展的羁绊。西南民族地区一些民族自汉代以后就受儒家思想的影响，在新中国成立前，一些民族的社会经济结构已与汉族相同或大体相同，如回、白、纳西、阿昌、壮、布依、水、蒙古、苗、侗等族，自元代起都不同程度受儒家思想的影响或本身已接受以儒家思想为核心的传统文化，在传统制度安排和生存环境的制约下，迁移流动被视为对秩序的"叛逆"和德行的"不正"。这种状况，直到改革开放后，伴随着西南民族地区经济的发展和社会生产力的提高才渐以改变。

三　"守家固土"的乡土观念与情结

马克思曾谈及地理环境对形成"商业民族"和"农业民族"的重大影响和作用。自古以来，我们的祖先生活于东亚大陆之上，东临茫茫大海，西北有无垠的沙漠戈壁，西南则有"世界屋脊"的青藏高原。由于当时陆路与海路交通的不便，造成了与外部世界的隔绝，从而滋长了固守内地的封闭意识。就西南民族地区来讲，境内大部处于青藏高原东南边缘和自西而东横亘的云贵高原，多崇山大川、深箐峡谷，地表破碎，地形复杂，加上开发较晚、经济社会落后，以致交通困难，一些民族如苗族、侗族、彝族、蒙古族、羌族等饱经无奈的迁移流动之苦而对现实的居住环境

图 6 - 1　大山中的民族

情深意笃，并世世代代建设着给予其生存资源的山山水水。再者，险恶的环境因素不得不使人们考虑到迁移的成本和迁移的空间，亦即迁入地的选择和拥有的可能。多重的因素使西南地区很多民族在经历了迁移的阵痛后尽最大努力在获得的土地上定居下来，发展繁衍，逐渐形成自己的民族与地域文化特色，特别是享誉海内外的农耕文明，这也是在西南地区多世居民族的原因之一。不难理解，西南少数民族的"守家固土"这种乡土观念与情结在市场经济的今天仍然有着深厚的土壤。

四　"文化震惊"下的观念变动

人口的传统迁移行为主要是采取扩散型的开垦新的土地的迁移，以及由于自然灾害或战争所引起的强迫性迁移，一般情况下，迁移的水平是在工业革命使人类进入了一个全新的发展阶段，亦即打破了自给自足自然经济的禁锢状态，实现了生产社会化的情况下进行的。工业革命导致了城市化社会的快速到来，大工业的兴起产生了大量的劳动力需求，促使劳动力迅速由农业转向工业，由农村流向城镇，从而导致了空前的人口大迁移、大流动。中国自改革开放以来，随着市场经济体制的基本确立，城乡经济贸易迅速发展，长期阻隔中国城镇、乡村人口流动的城乡壁垒被逐步拆除，又由于以联产承包责任制为主要内容的农村经济体制改革，使大批长期束缚在土地上的农村剩余劳动力被释放出来，成为各种经济型的流动人口。在这种背景下，一部分汉族流动人口的足迹进入了西南民族地区的各城镇和乡村，并为少数民族做出了示范，客观上推动了西南少数民族人口流动的进程。而其中的汉族流动人口在经济活动中的高收入、高效益引起了本该属于自己的当地民众的极大"震惊"和彷徨，随着时间的推移而对安土重迁、轻商贱利、重义轻财的观念和习惯逐渐有所动摇和改变，最终不少人以主动的姿态融入市场中去，而成了"离土不离乡"的经济型流动人口，甚至少数人成了"离土又离乡"的城镇人口。据"六普"资料，仅 2010 年贵州就有 435 万左右少数民族人口流出省外，云南省的少数民族流动人口达到 500 万以上。

依据人口迁移的"推拉"理论，人口迁移的原因是由于其原住地的推力或排斥力和迁入地的拉力或吸引力作用的结果。迁出地因为耕地减少、环境恶化、发展前途有限等，都属于推力因素；而迁入地的较高水平的收入，良好的生活质量，受教育机会和发展机会较多等一些具有吸引力的因素属于拉力。其中经济因素是引起人们迁移和流动的最根本原因和目的，许多研究表明，自愿性的人口迁移的根本影响因素是经济性的。为了寻找更好的就业机会、更高的工资、更舒适的生活条件，人们可以从一个地方向另一个地方移动，古往今来世界各地的人口迁移均是如此。目前，中国农村过剩人口流向城镇，中西部地区人口流向东南沿海地区，城镇、东南沿海地区的"拉力"首先来自经济方面，来自城镇、经济发达地区就业可以获得较高的收入。社会开放，城乡流通，使祖祖辈辈生活在农村的西南广大农民看到了农村与外面世界的巨大差距，看到了改变自己命运的希望。他们于 20 世纪 80 年代中期开始不断涌向城市，涌向东南沿海，即便目的不甚明确。但无论怎样，有一点是十分明确、一致的，那就是不甘心于贫困与落后，要掌握自己的命运，凭借改革大潮的涌动，通过迁移或流动以达到改善自己的生存环境，增加经济收入，提高社会地位，寻求更多的发展机会和发展空间的目的。而事实上，西南民族地区长期被束缚于土地之上的农民，通过流动而获得经济收入的增加、生产技术的掌握、管理经验的积累和发展意识的增强，不少已成为各种行业的工人、厂长、经理、车间主任、供销人员、商人，足迹遍布全国各地，人口综合素质因之而有大幅度提高。不断积累的经验和经历不仅使他们突破了狭小村落的闭塞观念，而且使他们能更准确地认识自己的利益和周围的世界。俗语

"人往高处走，水往低处流"则是新时期西南民族地区人口迁移和流动观念的真实写照。值得提及的是，不少已有成就的外出农民工正在从事着"反哺"乡梓的事业，他们将获得的资金、技术、理念用于家乡的建设，帮助人们转变观念，调整产业方向，促进脱贫致富与共同发展。相关的事例在西南民族地区比比皆是，这在很大程度上代表着西南民族人口流动的当代价值趋向。

第二节　西南民族人口迁移特点及其文化视角分析

一　西南民族人口迁移史迹

西南边疆地区现在分布着壮、苗、布依、侗、傣、佤、德昂、布朗、彝、白、哈尼、拉祜、基诺、傈僳、怒、独龙、景颇、阿昌、藏、瑶、回、汉等30多个世居民族，其中，百越系的傣族、壮族和百濮系的佤族、德昂族、布朗族先民是西南边疆较早的居民，氐羌系民族、汉族、回族和苗瑶语民族是在不同历史时期先后从中国西北和内地迁入西南边疆地区的。各民族持续不断的人口迁移，使这一地区成为中国民族成分最多、文化最为丰富多彩的地区。

西南人口迁移既表现为汉族的迁入，也表现为少数民族的迁入以及在西南区域内的交错移动，而且是一个持续不断的长期过程。从总体上看，主要有如下几次大规模的集中迁移，而且是以战争性的人口迁入为主。而每次大规模的人口迁入，由于具体历史条件不同，移入的方式和移入后的活动又各有特点，但每次都对西南的政治、经济、文化发展起到了巨大的促进作用。

早在战国末至秦统一时期，由于楚将庄蹻西征滇国和秦命常頞开通"五尺道"，汉族已初步进入今西南境内。公元前316年秦灭巴国和蜀国，并于公元前308年取楚商于之地，庄蹻及其士兵失去了与楚国的联系，使其融合到滇国境内的民族中了。至汉武帝开"西南夷"，于公元前135年派唐蒙通使滇国和夜郎，在夜郎"约为置吏，使其子为令"，并接受夜郎"旁小邑"且兰等归附，设犍为郡管辖，将今贵州大部地区初步纳入了统

图 6 - 2　苗族大迁徙舞

一的郡县制的体制。相继又采取了"移豪民，填南夷"的办法，将内地一些地主豪民连同其依附农民迁到今云贵高原，进行开垦屯种。就少数民族而言，战国秦献公时，北方的一部分羌族至今大渡河、安宁河流域，与原来分布在这一带的氐羌族群会合，以后又继续南下。他们是今西南地区汉藏语系藏缅语族各族，即藏、门巴、珞巴、羌、彝、白、哈尼、傈僳、拉祜、纳西、景颇、阿昌、普米、怒、独龙、基诺等族的先民。[①] 苗族的先民，可能是聚居于洞庭湖地区的"三苗"。秦汉时代，大部分苗族先民已在武陵郡、牂牁郡、越嶲郡、巴郡、南郡定居，小部分继续迁徙到今黔东南州、黔南州、都柳江、清水江流域。

　　到魏晋南北朝时期，由于社会生产的发展，特别是诸葛亮南征后推行的宽缓的民族政策，一方面向少数民族地区大力推广先进的生产工具和耕作技术，帮助少数民族发展生产，改进生活方式；另一方面又将战争中俘获的少数民族群众，分配给汉族地主豪民和少数民族上层作为依附农民。对某些反抗性较强的所谓"刚夷恶僚"，甚至劝导夷汉上层用金帛对其"策聘"，招募为"部曲"。于是，这些汉族豪民和不少少数民族上层，大都变成了一些拥有众多"部曲"即封建依附农民，占有大片土地，并在

---

　　① 杨知勇：《西南民族生死观》，云南教育出版社 2001 年版，第 6 页。

政治上成为独霸一方的所谓"夷汉大姓"。①

唐代自玄宗天宝起，建于738年的南诏国突力不断强盛，经常派兵侵扰唐王朝西南边境。唐宣宗大中十三年（公元859年），南诏王酋龙称帝，改国号大礼，派兵攻陷播州（今遵义）。次年，即唐懿宗咸通元年，播州虽被驻守今越南河内的唐安南都护李鄠越境收复，但安南却被南诏乘虚攻陷。咸通十四年（873年），南诏再次攻入黔南，经略使秦匡逃往荆州。为了确保南部边境安全，扼制南诏势力继续向北扩展，唐僖宗乾符元年（874年），太原人杨瑞应募领兵收复播州，被王朝授官镇守，以后即世领其地，成为元明时期的播州土司。这次由杨瑞领兵入黔的，除后来定居于今遵义的罗氏和宋氏外，还有务川的冉氏、余庆的毛氏、瓮安的犹氏、仁怀的袁氏等，都是唐代随军入黔的大姓，他们凭借兵权，世代统治黔北地区。② 而在滇川，9世纪初，南诏政权攻陷巂州、邛州、成都等地后，抢夺子女百工数万人到云南；以后又四次攻打成都，掳掠数十万人到云南。③

五代时期，马殷及其后裔割据今湖南省境，建国号为楚。后晋天福四年（939年），楚王马希范再命指挥刘勍攻占溪土酋彭士愁辖地控制湘黔边境之后，又于次年（938年）派将军龙德寿率征溪州两江溪峒的八姓兵入南宁州（今贵州惠水），留兵戍守，后遂演变为龙、方、石、程、韦、洪、卢、张"八蕃"，统治黔南苗族布依族地区。

北宋初年，广西侬智高叛乱，先后建立"大历国""南天国"，最后以邕州（今南宁市）为中心，建立"大南国"，称帝建元，公开与北宋王朝对抗。宋仁宗皇佑四年（1052年），派枢密院副使狄青率兵前往镇压。平定侬智高后，狄青将所有部队播驻广西全境，其中泗城（今凌县）一带由部将岑仲淑把守。据《田州岑氏源流谱》等资料记载，岑氏原为浙江大姓，随狄青平侬智高入广西，留守泗城。后又派其部将王初、王旦、黄慧向红水河以北发展，占领罗斛、桑朗、长坝、上江等地，形成所谓"上江黄、下江王"的局面。于是以王、黄二姓为主，岑、侬、陆、周等姓皆分地而治，分设亭甲，用军事力量将统治范围广西从扩展到黔西南和

① 古治康：《论汉族移民在贵州开发中的作用》，《贵州民族研究》1994年第1期。
② 同上。
③ 马曜：《云南简史》，云南出版社1983年版，第77页。

图 6-3　侗族瑶白长桌摆古

黔南西部的布依等少数民族地区。① 以后在壮族、布依族地区发展为以亭目制为特征的领主封建制，对壮族、布依族社会产生了深刻的影响。

蒙古族于漠北崛起后，其一部随忽必烈南征，后来其中一部在通海县定居下来，是为当今云南蒙古族的先民。而随忽必烈南征的部分契丹人定居于今云南保山地区，而白族一部随忽必烈东征，在贵州毕节和湖南桑植定居。

这一时期，除进入黔西北的蒙古族、白族部分和黔北的杨氏等大姓，因接近经济、文化都比较发达的巴蜀，还能保持汉族的传统，并对当地少数民族有所影响。至于进入黔南、黔西南、广西的部分和云南的移民，在种种社会条件的影响制约下，最后不得不被融合到了当地少数民族之中。②

明清以降，通过"军卫屯田"和"安屯设堡"，汉族移民以军屯方式，又一次大规模迁入西南，掀起了西南社会经济发展的又一次高潮。明洪武十四年（1381 年），太祖朱元璋命颍川侯傅友德和沐英、蓝玉等率兵 30 万，征讨尚盘踞云南昆明的元梁王把匝剌瓦尔密的残余势力。次年，事平后，明王朝为了确保通往云南的通道，遂在贵州境内遍立卫所，驻扎重兵防守。有明一代，在今贵州全境设站驿的基础上，先后开通了以贵阳为中心，通往邻省的驿道。《明实录》说："贵州一省苗仲杂居，国初虽设贵州、新添、平越、威清等十四卫分布上下，以通云南之路，而一线之外，北连四川，东接湖广，南通广西。"并沿各条驿道共设驿 69、站 28，以谪戍军士应役。按明代制度，每卫额定 5600 人，千户所 1120 人，加上

---

① 古治康：《论汉族移民在贵州开发中的作用》，《贵州民族研究》1994 年第 1 期。

② 杨知勇：《西南民族生死观》，云南教育出版社 2001 年版，第 7 页。

图 6－4　屯堡妇女服装 600 年依旧

各驿站应役的军士，总计贵州全省驻军约在 10 万以上。如果加上当时尚属湖广都司的偏桥（今施秉）、平溪（今玉屏）、镇远、清浪（今镇远清溪）、铜鼓（今锦屏）、五开（今黎平）和当时还属于四川都司的威远（今遵义）等卫，则驻军约近 15 万人，而且卫所军士向称"军户"，户籍隶属卫所，与地方州县管理无涉，子孙世代承袭当兵，因此，不少卫所军士即将原籍家属迁来驻地安置。所以，如将卫所军士的家属计算在内，内地移民当在数十万之众。① 而留在贵州安顺、平坝一带驻扎于屯堡（军队的驻防地称为"屯"，移民的居住地称为"堡"）的明代官兵及其家属的后裔被叫作"屯堡人"。600 年过去了，屯堡民居的建筑、人们的穿着服饰以及娱乐方式等依然沿袭着明代的文化习俗，以至专家认为：屯堡是汉族化的"活化石"，是世界上最后的明代古村。

　　而在云南，资料显示：明初，沐英"携江南江西人民二百五十万人入滇，给予种子资金，区划地亩，分布于临安、曲靖、云武、大理、姚安、鹤昌、腾冲各郡县"屯田，"并奏请移山东、山西、江西富民六十余（万）户以实滇"，次年又"奏请移湖广、江南居民八十万实滇"，洪武二十五年至三十一年又迁南京人民 30 万入滇。② 事实上，入滇人数不可能

　　①　古治康：《论汉族移民在贵州开发中的作用》，《贵州民族研究》1994 年第 1 期。
　　②　转引自蓝勇《西南历史文化地理》，西南师范大学出版社 1997 年版，第 71 页。

如沐英所奏，但"向云南迁徙的汉族总数即达一百万以上。"①

永乐十一年（1413 年），明朝在平定思南、思州田探、田宗鼎两宣慰司叛乱后"改土归流"，正式将贵州作为省级行政区划，跻置于全国发展的行列。入清以来，继明末废除播州土司之后，清康熙年间又进一步废除水西土司。至此，号称贵州四大土司的地区，均已纳入流官的统治范围。雍正年间，在"改土归流"名义下，清廷以兵威强行"开辟苗疆"，设置台拱（今台江）、清江（今剑河）、丹江（今雷山）、八寨（今丹寨）、都江（今三都）、古州（今榕江）六厅后，这些地区也都纳入了封建王朝的直接统治之下。设置后，为了震慑当地少数民族，清朝统治者又在这里安屯设堡，将各族起义群众的所谓"叛田收入，编户筑堡，每军授田六亩"进行屯田。即谓"新疆六厅"除都江一处未建屯堡外，共建 8 卫 107 堡，驻军 7853 户，于是汉族移民开始大量进入黔东南地区。

明末清初，持续数十年的长期战乱造成了四川人口的锐减。顺治十八年（1661 年）全省人口仅 80480 人。② 康熙七年（1668 年）十一月户部题本曰："（四川）任此荒，增税无策。""舍召集流移外，另无可为裕国访。"于是便有"蜀中流民寄居邻省者，现在查令回籍，而山川隘阻，行李艰难，地方各官有捐资招抚，使归故土者，请敕议叙"的敕令出台。③为了推进移民入川进程，清政府又制定了一系列政策予以鼓励，即各省移民四川的人口，准入四川籍，给予户籍权、土地垦殖权，"其开垦地亩，准令五年起科"，"水旱田地，安于三年，五年升科。"④ 同时对四川地方官"招抚流民，准量其多寡，加级记录有差"，把招民作为考察地方官升迁的标准，以此提高地方官招民开垦的自觉性。清朝前期的实川运动，长达一个世纪左右。移民入川的人口，据统计，仅以康熙六十一年（1722年）的四川总人口为基数，直接入川的移民就达 100 多万人，大大超过了四川的原住人口。有资料表明，清代四川原住人口占总人口比例为33% 左右，移民比例高达 67% 以上。⑤ 在移民中，以湖广（湖北、湖南）

---

① 杨知勇：《西南民族生死观》，云南教育出版社 2001 年版，第 11 页。

② 《万历会典》卷 19。

③ 《圣祖仁皇帝实录》卷 27。

④ 《世宗宪皇帝实录》卷 67。

⑤ 蓝勇：《清代四川土著与移民的地理分布特征研究》，《中国历史地理论丛》1995 年第2 期。

为最多，故史称"湖广填四川"。

抗日战争时期，随着大片国土的相继沦陷，敌占区的许多企事业相继内迁，成千上万的难民源源逃往西南。当时的贵州地处大后方，又是从内地通往国民党战时统治中心——重庆的陆路交通枢纽，一时成为外省难民和内迁企事业单位集中的地区之一。以文化教育事业说，当时仅高等院校，就有交通大学迁到福泉，浙江大学迁到遵义、湄潭，大夏大学迁到贵阳市郊花溪，湘雅医学院迁到贵阳市，这些高校的迁入不但对繁荣贵州的文化教育事业起到了巨大的作用，而且对促进各族人民文化素质的普遍提高，也有重大的影响。

有人估计，在整个抗日战争时期，由东部地区流徙西南地区的人口约在千万以上，这些流徙的人口，并不是原籍失去了生存条件的破产农民，也不是由于生存空间的狭小被挤了出来，这同实质性的移民性质完全不同，而为躲避战乱的临时举措。而他们避难的云、贵、川地区，也没有更多的生存空间可以容纳这么多人口，所以当战争结束后，基本上都迁回到了自己的家乡。

1949 年 11 月，中国人民解放军挺进西南，推翻了国民党当局的反动统治，帮助西南各族人民从水深火热中解放出来，真正成了国家的主人。而在新中国成立后至改革开放前的迁入人口中，主要以建立政权时西进、南下干部军人及三线建设时期的人员为主。

二　西南民族人口迁移特点

从以上西南民族人口迁移的史迹不难看出，西南民族流迁存在着本民族受到其他民族的压迫而被迫迁徙，整个族群或族群大部的自然迁徙，因戍边、屯垦需要的政治性迁移等几种情况。虽然西南民族迁移的历史相当漫长，民族迁移活动纷繁复杂，但根据苍铭先生《西南边疆历史上人口迁移特点及成因分析》研究成果并结合相关史实进行分析，不难看出西南历史上人口迁移的几大特点：

首先是向地广人稀之地迁移。中国当代农村的人口流迁，主要的流向是大城市和沿海经济发达地区；而与此相反，历史上西南地区的移民则大多来自内地，流向是地广人稀的地区。其动因一是容易获得耕地和林地。在生产力低下的传统农业社会，氐羌、苗瑶民族狩猎采集、刀耕火种的生计方式对土地和森林有着重大的依赖，而人口稀少的地区才有满足其生存资料的可能；二是西南历史上的大规模移民，往往是为躲避封建统治者或土司头人的军事、政治压迫之下的被迫移民，因而人口稀少、统治薄弱的地方被视为首选，这从当今西南少数民族的分布格局不难看出其迁移选择地点的历史印迹。

其次是山地到山地的迁移。西南地区崇山峻岭，沟壑纵横，平原、坝子极其有限，而其中贵州又是全国唯一没有平原支撑的省份。在居住场域上，由于生产方式的差异，社会发育程度的不同，阶级压迫、民族压迫以及民族内为生存地域而存在的纷争，民族间的迁移多是在山地与山地之间的迁移，很少迁到到低地、河谷或坝子中。如苗族分布在从贵州到云南再到东南亚的广大地区，虽然远隔千山万水，从行政区域来看属于不同的省、州、县，但从地域分布看，其基本上是分布在从贵州到云南再到东南亚的山地之上。瑶族民间有"人跟地走，地跟山走"的谚语。其分布区域东起广东南雄，西至云南勐腊和东南亚山地。又如哈尼族大多在哀牢山系和无量山系山山岭岭地带。"高山苗，水侗家，仡佬住在石旮旯"之说，从一个侧面反映了西南少数民族的地理分布特征。在形成这种分布特

图 6-5　深山中的聚落

点的上述原因中，传统文化的惯性在此有必要一提。《史记·西南夷列传》在记载汉代滇西氐羌的生产活动时就说道："皆编发，随畜迁徙，毋常处。"以后，氐羌纳西族、白族、彝族的一部分人，他们进入云贵高原就在坝区发展了定居的锄耕、犁耕农业，而留居山区的氐羌系其他民族则仍以传统的畜牧采集为生。为满足人口增殖的需要，山地栽培农业便得到氐羌民族中兴盛起来。自发向西南边了发展，于是刀耕火种农业在山区的地迁移的民族中，其迁移的主要原因就是刀耕火种农业需要经常更换轮歇山林和土地，并逐渐围绕这一生计方式形成了一整套的观念和习俗。居住于贵州、广西的部分苗族、土家族、瑶族，其生产方式也大致相同，甚至新中国成立后在部分地区仍尚存这种生产遗风。此外，历史上，西南平坝、河谷地区多是"瘴疠之地"而疟疾肆虐，这也是一些民族从山地到山地迁移的原因之一。

再次是同族相聚的迁移。西南民族的现实分布特点是历史上多次人口机械变动中逐渐形成的，虽然一些民族如苗族、布依族、水族、瑶族、白族、彝族、蒙古族的散布面较大，但同一民族的聚居性、分布的选择性十分明显。从宏观分布来看，多数民族呈连片、聚居性特征。如侗族主要集中分布于贵州黔东南，布依族集中分布于黔南、黔西南，苗族则连片分布于贵州的南部和云南文山一带，土家族则主要分布于重庆东部和贵州东北部，瑶族多在桂北黔南交汇区域，壮族集中于广西，京族主要分布于防城港市"京族三岛"，彝族主要分布于云南凉山、楚雄、威宁、峨山、石林、宁蒗和贵州黔西北的威宁、七星关、大方、赫章等地，藏族集中分布于阿坝、甘孜、迪庆等地，傈僳族主要分布于怒江一带，傣族多集中分布于西双版纳，仫佬族集中于广西罗成，水族聚居于贵州三都等，同族相聚特点十分明显。从微观分布来看，主要表现为在同族宏观分布的格局下不同民族村寨的交错杂居，如在滇东南的马关县，各民族在垂直方向上的分布是："汉族住街头，壮族、傣族住水头，瑶族住箐头，苗族住山头。"在金平县的者米乡，海拔400—600米的河谷地区是傣族、壮族的分布地区，630—790米的半山区是苗族分布区，480—1580米有瑶族分布，哈尼族在山区和半山区的山腰地带，苦聪人大多分布在海拔1500米以上的山区。又如在滇西德宏地区，海拔2000米以上一般为傈僳族的分布区，海拔2000米至1500米间多为景颇族居住，而海拔1500米以下的地区多为傣族和汉族居住。① 形成同族相聚的原因，主要是各民族对自己族群的文化认同以及相同的生计方式，而在迁移过程中，又往往出现迁入民族与原住民族因为迁入时间的先后不同，而存在土地、森林、河流的使用和归属以及宗教信仰等发生矛盾和纠纷，其结果就可能使弱势一方便迁移到同族、同乡人数较多的地方居住。但是，由于西南地区高山大川，道阻且险，且民族或民族中的部分（支系）迁移时间不一，故往往只能相对集中于其中的部分区域而与其他民族交错分布。当然在这种过程中，也有可能使多个民族在一定的文化交汇作用下而集中于一定区域或一定社区，如中国第一个布依族生态博物馆——镇山，在明万历年间就形成了布依族、苗族、汉族、仡佬族同居在一个自然社区就是实例。当然，类似的多民族聚居在一处，在西南地区可说是随处可见的。

　　最后是"接力式"迁移。这里所称"接力"，既有体育赛事中的"接力赛"性质，又有土地承载力所负载的连续不断的人口集中"传递"式承接之意。亦即原居住地人口迁移后迁入另一民族群体或同一民族群体的其他成员，或一外来强势群体将某一民族群体从其居住地上挤走，或某一自然灾害（尤其是瘟疫）的发生迫使某一区域居住民迁移，嗣后又一民族群体又迁入而代以入主的现象等。这种情况在西南地区普遍存在。如贵州中部一线（大致今湘黔铁路沿线）的不少地域如安顺至六盘水一带，不少地方原住民为布依族、苗族、仡佬族，而自明洪武年间征东填西、调北填南而建置卫所，实行屯田之时，原住居民大多被迫迁移他地而使世代"生息之所"为汉人所住，以至历620余年少数民族文化包围之下的汉族文化孤岛现象——"屯堡文化"得以形成，类似者尚有中娜两国政府在贵州黔东南苗族、侗族自治州"苗疆腹地"建立的唯一的汉族生态博物馆——隆里"古城"。在其他地方，如云南元江、普洱，历史上是傣族土司的辖地，也是傣族聚居地区，但现在境内的傣族人数很少，哈尼族、彝族成为主体民族。从地名上来看，这一迁移现象更是比比皆是，如贵州"高原明珠"——花溪，旧名"花仡佬"，其原住民仡佬族后因布依族势力的强大而渐次迁出。明清时期石阡府"苗民长官司"的仡佬族居住区域现已多为土家族定居。云南"元谋"这一地名原是傣语，该地历史上

　　① 苍铭：《西南边疆历史上人口迁移特点及成因分析》，《中央民族大学学报》（社会科学版）2002年第5期。

曾是傣族土司陶氏家族的统治区，但现今已无傣族聚居。当然，在地广人稀的时代，这种"接力式"的迁移或许在时间上并不存在不间断的连接，但随着人口的不断增加，可居住地面积的日渐减少，西南民族转而钟情于已有的居住环境，并在赖以生存的土地上逐渐形成了各有特色的生计方式和社会文化，这在一定程度上使得西南很多地区"百里不同风，十里不同俗"，地域文化和社区文化风格多元。

三　西南民族人口流迁的社会文化视角分析

（一）民族人口流迁与西南民族人口融合

历史上，西南各民族之间以及外来人口之间的融合长期存在，这种迁移和流动中还包括文化方面的冲突和交融。1989 年，费孝通先生在香港中文大学演讲时提出了"中华民族多元一体"的理论。该理论认为：中华民族是包括中国境内 56 个民族的民族实体，中华民族是中国境内各民族最高层次的民族认同；各民族从分散到统一的认同中，汉族发挥了凝聚力的作用，把多元组合成一体；中华民族的认同并不排斥其他各民族的内部认同；在漫长的历史进程中，尤其在西部"汉族同样充实了其他民族"。这一理论，目前已有遗传学、体质人类学的若干证据。研究表明，南方和北方的汉族与当地少数民族血缘相近，而南北汉族之间血缘更远；各地汉族中融入了大量当地少数民族血缘，同时，汉族也有一部分血缘融入了当地的少数民族。[1] 而导致上述民族融合的原因，各民族间迁徙杂居是一个关键。西南地区的历史表明，西南民族的分布和迁徙是一个异常复杂的动态过程，既有寇边和攘夷、内附与反叛、互市与封锁、怀柔与威服、相互安惠与兵戎相向的冲突与聚合，也有因战争和各种社会、历史、自然因素的影响，致使各民族间的汇聚、融合时有发生，还有因彼此间在思想文化上的相互交融、认同以及通婚等因素而形成的地域结合体。而这种融合在古代西南，多表现于"汉族同样充实了其他民族"。除前所述的庄蹻所带汉军入滇融入当地民族外，费孝通先生也肯定地说，在庄蹻入滇后，"汉晋时期均曾派汉人进入云南，但明朝以前迁入云南的汉人大多融

---

　　① 杜若甫、肖春杰：《用 38 基因座的基因频率计算中国人群间遗传距离》，《中国科学》（C 辑）第 28 卷。

合于当地各民族中去了。迁居于云南洱海地区的汉人成了白族中的一个重要组成部分"。① 类似事例在西南他省均有不少事例，如随蓝玉征西南而留居贵州黔南的一支汉军大都即与当地苗、布依、水族融合，其中武略将军张钧还成烂土长官司长官，② 而在平播之役留居贵阳石板哨的江西籍汉军李仁宇部则在今石板镇一带定居下来，融入了当地苗、布依民族中。③ 当然，由于汉文化影响的强大，西南一些地方的少数民族也自觉或不自觉地受汉文化吸引，而融入汉族中去。可以说，正是由于在特殊地理环境中的民族迁移流动，促进了西南地区各民族的相互交往和认同，在很大程度上促成了当今西南民族的种类及其分布格局。

（二）民族人口迁移与西南民族地区的文化重组

每个民族的文化都表现为一种承袭和传播的关系，即从垂直方向上看，总是处在连续的传统的历史联系之中；从水平上看，又总是处在与其他国家或其他民族文化不间断的地区性交流之中。民族的迁徙以及与之相伴随的民族文化的迁移，使迁移民族文化方面的承袭与传播处于新条件作用之下，从而产生各具特色的变化。一个民族迁入另一个民族或另外一些民族居住的地区，必然形成两种或两种以上民族文化的接触。这种文化接触不是简单地把一个民族的文化元素移入另一个民族的文化之中，而是不同的文化群产生连续的互动。这种互动，既包括新文化元素的采集，又包括旧文化元素的保持；既包含新文化元素的抗阻，又包含旧文化元素的抛弃。互动的抉择，不决定于迁入民族或原来居住民族的主观愿望，而是取决于双方文化发展的水平及其在新条件下文化产生的力量。④ 而这里所说的条件，既包括社会条件，亦包括自然条件。从西南地区的情况来看，自然条件还有着相当重要的作用。南迁云南、四川、贵州的氐羌族系，后形成藏、彝、傈僳、纳西、白、景颇、羌等 14 个民族。这 14 个民族在南迁后，原来相差不大的文化由于所处社会条件和自然条件的差异却呈现很大的差异，即呈现出先进与落后、开放与封闭的特殊状况，亦即不同的文化

---

① 宋蜀华、陈克进：《中国民族概论》，中央民族大学出版社 2001 年版，第 23 页。

② 佚名：《平南传》，王羊勺、陈德远点校，贵州省历史文献研究会，2005 年，第 12 页。

③ （清）道光：《李班氏族谱》。

④ 杨知勇：《民族迁徙对民族文学发展的影响》，《民族文学研究》1986 年第 5 期。

发展类型。

　　先进开放的民族如白族，在中华人民共和国成立前，其经济文化发展水平与内地汉族不相上下，在某些方面如教育水平甚至超过部分汉族。形成这种情况的原因，除了他们生活的洱海地区自然条件比较优越外，主要还在于白族先民善于融合多民族的成分，吸纳多种民族文化，学习先进民族文化，并能以宽容态度对待域外文化。而从整个西南来看，较多的民族由于山川的间阻、地理的隔绝，同时由于强势民族或统治者的压迫或者是往来甚少，各自在自己生存的环境中发展自己的文化，从而形成特殊的文化特征，即文化内聚力和文化凝结性，很难看到其他民族文化的倾向，比较典型的例子有如云南的基诺族、独龙族，黔桂交界处的部分瑶族，黔东南月亮山区的部分苗族等。以贵州黔东南从江县的岜沙苗族为例：岜沙苗族居住于月亮山麓，属苗族中的青苗支系，社会经济发展缓慢，社会生产力低下，甚至新中国成立前夕的经济文化基本上处于停滞封闭的状态，时至今日，其生产方式、生活习俗几乎仍保留"原生态"的特征：自给自足的山地农业兼狩猎经济、干栏式建筑、女人特殊的服饰、男人特殊的装束〔特别是有如日本武士的髽髽发结和"三宝"（火枪、烟袋、腰刀）不离身的习俗〕、特殊的葬俗（人死入葬的将土掩平并在其植树以志）、

图6－6　贵州饶家"呃嘣"之迁徙史追忆

寨老的权威、巫鬼文化的盛行、自纺自织自染自做的服饰等，都使其不同于周边的苗、侗、汉、水等民族，并多对自己的文化引以为豪，并对外来文化形成自觉的排斥。岜沙苗族因之被有关部门称为"最后的枪手部落"。形成该文化的原因，首先是因为在迁移过程中因崇山峻岭及其周边其他民族的阻隔，而失去与本民族其他支系或本支系其他群体的联系，亦即居住地理空间的高度封闭而带来的文化生态的高度封闭；其次可能是过强的文化隔离机制排斥了民族文化交流。自然隔离必然带来社会隔离——因社会结构、社会生产方式的差距而形成的隔离。该支系周边的其他民族相对来说社会生产较为先进，同时该处不远（8公里左右）又是贵州、广西的中转中心，即今从江县城丙妹镇，时常处在被欺辱或掳掠的境况之下，又因人口不断增长而对生存空间的格外珍视，渐次形成了对外界的抗阻心理，增强了社会隔离，因而鲜于接受其他民族文化的影响。这种事例在被称为"苗、侗原生态文化区"的黔东南州仅属特例之一。

（三）民族人口流迁与西南民族地区人口发展

古代，西南地区地广人稀，人口较少，与中原地区或中央政权联系松散，就是在元代设置土司制度起，建置地方也多为"以夷制夷"，或实行"羁縻"，甚至一些地方被称作"化外之地"或"生苗之区"。由于生产力的低下，自然环境的恶劣，社会教育程度的落后，以及对疾病、自然灾害的无法抗拒，西南地区的人口常态增长现虽没有一个权威的稽考，但其人口增长毫无疑问是处于"高出生、高死亡、低增长"的原始传统人口再增长模式中。无可怀疑的一个事实是：其他民族的迁入，使西南地区的人口数量、人口密度有了较快的增长，而其中尤以明清为甚。除前已所举资料外，我们可以从史籍中看出，西南地区最明显的一个特征是以明代的军事和屯田戍边移民以及清代的农业、商贸等人口的迁入。如民国《兴义县志补志》卷八《氏族》记载了兴义13个大姓，其中明代迁入的就有8个姓。民国《姚安县志》卷三十六《人物志·氏族》载有的223个大氏族中，有220支籍贯可考，而其中仅明代迁入就有146支。民国《宣威县志稿》卷八《民族志》中，记录有可考迁入时间的42支氏族中，明代迁入33支。明清时期外来人口的大量迁入，在一定时段上造成了西南民族地区人口的机械增长，更是增大了人口自然增长的人口基数，人口因之而增长迅速。而在清代，云南顺宁府在清乾隆十五年（1750年）有

10444 户，31704 人，到道光十年（1830 年）已有 33419 户，121990 人，80 年间人口翻了近 4 番。① 贵州思南府从雍正年间至乾隆中期，由 6630 户增至 61621 户，增加了 8 倍多，安顺府从 32867 户增加到 79925 户，② 而与滇、黔相邻的广西钦州府地方"雍正初地尚荒而不至，自乾隆以后，外府州县迁居钦者，五倍土著。"③ 而于四川，也正是因为清康熙年间起持续近 100 年的大规模"湖广填四川"移民，使明末清初持续数十年战乱及瘟疫流行而使人口大减的状况得到根本改变，人口数据从清初约五六十万到嘉庆二十四年（1819 年）的 2560 多万。"道光三十年（1850 年）四川人口一跃超过江苏，居全国首位。"④ 资料表明，"清代四川土著人口占总人口比例占 33% 左右，清代移民的比例高达 67% 以上。"⑤

据统计，从 1661 年至 1911 年，西藏人口从 1159980 人增加到 1657631 人，增长 42.90%；云南人口从 1189930 人增加到 9295885 人，增长 681.21%；广西人口从 948312 人增至 8662174 人，增长 813.43%。从明万历十六年到清顺治十八年，贵州人口从 290972 人增至 2000000 人，增长 587.29%。⑥

从民族构成看，西南地区一直是"夷多汉少"的区域，而现在除西藏外，均变成了"汉多夷少"之区。这一结构状况的改变，关键是在明清时期，转折多在清中叶以后。以贵州为例：清顺治十六年（1659 年），云贵总督赵廷臣上《抚苗疏》曰："贵州古称鬼方，自城市外，四顾皆苗。"康熙五年，贵州巡抚罗绘锦疏言："黔省开辟方今九载，汉少苗多，人民生聚未久。"康熙三十三年（1694 年），贵州巡抚阎兴邦奏疏说："自三十一年编审人丁，部驳查明加增，但黔地褊小，苗、仲十居六七，向不编征。"⑦ 可见，清初少数民族人口仍占绝对优势。由于缺乏科学统

① 《光绪顺宁府志》卷十一《食货志·户口》。

② 贺长龄：《耐庵奏议存稿》卷五《覆奏汉苗土司各情形折》。

③ 《道光钦州志》，《延厘堂集·奏疏》卷上《奏陈地方情形疏》。

④ 汪润元、勾利军：《清代长江流域人口运动与生态环境的恶化》，《上海社科院学术季刊》1994 年第 4 期。

⑤ 蓝勇：《清代四川土著与移民的地理分布特征研究》，《中国历史地理论丛》1995 年第 2 期。

⑥ 路遇、滕泽之：《中国人口通史》（下），山东人民出版社 2000 年版，第 824—825 页。

⑦ 贵州省文史研究馆校勘：《贵州通志·前事志》第 3 册，贵州人民出版社 1988 年版，第 140 页。

计，史书无确切记载少数民族与汉族比例的具体材料。从乾隆以后，"夷多汉少"的情况逐渐在发生变化，我们从史籍的记载中可得到这一变化的信息。乾隆十四年（1749 年），贵州巡抚裴宗锡奏称："黔属在汉苗杂处"，而不是以前"汉少苗多"了。《黔南识略》的记载，更为我们研究清朝前期贵州民族构成及变化提供了宝贵资料。乾隆年间，爱必达先后调任贵州巡抚、云贵总督，其间他主持编修了《黔南识略》。书中记录了不少嘉庆、道光年间的事件，因此书中有关的人口材料，亦可能是不少嘉道时期的记录。《黔南识略》记载表明，乾隆时期贵州各府州县人口的民族构成已发生了重大变化，其构成情况大致有三种情况：一是"苗多汉少"，二是"汉多夷少"，三是"苗汉杂处"。其中，"苗多汉少"地区有长寨、定番、广顺州、归化、都匀、都江、独山州、麻哈州、台拱、永从、威宁州、荔波；"汉多苗少"地区有贵阳府、遵义府、修文县、开州、湄潭县、桐梓县、余庆县、绥阳县、仁怀县、仁怀直隶厅、印江县、石阡县、安化县、务川县、龙泉县、黔西州、毕节县、兴义县等；"汉苗杂处"地区有贵定县、大塘州、镇宁州、永宁州、安平县、瓮安县等（这里因篇幅原因，省去了所志各地的相关数据及文字说明）。[①] 尽管《黔南识略》的上述三种分法的科学性使人质疑，且与贵州现在民族分布情况有异，但从中我们也可大体看出：黔南、黔东南地区，少数民族多于汉族，黔北及黔中和黔西北、黔西南的部分地区汉族人口多于少数民族人口。就全省范畴而论，清初"夷多汉少"的局面到清中期以后发生了明显的变化，"汉多夷少"的民族构成定式逐渐形成。

（四）民族人口流迁与西南地区人口和生态环境的关系变化

自庄蹻入滇始，历代汉族移民迁入西南地区，不仅带来了文化的交流、民族人口的融合，同时也使地广人稀的西南地区增加了大量的劳动力。汉族移民带来了先进的生产工具和耕作技术在西南地区的推广，促进了西南地区社会经济的发展。这种状况尤其在明、清时期表现得最为突出。明代在西南地区实行的卫所制度和移民屯田，既使原来闭塞的西南地区交通状况有了一定的改善，又使大量闲置的土地得到了开垦。由于先进

---

① 张祥光：《明清贵州人口的发展对社会经济的影响》，《贵州师范大学学报》（社会科学版）1998 年第 3 期。

耕作技术的传入，水利建设、灌溉技术、旱地改田、精耕细作、铁器和制造技术等在西南一些地方得到有效推广。特别是到了明末清初，随着玉米、马铃薯、番薯、烟草、花生等耐旱高产作物的引进，既使原来许多荒僻无人的山区得到开垦，同时也使土地产出有了较大的提高，传统农业结构得到了较大改变，并因此促进了商贸的往来、市场的形成和城市的发展。

　　物质文明的进步必然伴随着人口的增长。从历史资料来看，雍乾时期西南人口的增长，不仅很快弥补了清初社会动乱造成的人口损失，而且耕种的开垦，手工业、商业的发展，基本上还能够承受人口的增长速度。但是从嘉道以后就开始出现了人口压力，这种压力的出现主要是作为生产的基础和生活资料的基本来源的耕地，在人口增长的同时，虽有所增加，但远远落后于人口增长的速度。如从乾隆三十二年（1767 年）到咸丰元年（1851 年）的 100 多年间，贵州人口由 340 余万增加到 540 余万，净增长 200 万，而耕地仅从 267 万余亩增加到 268 万余亩，仅增加 10 万亩左右。人口和耕地的不协调发展，导致了人均耕地的急剧下降，因之滥开滥垦而造成的环境问题的出现就成为必然。四川人口在乾隆后已由"土满为忧"变为"人满为患"了。到光绪初年，四川总督丁宝桢奏曰："川省人民繁庶，穷困居多，现在民间田土，凡山巅水涯田塍土埂，无不栽种麦菽，报官上粮，实无荒地可垦。"[①] 除广泛的垦山种粮之外，西南人口稠密、流民多者之区，还大面积出现了"靠山吃山"，即对森林资源进行综合利用的种种掠夺性采伐，乾隆后的四川巴山、南山林区即有数以百计的伐木场，数十年间就使原先"郁乎苍苍，参天蔽野""处处烟峦皆奇幻"的山地景观，变成"旷览四郊，有牛山濯濯之叹。"[②] 人与生态环境之间的协调关系渐被打破，致使不少地方"一经霖雨，浮石冲动，划然下流，砂石交淤，溪涧填溢，水无所归，旁啮平田。……熟田半没于河洲，而膏腴竟为石田。"[③] 据四川总督李世杰统计，仅灌县山区一地，"原报新垦中下地九千八百五十三亩九分九厘"，仅"一千五十三亩五分五厘，现尚耕种"，"其余五十二户，原报中下山地八千八百亩四分四厘，或地居阴箐

---

①　贵州省文史馆等校勘：《丁文诚公奏稿》，贵州新闻出版局 2000 年版，第 8 页。

②　汉元方：《清禁棚民开山阻水以杜后患疏·道咸同光奏议》卷 29。

③　杨廷烈：《同治房县志》卷 4，《赋役》。

难以发生，或沙石过多不能耕种，虽有开垦形迹，实在均属荒芜，垦户均已逃亡"。这个报告表明，山林垦地的成功率仅有 1/10，而其中一队队人群从一处山区转徙到另一处山区，留下一片片"水痕痕条条，祢存石骨"的荒坡山地。在这种循环运动中，青山变童，流水转黄，人口运动与生态环境的关系，出现了"越垦越穷，越穷越垦"的恶性循环。① 这些人与生态关系的历史发展轨迹对今天不无有用的启示寻觅。

第三节　改革开放后的西南民族人口流动

一　西南民族人口流动的基本状况

人口迁移是继出生、死亡之后，决定一个国家或地区人口总量及其构成的第三个重要指标；迁移状况也是反映一个国家或地区经济发展水平和经济平衡程度的重要标志。从一般的规律上讲，人口迁移是由经济相对落后地区向经济相对发达的地区迁移，由地域环境差的地区向地域环境较好的地区迁移。社会因素、经济发展、资源和环境等因素是引起人口迁移的主要原因，而迁移也对社会、经济、文化、资源和环境等起着重要影响。我国是一个幅员辽阔的大国，地区间的经济发展很不平衡，各地区的产业结构也各不相同，在经济发展过程中必然伴随着大规模的人口迁移和人口流动现象。就西南地区来讲，改革开放后人口迁移流动的原因主要是经济发展水平的差异，地理环境的地区差异，国家人口政治的影响，建设性移民以及生态环境等因素。

从第五次人口普查的资料来看，根据人口普查长表中的"全国按现住地、五年前常住地分的人口"数据，计算出西南各省市区人口在 1995 年 11月 1 日至 2000 年 10 月 31 日期间发出迁移后，按其 1995 年 1 月 31 日的常住地是否在本省的省际迁移率来看，西南诸省总体来讲属于人口净迁出区域，其中重庆市的迁出率为 68.5%，四川省为 110.2%，贵州省为 61.8%，西藏为 7.1%，广西为 77.1%，云南省迁出迁入基本持平。由此我们可以看出，

---

① 汪润元、勾利军：《清代长江流域人口运动与生态环境的恶化》，《上海社科院学术季刊》1994 年第 4 期。

在西南各省中，四川、广西、重庆、贵州为净出人口最大的省份，人口规模大，经济水平较低，自然环境相对较差，影响了西南地区人口迁移水平。而在迁出人口中，西南地区从农村迁出的人口比例大，从全国现住地为城市的迁移人口中，西部从农村迁入的比例高在43%左右，高于东部从乡村迁入城市比例10个百分点以上，西南农村人口迁移的特征突出。这种状况在2010年"六普"时也未有较大的改变。而在有关对西南迁移人口的原因研究结果表明，西南地区因经济原因（务工较高、工作调动、分配录用、学习培训）比非经济原因（拆迁搬家、婚姻迁入、随迁家属、投靠亲友等）迁出的比例大10个百分点左右。而在迁出人口的行业结构特征上，第一、第二产业各占30%左右，第三产业占40%。①

图6-7　遥祭祖先

如前所述，西南民族地区在改革开放后，随着国家建设投资的大量增加，建设性移民规模也较庞大，其中以三峡移民为最典型。该工程截至2008年6月底，已累积移民安置124万人，淹没涉及的12座城市和114座集镇已完成整体搬迁。②而在西南，喀斯特地区又往往是贫困人口最集

_____

① 西部大开发中的人口问题课题组：《西部大开发中的人口问题》，中国统计出版社2005年版，第12页。

② 江时强：《当代生活报》2008年8月24日。

中的地区，生存、生态移民或反贫困移民也是西南地区移民的一大显现特征之一。如"八七扶贫攻坚"期间，贵州集中于"一方水土养不活一方人"的喀斯特生态脆弱区域及沙漠化区域，需易地搬迁扶贫开发才能够解决温饱问题的特困人口就有41.69万人。据不完全统计，仅1994—2002年，贵州省共投入移民搬迁资金7971.45万元，累积移民搬迁17817万户，85237人，使搬迁移民在新的家园具备了自我生存和发展能力。[1]而这项工作在贵州至今仍在进行中。其他各省区在反贫困中类似的异地移民搬迁开发扶贫也同样存在，并在区域经济发展中被列入新阶段人口生态社会经济协调发展的主题之一。2005年8月15日在贵阳召开的西南六省区（贵州、重庆、四川、西藏、云南、广西）经济协调会议第20次会议强调，要在加大扶贫开发，整村推进的同时，对居住在"一方水土养不活一方人"地方的贫困人口实施移民搬迁工程，认为在需要搬迁的贫困人口中，大多数居住在喀斯特地区，少数民族占大多数，建议国家把"西南六省区市喀斯特山区"作为一个特殊贫困区域主要扶持，加大对六省区市喀斯特、山区、边疆、高原、民族贫困地区和人口较少民族的扶贫力度，设立六省区市移民搬迁扶贫发展基金，对居住在自然环境恶劣，基本丧失生存条件地方的贫困人口移民搬迁给予专项资金补助。[2] 该年广西在7个市实施贫困地区移民搬迁安置试点工程中，使3.5万名石山区贫困农民实现了易地搬迁。"各安置点户户住上了砖瓦房，生活用上了自来水，看病有了卫生院，孩子读书有了学校。"[3] 2005年，贵州省一位副省长预测："今后5到10年，贵州平均要搬迁2至3万人"，才能使生态脆弱地区的人口与发展问题得到根本解决。[4]

在西南民族地区大量人口外流的同时，东中部地区也不断有人口迁入西南民族地区，而这种情形在西部大开发的过程中无疑更加突出。伴随着改革开放的不断深入，可以肯定，不仅东中部地区的人口会更大规模地流入西南地区，而且西南地区外流人口也将在不同因素作用下回流西南，省际间、区域间的交互流动也会更加频繁，因人口流动引发的社会经济效应

[1]　杨军昌：《贵州农村特困人口移民搬迁及扶贫开发》，《人口与经济》2003年第4期。
[2]　《西南六省区市经济协调会议第20次会议纪要》，2005年8月15日通过，www.34Law.com，2009年1月28日。
[3]　www.Qxzf.gov.cn，2008年4月23日。
[4]　number.Cnki.net，2008年7月1日。

会更加突出，相应引发的各种人口文化变迁也会更加迅速和剧烈。

二　改革开放后西南民族人口流迁的主要效应

由于西南民族地区属人口净迁出省区，这里讨论的问题仅限于人口外向流动（包括省内、省际、区域流动）而带来的几个社会文化问题。

从总体上来说，西南民族地区的人口流动推动了农村社会经济的发展，不少地方因之而改变了贫穷落后的面貌，走上了健康、良性的发展之路；而人口流动冲击了传统的就业体制，增加了人们的社会竞争意识，在一定程度上提高了城乡人口特别是农村人口素质；同时，人口流动加快了二元结构经济向一元同质的现代经济转变，并促进了城镇化和城市经济的发展。在某种意义上可以说，人口流动为西南民族地区的社会稳定和全面小康建设提供了较为坚定的经济基础。但是，一切事物无不具有两面性，流动人口在具有上述等积极作用的同时，也相应带来一系列负面影响，而这种影响在新的时期仍有较长时间的惯性：从流入地而言，这些问题首先表现在农村大批素质相对较高的劳动力的流失，影响了农业的集体化经营，导致了因人力资源不足而造成的农业发展后劲的不足，影响了农业科技知识的普及和新技术的推广，不少地区的农田基本建设、社会公益事业的建设和发展受到制约，大量耕地撂荒或变相撂荒。同时，以中青年为主的农村人口的不断外出，使农村人口老龄化程度出现机械性加速，少儿系数出现机械性下降。如2000—2005年，贵州省少儿系数平均每年下降0.98个百分点，老年系数平均每年上升0.24个百分点，贵州老龄化程度在此影响下达到8.21%，高于全国平均水平0.25个百分点（2000年第五次人口普查时，贵州老龄化水平比全国低1.13个百分点）。截至2013年年底，贵州60岁及以上老人达501万，老年化程度已高至14.3%[①]，此外，农村老年问题（老有所养、留守老人生活质量等问题）、留守儿童成长问题、妇女权益保障问题、流动人口婚姻问题、流动人口子女教育问题等相伴产生。这些问题既表现在日常生活的各个层面，又表现在人们思想观念的相互影响与变化上。这里，仅就如下几个问题作概括性的讨论。

---

① 聂毅：《我省60岁以上老人501万》，《贵州都市报》（贵州时政版）2014年8月20日。

（一）西南民族妇女外流促使了传统社会文化变迁

在当代人口迁移流动中，西南少数民族妇女外流是一个令人关注的现象，这不仅仅是一个性别流动人口社会现象，更与民族传统社会文化有着密切的关联，其影响也显现在以妇女社会地位的改变为主线包括文化传承、婚配性别比等多个方面。从目前的资料看，在 20 世纪 80 年代之前，生活在西南地区的大部分少数民族妇女，由于传统社会文化的影响，经济地位上由于男主外、女主内的社会性别分工，使得女性的劳动价值处于弱势状态；在村寨公共和家庭事务上，多数民族地区的妇女都无权参与，村寨的主要事务活动是男人的领域；家庭的大事往往由男人做主；父系继嗣制度是诸多西南民族实行的普遍原则，家庭财产尤其是不动产主要由儿子继承；婚姻中虽有恋爱自由，但最终的决定权都由以父亲为主的长辈控制；在受教育上，家庭中的投入多倾向于男孩；日常生活中也有着对妇女的诸多限制，长期以来的传统社会文化使妇女地位处于男子之下。然而，伴随着改革的春风和市场经济的逐步建立，随着外界信息的传入和与外界交往的日益加深，越来越多的少数民族妇女冲破传统的樊篱，卸下重男轻女、女不如男文化的桎梏，跻身于浩浩荡荡的"打工族"而走出山寨。如果说最初的愿望是想打工挣钱并感受精彩的外面世界的话，随着时间的推移和各种文化的吸入，她们通过一系列的内心深处的思想抗争，在传统与现代的博弈中，对现实自我价值有着执着的向往，并在异乡施展着自己的才干。同时，其中相当部分基于对发展环境和家乡经济差异状况的思考，改变了原来回旋似的流动方式而变为直线式的以婚嫁为归宿的流动形式。全国第五次人口普查 0.95% 抽样数据显示，西南地区外出女性人口中婚迁人数达到 25% 以上，高于东部地区约 8 个百分点，而且这种现象有很大的趋势。2005 年 1% 人口抽样调查资料表明，贵州农村 15—49 岁育龄妇女由原口径常住人口的 844.60 万人因人口流动而减少到 607.62 万人，减少 28.06%。其中，处于生育旺盛期年龄段的 20—29 岁育龄妇女由 249.71 万人减少至 139.73 万人，减少 109.98 万人。[①] 可以肯定，其中有相当部分苗、侗、布依等民族妇女属"婚迁"型流动人口。

---

① 贵州省人口普查办公室：《2005 年贵州省 1% 人口抽样调查资料》，中国统计出版社 2007 年版，第 88—90 页。

图 6-8　小花苗妇女

　　大量西南民族妇女外迁，从村落、妇女本身而言，这是一个两难的选择。一方面，由于成年妇女外迁，许多传统村落文化在衰退，尤其是以妇女为主要角色参与的文化，如纺织、刺绣、歌舞以及儿童社会化过程所需的民族情感体验等。另一方面，妇女大量外流，反映了妇女自我意识的觉醒和对自我权利的诉求，她们希望能在一种新的环境中、新的空间内实现新的人生角色和社会目标的转换，这无疑对农村少数民族妇女的发展来说是一个进步。但在这种情况下，有两个问题必须引起人们的思考：一是妇女外流而使社区传统文化衰退的局面如何阻止？二是在性别比失调而又东西部经济差异仍然很大的状况下，妇女外流而对流出地适婚男性造成了婚配对象的严重不足，亦即造成西南民族地区"婚姻挤压"的矛盾以及因此而产生的各种社会问题如何化解？值得人们认真、深入思考。

（二）西南民族人口流动的影响因素

　　西南少数民族人口流动的动因不可否认完全在于国家政策的变革和来自流出地强劲的推力与流入地强劲的拉力。但促进人口流动因素的客观存在并不表明大规模的人口流动的顺利实现。因此，应该看到，西南民族人口的流动并未充分实现合理的、有效的、有序的流动，而是存在诸多的障碍和阻力。对这些障碍和阻力的分析和解决途径的思考，又往往被人们所忽视。

　　从总体上来看，就制度法规而言，我国的人口流动只能算是半自由的、有限度的劳动力流动体制。[①] 其中，户籍仍然是人口流动的主要制度屏障。而由户籍制度所衍生的城乡二元劳动就业体制无疑又是一道阻碍城乡人口流动的梗阻。现实中不时看到，一些城市当就业问题趋向紧张之时，往往首先拿农民工开刀，或清退、或截流、或设卡。城外与户籍相连的一些正式的或非正式的限制因素，如就业手续、不同工同酬、就学就医待遇不平等。偏见与歧视，在一定程度上导致了农民工的体制外的边缘化生存状态。

　　而具体到西南民族地区而言，我们就影响少数民族人口流动的因素作如下分析：一是相对较低的人口素质增加了人口流动的风险。研究表明，人口流动所拥有的人力资本是关系到流动成功与否的一个关键因素。一般来说，受教育程度越高，流动意向性越强，其克服流动距离阻碍、获取相关信息的能力也越强；较高的受教育程度，在劳动力市场上选择的机会更多，就业的可能性更大；能建立更有力的社会关系网络，具备较强的风险承担能力。因而这些流动者获得在经济意义上和社会意义上流动成功的可能性越大。第五次人口普查时，西南地区乡村人口文盲率，除广西外，其他省区均高于全国平均水平（8.25%），尤其是贵州、云南两省文盲率高达 16.20% 和 13.05%。而在西南 12 个人口超百万的少数民族育龄妇女的文盲率中，藏族为 77.4%，哈尼族为 69.9%，彝族为 56.1%，布依族为 51.8%，苗族为 49.6%，傣族为 41.7%，白族为 33.1%，侗族和瑶族为 31.4%，壮族、土家族等在 13.1%—23.7%。到 2010 年第六次人口普查时，全国少数民族文盲率平均为 8.15%，而云南为 9.89%，贵州为 13.82%，四川为 26.25%，均比全国水平要高。在平均受教育年限上，2010 年全国平均为 9.1 年，而西南民族中，壮族（8.12）、苗族（7.23），彝族（6.54）、侗族（7.06）、布依族（7.95）、哈尼族（6.46）、傣族（6.86）、仡佬族（7.73）、拉祜族（6.00）、水族（6.87）景颇族（6.95）等 32 个民族均在水平之下，其中又以傈僳族（5.96）、德昂族

---

　　① 邹东涛：《中国西部大开发全书》（第 2 卷），人民出版社 2000 年版，第 300—301 页。

（5.81）为最低。[1] 由此可见，西南民族地区人口素质的相对低下，制约了其外出寻求生存和发展的能力，即使务工就业，也难以胜任对文化科学知识要求较高的智能型劳动，就业风险突出；再是贫穷和封闭以及因之而产生的"贫困文化"制约着外出就业发展之路。有研究表明，"生活水平较高的农民恰恰是最不愿意外迁移的。"[2] 如果我们把这一结论运用到西南地区并追寻其原因，从流动成本考察，在于越贫穷的农民就越难承担流动的成本。西南地区是我国贫困人口最集中的地区之一，是新时期我国扶贫攻坚的主战场，落后的经济状况影响了人们流动的行动，同时由于西南大部分地区以山区为主，交通、信息的制约无疑会增添流动的成本和降低流动的概率。在此，我们绝对不能忽视在西南民族地区农村，由于贫困和封闭所形成的积淀已久的"贫困文化"对人口外流所造成的影响。"贫困文化"必然导致人们的"惰性"行为，安于现状，安于贫困，不思进取，好逸恶劳，迷信宿命，与世无争，难以产生流动的欲望和改变现状的进取与拼搏精神，如果说贫困、封闭是影响流动的客观存在因素的话，那积淀已久的"贫困文化"表现出的非理性的生活方式和价值观念，则是影响西南民族人口流动的主观因素。除此而外，西南地区非农化、城市化水平低，吸纳农村剩余劳动的能力弱，居安重迁的思想根深蒂固，语言习俗等障碍都影响着西南民族人口的迁移流动。总之，人口流动是西南民族地区脱贫致富，实现发展的一条有效途径，而西南民族地区存在的上述流动障碍因素，值得人们认真关注和思考。

（三）西南民族老年"空巢家庭"与老年生活问题

随着经济的发展、城市化进程的加快，西南民族人口的流动强度不断提高。在农村的剩余劳动力大量地向城市迁移的同时，一些流动人口家庭由于年龄、就学、生活习惯、传统的乡土观念等主、客观原因使儿童、老人滞留在农村，形成"留守儿童"和"留守老人"群体。由于留守儿童社会关注程度高、解决力度大，相关研究也不时见于刊物，因此，笔者在

---

[1] 国家统计局人口和就业统计司、国家民委经济发展司：《中国 2010 年人口普查分民族人口资料》，民族出版社 2013 年版，第 105—165 页。

[2] 邹蓝：《巨人的跛足——中国西部贫困地区发展研究》，黑龙江人民出版社 1992 年版，第 79 页。

此仅以对玉屏侗族自治县的个案调查以反映老年"空巢家庭"家庭增多老年生活问题突出等问题。

"空巢老人"一般是指子女离家后的中老年夫妇。随着我国经济社会的发展,老龄化问题日益突出,其中"空巢老人"现象尤其引人关注。2012 年 10 月 29 日,首届全国智能化养老战略研讨会介绍,我国空巢老人比例很高,根据相关部门预测,到 2050 年,我国临终无子女的老年人将达到 7900 万左右,独居和空巢老年人将占 54% 以上,空巢老人的养老问题也再次引发关注。贵州省老龄化程度较高且空巢老人数量居多,据有关部门统计,2012 年贵州省空巢老人数量近 76 万人。玉屏侗族自治县老年"空巢家庭"家庭与老年生活问题状况如何?此以贵州省玉屏侗族自治县个案以示一斑。①

玉屏侗族自治县位于贵州省东部,铜仁市南部,为贵州省的东大门,有"黔东门户"之称。玉屏侗族自治县总面积 517 平方公里。辖四镇两乡 84 村民委员会 9 社区(居民委员会)。2011 年末总人口 152871 人,其中侗族 123214 人,占总人口的 87%。2011 年全县共有 60 岁以上老年人 2 万余人,占总人口的 13.5%。截至 2012 年 7 月,玉屏侗族自治县有空巢老人 7367 人,约占全县 60 岁以上老年总人口的 36.8%。其中男性空巢老人占 3601 人,女性空巢老人为 3766 人。2001 年玉屏侗族自治县进入了人口老龄化县(市)行列,人口平均寿命 72.2 岁,是贵州七个省级"长寿之乡"县(市)之一,人口老龄化、高龄化、空巢化问题十分突出。

此次问卷调查中,男性空巢老人占 43.3%,女性空巢老人占 56.7%;民族成分:汉族 20.1%,侗族 59.8%,土家族 17.6%,回族 2.5%,侗族空巢老人占绝大部分。87.5% 的被调查空巢老人有自己的房子,大部分空巢老人"老有所居",调查结果如下所述:

生活保障状况。玉屏侗族自治县空巢老人的生活保障状况仍然处于中低等水平。有 27.7% 的空巢老人月收入(包括生产所得折价)在 300 元以下,月收入在 300—599 元的占 27.4%,600—899 元的占 9.8%,900

---

① 2012 年 7 月,笔者主持的贵州省老年专项课题《贵州省空巢老人生活状况调查》,专门就玉屏侗族自治县做了选点调研。调研共发放调查问卷 120 份,回收有效问卷 91 份。另在调研过程中随机抽取 20 位空巢老人进行了重点访问调查。调研结果以《玉屏侗族自治县空巢老人状况调查报告》为题名发表于《人口·社会·法制研究》2012 年卷,第 120—128 页。

元及以上的占 35.1％；大部分的空巢老人生活来源是依赖退休金或养老金和子女或其他亲属资助。每月支出情况：300 元以下占 38.8％，300—599 元占 21.8％，600—899 元占 9.9％，900—1199 元占 2.5％，1200 元以上占 2.5％。生活保障处于中低等水平状态。

身体健康及医疗保障状况。身体状况及医疗保障状况是某个地区空巢老人生活状况质量好坏的重要体现之一。被调查的空巢老人中，身体良好无老年性疾病的占 69.7％，需要经常吃药看病的占 20.6％，身体时好时坏的占 7.6％，说不清楚的占 2.1％；活动能力：能做简单的生产性劳动的占 32.5％，只能做简单的家务活的占 47.5％，只能照顾自己的简单起居的占 17.5％，完全丧失生活自理能力且日常生活靠亲友照顾的占 2.5％。医疗方面：33.9％的被调查者享受公费医疗，3.1％享受劳保医疗，57.7％为新型农村合作医疗保险，5.3％不享受医疗保障；大部分空巢老人生病后一般是自己买药吃或者就近到村诊所及社区医院看病。

日常休闲娱乐状况。问卷调查结果显示，87.2％的被调查者所在村委会（或社区）有老年活动室；且 42.2％的被调查空巢老人每天都去，有36.4％的人两三天去一次，12.1％的人四五天去一次；休闲娱乐方式：聊天占 36.5％，打牌占 21.7％，看电视占 20.1％，健身占 18.9％，其他（门球、体舞、旅游等）占 2.7％。

人际关系状况。老年人生活状况质量好坏除了体现在生活保障及医疗保障等物质方面，还体现在人际关系的交往等精神层面。据调查，被调查者当遇到困难或麻烦时经常找邻居朋友帮忙的占 22.5％，有时找的占 65.0％，很少找的占 7.5％，有 5.0％的被调查者从不找；与邻居朋友关系程度：非常好的占 38.5％，比较好的占 46.2％，一般的占15.4％；在问及是否"有时会感到孤独寂寞"时，19.9％的被调查者表示从没发生，37.7％的人表示很少发生，29.8％的人表示有时发生，12.6％的人表示经常发生。

精神慰藉状况。问卷调查结果显示，子女每周回家看望父母一两次的占 30.1％，每月回家看望父母一两次的占 19.4％，每两三个月回家看望父母一次的占 19.4％，每半年回家看望父母一次的占 16.7％，一年或更长时间才回家看望父母的占到了 13.9％；子女与父母交谈方式是面对面交谈的占 35.8％，而打电话进行交谈的占到了 64.2％；当被调查空巢老人遇到困难或心情不好时，55.6％的老人希望子女知道，38.9％的老人不希望子女知道，5.6%的老人说不清楚是否应该让子女知道。由以上可以看出，玉屏县空巢老人的精神慰藉还远远不够，其子女对老人的关心仅仅集中在身体状况方面，忽略了老人的精神健康状况，与空巢老人的内心期望有一定的差距。

权益保障及其他。老年人享有个人自由处分个人合法财产、享有子女赡养、享有再婚自由、享有继续接受教育、享有社会关爱、享有司法援助等权益。对于这些权益，被调查者知道的情况是：9.7%知道全面，20.2%知道较为全面，54.8%知道一两点，15.3%表示不知道。可见，空巢老人对于权益保障方面的具体内容知晓、掌握情况不容乐观。

如上所述，农村留守老人这一特殊群体的出现，在一定程度上使城市的老龄化压力减弱，而使农村老龄化速度加剧。农村留守老人的"五老"问题，尤其是"老有所养"的问题在势头不减的"打工潮"环境下，已逐渐成为值得全社会给予更多关注的社会现象。

图 6-9　慰问乡村老年人

据相关调查，目前，西南民族地区养老关系中的载体与对象发生空间分离而产生了一系列"空巢老人"生活问题：一是经济收入低，劳动强度大，生活质量差。除部分留守老人享受低保外，绝大多数老年人没有养老保障。随着孝道观念的不断淡化及子女在外务工谋生压力的加大，子女贴补缺乏稳定性，绝大多数老年人仍不得不继续劳作以维持生计；二是生活缺乏照顾，孙辈抚养负担重。子女外出打工后，留守老人基本上没有子女在身边照顾，部分老人独居、偶居形成老年空巢家庭，大部分老人与孙辈组成"隔代家庭"，代为照顾孙辈，负担极重；三是隔代教育问题突出。西南民族地区农村老年人大多数识字不多，无法辅导小孩的学习但又担心学习成绩差。同时又由于农村交通、通信得到迅速改善，电视、网吧到处有，孩子在外的时间长，担心发生一些意想不到的事情，老年人总觉得管理小孩力不从心；四是家庭氛围缺失、精神生活单调。老年人口经济保障与精神慰藉同等重要。由于子女不在身边，农村留守老人大多生活寂寞，缺乏家庭温暖，这很容易使他们感到孤独。特别是独居老人有时候心里话没处诉说，有时间没事打发，很可能出现抑郁症状，严重的会产生自杀的念头；五是就医难、医疗费用不足问题突出。现阶段，不同程度存在着农村留守老人"生不起病、拿不起药"的情况，因此，一旦染上重病，就只有拖着、扛着，甚至带着遗憾痛苦地离开人世。

由上可见，由于劳动力外流引起的家庭结构、居住距离的变化，直接和间接地削弱了家庭的养老功能，导致老年人的代际支持特别是经济和情感支持的减少和老年人生活质量的无法保证。因此，为了适应这些变化，社会必须做出相应的调整，积极探索多种养老方式，完善农村社会保障体系，发展农村地方经济，加强社区经济"养老"的支持力度。其中尤其要注重传统孝道文化精髓的宣传、弘扬。要教育外出务工人员尊敬父母，孝敬老人，"常回家看看"，保证老人物质生活需求和精神慰藉。此外，要充分发挥农村留守老人自身的积极性和能动性，帮助老年人更新观念，树立现代生活理念，并积极参与各项社会活动，把自己融入社会中去，充分享受现代文明的成果。而之对于最大限度地实现"积极老年化"和"健康老年化"，实现"以人为本"，建设具有中国特色的社会主义老年文化无不具有积极的意义和作用。

第七章　西南民族人口老年文化

　　人口老年文化是指以社会为主体建构的，以老年人为主要角色形塑的，以提高老年人生命生活质量为主要目的而形成的观念意识、制度习俗、行为方式及其成果的总和。"凡适合老年人参加的物质文明和精神文明建设；凡适合老年人参加的知识型、娱乐型的文化活动；凡以老年人为主要角色，反映他们生活的各种形式的文化产品；凡社会、家庭为提高老年人的生命、生活质量所做出的一切努力皆为人口老年文化的范畴"。[①]

　　老年文化是由整个社会创造的，其体现了社会的发展和进步。其内涵上，一是包括老年人自身构建的文化，如服饰、饮食、思维模式、行为模式等；一是社会构建的有关老年人的文化，如老年观、尊老敬老传统、涉老制度等。具体内容包括老年物质文化（如特定的服饰、饮食、居住条件、生活保障、照料体系、医疗条件等），老年制度文化（如退休及养老金制度、老年各种优惠制度、老年人权益保障和法律援助制度等），老年精神文化（包括尊老敬老的社会风尚、老年人的精神文化活动、老年人的人生观、价值观、世界观和老年心理等）。老年文化的目标在于建立群体与社会发展的良性关系和有机结合，形成尊老、敬老、养老、助老的良好道德风尚，推进健康老龄化、积极老龄化进程。不难看出，老年文化的范畴宽泛宏阔，在我国 60 岁及以上人口占 13.26%（"六普"数据）这样一个老年化进程加快的背景下，老年文化已成了全社会关注和研究的重要话题。限于篇幅，在此仅对西南民族人口之老年文化中的敬老孝老、老年健康和高龄长寿文化做初步探讨。

---

　　①　赵石莲：《老年文化初探》，《中国老年学杂志》2001 年第 21 卷。

第一节　敬老孝老文化

　　敬老孝老是中华民族的优秀道德传统，其蕴含的意义非常丰富，关乎个人修养、家庭融洽以及对国家应尽的责任等问题。在中华民族长期的历史发展过程中，孝文化在协调人际关系，维护社会稳定，增强社会凝聚力上，起着不可或缺的作用。"孝"最核心的内涵是子女对父母应尽的义务，包括尊重老人，关爱老人物质及精神生活，直至最后的送终礼节等，是子女长大成人后对父母生育之情、养育之恩、教育之泽应当报答。

　　从古至今，孝文化在我国传统文化中占据重要地位。在古代涌现了许许多多可歌可颂的感人事迹。如中国传统"二十四孝"故事中的仲由"百里负米"、蔡顺"拾葚异器"、黄香"扇枕温衾"、陆绩"怀桔遗亲"、汉文帝"亲尝汤药"等。随着历史的进步，这些孝行事迹，虽不可完全效仿，但其中展现出的敬老、孝老美德，至今仍是我们宝贵的精神财富，应该传承和发扬。

　　西南民族社会有着丰富的敬老孝老文化资源，敬老孝老之道镌刻在村规民约中，流传于民众的口耳之间，渗透于村民的日常生活方式及习俗里，并成为民族秩序化的伦理道德和礼仪体系而长期代际延续，使得敬老孝老逐渐内化成了民族精神内部的重要文化元素。

一　家庭、社会生活中的敬老孝老

　　"老者安之、朋友信之、少者怀之。"是孔子对自己的人格理想的描述。其内容是，首先是让老者安心快乐，其次是让朋友信任，让年轻人怀念。那么如何才能做到让老者安心快乐呢？中国人常将"孝"和"敬"连起来用，就是孝敬，孝是行动，敬是敬心。这里关键是对老者的那份深深的敬，只要有那份深深的敬意才会有发自内心的实实在在的行。西南民族文化底蕴深厚，各少数民族在生产生活、社会活动中，都十分尊敬自己的父母，历来有尊敬老人的习俗，孝敬老人的传统，重视老人的风尚，对待年长者的特殊礼仪。

　　居家行为上。西南壮、苗、侗、土家、瑶、布依、彝、白等族主张老少同堂，晚辈必须请老年人坐在明亮或温暖舒适的位置，把方便起居活动的正屋作为老年人卧室；早稻成熟，年轻人要把第一碗新米饭先敬给老人；酒席筵前，要先给老年人敬酒夹菜；家人添缝新衣新被要先给老年人备办；自家长辈健在，小字辈即使年逾花甲，生活富裕，也不能置办寿酒；家里来了年迈老人，年轻人皆笑脸相迎，起立让席；有事须从老年人面前绕过，要先道"得罪！""欠礼！"等语。傣族分了家的兄弟都乐于赡养老人，老人要跟哪个儿女生活，全由老人决定，无儿无女的老人，可以投靠祖辈上有血缘的亲友，被投靠的晚辈把老人视若亲生父母，有的甚至以父母相称，养老送终。拉祜族晚辈起床后要给老人准备好菜饭，每逢喜庆佳节，好茶好酒先敬老人。

言行举止上。几乎所有西南民族的儿女见到父亲做活路回来，都要马上端来板凳让父亲坐，接着要给父亲打洗脚水和洗脸水，并守候在父亲旁边等父亲洗完，再把水倒掉。还要给父亲递烟、点烟。平时有什么事情要先和老人商量，听取老人意见。老人讲话，不能随便插嘴，一定要等到老人把话讲完才能发表自己的看法。与老年人交谈时，年轻人要端正坐姿，不跷二郎腿，要用敬语，要认真倾听老人话语，不能心不在焉，也切忌自夸，更不能说低级趣味事，不口带脏话。晚辈给长辈敬茶、酒，要双手举过头，以示敬重。在金沙江、澜沧江流域的彝族村寨中，广泛流传着这样一首《让路词》："窄处相遇，让路有律；老重我重，应我避让；我轻老重，热心帮忙；老轻我重，亦应我让；学会让道，心地贤良；跟老人抢道，性如豺狼。"由于彝族民众从小到大受这种文化的熏陶，使得彝族村寨都具有尊老敬老的美好风尚。

生活保障上。在布依、苗、侗等族，凡寨子里的老人在生活上遇到困难，晚辈和族姓内的其他人都有义务给予关心照顾。平时或节日，即使是分了家的子女，只要有好吃的东西，都要送上给老人或请老人到家中一起欢聚。布依族的家族都是分居另住，即使兄弟分居，也不会忘记赡养父母的责任。在分配财产时，要留给父母养老田，由兄弟轮流耕种。父母去世后，养老田要转为上坟田，供清明节上坟之用，使子女永远铭记父母的养育之恩。在藏族，家中添置衣服，要先考虑老人。老人因事外出，家里要派人一道前往，老人骑马，陪同的人要牵马步行。在土家族等民族，成年人成家立业要分家时，或者老人要单独居住时，必须把父母的"养老田""养老牛""养老树"等留下，才可以均分剩余的财产。

饮食礼节上。苗族自古就有养老敬老的民族风尚。每当吃饭或者重大节日时，后生要让老人坐上席，吃饭时先为老人添饭、劝菜；老人带头请菜后，后生才举筷夹菜，把当地视为最营养的鸡肝、鸡心、鸡头先敬老人；老人在场时，先给老年人斟

图 7-1　德昂族敬老习俗

酒，敬酒，先敬辈分高的老年人，同辈先敬年纪大的人；当老人碗里的饭快要吃光时，后生要起来主动添饭，并双手捧碗，恭恭敬敬递地给老人；老人饭毕，还要给老人上茶递烟。毛南族人在平日吃饭或逢年过节，让老人坐上座。吃鸡鸭时，要把肉嫩少骨的部位给老人吃，儿孙们要给老人斟酒添饭，敬茶献烟，并尽到赡养的责任。在仡佬族，寨上老人满 60 岁时，子女、亲戚和乡邻都要来祝寿，杀狗设筵庆贺。宴会上，鸡头一定要敬给客人中的长者。在水族，吃饭时如果有老人，要先给老人盛饭并双手递上。在仫佬族，父母进餐，都由晚辈端给，冬天围炉取暖，让老人坐在背风的地方。白族人吃饭时，长辈坐首位，晚辈依次坐在两旁或对面，随时为长辈添饭加汤。每逢节日、婚庆，德昂族晚辈都要先敬奉寨中老人，请安问好。

社会交往上。在社交礼仪中尊老敬老主要表现在两个方面：一是在老年人面前的言行。"重长幼之序，遭长者于道，垂手立道左，待长者过乃行，虽肩随其辈，罔敢逾越"是苗族和彝族之礼俗。仡佬、布依等族认为子女在长辈面前不可随便跷腿、吐痰；不能随便从长辈面前走过，一般要绕道；见长辈上下坎，要主动搀扶；在途中遇到老年人，要停步让道，"长幼相接不知礼让，惟事叩头，或路途相遇，则屈一膝以为敬。"[1] 民族社会里，在长辈或老人面前，年轻人不可指手画脚，更不允许指着老人说

① （清）黄宅中修，邹汉勋纂：《大定府志》，贵州省毕节地区地方志编纂委员会点校，中华书局 2000 年版。

话，对于鳏寡孤独或有残疾的老人，不准取笑和侮辱。对失忘、耳背、眼花年老现象，要求年轻人多体谅、多包涵，并力所能及帮助解决老人因之而来的生活难题。二是对老人长辈的称谓。"称谓"集中表现了老年人在社会生活中的地位和权威。侗族传统，年轻人对老人不直呼其名，对一向热心公益和乐于助人的老年男子称为"探瓦公"，对织锦手艺超群的老年妇女尊称为"相滩杂"。布依族盛传"上坐龙，下坐象，两边坐的捶草棒"的民谣，"龙、象"就是对老年人或长辈的比喻。

二　制度行为中的敬老孝老

这里的制度行为特指在国家政策、法律法规、舆论主体以及草根基层权威作用和倡导下，而在社会的各个领域、各个方面所产生的敬老孝老行为，包括政府部门、企事业单位、社团群团和民族社区社会组织倡导、主持或协助开展的旨在弘扬民族敬老孝老传统美德，营造敬老孝老社会氛围，促进敬老孝老文化发展的活动的总称。这些活动包括政策法规制定、宣传教育、活动开展、典型表彰等。具体以贵州为例以示其貌。

1990 年 5 月 12 日，贵州省第七届人民代表大会常务委员会第十三次会议通过并颁发实施的《贵州省老年人保护条例》是基于政策法律层面"保护老年人的合法权益，发扬中华民族敬老、爱老、养老的传统美德"的重要制度性文件。《条例》共 17 条，规定了保护老年人合法权益的职责与工作主体、老年人依法享有的政治权利、民主权利、人身权利、财产权利、婚姻自由、受赡养的权利，明确了赡养纠纷处理原则，离退休老年人的政治、经济、住房、医疗及其他待遇的保障等。同时也明确了老年人应当学习、遵守法律，履行法律规定的义务；引导家庭成员尊重社会公德，维护家庭的和睦团结；关心下一代和青年人的健康成长。不得推诿拖延侵犯老年人合法权益案件，要认真查处，等等。2008 年 12 月 24 日，贵州省又发布了《贵州省优待老年人试行办法》，具体规定了优待老年人的 10 个方面的具体内容。《条例》和《试行办法》的颁布实施对促进贵州老年事业发展、保护老年人合法权益、营造尊老敬老孝老环境产生了积极影响。

2011 年 8 月 25 日，贵州省老龄办发布《关于开展"敬老月"活动的通知》，并于中华民族传统的敬老节日——重阳节到来前后，在全省开展了旨在"关爱老人，构建和谐""敬老助老，从我做起"，为老年人办实事、做好事、献爱心的"敬老月"（10月1日至31日）活动。具体内容有走访慰问送温暖、为老志愿服务、老年优待维权、老年文化体育、老年社会动员等。由于精心组织，周密安排，落实有力，活动成效显著，起到了"知老年人情、解老年人忧、暖老年人心"，扎扎实实为老年人解决实际困难的效果。

而在县市地区，养老敬老活动更是广泛开展，此起彼伏而又特色鲜明，影响较大。如2007年，为隆重庆祝贵州省第二十个老年节，形成敬老爱老助老的良好风尚，平坝县于10月16日授予该县城关镇46名人员"敬老爱老助老孝亲儿女"称号。受表彰人员的事迹得到了广大群众的认可和效仿，他们的孝敬行为已不再局限于自己的亲人，许多尊老爱老敬老的群众向需要关爱呵护的老人伸出了亲情之手，体现了"弘扬传统美德、改进社会风气、促进社会和谐"的丰富内涵，他们用自己实实在在的行动，诠释了"老吾老以及人之老"的传统美德。①

为了进一步弘扬尊老、敬老、孝老、扶老、养老、助老的传统，深化拓展孝文化内涵，有效地将文化力量转化为经济社会发展的动力，2007年，赤水市启动了至今仍在开展的"孝心工程"。4年来，该"工程"组织开展孝亲敬老征文活动多次，举办"十佳敬孝之星"巡回报告会四场、万余人聆听报告，编制了专题宣传册、宣传光碟；先后推选出"十佳敬孝之星"候选人128人、大会表彰50名，上门慰问百岁老人和孤寡、空巢、特困老人200余人次；形成有关孝亲敬老的建议案2个、提案2个。②为全市90岁以上老人每月发放高龄补贴100元至150元。为进一步巩固和扩大"孝心工程"建设所取得的成果，2011年6月起，在创建"孝亲敬老示范市"的活动中，又把"十心敬老、五个一样"作为孝敬老人的行为准则，在全市城乡大力倡导。其中，"十心敬老"为：讲形势、谈喜事，让老人开心；勤创业、争先进，让老人欢心；求上进、走正道，让老人放心；身患病、急治疗，让老人安心；讲礼貌、常问好，让老人舒心；少空谈、多帮忙，让老人省心；家常事、多商量，让老人称心；遇矛盾、

① 《平坝表彰46名敬老孝亲好儿女》，《安顺日报》2007年9月7日。
② 《扬传统美德，谱和谐乐章》，《遵义日报》2011年11月10日。

能宽容，让老人顺心；有财物、常给予，让老人宽心；创条件、延益寿，让老人养心。"五个一样"为：对待老人有无收入一个样、有无劳力一个样、有无病残一个样、同住与否一个样、亲生与否一个样。①

2009 年，松桃教育局把敬老、助老、尊师、献爱心活动作为强化学校德育的具体内容。创作"天底下，人世上，爹娘恩深似海洋，从小懂得父母恩，长大报国好儿郎……先栽树，后乘凉，长者恩德不能忘……"《孝亲敬老歌》等，号召全县师生利用"六一""五四""七一""八一""重阳"等节日，通过举办歌咏比赛、演讲、主题班会等形式，唱响《孝亲敬老歌》，并在全县中小学 15 万师生中开展了敬老、助老、尊师、献爱心活动。目的是把学生培养成知孝义、聚孝心、明孝道、铸孝魂、践孝行、懂报国的人，从而使孝亲敬老的传统美德得以继承和发扬。②

在日常生产生活与各项社会活动中，贵州各族民众秉承了敬老孝老的传统良风，身体力行，亲躬亲为，在敬老孝老助老实践中，涌现出了许多的感人事例和模范人物，得到了政府和全社会的高度认可，并产生了较强的典型示范作用。2010 年 12 月，由全国老龄办、民政部、教育部、国家广电总局、全国妇联、共青团中央、中国关工委主办，中国老龄事业发展基金会、中国扶贫开发协会承办的第四届全国敬老爱老助老主题教育活动表彰大会在人民大会堂举行，贵州有全国"十佳敬老好媳妇"之一的王家霞和"十佳助老服务志愿者"之一的张兴华获得"中华孝亲敬老楷模提名奖"光荣称号，铜仁地区铜仁市中心敬老院等 4 家单位获得"全国敬老模范单位"光荣称号，吴庆红等 88 名各民族同志获得"全国孝亲敬老之星"光荣称号。③

当然，在传统民族社会，由于草根基层权威的作用和习惯法的影响，有着十分丰富的规制性的敬老习俗和优良的社会尊老敬老风尚。随择数例于此简介：居住在贵州、广西两省毗连的侗族，很早以来就有族内人人遵守的习惯法。习惯法规定"要尊敬老人"，其款词为："人无两次年十八，个个都有老时，今日你敬老人，明日儿孙敬你。"如情如理，言简意明。

---

① 贵州省赤水市社会主义精神文明办公室：《赤水倡导孝敬老人"十心敬老 五个一样"》，gz. wenming. cn/jujiaogz/201106/t20110620。

② 李恬：《孝亲敬老歌旋律响校园》，《贵州日报》2009 年 5 月 15 日。

③ 省老龄办宣教处：《我省孝亲敬老先进个人和单位代表出席第四届全国敬老爱老助老主题教育活动表彰大会》，www. gzll. org. cn/show/3802011-03-31。

侗族历来注重对青少年进行尊老的社会教育,因而尊老敬老在侗族社会中蔚然成风。又如,散居在云南文山州广南、富宁等地的自称"金门"、汉称蓝靛瑶的瑶族,有一种美好的传统习惯叫"教戒"。青年人结婚,都要经受"教戒"仪式。"教戒"的内容十分广泛,其中最主要的内容就是要孝敬父母、老人。再如,哀牢山区的拉祜族,办喜事要进行传统的敬老活动。迎亲当天下午,喜宴散尽后,新郎端着木盆走在前头,新娘用竹筒背着热水在后面,挨家挨户请寨子里的长辈洗脚。新娘在新郎一一介绍下,尊敬地喊着:"阿爷、阿奶、阿叔、阿婶,请您洗脚!"然后请长辈坐下,为其脱去鞋袜,洗净双脚,再替他们穿好鞋袜。新娘通过这种敬老行为,给新地方的人们留下第一个印象。此外,云南镇康县一带的德昂族,至今流传着一种尊敬老人的传统——贡饭。一般在农历清明节后 10 天傣族泼水节期间举行。每逢节日到来前夕,各家各户的家长提醒主妇多做一份上等饭菜,向寨中的老人贡饭。节日这天,在全家高高兴兴围吃团圆饭之前,主妇便将这些上好的饭菜,舀上一份盛在竹制的食品器皿里,由小姑娘或小媳妇约上全寨参加贡饭的年轻人,一齐到寨中年长老人家里,分别给老人贡饭,同时向老人下跪磕头,祝福老人健康长寿。居住在云南怒江峡谷的怒、独龙、傈僳等民族,都有尊敬老人的传统风尚,这些民族的猎人每次狩猎回来,总要把最好的兽肉送给村里的孤寡老人。凡逢年过节,村寨里杀猪宰牛都要先给孤寡老人送去一份。节日期间,村寨的人都要去看望老人,赠送节日礼品,还要给老人背筒水以在节日期间备用。[①] 前述金沙江、澜沧江流域彝族村寨流传的《让路词》,即为西南民族尊老敬老传统良风的生动体现。

三　敬老孝老节庆习俗

老人是一个民族中富有经验的长者,他们是抚育后代的功臣、教育下一代的老师和足智多谋的家族村寨的智囊。所以,很多民族都有敬老孝老的节庆习俗。

民族节庆习俗是指一个特定民族在漫长的历史发展过程中在婚姻、

———————————

① 李淑霞:《论我国少数民族尊老敬老风尚》,《赤峰学院学报》(汉文哲学社会科学版) 2005 年第 2 期。

生育、丧葬、生产、居住、祭祀、娱乐等方面所形成并广泛流行的喜好、风尚、习气和禁忌等，并在固定或不固定的日期内，以特定主题活动方式约定俗成，世代相传的社会活动。贵州少数民族节庆习俗种类较多，在性质上可分为单一性和综合性节庆习俗；内容上可分为祭祀、缅怀、庆贺、社交、歌舞等节庆习俗；时间上可分为传统和现代节庆习俗。每一种节庆习俗都有其特定意义的内涵，都是一种重要的文化现象。

　　在西南少数民族众多的节庆习俗中，敬祖祭祖、敬老孝老的节庆习俗表现得最为突出。除各民族具有共同性质的年节内容外，代表性的还有侗族萨玛节，瑶族"隔冬节"，侗族"老人节"、祭祖节、摆骨节，毛南族"女儿节"等。这些节庆习俗是自古相传而来，内涵丰富、意义突出、价值深厚，如同远古而来的清清溪流，不息地奔流于民族同胞的代代心田，使之从中获得源源不断的生存的力量和发展的营养。这里有必要对如下节庆习俗作梗概式的梳理，以资读者领略和感知其基本的内容和文化的意义，认识西南各少数民族自古以来的对祖先的情结和敬老孝老的美德。

（一）侗族萨玛节

　　"萨玛节"是南部侗族现存最古老而盛大的传统节日，起源于母系氏族社会。萨玛系侗语，"萨"即祖母，"玛"即大，萨玛汉译过来就是大祖母的意思。萨玛是侗族人民信奉、崇拜的至高无上的女神，她是整个侗族共同的祖先神灵的化身，是侗族唯一共同祭祀的、本民族自己的神。同时萨玛又是古代侗族女英雄，在侗族古代社会的政治、军事、文化等方面占有重要地位。侗家人认为萨玛能赋予他们力量去战胜敌

图 7-2　萨玛山请萨

人、战胜自然、战胜灾难，赢得村寨安乐、人畜兴旺。①

　　"萨玛节"举行的时间，一般是农历十月、二月，但有时也根据生产、生活或其他重大活动情况改为其他月份举行。平时每月初一、十五由管理萨堂的人打扫萨堂，敬供香茶。而一年一度的重大萨玛节祭萨活动，各村都请专门的祭师来主持祭祀仪式。祭萨的供品必须有黑毛猪和绿头鸭，要在萨屋里宰杀，其方式很讲究，不用刀具，猪是由几个壮汉将它按下水池溺水而死，鸭子是用绳索套其颈部将它勒死，以示不用刀枪也能驱魔除怪。祭萨时，先由管理萨屋的人烧好茶水，给萨敬献茶，然后是各家各户的侗族妇女穿着盛装前往祭祀，每人喝上一口祖母茶，摘一小枝千年矮树叶插于发髻。随后，放三声铁炮，由"登萨"（掌管祭祀的老妇人，此时作为"萨"的化身）手持半开的黑雨伞开路（黑雨伞是萨玛的象征），参加活动的人们迎"萨"出门，跟随"萨"踩路绕寨一周，最后到达固定的耶坪，大家围成圆圈，手拉手跳起舞来，齐声高唱赞颂萨的"耶歌"，唱耶跳耶，与萨同乐，这种边唱边舞的形式称为"哆耶"。"萨玛节"一般为各村各祭，有的也邀请邻村一起祭祀，场面壮观。参加祭萨的人员以妇女为主，从祭祀活动中，可以看出侗乡里还带有悠久的远古母系氏族社会遗风。②

　　萨玛节在侗族人民的思想观念中有很深的影响，先辈"至善"的美德对侗族的兴旺发达有举足轻重的作用。因此，尊敬老人等已成为侗族人民代代相传的优良传统。萨玛是侗寨的保护神、团结神，又是侗族的娱乐神。"萨玛"文化历史悠久，内涵浓厚，对侗族的社会生活有多方面的深刻影响。

（二）瑶族"隔冬"③

　　位于贵州省黔东南州麻江县的河坝瑶家在每年冬月的第一个虎场天过年，称"河坝瑶年"。如果在近三年内，谁家曾有老人去世，就要在"过冬"之前举行"隔冬"仪式，祭祀去世的老人。"隔"乃阴阳相隔之意，

　　① 阿土：《国家非物质文化遗产——侗族萨玛节》，《贵州民族研究》2010 年第 6 期。
　　② 杨军昌：贵州省高校人文社科基地课题《黔东南州非物质文化遗产田野调查》2013 年验收本，第 36—40 页。
　　③ 同上。

瑶人自称"隔冬"为"哈策"。隔冬作为祭祀去世老人的传统仪式，体现了瑶家人敬老的美德。据《都匀志》记载，瑶族有"居丧不哭、不奠、不戴孝"的习俗。因颠沛流离的迁徙生活决定了在老人去世的时候只能"薄葬"，但对老人的感恩和思念却让人不能释怀，便有了"隔冬"这种隆重的葬后"厚祭"仪式。家中老人去世后的三年内，每年都要隔冬一次，形式和内容相同，但第三年尤为隆重。

"隔冬"由村上保卦公主持，堂屋左边墙壁上挂着用糍粑捏成桃状粘于树枝上的核桃树，堂屋中间摆上煮好的整鸡数只和一盆酸汤，在神龛前放置一双高粱秆做的筷子，以示供祖先享用。堂屋内包括保卦公在内的寨中12位男性长者分坐两边，面前摆上酒、菜等。堂屋大门外堆放亲友送来的香、纸、烛，滴上少许鸡血。仪式开始，保卦公点燃香纸烛并念口语，每念完一节，就向地上掷卦，直到掷出顺卦为止，然后12人各呼"老人得去了"，就各取面前祭物少许丢在地上，反复共12次方毕。仪式完毕后，主人宴请宾客。亲友们一起喝酒吃肉，喧闹中行酒令、且歌且舞，越欢腾则主人越高兴。第二天上午品尝已出嫁的女儿拿来的东西，下午则吃每户寨邻煮好拿来的酒菜，以示家庭和睦和寨邻团结。第三天上午主人再次宴请后，亲友陆续返家。主人馈赠糯米饭、肉等物给亲友，寨中妇女一路放歌、敬酒送至寨外。

"隔冬"习俗反映了瑶族祖先辗转迁移求生存发展的艰辛，是对今日安定生活的珍惜，对祖先历史功绩的追忆和缅怀，是对已故老人的哀思。

（三）壮族"祝寿节"

每年农历九月初九，即九九重阳节，为广西为主的南方壮族"祝寿节"。壮族先民认为，人活到60岁，他命中注定的口粮已经吃完。为增加寿命，必须给他在特制的可装10斤左右米的米缸中添补粮食。"补粮"由道公择吉日举行。"补粮"这天，孝主在房屋的中堂设置祭桌，摆上3碗大米当作香炉，分别插上奉请祖先、诸神牌位及受"补粮"者牌位的奏文，祭桌的四脚分别绑上四根去枝留顶的青竹竿，竹竿上挂上谷穗和布匹。祭桌旁边备有一箩筐大米，孝主所杀的牲头煮熟后用盆装上置于供桌正中。仪式开始后，道士敲击锣，念诵祷词，当孝主第三次给祖先神位献酒敬茶后，受"补粮"的老人进入卧室坐于床沿并双手拿一个红布袋。孝主手执黑色布匹，另一头放在祭桌旁装有大米的箩筐内，一头放在老人怀里。当道公宣布"补粮"开始后，到场参加仪式的孝男孝女，按次序一次一人到祭桌旁下跪，双手接过道公从箩筐里盛上的一碗米后，再拿出各自准备好的礼金放在米碗里，顺着黑布走到老人面前，恭恭敬敬地把米、钱装进老人的红口袋内，并祝祷老人健康长寿。当红米袋米满后，孝主便将米转盛于为老人添粮的瓦缸中，直至装满。最后，道公盛上饭菜（肉）送到老人面前，由孝主敬食，在做完一法事后将一条事先准备好的红布系在老人腰上，再把祭桌的四根竹竿放在老人的床头或蚊帐上，寓意老人生命没有终点，能安康长寿。

图 7 - 3　（清）壮族祝寿图

　　这缸粮米，称为"寿米"。平时不能食用，只有老人生病时才煮给老人吃，说此米能帮助恢复健康，延年益寿。缸里的米不能吃完，否则老人不长寿。以后的九九重阳，晚辈和出嫁的女儿都要为老人"补粮"。这天，老人也把往年的寿米换出来一些，掺上糯米做成粽子和糍粑，送给儿女和亲戚家食用，以示同福共寿，同享高龄。

　　"补粮"习俗，是壮族原始宗教在生活中的缩影，从表面上看，不免掺杂一定的迷信色彩，但它体现了壮族敬老孝老的道德风尚，给老人"补粮"，不仅体现了晚辈从物质上关心长辈，而且在精神上，也给老人深深慰藉，充分反映了晚辈对老人朴素的心情、浓烈的索性和美好的祝愿。今天，重阳节敬老的风俗在全国得到弘扬。1989 年，我国把每年的农历九月初九定为老人节，传统与现代巧妙地结合，成为尊老、敬老、爱老、助老的佳节。

　　此外，广西环江、贵州黔南等地的毛南族中，也有为年过六旬而又体弱多病的老人"添粮补寿"习俗。老人体弱多病民间称为"倒马"。"倒马"就要"扶马"，亦即添粮补寿，其意如同一匹千里马，跑过千里到了站，要想继续跑，就得添加草料，补充元气。他们认为老人体弱多病，吃了百家米就会早日康健，延年益寿。故其子女一般在农历九月初九重阳节置办酒席宴请亲友。来客各带上三五斤大米，还用红纸剪一个大的"寿"字，贴在一块蓝布或黑布上，称"寿屏"，送给老人表示祝寿。亲友送来的百家米要单独贮存，日后专门给补寿的老人吃用。这种风俗对虚弱的老人是一种莫大的安慰，起到了精神治疗的作用，因而得到当地政府的支持和重视。

（四）哈尼族老人节

尊长爱老是哈尼族人民优良的传统美德。农历十一月十五是云南省哈尼族的重要节日——老人节。节日这天早晨，哈尼族各村寨的男青年们赶到附近的山坡挖青松树，并将它们搬运到圣自（传统的老人节活动场地），整齐地栽在那里；妇女们则忙着做节日的丰盛菜肴和献给老人的食品。当太阳偏西时，人们都纷纷涌向圣自。老人们则兴高采烈地汇集在青松树下，准备参加为他们专门举行的节日仪式。

当司仪宣布节日仪式开始时，场上的面面铓锣一齐敲响，村寨的男女青年手捧米酒、茶水，中年男女端着糯米饭、鸡蛋等食物，纷纷敬献给坐在青松树下的老人。在老人接过食品后，场上的男青年立即弹起小三弦；姑娘们则唱起敬老歌，祝愿老人们健康长寿，幸福快乐。老人们在悠扬的乐曲和歌声中，欢乐地跳起老人圆舞（哈尼语称"阳猛套"）。舞毕，他们要边喝酒边当众轮流讲述一年来子女对他们孝敬赡养的情况，相继对尊老爱老的晚辈当场给予赞誉，对不孝敬者进行批评教育，并让之当场向老人道歉。

此外，祭母节也是哈尼族传统祭祀性重要节日。时间一般在农历二月里的第一个属牛日。传说很久以前，有一位年轻的寡妇节衣缩食，含辛茹苦地将自己的儿子养大成人，并给他娶了媳妇成了家。但是，好心的母亲却得不到好报，儿子不但不孝敬母亲，而且天天打骂母亲，对母亲的生活不闻不问，母亲忍受不了折磨，便投河自尽。

儿子的不孝造成了严重恶果，儿子也没有因减少了母亲的用度而富裕起来，反而一天天穷困下去，最后只得讨饭为生。这时，儿子才猛然认识到自己的错误，决心痛改前非。因为母亲是属牛那天投河自尽的，儿子便把那天定为祭母日。为了怀念母亲的恩情，儿子选择了寨子附近的一棵大树作为母亲的象征。

图 7 - 4　幸福的老人

　　儿子每年按时祭祀，也带动村民一同祭祀，天长日久就形成了哈尼族传统的"祭母节"。祭母节这天，人们穿着艳丽的服装，带着祭品，以村寨为单位，集中到寨子边的一棵大树前，扯来芭蕉叶，垫在地上，摆出各家各户带来的酒、肉、鸡、甘蔗、糖果等祭品，并敲响大鼓和铓锣。男女老少在主持长者的带领下，成排成行跪在大树前三叩首，并唱起思母歌。歌中唱道："身前立着母亲树，望见树，泪成串。唱上百歌，唱不完母亲的恩情。山泉不断，没有娘儿情意长。英雄都是母亲养，讨饭花子也有娘……"唱毕，人们按照辈分年龄的大小，围坐在一起喝酒吃饭。席间，老人们谈古说今，教诲青年人要尊老爱幼。[①]

（五）哥蒙"哈冲"

　　僜家，自称"哥蒙"，译意为勤劳、善良、朴实的老猎户，"哈冲"为僜语，意译为聚族集会、祭祀祖先的意思。哥蒙"哈冲"仅在黄平县重兴乡枫香寨举行，且以枫香寨廖姓家族为主组织和祭祀。黄平县有僜家21000 人，占全县人口的 6.56%，占全国僜家人口的 43.2%。

　　根据《贵州通志》《镇远府志》等史志记载，僜家是黄平的土著

---

①　《哈尼族节日祭母节》，云南日报网，http：//www. pecc. cn/2008-09-20。

民族之一，有古僚族的"椎髻斑衣""穿中而贯其首"等特征，据清代笔录《犵族史话》记载，因僜家人无文字，哥蒙"哈冲"在历史上属口传心授的，至1993年，已举办了30余届。哥蒙"哈冲"的举行，要经过阴系"盎嘎"（阴族长）祭师用"蛋卜"决定。其筹备期为三年，第一年为"此架"（意为起祖鼓），第二年为"沙架"（意为盖祖鼓），第三年才为"哈冲"。在筹备期间的第一年开始，存放祖鼓的这户人家，就开始选择一头形象好的黑毛幼猪细心喂养，一直要养满三年到"哈冲"举办时为止，同时在这三年中，也要寻找一条"五足落地"（即四足一尾均着地）的黄公牛用于"哈冲"祭祖。

整个"哈冲"活动仪式分为"此冲"（意为请祖鼓）、"帮侬冲"（意为"射发达鸟"）、祭拜祖鼓、祖鼓归位四个部分，依次举行。其中，祭拜祖鼓是哥蒙"哈冲"的中心内容，由祭师主持诵词，祈求祖先神灵护佑，福泽安康，并祭上猪牛、五谷等供品。阴族长主持叙族史，"盎更"（芦笙师）主持吹芦笙，"阿波阿益常颇"（意为祖先，象征祖鼓的化身）二人披毡镇，庄严肃穆。芦笙手男分女装，按辈分依次围着祖鼓演奏芦笙古曲，尽情地欢歌起舞。伴舞者少则五六十人，多则几百人，参观者数万人，三天两夜，热闹非凡。

"僜家"自古便建立和传承了一套较为完整的氏族制组织，即阴系和阳系组织。阴系组织有80余人，设有阴族长、芦笙师、"阿波常颇"（意为祖鼓的母性化身）、"阿益常颇"（意为祖鼓的父性化身）等负责人；阳系组织有20余人，设有阳族长、副族长、大房长、二房长、三房长等负责人。阴系主管"哈冲"、祭祀等事务，阳系主管民事、社交等事务。费孝通20世纪50年代考察黄平时所作报告中指出："僜兜社会的特点，是他们还保留着氏族制度，本族的社会组织都还是依据血缘关系，由族长来统治。阴族长和阳族长是僜家的最高首领。"[①] 这一氏族制度一直沿袭至今，实属罕见。对于研究扎根于僜家社区的文化传统具有重要价值。

（六）从江老人节

在贵州黔东南从江县高增乡小黄村及周边的大小侗寨，还有贯洞镇龙

---

① 费孝通：《天地僜家人之——少数中的少数》，《新观察》1951年第2卷第12期。

图村所在地的大小侗寨，有一个以老年人怀旧、叙旧、忆旧为核心的，独特的传统节日——"侗族老人节"。

　　每年农历二月，是一年中农闲的日子，其间，如果甲寨的男性老人要与乙寨的女性老人同去"老人山"过节，就由甲寨的老人先商定好日子，一旦日子定下来后，就于头天预约，次日出发。次日，甲寨的男性老人在装扮成三岁小顽童，穿开裆裤，戴小娃铃铛帽的寨老的带领下，吹着芦笙，踩着舞步向乙寨进发。而乙寨的女性老人们，都到自己村口迎接。老妇们的老伴，即在家忙杀猪宰羊，准备款待自己老伴的旧朋友。甲寨男性老人们与乙寨老妇们欢快会合后，老人各自寻找当年相好，双双对对，吹笙朝"老人山"走去。到了山上，大家席地而坐，同唱那首永不服老的歌：

　　　　　莫叹白发容颜退，莫笑满脸皱纹堆；
　　　　　我们人老心不老，晚霞一样放光辉；
　　　　　莫叹时光似洪水，莫笑人老无作为；
　　　　　豁达乐观春常在，夕阳未必逊朝晖。

图 7-5　老人节上的老人们

歌罢，众人分散，各与自己原来相好，找片偏僻阴凉处，摘木叶铺地挽手同坐，彼此倾诉别后养儿育女、各自当家后的酸甜苦辣，重叙过去因种种原因结不成对的那些无奈和遗憾，让许多久存心底早已尘封了的往年旧梦得以重温。有的谈得直泪下，有的谈得笑哈哈，整个"老人山"一时沉浸在老人们追昔忆往的情海之中。

集体活动开始后，"老人山"的各个角落充满了琵琶声、牛腿琴声、木叶声、歌声和舞步声。老人们的童心大发，直唱、直玩、直乐到忘了大家都已满头白发、牙落嘴扁。六七十岁的老人，仿佛又回到了十七八岁像金子一样的快乐年华。太阳落山时，老人们才双双对对，手挽手、脚尖踩着脚跟下山来到乙寨鼓楼坪，享受乙寨男性老人办好的丰盛的长桌晚筵。饭后，两寨过节的男女老人，同进鼓楼对唱侗族大歌，直唱到天明，乙寨的男女老少，也一起听歌到天明送客。来年二月，乙寨的男性老人也到甲寨去，约起甲寨老妇们，上山过节。有来有往，年年不断。

要说明的是，参加节日的老人，不一定都是年轻时的相好，很多老人也是被邀请去看热闹和做客的。在一定程度上，也可认为是老年人的一个集体聚会。再是，"老人节"专门集会时的"老人山"，是不允许晚辈和子女进入的。老人们把"老人山"当成自己的天下，他们在那里，彼此可以无拘无束，开心地笑，开怀地玩，这是他们一年一度盼来最自由、最舒心、最快乐的日子。

侗族老人节，来源于乾隆皇帝下江南路经从江侗区时"有位老人跟他谈，老人也想各相约，开怀叙旧论短长，儿孙面前难启齿，人老变小怕荒唐"的心声和顾虑时，谕旨"老有所乐理应当，乘此二月农未忙，划片山岗为净土，让老相约叙衷肠"，自此"金口玉牙传侗寨，老人过节成规章；让老相约山上去，重忆年少好时光"。实际上，侗族老人节是侗区老年人老有所乐、老有所为在观念和行为上的积极要求、主动争取的自觉行为，也凸显了侗族晚辈对长辈精神生活诉求的包容和理解，是一种以特殊方式所表达的敬老孝老行为。

（七）毛南族"女儿节"

《增广贤文》曰："羊羔跪乳，乌鸦反哺，是为礼也！"在黔南平塘县卡蒲毛南族乡，每年的农历初六，是已出嫁的女儿孝敬娘家双亲的传统节日——"女儿节"。该日，嫁出去的女儿不管多远，都要携夫带小，挑着给父母置办的新衣服、米酒、鸡鸭鱼肉、水果和糯米饭回娘家看望父母。父母则一大早就邀约家门族下及亲朋好友到村头的大树下迎接自己的女儿、女婿和外孙。回到家后，要用女儿带来的酒、肉、果品等祭祀祖宗，并穿上女儿送来的新衣服，做饭宴请众人。

卡蒲毛南族过去一直自称"佯黄人"。过去佯黄人达到"知天命"的年龄（50 岁）以后，出嫁的女儿都要为老人做添粮（也叫扶马）。一般在栽秧结束后，在择定的时日，女儿、女婿均要为老人送来新衣服、大米，还要特地做一碗糯米饭，带一壶自酿米酒给老人扶马添寿。新中国成立后，该习俗则演变成了一年一度的"女儿节"。该节是毛南族传统"反哺情结"因俗而成的固定节日，体现着毛南族历史悠久的尊老、爱老、孝老传统和道德风尚，是对"嫁出去的女泼出去的水"等重男轻女观念与行为的否定与鞭挞，对于促进家庭、代际、社会和谐意义重大。

（八）白族"耋老节"

大理白族自治州洱源县一带白族，从祖辈就流传一种习俗，每年的农历二月初八这一天，为"耋老节"。在这个节日里，凡村里年满 70 岁的老人，都披红挂彩，穿戴一新，被请进轿子内，轿子也披上红绸，装饰得很讲究，然后由村里的白族青年抬上老人，敲锣打鼓，全村男女老少都跟随在轿后，游村一周后，再把老人抬到村治所宽敞的大院内。院里已摆好了酒席，凡村里 70 岁以上已经坐过一次"花轿"的老人，全被邀请入座。入席后，晚辈们都来向老人们祝福，说上些吉利喜庆的话，衷心祝愿老人个个健康长寿，晚年生活幸福愉快。然后，老人们都高高兴兴痛饮这"耋老节"喜庆酒。在平时，人们也不忘尊老、敬老。①

此外，西南民族中，还有祭"老人房""请老人""尝新节"等敬老节庆习俗，其中，祭"老人房"是布依族最隆重的祭祀节日。祭祀时，由两名德高望重的老人装寨神坐在老人房内，参加祭祀的全寨成年男女，要沐浴、更新衣、杀猪宰鸡祭祀，祈求老人康健、人寿年丰。每年农历七月十四过"尝新节"，已嫁出的女儿要回来团聚，晚间，青年男女对歌时，要把老人请上席并摆上好酒好菜，由老人来评判和纠正歌手的不当之

---

① 沙平：《云南部分少数民族尊老敬老习俗》，《云南农业》2001 年第 2 期。

处。"请老人"（侗年初二开始）是黔东南一带的侗年重要活动，具体内容为：儿子请父母，孙子请公公（爷爷）奶奶，女婿请岳父岳母等，谁家请的老人多，对老人照顾得好，即被视为通情达理之人家，长此以往，该地区尊老敬老蔚然成风。

四　口头文学传播的敬老孝老

民族民间文学是民族文化遗产中的一朵瑰丽奇葩，是民族人民珍贵的精神财富。因有些少数民族有极为丰富的成熟的民族语言，却没有自己民族的书面文字，这就使得民族口头文学获得充分传播，[①] 主要靠世代口头相传的形式使得传统文化、习俗得以保存和发展，并以传说和歌谣为主要形式。因此，歌谣和传说均被认为是"口头的传统文本"或者是口传的文化智慧，其中有着丰富的养老文化。

神话传说在民族文化传承中有着明显的作用和功能，父辈通过口头讲说使得神话或传说得以世代相传而不受教育水平所限，使之正面引申得以效仿而反面教说有所警示，以从正反方面使得后世行为、道德规范等沿着祖辈期望的道路继承发扬。如布依族神话故事《雷劈杀娘崽》就记述道：有个寡母含辛茹苦将独崽养大并娶了媳妇。有一天，独崽和媳妇外出，只有奶孙俩在家，吃饭时孙子不小心烫伤了手。小两口回来后认为是母亲故意所为，于是独崽提刀便要杀母，寡母无奈只得面对苍天叫冤求救。结果上天显灵，顷刻刮起恶风，接着电闪雷鸣，不孝的儿子遂被雷公劈死。[②]这则故事从反面告诉人们，那些不孝敬父母的人必将受到应有的惩罚，以警示后人要孝敬父母。

在人们知识水平十分低下的情况下，说教与文化传承成为民族歌谣最重要的功能之一，使得"人皆学之、人皆唱之、人皆会之"。在西南民族地区，民族歌谣以其独特的歌唱方式使得老年人的社会地位和权益等得以维护。如从仡佬族的《哭嫁歌》、侗族"劝世歌"之《孝顺父母》《尊敬公婆》、仡佬族古歌《叙根由》以及黔东南一带侗族、苗族的哭歌（又名孝歌、寿歌）等歌谣中都可以提取出少数民族传统的养老文化。以仡佬

①　伍新福：《苗族文化史》，四川民族出版社 2000 年版，第 253 页。

②　潘定智：《民族文化学》，贵州民族出版社 1994 年版，第 54 页。

族的《哭嫁歌》为例：

"哭娘"——从追叙母亲生养自己的日常生活琐事的经历，深思母亲的养育之恩。哭词有"水有源来树有根，生我抚我是我娘。天下只有我娘好，娘的恩情我不忘"等。

"哭爹"——哭词有"水有源来树有根，女儿想爹来开声……爹抚女儿一十八，黑发变成白头发……"最后道出女儿的感激之情："爹抚女儿费尽心，女儿点点记在心。女儿不在你身边，有空回来把你看。有事你就捎个信，女儿上路快步行"。

此外还有哭哥哥、嫂嫂、姐姐、弟弟、妹妹等，哭词有"我的姐呀我的姐，你要常来看老的""我的弟呀我的弟，读书不忘爹和娘。放学回家叫声爹，上学出门道声娘""山又高来路又远，我走爹娘要靠你……"等。①

《哭嫁歌》在客观上产生了对家庭成员的亲情教育功能，通过新娘的追叙和理解家庭成员之间亲情的唱词，来增强家庭成员内部的亲和力。它用明白易懂、朴实无华的生活语言唱词，寓教于情，把仡佬族传统文化中的家庭道德观念及养老观一辈又一辈地传承下去。

第二节　老年健康文化②

老年健康文化是指为促进和维护老年人的身心良好状态而创造的精神、物质的劳动成果或财富，开启老年人健康生活的心智、指导老年人的健康生活方式、改善老年人的生存环境。伴随着人口老龄化不断加剧的趋势，老年人口的健康文化工作越来越成为社会关注的焦点，挖掘传统的老年健康文化，了解老年健康文化的现状，构建一个多元化、多层次的老年健康文化的社会保障体系，丰富老年人精神文化生活，让老年人掌握正确的健康知识，确立新的健康理念，这对于落实科学发展观，传播老年健康文化具有重大的意义。

---

① 岑玲：《亦歌亦哭 亦喜亦悲——评仡佬族〈哭嫁歌〉》，《贵州民族研究》2006 年第 4 期。

② 该节内容在笔者著《传统与跨越：贵州民族人口文化研究》（知识产权出版社 2013 年版）第七章《贵州民族老年人口文化》之第二节《老年健康文化》基础上，结合西南资料撰成，并以《西南少数民族老年健康文化试论》为题名发表于《教育文化论坛》2014 年第 3 期。

一 西南民族生活中的文化事象与老年健康

西南少数民族文化中蕴含丰富的健康观的内容。其中饱含文化蕴意的独特祝寿习俗、独具特色著称于世的民族药理，内容丰富引人入胜的民族体育以及历史悠久风格各异的民族音乐、舞蹈、节日，无不体现了民族地区老年健康的文化背景。积淀于他们心灵深处的环境保护意识、不息的劳动精神、良好的民族心态、朴实自然的生活习惯等都是现代健康理念追求所值得借鉴的优良处方。

（一）民族祝寿习俗与老年健康

西南少数民族几乎都把尊重老人看成家庭乃至整个社会生活极为重要的礼节，都有为老人祝寿及祈福的习惯及方式，反映了对老人的重视与尊敬，在精神上给予他们极大的安慰，为他们安度幸福晚年创造了条件。如黔东北石阡、玉屏一带的侗族，在老人 70 岁及以上高寿时，都要在寿年（女性一般提前一年，男性当年或推后一年，俗称"女赶前男赶后"）为老人办寿酒祝寿。除村寨男女老少外，一般远近的亲朋都要前来祝贺。寿庆仪式时，儿女首先要在堂屋香火前焚香烧纸，祷告祖上要为父（或母）祝寿，以获取祖上的认可与祝福，而后要于香火前的高桌上摆上"寿屏"及其他寿礼，寿星被请坐于桌前，在寿礼司仪主持下，儿辈、孙辈、内亲外亲晚辈分别向寿星拜寿，祝老人"寿比南山，福如东海"。又如在仡佬族地区，每逢年过古稀的老人大病痊愈后，亲人便要聚集在厅堂上跳"牛筋舞"，向老人祝寿。舞毕，将数斤鲜牛肉和牛筋献给老人，大家举杯向老人祝福，祝福他身体强健，生命顽强，犹如牛筋一样坚韧有力。类似风俗在其他民族中也都存在且至今广泛流行，并得到当地政府的支持和重视。

（二）民族医学与老年健康

民族医药是西南各民族人民长期与疾病作斗争的智慧结晶，因对多发病、疑难怪病的医治有独到之处而著称于世。如"乌鸦症"，表现特征为突然昏倒，全身皮肤发乌，唇发紫，脉弱或脉停。苗医可根据发乌、发紫、脉停几个症状，就能立即做出诊断和治疗方案，无丰富的医疗经验是办不到的。对这类急性病，苗医多用放血法、灯火法、火针法、刮疹法，同时按病情辅以内服外敷，收效甚捷，深受各族人民特别是老年人的欢迎。在仡佬族社会流传有罐罐茶治病法，居住边远山区缺医少药的仡佬族用它治病，也有悠久历史，其中有一种对治疗老年人咽炎效果良好的方法，即将适量的蜂蜜，掺入煨好的热茶内，口服，能润肺止咳，治疗老年人的咽喉炎。在黔东北石阡一带的仡佬族，选用苔茶煨的罐罐茶，喝后不仅使人消除疲劳，振奋精神，心情舒畅，还可抗衰老。此外，在民族地区还广泛存在着一些赤脚医生，他们大多掌握着常见病例诊治医疗的方法，有的还持有偏方，老年人特别是农村地区的老年人生病后因经济拮据常不会轻易去医院治疗，一般会选择找赤脚医生诊断治疗，或自己根据经验寻找草药医治。

（三）民族体育与老年健康

西南民族地区的民间传统体育活动，如"斗牛节""赶秋节""龙船节"等，内容丰富，形式多样，颇具特色。其中不少体育活动项目世代相传，为群众喜闻乐见，可以收到锻炼和增强体质的效果，又可丰富群众的文化生活。老年人不仅十分重视传统民族体育活动，并且还在其中发挥着重要作用。如施秉、台江一带清水江沿岸龙船节龙舟竞赛的民间规则中，参赛人员由鼓头（1人）、锣手（1人）、水手（38名）、撑篙手（1人）、舵手（1人）组成，鼓头一般是由全寨民主推选产生，是德高望重的长者，且一年一换。在苗族东部方言的四人秋、八人秋、十二人秋的娱乐类的体育活动中，在立秋这天，秋千前站着"立秋老人"——秋公秋婆（一个老公公扮演秋公，一个老婆婆扮演秋婆，秋婆手里拿着稻谷穗、苞谷、黄豆等作物，以示今年苗乡五谷丰登、六畜兴旺、老少吉祥），立秋老人先说几句吉祥如意的话，然后唱"开秋歌"，并亲手转动秋千，即算开秋，开秋后，男女青年便可自由转秋千了。可见老年人在民族体育活动中的重要作用，这不仅是对老年人价值的肯定，也是使老年人融入民族节日活动的重要方式，老年人参与社会活动在一定程度上保证了其身心健康，同时也反映出少数民族期盼"老少吉祥"的民族心理。

（四）民族艺术与老年健康

西南少数民族音乐内容丰富，历史悠久，种类繁多，风格各异。西南

图 7 - 6　芦笙舞中的老人

壮、苗、侗、傣、藏、布依、水、彝、瑶等族无论男女老少都懂点舞曲、会点舞步。如苗族、侗族聚集区的古歌，又称"大歌"，广泛流传于苗族、侗族各地。其曲调和节拍深厚练达，节拍分明，矫健刚劲，演唱者多是阅历丰富、懂得苗族古俗古史、谙悉苗族诗歌格律和乐曲的老年人。苗族人民能歌善舞。逢年过节和假日，他们汇集于铜鼓坪和跳花场上，或打鼓、或吹笙，男女老少翩翩起舞，通宵达旦，尽兴方休。他们就是在歌唱和舞蹈当中继承和发扬自己的传统文化，因舞蹈既象征着友谊和平与团结战斗，又象征着爱情、幸福和民族的繁荣昌盛。[①] 通过舞蹈，老年人可以互通信息，把握社会的动向，培养开朗的性格，而苗族人民可以从舞蹈中得到爱的温暖，除了青年男女的爱情，还有尊老爱幼之爱，更感受到希望和力量。可以说，民族音乐、舞蹈、节日不能缺少老年人，而它们赋予老年人的是积极地参与社会、融入社会的积极健康心理，使老年人开朗乐观，愉悦身心，晚年生活得以丰富。

二　西南民族老年人口的健康观及健康现状

世界卫生组织给健康下的定义是："健康不仅是没有疾病与衰弱，

---

①　潘定智：《民族文化学》，贵州民族出版社 1994 年版，第 210 页。

图 7-7　村寨民歌老年合唱

而且是保持身体、心理和社会适应上的完美状态。概括地说就是生理、心理和社会这三方面的完美。生理是指身体各系统无疾病；心理和社会方面的完美状态则是指一种持续的、积极的内心体验，良好的社会适应，能有效地发挥个人的身心潜能和社会功能。"[1] 随着近年来中国人口老龄化日益加重，身体健康状况下降是影响中老年人生活质量的重要因素，特别在经济不发达的贵州少数民族农村地区，伴随人均寿命的延长，老年人的健康问题和需求也相应增多，关注民族地区老年人口的健康现状，已刻不容缓。

（一）身体健康

勤劳简朴是西南少数民族地区老年人的传统美德，也是其传统的健康观，它不同于传统儒家的"修身养性"，在少数民族地区很少看到有老人闲着不做事情，80 岁以下的老人基本上都在参与家务活、农业生产、照顾孙辈等劳动，农村 70 岁左右的老人下地干活随处可见。基本上是活到老做到老，直至自己完全丧失劳动能力为止。即使现实生活中这种劳动或

---

① 世界卫生组织在 1946 年 4 月 7 日通过的《组织法》。

图 7 - 8　劳动中的侗族老人

许会带有无奈性，但这种纯朴、不息的劳动观是少数民族地区老年人普遍持有的。

尽管新型合作医疗制度正在农村推行实施，民族地区农村新型合作医疗参保率比较高，但目前的状况是，民族地区相应的社会医疗保障体系还很不健全，尤其是大部分农村卫生院（所）卫生基础设施落后，医疗保障可及性差，技术水平、服务质量不高，再加上不适宜的医疗市场化运作及医药价格、住院费、治疗费等的居高不下，使一些老年人（特别是高龄老人）买不起药、看不起病，甚至不敢看病。且农村老年人随着年龄的增长，因长年劳作，劳动强度大致使患病率高，健康状况逐年下降，又因少数民族地区农村养老主要通过家庭赡养自行解决，而农村家庭养老受到他们子女本身经济实力和是否具有孝心两个方面的影响，故易出现老人因病致贫、因病返贫，最后看不起病而撑着、拖着和扛着的问题。在这一方面，尤其是少数民族地区留守老人的身体健康状况令人堪忧：留守老人中有 39% 的老年人身体差，[①] 大部分都患有不同程度的疾病和慢性病，本该安度晚年的老人，却因劳动强度的加重和照看孙辈的重担，承担难以承受的责任，这极大地影响着老年人的晚年生活质量。

（二）心理健康

心理健康是一个健康人不可缺少的一个重要方面，它能使人具有完善健全的个性、情感和智慧，使心理达到和谐以良好地适应多种环境。此外，还能有效地防止生理、心理疾病的发生及加快患者的康复。因现实原因，城乡二元结构长期存在且差距显著。同样在民族地区，城市社区有较健全的老年娱乐设施和健身场所，有着极丰富的"广场文化"，老年协会

---

① 数据来源：2008 年贵州省老龄委："贵州省农村留守老人生活现状调查研究"。

与老年活动室积极地发挥着作用，老年大学亦为他们提供继续学习的平台，所有这些都为城市老人的"老有所学""老有所乐"提供了有利条件，使他们体验着生命的价值和生活的乐趣。而农村社区由于老年协会及老年活动中心多不健全，致使农村老年人的休闲娱乐文化生

图7-9 仡佬族"春官"走村串寨送吉祈福

活单调，除了看电视、聊天，老人基本上没有别的消遣方式。且因老人大多数是少数民族，文化程度较低，特别是女性高龄老人不识字、不会汉语也听不懂汉语，看电视也仅是看看画面，这样便导致连极单一的娱乐生活都无法享受。

一般来讲，家庭和睦的人家，老人的生活来源、生活照顾有一定的保障，精神上也能得到应有的慰藉，老人就会有较好的心理状态面对生活。相反，则会使老人缺乏安全感，心理状态不佳。随着年龄的增高，老年人行动越来越不方便，他们与外界的接触也相应地越来越少，特别是当老伴去世后，生活上无人悉心照料及问寒问暖，老年人对子女的情感依赖要求便随着年龄逐渐增大而不断地增强。据2008年贵州省老龄委关于"贵州少数民族农村留守老人的生活现状调查"的调研结果显示，留守老人中因为子女不在身边，经常感到孤单的有29%，偶尔感到孤单的有46%，尤其是留守老人中的丧偶、身体状况差和无法维持正常生活的老年人表现得更加明显。由于子女不在身边，农村大多数老年人过着"出门一孤影，进门一盏灯"的寂寞生活。对子女外出打工，大多数留守老人表现出非常矛盾的心理，既希望子女打工赚钱改变家庭生活条件，又希望子女留在身边照顾自己的晚年生活，常常流露出无奈的神态。可见，民族地区的农村老人精神生活十分单调，消遣方式单一，特别是留守老人因子女不在身边易产生孤独感，这种不佳的心理状态会直接影响到老年人的身心健康。

（三）社会适应

社会适应是指个体与特定社会环境相互作用达成协调关系的过程以及所呈现的状态。主要体现为老年人的"生存性社会适应"以及"发展性社会适应"，具体是指老年人在现实生活中能够自理、存活以及发挥自身潜能、扩展自我价值的程度。老年人的身体状况、心理态度等因素对其社会适应的影响较大，年龄还不是导致其社会适应困难的直接因素。良好的发展性社会适应能提升老年人的身心健康，从而能够促进生存性社会适应，这也是我国健康老龄化和积极老龄化目标实现的重要保证。

在西南少数民族地区，老年人的社会适应性呈现出城乡差异。在城市，老年人因为有相对较高的文化水平，与外界接触交流的机会多，获取外界信息的途径多，对国家和政府的相关法律法规了解多，在社会适应方面感觉相对轻松，他们能够积极主动地去适应社会，能够充分地享受信息社会的物质成果，在遇到困难时，他们也会积极采取行

图7-10　纳西族老人在阅读东巴文书籍

动向政府有关部门争取自己的权益。而农村老人，这些方面都相对较弱，由于现实生活条件较差，大多不能主动地去适应社会，听天由命的观念较强，做事偏于保守，在遇到困难的时候，也只能是等待政府或他人的帮助，很少主动采取行动向政府有关部门争取权益。

据调查，西南民族地区农村家庭条件较差的老人，在心理上会认为自己是给社会或他人带来负担的群体而将自己定格为一种消极的老年形象，认为这样使社会消耗了更多的资源照顾他们。这种较差的社会适应原因主要是：自身经济收入少，生活贫困；自身身体状况不佳；医疗费用高，其医疗上的需要得不利满足。对于这些导致部分老人对适应社会感到困难的主要原因，社会如果能够在社会保障方面等方面改善老年人的生存状况，

改善其生活条件，丰富其精神文化生活，提高老年人适应现代社会的主动性，无疑会改变他们的状况，使他们适应现代社会，跟上时代的步伐。

三　西南民族老年人口健康文化建设未来展望

当前，少数民族文化的发展方向就是要服从和服务于党和国家的中心工作。党的十七大报告指出，"当今时代，文化越来越成为民族凝聚力和创造力的重要源泉，越来越成为综合国力竞争的重要因素，丰富精神文化生活越来越成为我国人民的热切愿望，要坚持社会主义先进文化前进方向，兴起社会主义文化建设新高潮，激发全民族文化创造活力，提高国家文化软实力，使人民基本文化权益得到更好的保障，使社会文化生活更加丰富多彩，使人民精神面貌更加昂扬向上"。并强调要"建设和谐文化，培养文明风尚"，并在其中"推进文化创新，增强文化发展活力"。① 2007年12月7日，国家计生委明确指出要在科学发展观的指导下，在建设和谐社会进程中，大力推进和谐人口文化建设。因此，我们不能谈老色变，应当正视，并以积极的态度来面对，以科学的对策迎接老龄化的高峰浪潮，构建"健康老龄化""积极老龄化"的民族社区。

老年健康文化建设是和谐社会建设的重要组成部分。家庭和睦、邻里和顺、上下和敬、政通人和，建设和谐社会，既需要雄厚的物质基础、可靠的政治保证，也需要良好的文化条件，没有和谐人口文化，就没有和谐社会的思想根基。而和谐的老年人口文化应当包括老年健康文化、老年价值文化等内容，并以实现"健康老龄化""积极老龄化"为目标。

在对待西南民族地区老年健康文化上，笔者认为，各民族都有着千百年的传统文化的发展历史，各民族的文化都是中华民族光辉灿烂的文化的组成部分。这是各民族群众为之自豪的，其在记录民族发展的历史进程、实现民族认同和社会认同、丰富世界文化宝库等方面都具有重要的历史价值和现实意义。但是到了现代化的今天，不能只是在传统老年人口文化中汲取养料，对于传统老年人口文化中那些腐朽的、消极的、

①　胡锦涛：《高举中国特色社会主义伟大旗帜，为夺取全面建设小康社会新胜利而奋斗——在中国共产党第十七次全国代表大会上的报告》，2007年10月15日，新华社北京10月24日电。

不利于老年人口发展的东西则要坚决摒弃。但是，我们同样也要反对那种对民族传统老年人口文化不加分析地一概否定或一概排斥的态度。未来老年人口的发展战略，必将不只限于小康社会、社会主义初级阶段，而是能从历史的、宏观的视野和高度给予民族社会人口发展终极的人文关怀。

因此，笔者认为，西南民族地区老年健康文化未来展望应该为：建立在和谐、以人为本的基础上，以老年人口的健康需求满足为基本内容，以健康、积极、和谐为特征，以实现老年人口群体健康基础上的生活质量的全面提高和老年人口的全面发展，使以健康、积极、和谐为主要内涵的老年文化成为社会主义文化"软实力"建设的重要组成部分。

要实现西南民族地区老年健康文化的目标，笔者认为应在如下几个方面做出努力：第一，调动一切积极因素，发展经济，为实现民族地区健康老年化，满足老年人的需要提供保障。第二，建立有利于健康老龄化的法制环境，制定能够推进健康老龄化进程的地方性法规。第三，充分发挥政府和社区在组织管理老年工作中的作用。第四，进一步建构和弘扬中国传统的孝文化新理念来解决家庭养老所面对的一系列问题：首先，在家庭中弘扬孝文化新理念；其次，在建立老年社会保障制度方面要弘扬孝文化新理念；再次，在发展社区老年服务事业方面要弘扬孝文化新理念；最后，弘扬孝文化新理念体现在老年人个体上，就是要真正提高老年人的家庭地位及社会地位，创造孝文化新理念的和谐的人际环境。

第三节　人口长寿文化

"人过半百想长寿"，这是我国由古而今的祈望长命百岁的名言。中华民族是一个特别关注养生的民族，我国的古人很早就认识到了养生长寿的意义，记录远古人生活的典籍中，不少提到了远古中国人的养生方法。《黄帝内经》记载的养生保健经验，为中国养生学奠定了坚实的基础。葛洪所著的《神仙传》中记载了古代寿星彭祖因养生有道、懂得情志调理和饮食起居调理、懂得练气运动，到商朝末年已活到相当高龄的事。当今中国，随着经济的发展、社会的进步，人民生活水平不断得到提高，健康而长寿在老龄化加速的背景下成了人们生活的一大理想和追求，并在日益凸显，重视对高龄人口和长寿文化的研究，显然有着重要的现实意义与学术价值。

一　长寿文化的内涵及其寓意

《尚书·洪范》云：“五福：一曰寿，二曰富，三曰康宁，四曰攸好，五曰考终命。”“五福”以寿为先，以长寿为中心，以追求生命的长久为重。汉代许慎在《说文解字》中明确认定：“寿者，久也。”其含义是指人寿长，物久存，道恒在。古往今来，人们对“寿”字赋予了诸多的情趣、理趣和意趣，并形成了一种大众性的文化——寿文化。

“人情莫不欲寿”，我国是一个文明古国，在许多古籍中都有探求长寿的记载。《史记》中《封禅书》记载有长生不老的神仙，认为蓬莱、方丈和瀛州三座神山有人吃可长生不老的仙药。自秦始皇派韩路、徐福率童男童女入海求药以求千古起，历代都有帝王将相相信有“长生不老草”而派人四处找寻。再后从草木到金石、炼丹术，以至气功，长寿“仙姑”的寻求，长寿术的探究也未曾放弃和中断。

而在一个医学文化历史悠久的国度，我国有关养生（养性、道生、卫生、保生）方面的论著非常丰富。著名的代表作有先秦时期的《黄帝内经》《古今医统》《彭祖摄生养性记》等；汉晋六朝的《养生记》《养性延命录》《太上老君养生诀》；唐代的《千金要方》《养生要集》《摄生经》《延寿赤书》《四时养生记》；宋代的《保生要录》《养老奉亲书》《养生类纂》《养生秘录》《延寿第一绅言》《问养生》；元朝的《摄生消息记》《泰定养生主记》《饮膳正要》《丹溪心法》；明朝的《修龄要旨》《摄生集览》《颐生微记》《修真秘要》《医门法律》《延年良箴》《延年却病筏》；清代的《老老恒言》《人生要旨》《临证指南医案》《世补斋医书老年治法》等。这类专著大约在150种以上。影响较大的代表人物有华佗、王充、嵇康、葛洪、陶弘景、孙思邈、蒲处贯、丘处机、颜元等。（钟炳南等，1997）我国两千多年来的关于健康延寿的论著，在《养生寿老集》（林乾良等，1982）中有系统的介绍，从中可以看到我国从古到今在老年保健方面积累的丰富经验，以及之于当今长寿文化建设的重要价值。

关于中华长寿文化的表征寓意，一些学者从不同角度进行了阐释，统而观之，可作如下归纳：

图 7 - 11　壮族寿文化表演

第一，从文化性质与特点的角度看，中华长寿文化属中华传统文化的重要组成部分，是中华民族历数千年社会生活领域实践创造和积累的关于健康长寿事象的观念意识，是对中华民族影响最为持久的传统文化之一，同时有着自身古朴、凝重，既注重理念作用，又注重实践功效的特点，就发展历史与内容而言，可谓源远流长，多姿多彩。

第二，从文学语言的角度看，长寿文化有多重意义的内涵。寿即指寿命，长寿有年岁长久之意，指老年人。《庄子》云："人，上寿百岁，中寿八十。"60 岁以上者，即可称之为"寿"。而在社会生活中，人从生到死，均有与"寿"组成的词相伴。例如，人出生有寿诞、寿辰；活得安康快乐有寿安、寿康、寿恺；生日或寿礼上，既有寿桃、寿酒、寿面，又有寿诗、寿联、寿画；人走完生命历程，即为寿终、寿寝。在祝贺语方面，更是吉语丰富，含义深远，如寿比南山、寿山福海、万寿无疆、福寿安宁、寿倒三松等。

第三，从别称的符号意义上看，文化内涵和意义同而有异。我国长寿的老人，一般 60 岁称为"花甲之年"，由于《论语》中有"六十而耳顺"，故又有"耳顺之年"之称；70 岁为"古稀之年"，是杜甫有"酒债寻常行处有，人生七十古来稀"之诗句；80—90 岁，称"耄耋之年"，其中 88 岁，民间多以"米寿"相祝；90 岁有"九秩""九龄""眉寿"之谓；99 岁为"百"岁去"一"年，故有"白寿"之称。

第四，从长寿文化的本质看，长寿是人们寿命延长的追求，但更重要的是要健康长寿，发病期短的长寿，在增寿的同时劳动期延长、社会资源价值增强的长寿，是谓"健康长寿化""积极长寿化"。

第五，从长寿的原因上看，长寿是多种因素综合作用的结果，体现着人与自然、人与社会之间的关系，实现长寿依赖着个人、家庭、社会的共同努力，依赖着良好的生态环境、健康的人文文化、和谐的社会关系和有规律的原生态的生活方式。

从上不难看出，长寿文化是中华优秀文化遗产的重要组成部分，已有3000多年的历史，源远流长，内容丰富，寓意深刻。中国长寿文化是在中国文化母体中孕育出来的，是中国文化精神和传统意识在某一具体文化的投影和折射。对长寿文化主体进行过去与现在、传统与跨越、精神与物质方面的微观或宏观、具体或抽象的分析、研究，实质上就是发展、弘扬中华传统文化，使之在新时代环境下得到进一步的扬弃、创新和光大，更好地为今人的健康长寿服务，为富有时代特色的社会主义和谐文化建设服务。

二　长寿文化的现实意义与西南中国长寿之乡

（一）长寿文化的学术价值与现实意义

健康长寿一直是人们最为关注的话题，也是人类社会文明进步的重要尺度，它反映了一个时代的生产力发展水平和科学技术的进步程度，是一个既有现实意义，又有学术价值的重要论题。

1. 长寿文化是古往今来人们追求的共同目标和共同愿望

早在人类社会步入农业文明之前，人们就在探讨如何追求长生，尽可能地延续人类在世的时间了。《尚书·洪范》把长寿列为五福之首，足见长寿文化很早就被人们认识到它的重要价值和社会意义。道理很清楚，首先人要生存下去，健康长寿，其余的追求才有实现的前提，什么建功立业、功名利禄也才有保证。因此，称"长寿文化"是古往今来人们追求的共同目标和共同愿望是十分贴切的。

2. 长寿文化体现着经济社会的发展水平

衡量一个时代、一个国家或一个地区的文明与否，科学技术、医疗卫生状况是否发达进步，健康长寿无疑占据着重要的地位。长寿文化是社会内涵异常丰富的研究对象，它涵盖民俗学、社会学、心理学、环保科学、医药卫生等内容，是社会科学与自然科学交叉的学科，它是超越民族、宗教信仰、哲学观念、阶级地位与贫富差别的吉祥而又永恒的世界性文化主题，历来受到全人类的重视与关切，长寿文化是人在与自然的抗争中形成的知识与经验的结晶。

3. 长寿文化的研究有助于人们树立正确的生死观

生的光环和死的阴影如鸟之双翼，一直受到全人类的关切，生固然令人欣喜，而死却是不能回避的自然规律。长寿文化内涵广博精深，研究长寿问题切忌单一地就长寿而长寿，而应注意到长寿与"动静"、长寿与饮食、长寿与精神追求、长寿与气度、长寿与环境、长寿与制度、长寿与心理自强等关系和联系。只有这样从多学科、多角度、多层面、多方位地把握长寿文化的精髓与要旨，挖掘中国源远流长、丰富科学的健身修养之法，才能充分发挥长寿文化的积极效应，才能使人们树立正确的生死观，才能使人们在尊重科学、积极进取、保持良好的身体状况和精神状态的基础上，再辅之以科学的修身养性的方法，实现健康长寿、快乐长寿。

4. 长寿文化有助于弘扬中国敬老养老孝老的优良传统

长寿文化是中国传统文化中的宝贵财富。中国古代农业社会文化生存条件艰难，物质也很贫乏，可是仍然出现过不少的寿星。这除了有较为乐观的人生态度和积极进取的精神追求之外，中国古代的敬老养老传统和赡养老人、尊重长者的社会风气是有积极意义的。一方面要不断总结并丰富完善中国古代的长寿文化中的精华，另一方面要必须继承尊老养老的社会风尚，这虽说是长寿健康的外部条件，但绝不能忽略其积极的作用和影响。

5. 长寿文化研究可促进中国养生长寿理论的创新

中国长寿文化有极为丰富的内容，涉及多种学科的综合研究。长寿文化研究可从诸多的领域促进中国养生长寿理论的创新。比如，长寿与心理，保持积极进取，强调内心修养，融道德情操与健康长寿为一体可认为是长寿的心理支持，这种支持强调要处理好社会心理与生物心理的关系，既充分发挥心理机能的作用，又要保护与调节心理，使心理平衡，不为外物所迁，随时都使心理处于一种积极向上而又豁达大度的良好状态，这是长寿的关键。又如，从哲学的角度看，中国长寿的特征具有着眼于人体内部精气神形的协调和人与环境的协调，心理社会因素和生理因素并重；遵循中庸之道，着眼于内、外环境的稳定，注重度的把握；重摄养而轻锻炼，重精神而轻形体。这无疑为长寿现象注入了新的思考视角。当然，宗教（特别是佛教）、社会因素、科技进步、文化娱乐等之于长寿的关系和影响的研究无疑都有积极的现实意义和文化价值。

6. 长寿文化可促进老年与长寿产业的发展

长寿文化是软实力建设中的重要组成部分，是发展老年与长寿产业的重要资源，在老年化进程不断加快的现代社会，老年产业无疑具有广阔的市场和美好的前景。目前，与长寿文化有关的活动，如中国龙口南山长寿文化博览月、山东平邑的"蒙山长寿文化旅游节"、中国（文登）国际长寿美食节、巴马长寿养生文化旅游节、"中国·彭山第五届长寿养生文化节""黑龙江延寿"养生文化旅游节等的成功举办和显著经济、社会效益，就是长寿文化价值的彰显。但这还不够，还必须在政府的引导与扶持

下，面向日益增多的老年群体的生理、心理、物质、精神需求，发展与之相应的文化娱乐业、医药业、康复保健业、教育业、酒业、茶业等，这既是全社会尊老敬老的愿望和要求，也是老年群体提高生活质量、实现健康长寿的诉求和心声。长寿文化是老年与长寿产业发展的灵魂与动力。

（二）西南中国长寿之乡

2008 年 12 月 8 日，福建老年报报道：专门从地理环境角度研究长寿的中国科学院地理所王五一研究员，最近在论文《地理环境与健康长寿》中发表了《全国百岁老人 2/10 万的县

图 7 - 12　百岁老人与重孙女

域分布图》。在这张图上，能看到 5 个长寿带：广西巴马—都安—东兰长寿带，广东三水—佛山长寿带，四川都江堰—彭山长寿带，云南潞西—勐海—景洪长寿带，新疆阿克陶—阿克苏—吐鲁番长寿带。

王五一说，通过分析，得出了中国长寿区域的一些空间分布特征和环

境共性：长寿特别集中于西南部。广西无论从哪个指标来看都是全国长寿人口最为密集、比例最大的省区，其次就是海南、广东和新疆等。中国的东北和西北地区（新疆除外）则是长寿"盲区"，东三省的百岁老人比例比全国的平均水平还要低一半以上。

为什么西南地区的长寿老人要远远多于东北地区呢？王五一分析说，从气候条件来说，中国的长寿区主要分布在中南亚热带、热带边缘和新疆的暖温带地区，没有温带地区。长寿区自然环境优美，海拔高度适中，一般都在1500米以下；气候凉爽宜人，冬无严寒，夏无酷暑。适宜的气候和丰富的植被为人类造就了舒适的生活环境，有益健康，利于长寿。

根据全国37个省、自治区、直辖市以及老年学学会等调查数据显示，截至2010年8月1日，全国（不包括港、澳、台地区）健在百岁老人已达到43708人，约占全国人口总数的3.29/10万，比去年百岁老人总数净增加了3316人，增幅为8.2%。①

中国长寿之乡是中国老年学学会评选认定的称号，是一张含金量很高的社会名片。它是获评地经济社会发展和人文历史、自然生态等方面优势的显现，反映着获评地人民的满足感和幸福指数，是获评地增添文化软实力、提升知名度和综合竞争力、推动全社会重视老年保健工作、弘扬尊老敬老的传统美德的宝贵财富和资源，是进一步改善老年人的生活环境，提高老年人生活质量，引导科学、健康、文明生活方式的重要推动力。

自2006年中国老年学学会制定《中国长寿之乡标准》和《中国长寿之乡评审办法》，并于2007年向社会公布，开始了科学认证中国长寿之乡的社会实践至今，中国评出26个长寿之乡，分别是：浙江永嘉，海南澄迈，山东莱州，江苏溧阳、如皋，湖北钟祥，广西永福县、巴马、东兴市、昭平县、岑溪县，四川彭山，河南省商丘市的宁陵县、夏邑县、永城市、鄢陵县，辽宁辽阳兴隆村，新疆克拉玛依，广东省佛山市三水区、清远市连州市、蕉岭县，江苏如皋市，湖南麻阳苗族自治县，重庆江津区，贵州石阡县、印江土家族苗族自治县。

在全国长寿之乡中，西南广西、贵州、重庆、四川有9个，占1/3还强，其中广西5个，几占1/5，是全国长寿之乡最多的省区。由此可见，王五一对西南长寿区的肯定是言之有据，事实铮铮。2010年10月16日，

---

① 中国老年学学会：《中国长寿之乡》，www.360doc.com/，2011-01-02。

中国老年学学会在东兴市举办的第三届中国十大寿星、首届中国十大百岁夫妻排行榜揭榜暨中国·东兴"中国长寿之乡"颁牌盛典上，广西巴马的瑶族老寿星罗美珍以125岁的高龄居十大寿星之首。这里仅对西南少数民族人口近半以上的中国长寿之乡作如下简介：

广西永福县。永福县位于广西壮族自治区东北部、桂林市西南方，全县总面积2806平方公里，属中亚热带季风气候，四季分明，冬短夏长，人居环境好。历年日照时数平均值1545.6小时，日照百分率为35%；年均最低温15.6℃；历年平均降水量1937.7毫米，水资源丰富；境内河流纵横交错，水质优良；森林覆盖率74.1%；空气清新，大气质量达二级标准。永福寿星辈出，自古皆以"三千水旱无忧垌，十里常逢百岁人"而著称。晋代道教大师葛洪到永福县百寿镇炼丹著书，发现岩前居住着一个廖氏家族，都饮用"丹砂井"水，寿皆百岁。还听说族中的长者廖扶，曾活到158岁，敕封为"拯危真人"。20世纪末，永福县已进入老年型社会，2006年年底，在总人口27万人中，60岁以上人口为36899人，占总人口13.67%，100岁以上的老人32人，每10万人中有11.84个百岁老人。永福是越城岭、架桥岭两大山脉的接合部，这一特殊的地质地貌环境，构成了众多奇特秀美的自然景观，山青水美空气好，改革开放以来，永福人民大力弘扬福寿文化，以科学发展观打造福寿品牌，发展福寿经济，促进了永福经济、政治、文化、社会的和谐发展。[①]

广西巴马瑶族自治县位于广西西北部，东临大化瑶族自治县，西邻百色市凌云县、右江区，南与平果、田东、田阳县接壤，北与东兰、凤山两县交界。地处云贵高原向桂中平原过渡的斜坡地带，地势西高东低，海拔大多在500—800米。石山地占30%，土山地占69%，水面占1%。属南亚热带至中亚热带季风气候区，年均日照总时数1531.3小时，年均气温18.8℃—20.8℃，全年无霜期338天，年均降雨量约1600毫米，相对湿度79%。这里空气中负氧离子含量丰富，根据专家仪器检测，空气中负氧离子含量每立方最高达20000个以上，比一般内陆城市高出几十倍。全县总面积1971平方公里，总人口为25多万人，壮族、瑶族、汉族分别占69.40%、16.83%、13.64%。

巴马是举世闻名的"世界长寿之乡"和"中国长寿之乡"。从历次人

---

① 中国老年学学会：《长寿之乡——广西永福县》，www. gschina. org. cn/… 2011 – 07 – 17。

图 7 - 13　巴马火麻仁村中百岁老人

口普查数字看，1964 年、1982 年、1990 年、2000 年第二至第五次全国人口普查登记在册的百岁老人分别为 29 人、50 人、66 人、74 人。按照国际标准，世界长寿之乡定义为每 10 万人中有 7.5 位百岁老人，而巴马是 30.8 位，是国际标准的 4 倍多。1981 年在德国汉堡第 12 届国际老年

医学大会上认定中国的巴马为世界长寿县。1991 年 11 月，第十三届国际自然医学会大会正式宣布广西巴马为继苏联高加索、巴基斯坦罕萨、厄瓜多尔比尔班巴、中国新疆南疆一带之后的"世界第五个长寿之乡"。①

广西东兴市。东兴市地处我国大陆海岸线最西南端，位于广西西南部，十万大山南麓，东、北和西北分别与防城港市防城区的江山乡、华石镇、那梭镇、那良镇相接，西面及南面均与越南芒街市隔北仑河相望，东南濒临北部湾，是我国西南既沿海、沿江又沿边的三沿城市。行政区域总面积 549 平方公里，陆地边境线长 27.8 公里，海岸线长 50 公里。东兴市总人口 12.56 万人，80 岁以上老人 2567 名，占总人口的 2.19%；100 岁以上老人 13 名，占总人口 10.34/10 万分。有汉、壮、京、瑶等民族，其中京族人口 1.4 万人，是我国京族的唯一聚居地。②

广西凌云县。广西凌云县古称泗城，有四条河流纵横交错会聚于城中，是一个近千年州、府、县治之地历史的文化古城。其位于广西西北部，东与凤山县、巴马县瑶族自治县接壤，南靠右江区，西邻田林县，北依乐业县。四周群山苍茫高耸；全县总面积 2037.46 平方公里，享有"古府水乡、宜居天堂"的美誉。也是"中国名茶之乡"、广西园林城市、全国绿化模范县。据第六次人口普查显示，截至 2011 年 12 月 31 日，该县总人口 19.55 万人，其中百岁以上老人有 25 人，占总人口比例 12.3/10

① 秦海燕：《巴马长寿现象的文化阐释》，《传承》2011 年第 24 期。
② 伍永田：《广西的长寿产业发展大有可为》，www. blog1063. com，2011 - 04 - 14。

万。平均预期寿命78.22岁，高于全国平均寿命5岁多。凌云县人口长寿的因素：一是生态环境好。凌云位于桂西长寿带上，年平均气温20℃，地区空气负离子含量1.5万—2万个/立方厘米，水pH、氧化还原电位、地磁强度极佳，这给人的健康长寿带来莫大的益处。二是有系列健康绿色产品。除有桂西黄玉米、火麻等长寿产品外，凌云还有茶叶、大红八角、芭蕉芋粉、油茶、川木瓜等名优和绿色食品。其中白毫茶更是远销世界五大洲。三是有良好的社会环境。凌云县已成为广西首个"全国异地长寿养老养生基地"。四是有历史传统。凌云现今还留有光绪年间慈禧太后赐给时任两广总督岑春煊的一块"禾寿"牌匾。据第二次到第五次人口普查显示，全县百岁以上寿星达68位。[1]

广西昭平县。昭平位于两广结合地带，素有"九山半水半分田"之说，森林覆盖率高达84.17%，大气质量达到国家一级标准。绿色的生态环境为老百姓健康长寿提供了良好的保障。据昭平县民政部门统计，截至2010年年底，昭平县健在的百岁老人有58人，每10万人口中百岁老人的比例为13.26人。80岁至99岁老人有8285人，占总人口的1.89%，区域人均预期寿命75.21岁，三项必达指标均超出国际自然医学会和中国老年学会对长寿之乡的评定标准。中国老年学学会常务副会长赵宝华认为，昭平具有长寿之乡的6个基本特征：生态环境优良、历史文化厚重、经济发

图7-14　百岁老人母子俩

展适度、民生事业协调、社会心态平和、人口明显长寿，是一个美丽宜居、百姓幸福指数较高的好地方，人与自然的和谐关系在这里得到了很好

---

① 韦英思：《凌云长寿比例超联合国"长寿之乡"标准》，《广西日报》2012年6月7日。

的体现。①

　　贵州省石阡县。石阡县位于贵州省东北部，铜仁地区西南部，行政区划面积 2173 平方公里，东临江口、岑巩县，南接镇远、施秉县，西连凤岗、余庆县，北交思南、印江县。全县辖 7 镇 11 乡 302 个行政村，总人口 40.6 万人，其中仡佬、侗、苗等少数民族占总人口的 68%。素有"中国温泉之乡""中国矿泉水之乡""中国苔茶之乡"的美誉。是国家级温泉群风景名胜区、革命老区、省级历史文化名城。森林覆盖率超过 50%。石阡有夜郎、墓葬、土司、毛龙、茶灯、仡佬敬雀、古镇古寨等独特文化。石阡地热资源堪称一绝，已知的自然出露热矿泉 20 处 36 个出露点，总流量 22311 吨/天，经科学鉴定，水中富含硒、锶、氡等对人体有益微量元素 20 余种，水质完全符合国家饮用水标准和世界卫生组织制定的医疗用水标准，是全国罕见的饮、浴热矿。石阡苔茶在明清时期为朝廷贡品，近年多次在全国评比中获奖。富含锌、硒、锶、钾、锰等有益微量元素，可溶钾的含量高达 18185mg/kg，可溶锰的含量达 408mg/kg，石阡苔茶有富钾天下的美誉。据第六次全国人口普查资料表明：石阡县百岁以上老人有 39 人，占总人口 9.6/10 万，超出"中国长寿之乡" 7/10 万的标准，且大多耳聪目明、体健无病。石阡县人口预期寿命统计为 75.17 岁，高出全国同期 3.17 岁。石阡是"中国营养健康产业示范基地"。②

　　贵州印江县。印江自治县位于贵州省东北部，铜仁市西部，地处武陵山脉主峰、佛教名山——梵净山西麓，辖 17 个乡镇 365 个行政村，1969 平方公里的土地上居住着以土家族和苗族为主的 43 万各族人民。中国革命历史上著名的"木黄会师"就因当年中国工农红军红二六军团在印江的木黄镇会师而得名。印江是一个物华天宝，历史悠久，文化底蕴深厚的地方，享有"中国书法之乡""中国名茶之乡"的美誉。得天独厚的自然和人文环境孕育了这里源远流长的长寿文化。数据显示，印江县百岁老人占总人口的比例连续三年超过 7 / 10 万的标准，其中 2009 年 36 人，2011 年 37 人，分别占当年总人口的 8.35 / 10 万和 8.49 / 10 万。2000

　　① 《广西昭平县获"中国长寿之乡"称号》，中国新闻网 2011 年 11 月 1 日。
　　② 郑义：《贵州省石阡县荣获"中国长寿之乡"称号》，新华网贵州频道 2012 年 6 月 22 日。

年人口平均预期寿命为 74.6 岁，高出全国平均水平 3.2 岁。印江是贵州省第二个"中国长寿之乡"。"除具有生态保护坚决、长寿文化厚重、社会心理平和、经济发展适度、社会事业协调、长寿指标居高等长寿之乡的共性特征外，还要极具宝贵的生态资源、多元厚重的文化、安定安适的百姓生活等特点。"①

　　资料表明，西南民族百岁老人长寿的原因主要有以下几点：一是环境的因素，这与民族地区较高的森林覆盖率和保存完好的植被、清新的空气等优越的自然环境有重要关系。如贵州黔东南就占了省内 10 个重点林业县中的 8 个，其森林覆盖率达到 62.8%。二是老年人的生活习惯。百岁老人大多生活在青山绿水的农村，习惯早睡早起，饮食起居相当规律，平日喜食五谷杂粮，喜好低热量、低脂肪和多蔬菜的饮食，有的还吸旱烟喝米酒，

图 7-15　家务活中的长寿老人

喜欢劳动，一生勤劳。三是老年人良好的心理状态。西南少数民族地区虽然经济发展相对滞后，但是人文活动非常丰富，老年人心态平和，开朗乐观，心情愉快，家庭和睦，子孙孝顺，地区对长寿文化及长寿老人生活起居也十分关注，重视长寿老人的生活保障和精神慰藉，大部分长寿老人生活简单，身体健康，他们享受着最原生态、最质朴的生活。

---

① www. tongren. gov. cn/html/2012/0816/qn，2012-08-16.

三　西南民族人口长寿文化内涵[①]

西南民族地区高龄人口突出的长寿现象，多少年来，学者和有关部门都在进行着不断的探索。多数观点认为是民族地区优越的自然环境、浓郁的民族文化氛围、田园牧歌似的农耕生活、规律有序的人生历程以及经济社会发展变化的共同作用，成就了该地区岁长寿延高龄老人比例突出的长寿文化。

（一）家庭和睦、尊老敬老是长寿的基础环境

"家和儿女孝"是西南少数民族传统文化的共同特点。高龄老人三四十年的晚年生活绝大多数都是在家中度过的，良好的家庭环境是他们进入高龄后延寿的主要原因。在西南少数民族中，几乎都有祖先崇拜、图腾崇拜的久远历史，尊重老人、注重家庭和睦不仅是民族社会家庭生活中的显著特征，同时得到了习惯法的规制和保障。如侗族款词明告："人无两次年十八，个个都有老时，今日你敬老人，明日儿孙都敬你。"入情入理，言简意明。

西南少数民族对老人的尊敬、孝顺和重视，在社会生活的方方面面都有体现。多数民族自然社区的自然领袖——"寨老"都由德高望重的老人担任，老年社会组织是自然社区的最高决策议事机构，老年人是寨中的精神象征。不少民族社区成立了"老人节"，有的还有专门的敬老、祝寿舞蹈。如仡佬族的"跳牛筋舞"等。瑶族60岁老人生日时，女婿要献送岳父"牛筋椅"。这种椅子形状和安乐椅相似，可坐可躺，既结实耐用又舒适，内含着晚辈对老人的多重祝愿，意蕴深刻。在日常生活中，少数民族常通过"禁忌"（如祭"老人房"、过"蠢老节"）等活动来表达对老人的尊重，来强化人们的敬老尊老意识。多数事例，前已有述。只有在这种社会环境中，老年人的心灵才能得到慰藉，生活才有保障，日子才能舒心。也正因为这样的环境，老年人从中也认识到老年人的地位、价值和意义，从而坚定生命意愿而实践长寿行为。

---

① 该目在笔者《贵州民族地区高龄人口与长寿文化——基于黔东七个民族县的实证资料分析》[《中央民族大学学报》（社会科学版）2011年第2期]一文基础上，结合西南资料撰成。

（二）生态友好、环境优美是延年益寿的客观"硬件"前提

自然环境指的是环境与人类周围的各种自然因素，如大气、水、土壤、生物和各种矿产资源等。生态友好、环境优美，亦即优良的自然环境对于人类的身心健康有着延年益寿的作用。用环境与生态来解读西南民族地区的长寿现象，显然非常容易因果对应。中国科学院地理所王五一研究员通过系列资料分析得出了中国长寿区域的一些空间分布特征和环境共性，即中国长寿特别集中于西南部，长寿区域一般海拔高度适中，气候凉爽宜人，植被覆盖密度高、空气质量清新，饮水质量好，食物中富含硒等微量元素。①"社会是人同自然界完成的本质统一，是自然界的真正复活。是人的实现了的自然主义和自然界的实现了的人本主义。"②"青山绿水，和谐人寿"是人类社会共同的理想和追求，长寿现象是人与自然和谐相处的结果。贵州民族地区人与自然和谐共生所呈现出的长寿现象，在现代社会无疑是人民所关注的热门议题。

图 7 - 16　百岁牌坊

---

① 王五一：《长寿与自然环境关系密切》，《健康指南》2009 年第 8 期。

② ［德］马克思：《1844 年经济学哲学手稿》，《马克思恩格斯全集》第 42 卷，人民出版社1979 年版，第 119 页。

（三）生活有制、勤俭朴素是高龄长寿的动力基础

良好的生活习惯指的是合理分配一天的工作、学习、饮食及体育锻炼、文娱活动的时间规定。《管子·形势篇》中指出"饮食节，则身利而寿命益"，"饮食不节，则形累而寿命损"。《内经·素问》中记载"饮食有节，起居有常，不妄作劳度，百岁乃去"。西南民族地区高龄老人大多生活在青山绿水的农村，一生喜欢劳动，空闲不住，绝大部分长期从事体力劳动，且老年人喜欢早睡早起，饮食起居相当规律，平日喜食新鲜的蔬菜如韭菜、白菜、青菜、萝卜、蕨菜、笋子等和苞谷、小米、红薯、水芋等五谷杂粮。在日常生活中，不图奢侈，不事攀比，勤于农事，耻于懒惰，简于衣着，亲于相邻。这里以台江县百岁老人李正芝为例，老人生于1905年9月2日，不仅健在，而且还能从事适当家务，究其长寿有为的原因，相关文献将其归结为："坎坷人生，从容面对""一生勤劳，勤俭持家""以歌养心，保持快乐""生活规律，平和乐观"。能够延年益寿的绿色食品、顺应自然规律的起居有常和勤俭朴素的传统良风无疑奠定了健康长寿的基础。

（四）乐观淡薄、心地善良是高龄长寿的心境支持

有研究表明，健全的性格（安详、善良、温顺、随和、宽容、坚持）、开朗乐观而又稳定的情绪等绿色心态，"日出而作，日落而息"的起居方式，视疾病、困难、挫折、祸福如四季中春、夏、秋、冬轮回更替的朴素心理，视死亡为落叶归根而顺其自然的生死观；以及终身沐浴在大自然中，把适度劳作看作生命之本，视付出为生存价值和快乐之本，独立性强依赖性小，对家庭和亲友要

图 7-17　乐观开朗的布依族老人

求少，奉献多，善待家人、亲朋和邻里的处世观等被认为是长寿的重要条件，① 这无疑是西南民族地区高龄长寿现象一个最好的理论阐释。

西南民族地区的自然环境，各民族长期的历史文化积淀，其中尤其是遵从自然的朴素生命观、生死观、价值观，使得人们长期以来在封闭与地理割离的环境中，以家庭为单位，以族系（家族）为依托，生活生产于较为狭小的区域内，共同的地域使他们形成了系列的处世为人、对待生活和社会事物的规范和惯制，共同的血缘（族系）又使这里人与人之间、家庭与家庭之间、支系与支系之间有着长贤幼孝、友善和睦、互助协助的传统。人们按照自然的规律和生命历程的生活符号快乐而又有意义地走过春秋冬夏，执着而又淡薄，恬静而又安然地履行着生命的职责。如台江县台拱镇炮台路 109 岁老人姚子清，"每天都在房前屋后劈柴、砌墙、砍猪菜、平整土地、打理庄稼等，总是看到他每天都在默默无闻不停地活动着，没有一刻闲下来"。老人腰不弯、耳不聋、眼不花、腿不软，心态平和。其所体现出的与现代社会喧嚣与浮躁、势利与虚荣相左的心境是益寿延年的宝贵良方。

（五）丰富的传统文化与浓郁的民族风情是健康长寿的精神支持

人是自然界中具有思维意识的高等动物，对客观世界有着自己的认识和反映，他们构成了人的精神意识，而人的精神状态关系着人的健康与寿命。贵州民族地区各民族在漫长的历史长河中，创造出了各具特色的丰富文化，形成了民族文化、民族风情、乡土文化特色并重的传统文化。"儒家文化"的逐渐渗透以及与民族文化的兼容，民族传统宗教与佛教、天主教、基督教，并存、采借，使民族地区的"福寿文化"进一步演绎和发展，并渗透于民间，广为传播。而民族地区的每一个节日，每一项活动，每一种习俗，都包含着沉积厚重、源远流长、博大精深的历史文化和民族风情，彰显着"天人合一"的养生理念，体现了贵州各民族求福、求寿、求平安的精神生活、心理素质、思维方式等文化特征，是民族地区延年益寿、高龄长寿的精神支持。

---

① 央吉：《中国西部少数民族长寿人口典型研究》，中国人口出版社 2005 年版，第 10、304 页。

四   西南民族人口长寿文化发掘保护与开发弘扬路径

西南民族地区山清水秀、气候宜人,原生态文化与中原文化千百年间碰撞融合,各族人民团结和睦,与自然和谐共处而成就的高龄长寿现象和长寿文化凸显着生态文明和社会和谐的音符。系统而又全面、深入地认识西南民族地区独特的人文地理和长寿现象,挖掘西南民族地区浓厚的长寿文化和丰富的资源,保护和传承长寿文化中科学的合理的成分,向社会提供解读贵州民族地区长寿现象的翔实资料。毫无疑问,这正是西南民族地区改革开放以来取得的辉煌成就的具体展现,也是民生状况和人民幸福指数的生动展示,有助于在全社会大力推进、营造尊老爱幼的良好氛围,推动长寿地区旅游产业和养老休闲产业的发展,进而促进经济社会向前发展,加快民族团结、共同发展繁荣的步伐。

其一,要将西南民族地区的长寿文化建设纳入社会主义初级阶段"文化软实力"建设体系中去。党的十八大报告强调指出:"文化是民族的血脉,是人民的精神家园。全面建成小康社会实现中华民族伟大复兴,必须推动社会主义文化大发展大繁荣,兴起社会主义文化建设新高潮,提高国家文化软实力,发挥文化引领风尚、教育人民、服务社会、推动发展的作用。"[1]"国家软实力"的建设离不开各民族传统文化中科学的、合理的、有益的成分的发掘、整理、弘扬和光大。包括西南民族地区在内的各民族各地区长寿文化无疑是其中的重要组成部分。这些长寿文化不仅蕴含了各民族在长期的生活生产实践中对生命延续和生活质量提高的追求和尊重,也与我们当代文化建设的发展方向相一致,即体现着以人为本、人与自然和谐协调发展的理念和精神。因此,民族地区应在充分认识长寿文化重要性的基础上,以满足高龄老人健康需求为基本内容,以健康、积极、和谐为特征,实现高龄人口群体健康基础上的生活质量的全面提高和老年人口的全面发展,将当代长寿文化作为社会主义文化"软实力"建设的重要组成部分来培养,并在其中汲取现代的科学理念、精神,进而得到发展创新。

---

[1]   胡锦涛:《坚定不移沿着中国特色社会主义道路前进,为全面建成小康社会而奋斗——在中国共产党第十八次全国代表大会上的报告》,2012 年 11 月 8 日,新华网 2012 年 11 月 19 日。

其二，进一步发掘整理和保护民族地区的长寿文化。任何一种民族文化，都深深扎根于民族的社会历史土壤中。西南民族地区高龄长寿人口的现象无不与当地的饮食结构、膳食方式、居住环境、婚恋生育、养生保健、医疗医药、社会交往、自然崇拜、宗教信仰、文化娱乐、节日庆祝、生产劳动等有着紧密的联系。其中可能有一两种因素在起作用，也可能有多种因素共同发挥着相像的功能，并因此而形成一地长寿现象的文化特征和地方特色，这无疑需要人们在挖掘、整理当代高龄长寿资料的基础上，提炼出一方而有别于他方的特征，从而形成自己长寿文化品牌的特有内涵。比如广西巴马强调的是"自然生态""社会文化生态"和"精神生态"的共同作用，四川彭山有着彭祖"导引术、调摄术、膳食术、房中术"四大养生术的归纳等。只有这样的努力，西南民族地区的长寿文化才不至于仅仅为人们知其一端而不及其里，才能将其系统、深刻地揭示，展现于人们面前，从而作用于老龄事业的发展、老龄化的繁荣，促进人们身心健康、益寿延年。

其三，利用"长寿之乡"品牌，推动长寿文化发展。西南民族的百岁老人，大多生活在山清水秀的农村，长寿的原生态价值——自然和谐长寿，也证实了西南民族地区是人类宜居、自然长寿的样板，是人类美好理想的承载福地。"长寿之乡"是相关地区社会各项发展指标的综合反映，是人居环境和幸福指标的重要标志，是一项"含金量"极高的荣誉和品牌。放大长寿现象，无疑是助推经济发展、社会进步的宝贵资源。与长寿有关的活动，如巴马长寿养生文化旅游节、"中国·彭山第五届长寿养生文化节"等的成功举办，均已取得了显著的经济、社会效益，值得提倡、交流和推广。西南长寿文化内涵丰富而又特色鲜明，各地应借助生态文明建设和进一步推进西部大开发的东风，借助"长寿之乡"的品牌效应，理清思路，找准特色，科学规划，积极发展长寿产业，并以此促进地域经济又好又快发展。

其四，调动一切积极因素发展经济和制定相关法律法规，从而为老年事业发展和长寿文化建设提供保障。经济发展是人口老年化依托的经济基础，西南民族地区在新中国成立后经济发展有了大踏步的跨越，但与全国水平对比，差距仍然存在。因此，必须加快民族地区经济发展步伐，以较强的经济实力，保障和促进老年事业健康发展。同时，利用民族地区十分宝贵的"立法资源"（享有制定自治条例和单行条例的自治权），制定能够推进健康老龄化进程的地方性法规，进一步从法律上明确老年人口保护的组织和机构、保障老年人的生活收入、老年人口的就医、老年人口的婚姻、老年人口生活保障和服务问题以及建立社会养老制度等着重保护老年人的基本合法权益等内容。

图 7 - 18　慰问百岁老人

其五，加快建设和完善城乡多元化的养老和社会医疗保障体系。"老有所养""老有所住""老有所医"是人们对晚年生活最基本的要求，而如何满足老龄老人的基本要求是 21 世纪社会保障体系建设中光荣而艰巨的重要任务。就西南民族地区而言，高龄老人经济供养和医疗保健的承载主体仍然是家庭，这与日益严峻的人口高龄化和家庭小型化趋势很不适应。虽然近几年来，多数地方政府在稳步推行建立城镇基本养老保险制度、城乡居民最低生活保障制度，建立新型农村合作医疗制度的同时，都加大了养老福利事业的投入，有的县市如贵州台江、石阡等 90 岁以上城乡高龄老人实行高龄补贴，但补助的额度极其有限。为此，民族地区应在大力发展经济的基础上，调动一切可能的力量，在以下几个方面做更大的努力。一是改革和完善城乡养老保障制度，逐渐实现城乡养老的社会公平；二是政府积极组织加大对农村高龄人口社保资金的投入力度。农村高龄老人的家庭多为几代同堂，抚养负担重，在这方面应给予格外的政策支持和资金协助；三是在合作医疗基础上，对高龄老人实行诸如老年长期照料护理保险、老年人口社会医疗救助基金等特惠关怀；四是实行百岁老人"寿星工程"专项建设，从生活、医疗、护理、精神等方面实行制度化管理和保障。

第八章　西南民族人口死亡
与丧葬文化

在人类社会中，人的死亡，可以说是人生三件大事之一。继诞生、婚嫁，死亡是人生的最后终结。自古以来，不管什么人种或是民族，都将死亡视为人生旅途中的重要一步。由是，伴随着死亡而产生的丧葬礼仪及丧葬文化也就自然形成。因民族及地域的差异性，不同民族间甚至同一民族不同地区间的丧葬文化也不尽相同。可以说，死亡、丧葬文化既有一个民族精神文化的内涵，也是一个民族物质文化的遗留，在人口文化体系中有着重要的地位和影响。

第一节　人口死亡文化

死亡是人类必须面对的事实，但因人类文化的介入，它已不再是一种简单的生老病死"规律"，而成为人类表达自身文化的仪式。文化既有一个民族物质文化的遗留，又有一个民族精神文化的内涵。在研究老年问题时，我们不可能不谈到死亡，因为对老年人来说，"入土为安"才是养老的终结。人的一生，与生死观紧密相连。西南少数民族的生死观起源于"万物有灵""灵魂存在""灵魂不死""灵魂转移"以及重生、乐生等观念，有着生命一体性及念祖怀亲的文化内涵，丧葬礼仪中还折射出"孝道"伦理，有着极丰富的老年文化内涵。

每个人，在不经自己同意的情况下被抛到人间，又在不经自己同意的情况下被迫离开人世（自杀和安乐死除外）。来到这个世界又必须离开这个世界，许多问题自然会引起思索，诸如生的奥秘何在？死亡意味着什么？死后的归宿何在？生者与死者之间有什么样的精神联系？为什么一代一代的人死去而氏族长存？……这些问题，我们的先民早在原始社会初期就已开始思索，很早就在寻求解答。① 先民的思索结果以及因此而引起的文化发展轨迹的演变，需要我们去认识、去探讨，以便从中追溯当前许多社会观念和社会现象的源头，从而增进对文化发展规律的把握。

　　人与动物的区别表现在许多方面，知道自己必然死亡，是其中比较重要的一点。每个人从他诞生那天起，就一分钟一分钟地走向死亡。来到这个世界又必须与这个世界永别是痛苦的事情，求生存的意志与死亡的威胁乃成为尖锐的一对矛盾。因此，有的哲学家认为：人生最大的问题其实并不是"生"的问题，而是"死"的问题，凡所谓"人生哲学""人生观"等都不过是解答"死"的问题而已。正如《日瓦弋医生》的作者帕斯捷尔纳克说的那样："历史就是要确定世世代代关于死亡之谜的解释以及如何战胜它的思索。"这样，历经悠久历史的各民族在这个关于"死亡"的不断认识、解释以及如何战胜死亡的思索，与人类生活探索的其他方面一道，构成了人类文化的主要部分——死亡文化。

一　生死观

　　生与死、生命的诞生与身体的消亡、永生的渴望与死后的归宿、生者与死者之间的精神联系，这一切都深化并增强了人们的哲学思考、价值选择、宗教追求和文学艺术的表露，影响了社会生活的许多方面。中华民族在漫长的历史进程中，56 个民族的祖先共同创造了灿烂的中华民族文化。

　　从整体来看，56 个民族的文化有着共同的文化传统、共同的价值系统，当然也具有大体相似的生死观。民族生死观体现于该民族对待生和死的观念及行为中。古代中国，存在着重现世的人文精神；存在着经营家族、维持家族和发展家族的家族价值取向；存在着避祸求福，增强家族内聚力的宗教价值取向。这一切，注定了古代中国的生死观是积极肯定人生，一切为了生者。② 这一生死观，体现于古代中国与生死有关的各个方面。在根基雄厚的中国家族主义中表现得特别突出。

----

　　① 张太教：《黎族人的生命观——地方信仰仪式的观察》，《柳州师专学报》2007 年第 3 期。

　　② 同上。

但由于中国地域辽阔，自然条件差异甚大，民族族源、语系不同，历史发展情况各异，因而又存在明显的区域特点和民族特点，形成了各具特色的区域文化和民族文化。西南地区居住着众多的民族，西南民族文化是中华民族文化的一部分，其文化传统和价值系统既受中华民族文化传统和价值系统的制约和影响，又具有区域文化特色，与东北、西北、华北、中南、东南等地区的文化迥异；西南地区自然情况复杂，既有寒冷的高原草地，又有湿热的亚热带台地……这一切，使得西南民族文化既有中华民族文化的共性，又有区域文化和民族文化的特殊性。共性包含特殊性，特殊性丰富和充实共性。不认识共性就难以把握特殊性，反之，不认识特殊性，就会抽空共性，不可能真正认识共性。

西南民族生死观是西南民族文化的重要组成部分。西南民族具有不同于其他地区民族的一些特点，但基本方面相同，所以西南民族的生死观依然从属于古代中国的生死观，只不过其表现形式有许多独特之处。认识西南民族生死观，对于认识西南民族文化和中华民族文化具有重要意义。

（一）生命一体性原则的生死观

在西南的景颇族的丧葬仪式中有这样一段跳"崩冬"舞蹈时的唱词：

> 你先死了，不要悲伤，不要难过，万物都会死，星星会落山，月亮会落坡，牛老会缩角，树老会枯死……你没有做完的事，我们会接着做。①

这是当代西南民族的生死观的一个体现，也可以说是远古人民的生死观。沿着历史长河探讨西南民族对待死亡的态度，以及由此而引起的"永生的追求与神话的依托"生死观念。既然死亡是每个人的必然归宿，而死亡不过是死者生存空间的变换转移，所以当亲人突然离去必然造成的情感反应——悲痛过去之后，人们便能以达观的态度对待亲人的死亡。西南水族在停灵期间，要给死者设祭堂开吊，设歌堂请男女职业歌手唱歌，跳芦笙舞，唱花灯戏；仡佬族要举行踩堂仪式，跳踩堂舞。舞者三人一

① 严汝娴、刘宇：《中国少数民族婚丧风俗》，中国国际广播出版社2011年版，第131页。

组，分别吹芦笙、打钱竿、舞丝刀，边唱边跳；云南红河、元阳、绿春等地哈尼族的死者出殡，灵柩须从后山墙新挖的大洞抬出，抬出之后，放在房后屋檐下，由贝玛唱原始古歌和送葬歌。与此同时，本村男女老幼和外村来参加葬礼的众多男女，身着华丽服饰，围绕丧家房屋团团流转。灵柩推向寨外时，土炮声接连不断，大号唢呐长鸣，哭的、笑的各具，哀伤伴着快乐，在悲与喜中，与老人惜别；独龙族祭奠死者时，要"众人聚饮歌舞，并与亡人分食"；永宁纳西族的丧礼是"以醉为哀"；等等。这一切说明，西南民族在对待生命一体性原则的生死观时，改变了因亲人死去而产生的感情方面的部分感受。葬仪中有悲有喜，是生命一体性原则在生死问题上产生的第一个自然和谐的信号；死后世界是生前世界的再现，这是生命一体性原则在生死问题上带来的第二个自然和谐的信号。

对西南民族通过这样的"仪式"性来考察他们的生死观，使之与死者生前的生活和观念保持了联系，死者灵魂在另一个世界的生活，是死者生前生活的延续。"不死就没有再生"，这就是先民的生死观。由于他们能以辩证观点看待生死问题，所以形成丧礼中有悲有喜，人世生活与死后生活相连，死与生相连等的生死观和行为。

（二）念祖怀亲的生死观

念祖与怀亲，是存在于生者与死者之间的坚韧的结。这个结，表现于生者与死者之间的实体联系之中，也表现于他们的精神联系之中。而生者与死者的关系主要是后人与先人即子孙与祖先的关系（老年人先死是自然规律，年轻人早死属于非正常的特殊原因）。

念祖怀亲的生死观在西南民族中，表现于没有可见形体的意识活动之中。其主要表现是通过吟诵《引路经》《送魂经》一类经文，引导死者魂灵回到祖先居住的地方。同时，使生者通过重温祖先迁徙经历，增强崇祖、念祖的感情。尽管人们在其居住地域生活了数百年甚至数千年，已经对定居点具有深厚的感情，但人们并不因此而忘记祖先的故土。灵魂不死观念的存在，更促使人们把祖先灵魂"存活"之所在作为后人的重要精神依托，作为联系民族感情、联系生者与死者的重要精神纽带，因而在丧葬祭仪中要举行重述祖先经历及送死者灵魂回归祖先故地与祖魂团聚的仪式。①

---

① 杨知勇：《西南民族生死观》，云南教育出版社 2001 年版，第 239—240 页。

　　永宁纳西族在出殡前一天要在灵柩前请达巴（祭司）吟《送魂经》。《送魂经》包括：祖先的传说、氏族的历史、死者的功德、生者的伦理道德、儿女对死者的怀念、劝死者安心上路回到祖先的地方去等内容；彝族送祖先大道场中要举行"教路"仪式，在遗体前颂唱《指路经》，并由祭祀带领大批人围成一定队形领唱教路；黔东南苗族老人出殡当晚要唱《焚巾曲》，唱时焚烧死者生前的头巾、腰带、裹脚巾等。唱《焚巾曲》的目的是送死者灵魂沿着祖先走过来的道路，一步步地回到曾居住的地方，以此来追念祖先，祭奠亡灵。

图 8 - 1　侗族祭萨仪式

　　通过走访调查，笔者发现，西南少数民族地区的老年人大都既不怕提及死亡，也不怕死亡，老人常常念叨的就是："什么也做不了啦，路都快走不动了，没用了。""不怕了，什么都不怕喽，就怕死不掉。"此外，西南少数民族的老年人在面对死亡的问题上还有一个特色，就是极其重视自己的棺材置办，很强调"入土为安"，会提前做相关准备。

　　西南各民族对待生死观大体相同，都是祭者对往昔生活的重复与重温，从而激励和影响他们的生活，使一个家庭或一个氏族在强烈感情之中增加了凝聚性，即希望通过这样的祭仪的生死观体现出：为我，为家族，以求死者的灵魂佑护生者，使其避免灾祸、生活幸福。

二　死亡过程与死亡仪式及其文化诠释

人的死亡虽然有可能是突然的，如因颈部被切断、头部辗压伤、高空坠落所致的多数内脏破裂、身体支离断碎等而引起的死亡，但是，这些情况毕竟是少数。在一般情况下，死亡是一个逐渐发展的过程，它表现出各种不同的阶段性变化，这些变化是人体生命功能逐步丧失的结果。

法国人类学家阿劳德·凡·盖尼普于 1909 年撰写的专著《通过礼仪》中对于人生礼仪阶段进行了研究，他将所有仪式概括为两类：即"个人生命转折仪式（包括出生、成年、结婚、死亡）和历年再现仪式（例如生日、新年节日），并将这些仪式统称为过渡仪式"。[1] 死亡意味着生命的终结，人生的荣耀和羞辱在转瞬间如过眼烟云，只剩下一具尸体而已。然而"在以往几千年的历史中，绝大部分人都不认为死是生命的终结，而把它看成是人生旅途的一种转换，即从'阳世'转换到了'阴世'（冥界）。因此，从人死去的这一时刻起，也就意味着踏上了新旅途，开始了一种新的生活。从死亡到丧葬的礼仪，即以此种观念为出发点，死亡仪式被看作是将死者的灵魂送往死者世界的必经手续"[2]。死亡仪式是在人死后为其进行的一系列的仪式活动，它一般包括初终、装殓、报丧、成服、吊唁、起灵、出殡等环节。因为在人们看来，死亡象征着从人生的一个阶段过渡到另一个阶段，为死亡而进行的丧葬仪式也就是一种典型的"过渡仪式"。

丧葬发展的历史是人类文明史的一个部分。在漫长的历史岁月中，人类创造了丰富多彩的丧葬形式，形成了各种各样的具有民族风格的丧葬传统，成为人类文化的一个重要组成部分。丧葬作为一种仪式，凝聚着人类文化的精华，是民族文化的印记。因为时间和地域的缘故，以及民族的多样性，人类文化呈现出一种多元化的发展趋势，丧葬礼俗也在不断地变迁和演进。在细节上丧葬仪式可以说是异彩纷呈，但是在多样化的丧葬仪式

---

① 转引自张吉喜《证人宣誓及仪式》，《社会科学家》2007 年第 1 期。

② 钟敬文：《民俗学概论》，上海文艺出版社 2006 年版，第 139 页。

背后，总是透视和折射出人类的各种意识。① 人类是文化的主体，因为人类自身在生理和心理方面的相同性，在各种文化表象的背后呈现出许多相通性的特点，丧葬仪式也不例外。

图 8-2　苗族鼓藏节祭祖

　　在人生历程中，要从一个阶段过渡到另一个阶段，需进行一系列仪式来使自己得到所在的族群认可后，方可享受其他人享有的权利，以及履行一定的义务。世界各地的成年礼就是一种过渡性的仪式，尽管有像割礼那样残忍的仪式，但是无数的人还是依礼遵照进行。人的死亡是生命的终结，从生到死的过渡当然就伴随着仪式的出现。正如维克多·特纳所说："从一种状态进入另一种状态之时，一个群体会出现某些变化；而伴随着这些变化的就是仪式。"在"泛灵信仰"的影响下，人们认为死者从人间进入"冥界"，相对于死者来说，无论是生前的人间，还是死后的"冥界"，这两个"群体"发生了变化，于是仪式的出现就成为一种必然。纵观人类对死亡后的一系列仪式历史，表明在死亡过程中出现的一些仪式具有相似性，所以在每一种仪式的背后体现了一定文化内蕴的同时，总是给

―――――――――

　　① 李建中：《仪式与意识：对丧葬的一种解析——以甘肃省陇中地区为例》，《河池学院学报》2008 年第 1 期。

人展示出人类共有的一些文化因子。这些共有文化因子的存在，正是人类意识的相通性的表现。① 各民族都有其自身特有的"文化因子"，这些文化因子在文化的各个层面相互交流、相互影响的程度不同而呈现出不同层面的特性。

西南各民族在死亡及其过程层面的"文化因子"主要表现于下述两个方面。

一方面，尊敬祖先的观念和感情比较浓重，祖先定下的规矩成为行为准则，老年人的旨意成为行为规范。许多民族的长老，在村里享有特殊权力。如基诺族，每个村社有一个卓巴（寨父）和一个卓生（寨母），他们在村社中居于特殊地位，其职责是带领村社成员进行宗族祭祀活动，决定过年的日期，测算农业生产的重要节令等；另一方面，在血缘关系基础上产生的神，至今仍成为家祭中的主要神灵，人们对这种神灵具有虔诚的尊崇感情。白族本主崇拜中有一种祭祀形式——村祭，这是只祀一两个本主的小村寨举行的本主会。祭日，群众用青松枝扎一乘轿子，到本主庙中把本主迎出，游村、游田、游山一周后，又把本主送回庙中，或演唱民族歌，或举办其他活动祭祀。普米族丧葬习俗中，"头七"祭祀期间，逝者家属在还礼时，要给大于逝者年龄的老人同样的礼，以示他们能颐养天年。《丧葬经》中，祭师告诫过世者，"如果祖先问到，你要诚实回答，向祖宗交代"；亡魂离别众生，应当"坐在爷奶怀里，活在爹妈身边"，要到祖先那里侍奉长辈，孝老敬老。

居住在西南的彝族的"人死归祖"的信念极为强烈与执着。为解除人的"生死"重负，彝族超越了时空观念，强调了世间万物的生死轮回。灵魂相续的抽象意识树立了彝族牢固的祖先崇拜观念，并提出人的"生与死"都是"两相配"的辩证统一关系。死亡的世界与祖先的世界在彝族文化中，从来就有着内在的逻辑联系。按照这样的观点，死亡并不意味着经验与世界的终结，而是在另一个时空的起点之上，与逝去的祖先相逢，死亡就是通向祖先的道路。这种臆想出来的灵魂归路，一方面反映了对超越个体灵魂的不死意识，另一方面也反映了我国传统的"叶落归根"

---

① 李建中：《仪式与意识：对丧葬的一种解析——以甘肃省陇中地区为例》，《河池学院学报》2008 年第 1 期。

图 8-3　普米族祭祀

的原始信念。在保持原始信仰的少数民族或汉族中对于肉体死后的灵魂去处都作了种种设想。人死归于土，落叶归于根，正是我国民间对待死亡的一种传统心态。而叶落归于树木植根的土壤，肉体回复自身由以所出的生命之源，人死灵魂归于祖先所在的地方，这种信念在彝族文化中表现得尤为强烈与执着。尽管彝族执着地坚信"人之不死"或"人死归祖"的信念，然而死亡的存在性、事实性却是不可抗拒的自然法则。

第二节　人口丧葬文化观

丧葬即包括丧与葬两个方面的内容，丧是亲人去世后相关的治丧仪式，葬是对死者的埋葬及其方法。孔子说："视死如生，视亡如存"，意思便是要人们对待死者要像对待生者一样，对待亡者要像对待活着的人一样。丧不仅指离开，后来也指死亡之后一系列对待死者的态度和相关的文化，包括最初的祈求死者复生，按照人们的习惯对死者进行各种有序的安葬仪式等。[1] 在今天看来，所有的丧葬习俗大多与信仰有着密切的联系。事实上，丧葬文化的形成，也包括丧葬习俗的不断创造，在古代的丧葬史上，始终存在着两种截然不同的丧葬观，即厚葬观和薄葬观。从数千年漫长的中国历史看，厚葬在丧葬民俗中基本上占据着主导的地位。虽然早在先秦时墨家学派就有"节葬"主张，后代亦有为数不多的帝王倡导

---

① 陈淑君、陈华文：《民间丧葬习俗》，中国社会出版社 2006 年版，第 4 页。

过薄葬，但终未能在中国的丧葬文化中形成主流。老百姓的丧葬规模与排场尽管不可能与帝王贵族相比，但习惯上也要为家中的老人早早准备好寿衣与寿材。厚葬风气的产生与盛行，其渊源主要有两个方面：其一是灵魂不灭观念和对祖先的崇拜；其二是儒家及封建统治者提倡重伦理的孝道观念。

一　灵魂不灭观

灵魂一般被认为是人类生活之要素，能主宰人类之知觉与活动。灵魂不仅是一种宗教现象，也是一种十分复杂而又古老的文化现象。据近代考古学家、人类学家之研究，推测距今二万五千年至五万年前之人类，已具有灵魂之观念，或人死后灵魂继续生活之观念。然大抵而言，原始人所具有的简单古朴之灵魂观念，往往含有强烈的物质性格。直至宗教、哲学渐次发达之后，人类之灵魂观始趋向非物质化之"精神统一体"。例如某些宗教、哲学相信灵魂可以独存于肉体死亡以后，进而视之为不朽的精神实体。[①] 灵魂不灭观在数千年的绵延中，一直影响着丧葬习俗。其主体认为人死但灵魂不灭，仍能祸福子孙后代，干预人间事务。灵魂不灭观最早的反映是祖灵崇拜，是鬼灵信仰和氏族、家庭观念结合的产物，认为祖灵是庇护自己子孙后代的灵魂，具有祸福本氏族的神秘力量。[②]

由灵魂不灭派生出的鬼魂观念是人类最古老的观念之一。它产生于远古时代，源于原始人对自身的二重化即肉体生活和精神生活、现实生活和来世生活分离的认识。他们认为人具有灵魂和肉体，人死后，肉体归于尘土，灵魂则变为鬼魂，到另一个世界去过另一种永恒的生活，他们相信有"阴间""冥界"。既然有鬼和鬼的世界，对待鬼的原则自然就是事死如生。因此，中国的丧葬文化既重视尸体的安葬，又特别重视对"灵魂"的各种安排。于是要讲究葬前私人的待遇如饭含、沐浴、更衣、入殓、停

---

① 盖承认灵魂存在，虽为许多宗教、哲学、社会学所主张，然论及其特质、本源、究极，则有极大之分野。有主张其与精神或心意等同义者，如灵魂生活（soul-life）一语，殆与精神生活、心意生活等义无有分别。而主张灵魂说（Soul Theory）者，若自其所说之身、心关系而言，则立足于二元论；若自精神之体、用关系而言，则立足于实体论。近世哲学出现现象论、现实论、唯物论等学说，则大抵反对灵魂存在而否定其为实有。

② 王计生：《事死如生：殡葬伦理与中国文化》，百家出版社2002年版，第150页。

图 8-4　冲傩还愿

丧等；要请和尚、道士为死者的灵魂超度、引路；要讲究棺木的质地、葬法及安葬之地的风水；要为死者准备好阴间里一切要用的东西；家里出了天灾人祸或小病小灾，要请巫婆神汉与鬼魂对话，满足鬼魂的要求以祈求得活人的安康。事死如生的第二个意义是在整个死亡安排中，无不贯穿着明尊卑、别亲疏、序人伦的道德要求。即一切悉如生前，要区分社会等级、家族家庭长幼。这叫作"生，事之以礼；死，葬之以礼"。

二　祖先崇拜观

祖先崇拜，或敬祖，是指一种宗教习惯，在母系氏族社会向父系氏族社会的发展过程中，由图腾崇拜过渡而来。即在亲缘意识中萌生、衍化出对本族始祖先人的敬拜思想。祖先崇拜是中国封建社会的宗教传统中尤为突出的人文崇拜。与古代社会生产力不发达状况相适应，中国古代社会在价值形态上是崇古尊老，在文化上是长老文化，在伦理情感上自然是祖先崇拜。老人和长辈是生产经验和日常生活伦理知识的传授者，在传统社会中，历来受到晚辈及后代的敬畏和遵从。在祖先崇拜中，人们试图在自然生命和道德生命两方面都实现超越。子子孙孙无穷尽使祖先的自然生命在现世社会中实现永生；德行和功绩存留后世，并被传播、效法和宣扬，这也使祖先的道德生命获得了不朽。而在具体的崇拜行为中，往往不重视抽象的崇拜，而是重偶像、重直观，更多地把自己的感情寄托在某种实物上。因此，在殡葬上对死者的遗体、遗物尤为看重。没有了遗体，一只帽子、一身衣服都可造个纪念的坟墓，是为"衣冠冢"。同样，一块碑、一座坟、一块灵牌、一座祖庙，在人们眼中都具有极强烈的象征意义，并赋予了它们一种特殊的魔法力量，被视为家庭（家族）的一部分。因而，长辈、祖先的坟墓建筑不能不讲究，风水不能不讲究。尤其是祖坟，它被视为先人的化身、象征和延伸。人们常会祭祀、奠念祖先（如清明节扫墓等），给祖先烧纸钱，其他如改善先人的"生活环境"，如修坟、迁坟等。对祖先的感情愈深，寄予的期望愈深，这些直观物就愈壮丽、显赫。

在西南少数民族的民间文学如《苗族古歌》《仰阿莎》《珠郎娘美》《阿蓉》等中，无不凸显着对祖先的尊崇和追思；芦笙舞、木鼓舞、铜鼓舞、猴鼓舞、铃铛舞、迁徙舞、板凳舞等舞蹈的表演和展示，又无一不内含着对祖先德行和品格的缅怀；鼓藏节、萨玛节、端节、水鼓节、哥蒙哈冲、社节等节日是相沿成习而又隆重盛大的祭祖敬祖活动。祖先崇拜对于走过漫长而又艰辛岁月的各少数民族而言，寓含着对祖先的无限感激和生存与发展壮大的期冀与追求，正如《苗族史诗·溯河西迁》中说"爸妈聚在展该坪，集中起来又祭祖，祭那高陶老祖先，要祭才昌盛，不祭要贫穷"，"不让妈妈气味丢失，不许爸爸名声遗忘，小辈才拿筒来敲，后代才拿鼓来击，敲筒来祭祖先，击鼓来念先人"。①

三 孝道文化观

所谓孝道文化，就是关于关爱父母长辈、尊老敬老的一种文化传统。孝道是中国古代社会的基本道德规范。一般指社会要求子女对父母应尽的义务，包括尊敬、关爱、赡养老人，为父母长辈养老送终，等等。丧葬活动一般都是晚辈为长辈或后生为长者举行，伦理孝道自然渗透其间，表现出为尽孝心的礼仪文化，如孝子（女）晚辈不辞劳苦为死者"买水""沐浴"，拜请亲戚朋友前来治丧帮丧，破费财务为死者祭供、举丧或使自己痛苦让亡灵少受磨难以及服孝戴孝的种种礼规等，都是各民族伦理孝道文化的外在表现。我国是一个重伦理讲道德的国度，特别是汉民族，在周朝礼制和朱儒礼学的影响下，从古到今几千年，礼尚沿行不衰。

在丧葬活动中，由于有了灵魂转世，阴阳对应的观念和尽忠尽孝之说，在丧葬礼式上有着更多的讲究，如服孝，即有"五服"之制，对死

---

① 贵州世居民族研究中心：《贵州世居民族研究》，贵州民族出版社 2005 年版，第 269 页。

者亲戚的孝服与居丧期有着明确细致的规定。届时人们都要以此执行，甚至身务繁忙者也不例外，体现着严格的伦理规范制度和孝悌精神。西南少数民族受此影响，在服孝上也逐渐开始讲究起来，再加上灵魂不死观念和惧鬼怕神思想，在葬礼执行中也是尽心尽责，服孝守丧。①

图 8-5　水族祭祖

　　西南民族的丧葬伦理孝道文化除表现在敬神敬鬼、服侍尸魂、守孝服丧等方面外，还表现在对晚辈及家人的示训、教诲上。对参加丧葬礼仪的人来说，丧葬过程中的种种活动本身就是一种伦理孝道的实践教育，其一言一行、一举一动都无疑是亲身示范的演示材料，对旁观者来说，也会从中得到启发。因而治丧之人，往往借题发挥，传授孝道，如布依族进葬时有灵枢停歇、念祭文、孝子要叩头跪等和下葬后孝子爬棺、寨邻亲友往其背兜抛掷泥块之俗。若孝子不孝，抬枢人就故意在路途耽搁，写念祭文时故加长拖慢，邻友扔泥块猛击其背惩罚孝子，以训孝子及他人。此外在丧葬礼仪活动中，许多民族还通过唱丧歌或诵训词述说孝道，谕诫生者，如水族的丧葬诘、土家族的孝

① 陈玉文：《我国丧葬文化浅论》，《黑龙江民族丛刊》1993 年第 3 期。

歌、白族的祭文等都有颂扬先辈守道，评说家人家风的内容。① 这也从另一角度反映了该地区或该民族伦理道德文化之厚重。

第三节　西南民族丧葬礼仪与葬俗

一　丧葬礼仪

丧葬礼仪是由一系列复杂的祭祀仪式组成，在不同地域有某些细节上的区别，但整体的基本观念和形式在全国范围内大致相同。

综观中国传统丧葬礼仪，其最基本的特征便是死如生，供奉死者灵魂如同死者一样。丧葬程序中的各种礼仪，如给尸体沐浴、更换新衣，以便死者的灵魂虔诚地去灵魂聚集处拜谒祖先；招魂仪式，人们企图唤回灵魂使死者复生。在民间，老年人并不忌讳在自己身体健康时制作寿衣寿鞋，而是常以此自慰，平安地等待死神的召唤；饭含是为了满足死者的生理需要，让其到另一个世界去仍像在人世一样生活；设魂帛、置灵座，认为死者灵魂为本家族中潜在的成员并替他找到位置是必然的。服丧期的祭祀活动，则示意着死者虽然肉体已消失，但灵魂仍与生者有着互动关系，他享受后裔的祭祀、香火，又暗中监督、关照着生者。传统的丧葬仪式与其说是死亡的礼仪，不如说是生命的仪式更为贴切。在人们看来，死亡并不是有与无、存在与寂灭的分界，而是从一种生命形式向另一种生命形式的过渡。丧葬礼仪中诸多生的象征物与行为都表现出循环往复、不息不灭的生命意义，它将死亡的恐惧掩盖起来，使个体在人格精神上得以安慰。这种生命意义继而融化到传统的社会意识中去，成为社会群体延续和发展的文化动力。

丧葬礼仪的对象是亲人的灵魂，不管灵魂生前的载体是老人还是小孩，是男人还是女人，是有功于人的人还是有过于人的人，也不管其死亡情况是正常死亡还是非正常死亡，它与丧葬礼仪的主体都有亲缘关系，并且曾经有过共同生活。它的实质，一是灵魂不死观念的体现，二是一切为了生者。

---

① 陈玉文：《我国丧葬文化浅论》，《黑龙江民族丛刊》1993 年第 3 期。

西南少数民族的丧葬礼仪如同民族文化的多样性一样俗不同一，多姿多彩，是民族社会文化生活书卷中最为神圣的一页，特例如下。

西南仡佬族人认为父母的亡灵有三重意向，一是要去与先祖相会聚在另一个世界里，继续过群体生活，其生活方式要与先祖相同；二是要像在世一样生产、生活；三是会惦记儿孙，不时要回来关注。因此，孝子在为老人举办丧事时，根据亡灵的意向作出相应安排。如洗面沐身、梳头（或剃头）、换上新衣裤（或裙）等。丧葬一般有为亡人洗身、换衣、装殓、"喊魂"、开路、跷棺、择地、安葬、做好事等仪式。其间"击鼓而歌，男女围尸跳跃"。"做好事"是仡佬族葬俗中较有特点的仪式。性质类似布依族的砍嘎、彝族的赶夏、苗族的砍牛。内容有请师、交牲、还熟、陪客、送客、安家神等。意为用更特殊、隆重的礼仪超度亡灵魂，了却生者对其深刻怀念的心情，并以此积阴德，求善果。仡佬族的丧葬，绝大多数都不选"风水"，安葬不择"吉期"，出殡不丢"买路钱"（纸）。岩穴墓、石棺、石板、倒埋是贵州仡佬族的传统葬俗。这些丧葬特点，各地不同程度保存到至今。

西南苗族，除个别地区还实行古老的岩洞葬外，普遍实行棺木土葬。其丧葬仪式，首先要看死者属于善终或横死。属于善终的，特别是上年纪的老人，全寨本着敬宗睦族的传统习惯，都来帮助把丧事办好。老人死后，相继有报丧、洗尸、入殓、停枢、治丧、"开路"、送丧上山、安葬等仪式。苗族丧葬习俗中最典型而有特色的当数"砍牛"习俗。苗族砍牛葬仪主要程序为：接魂、开路、砍牛、发丧、过三招。其中，接魂，即把未经砍牛仪式的灵魂接回家中，重新祭葬。接魂仪式分"白丧"（正常死亡）和"红丧"（非正常死亡）两种。开路，是由法师在灵堂内诵经作法，护送死者到聚居着本家族列位祖先的阴间世界与祖先团聚，开始新的生活。砍牛，苗族所砍的牛是献给亡灵到阴间世界后"耕田犁地"所用，而不是超度亡灵的一种手段。发丧，即为砍牛结束后埋葬死者的一切仪式过程。过三招，是砍牛的最后一个仪式，一般在发丧后当日举行。苗族砍牛葬仪的全过程无不反映苗族对祖先的崇敬、孝道以及自身心灵深处的观念意识，历史悠久。现在苗族虽然还保留着砍牛的习俗，但随着社会的发展，这种世代传承的习俗正在渐行渐少。

侗族丧葬一般从简从省。家中老人病入膏肓，子女多守在其旁，听其遗嘱和看其绝气，俗称"接气"或"送终"。随后即焚烧"落气钱"，放

"落气炮",然后告知邻里寨人,请巫师根据死者的生卒年、月、日、时测算是否"大吉"或犯"凶勾"。大吉或"凶勾""解勾"之后家人方可痛哭。同时派人报丧。侗族的丧礼一般只在灵前焚香化纸,接近汉族地区的侗族人家则要设置灵堂,置备纸扎的灵房、金山、银山、金童、玉女、纸马等供奉,还请道士开路、念经、吹"八仙"。治丧期间均吃"红肉",意为对祖先艰苦创业时代的一种怀念。侗族一般都是于人死亡后择吉日出殡埋葬。但在一些边远地区,停棺待葬习俗尚存。此外,侗族凡因天灾人祸暴死或自杀者,无论男女,均施火化,再埋葬骨灰。

布依族自古以来崇拜祖先,他们认为人的灵魂不灭,因此,老人死后,只是灵魂脱离了躯体而已。为了送别和安顿好死去老人的灵魂,使其能庇佑家族后代,就产生了一整套对死者的丧礼、葬仪。砍嘎即是许多布依族地区人民为死去老人举办的一种隆重仪式。砍嘎的内容和程序有:入殓、开堂、立鬼杆、报亡、颂摩经、亲悼、孝奠、赶鬼场、倒鬼杆、收堂、出殡,落土等。砍嘎一般要办 3 天,所进行的仪式繁多,程序复杂。解放后程序渐以简化。

图 8-6 送葬路上

西南彝族的丧葬活动,既有彝族历史上火葬的遗风,也融进了一些其他民族葬俗的成分。但丧礼葬仪较繁杂，大致程序包括落气、报丧、装殓、停棺待葬、酬祖、出殡、下葬等。在贵州彝族中，有为死后老人做"赶嘎"（即大斋）以使其灵魂顺利进入同姓同宗家族祠堂之礼仪。赶嘎嘎场要用大量树枝和竹子围出城墙，有彝族先民遗留的火葬墓（向天坟）在现代丧葬赶嘎仪式中再现的痕迹。赶嘎仪式中，一般出现两度有歌、舞、乐队和拿着纸人、纸马、灯笼等明器围城祭奠和追跑的情节，为古代彝族"酋长死，则集千人，披甲胄、驰马若战，以锦缎毡衣裹死者尸焚于野，招魂而葬之"遗风的承传。水族人正常死亡，其丧葬过程分报丧、入殓、停棺、开控、出殡、埋葬。其中停棺又叫"假葬"，类似"停棺待葬"。非正常死亡（水族叫"反面死"）者，在家死亡即移尸出屋，在外死亡则拒尸回家。尸体用木板匣装殓后即抬到山坡停棺火化，其骨灰不能进入集体公共墓地，也不杀生祭奠，但要由鬼师在墓前举行仪式"驱鬼"。水族葬俗中还有一个特殊的习俗——敞棺。死者经开控之后，如遇家族或亲属中有人得病或死亡，经鬼师推算，若认为是死者鬼魂作祟，就要立即请鬼师挖坟敞棺，再择吉日易地安葬。敞棺就是要放出病者或死者的灵魂，使病者得康复，已死的灵魂有正当的归宿。

西南民族丧葬礼仪中，存在一种富有深意、值得深思的仪式。在出殡的当晚，要由祭司吟诵本民族的古歌或神话诗，如侗族要吟诵《侗族祖先哪里来》或《祖源歌》《忆祖宗歌》，苗族要吟诵《苗族古歌》，阿昌族要唱《遮帕麻和遮米麻》。这些古歌或神话诗的内容都是开天辟地的经过和本族祖先创业迁徙的经历，称作"阿公阿祖的历史""老辈人走过的路"。彝族吟诵的《送魂经》、傣族的《哀悼词》、哈尼族的《送魂经》、傈僳族的《挽歌》、拉祜族的《送魂哀调》，也有一部分具有相同的内容。丧葬礼仪中吟诵"阿公阿祖的历史"，是为了把祖先的行为和业绩熔铸于生者的观念和心理之中；送死者灵魂回祖先故地的仪式，则可以使生者产生对祖先故地的热爱。[①] 这种热爱又与祖先的经历紧密相连，用生者对死者的尊崇和继承弥补死者形体的消亡。每次丧葬礼仪都在加强这样的行为准则："我们要踏着祖先的脚印，一步一步走去；我们要照着祖先留下的

---

① 赵泽洪：《论少数民族丧葬文化的功能》，《孝感学院学报》2008 年第 2 期。

规矩，一样一样去做。"①

　　丧葬礼仪是人生礼俗的重要组成部分，是人生的终点。在中国传统的丧葬礼俗中，人们的基本思想之一，就是"不死其亲"，即不把死去的人当成亡人，而是把其当成灵魂和肉体仍存在的"活人"。②为了表达这种灵魂不灭的思想，便出现了很多烦琐的丧礼程式。这种程式既要让死去的人安宁，也要让活着的人满意，是生者与死者的对话。其所表现出来的一是"孝"，二是"敬"，即念祖怀亲的情结。通过这些程式规范人们代际之间的联系，以此提供一个社会性的情感纽带，从而促进社会治理。③

二　西南民族葬俗类别

　　从文献记载与实证资料知，西南少数民族丧葬类别，归纳起来大体有：天葬、假葬、弃葬、树葬、悬棺葬、岩洞葬、岩墓葬、火葬、瓮棺葬、土葬、洗骨葬、石板葬、停棺待葬等几种。其中，土葬是各民族通行的丧葬形式。这里，重点就其中具有悠久历史、影响较大、特色突出的如下类别作简要的介绍。

（一）天葬

　　天葬是藏族较为普遍使用的葬礼。天葬，藏语称"杜垂杰哇"，意为"送尸到葬场"；又称"恰多"，意为"喂鹫鹰"。"恰"是一种专门食尸的秃鹫，藏语叫"恰桂"，所以天葬又称"鸟葬"。

　　人死后，家属将死者衣服脱光，形成蹲坐式，用亡人自己的腰带等裹起来，置于空屋或帖房旁的角落里，用布或衣服遮盖，点燃一盏酥油灯，以示奠祭，筵请喇嘛念经三天。出殡前，亲友、乡邻都来参加送葬仪式，表示悼念。所有参加送葬的人，都由亡人主家分发一根针，穿有白线，既表示互相之间有针与线之谊，又体现施舍虽有多寡之别，而为来世积阴德，将来必有善报之意。天葬时，妇女不能参加葬仪，在家中料理家务。

---

　　①　杨知勇：《西南民族生死观》，云南教育出版社2001年版，第271页。
　　②　谢洪欣：《〈金瓶梅词话〉葬前礼俗考察》，《民俗研究》2007年第4期。
　　③　李彩萍：《丧俗文书与生存者的信仰文化》，《寻根》2010年第1期。

送葬时，由专司天葬的"惹甲巴"，将死者用牛驮至固定的天葬场地。在藏族聚居的村寨里，都设有天葬场和专门从事天葬的人。尸体送到天葬场后，由司葬者先煨桑供神，然后由从事天葬的人把尸体拴在木桩上，人即离尸躲起来，若有亲属也只好躲起来观看。这时天葬人员一声口哨，鹫鹰立刻从天空中盘旋而下啄尸体，剩下啄不掉的尸骨，就由从事天葬的人敲碎并拌以糌粑，再让鸟类吃光，尸骨被鸟吃光意为吉祥。因鸟类啄尸不受时间限制，尸骨一般都能被鸟啄完，这对活着的亲属是一种极大的安慰。天葬结束后，司葬人回家必须先用水洗脸，然后用牛奶洗手，寓意不把污秽带回。

（二）树葬

树葬是一种非常古老的葬法，它的主要形式是把死者置于深山或野外的大树上，任其风化；后来，稍做改进的方式是将死者陈放于专门制作的棚架上。由于置放尸体后任其风化，故树葬也称"风葬""天葬""挂葬""木葬""空葬""悬空葬"。根据文献记载和民族调查资料，贵州黔东南的部分苗族和侗族，以及黔西北一带的部分彝族，历史上曾有树葬习俗。明郭子章《黔记》就有"在陈蒙烂土为黑苗……缉木叶以为上衣，短裙，亦曰短裙苗……人死不葬，以藤蔓束之树间而已"的事证说明。据现代民族调查资料，剑河县摆久乡的苗族，人死以后则用杉树皮裹其尸，再用藤蔓捆绑。送到树林深处安置后即告完成，这种葬俗直到解放以后才逐渐消失。在黔东南的部分侗族社区，目前还保留将死亡的未满月婴儿置于撮箕挂在树上、以回归自然的"婴儿挂葬"之俗。树葬是原始生活在葬俗上的遗存，树葬的目的可能是幻想通过具有神性的树而使死者的灵魂升入天国。

这里有必要对"最后一个枪手部落"岜沙苗族独特、玄妙、神秘的葬俗——"岜沙树葬"予以记述。在一篇名为《岜沙树葬让韩国专家叹服——中国最先进的殡葬文明》文章写道："每一个岜沙人在出生后，他的父母都会为他种一棵树，寓意他生命的开始，此后树在一个又一个春夏秋冬中成长也伴随这个人在人生的酸甜苦辣中历练和成长，直到人的一生走到尽头、生命结束的一刻，寨子中的人会把伴随死者成长的这棵树砍来做成棺材，在为死者鸣枪之后，把死者放进棺材入土，之后在埋葬他的地

方种一棵树，表示他的生命以另一种
形式得到了再生和延续。"① 这一十
分简朴奇特，与周边村寨相去甚远而
又沿袭千年的丧葬孤岛文化现象今天
已是遐迩闻名。

　　岜沙死者停止呼吸后，家人鸣枪
报丧。家族与亲朋循声而至帮忙。死
者的安葬事宜由死者家族的长者主
持，商议安葬死者事宜要到寨门外的
古树下进行，据说这样才不打扰死者
的灵魂。死者如系正常死亡，尸停屋
内。如果是上午死亡，当天就要入土
下葬。午后死亡者，次日早上安葬。
岜沙苗族不像其他民族生前事先备有
棺材，而是在人死后，派人直接到林
中砍伐一棵大树，制作棺材，在墓穴
挖好后安放其中。与此同时，由 3—

图 8 - 7　岜沙枪手

5 名中青年将穿上寿服的死者遗体从脚后跟、膝关节、臀部、胸部、头部
用 5 道竹篾绑在一根禾晾杆上（死者如系女性则用糯米草捆绑），然后由
两名青壮年在鬼师的开路下，抬往墓地，并安置于棺材内。死者入棺后，
盖上一段青布，再盖上棺材盖。死者如果是成年男子，还要将其生前的猎
枪、腰刀、烟袋随葬于其身侧。相继鬼师烧纸焚香、超度亡灵早日与祖先
团聚。事毕后，众人即掩土填穴，石垒坟，不立碑，填平后在上栽一
棵树。

　　如果人死时不在屋内而在他处，岜沙人称死得"不干净"。遗体只能
停放在村口的古树下并用树枝遮盖，不得进寨，而且必须当日安葬。安葬
完毕后，须取一盆清水由鬼师放药念咒语，凡参加葬礼的人均须在盆中洗
手净秽（洗去阴气），还要在返村的路上烧一堆火，所有人都要从火上跨
过才能返家，意为火能阻挡鬼魂，使人鬼分离。

---

　　① 王文光：《岜沙树葬让韩国专家叹服——中国最先进的殡葬文明》，《贵州都市报》2009
年 12 月 5 日。

　　岜沙丧葬礼仪须在十二时辰内办结。具体操办均由男人分工进行，女人不能插手帮忙，但需在旁边等待，也要同去墓地，直到安葬完毕后与死者告别。

　　岜沙葬俗，不在逝者坟前立碑，但一定要在坟上种一棵树。他们认为，逝者的灵魂，从此便进入新栽的树上了。他们还认为，让遗体来培育树木成长，这是借助树木来实现生命的循环，是人生最理想的归宿。著名学者余秋雨在岜沙亲临其境后悟出"人即树"的生命哲理。他感慨说："在岜沙，不管是中年还是老年，不管是你活着还是死了，你的生命永远都是绿色的，你的生命永远在保持着他成长的势头，这非常了不得。所以，如果说汉族的墓地，经常给人家感到一种悲哀和凄凉的话，那么我们在岜沙感觉到的却是欣欣向荣的绿色的生命，我们现在活着的人的生命和已经死去了的生命都一起在这个山头上欣欣向荣"；"只要山河在，只要大树在，他们的生命就在，他们用非常简单的生活方式，过着一种非常长久的一个生命历程。""在全世界各种各样的葬礼仪式中，我确实想不出还有另外的一种安葬方法比这种安葬方法更贴近自然、和自然界有更亲切的交往。"他相信，中外的旅行者看到了这样一种葬礼后，一定会感到震撼。"比如西方的葬礼，比如汉族式的葬礼，又比如天葬，每种葬礼都有千百年历史的流承，我们很难说这个不好或这个好。但我在岜沙看到的丧葬方式，却是最贴近生命的乐观主义，而且它最让人感觉到诗意，感觉到在吟唱一首生命的赞歌。"①

（三）悬棺葬

　　这是西南古代苗、仡佬等族的一种特有葬俗，相关史籍、方志多有记载。悬棺葬一般是选择在江河沿岸的悬崖峭壁间处的天然洞穴、岩缝处置棺而葬，或人工岩壁上凿成壁垒，或凿出水平的一排小洞，插入横木，将棺乘之于横木之上。悬棺葬的葬具主要有船形棺、仿歇山顶房屋形棺及棱形棺3种，其中船形棺较多。这是因实行悬棺葬俗的民族皆系生活于湍急的江河流域，终生与险山恶水相伴之故。悬棺的所有葬具均用整木刳成，有的加盖，如仿歇山顶房屋形棺，其盖即是一歇山式屋顶。

　　据唐张鹜在《朝野佥载》中叙述："五溪蛮，父母死，于村外阁其

_____

　　① 余秋雨：《山河在，他们的生命就在》，"金黔在线"2007年7月24日。

尸，三年而葬。""于临江高山半肋，凿龛而葬之。自山上悬索下柩，弥高者以为至孝，即终身不复祀祭"。这段描述具体说明了"五溪蛮"老人死后要陈尸 3 年才葬，显然葬的是骨骸，即指考古学上的二次葬，而且是在半山岩壁垒，人丁凿出壁龛，将棺柩从山顶上用绳索悬吊至龛内，且葬得越险则表示越孝，可以终身不用祭祀。

在悬棺葬俗中，经碳 14 年代测定，贵州悬棺葬的时代上限可到西晋，如松桃云落屯仙人岭 1 号悬棺，经测定为距今 1660 年 ±90 年，即公元 290 年前后的西晋时期。岑巩县桐木白岩的 2 号悬棺，经碳 14 测定为距今 475 年 ±90 年，即公元 1475 年前后，约明代中期偏早。[1]

（四）岩洞葬

或称洞葬，是将死者遗骸置于天然溶洞内一类特殊葬俗，即人死后，亲人将逝者的遗体装棺入殓后，安葬在村子附近的一个山洞中。流行于黔桂山地。其时代早可至新石器时代晚期，晚至明清，迄今仍有部分民族（如荔波瑶族、平坝苗族）行用此类葬俗。岩洞葬的葬所一般都是有路可通或行船可达的岩洞，主要是利用天然洞穴或悬岩间突出的石台，且空间面积都较大，也有部分是经人为加工的壁龛。岩洞葬均是一穴多棺，绝大多数都为一次葬。实行岩洞葬的民族，根据文献记载有苗族、仡佬、瑶侗人（今之侗族）、龙家（今之布依族）、八番（今之布依族）、冉家蛮（今之土家族）等。其中，就贵州而言，据不完全统计，目前已在开阳、平坝、紫云、望谟、长顺、惠水、罗甸、平塘、龙里、贵定、福泉、都匀、独山、荔波、三都、榕江等县市发现岩洞葬遗存近 90 处。洞内所置棺木，少则数具，多则千余具，其年代早可至唐宋，部分一直绵延至今，绝大多数为明清时期的遗存。其中以苗族洞葬影响最大。

苗族洞葬，规模较大、保存较好、内容较丰的有贵州的平坝齐伯乡桃花村棺材洞（有棺木 567 具，"歪梳苗"）、惠水仙人桥（有棺木 500 余具，"打铁苗"）、龙里果里（有棺木约 200 具，"红簪苗"）、高坡甲定、杉坪（甲定有棺木 200 余具、杉坪有 100 余具）。棺木的形制，将其分类为船形棺、圆木棺（亦称筒形棺）、栓棺、方形棺、梯形棺和普棺 6 种。均置于立体"井"形的木架上。其中，经贵州省文物考古资料，平坝棺

---

① 唐文元：《贵州民族丧葬习俗古今谈》，《乌蒙论坛》2004 年第 2 期。

图 8 - 8　洞葬

材洞经从唐朝中期至今已有 1200 多年的历史，1985 年，文物专家就将桃花村的"棺材洞"列为了贵州省级文物保护单位。岩洞葬利用村寨附近的天然洞穴安置死者遗体，不占耕地、不占山林。由于岩洞多在离地数米至数十米的崖壁间，洞厅宽敞、通风，尸体在腐烂过程中，不会污染空气、土壤和水体。不但具有丰富的文化内涵，亦具有极强的视觉冲击力，加之洞葬周边自然风光均较优美，周边苗寨多保存有完好的节庆、服饰、饮食、建筑等传统文化，是贵州进行民族文化遗产宣介、展示并使之产生社会效应的理想场地。

苗族历史悠久，早在五千多年前，中国古代典籍中就有关于苗族祖先的记载，在长期的战乱中，苗族先民由最早生活的黄河流域，被迫长途迁徙。他们越过长江、黄河后，其中有一部分辗转来到贵州一带。定居后，由于苗族的先民们念念不忘故土，死后不是入土为安，而是安葬在山洞之中，洞葬其实只是一种对先人灵柩的暂时存放，期望有朝一日，亲人们扶柩还乡，叶落归根。

（五）火葬

西南的彝、白、纳西、拉祜、哈尼、普米、苗、布依、侗、水等民族，都曾实行过火葬习俗。一般火葬对象分凶死者和显贵者两类。凡凶死者（如摔死、杀死、暴死、溺死、妇难产死等），他们普遍认为都有恶鬼缠身，只有火化其尸，才能使他（她）的灵魂升天，或曰回到祖宗那里去，否则死者就会成为冤魂野鬼，不仅他（她）们的灵魂永远受苦，还会殃及亲属。显贵者主是活佛、大喇嘛、王公贵族、头人，死后也行火葬，但赋予的意义和施行的仪式与凶死者有明显不同。

对于火葬习俗，历代文献多有载述，如明嘉靖《贵州通志》载："水西罗罗""死则集人万计，披甲胄执枪弩，驰马作战斗状，以锦缎毡衣裹之，焚于野而掷散其骸骨。"明郭子章《黔记》亦述："尊长死，则集千人，披甲胄，驰马若战，以锦缎毡衣裹死者焚于野，招魂而葬之，名曰火葬。"在今黔西北的威宁彝族苗族回族自治县境内及赫章的西部海拔二千米以上的山坡或台地上，分布着约二百多座彝族古代彝族的火葬台或火葬场。① 又如，除了彝族实行过火葬外，布依族也一度盛行火葬。明《炎缴纪闻·卷四》载："仲家……葬，以伞盖墓，期年发而火之，祭以枯鱼。"康熙《贵州通志·蛮僚》也载："贵阳、都匀、镇宁、普安……丧，则屠牛招亲友，以大瓮贮酒，执牛角遍饮……习阴阳家言，葬用棺，以伞盖墓上。期年而火之，不上冢。"说明火葬习俗在西南民族中多有盛行。

（六）石板葬

石板墓是水族历史上遗留下来的一种墓葬形式，主要分布在贵州的三都水族自治县、荔波县、榕江县等地。石板墓的主要特点：于地下挖出竖穴土坑作为墓室，地表用平整的石板建成长方形的仿木构建筑，并有大量的石刻花纹。石板墓的形式大致有双层仿木构建筑、单层仿木构建筑、龛形仿木构建筑三种。其中双层仿木构建筑，即在地下墓坑上盖一长方形石板，并高于地表5厘米左右，其上用两长两短4块石板拼成长方形的第一层石室，上面再平放石板，往上再拼出稍小于下层的第二层石室，再封顶，最后在平顶上用3块石板拼成"个"字形屋顶，屋顶前后两端用刻有鱼纹的石板鼓当装饰。这种形式的部分墓，其第一层两端（有的只是一端）雕刻有圆形的铜鼓封面纹样。有的在上层石室的四面，刻有动物、人物、花草、房屋等浮雕，一些在墓上层的两端刻有"福如东海""寿比南山"等吉祥语，有的在墓前建有石碑存志。② 对这些石板墓，今三都一带的水族都能指出其祖先的区属，并每年举行祭祀。石板墓上的人物造

---

① 这些火葬台或火葬场根据使用材料可分两种，一种是用石块砌成圆形或椭圆形石墙，一侧留有缺口，大的直径在10—20米，高2米，小的直径3—4米，高1米以下。有的在石墙外切面另砌一段弧形墙。这类墓有的中空，墙内地面略高于墙外地面，有的墙内则用泥土填平至墙高，形成墓堆。另一种为土筑圆形墙，形式与石墙相同，只是无大型的，一般直径都在10米以下。唐文元在其《贵州民族丧葬习俗古今谈》一文中，考证其为"贵州古代的彝族火葬台或火葬场"。本书因之。

② 唐文元：《贵州民族丧葬习俗古今谈》，《乌蒙论坛》2004年第2期。

型，其服饰、头饰、银饰等，在现代水族男女中大多能找到依据。石板墓上的铜鼓纹，完全是仿铜鼓鼓面的纹样所刻，说明墓葬的主人古代是十分钟爱铜鼓的。石板墓的年代，根据民族调查资料以及部分碑文推断，其上限可早到明代，下限可到清代晚期。其中双层仿木构建筑的时代最早，单层仿木构建筑的居中，约在清代以后，龛形的时代最晚。

由于石板墓的建筑费时、费工，而且耗资较大，不是所有人家都能建造，加之清末以后各民族间交流日渐密切，各种文化相互影响，因此水族石板墓就逐步为简单、快捷、低耗资的土葬所替代。这些珍贵的石板墓就成了今天人们认识、研究和观赏水族古代葬俗和石刻艺术的珍器。①

（七）停棺待葬

当今侗区，普通实行土葬，讲究"风水龙脉"，择吉日吉时，入殓、出殡、入土。但南部方言地区的黎平、榕江、从江一带的侗族，至今仍盛行"停棺待葬"的习俗。所谓"停棺待葬"，说的是鬼师（又叫法师）根据亡者的出生时间和死亡时间来推算安葬时间，如果亡人的生辰八字与死亡的年、月、日相克，在举行正常的葬仪后，将棺木抬上山放于指定的树林中，陈在木架上面，用杉皮或草帘盖好，待推算出与亡人生辰八字相生的吉祥年份，再择日入土，另行安葬。如果是同一年龄中某人早亡，又没有合适的时间安葬，则要等这同一年龄人都丧亡后，才择吉日统一入土下葬。亦即"同日下葬之俗"，这与李宗昉在《黔记》卷三中关于"楼居黑苗……人死入殓而停之，为期合葬，共仆吉，以百棺同葬，公建祖祠"的记载大致相符。对于横死暴死者，

图 8—9 占里侗族停棺待葬

---

① 唐文元：《贵州民族丧葬习俗古今谈》，《乌蒙论坛》2004 年第 2 期。

无论男女，均须火化，再入棺入土，或入棺以后置于荒野，停放三年五载，另择期焚尸、捡骨，重新入殓，择地安埋。

除侗族外，黔东南水族夏秋两季死者也多实行停棺待葬，到秋收以后再择日安葬。其主要原因是夏秋为农忙季节，来帮忙的人少，参加葬礼的亲戚也少，另外丧葬耗资巨大，秋后才有足够的粮食。停棺有室内停棺和野外停棺两种，其中又主要以野外停棺为主。少部分布依族、苗族也有"停棺待葬"之俗，又称"二次葬"。

（八）捡骨重葬

该葬法又叫"二次葬"或"洗骨葬"，就是把入棺埋葬数年后的遗骸掘出，装入罐中重葬。广西桂西地区的壮族有捡骨重葬习俗。人死后，请风水先生选定坟地，埋棺入土，墓堆呈长形。待 3 年或 5 年后，把骨骸挖出放入一只有尸体一半高的坛内，再请风水先生另择墓地复葬。复葬后的墓要堆成圆形。又经五年左右，挖起查看：如坛内有水和泥土渗入，以为不祥，得另选地再葬；如坛内无异物，就可作为"大葬"（"永久埋葬"之所。有的竟复葬四五次之多）。西林县的瑶族也行捡骨葬——在埋棺入土几年后，又挖开把骸骨捡入瓦坛葬回原地。京族只有在认为原葬地不吉利时，才采取开坟捡骨重葬的补救办法，但又忌尸骨见天，故开坟时要打着伞，把骨骸捡入一个坛内，先存放在林边草地上，待择好新墓地再重新入葬。有捡骨重葬习俗的民族认为，血肉是属于人世的，只有等肉体腐朽后，将骨头正式埋葬，死者才能进入天堂。[1]

粗略巡视一下现代西南少数民族的丧葬习俗，可以窥见各民族在丧礼、葬仪的过程中，虽各有其自身的民族特点，但也有许多共同的思想方法和行为模式。如对非正常死亡者的葬仪，都不约而同地将其与正常死亡者严格区别开。对死亡，都认为有一个看不见、摸不着，但又永远与生者息息相关、情感相通的灵魂存在，不管这个灵魂是到与祖宗同聚的阴间，还是超度到天堂，都绝对不会逾越宗教这个范围。[2] 这些既反映了整个人类历史上对生与死、灵魂、宗教、信仰上的共同文化意识，也体现了多民族聚居地区的文化特点。

---

① 严汝娴、刘宇：《中国少数民族婚丧习俗》，中国国际广播出版社 2011 年版。

② 唐文元：《贵州民族丧葬习俗古今谈》，《乌蒙论坛》2004 年第 2 期。

还有一点必须指出的是，在西南各民族的丧葬习俗中，几乎都有一个比较特殊的、更为隆重的葬礼，如布依族的砍嘎、苗族的砍牛、彝族的赶嘎、瑶族的砍牛、仡佬族的做好事等，这些大型的丧葬仪式，不仅整个宗族的人都必须参加，有的还会吸引邻村邻寨的族外人。布依族砍嘎和苗族砍牛，往往可云集成千上万的亲朋远客。这些大型的葬礼，本来只是对死者的一种超度、追悼活动，但是能产生出对生者的诸多文化效应：大型葬礼是一次宗族的联谊活动，提供了青年男女广交朋友的机会；是学习和继承传统文化的重要机会，可以使人们了解到书本上无法详尽的葬礼程序、内容和具体组织操作，使无文字的民族文化得以传播与继承，特别是葬礼上的歌、舞内容和技巧，无疑是给年轻人上的一堂形象具体的民族传统文化课。①

与丧葬密不可分的还有一种相关的文化形态，就是祭祀。所以，古礼当中，既有丧礼，又有葬礼。但今天，祭祀已经越来越多地融入了丧与葬的过程中，成为丧葬的一种辅助形式。不过，在很多地方，丧葬结束后很长一段时间，人们依然通过祭祀来表达对死去亲人的怀念，如居住在贵州省从江县加鸠地区的苗族，有 60 年一次集体悼念死者的习俗。这种悼念活动，一是悼念本寨 60 年来死去的最有威望的老人，二是悼念 60 年中所有死去的人们。

人类社会中的每一个民族，每一个人们共同体都有着一定的丧葬仪式。这种丧葬仪式是在人类历史发展的长河中逐渐形成、完善的，同时又在缓慢地变化着。丧葬文化从它的起源、发展到现在有着一个漫长的演变过程。

早在旧石器时代中期，当人们的思维能力渐以发达，产生灵魂观念后，便不再像其他动物那样将其尸身随意丢弃、置之不理，开始举行各种形式的殓葬。丧葬的最初，由于物质条件的限制和人类思维的单纯，丧葬只是实行一般的土葬或野葬、天葬、树葬等，文化内涵也仅限于灵魂不死观念和简单的物质文化。随着后来人类物质资料的日益丰厚，思维的不断丰富和发展，在丧葬活动中便越来越讲究，逐渐出现了棺椁等随葬品，丧葬内容及各种观念性的事象也被纷纷纳入，特别是进入氏族社会，有了辈分、亲情关系后，伦理孝悌观念及礼仪形式逐渐渗入，丧葬活动就不再像

---

①　唐文元：《贵州民族丧葬习俗古今谈》，《乌蒙论坛》2004 年第 2 期。

过去那样简单，规制了许多与孝道有关的民俗文化事象。① 与此同时，审美观念的逐渐形成，又给其民俗事象赋予了一定的物质艺术外壳。私有财产出现后，丧葬形式特别是墓葬就有了很大的改观，各种宗教观念、孝悌观念、审美观念及礼仪制度、物质表现形式综合于一体，丧葬活动规模更加庞大，形式更加复杂，内容更加丰富，丧葬文化的所有大综内容借以形成。

　　此后的几千年，对汉民族来说，随着周朝礼制的建立和后来封建礼制的影响，丧葬中的礼制形式、孝悌观念有了更进一步的充实和强化。物质生活水平的提高，使丧葬活动越来越庞大烦琐，文化内容更加丰富。对少数民族来说，由于与汉民族的往来、通婚、杂居等，其丧葬活动受到很大影响，在丧葬形式和丧葬内容方面有了一定的改变，取舍、去留的成分随着历史的推进，也越来越多，比如土葬的采用，各种礼物的纳入，许多原始东西被淘汰，形式内容也越来越复杂。从历史观的角度讲，在丧葬活动中，物质文化和精神文化内容越来越进步，但科学的意蕴却越来越落后了。直到现在，几千年前的各种观念仍然未变，而铺张浪费的态势仍在持续。因此，必须进行循序渐进的移风易俗的文明举丧改革，以实现丧葬文化的时代创新。

---

① 陈玉文：《我国丧葬文化浅论》，《黑龙江民族丛刊》1993 年第 4 期。

第九章　西南民族人口生态文化[*]

　　人与自然的关系和人与人的关系是相互联系、相互制约、相互依赖的。人与自然协调发展的理论可追溯到马克思在《1844年经济学哲学手稿》和恩格斯在《自然辩证法》中对人与环境关系的阐释。其要点有：人类和自然界是一个有机整体，人是自然界的一部分；人类与自然之间存在着相互作用关系；自然界是人类生存和发展的基础等。[①] 建立人类与自然界和谐共处、协调发展的关系，实现人类与自然关系的全面协调发展，是人类生存与发展的必由之路。

　　人口爆炸、资源短缺、环境恶化和生态失衡已成为当代社会四大显性危机。这些危机使得文明社会的发展一步步走向了自己的对立面，人类追求进步的同时，也为自己的持续发展设置了障碍和陷阱，并威胁到人类自身的生存。经过反省和探索，于20世纪80年代前后开始，以人与自然和谐发展为核心的人类持续发展的新发展观、新思想和新理论悄然兴起，并已成为人们最为关注的一个重大课题。

　　恩格斯说："当我们沉浸在享受自然给我们带来幸福的时候，我们正在遭遇我们掠夺的自然界的报复。"[②] 人口与资源环境协调发展的问题已成为全球问题。化解人类所面临的生存危机，要从"本"入手，改变人们对资源环境的态度。这就需要我们立足历史，挖掘人口与自然资源协调发展的文化宝库；着眼现实，针对当前存在的问题积极提出建议对策；放

---

　　[*] 该章是在笔者《西南山地民族人口生态文化及其价值》［《贵州大学学报》（社会科学版）2011年第6期］、《人口生态文化释义》（《中国人口报》2014年6月9日）和《传统、嬗变与重建：西南山地民族人口生态文化试论》（《生态经济评论·第四辑》，经济科学出版社2014年版）的基础上，结合其他论述和西南资料撰成。

　　[①] 《马克思恩格斯全集》第42卷，人民出版社1979年版，第95页。

　　[②]［德］恩格斯：《自然辩证法》，人民出版社1984年版，第98页。

眼未来，规划绿色的和谐蓝图。

第一节　相关概念及其关系

一　生态、生态文化、人口生态文化

（一）生态

生态是指生物在一定的自然环境下生存和发展的状态，也指生物的生理特性和生活习性。生态是由多种因素构成的，主要包括气候条件，如光、热、降水和大气等因子；土壤条件，土壤的物理与化学特性，如质地、酸碱度、土壤水和营养元素等；生物条件，地面和土壤中的动植物和微生物；地理条件，地理位置、地势高低、地形起伏、地质历史条件等；人为条件，开垦、采伐、引种、栽培等。地理条件与人为条件，常通过引起气候、土壤、生物条件的变化，对生物发生影响。在理想的状态下，生态各要素所构成的生态系统在一定的动植物群落及其生态系统自然发展过程中，各种对立因素（相互排斥的生物种和非生物条件）通过相互制约、转化、补偿、交换等作用，能达到一个相对稳定的平衡阶段，亦是我们常说的"生态平衡"。反之，因其他因素，特别是人口的不断增加及其需求而产生的对生态系统的强大干预，而这一干预又超过了生态系统的自我调节能力时，人类自身就面临"生态危机"，它像高悬在头上的达摩克利斯之剑，威胁到整个人类的生存和命运。工业文明以来，特别是 20 世纪 60 年代以来出现的诸如资源短缺、能源匮乏、土地荒漠化、环境污染和大量生物物种趋于灭绝等生态与环境问题的加重，都使人类的生存面临着巨大的挑战。

人类生活在自然生态环境中，自然环境是人类共同的家园，保护自然环境就是保护人类共同的家园，只有人人都加以保护，只有人人与自然和谐相处，这个家园才能够兴旺发达。

（二）生态文化与人口生态文化

1. 生态文化

对于生态文化的概念，不同的学者有不同的定义。余谋昌认为生态文化是以生态价值观为指导的社会意识形态、人类精神和社会制度，如生态哲学、生态经济学、生态文艺学、生态美学等。从广义理解，生态文化是人类新的生存方式，即人与自然和谐发展的生存方式。① 王明东认为，生态文化是指人类社会所形成的尊重自然、保护环境的物质技术手段、制度措施、生产生活方式、思想观念和价值体系的总和。② 任永堂认为，人类文化可以划分为原始文化、人本文化和生态文化三种类型：生态文化是以人与自然协调发展为核心的。③ 袁国友认为，从广义的角度来看，生态文化并不是或并不仅是人类文化发展到高级阶段时的文化类型，而是一个具有相当广泛、普遍的文化学意义的概念，这个概念可以包含并用以解释人类文化发展史上的所有阶段、所有类型的文化行为和文化模式，因为迄今为止的任何文化从本质来说都不过是人与自然的相互关系的某种推演和表现，都属生态文化的基本范畴。④ 郭家骥认为，生态文化是一个民族对于生活在其中的自然环境的适应性体系，包括民族文化体系中与自然环境发生互动关系的内容，如宇宙观、生产方式、生活方式、宗教信仰、风俗习

图 9 - 1　山水人家

　　① 余谋昌：《生态文化论》，河北教育出版社 2001 年版，第 362 页。
　　② 王明东：《独龙族的生态文化与可持续发展》，《云南民族学院学报》2001 年第 3 期。
　　③ 任永堂：《生态文化·现代文化的最佳模式》，《求是学刊》1995 年第 2 期。
　　④ 袁国友：《中国少数民族生态文化的创新、转换与发展》，《云南社会科学》2001 年第 1 期。

惯等。① 冯骥才把生态文化看作"人类文明的核心内容"。他说："人类的生存发展，一边依赖于大自然，取之于大自然，一边敬畏、尊重、欣赏和珍爱大自然，并与之和谐相处。""正是这样的生态观，使人类得以在地球上生存和发展，直到今天。在漫长的历史进程中，世界各国各民族对生态保护的理念、学说、方式、经验所构成的思想文化体系可谓博大精深。生态文化从来就是人类文明重要的组成部分、核心部分；它也是中华文明的重要的、核心的内涵。"② 综合上述观点，笔者认为，生态文化首先是一种文化，但又不同于一般意义上的文化，它体现出人类尊重自然、保护自然、与自然和谐相处的内在联系。生态文化是人与自然协同发展的文化，在人类对地球环境的生态适应过程中，人类创造文化来适应自己的生态环境，发展文化以促进文化的进化来适应变化的环境。生态文化是人们对于置身其中并赖以生存的生态环境以及人与自然相互关系的总体认识和基本观念，包括对有关宇宙、自然生态的看法和知识以及对自然资源的基本态度。其实质就是一个民族在适应、利用和改造环境及其被环境改造的过程中，在文化与自然互动关系的发展过程中所积累和形成的知识和经验。这些知识与经验蕴含和表现在这个民族的宇宙观、生产方式、生活方式、社会组织、宗教信仰和风俗习惯等之中。

2. 人口生态文化

结合生态文化的内涵不难看出，人口生态文化是关于人口与自然关系的文化，两者关系通过人口的数量、质量、结构等要素及人口的出生、死亡、迁移等人口过程与一定的生态环境相互作用建立起来。人口生态文化是人们对人口要素和人口过程与其自身赖以生存的生态环境关系的总体认识和基本观点，包括社会观念、社会制度和物质形态三个层次。在一定的物质生产条件下，经过长期的社会实践，人们通过能动地调整自身与生态环境的相互关系，逐渐形成和积累了一定理性认识、价值判断以及相应的社会制度、习俗等，从而形成了特定的人口生态文化。人口生态文化与有关人与人关系的社会文化或人文文化相对应，不是探讨和解决人与人之间的关系问题，而是要探讨和解决人口与自然之间的复杂关系。那么是否有

---

① 郭家骥：《生态文化与可持续发展》，中国书籍出版社 2004 年版，第 8 页。

② 冯骥才：《生态文化是人类文明的核心内容》，2008 年 11 月 25 日，http：//www. cflac. org. cn。

人口及其活动就一定会有生态问题呢？我们认为，对这个问题不能简单地一概而论。其一，从广泛的和绝对的意义上来说，只要有人口及其活动存在，就必然产生生态和环境问题；其二，从严格的科学意义上来说，生态问题主要是指由于人口生存、发展所需而开展的各项活动危及自然生态的自我平衡能力，影响到人类自身的生存条件时的自然生态环境的恶化状况。从这个意义上说，只要不因人口数量、质量、结构、分布，尤其是人口数量的增加不对自然生态的自我平衡能力和人类自身的生存发展条件产生显著的、严重的破坏影响或威胁，那么就不能说是产生了生态问题和环境问题。也即是说生态和环境问题是可以避免的，或者说是可以加以控制的。问题的关键在于我们能否对人口发展与自然环境的关系具有深刻的、科学的认识，并为此而采取正确而又切实有效的行动。从这个角度上说，人口生态文化问题实质上就是人口生态观的问题。

二　人口与生态环境的关系

生态环境和人口密不可分。人口依赖于生态环境而生存，人口的生存、繁衍和发展，对环境也在发生反作用；被人口作用了的生态环境，又会影响人口的再生产。

首先，人口和生态环境是一种相互依存、相互制约的关系。生态环境为人口生存提供必不可少的物质资源，而物质资源的每一个变化，都直接作用于人口本身，影响人口身体内各部分器官的代谢，影响人口的寿命、生产、发育、遗传、营养、呼吸乃至记忆力和思维能力的变化。研究表明，人的体型、身高、肤色、器官等都受生态环境的制约，甚至人的社会原性，如道德思想、科学文化素质，也与自然环境有关。

当然，人口作为自然的产物，自身就是大自然的一部分。然而，从大自然走出来的人及其所建构的人类社会，有着与大自然不同的一系列活动，其中之一就是逐渐变成了大自然的统治者，对生态环境产生着反作用，进而改变着自然环境。

由于人类从生态环境中获取物质资料的种类、数量和范围，取决于人口的数量、生活条件和技术条件，即人类社会发展状况。因此，不同时期人类与生态环境的关系密切程度不同，人与生态环境的关系有一个随经济和生产的发展而不同演变的过程。在人与自然关系的变化过程中，人类的文明也在不断地进步。

　　纵观人与生态环境关系发展的历史和未来，可以根据人类生产实践的不同水准，划分为四个阶段：即原始时代——生态环境创造了人类；农业时代——人类基本与自然和谐共处；工业时代——人类对自然的征服及自然对人类的报复（大气污染、森林资源减少和覆盖率降低、荒漠化和石漠化在扩展、水资源危机、环境恶化趋势严重、重大公害事件增加等）；生态文明时代——人与自然和谐共处。据此，在一定程度上我们可以这样说：人类是生态系统中的后来者，人类是生态系统的索取者，人类是生态系统的破坏者，人类是生态系统的建设者。

　　其次，人口和生态环境是一种统一的关系。人口与生态环境的相互作用，构成人类社会，人口与生态环境既相互影响、对立存在，又互为条件、共同发展。在某种意义上说，人口与生态环境，是主体与客体的关系，主体从客体中得到物质和能量；客体又得到主体的反作用，二者相辅相成。其一，人口和环境共处于世界的统一体中。世界的统一性在于它的物质性，人口和生态环境都是物质的不同运动形式。人口所特有的思维，也不过是物质的反映和属性而已。人口存在于地球上，地球及其所在物质资源构成了人口的生存与发展环境。作为社会的统一体，既包括人口，也包括人口之外的环境，以及人口与生态环境相互关系和作用而产生的文化，亦即人口生态文化。人口与环境相互依存、相互作用，才使世界上有了人类本身和人类社会。

图9-2　生态小城

其二，人口与生态环境在运动和发展过程中，都应统一恪守生态伦理和环境道德观念。生态伦理观认为，生态环境也要维持其自身的生存和发展，有其自身的作用和权利，并对人口和社会产生影响，人口与社会的一切活动都应充分考虑到生态环境的伦理权利。人类作为自然界的一个重要组成部分，既是主人，也是成员。自然界的任何生态系统均处在一种平衡状态，即处在和谐状态，所有毁坏自然界的行为都将导致其平衡的失调。正确的做法应是根据它们具有的生存情况和平衡状态，来行使我们改造自然、利用自然的权利。人口、社会、生存环境是相互联系、相互制约、相互作用的有机统一体。生态伦理观不仅明确强调自然界的基本权利，而且紧密地与人类联系起来，其伦理的实质正是寻求各方面利益的交叉和平衡，而自然界的伦理权利更多地带有被动性质，缺乏主动的特征。因此，对自然界的伦理观念，要求人类更多地带有自觉的性质和长远的观点，按照生态伦理观念的要求，给生态环境以充分的自由权利，并使这种权利得到保障，生态环境就能发挥它的最大功能，给人类的回报也将是丰厚的。生态环境对于人类的种种行为具有"知恩图报"和"有仇必报"的特性，这也是一条客观规律。如果人们只顾眼前利益，与生态伦理和环境道德观念背道而驰，便会造成生态环境的严重污染和破坏。正反经验告诉我们，在生产和生活中要讲生态文明，要有生态伦理观念，自觉地创造一种人与自然和谐发展的动态平衡状态。因此，人们有意识地利用、改造生态环境的活动和生态环境的发展规律，必然要保持相互一致。

图9-3　仡佬族鸟图腾石刻画

第二节　人口生态文化内容

一　西南民族人口生态文化的内容

在几千年的发展历程中,西南各少数民族积淀了丰富的人口生态文化,为中国西南边疆的人口再生产和生态保护做出了不可磨灭的贡献。西南民族地区大都保持着原始的自然生态,几乎每个民族都有一套与现代环保、人口与自然和谐理念符合的习俗、禁忌和习惯法,而之又充分体现了少数民族生存方式中的生态伦理智慧。

就内容而言,西南少数民族人口生态文化既包括各民族对人与自然关系的形而上的思考和认识,也包括各民族对人与自然关系的实践与经验性的感知,当然更包括居住在特定自然生态条件下的各民族,在谋取物质生活资料时由客观的自然生态环境和主观的社会经济活动的交互作用而形成的人口生态文化类型和模式。此外,还包括少数民族民间文学艺术、习俗和禁忌中所内含的人口生态文化成分。大体来说,西南少数民族生态文化主要包括自然崇拜和宗教信仰中的人口生态文化,社会组织结构和制度层面所反映的人口生态文化、生产生活中的人口生态文化、禁忌习俗所体现的人口生态文化以及村规民约和习惯法中的人口生态文化和民间文学艺术承载的人口生态文化等方面。

(一)自然崇拜和宗教信仰中的人口生态文化

古代西南地区少数民族的文明属农业文明和狩猎文明,加上生产力的落后,他们所从事的生产活动多为采集、捕鱼、狩猎等,对自然的依赖性很大,使得他们完全以大自然恩赐而生存。同时,在鬼神思想的作用下,西南大多数民族自古认为天地万物都有灵性,并认为大自然是万物之母,人是自然界中的一部分,自己来源于大自然,是由某种自然物长期演化而来的,人与大自然是物我一体。在这种思想的引导下,他们把自然界和自然物神化,从而产生了对天、地、水、山、树、石等自然物的崇拜和禁忌,进而形成了对大自然的敬仰与崇拜。

图 9 - 4　侗族山歌唱颂自然

　　西南民族普遍流行对树林的崇拜。一些民族甚至将本民族归源于树木，认为他们的祖先是由某种树木演变而来，或者某些植物曾经救了他们的祖先才使其得以繁衍。如彝族地区普遍流行对竹、杉树或栗树的崇拜，有彝族从竹而生的传说，也有些彝族以松树和栗树为始祖。有些民族将树木视为自己民族的保护神，如云南省禄劝彝族自治县几乎每一个自然村都有被他们视为本村保护神的"神树"，他们认为神树能够给村子带来平安、吉祥和丰收，带来人丁的兴旺。羌族各村寨附近的山上均有一片由茂郁的老树组成的神林，通常为柏、杉等树。黔东南地区一些较大的苗寨，寨前或寨后大多有一株枝繁叶茂的古树，被称为"保寨树"，也有的视其为"神树"。苗瑶民族最崇拜的树神是枫树，认为祭祀大枫树可以给村寨带来平安。壮族村寨旁边都有一片"神林"或一株古树，神林、古树以及覆盖的山坡都被认为是灵物。一些民族对山石有着特殊的感情，如居住在云贵高原的山地民族，普遍崇拜山神。黔西北地区的许多苗寨，每年农历三月初三都要举行"祭山节"。操川黔滇次方言苗语的苗族，于每年的阴历二月初二祭山神。黔东南苗族崇拜岩山鬼婆，俗称"三十六个岩山鬼婆"。树木也是壮族崇拜的对象之一。侗族崇拜自然界中的太阳神、月亮神、雷神、火神、河神、水井神、地脉龙神、桥头土地神等，并对这些神灵加以祭祀。一些民族把某种动物、植物甚至自然现象当作自己的祖先。如怒族说其祖先是由蜜蜂变成的，土家族和白族认为自己是白虎的后裔，彝族、纳西族、傈僳族等则认为自己是黑虎之后，纳西人还把老虎、狮子、大象、牦牛和大鹏鸟等都列为崇拜的对象等。在苗族古歌《枫木歌·十二个蛋》中，苗族先民提出了人、神、兽共祖，但人高于神、兽的说法。认为龙、蛇、虎、牛、象等以及天上的雷公神和地上的人，都是"同一个早上生"，是由同一母亲孵出的亲兄弟。壮族民间也有丰富的自然崇拜，主要包括太阳崇拜、水崇拜、土地崇拜、火崇拜、树木崇拜、牛崇拜、鸟崇拜等。

表9-1　　西南少数民族宗教文化类型及其主要生态文化特点

宗教文化类型	主要信教民族	主要生态文化特点
原始宗教文化	佤、独龙、基诺、黎、高山、布朗（部分）、怒（部分）、彝（部分）、景颇、哈尼、水、侗、仡佬、瑶、土家、畲、拉祜（部分）、壮（部分）、普米、仫佬、傈僳（部分）、布依、毛南、珞巴、赫哲、达斡尔、鄂伦春、鄂温克、锡伯、满	1. 以图腾崇拜的形式保护某种动物或植物；2. 以自然崇拜保护所谓的神山、神林；3. 信鬼神，不敢破坏生态，因怕遭到报复
佛教文化	藏、蒙古、土、满、裕固、纳西、傣、布朗、德昂、佤（部分）、侗（部分）、拉祜（部分）、白、壮、布依、畲（部分）	1. 人和自然之间，是一种共生共荣、相互依存的关系；2. 平等对待所有生命及他们的一切权利；3. 崇尚节俭，抑制物欲；4. 受本民族原始宗教生态文化影响
伊斯兰教文化	回、维吾尔、哈萨克、柯尔克孜、乌孜别克、塔塔尔、塔吉克、东乡、保安、撒拉	1. 要求人们尊重自然万物；2. 不畏惧自然，要求积极主动地适应自然；3. 良好的生活习惯及消费理念
道教文化	白（部分）彝、壮、侗（部分）、瑶（部分）、苗、黎、仫佬（部分）、毛南（部分）、纳西（部分）、羌	1. 强调"道法自然"，天、地、人受自然法则支配；2. 节制物欲，避免过度开发；3. 良好的生活习惯及消费理念

续表

宗教文化类型	主要信教民族	主要生态文化特点
基督教文化	蒙古（部分）、朝鲜（部分）、羌（部分）、彝（部分）、白（部分）、哈尼（部分）、景颇（部分）、傈僳、独龙、怒、苗（部分）、瑶、壮、侗、黎、布依、土家（部分）、高山（部分）	1. 早期以自然"去神圣化"为理论，强调对自然的征服；2. 近代对其进行了反思，出现了"生态神学"；3. 多种原因使其传统生态理念对少数民族地区影响甚小

　　资料来源：冯利、覃光广：《中国少数民族文化分类散论》，《西南民族学院学报》1991 年第6 期；胡鞍钢：《西部开发新战略》，中国计划出版社 2001 年版。

　　西南少数民族的宗教信仰十分复杂，既有全民族共信一种宗教，又有一族中多种宗教信仰共存；既有对世界几大宗教的信仰，又有对本土宗教（如本教、巫教）的信奉。普遍信教的少数民族，把生态伦理浸润在宗教禁忌的规约中，并以此作为神圣不可违反的法则。这种超自然力的宗教禁忌便成为民众行为的道德约束。

　　其中佛教是西南各少数民族中最普遍的一种宗教，纳西、藏、傣、壮等少数民族都信仰佛教，佛教在这些民族中有着深刻的影响，对其基本的生存态度和价值观念起着决定性的作用。佛家认为，"佛性"为万物之本原，宇宙万物的千差万别，都是"佛性"的不同表现形式，其本质仍是佛性的统一。而佛性统一就意味着众生平等，万物皆有生存的权利。佛教自然观认为众生平等、万物平等，不仅一切生命都有平等的地位，就是草木、瓦砾、山川、大地等没有意识的事物，也有佛性，必须予以尊重。可以说，尊重生命、珍惜生命

图 9-5　藏传佛教与古树

是佛家的根本观念。佛教教义中的这些生态意识深深地根植于教徒心中，规范着教徒的行为。如西双版纳现有的许多植物物种都是在佛教影响下传入的，如菩提树、大青树、贝叶棕等。另外，藏族是一个普遍信仰藏传佛教的民族，其节日、各种禁忌也大多与宗教有关，许多蕴含着极其丰富而深刻的生态保护意识。佛教的一些思想客观上对保护生物多样性起到了重要作用。在西双版纳地区崇尚的小乘佛教中，如傣、布朗、德昂和部分阿昌、佤、彝等民族，都有着丰富的生态意识。以傣族为例，西双版纳地区的傣族人民世代具有追求从里到外清洁、纯净的天性，人们祥和、宁静地生活。傣族地区有不少绿色净土或"自然圣境"，大多生存有一些原始森林片断，残存着珍贵的原始森林资源。据不完全统计，约有400余处原始森林，总面积达30000—50000公顷，占全州土地总面积的1.5%—2.5%；植物的热带分布属区达207个，占总属区数的93.7%；保留着150余种珍稀濒危植物和100多种药用植物，是名副其实的天然植物王国。有人说，地球上有两块肺，一块在南美洲的亚马逊地区，另一块就在中国云南的西双版纳。西双版纳目前拥有的原始森林是整个亚洲地区生态链中一个重要的环节，凝聚着佛教生态文化的深深印迹。

道教是在直接继承传统巫教、民间信仰，并大量汲取南方少数民族原始宗教成分的基础上，由道家学术演变、综合而成的。由于它在许多方面与少数民族宗教相通，因而能够顺利地在少数民族中传播。道教在西南少数民族中有着广泛的影响，在瑶族、壮族、苗族中十分突出，在土家族、仡佬族、毛南族、京族、黎族、白族、阿昌族、羌族、彝族、纳西族等少数民族中也很明显。道家提出"道法自然"，将"自然"这个概念提升到形而上的高度。所谓"道法自然"，指的是"道"按照自然法则独立运行，而宇宙万物皆有超越人主观意志的运行规律。老子认为，自然法则不可违，人道必须顺应天道，诚所谓"顺天者昌，逆天者亡"。道教认为，宇宙万物、飞禽走兽、草木昆虫等都是道气生的，由于它们禀赋的道气清浊不同，才各成形性，由此构成了世界的多样性。人与万物在道性上是平等的，富有灵性的人类应与"大地合德"，对万物利而不害；毁灭自然物的行为，是在扼杀自然的生机，必将给人类带来祸害。"重人贵生"是道教最重要的教义。"生"即指生命，源于自然，并与自然构成有机的整体；人对待生命应当是"贵生""乐生"；

人们要善待万物，尊重一切生命。① 瑶族人深受道教"贵生""乐生"观的影响，从庄严的命名礼中我们可以看出他们尊重生命、以人为本的思想。瑶族人一生取有多个名字，法名、郎名都要通过严格的宗教仪式才获得。其命名仪式贯穿着诞生礼、成丁礼及入教仪式等内容，是培养和造就瑶族文化传统继承人的重要途径，表明瑶族对人自身生命及其社会化过程的高度重视。

（二）社会组织结构和制度层面所反映的人口生态文化

具有地域和民族特点的人口生态文化体现于其基本的社会组织结构和制度层面中。这里所指的社会组织结构，包括西南各少数民族的宗教组织、家庭组织、社区组织以及现在行政组织。这些组织及由之而形成的相关制度与人口生态文化有着密切的关系。这里我们选取西南少数民族中体系较为明显的苗族、布依族、侗族为例：

在西南多民族中，苗族社会历史悠久，社会组织制度相对其他人数较少和民族历史较短的民族则更加复杂和完整，苗族社会的各种结构和制度完整，族内权利组织更是较为明确和有特色。村寨内既有共同推选出的德高望重、办事公正、能言善辩、熟悉榔规的寨老，也有按照血缘关系产生的具有宗教性质的鼓社——江略（苗语称为 Jangd Niol）及社长。社长被称为"果略"（即鼓头，又称鼓根或鼓主），相当于族长。村寨中日常寨务由寨老负责。鼓社的最高权力机构是全体社员大会，也就是 13 年一次的鼓社节。鼓社的基本职能包括发展生产、农业、林业、狩猎及牲畜饲养等。还有播种节、开秧门、关秧门等，都需要按照鼓社的规约进行。鼓头全权管理全社事务，其职能之一是："领导共同保护鼓社山村及村寨环境，管理耕种公田，修建鼓社庙等等。"② 苗族的传统村寨制度议榔制（苗语称为 Gneud Hlangd，音构榔，构即议定，榔即公约）是不同宗的家族组织成的地域性村寨组织，即农村公社组织。议榔制度是苗族大部分地区普遍使用的地方性民族组织制度，具有普遍的实用性，是苗族传统社会的一种基本制度。议榔是以地缘关系为基础的村寨组织，规模大小不一。榔头、款首是经过公推的议榔执事首领。议榔的最高权力机构是议榔大

---

① 张继禹：《道教对生态保护的启迪》，《中国宗教》1999 年第 2 期。
② 何积全：《苗族文化研究》，四川民族出版社 1992 年版，第 60 页。

会，由榔头、款首主持，通过议榔大会商定共同的大事，并制定款约。议榔大会所产生的款约涉及生产生活各个方面，包括不得乱砍寨子树木、森林、风景林和集体山林等。苗族的各类社会组织以信仰为中心，形成一整套生态维护管理的成熟的制度。

议榔头人要负责处理有关田、土、山林所有权的纠纷。议榔制度规定了头人组织、组织方式、各种生态自然资源的所有权、使用权以及相关的处罚制度。这样的管理制度与其文化自成一体，与文化同步发展，在长期的实践中不断产生并起着重要的现实作用。

苗族崇巫尚鬼，巫师和鬼魂几乎在每一个生产生活领域中都存在着。在生态保护方面也常借助鬼、巫的力量，其中"闹清"（苗语为 Lotnqind）就是针对某个村寨或几个村寨需要人人自觉遵守封山规则，用神鬼力量强化群体管护森林的自觉性而采取的形式之一。其中，经过巫师无情的诅咒，让大家承认维护众愿而必须遵守的条款。如果巫事是为森林守护而做，则条款是经过参加者讨论过的。这些条款一般规定不准盗伐别人的树木，不准勾结外人来偷砍盗伐，不准烧林，不准剐剥别人的树皮以毁林。小的可以规定到不准砍小树或提早采摘林中茶籽、桐子等事宜。这些条款没有针对某个人或某个家族的意思，总的来讲很公平，对所有人都有益。[①] 在仪式上，须表示同意条款，永远遵守条款，如果违反就遭受巫师所诅咒的惩罚和报应。

"最后一个枪手部落"——黔东南从江岜沙苗族对"神林"规定为两种类型：村寨"神林"和家族坟山"神林"。每个家族群体都要与社区内的不同"神林圈"相对应，每个家族（或以家庭为主体的自然寨）都定位于一定的"神林圈"内，并规定对"神林"中各种树木一律禁止乱砍滥伐，各个家族中的人自觉义务巡视守护；对私自到神林内乱砍滥伐者，一经抓获，则罚其牛祭山，并当众向"神山"道歉，祭山时砍牛的牛肉也逐一分到各家各户，以示惩处。[②]

布依族历史上受汉文化影响比较大，家族或宗族制度发育比较完善，

---

① 邢启顺、麻勇斌：《黔东北苗族传统文化约束力在森林管理中的嬗变》，载何丕坤等主编《乡土知识的实践与发掘》，云南民族出版社 2004 年版，第 156 页。

② 吴正彪：《乡土知识中的"自然中心主义"：岜沙苗族的生态伦理观》，载孙振玉《人类生存与生态环境》，黑龙江人民出版社 2005 年版，第 178 页。

并在布依族地区成为广泛的社会组织制度之一。宗族内产生比较有威望的族长，负责处理家族内外各种事宜。宗族议事主要采用"家族长全体会议""家族长代表会议""当事人与评中人专门会议"等形式进行。家庭是村寨的基本社会单位，而不是以个体为主。村寨间有溪流河谷或山岭阻隔，形成天然分界线，有的以路段或立碑为界，形成一定地域空间。在此范围内，村寨人不得轻易入内，更不得擅自迁入，也不得私自放牧、砍伐树木或开垦荒地，越境放牧、砍树、开荒必然引起村寨之间的纠纷。[1] 布依族社会也采用议榔制，主要是村寨间的社会组织，通过议榔大会制定榔规榔约。一个村寨通过群众公众推选办事公道、深明理义、见识广博、作风正派的男性长者担任寨老，成为村寨的自然领袖，主持和办理村寨的日常事务。村寨的生态维护主要通过类似这些组织来负责具体实施。布依族森林资源的产权起源就是森林资源共有权起源。布依族特有的婚姻、家庭、亲属制度维系了森林资源的共有产权。村寨寨老或说村寨头人对村寨森林资源的保护和发展起着重要作用。[2]

西南侗族地区有家族（族长）制、寨老制度或长老制度、侗款制（另写作"峒""洞"）等传统组织制度。家族制是侗族以血缘为基础的同姓家族制度，一般以姓为标志，聚族而居的家族成员推选家族中德高望重、有办事能力、修养好的男性长者担任；寨老制度是村寨的组织制度，略比家族大。寨老是村寨的自然领袖，是长期生活中表现出来的具有一定才能和高尚品德的人，负责召集村寨中重大事务的议事决策；侗款制度是侗族地区主要的基层行政管理制度，是以侗寨为基础的政治、军事联盟组织。根据组织规模有小款、大款、联款三种形式；传统侗款组织由款首通过起款议事制定款约，并由款军作为村寨联盟的军事力量。款约范围很广，内容几乎包括社会生活的各个方面，主要有约法款、族源款、款坪款、出征款、英雄款、创世款、习俗款、请神款、祭祀款等。款约是侗族从族规、族法到社会治安、民事、刑事诉讼、生产管理等方面的规范规约总汇，侗族民间应用的关于封山育林、水利保护、风水林培植、林粮间作等生态制度主要通过侗款制度来实行。

---

① 黄才贵：《独特的社会经纬——贵州制度文化》，贵州教育出版社 2000 年版，第 203 页。
② 郑宝华主编：《谁是社区森林的管理主体——社区森林资源权属与自主管理研究》，民族出版社 2003 年版，第 76 页。

侗族村寨流传有"古树保村庄，长老管地方"的古训，一方面以古树作比，说明长老在村寨中的作用和地位，教导晚辈尊敬长辈，表明侗族社会通过家族族长、村寨寨老依靠其传统习惯法规约进行有效运作；另一方面也说明，古树作为村庄的保护神地位，几乎是任何人都承认和认可的。

招龙是黔东南州的台江、雷山、榕江、从江、剑河和凯里等特有的苗族宗教习俗。招龙活动的规模有大有小。由家庭举行的小规模招龙活动，没有固定的时间，大规模的招龙活动以自然村寨为单位进行，由寨老选定吉日，寨老也就是仪式活动的主持人。在招龙活动中人们要植树，并且要"敬树"。尽管从表面上看，招龙仪式以龙神为关注的焦点，可是，在很大的程度上，树木才是人们关注的对象。有人解释说，龙神来保护树木，然后再由树木保护村寨，所以招龙仪式既具有保护树木的目的，又具有保护生态环境、资源的象征和意义。①

仡佬族"敬雀节"流行于贵州石阡的仡佬族山寨。该节又叫"敬鹰节"，源于久远的神鹰对族群的保护与纳福的传说。"敬雀节"活动的时间，是每年的农历二月初一，仡佬家庭都有在家过此节的习惯。敬雀节以十二生肖为准，每12年（鸡年）为一大祭，大祭以村寨或同姓家族为单位举行，请上佛家、道家班子或戏班来祭祀娱神。其余年岁为小祭，其中小祭由各家各户举行。据资料记载，早在唐代，仡佬先民就会在每年的古历二月初一对神鹰和祖先进行祭祀，以求神鹰和祖先的保佑，并表达对神鹰和祖先的纪念和崇拜。此活动世代相传，活动形式和活动内容上均有发展。仡佬族

图9-6　仡佬族敬雀节法事

① 张敏：《贵州少数民族地区人口生态文化研究》，硕士学位论文，贵州大学，2009年5月1日。

人把对神鹰的敬仰和崇拜演绎为对雀鸟等生灵的保护，以求风调雨顺、丰收吉祥，进而促进了人与自然的和谐发展。

（三）生产生活中的生态文化

西南少数民族为了适应生态环境，在长期的生产劳动中，形成了一套与本民族生产劳动相适应的生态系统和保持生态平衡的伦理规则，也自觉形成了具有生态保护内容的生产行为，在生产耕作方式上采取了许多积极的措施，促进了当地农业生态系统的良性循环，也保证了当地农业生产的可持续发展，进而维系着人口再生产。

藏族把土地分为牧区与农业区，各有不同的禁忌。在牧区，严禁在草地上胡乱挖掘，并禁忌夏季举家搬迁，另觅草场。在农业区，动土前须先祈求土地神，不得随意挖掘土地。苗、黎、傈僳、彝、纳西、阿昌、景颇、独龙等山地民族的刀耕火种农业在历史上也有很多记载。刀耕火种农业有一套完善的轮歇制度，如佤族是 10 年，布朗族是 12—15 年，基诺族是 13 年。[①] 山地民族将轮歇地的地区根据海拔、土壤、坡度的不同划分，采取不同的耕作方式，最终达到调适生态平衡的目的。犁耕农业生态的调适，主要是通过建造梯田和兴修水利等途径来完成。梯田具有保水、保土、保肥的功能，实为哈尼、侗、苗等山地民族开拓人工生态系统的创举。西南许多民族都有兴修水利的传统，如傣族早在 15 世纪就编纂了《景洪的水利灌溉》一书，对景洪地区的沟渠、水利管理等进行了描述。

在西南民族的生活习俗中同样也蕴含着保护生态环境的意识，渗透于他们的衣食住行、言谈举止、婚育丧葬和岁时年节等日常生活的各个领域。如苗族中老年人买苗为子孙造林，未婚青年男女则互换树苗作为恋爱信物。许多侗寨都有营造儿孙林的习俗。每当有人家生了孩子，长辈或亲人都要上山为孩子种几十、上百株杉树，让孩子与树木一同成长。待孩子长大成人后，杉树也长大成材，称为"十八杉"或"女儿杉"。另外，侗族民间还流传这样一首歌谣："十八杉，十八杉，姑娘生下就栽它，姑娘长到十八岁，跟随姑娘到婆家。"每年正月初一到十五，所有藏族人要种

---

① 佟宝山：《西南少数民族传统文化中的生态环保观》，《辽宁大学学报》（哲学社会科学版）2007 年第 6 期。

树，因为老人告诉晚辈，种一棵树可以延长五年寿命，损一棵树就要折寿五年。藏族人家生小孩请喇嘛取名，生病时请喇嘛祛病，喇嘛都会叫人们去种树，并规定必须种多少棵树。云南云龙县白族上山丧葬时，一般要用一只公鸡祭献山神，并念祭词，意为：我们砍了你的树，动了你的土，现来酬谢你，请你不要怪罪我们。傣族、独龙族死者葬入墓地后，不留坟堆，过一段时间后，墓地复归自然，生态环境不会受到任何破坏；怒族、傈僳族不设立专门的墓地，葬死者的地方仍可耕作种地，从而很好地保持了原有的生态平衡。彝族大多数的村寨都背靠大山，村寨前面是一块开阔地，可种植或放牧。许多村落、农田紧紧依傍着高山和森林，村民们的主要生活都与森林密不可分。布朗人几户人家构成一个村，世居深山老林，在大自然绿色怀抱中靠山、吃山、养山。大山呵护、养育着一代代布朗人。

（四）禁忌习俗所体现的人口生态文化

禁忌是一个民族在不同的自然环境和社会交际中，自发地逐渐形成的一种复杂的社会文化现象，是几千年来的文化积淀。对于人口生态环境，西南少数民族也产生和形成了五彩缤纷的禁忌习俗。虽然这些禁忌含有鬼神等迷信色彩，但在客观上有利于生态环境的保护，有利于维持自然界以及人口与自然界的平衡。

一些民族的禁忌要求严禁砍伐树木、破坏山川。如广西壮族有祭龙山的古老宗教仪式。所谓"龙山"，即村背后的山。山上树茂竹修，绿林森森。为保持其神圣性，有不成文的村规民约，如禁止上山挖药、砍伐、狩猎等。土家族把村前后的山视为"神山"，四季封锁，并不准在有古树的地方大小便。四川凉山的彝族把"神山"看作撑天的巨柱，禁止任何人面对着神山吼叫，不许人们上山随便开采山石，不许砍伐山上的一草一木。藏族忌讳在某些地方和神山上随意挖土、挖药材、打猎、砍伐森林。下种后，不准砍树，不然会触怒神灵下冰雹。严禁割草，怕触怒地神，遭霜灾。严禁挖药材，怕触怒土地神，放出虫来吃庄稼。哈尼族禁止在村寨附近的神林中砍柴、放牧、追捕动物。布依族禁止任何人触摸和砍伐村寨的山神树和大罗汉树，德昂族禁止任何人走近、砍伐被视为神树的"蛇树"。

值得注意的是，许多少数民族保护森林的生态观念还通过宗教文化的形式展现出来。民族考古学家汪宁生先生 1982 年考察了云南省沧源县一个叫勐角的村寨，在其后来所著的《西南访古卅五年》一书中，他记道："（勐角村）附近有一小山，树木葱郁，称'龙色勐'，为全勐之'神林'。无人敢进，故树木得以保存完好。内有植物达 2000 种，野生植物考察队数次来此研究。此一生态环境竟赖宗教活动得以保护。"①

　　还有关于严禁捕杀动物的禁忌习俗。如彝族、傈僳族、壮族、佤族等在出猎前都要举行供献猎神的仪式，以求得神灵的保护。云南大理洱海边的白族渔民禁止捕捞巨鱼和怪鱼，更忌食用。广西壮族视青蛙为神灵，认为青蛙可预告旱涝灾害及一年的农作物丰歉，因此严禁捕捞青蛙，亦忌食青蛙。② 侗族民间认为蛇既可降灾于人，又可赐福于人，故禁止捕蛇和食蛇。白族崇奉鸟类，每年清明节都要举行祭鸟节。在祭鸟节期间，禁止捕杀鸟类，禁止在山林燃火或煮饭。彝族和景颇族忌吃狗肉。一些少数民族如傈僳族、独龙族、怒族、布朗族、阿昌族等各民族，狩猎时都有一定的狩猎规则和禁忌。他们规定，忌打怀崽、产崽、孵卵动物，对于正在哺乳的动物"手下留情"；忌春天狩猎，因为许多动物在春天下崽；等等。

　　还有一些关于禁止污染水源的禁忌习俗。如傣族多临河而居，却不饮河水，而从旁边有大青树的水井或从大树旁流下的山泉中挑水饮用。各地傣族水井之清洁，常受来访者称道，井上必盖有井亭，以防泥土、污物落入，井旁备有公用取水器具，以保证井水的卫生。藏族禁忌在泉源、水井、河流边大小便，不准将垃圾等不洁之物倒入水中，怕触犯龙神而受相应处罚。

（五）乡规民约和习惯法中的人口生态文化

　　在西南各少数民族一些乡规民约和习惯法中同样也渗透着生态保护意识，特别是对与民族的生存发展息息相关的护寨林、水源林、风水林等的保护更是明确而严格。彝文典籍《西南彝志》卷八"祖宗明训"一章里，以习惯法的形式定下规矩："树木枯了匠人来培植，树很茂盛不用刀伤害，祖宗有明训，祖宗定下大法，笔之于书，传诸子孙，古如此，而今也如此。"彝族《彝汉教育经典》上也说："山村中的野兽，虽然不积肥，

　　① 汪宁生：《西南访古卅五年》，山东画报出版社 1997 年版，第 247 页。
　　② 柏贵喜：《南方山地民族传统文化与生态环境保护》，《民族纵横》1995 年第 1 期。

却能供人食，可食勿滥捕，狩而应有限。山上长的树，箐中成的林，亦不可滥伐。有树才有水，无树水源枯。"贵州省黎平县潘老乡长春村的侗族村民在清朝同治年间立碑保护森林，其碑文这样写道："吾村后有青龙，林木葱茏，四季常青，乃天工造就之福地也。为子孙福禄，六畜兴旺，五谷丰登，全村聚集于大坪饮生鸡血酒盟誓：凡我后龙山马笔架山上一草一木，不得妄砍，违者，与血同红，与酒同尽。"各民族保护森林的制度和规定还通过一些仪式表现出来，如四川省茂县赤不苏区的羌族每年冬季都要择一吉日举行吊狗封山的仪式，以强调对森林的保护。

另外，据各地的护林石碑显示，各民族保护山林植被的意识较强，方法也多种多样。如云南剑川县金华山麓的保护公山碑记指出："剑西老君山为全滇山祖，安容任意侵踏。如敢私占公山及任意砍伐、过界侵踏等弊，许看山人等扭禀（即扭送官府）。"贵州黎平南泉山"永远示禁"碑记载："自此山中凡一草一木，不得妄伐。'公仪禁止'碑文：其有一切大小树木，日后子孙并众人、山僧等，记不许砍伐。违者送官究治。"贵州普定火田寨护林碑规定"一禁水火，二禁砍伐，三禁开挖"。贵州榕江冷里"禁条碑记"规定"不准砍伐生柴，若有乱砍破坏，日后查出，罚钱一千二百文"。

（六）民间文学艺术承载的人口生态文化

民间文学艺术是人类对自然及人类自己认知的审美化表达，涵盖宇宙观、自然观、人生观及社会文化观。民间文学艺术概指产生并流传于民间社会的、最能反映民间社会情感与审美情趣的文学作品。"民间文学大致可分为散文体民间文学和韵文体民间文学两种。散文体民间文学包括文学神话、传说、故事、寓言、笑话等；韵文体民间文学包括史诗、叙事诗及民间歌谣等"。[①] 民间文学艺术当然还包括表演类的说唱、戏剧、歌舞、音乐、杂技及各类手工艺术作品，如刺绣、印染、绘画、镂刻、编织、雕塑、陶艺、金属工艺等。所有的生态文化几乎都通过民间文艺表现出来，并融入其日常生活中。其中的许多认识和思考，其思想之精深、表现之生动、形式之精致和情感之朴素都令人敬佩和感动。如一首名为《天地经

---

① 顾军、苑利：《文化遗产报告——世界文化遗产保护运动的理论与实践》，社会科学文献出版社 2005 年版，第 7 页。

典》的摩梭达巴口诵经这样唱道："在蓝天笼罩着四野的时候，大地上苍凉迷茫没有边际，祖辈先民不知天和地，原始人类不辨东和西，江河连绵不知南和北，日月混沌一片暗淡，是翱翔在云空的山鹰，带着人找到了鸟羽一样的土地；是奔驰在群山间的猛虎，领着人找到了潺潺的溪流；是彻夜不眠的白天鹅，指点人找到吉祥的星辰，不是美好的土地，抬举不了人类……飞跑千里的骏马有缰绳，穿林过山的猎狗有铃声，江河奔流千里有源头，万物生在大地有原因，要分清神和鬼的踪迹，要辨明真和伪的界线，挥起吉祥的香枝将神灵祭奠，捧起洁净的泉水将自然膜拜，不是自己的神灵不会保佑自己，不是自己的家园不会抬举自己。"① 这首朴实、优美、生动的诗歌，所表达的是摩梭人对本民族所居地区多样性的自然生态环境和山川万物的赞美、眷恋和热爱，以及对养育本民族的自然万物的感激、敬畏和膜拜。

再以土家族的几则人类起源神话故事为例。土家族自称"毕基卡"，汉语自称"土家"，与"客家"相对。历史上受巴蜀文化影响较深，汉化程度比较大，许多生态文化内容融入了汉族文化的因素。传统的生态文化内容也融入了汉族文化的成分，但作为土家族本身文化特征的文化因子仍然在民间广泛流传。如关于人类起源的神话代表作有《衣罗娘娘》《水杉的传说》《涨齐天的大水》等。

《衣罗娘娘》记述了衣罗娘娘用植物造人的过程：长期生活在武陵山区的土家族先民依靠农耕生活，植物种类繁多，有葫芦、豇豆、莲藕、竹子等植物，衣罗娘娘用竹子作骨架、荷叶作肝肺、豇豆作肠子、葫芦作脑袋，凿了七个眼，吹了口气就变成了人，创造了人类。

《水杉的传说》叙述了洪水灾难中，长有天高的水杉没有被淹死，救活了兄妹二人。由此土家族都崇拜水杉，认为水杉救命有恩。

《衣罗娘娘》和《水杉的传说》分别表达了用植物造人的过程、水杉救人复活等。这些神话所承载的内涵都与自然不可分，阐明人源于自然，人依靠自然，人离不开自然以及人与自然恩情难忘的基本生态伦理价值观念。

在《十八姓人的来历》和《余氏婆婆》等神话里面，包含了对植物和动物的崇拜。《十八姓人的来历》记述：兄妹成亲后生下的雪球，观音

---

① 《天地经典·山茶》1998 年第 6 期。

老母要他们砍成十八块，拌以泥土分别寄存在十八根枝丫上。七七四十九天后，每个树丫上长出了一个活人，成为后来土家族十八姓人的祖先。《余氏婆婆》叙述了一个被打败的部落中幸存的女子余香香的故事，她躲入岩洞中，唯有一只老鹰陪伴，梦到一小鹰落入怀中，遂怀孕生下一男一女，抚养长大后让子女和后人勿忘鹰公公恩情。此姓为谭，后传谭姓人有不准打鹰和吃鹰肉的习俗。

二　西南民族人口生态文化的特点

西南地区少数民族人口生态文化，从不同角度出发，可以归纳出很多特点。但把西南各少数民族文化看作一个整体，无论从动态还是从静态来看，都存在相同的共性因素，它们渗透到社会生活的各个方面，是西南民族地区人们思想中恒定的东西，这些共性特征在人口与自然环境关系中表现得十分明显。

原生性。西南少数民族人口生态文化由先民流传至今，历史久远，在生态法则下延续千年。他们的创世史诗和创世神话反映出少数民族的自然哲学观，它是少数民族传统文化中最本源的部分。在远古时代，生产力水平低下，人们无法解释所看到的自然现象，在先民看来，自然有种神秘的力量，万物由自然所赐，万事由自然定夺。他们把对自然的敬畏与猜想记录下来，形成史诗和神话传说，以讴歌自然的恩德，表达人类的感激。这些传说结合生活经验形成习惯习俗，而为人们生态思维和情感的基础。并影响着世世代代的人们的生态观。

民族性。任何文化都是由某一具体民族创造的，各个民族行为所体现的价值取向，根植于这个民族的生存感受与生存经验。西南地区受独特自然环境的影响，少数民族文化有明显的地域性，由于空间环境的局限，人们生活的范围相对狭小，人与自然、人与人、人与社会、人自身内部的关系都表现得更为密切，并通过日常活动直接反映出来。西南民族人口生态文化是各个民族的人们根据自己特定的自然生存环境和经济社会发展状态创造出的文化。它是按照各民族自身的思维意识和行为标准创造出来的，要求本民族的人民共同遵从，按照伦理原则和行为规范来执行、反省和评价自己的人口生态行为，起到对人口利用自然、适应自然、改造自然并和自然和谐相处的作用。正如庞朴说："在文化发生学里面，有另外一种理

图 9-7 白鸟衣盛装

论，认为文化是多源的。认为不同的生活方式，造成不同的风俗习惯，形成不同的心理状态，产生不同的物质文明。"① 人口生态文化的民族性就是一个民族创造出的文化具有与其他民族文化相区别的特色和个性，它体现在各民族生活生产的各个层面，它依附于集体而存在，代表着这个民族的特征，具有一种特有的独立意志，深入到一代又一代人的血脉中。

山地性。人类还未有民族之前，是结群而居的，人群之间的区别主要是生存环境的区别，环境不同带来不同的生活方式和思维观念。生态环境是民族性格形成的基础，不同的地理气候造就不同的民俗风情。西南地区是少数民族居住相对集中的区域，其地形地貌崎岖不平，与外界沟通又受山川阻隔，社会经济发展相对缓慢，因交通不便，缺乏与外界的广泛联系，无法更多地吸收先进科学文化，因此文化形态与自然环境的交互作用，共同作用于各少数民族，成为统一的心理特征。

山地性同时体现在少数民族对生活方式的选择上，他们在适应和利用"山地"这一特色的基础上创造出人与自然协调共生的生态伦理观念，并化为一种独具特色的生活态度。西南地区拥有丰富的动植物资源，少数民族保持着一种与自然环境相互影响、协调发展的传统生活方式，他们根据山地的特点，表现出对建筑结构的选择、对饮食的选择的相似性，比如"依山傍水"而居，避免潮湿的干栏式建筑，根据山地的不同气候构建"稻—林—渔—鸭"生态体系等。这些不仅解决了生态环境问题，还解决了食源问题，反映了人们与资源环境共荣共生的和谐，包含着爱护动植物、保护森林生态平衡的生态意识，成为协调人与大自然关系的典范。

宗教性。"我国西部的民族传统文化，实质上是一种宗教性文化占统

① 庞朴：《文化的民族性与时代性》，中国和平出版社 1988 年版，第 46 页。

治性地位的传统文化"。① 西南少数民族的传统文化几乎处处能体现宗教性，宗教对于人口生态行为有着允许或禁止、赞扬或谴责等价值功能。西南少数民族先民在对生命缘何而起的追问中绘出自己的神话故事，形成他们对天地万物的认知和态度，其中孕育了人口与资源环境协调发展的思想，反映着西南地区少数民族与生态的主客体关系。在他们的思想中，人是从自然界演变而来的，没有大自然，就没有人类。大自然是人类最亲密的伙伴，人与天地万物同源，人与天地万物的地位是平等的。动植物为人类的生活提供了基本的原料，人们感谢他们的恩赐，于是形成对自然的崇拜，佛教和道教的传入，更是为少数民族文化增添了宗教色彩，"万物有灵"使他们对砍伐、杀生有敬畏和愧疚。西南地区少数民族不过度享受，不过度开采，主动维护人口与资源环境的平衡，这些意识源于宗教，带有明显的宗教色彩。宗教信仰不仅对生态保护有着深刻意义，还在无形中提高人口素质，形成人对自然的自主保护，很大程度上为人口与生态环境协调发展做出了贡献。

图 9 - 8　民族山村

① 肖万源、张克武：《中国少数民族哲学·宗教·儒学》，当代中国出版社 1995 年版，第303 页。

图9-9　古树情深

多元性。西南地区的少数民族居住在平原、山地、盆地等不同的地形地貌之上，自然条件非常复杂，即使在相邻的区域生活的少数民族还有居住在山上、山中、山下之分，生活环境的气候差异很大，因此少数民族在发展过程中形成的生产方式也各有不同，乃至生产力水平也参差不齐。马克思说，"一个民族的生产发展水平，最明显地表现在该民族分工发展程度上"。① 有的民族已经经历的三次社会大分工，而有的刚刚出现第一次社会大分工，如完全依赖于自然资源来维持生产、生活的采猎型文化，获得资源的性质与多寡，决定着各个民族对生产技术的开发，决定着劳动类型和生活方式，从而决定着每个民族文化都有自己的个性特征。发展的不平衡性必然影响着各民族的自然观、生态观、人口观，使得西南地区的民族文化的具有多元性这一特点。

三　西南民族人口生态文化价值

历史上，西南各少数民族长期深居高山大川，山高坡陡，河流湍急。所以，这些少数民族的传统生态文化是他们在特定的自然生态条件下适应和改造自然生态环境而创造出来的物质文化和精神文化的总和，其作用与价值表现在以下几个方面。

（一）对人口发展的影响

人口生态文化在一定程度上是一个地区人口发展、历史与风俗民情的

_____

① 《马克思恩格斯选集》第1卷，人民出版社1995年版，第25页。

凝结，是生态文明建设的重要组成部分，对人口与生态和谐发展有着重要作用。西南民族地区的人口生态文化是西南各民族在长期与自然互动中形成的一系列规范和行为模式。在历史上，尤其是在农业社会中，西南各民族借之得以和谐处理人口与生态环境的各种关系，从而使各民族人口再生产得以进行，人口增长得以实现，人口与资源的关系得以持续，人口与环境的互动得以协调。在一定程度上，可以说人口生态文化既体现出了西南各民族之于人与自然关系的聪明智慧，又是各民族处理生存发展之事而认识自然、尊重自然、改造自然的规范形态，尽管这些规则、规范在理论上尚不系统且处于不断的变动发展中。不可否认，由于诸多因素的影响，特别是不断增多的人口生存需求与自然环境的博弈以及工业文明的影响，人们不时遭受自然的报复和惩罚，而这种现象尤其在当今表现得更为突出。这使人们不得不反思人口问题与经济增长方式对自然环境的作用，倡导并实践人口与生态环境和谐共存、人与自然和谐发展的生态文明建设。而人口的合理增长是统筹人与自然和谐发展的最重要的条件之一，人口素质的提高和人的全面发展是统筹人与自然和谐发展最关键的要求。作为西南各民族在生产生活实践中形成的人口生态文化，在漫长的历史进程和各民族人口生存繁衍中，不仅发挥了积极的功能，而且在促进人口与可持续发展、促进人口与自然协调的新的时代，也有着不可忽视的积极意义和价值。

（二）对生态环境保护的现实意义

对于处在前工业社会的西南各农业民族，其生态文化以自然保护和自然崇拜为特征，一方面是自发的和朴素的。如用蕴含生态价值取向的宗教戒律、习惯法乃至禁忌习俗来调节或规范自己的行为，大多融汇于生活生产实践之中，较少理论的演绎和归纳提炼；另一方面又是普遍的和实用的。它们充分体现在各民族社会生活的不同层面，无时不在、无处不起作用。各民族通过禁忌、习俗、神话故事等世代相传，节约了人们重新认识世界的费用，有效地约束了人们有损自然的不良行为，长期维持着一种人与自然和谐发展的状态，维护了生态环境的平衡。

作为人与自然的许多正式的制度安排，包括几十年来大规模的工业开采（尤其是森工企业）、对短期经济利益的疯狂追求、频繁的政策变化和政治运动、人口的急剧增长等，使各少数民族传统的生态信念受到冲击，并日趋淡漠，不同程度地失去了其对民众原有的规范和约束功能，造成了民众对生态保护的机会主义行为。尤其是对于年轻人，由实践经验获得的新的意识形态比老年人更快，使传统生态文化的约束力变弱小。所以，不断弘扬各民族传统生态文化，树立人口与自然和谐发展的坚定信念，对民族地区的可持续发展具有相当重要的意义。

（三）对人和自然协调发展的价值

民族生态伦理观是维护民族地区生态平衡的有效手段。大凡生态环境良好、生物多样性丰富的地区，都是民族生态意识牢牢根植于民族集体的地区。民族生态意识浓厚的地区和时期，生态就能够得到最有效保护。民族生态意识一旦失范，就会造成生态灾难。

图9-10　清水江林业契约文书

在西南边疆各少数民族的生态伦理观和道德规范中，无论是原始宗教的"万物有灵"观念，还是传统知识中人与自然相互依存的认知，都折射出这样一种生态智慧：人、自然、动植物是一个相互支持、相互依存的生命整体。这种认识实质表现为一种朴素的或者超前的共生意识和敬畏生命思想。现代伦理学的精神是把道德所规范的行为延伸到人同自然关系中，不仅强调人与人和谐相处，而且也强调人同自然的和谐相处。可西南各民族地区早在几千年前就已存在并运转着这种道德规范。无论从哪个角度看，西南少数民族的传统生态文化都符合现代可持续发展理论目标，而且其深层含义更强调人与自然的和谐。虽然它没有形成系统性的理论，但从建设生态文明社会角度看，它应属传统科学范畴。它以主动的预防建设为特征，而现代生态科学则重在治理建设。可见，现代科学与传统科学并不矛盾，只不过是解决同一问题的途径不同而已。但相比之下，前者要富有远见得多，内涵也丰富得多。

值得一说的是，侗族是我国南方最大的人工林经营者。侗族地区历史上森林资源丰富，林区储材量大，自清初起就大量利用清水江、亮江、锦江、龙底江等河流输运木材到湖广，形成远近闻名的木材经济和木商文化。为了使木材贸易、生产持续延续，侗族人民自觉地在款约、契约的规范下，有规律地开始人工造林，并总结出结合土壤气候条件特征下的系列人工育林的经验和方法，培育出的"八年杉""女儿杉"誉享海外。而在这一个过程中形成了大约 30 万份关于山林植造、木材买卖、纠纷调解等内容的林业"契约文书"。大量保存至今的"契约文书"被公认为继故宫博物院的清代文献和安徽"徽州文书"之后的我国第三大珍贵历史文献，有"全世界农民混农林活动活态记忆库""世界性生态保护典范"之誉。

（四）对民族地区经济社会发展的作用

在我国新的发展阶段，人口生态文化对社会经济发展意义重大。经济社会可持续发展目标的体系既应包括物质财富的极大丰富，又应包含保持良好的生态和优美的环境。而人与自然和谐发展，正是在确保生态系统平衡健康和自然环境良性循环的基础上，实现社会物质财富的持续增长。而其基础就要求采用科学的发展方式，实现人口合理增长，资源永续利用，生态良性循环。西南民族地区资源禀赋相对贫乏，资源利用效率相对低下的区情实际，使得经济社会的可持续发展面临人口负担沉重，资源约束严重，生态环境容量有限等一系列特殊瓶颈。充分利用西南民族地区人口生态文化中的合理、优秀成分，统筹人与自然和谐发展，着力提高人口素质，控制人口数量，追求资源的合理开发、节约使用、永续利用，强调生态平衡和环境健康，正是化解可持续发展特殊瓶颈的有效而基本的措施。

在此，我们建议在西南民族地区创建"文化生态经济"模式，并以此来努力寻找新的经济增长点。所谓"文化生态经济"模式，就是在继续稳定低生育水平、不断提高人口素质的基础上，以开发利用民族传统生态文化的内在价值为手段或途径，不破坏自然生态环境，且把二者紧密结合在一起的前提下来发展经济。与一般生态经济不同的是，它不仅不破坏自然生态，而且保护了文化生态，还把民族传统文化作为一种可开发利用的资源纳入经济发展之中，从而使经济发展更有活力。比如说以原始性的自然风光为资源的旅游是生态旅游，而把民族文化加入其中就成了文化生态旅游。生态旅游是发展生态经济的一个闪光点，而文化生态旅游把民族传统文化价值与自然生态环境价值有机地融于一体，更体现了文化生态经济的强健生命力。所以，在发展生态经济的思路中纳入民族传统文化的内容，不仅可以强化生态经济的活力，拓宽生态经济的渠道，而且也传承、开发和利用了民族传统文化，有利于形成文化产业这一新的经济增长点，并以此促进社会经济的快速、持续发展。

（五）对培养人们的生态文化素质的教化功能

西南民族生态文化是西南各民族在悠久的农业文明中，延续了数千年之久而留下的关于人与自然和谐相处的丰富经验和深刻智慧，在建设生态文明的新时期，对于培育人们生态文化教养有着重要的意义与价值。

第一，西南民族生态文化生成论的整体思维模式有助于人们形成健全的生态思维。思维方式是一个民族审视、思考、认识和理解他们生存于其中的世界的习惯方法和特定倾向。中华民族的传统思维是能够形成天人合一思想生存论、内因论和有机论的整体思维模式，西南各民族也同样如此。这种整体思维模式的特征是把整个宇宙万物看成由同一根源化生出来的。根据这种思维方式，它能够促进人们把握万物与人类同源同根之统一性，肯定人类具有动物性和生物性。同时，能够促进人们理解人类与非人类生命在生命之网上的复杂关系。人类作为生命，与万物是相互依存的，人不能离开天地万物而独立生存。西南民族生态文化传统以人们直接的生存经验为基础，具体真切地把握了人类生存与自然界的有机联系，深刻地洞悉了人类只有维持与自然界长期的和谐共生关系，才有可能获得持久健康的生存。这种生态智慧不管是现在还是将来，均是弥足珍贵的生存法宝。

第二，尊重生命价值的生态道德观有利于完善当代生态伦理。在西南民族生态文化中，自然整体的演化不仅被人们看成一个永恒的生命创造过程，也是一个生命价值的创造过程。所有生命出自一源，生于同根，所以人们应该尊重所有生命，爱护天地万物，道德地对待所有非人类生命及其生存环境。这种生态道德观不仅是一种对认知理性的把握，同时也需要一种关爱生命的情感体验。只有从情感上体验自然、领会自然、热爱自然，才能发自内心地尊重和关爱生命，才能真诚地产生"万物一体""民胞物与"的生态关怀，才能对养育人类生命的自然界产生报恩情怀。

第三，天人合一的生存境界对于人们形成生态生存论的态度，改变物质主义的恶习，促进人们追求健康、文明的精神生活具有强大的推动作用。天人合一是中国西南民族生态文化传统中一个根本性的主题，是一种有目的地维护人类生存的生态环境的价值理想。了解民族生态文化中的天人合一的思想和境界，能够深化社会成员对人生价值的认识，丰富自己对生命意义的体验，并促进人们在全球生态危机日益加剧的今天形成必需的生态生存论的态度，重建一种健康、文明、环保的生活方式。可以说，天人合一的生存境界为建设生态文明所需要的智慧、道德和精神氛围提供了不竭的历史源泉。

第三节　新中国成立以来西南民族人口生态文化的嬗变与思考

一　西南民族人口生态文化的嬗变

自文艺复兴时代以来，随着资本主义生产的兴起，近代科学技术取得了前所未有的认识自然和改造自然的伟大胜利，造就了以人类征服和改造自然为基础的巨大社会生产力，把人类社会从农业文明推进到工业文明。由此，人类从对自然力的崇拜，转向对科学技术的崇拜。正是由于科学技术能使人类从自然界获得取之不尽、用之不竭的财富，人与自然的关系发生了根本性的变化，人类逐渐成了自然界的统治者和主宰者，并依靠掌握的科学技术，毫不顾忌地开发自然、掠夺自然。到了 20 世纪，特别是 20 世纪中叶以来，随着科学技术的高度发展，人类认识水平和实践能力的大大提高和人类日益增长的物质和文化生活的需要，人类对自然界资源进行了近乎是"竭泽而渔"的掠夺性、粗放性的开发和索取。其后果是人类从自然界索取资源的能力，大大超过了自然界的再生增殖能力以及人们补偿自然消耗的能力；同时，人类排入环境的废弃物大大超过了环境的承受能力，结果使得环境污染加剧，气候发生异常，自然资源枯竭，动植物数量减少，热带雨林缩小，沙漠面积扩张，地球臭氧层遭到破坏等全球性问题日益严重，使整个人类的生存和发展受到直接威胁。

在这一大背景下，包括中国在内的发展中国家由于"迟发展效应"的影响，生态环境问题不可避免地越发突出。由此，我们不得不对上述讨论的西南民族传统生态文化的变迁状况以及生态环境问题进行审视，亦即对现阶段西南少数民族地区生态环境的现实状况与人口生态文化问题进行总结和思考。

可以肯定地说，西南民族地区的人口生态环境已处在恶化之中，其突出表现在如下几个方面。

人口增长迅速，生态系统承载能力不足。西南六省区市的人口由1951年的11240.76万人，增加至1980年的19492.93万人，再到2007年的24271万人。2007年较1951年增长了1.16倍。人口的增长已严重超过了生态系统的承载能力。例如，贵州省1951年总人口1444.7万人，到2007年增至3762万人，增长1.6倍。人口的增长，造成人地关系失衡，生态农业系统退化，土地质量变异、承载力降低。人均耕地的面积在1998年就低于联合国规定的人均0.8亩的警戒线以下，如果按人均350千克粮食计算，2007年，贵州粮食总产量只能承载3145.3万人，超载人口616.7万人。人口的严重超载使当地农民被迫毁林开荒、陡坡种植，全省81.02%的耕地分布于大于6°的坡地上，其中坡度在25°的耕地69.18万公顷，占总耕地的19.8%，而坡度在35°以上的耕地竟达18万公顷，占总耕地的5.74%，新开垦的坡地大多在三五年内丧失耕种价值，甚至变为裸岩荒坡，从而加剧生态的恶化和人地矛盾的尖锐。[1]

森林破坏，水土流失严重。随着西南地区人口迅速增长，对土地的压力迅速增大，大面积的开垦和不合理的土地利用，使森林植被遭到严重破坏。1997年国家对云南、重庆、四川三省市26个县的调查表明，森林面积比新中国成立初期减少了45%。四川岷江上游，20世纪50年代森林面积7400平方公里，森林覆盖率32%，到20世纪90年代末只有4670平方公里，森林覆盖率下降到20%以下，沿江两岸只有5%—7%。该流域森林植被被破坏后，水土流失加剧，山地环境稳定性下降，致使松潘、汶川、黑水等县河谷变成干热河谷。[2] 有资料表明，在115万平方公里的长江上游流域范围内，20世纪50年代水土流失面积是29.95万平方公里，1985年发展

①　王世杰：《喀斯特石漠化——中国西南最严重的生态地质环境问题》，《矿物岩石地球化学通报》2003年第2期。

②　毛坤瑜、唐沿诚：《中国西部地区生态环境面临的问题及对策》，《中国西部科技》2003年第2期。

到35.20万平方公里。有各种崩塌、滑坡等重力侵蚀20余万处，泥石流沟4215条，年均土壤侵蚀量达15.68亿吨。由于泥沙颗粒较粗，推移质所占比例较大，能在远程输送的细粒物质较少，大多在各级支流淤积。但每年仍有5.26亿吨泥沙流入三峡库区，直接进入长江中下游。[①] 据统计，目前云南、贵州、广西三省区水土流失面积达17.96万平方公里，占土地总面积的40.1%，其中，中强度水土流失面积6.61万平方公里，占水土流失总面积的36.8%。随着植被的不断恶化，水土流失呈不断加剧的趋势。[②]

石漠化面积不断扩大。喀斯特岩溶地貌环境问题是当代地学研究的热点之一。该地貌在全世界的分布面积近2200万平方公里，集中连片者主要分布在欧洲中南部、北美东部和中国西南地区。其中，中国西南地区的喀斯特地貌以其连片分布面积最大、发育类型最齐全、景观最秀丽和生态环境最脆弱而著称于世，其碳酸盐类岩石出露面积42.624万平方公里，主要集中在黔、滇、桂三省区，其中以贵州省的分布面积最大，为13万平方公里，广西8.9万平方公里，云南6.1万平方公里。共计占三省区国土总面积的39.71%。该区域总人口超过1亿，其中少数民族人口约0.2亿，是中国最主要的贫困地区，全国近1/2的贫困人口集中于此。由于喀斯特地貌的脆弱、气候的侵蚀营力、人口增长、水土流失等因素的叠加，西南三省石漠化问题日益严峻，范围不断扩大。其中，贵州中度以上石漠化面积占到全省面积的7.66%；广西石漠化加重的趋势未得到改变，每年仍以3%—6%的速度在扩展。加上云南省，西南岩溶山区平均石漠化面积约为2500平方公里/年，与西北地区沙漠的扩展速度相差无几。[③] 喀斯特石漠化不仅破坏生态环境，使土地生产力衰减，而且严重影响农、林、牧业生产，甚至危及人类生存，已成为制约西南持续发展最严重的生态环境问题。

自然灾害频繁。西南地区由于生态环境脆弱，加之不合理的资源开发，造成水土流失，水、旱、滑坡、泥石流、崩塌等自然灾害发生频繁，

---

①　王克勤、赵瑾：《西南地区经济可持续发展的支撑点——生态环境的保护和重建》，《国土与自然资源研究》2001年第1期。

②　王世杰：《喀斯特石漠化——中国西南最严重的生态地质环境问题》，《矿物岩石地球化学通报》2003年第2期。

③　李阳兵、王世杰、容丽：《西南岩溶山区生态危机与反贫困的可持续发展文化反思》，《地理科学》2004年第12期。

特别是云、贵、川、渝和藏东山区，泥石流、滑坡分布广、危害重，每年发生3万余次。云南小江流域每年发生泥石流500—1000次，2001年重庆武隆滑坡伤亡惨重。"据统计，1951—1987年的37年内，贵州省农作物受灾年份就有34年，平均受灾面积70万公顷/年。1985—1990年仅旱灾一项累计受灾面积610万公顷，平均每年101.6万公顷。1995年的特大水灾，给贵州省造成的经济损失高达63.1亿元。1996年全省86个县（市）区不同程度遭受自然灾害，其中重灾县45个，特重灾县29个，农作物受灾面积194.7万公顷，成灾面积120万公顷。绝收28.2万公顷，损毁耕地9.1万公顷，因灾减产粮食15亿千克，因灾直接经济损失162.22亿元。"[①] 频繁的自然灾害，给西南各族人民生命财产带来了巨大的损失，严重制约了经济社会的发展，这是自然对人类破坏生态环境的报复和惩罚。

图9-11　喀斯特山区水库

　　上述种种事实说明，西南民族地区的人口生态文化已经出现了严重的危机，正在发生着剧烈的嬗变，这种嬗变的主要特征是在工业文明的背景下，人们淡去了传统生态文化的合理成分而转为对自然索取的急功近利意识追求及其在实践上的"竭泽而渔"行为。就其原因来讲，笔者认为不外乎是传统人口生态文化本身的缺陷、全球化的影响、相关政策的设计偏差，以及制度缺陷而造成的观念和行为等。

　　为避免与其他篇章重复，在此我们仅讨论西南传统人口生态文化本身问题。即是说，虽然我们对西南民族传统生态文化的考察表明，西南民族传统生态文化从总体上来说是一种能够自我调适、具有可持续发展特征的文化，但同时也存在某些缺陷。对于这一点，袁国友先生曾有过大致的思考和总结，即第一，少数民族传统物质生产方式中也存在对自然生态环境采取竭泽而渔式的掠夺性开发的传统和习惯，这种情况以流动性较强的游牧民族和游耕民族表现得最为突出；第二，中国少数民族的传统生态文化类型和生态文化模式是建立在一定的生产力水平和一定的经济活动规模下的，在这种生产力水平和经济活动规模下，人类物质生产活动与自然生态环境之间维持着一种低水平、低层次的脆弱平衡，一旦生产力发展水平和经济活动规模超过了这种层次和水平，这种脆弱的平衡状态必然要被打破，生态危机的出现自然也就难以避免。并认为"在上述影响少数民族地区生态系统动态平衡特性的两个因素中，第二种因素具有根本性和决定性的作用，也就是说，当人口数量急剧增加、人类改造自然的能力进一步提高、经济规模在广度和深度上都大大拓展的情况下，如果人们的物质生产活动没有科学的现代生态观的指导，没有在这种生态观指导下建立起高效的生产体系和经济体系，少数民族地区的传统生态文化必将走向崩溃，这就是目前西部生态危机出现的一个基本原因。"①

　　关于这一点，我们可从云南基诺山区生态环境变迁的调查资料中得到证实。云南基诺山区的基诺族长期以来沿用着刀耕火种的生产方式，这种生产方式尽管以砍伐森林进行烧荒作为耕作的前提和条件，但由于历史上这种砍伐被限制在一定的范围和程度内，因此，这种生产方式与当地生态环境之间维持着一种脆弱的平衡，既满足了基诺族物质生活的需要，也没有造成大的生态灾难。然而，这种情况近几十年来发生了显著的改变。吴应辉先生在经过实地考察后指出，基诺山地区的生态环境问题表现在：森林覆盖率降低、水土流失、灾害增多、生物多样性受到破坏等方面。从森

---

① 袁国友：《中国少数民族生态文化的创新、转换与发展》，《云南社会科学》2007年第1期。

林覆盖率来说，在 20 世纪 50 年代中期，森林覆盖率在 60% 以上，而到了 20 世纪 90 年代中期，则下降到 40% 左右。而造成森林急剧减少的原因是人们为了获取物质生活资料而进行的大规模刀耕火种活动。吴应辉先生的调查表明，1949 年后基诺山的大规模毁林开荒活动包括三个高峰时期，即 20 世纪 60 年代初期、末期和 70 年代末期。60 年代初期，由于"大跃进"造成了严重的粮食减产，饿怕了的人们便拼命毁林开荒种粮，在 1959 年轮歇地即突破 2 万亩大关。在此后的三四年间连续以每年三四千亩的速度递增，到 1963 年达到了 31112 亩。在"文化大革命"期间的 1969 年和 1970 年，轮歇地面积增加到了 32793 亩。在 70 年代末期，为了解决温饱问题，在政府的鼓励下，农民开荒种地、发展生产的积极性更为高涨，轮歇地面积也从 1976 年的 23650 亩陡增到 1979 年的 33474 亩，净增 9824 亩。[1]

实际上，中国少数民族传统生态文化面临的危机并不仅仅在基诺山和基诺族中如此，在其他许多少数民族地区，传统生态文化与现代经济发展之间矛盾所导致的生态危机都是触目惊心的。早在数年前，著名民族学家何耀华先生在考察山区少数民族经济发展情况时，就对少数民族传统生态文化面临的危机和少数民族地区生态保护与经济发展之间的两难困境作了深刻的分析和揭示。何耀华先生写道："水土不断流失，森林不断消失，山体不断滑坡，山地地力不断下降，正使山区各族人民陷于生存的困境。自然的财富是否可以'取之不尽，用之不竭'，关键在于人们有没有明确的环境保护意识，并能以之约束自己的行为。在生产力还比较落后的时代，大自然以人类的相对贫困为代价保持着自己的平衡状态。但近几十年来，经济发展的浪潮冲破了一切堤防。乱砍滥伐森林和过量采伐森林被作为一种'靠山吃山'而致富的手段。但很少有人想到，人们辛辛苦苦挣来的那点'富足'毕竟不会长久，而永久受穷的厄运难免要降临。"[2]

二 西南民族人口生态文化的发展方向与路径

生态环境问题是困扰当代人类发展的一个两难问题，从表面上看，生

---

① 吴应辉：《基诺乡生态保护与农民利益调查》，《云南社会科学》1999 年增刊。
② 何耀华：《关于促进山区民族经济开发与社会进步问题》，《山区民族经济开发与社会进步》，学林出版社 1994 年版。

态环境问题是一个技术问题，但事实上，它却是一个人类文化和生成方式的取向、人类总体行为方式自觉的问题。生态文化是人与自然协调发展的文化。随着人口资源、环境问题的尖锐化，为了使环境的变化朝着有利于人类文明进步的方向发展，人类必须调整自己的文化来修复由于旧文化的不适应而造成的环境变化，创造新的文化与环境协同发展、和谐共进。这种旧的文化形式就是生态文化。生态文化表现了人与自然关系演进的时代潮流，其核心就是人类的环保意识，集中表现为人口、社会、经济与环境资源的可持续发展。它要求改变掠夺和浪费自然的生产方式和生活方式，采用生态技术和生态工艺，创造新的技术和能源形式，建设生态产业，实现向物质循环、无废料的生产方式和生活方式过渡。生态文化承认自然的价值，按照人与自然和谐发展的价值观，建设尊重自然的文化，实现人与自然的共同繁荣；实现科学、哲学、道德、艺术和宗教发展"生态化"，使人类精神文化沿着符合生态安全的方向发展。①

生态文化强调物质生产和精神生产兼顾、自然生态与人文生态的统一。生态文化建设的总体目标，就是要改革不合理的经济体制和社会发展管理模式，培养可持续发展的运行机制，使生态文化在宏观上逐步影响和诱导决策管理行为和社会风尚，在微观上逐渐诱导人们的价值取向、生产方式和消费行为，促进全社会从物的现代化向天人关系的现代化转变，实现人口—社会—经济—自然系统的可持续发展。生态文化建设的根本目的是提高人们的生态环境意识与可持续发展意识，以生态意识的提高，生态知识的普及，生态环境和自然资源的保护，生态科技的实践活动和生态产业的形成为其物质基础，培育一代有文化、有理想、高素质的生态社会建设者。

西南民族人口生态文化的建设与发展路径应紧紧围绕生态文化的时代精神，立足于民族地区的历史、自然、社会、经济、文化等实际，在认真总结、不断探索的基础上，促进人口生态文化建设向前发展。

第一，要从我国传统文化中汲取营养。我国传统文化主张"天人合一"和"和而不同"，有"一种值得羡慕的对生命的尊重"，具有丰富的生态文化基因。《论语·述而》主张"钓而不纲，弋不射宿"。荀子曰："草木荣华滋硕之时，则斧斤不入山林，不夭其生，不绝其长也。"《淮南

---

① 黄百成、张保伟：《略论生态文化与可持续发展》，《湖北社会科学》2005 年第 5 期。

子》讲:"不涸泽而渔,不焚林而猎。"《齐民要术》指出:"丰林之下,必有仓庾之坻。"朱熹提出"天人一理,天地万物一体",对资源"取之有时,用之有节"。清代洪亮吉对人口数量与生产、生活资料增长之间的矛盾进行了研究,写出了《治平篇》和《生计篇》。从实践上看,我国早在帝舜时期就设立了官员——虞,使其管理山林、川泽、草木、鸟兽等,以后又设立虞部下大夫、大司徒等。《周礼》中规定大司徒"以土宜之法……以阜人民,以蕃鸟兽,以毓草木,以任土事"。管仲明确提出以法律手段保护生物资源,并设置相应官吏。总之,从老庄"道法自然,返朴归真"的自然主义到孔孟"尽心知性""与天地参"的伦理主义,中国传统文化对人与自然的和谐相处表现的关注和热情,具有丰富的环境意识和生态理念。而且,这种根植于民族文化土壤的思想意识,在实践上也更易于为社会公众所接受。

当然,由于历史的局限性,中国传统的生态文化思想具有朴素性、萌芽性、零散性等特点,不能与当代生态文化观同日而语,但其基本精神是一致的。正如美国世界观察研究所的一位高级研究员在《未来与发展》1995年第3期撰文指出的:"数千年来中国文化和哲学有两个对当今思想产生重大影响的主题:与自然和谐发展以及对家庭的承诺。中国的传统和哲学与可持续发展社会的现代化观念是一致的——即在不损害子孙后代可能的选择和自然环境健康的情况下满足现代人的需要。"中国古代传统文化中的确蕴含许多现代生态文化观的宝贵思想萌芽,以至现代西方人纷纷到中国古代的"天人合一"观中去寻找解决人与自然如何相处的答案。因此,我们要充分挖掘我国传统文化中有关生态文化的思想观点,运用到人口生态文化建设之中。

第二,高度重视西南少数民族人口生态文化现代发展和转换中的制度化建设。少数民族现代人口生态文化的构建,并不是完全继承和保留传统生态文明的制度层面就可实现的,而必须从内容和形式上实现对传统生态文化的制度层面的超越和转换。即是说,在内容上,西南少数民族传统生态文化中的有关制度和习俗毕竟是在当时生产力水平和科技水平都较低的情况下对人与自然关系的朴素认识的反映,它具有一定程度的科学性,也包含一定的科学内容,但从总体上来说,与现代人们对人与自然生态相互关系的认识相比,与现代情况下人们面临的生态问题的艰巨性、严重性、特殊性和复杂性相比,传统生态文化中的制度化层面内容,都远远满足不

图 9 – 12　乌蒙山区牧场

了少数民族地区社会经济发展的要求，因此必须在继承传统生态文化制度层面的合理内容基础上，从总体上实现对传统制度文化内容的发展和超越。[①] 从形式上来说，西南少数民族传统生态文化的制度层面除了少数部分具有成文法典形式外，大多是以乡规民约和风俗习惯的形式体现出来，这种形式离现代制度文明所要求的规范性、系统性和准确性还有较大的距离。为此，西南少数民族现代生态文化的制度化建设必须按现代制度文明的要求，进一步提高制度文化的水平和层次。

　　第三，人口生态文化的建设必须以科学文化为支撑。人口生态文化是以科学文化为基础的，是科学文化发展的新形式。这里之所以说是新形式，主要指它对科学文化的"生态化"要求。科学技术不能单纯地以人的欲望和需求为出发点，必须兼顾到自然环境的可持续性，才能使其符合人类的根本利益。可持续发展的前提是发展，我国政府倡导的全面、协调、可持续的科学发展观，也是以人的全面发展为追求，这一切都离不开科学技术的进一步发展，离不开对客观规律的更深层次的认识和把握。科学技术是社会进步的根本动力。传统技术所带来的负面效应，需要高度发展的科学技术才能从新的观点和方法去遏制。人口生态文化需要科学文化

　　[①]　袁国友：《中国少数民族生态文化的创新、转换与发展》，《云南社会科学》2001 年第 1 期。

提供认识世界的广阔视角，提供改造世界的生态工艺、适度开采资源的环保技术。因此，人口生态文化不是对科学文化的否认，而是给科学文化提出了更高的要求，是对科学文化的"生态化选择"，是对科学文化的继承、创新和发展。① 就西南民族地区来讲，经济发展的落后和生态状况的恶化，都是由于科学文化的相对落后而造成的物质生产方式的落后和物质生产水平的低下所带来的。即是说，西南民族地区粗放型的物质生产方式不仅不能带来较高的产出和收益，而且还给各少数民族自身所赖以生存的自然环境造成了严重破坏。因此，必须依托科学文化的发展，全面提高民族人口素质，走一条集约型、效益型、科技型、环保型的经济发展道路，并最终实现人口与经济社会、资源环境的可持续发展，实现人和自然的和谐互动与友好协调。②

---

① 黄百成、张保伟：《略论生态文化与可持续发展》，《湖北社会科学》2005 年第 5 期。
② 颜丰：《贵州民族人口法律文化研究》，硕士学位论文，贵州大学，2008 年 5 月 1 日。

第十章　西南民族人口法律文化

对法律文化的研究及概念的定义在 20 世纪 80 年代就已提出，当时一些人口杂志和报刊就开始出现研究人口立法的专论文章。到 20 世纪 90 年代，邹平先生、陈明立教授先后撰著、出版了人口法律专著——《中国人口法学》。由于对什么是"法律文化"这一概念，学术界尚未形成共识，再加上人口法学本身就是一门新兴的学科，到目前为止还没有关于人口法律文化的专著面世，而关于民族人口法律文化的研究更是凤毛麟角。实际上，每个民族都有着自己关于控制和调整本民族人口发展的法律文化，而任何民族有关人口过程方面的法律文化都是在一定的文化土壤中形成并成长，这种文化不仅与该民族所依托的生态地理息息相关，同时，在形成过程中不断积累、丰富和固化于该民族独特的人口文化。民族性和文化性是各民族传统人口法律文化的特性，人口法律文化体现了一定社会、一定民族的人们为了实现人口再生产而创造的特殊社会秩序，并对该社会人口生产和发展进行有目的的调节和控制。有关民族的人口文化大多成长于不同的自然环境和生产生活方式基础上，人口法律文化也是一定民族有关人口习惯的体现和外化，这种习惯支配着人们的生育观念和行为。因此，有关人口生产和发展的法律文化所包含的不仅仅是人们的外部行为，也涉及人们的心理意识深层和人口可持续发展的理念。①

西南各少数民族在华夏大地这个特殊的地理单元里，在长期的历史演进过程中，逐步形成了自己独特的人口法律文化传统。各少数民族的习惯法以及国家法之于西南民族人口的影响是西南民族人口法律文化的重要组成部分，离开西南各少数民族的历史和文化，以及孕育这一文化的特定环境，我们就难以理解和把握民族人口发展内部的规律和外在的规制力量，

---

① 颜丰：《贵州民族人口法律文化研究》，硕士学位论文，贵州大学，2008 年 5 月 1 日。

以及彼此之间的结合与排斥。这里拟从法律文化入手，针对西南民族人口法律文化特征、内容与发展等进行简要的阐述和分析，祈盼贤哲对该问题能不吝赐教。

第一节　人口法律文化的定义、结构和特征

一　人口法律文化的定义

在给人口法律文化定义前应先对法律文化的定义有所理解。我们认为《人口法》是一个国家法律体系的组成部分，是与《经济法》《民法》《婚姻家庭法》《刑法》等相并列而且具有密切联系的法律部门。人口法律文化应该是国家整个法律文化的一个子系统。只要法律文化的定义明确，人口法律文化的概念就可迎刃而解。

我国学者在 20 世纪 80 年代开始将法律文化作为一个新的概念和问题进行研究，如孙国华、武树臣、刘学灵、将迅、郑成良、张文显、刘作翔等都先后对法律文化进行过定义。限于篇幅，在此不对上述学者所下定义作一一介绍。仅着重站在刘作翔在其《法律文化理论》一书对法律文化的定义上，来进一步讨论人口法律文化。

刘作翔认为，法律文化，就其本质讲是一种精神财富。这种精神财富就不只表现为法律心理、法律意识、法律思想体系等内隐性的意识形态，它也表现为人类在漫长的进步过程中所创造的法律、法律制度、法律组织机构等外显的制度化形态。① 因而笔者认为，法律文化是人类的法律实践活动及其成果的总和，它是指社会上层建筑领域中有关法律、法律意识、法律思想、法律制度和设施等一系列活动及其成果的总和。既然，人口法律文化是整个法律文化的子系统，那么人口法律文化就是人口法律领域的观念意识与实践活动及其成果的总和，它是一个国家中有关人口法律、人口法律意识、人口法律思想以及与人口有关法律制度和设施等一系列的活动及其成果，是一个国家法律文化的子系统。

---

① 刘作翔：《法律文化理论》，商务印书馆 2001 年版，第 98 页。

二　人口法律文化的结构

笔者认为，人口法律文化结构应该包括两大部分：一是有关人口法律文化的意识形态，二是与人口法律意识形态相适应的法律规范、法律制度、组织机构等。

（一）人口法律意识形态

人口法律意识形态由人口法律心理和人口法律思想两大部分组成。人口法律心理是人们在日常生活中对人口法律现象的感性认识，是有关一个民族一定历史时期人口法律意识形态的初级阶段。它主要表现为一种有关人口心理的感受和人口心理的反映，以及长期形成的人口生育习惯和与人口过程相关风俗的人口心理文化。在不同文化背景下，各民族将本民族在该民族文明进步过程中所创造的人口法律思想和人口法律价值观加以积累，使某种人口生育等观念在人们心中凝聚，经过世代相传从而取得较稳定的地位，形成该民族稳定的人口法律心理。①

中国封建社会，由于"婚姻—性—生育"三位一体的古老传统以及"不孝有三，无后为大""传宗接代"等封建思想的影响，妇女成了生育的工具。在这种法律心理的支配下，妇女不能生育便被认为是一种罪恶。与此同时，传统农业社会中的民众关心自己的劳动成果和个人利益，而且家庭经济力量的增长主要依靠劳动人口的增加，为了经济利益的考虑，刺激了多生子女的生育观念；另一方面，劳动人口也是赋税、徭役和兵役的来源，因此，历代统治阶级都通过立法来增殖人口。而这种鼓励人口增殖的立法思想又反过来固化了多子多福、儿孙满堂的生育观念、习俗和有关人口增殖的心理。② 这种封建的人口增殖法律文化的惯性作用又无疑是造成新中国成立后的人口迅速增长，并对我国 20 世纪 70 年代末开始的计划生育工作造成很大阻力的重要原因。

如果说人口法律心理是属于人口法律意识形态的感性认识阶段，那么人口法律思想体系则属于法律意识形态中的理性认识阶段，是对人口法律

---

① 颜丰：《浅谈人口法律文化》，《法制与社会》2007 年第 12 期。

② 同上。

和人口法律现象的理论化、体系化了的各种感性人口法律意识形态的总和。人口法律思想体系一般是以人口法学理论、人口法律学说的形式表现出来，是人口法学家、人口思想家的理性思维的结果。[1] 它的萌芽，可上溯至三千多年前的古巴比伦的《汉穆拉比法典》《古罗马法典》，以及我国古代的《禹刑》《汤刑》。其中与人口发展相关或直接涉及人口关系和人口行为的法律规范的内容，便是该时期统治阶级关于人口法治和法制思想的集中反映。如我国《禹刑》中就规定了妻家姨妹和侄女从嫁的一夫多妻制婚姻形式。

但是，把人口法作为一个特别的法律部门来认识，把人口法律上升为一个专门的学科领域进行研究，历史还相当短。可喜的是自 1790 年美国颁布第一部《人口普查法》之后，各国先后颁布和制定优生法、人口登记法、移民法等一系列调整某一特定人口关系的人口法律多达数十种之多。这一世界性的人口法制领域的拓展，加快了人口法学研究的进展，促成了现代人口法律文化的形成。

（二）人口法律文化的外层[2]

人口法律文化的外层，就是指作为人口法律意识形态的外在表现形态，指与人口法律意识形态相适应的人口法律规范、人口法律制度、人口管理组织机构的总和。

首先，人口法律规范是将一个社会中占主导地位的人口法律意识形态用法律的形式反映和表现出来，并由国家强制力保证执行的调整人口关系、协调人口发展、规范人口行为的特殊规则。也就是有关人口的法律文件。在我国，人口法律规范是以《宪法》为依据，由国家和各级政府部门制定的一切有关协调人口关系和组织管理人口活动的法律和法规文件的总称。既包括专门的人口法律，如《人口与计划生育法》，也包括大量散见于其他法律文件的有关条文。具体包括以下几类：（1）《宪法》的有关条文。这是调整人口关系的最高行为准则，也是制定各种人口法律的根本依据。如《宪法》第 25 条规定："国家推行计划生育，使人口的增长同

---

[1]　颜丰：《浅谈人口法律文化》，《法制与社会》2007 年第 12 期。

[2]　该目内容参见颜丰《贵州民族人口法律文化研究》，硕士学位论文，贵州大学，2008 年 5 月 1 日。

经济和社会发展计划相适应。"第 26 条规定："国家保护和改善生活环境和生态环境，防止污染和其他公害。"等。这些条文是制定人口法律法规条例的根本依据和最高准则。（2）按照《宪法》规定，由国家最高权力机关直接制定的《人口与计划生育法》是调整人口关系的根本大法，是除宪法以外所有人口法律规范制定的依据，在调整人口发展与经济关系和自然环境关系中具有最高法律效力和权威，在治理国家人口问题上起着根本准则的作用，是统率其他人口法律规范的总纲。（3）国务院及其所属机构根据《宪法》和国家有关人口法律的原则而制定和发布的各种关于人口的法律、法令、决定、条例、通知、指示、决议、规章，等等。如国务院在 1991 年发布的《关于加强计划生育工作，严格控制人口增长的决定》，中共中央、国务院于 2006 年 12 月 17 日发布的《关于全面加强人口与计划生育工作统筹解决人口问题的决定》等，以及先后发布的《人口统计法规》《流动人口计划生育管理条例》《人口户籍管理办法》等。（4）由省、自治区、直辖市立法机关根据宪法、人口法律和行政法规所规定的原则范围，结合辖区实际情况制定并呈报国家立法机关备案的地方性人口法规。

其次，人口法律规范是各种人口法律制度的规范化表现形式，是人口法律意识形态的集中体现。因此，可以说，没有人口法律规范，也就不可能有人口法律制度、人口法律组织机构。人口法律规范是人口法律制度的前提条件。人口法律制度是人口法律文化外层中的第二层次。

一个国家的人口法律制度，是由该国的一整套人口法律规范所确定的。各国间的不同人口法律制度，体现了各自不同的人口法律文化。目前，我国有关各种人口法律制度主要有：（1）人口生育关系的法律制度。人口再生产是社会再生产的一个重要方面，新一代人口生命的再生产是由不断进行着自己生命再生产的原有人口生育活动来完成的，即因生殖活动而形成的关系和因子女养育活动而形成的关系。生育活动不仅受到经济、政治及其他社会条件直接或间接的影响，受到各种社会规范的约束和调节，而且有着自己特定的社会形式——婚姻家庭形式及其制度。（2）人口数量管理的法律制度。人口数量管理主要指国家对人口数量增加过程进行调节控制的活动，表现为对出生人口及人的生育行为的调节和控制。第二次世界大战后，人口增长过快给人类发展带来的困难，使世界各国都认识到人口数量过多将对社会产生不利影响，因而采取各种手段，调节和控制人口数量的增长。计划生育法律制度是我国管理人口数量的基本法律制度。（3）人口质量管理法律制度。人口质量管理的法律制度就是指国家对社会组织及个人采取的，可能影响或改善人口质量发展的行为进行调整和管理活动中产生的法律制度。优生、优育、优教是人口质量形成的三大关键环节。就现阶段而言，人口质量管理法律制度基本内容主要包括以下几个方面：优生保健法规、妇幼保健法律法规、义务教育法律法规等。此外，还有人口区域变动的法律制度、人口协调发展法律制度、人口管理法律制度等。以上各种人口法律制度构成了一个社会人口法律生活的核心内容，成为人口法律运行的主要方式。

人口法律规范、人口法律制度要能在国家的政治生活和社会生活中得到充分实现，就必须有与之相配套的人口法律组织机构实施和落实。例如，实行计划生育，只有依靠专门机关适用计划生育法规的各种规定，才能保证公民切实履行这一义务；有关流动人口管理的、出入境管理的法规等又需要公安机关等专门机关适用；有关收养法规、残疾人保护等法律制度就需要民政部门、残疾人保护部门等机关来适用。

三　西南民族人口法律文化特征

西南各少数民族在自身的发展中有着自己独特的文化。民族文化的多元性必然导致人口法律文化的多样性。不同的人口法律文化调整着西南不同民族人口的方方面面。这些各种各样的民族性的、地方性的人口法律文化，使得很多有关人口的国家法律文化在很长时期内难以渗透其中，使得人口再生产的独特秩序在少数民族中得以较长时间地保持，直至20世纪80年代才逐渐发生变化。可以说，民族性是西南民族人口法律文化的显著特征。

首先，从人口法律文化的观念性层面看。由于环境闭塞和交通条件的限制，西南各少数民族长期生活在"乡土社会"的特定环境之中。受民族文化意识和传统"人情"观念的影响，人们对待生育观是"一种以伦理为本位的观念，这种正义是'义'要依'情'而定，合乎情理的就是义，反之就是不义"①。例如，在云南勐海县的哈尼族地区，无儿无女和

---

① 赵旭东：《乡土社会的"正义观"——一个初步的理论分析》，载王铭铭、王斯福主编《乡土社会的秩序、公正与权威》，中国政法大学出版社1997年版。

结婚后七年无子，男方可以娶小老婆，并认为理所当然、符合规范。贵州苗族在婚姻关系中，子嗣观念非常严重，在他们看来，男女可以公开发生肉体关系，但未证明有生育能力前不能正式结婚。因此，在这样的传统社会下，西南民族地区人们在人口法律心理上通常表现为以传统的法律观念来判断事物的是非曲直，并用传统的法律心理来看待正义与否。

　　其次，从法律文化的制度性上看。对法律应作广义的理解，法律的规范层面并不能仅限制于国家制定法。凡是为了维护社会秩序进行社会管理，而依据某种社会权威和社会组织，具有一定的强制性的行为规范，均属于法律范畴、法律体系之列。这个体系大致包括国家制定法和各种民间法两大类。在西南少数民族地区的人口法律文化，很大一部分是在长期的社会人口生产实践中逐步自然形成的，没有像国家机关等外部力量的干预和敦促，它的产生源于人们的人口生产需要以及协调人口关系等需要，其运作主要通过口头、行为、心理进行传播和传承，靠的是一种情感、良心的心理认同。因而，在规范层面主要表现为一种禁忌、习惯、习惯法和一些有关人口的村规民约的民间法。

　　禁忌是一种禁止性的规范，它限制着人们的行为选择和行为范围，并依靠着自然力、世俗权威或者超自然力量的报复性惩罚来维持和保证遵守。"禁忌以强制的或由于人们内心恐惧而自发地自我约束的方式，将人的观念纳入群体的社会模式中，使人的言行符合这种模式的要求。由于禁忌约束人们的言行，因而成为社会控制的有力手段之一。"[1] 在西南少数民族地区，禁忌种类繁多，涉及面非常广泛，其中有关人口婚姻中习惯法的许多规范，直接来源于婚姻禁忌。例如，一些少数民族地区有着族外婚、民族内婚、同姓不婚、不同辈的近亲不结婚、结婚日夫妇不同房、不交谈、异辈不婚，等等。至于议婚、订婚、嫁娶方面的大量禁忌，更是婚姻习惯法的组成部分，起着调整婚姻关系、维持社会秩序的作用。禁忌在西南民族地区之所以被作为民俗事象传承，是因为禁忌发展到后期已具备近乎民间法律的性质在功能方面与法律有雷同之处，约束和规范着人口群体的思想行为。

---

　　① 周相卿：《苗族习惯法研究》，贵州人民出版社 2006 年版，第 46 页。

图 10 - 1　十洞款坪

　　习惯是一种被自觉遵守且习以为常的规范，而不是像禁忌那样禁止人们做出某种行为。习惯是西南少数民族习惯法的主要来源和组成部分。少数民族习惯可以根据规范所涉及的领域来划分，其中涉及婚姻、生育各个方面。因此，有关人口方面的习惯在西南民族地区发挥着人口控制的功能，千百年来通过口头传诵、书本记录等方式，扩张到社会人口生活的各方面。拿离婚来说，在西南某些地区的苗寨中，如果一个女人喜欢一个男人，而她的父母逼她嫁给另一个人。她事前虽无法抵抗，但结婚回门后，即不再返回夫家，如果父母强迫送去，但她不久仍回娘家，不愿前往。在这种情形下只有协议离婚才是出路。但离婚在任何条件下，女方都不必赔偿损失，即使是女方通奸而被离者，男方仍须出钱赔偿，以作为女子失身的代价。这是因为，在她们的习惯认为，夫妇不能同老，乃命中注定，只能随缘。

　　村规民约是村民自治、民主议事中实现自我约束的规范，是国家法与民族民间法（如禁忌、习惯法等）相互融合、妥协的产物，也是实施民族区域自治的法律规范形式。村规民约虽在近代就已出现，但却是少数民族法律文化形态中包含现代因素最多的法律制度形态。其中体现的人口法律文化内容丰富，如在人与自然的协调发展方面，有些苗族的"榔规条约"明确规定："寨与寨之间的山界及违规处罚；村民只准捡干柴，不准砍生柴烧；对偷伐者进行严厉的惩罚。""古巴山（苗语音，现薪炭林区域）只能捡干柴或砍马桑树和小米树（没什么大用，长到一定的树龄就会自然死亡），其他都不能砍，砍一捆罚 5 元，若砍伐成材的杉树和柏树则还要重罚。"在协调人口伦理关系方面，《议榔词》规定了许多伦理规范。如"有一个寡妇，有一个媚妻，寡妇一个，鳏夫一人，学牛来碰圈，学坏人乱地方。地方不依，寨子不满。哈勇子来议榔，拉略力来议榔，拉他们来杀在石柱脚，用碗盖住他们的邪恶。不痛他们不觉醒，不死他们不知厉害，教乖十六寨，警戒十六村"。在计划生育方面，如贵州黎平县茅贡乡《地扪村计划生育章程》中规定，"已婚育龄夫妻应按《贵州省人口计划生育条例》规定办理《计生服务证》或《生育证》的申请"，"环孕检对象应每隔三月参加一次环孕情监察"，"已婚育龄夫妻应根据各自的生育情况分别签订《新婚夫妇合同》"，等等。①

　　习惯法是历史上形成的通行于某一特定地区的以习惯为基础发展起来的具有约束力的规则。它是与国家法相对应的概念，是介于道德法律之间的准法律规范。②民族习惯法作为习惯法的一种，是广大少数民族在生产生活实践中逐渐形成，世代相袭，不断发展并为本民族成员所信守的一种行为规

图 10 - 2　款碑

范。西南民族中的习惯法主要通过口头传诵、书本记录、碑刻等方式体现出来，并扩张到社会生活的各方面，为西南民族当地广为流传和接受。在现代社会，它与国家制定法一道，发挥着干预社会生活、调节人际关系的功能。国家这一特殊的社会组织可以对习惯法进行认可，而使之具有双重效力，也可以在国家制定法中反映习惯法的内容，但习惯法从总体上仍区

---

① 颜丰：《贵州民族人口法律文化研究》，硕士学位论文，贵州大学，2008 年 5 月 1 日。
② 王启梁：《关于习惯法的若干问题浅议》，《云南法学》2000 年第 3 期。

别于国家制定法。① 西南少数民族习惯法是西南地区各民族为了满足生存和繁衍的需要，在各自的生产生活中从各种禁忌、习俗或习惯中演变而来的，其中的相当一部分内容属于人口法律文化范畴。

西南民族人口法律文化为西南各民族所共有，涉及面广、内容丰富，除具显著的民族性特征外，尚有物质依附性、政治功能性、文化多样性等基本特征。

物质依附性。法律文化同其他文化一样，都是由社会的经济基础——物质生活条件决定。我国西南地区位于我国地形的第二阶梯，地处长江和珠江上游，地形复杂，山川纵横，地势起伏大。该区地处青藏高原边缘地带和面积宽广的云贵高原。地域辽阔、自然资源富饶。但由于各种原因，西南地区各少数民族大多长期处于自给自足的自然经济状态。在自然经济下整个社会被压缩到一个小家庭之内，农业、畜牧业、林业、手工业强固地结合在一起，被封闭在一个小天地中。水族谚语"耕地为糊口，养牛为种田，养猪为过年，养鸡养鸭，种姜、葱、蒜，为换点油盐钱"即是其形象化写照。目前，西南少数民族中不少还未解决温饱等基本问题。

落后的山地经济使西南各族人民在面对恶劣的自然环境下任劳任怨、吃苦耐劳、耿直无华、个性倔强；但同时，生产力水平长期低下，始终处于低水平的生活线，使他们在观念上不但表现为缺少向外拓展的冒险精神，也表现为狭隘保守的封闭式经营观念，这一切导致了满足现状不思进取思想的产生，使得他们在接纳新观念的时候总是比发达地区慢几拍，结果是一些陈旧落后的思想观念仍然根深蒂固并左右着人们的行为。因此，在这种长期低水平的物质生产方式和落后的观念下形成了简单的文化形态，造就了稳定形态的法文化——民族习惯法，使法文化相对缺乏创新机制和富于发展变化的内在活力与动力。在这样的地理、经济、文化条件决定下，西南民族的人口法律文化必然是一个带有浓厚色彩的传统人口法律文化和典型农业文明型的人口法律文化。

政治功能性。任何法律文化都承担着一定的政治功能，反映统治阶级的意志，为统治阶级的利益服务。任何类型的人口法律文化都集中地体现了在经济上占统治地位的阶级对人口生产及其关系的愿望和要求，承担着特定的人口政治使命和人口政治目的，并保持着一种有利于政治统治集团

---

① 高其才：《中国的习惯法初探》，《政治与法律》1993 年第 2 期。

的人口秩序。人口作为社会生活的主体，作为社会生存和发展的基本要素，作为阶级统治的人身条件和社会基础，从来都与统治阶级的利益息息相关，从来都被统治阶级所重视。新中国成立前，西南少数民族深受历代反动统治阶级的剥削和压迫，绝大多数少数民族为了生存和发展，被迫聚族而居，大都生活在边疆、深山、峡谷或高原贫瘠之地，自然条件恶劣，生产方式落后，新中国成立初期甚至有几个民族还停留在原始社会末期阶段，

图 10 - 3　款师进款

人民生活贫困，人口发展缓慢。新中国成立后，党和国家十分重视少数民族的人口发展问题。新中国成立初期，针对少数民族人口状况，党和国家及时提出了发展少数民族的人口政策，鼓励生育，目的是使少数民族人口数量有一个较快的发展，以适应少数民族地区经济建设的需要。虽然在2001 年 12 月 29 日通过的《中华人民共和国人口与计划生育法》中第 18条规定"少数民族也要实行计划生育"，但在人口的其他方面如升学、就业都对少数民族给予优于汉族的人口政策，就是计划生育也比汉族地区"要宽一些"。2005 年，为促进民族平等，共同发展繁荣进程，国家颁发实施了由国家民委、国家发展改革委、财政部、中国人民银行和国务院扶贫办联合编制的《扶持人口较少民族发展规划（2005—2010 年)》，对我国 22 个人口在 10 万人以下的少数民族实施特殊帮扶，以促进人口较少民族实现经济社会全面发展。22 个人口较少民族在西南就有布朗族、毛南族、阿昌族、普米族、怒族、德昂族、京族、独龙族、基诺族等（西藏有珞巴族、门巴族)。2011 年 6 月 21 日，国家再次颁发《扶持人口较少民族发展规划（2011—2015)》，将人口较少民族的人口数由 10 万以下变动为"30 万人以下"，由此，"人口较少民族"也由 22 个扩大为 28 个。西南增加了景颇族、仫佬族。进一步扶持人口较少民族的意义在于"全面建成小康社会和促进各民族共同繁荣发展"，"维护边疆稳定和构建和

谐社会"。目标是"到 2020 年，人口较少民族聚居区发展更加协调、生活更加富裕、环境更加美好、社会更加和谐，全面建成小康社会。"① 可以看出，对人口较少民族进行扶持，既有促进经济社会发展，实现民族平等共同发展繁荣的考量，也有适当增加人口数量，提高人口素质，促进边疆稳定，保证国防安全的政治意义。

文化多样性。由于西南地区乃是我国少数民族聚居之处，在这块神秘的土地上居住着我国 40 多个少数民族。在长期的历史发展中，各民族创造了丰富多彩的本民族文化，可谓是一座罕见的民族文化宝库和民族文化生态博物馆。至今，各少数民族都或多或少地保留着其祖先留下来的文化因子。加上西南地区处于特殊的地理位置，使其成为我国古代中原文化、西北文化、长江中下游文化以及南亚文化的交汇点和冲击地带。从秦汉时期开始，西南地区就和周边文化发生了碰撞和影响。例如，历史上比较封闭的纳西族地区在明代以后就受到藏传佛教和汉文化的影响；傣族文化受到南亚印度佛教文化的强烈影响；西藏地区自从佛教化以后一直受到印度文化的影响；云南洱海地区的白族不仅受到汉文化的强烈影响，同时还受到藏传佛教的诸多影响。总的来说，西南民族地区文化总体特征就是：多元一体，同时民族特征鲜明。单从法律文化上来说，西南少数民族大都产生了独具民族特色的民间法律。例如，傣族、苗族、侗族等民族地区早已形成一套调整人们之间相互关系的民间法律。从法律起源角度看，各民族保存至今的一些习惯法、禁忌、习俗等，都是研究人口法律文化的宝贵材料。

第二节　人口法律文化内容

人口法律文化的内容十分宽泛，从历史进程看，既有古、近代的法律文化，又有现代正式法律文化；从载体上看，既有民族地区相沿而来的禁忌、习俗、习惯和在习惯基础上的习惯法，又有国家层面的法律、法规、法规性文件，以及民族地区之于人口发展实际而在国家宪法规制下的对国家法律的变通条例、专项条例、文件和相关法规条文，同时又

---

① 中央政府门户网站，www. gov. cn，2011 年 7 月 1 日。

有介于习惯法与正式法之间的村规民约；从连续性上来看，上述内容几乎都存在着形式和内容上的连续性、继承性，只不过在不同历史阶段凝结着同一时期国家意志的深深印迹。从古往今来的西南民族人口法律文化所规制的人口发展的内容，我们可以看出，它既涉及人口再生产范畴的婚姻、家庭、生育、数量、结构、素质、流动与养老；又无不包含人口发展的其他相关方面诸如人口与生态环境、人口与社会文化、人口与经济发展等内容。这些无疑对西南民族人口法律文化内容的分析提供了路径的选择和视野。但我们知道，法制文化属制度文化的范畴，同时鉴于西南民族法律文化包含的相关习惯、习俗、禁忌等内容，在相关的章节有专门的讨论，为避重复，我们在此仅重点对习惯法（包括村规民约，因乡规民约产生于近现代，故多有学者将之纳入习惯法）之于人口发展的内容作较综合的讨论。在现代人口法律文化中立足于西南民族地区实际，重点就综合治理出生性别比中的法律文化进行论述，而相关的综合研究则有待时日集中进行。

一　民族习惯法中的人口法律文化内容

习惯法、民族习惯法的概念前已有陈，在此不再赘述。从民族习惯法发展的历史看，其文本大约有岩石文本（如苗、侗等族的栽岩、瑶族的石牌等）、念词文本（留存在心中的习惯法，包括款词、榔规等）、碑刻文本（指将规约刊刻在石碑上）、乡规民约文本（该文本在民族地区存在较多，多在基层政权部门参与下制定，其上连国法，下接"民情"）、家族规约文本（包括族规、家规、家训、家约等）。众多习惯法文化的存在，表明习惯法在各民族社会生活中的不可替代性及其文化的深远性，因此，不少民族都将习惯法提到了民族社会的至高位置。如瑶族认为："白天有太阳，晚上有月亮；管家有法律，瑶家有私约（习惯法）。"凉山彝族高度尊奉本民族习惯法"尔比、尔吉"，因此有"山林有清泉，彝家有尔比"，"前人不说尔比，后人难有智慧"之说。在日常社会生活中，西南各民族都利用劳动、节庆、宗教、婚丧等场合，讲解本民族习惯法的精神及具体内容，并议定修改习惯法、处罚违反习惯法者，通过各种生动、具体的事例和形式强化本民族成员特别是年青一代的习惯法观念、意识，使习惯法家喻户晓，深入人心。① 具体到习惯法所体现的人口法律文化的内容，屈野先生在其《中国少数民族习惯法简述》一文中有如下较为系统的阐述。②

一是关于"两个再生产"的组织管理规范。物质资料的再生产和人口再生产在本民族村寨、乡社不是无序的行为，而是有一系列的管理规范在发生作用。其管理规范是"两个再生产"得以沿袭和发展的活动准则，但它们又结合本民族民间习俗而各具特色。比如，拉祜族民间有"卡西""卡列"规范，壮族民间有"寨老"规范，傣族民间有"村社"规范，瑶族民间有"瑶老"规范，布朗族民间有"村社官职"规范，白族民间有"议事会"规范，彝族民间有"家长"规范，景颇族民间有"山官"规范。上述规范主要内容为：规定村寨、乡社头人的任职资格、职责及其效力等。比如，拉祜族民间的卡西，一般须由最先到达该村建房居住的长者担任，可以世袭；不称职者，由村社居民推选更新担任；卡西职责是管理村、社内务，调解纠纷，主持公道，对外代表村社交往；如遇战争，指挥出征参战。③ 又比如，佤族民间村寨的联盟头人，由两种方式产生：一种是选举产生。其须具备如下条件：（1）办事公道，有一定口才和工作能力；（2）对外打仗，敢于冲锋陷阵；（3）家庭经济较宽裕；（4）在群众中有威信。另一种是在家庭中原来就是家长，也是村寨头人，该头人去世后，由村寨群众集会商议决定，在具备前一种条件前提下，由其子担任。村寨头人的职责主要是：（1）为村寨群众排难解纷；（2）对违反村规的人实行教育和惩罚；（3）决定对内对外的重大决策；（4）对外代表村寨办理事宜。有关村寨重大决策，分别通过两种会议协商解决：一是头人会议，二是村寨民众大会。④

二是婚姻家庭关系规范。包括结婚、离婚及父母子女关系等方面：首先，结婚规范。普遍实行一夫一妻制，个别实行一夫多妻或一妻多夫（随着中华人民共和国成立，已根本废止）。此外，有的实行同姓同宗不婚（佤族、拉祜族、白族、德昂族）；有的实行等级内婚、门当户对婚

---

① 高其才：《论中国少数民族习惯法文化》，《中国法学》1996 年第 1 期。
② 屈野：《中国少数民族习惯法简述》，《云南法学》2000 年第 2 期。
③ 唐祈、彭维金：《中华民族风俗辞典》，江西教育出版社 1988 年版，第 314 页。
④ 赵富荣：《佤族风俗志》，中央民族大学出版社 1994 年版，第 70 页。

（景颇族、傣族）；个别实行同姓可婚，但必须间隔三代或四代人（拉祜族支系老缅人）；有的实行"不落夫家"，即结婚后，妻子住在娘家直至怀孕，养育子女三至五年后才回公婆家（壮族）。结婚，一般都经过托媒求婚、订婚和结婚三种程序：（1）托媒求婚，多是由男方家长主办，由媒人带聘礼向女方家庭奔走，方式一般采用隐晦暗示表明来意。比如，开口说："你家养得一窝鸡，作传代的种子好，我受某亲友之托要一只小母鸡去传种。"女方家长回答："我家这窝鸡种子不好，请你到别家看看。"或开口说："你家栽种的大白菜很好吃，我受人之托来要点菜种去播种或栽插。"女方家长回答："我家没有种大白菜，只种些小苦菜，不好吃。"经过媒人多方说情，如果女方家长不愿意，就不收聘礼；如果女方家长愿意，就收聘礼（拉祜族等）；（2）订婚和结婚。一般都要求由男方向女方送适当礼品，如酒、米、猪、盐、茶、红糖、头巾、衣服等。礼品必须在举行结婚礼前送到女方家中。结婚后，严禁婚外的性行为；婚后如要离婚，必须以一定条件为前提，即提出离婚一方必须赔偿对方一定的金额。男方提出离婚者，赔偿金额要比女方多两倍或三倍之多，这表明对妇女权益的特别保护。其次，离婚规范。夫妻感情不和，允许离婚，但都要征得家长同意，并互相赔还原送礼品。离婚时，一般要邀请本村寨头人或长辈主持，并举行刻木块或剪断红线条，各保留一半为离婚凭证。家庭中青年都不允许与已订婚的姑娘谈恋爱；有夫之妇不许跟别的男人发生性行为，

图 10-4　榔规修订

否则，丈夫要惩办发生性行为的男女双方。西南少数民族与汉族一样，家族观念比较强烈，习惯法对家族族长、家长的权限职责以及父母子女的关系都有相应规定。最后，家庭成员规范。家庭成员必须遵守家规：一是敬老养老。相关内容他章已有论述，这里不再重述。二是实行男女平等。男女家长分别都是家庭之主，负责安排和主持全家劳动生产、建房、日常生活、丧葬、宗教祭祀等重大事宜。男家长主持劳动生产、宗教祭祀、家庭纠纷，代表家庭对外活动，参加村寨公益事业；女家长主持家务，操办衣、食、住、副业及儿女婚事等。其中，凉山彝族家族观念特别强烈，彝族人从孩提时代就开始背诵家支谱系，这种宗族教育的文化传统至今犹存。按习惯法，彝族家支头人是各类纠纷的调解与仲裁者、习惯法的执行者和冤家械斗的指挥者与决策者。家支在生产上可换工互助，老弱残疾可寄自家支内，年幼孤儿由家支负责抚养。家支负责族内成员复仇报仇和赔偿，家支对成员最严重的处罚就是开除支籍。壮族家庭以父系小家庭为主，自然形成的类似族长的人，负责处理族内事务。按习惯法，每个家族有共同的祖坟、宗族田。苗族家族观念也强，但没有一定的组织形式，同彝族、壮族一样，族内互相帮助、救济，对鳏、寡、孤、独的家庭成员实行无偿互助换工等。①

三是财产所有权与继承权。财产所有权主要包括房屋住宅、田地、林木、果园、牧鱼场、家畜等。对该项权利的保护，都有一定的习惯规范。上述财产所有权在中华人民共和国成立以前，分为私有与公有两部分，且多数为私有，少数为公有（部分荒山、野木、劣地、水池）。比如，独龙族实行"合伙共耕制"，即耕地公有，由同家族成员或本村寨其他户合伙占有、使用耕地，共同提供种子、劳力者，所获产品按户平均分配；合伙共耕，可以继承。公有财产，村寨成员均可自由使用，但不能出卖或赠送到村寨以外。佤族村寨内土地虽多属私有，主人有权出卖，但禁止出卖给其他村寨的居民。在有土司制度管辖的地区，土地、山林、水流等的最高所有权属土司官家所有。又如，拉祜族、黎族等居民实行"记号"的方法，即对自己新发现的山林果树、水池、鱼塘、蜂窝等，用草结或割树皮作"记号"，以表明自己最先发现，有权占有

---

① 陈金全：《西南少数民族习惯法述论》（上），《贵州民族学院学报》（哲学社会科学版）2004 年第 1 期。

和使用。

关于家庭财产的继承，按习惯法一般是父死子继，女子一般不能继承。但壮族习惯法规定不落夫家的女人有分得财产的权利，如无嗣经房族同意，已婚女儿及女婿可转回娘家继承产业。苗族习惯法的继承顺序是亲子、妻、父母、兄弟、未婚亲女。景颇族习惯法规定为幼子继承，夫妻双方也有继承对方财产的权利。① 独龙族实行财产由幼子继承，而且财产只能在本家族内按亲戚顺序继承：如果父母都死了，没有男子，可由女子找男子上门继承；如果父母死了，又无子女，由亲族中的叔伯弟兄继承。贵州从江占里等部分侗族规定男女都有财产继承权，尽管继承的范围和多少有区别和差距，但继承制确是代代相传。

四是治安管理处罚规范。在新中国成立前，佤族村寨规定禁止偷盗。如果是惯偷，屡教不改，且偷的数额大，情节严重者，对偷盗者实行抄家或赶出村寨直至处死（由失主直接处死，或由家庭成员处死）的处罚；如果不是惯偷，且偷的实物数额不大，实行退赃，并由失主对偷盗者批评教育，要求改正；如果本村寨成员与其他村寨成员之间发生械斗，全村寨成员中的男子都必须参助，对无故不参助者，实行谴责，藐视为"胆小鬼"，并罚缴纳谷米、酒等实物，或者对其抄家。拉祜族村寨规定禁止赌博，违者罚款；禁止淫乱，违者视情节处罚；禁止偷盗，违者可以当场打死：偷耕牛者，可弄到石岩洞摔死；偷盗情节一般者，实行抄家或处罚买肉、酒类，请全村寨居民吃喝，或者罚其修桥补路，以示处罚教育；偷盗重者，可以活活打死；禁止砍伐水源森林及风景区树木，违者没收并罚款；禁止吸毒，违者赶出村寨，在未改正前，不准再回本村寨；禁止向外村寨成员借贷款项，以防对方借机侵入本村寨受伤害。傣族村寨对具有如下行为的人，实行一定的惩罚，轻者打几十大板，重者罚款；具备如下条件之一者，有的贬为奴隶，有的被砍掉手或足，赶出村寨或处死。即(1) 偷盗者；(2) 包庇分赃者；(3) 诬陷报复者；(4) 斗殴杀人者；(5) 伤人者；(6) 用巫术杀人者；(7) 调戏妇女者；(8) 通奸者；(9) 强奸者；(10) 拐骗者。

五是宗教信仰规范。在中国，民族民间宗教信仰组织主要有如下几

---

① 陈金全：《西南少数民族习惯法述论》（上），《贵州民族学院学报》（哲学社会科学版）2004 年第 1 期。

种：（1）佛教。包括喇嘛教、小乘佛教、大乘佛教；（2）伊斯兰教；
（3）基督教；（4）天主教；（5）某些原始宗教。信仰佛教的主要有：
藏、蒙、傣、拉祜等民族；信仰伊斯兰教的有回等民族；信仰基督教和天
主教的有彝、苗、瑶、景颇、白、纳西、拉祜等 10 多个民族。多数民族
信仰原始宗教。上述信仰的民族社区都各自有一定的规范，如傣族、布朗
族村寨规定：傣族儿童生长至七八岁时，须出家到佛寺当和尚，至 20 岁
左右始能还俗。凡是和尚都必须遵守 10 种禁忌：（1）禁杀生；（2）禁偷
盗；（3）禁玩弄女性和通奸；（4）禁说谎话和记前仇；（5）禁酗酒；
（6）禁吃夜餐；（7）禁坐高处；（8）禁经商和赌博；（9）禁娱乐欢跳；
（10）禁打扮和戴花。

　　六是保护生态环境的规范。侗族习惯法非常重视保护山林。有些
"侗款"的款约中反复强调林地界线的神圣不可侵犯性，禁止任何人超越
地界进入其他家族或村寨的林区，甚至本家族成员进入林区都要受到款约
的限制。不仅如此，在传统的侗族社会中，林地和粮区都有较明确的区
分，农田和林地也不会交错，这有利于防火。正是有了这些良好的习惯
法，侗族人工营林方式才比较成功，侗族所在地区才能成为有名的产林
区。锦屏、天柱等侗族地区，明朝后期已有批量的杉木外销，并形成了数
以万份计的集林业生产、保护、销售为一体的林业契约文书文化。苗族的
《议榔词》中写道："柳规西来了，榔规来到了，榔到了刚榔，来到了加
发，烧坡遇到风，玩狗雷声响，烧完山岭上的树木，死完山谷里的树根，
地方不依，寨子不满。金尼榔来议榔，罗栋赛来议榔。封河才有鱼，封坳
才生草，封山才生树……议榔寨子才亲善和睦。"这一段词告诉我们：有
人放火烧荒，破坏了山林，通过议榔、封河、封坳、封山，达到保护自然
环境的目的。西南各地保存的护林石碑（大多立于清朝）显示，各民族
保护林木的意识较强，方法较多，比如镇宁县有一护林碑文规定：村寨附
近如果有人砍伐林木，则"集村众而申讨之，议决一致，期以十年，自
培自植，勿剪勿败"。①

---

　　①　张国安：《贵州少数民族传统习惯法及其价值研究》，《贵阳师范高等专科学校学报》
2003 年第 4 期。

图 10 - 5　盟约活动

七是人口思想道德规范。互相关心、互相爱护、互相帮助，是西南少数民族的传统美德。比如，在苗寨，如果有人因病祸不能按时完成播收任务时，寨人会相互邀请助其做好。如遇水灾、火灾等灾难时，其宗族、村寨便自发捐物献粮，助其渡过难关、重建家园。凡遇红、白喜事，人们便自觉资助不计报酬。布依族有谚语云："帮苦济贫，天下太平"，"富不要忘贫，饱不要忘饥。"形成了济困扶贫的传统，对鳏寡孤独、老弱病残和丧失劳动力者更是倍加关心，其房族和寨内群众均乐于捐资、捐物或轮流抚养，并已形成制度化，即"有房归房，无房归族，无族归众"。即便是外乡人死于本村范围内，大家也会捐资，将死者安葬，不让其抛尸于野。布依族谚语又云："一家有事百家愁，大家困扰来分忧。"平常人一旦遇到天灾人祸，人们都会自然而然地伸出援助之手，而且不计报酬。①仡佬族在抚育幼儿、赡养老人等社会救助方面，都有约定俗成的规定。鳏寡老人和孤儿，规定由本房支亲属负责，如果出现老人挨冻受饿，孤儿流离失所等现象，就会受到舆论的指责和寨老的干涉。西南少数民族有尊敬老人

---

① 邓清华：《乌江流域少数民族习惯法伦理精神探析》，《黑龙江民族丛刊》2010 年第 3 期。

的习俗，重视老人的风尚。在传统的社会管理体制中，"寨老""款首""三老四公"等职位一般由德高望重的老人担任。各少数民族在古歌、传说、故事中，都向后人传达了这样一种观念，人人都应该尊敬老人，孝敬父母。布依族有一谚语："寨有三老，胜过一宝。"侗族的俚歌中唱道：儿子不要"三天两头无好话，污言秽语伤透老人心"。儿子对待父母应该"倒屎倒尿莫嫌臭，早晚服侍要殷勤"。整个侗族社会形成了"孝顺父母人称赞，虐待老人罪非亲"的道德风尚。土家族、布依族等民族，成年人成家立业要分家时，或者老人要单独居住时，必须把父母的"养老田""养老牛""养老树"等留下，才可以均分剩余的财产。

二　乡规民约中的人口法律内容

乡规民约，又称村规民约或族规民约。在西南民族地区，既有依据现代我国《村民委员会组织法》的规定由村民会议制定的现代形式的乡规民约，也存在着大量传统的乡规民约。两者虽然在制定主体（自然形成与国家法律、政策指导下制定）、确定性方向（自发性、盲目性与系统性和规范性）、内容和效力来源（传统文化和国家权威）等方面存在差别，但从其反映出的内容来讲，它们都在现实生活中起着重要的规范作用，其中有着较为丰富的民族人口法律文化内容。这里我们选取几例有关婚俗改革的规约以窥其貌。

四里塘婚俗禁勒碑

碑现存在锦屏县城西34公里水路处的文斗乡四里塘村杨公庙（现为学校）边。碑两块：一立于乾隆五十六年（1791年），高1.85米，宽0.86米，厚0.09米，碑头刻"恩垂万古"四个大字，碑文正楷阴刻；一立于嘉庆十一年（1806年），高1.29米，宽0.66米，厚0.09米，碑头刻"千秋不朽"四个大字。碑文内容分别为：

碑一　恩垂万古

　　圣朝教化已久，诸无异于齐民，而独于婚姻有未改变夷俗者，或舅掯姑甥，姑霸舅女，或男女年不相等，另行许嫁，则聘礼总归舅氏。此等陋习，殊堪痛憾。今据文斗、尧里村等寨民姜廷干、李宗梅等禀请给示，前来合行出示晓谕。为此示仰府属人等知悉：嗣后男女订婚，必出两家情愿，凭媒聘订，不得执以姑舅子女必应成婚，及藉甥女许嫁，必由舅氏受财。于中阻挠滋事致于控告，严究不贷，各宜凛遵无违，特示。

一 遵刊府主示：凡姑亲舅霸，舅吃财礼，掯阻婚姻一切陋俗，从今永远革除。如违者，众押送官治罪；

一 众遵示禁勒：凡嫁娶聘金，贫富共订八两，娘家收受外，认舅家亲礼银八钱。如有违禁者，送官治罪。认亲礼在郎家不干娘家事；

一 众遵示禁勒：凡女子出室，所有簪环首饰，郎家全受，嫁家兄弟不得追回滋事。如违者送官治罪；

图 10-6 族训族规阅读

一 众遵示禁勒：凡问亲必欲请媒，有庚书斯为实据。若无庚书，即为赖婚。如违治罪。在来请示之先已准之亲，虽无庚书，一定不易；岩寨竖碑之后，必要庚书方可准行；

一 众遵示禁勒：凡二婚礼，共议银两两，公婆、叔伯不得掯勒、阻拦，逼压生事。如违送官治罪。若有嫌贫爱富，弃丑贪花，无媒证而强夺生人妻者，送官治罪。

众勒：其有写外甥女礼银抵人银两者，大皆丢落，不许转追借主。如抗，众人送官治罪。

计开各寨出首头人姓名于后，如有违禁者，照开甲数均派帮补费用。以下结亲，有媒证庚书，年纪班辈相当，爰亲结亲；虽结亲不干犯禁，及此乱伦强蛮者，则犯禁。

茂广寨上下共二甲：（以下姜、张、刘、范4姓23人姓名，略）

岩湾、加池二寨共一甲：（以下范、姜2姓9人姓名，略）

张化、平鳌二寨共二甲：（以下范、姜、陈3姓19人姓名，略）

尧里、扒洞二寨共一甲：（以下龙、李、姜3姓10人姓名，略）

格翁、践宗、堂东三寨共一甲：（以下范、姚、姜、潘5姓11人姓名，略）

培亮、里夯共一甲：（以下范、李、蒋3姓5人姓名，略）

告示四张，姜梦熊、姜一瑾、龙骧、姜廷仪各存一张。

外勒：凡娶亲，必上娘家备席，下贴请房，分众还席；毕值，依时候入门，不许守夜及中途会席。

皇清乾隆五十六年孟冬月　谷旦

碑二　千秋不朽

尝思守正理者，则必受天麻；行邪道者，则必遵王法。是故子曰："必也正名乎有。"子曰："君子务本。"圣贤已先训之矣。况我等地方，久沐王化，习读诗书，而岂有不明返本归源之道乎！兹因以前嫁娶种种陋弊，请示已先禁革，若夫爰亲结亲，固已遵从。而定亲礼及过门礼，明则顺之，暗则勒索，与夫干犯伦常等等，屡生滋扰，大非所宜，为此，众等齐集重勒，以杜后患，以静地方云尔，是为序。

具列勒条于下：

一勒：凡接亲礼只许五钱；定亲酒礼，小则一两五钱，大则四两。如多，罚冲公。

一勒：凡拆毁、拐带、强夺、有妻子弃妻子再娶者，罚钱三十两冲公，照礼劝息。若不听罚，送官治罪。

计开各寨人名于下：（以下文斗寨2人，加池寨、瑶光寨、平鳌

寨、格翁寨、培亮寨、张化寨、塘东寨、践东寨、岩湾寨、瑶里寨、扒洞寨各 1 人姓名，略)

有名人分有合同各执一张照查。

嘉庆十一年三月十六日立

锦屏启蒙"因时致宜"碑

在锦屏县城西南 40 公里的启蒙镇边沙村文昌阁，因阁楼已被拆除，现移立于启蒙小学操场侧。碑高 100 厘米、宽 70 厘米，于清道光十一年（1831 年）十月廿二日立。碑额镌"因时致宜"四个大字，碑文为正楷阴刻。该碑内容为锦屏县启蒙镇婆洞 10 个村寨侗族村民，关于婚俗改革的 8 条规定。碑文内容为：

因时致宜

尝谓周公制礼，孔字（予）定理，岂容更易。然礼盛则繁，礼奢宁宜俭。自三代相因，所损所益，未有不期至当恰好，而能维持风化者也。念彼通都大邑，交际往来，文质合宜，周旋中礼，猗欤休哉，何其盛矣。乃僻壤退陬，见闻不广，知识有限，安能并拟其伦哉。第婚姻六礼之例，创自先人，而姑表分财之规，不无陋弊。或籍此而赖婚枉利，或因此而悬搁终身。以致内怨外旷，覆宗绝嗣，因以构讼经官，倾家荡产。呜乎，哀哉！祸甚烈也。吾侪生当晚近，未免目击心伤，愧乏济事之才，常存改革之志。于是一带乡邻，合同计议，财礼女家全受，一切从简无华。事故合众齐商，莫不秉公循理。将见俗兴化美，益己利人。讵非共仰，永口同登太古者乎！爰卜良辰，齐盟帝阁。凡居款内，慎毋犯楚违规。设为拒抗不从，定要传公受罚。即我同人，务欲前呼后应，假使推辞不理，难逃神口天诛。谨将规例，特勒贞珉。

——议：行亲之家财礼六两，女家全受。舅父只收酒肉。水礼、财礼不妄受分毫。

——方送亲礼物，只许糍粑一槽，其酒肉多寡，听其自便。

——议：送培（陪）亲婆礼，只许酒肉，不得又送糍粑。

——议：嫁女之家，妆奁多寡，随便其有，手中概行禁止。

——议：纳采之后，禁止节礼，日后行亲节礼，只许馈送一年。

——议：喜爱礼物，禁送卷联、祭轴。

——议：姑娘结亲，不得混赖，必要庚书媒帖为凭。其财礼仍照六两。

——议：生男育女之家，只许嫡亲送礼，不许搭礼。

以上诸条，凡合款之家共计七百余户。若有故犯，俱在各甲长指名报众，倘或隐瞒，公罚甲长儆众。

道光十一年十月廿二日。

（以下十寨 48 人同立　略）

苗族婚嫁财礼碑

财礼碑竖于永乐区开屯乡干南桥公路左侧，距永乐街 1 公里，距县城 53 公里。石碑为青石阴刻，高 1 米，宽 0.6 米。民国二十八年（1939 年）二月，由丹江（今雷山）、八寨（今丹寨）两属连界各寨的保甲和父老集议后，定出苗族婚嫁财礼钱条例，拟成文字竖碑，并注与会者姓名，要求共同遵守。苗族婚嫁财礼碑文内容为：

兹将丹、八两属联界邀集各甲长及父老等改造进行决议，规定财礼钱不得多取，所有婚嫁自由，不得强迫女方成婚，倘违当众决议规定条例，多取及强迫者，均以碑章证明，否则天诛地灭，永不发达。仰望各界父老须知。此碑万古不朽。所议各条开列于后。计开

第一条　对于回娘头先由媒人说合或由双方子女愿意成婚者，乃能决定婚配。若不得双方子女同情者，而父母决无强迫阻滞及野蛮之行为。

第二条　准定财礼钱：上富者一十五元八角。

第三条　准定财礼钱：贫者一十二元八角以下。贫富财礼钱须向嫁家取，定平收分。

第四条　准定娘头钱一律七两乙钱，依古法律每两扣小钱一千二百文，不许任意折扣。

第五条　施行本简章，呈请丹八两属县府核准之日实行。

（姓名略）

民国二十八年二月十五日立

荔波瑶麓乡规碑

在荔波县城东南约 34 公里的瑶麓上韦寨边，立于民国三十七年（1948 年），现完好无损，字迹清晰。现存于黔南自治州民族博物馆。碑文为：

永流后代

盖闻我瑶麓（六）风俗习惯，自古以来，覃姓与卢姓原系同宗共族，不能通婚。乃有卢金贵先暗与覃姓之女通奸后，又娶为妻室。查与地方规律，有坏伦纪，经地方众老等议定，立碑革除。条例如下：

一　不准卢金贵与瑶族即卢、覃、欧、莫、姚、常、韦各姓互相工作；

二　不准交借用具；

三　不准与亲戚房族往来；

四　不准其子女与本族通婚；

五　办理丧喜事不准参加；

六　如有人违反本规定律者，罚洋七百二十毫，酒米供全瑶民尽量饮食，不准包回；

七　今后有人败坏伦纪者，按照地方规律赔偿。否则亦照章实行，立碑革除。恐后无凭，立碑切机。

从四里塘"婚俗禁勒碑"、启蒙"因时致宜碑"、"苗族婚嫁财礼碑"可以看出，至少自嘉庆年间起，居住于西南地区的苗、侗等民族，在婚姻家庭和人口再生产过程中，逐渐认识到盛行于此的"姑舅表婚"（又名"姑舅世婚"）和"侄女跟姑妈"这种封闭式婚姻的弊端，遂由民间头人发起由各寨头人（代表）集体议定对之进行改革形成规约，并勒之于石让人遵守践行。

所谓"姑舅世婚"，就是舅父家有优先娶外甥女做儿媳的权利，叫"酬婚""还娘头""还源头"，或叫"还骨种"；"侄女跟姑妈"，即舅家的女儿多嫁给姑妈家做儿媳。如果舅父没有合适的儿子，不能与姑表姐妹成婚时，外甥女的婚姻仍要征得舅父的同意方可另嫁。但要交"舅公礼"。"舅公礼""江钱三十、五十不等"，同时，女婿还要给岳母家一定数量的财礼钱。而无力送上"舅公礼""娘头钱"的青年，则只有弃婚单身。该婚姻制度，其一，妨碍男女青年婚姻自由，并有可能演变成悲剧；其二，从现代科学来分析，该婚姻属典型的近亲结婚，不利于优生优育，往往造成人口素质下降；其三，"舅公礼"的存在，突出了"舅权"的价值，滋生了社会不合理现象，有违社会公平，不利社会和谐。可见，由民间倡议并形成人人践行的规约，对婚俗改革的移风易俗，具有积极的社会意义，可使青年男女跳出"姑舅世婚"的束缚，为实现婚配自由创造了有利条件，财礼、聘金的减少，使"男大当婚"有了实现的可能；在生育上减少了弱智、痴呆、残病等人口的出生缺陷，有利于民族成员的生育健康和智力发展；"舅权"的削弱有利于社会的平等和稳定；通婚圈的扩大有助于增进民族间的交流，增进了解和团结。当然，由于时代的局限，勒之于石的"乡规民约"有着不少的缺陷与不足，如婚姻缔结中仍然强调封建礼教的规则，相关的惩戒如"天诛地灭""永不发达"等有着强烈的迷信色彩等。但不可否认，这些乡规民约的制定，在民族社会产生了积极的影响，并有着"古为今用"的合理成分及其价值。

而民国三十七年（1948年）的荔波瑶麓的婚规碑，是瑶麓瑶族同胞对"共宗同族"近亲结婚习俗的改革，这是由亚血缘婚向非血缘婚的进步。长期以来瑶麓瑶族同胞由于"姑舅表婚"没有完全消除，受"亲上加亲"传统观念的影响，加上经济、文化发展缓慢的制约，交通闭塞的阻隔，同宗共族的近亲结婚现象相当普遍，这不利于本民族的生存和健康发展。瑶族婚规碑对同宗共族的卢金贵和覃姓姑娘通婚给予"立碑革除"的严厉处分，这从表面看是显得十分冷酷的，但实质上是瑶麓瑶族婚姻为克服近亲结婚陋俗的一种进步表现。[1] 马克思说过，两个家族、部落的合二为一，相当于两个部落能量的总和。[2] 建立没有血缘关系的人们之间的婚姻关系，是人类发展史上重大的进步，它使各民族

---

① 刘世彬：《瑶麓瑶族婚规碑管窥》，《贵州民族研究》1991年第3期。
② ［德］马克思：《摩尔根〈古代社会〉一书摘要》，人民出版社1967年版，第34页。

身心得以健康发展。

当然，现代西南民族地区的乡规民约，无疑在规范上、方向上、效力上都较传统民族乡规民约要严格、要具体、要有力得多，其中不少是专为人口与计划生育而议定，就是在综合性的乡规民约中，也体现了诸如生育规范、家庭和谐、优生优育、人与自然协调等内容。它使民族人口法律文化的内容更加丰富，价值有所提高。重视对当代乡规民约的制定、实践和研究，无疑有助于民族人口法律文化建设。

三　现代人口法律文化内容

（一）全国及西南各省现代人口法律文化

除《宪法》外，我们国家在新中国成立后既有专门关于人口问题的法律法规，又在其他法律法规中体现了不少关于人口问题的部分或条文。这些内容包括人口生育政策、人口婚姻、人口家庭、夫妻关系、亲子关系、人口数量、人口流动计划生育、人口质量管理、优生优育优教、妇幼卫生保健、义务教育、公民道德教育与继续教育、人口结构、老年人权益保障、人口发展、人口管理、计划生育奖励扶助、人口经济社会资源环境协调发展和可持续发展等方面的法律规范。涉及的法律、法规有《婚姻法》《人口与计划生育法》《母婴保健法》《未成年人保护法》《收养法》《继承法》《妇女权益保障法》《老年人权益保障法》《残疾人保障法》《义务教育法》《教育法》《民族区域自治法》《公务员法》《关于加强少数民族人口与计划生育工作的意见》《散居少数民族权益保障条例》《中国妇女发展纲要（2001—2010）》《中国 21 世纪人口与发展》《婚姻登记条例》《农村五保供养工作条例》《流动人口计划生育管理办法》《流动人口计划生育和服务工作若干规定》《扶持人口较少民族发展规划（2005—2010）》《扶持人口较少民族发展规划（2011—2015）》《计划生育技术服务管理条例》《关于加强婚姻管理制止早婚早育的意见》以及《森林法》《环境保护法》《安全生产法》《水法》，等等。这些法律、法规既是全国关于人口发展的共同规范，也是西南民族地区各族人民在人口与计划生育等方面共同遵守和执行的准绳，是当代西南民族人口法律文化建设的法律与政策指导。

而就西南地区来讲，在国家的领导下，西南各地结合地情实际，在上述法律、法规和政策的指导下，围绕人口与计划生育基本国策，充分利用立法资源和政策优势，在人口法律文化建设中迈出了前所未有的坚实步伐，制定和实行了具有地域特色、民族特色、时代特色的关于人口发展问题的法规和法规性文件，为西南人口问题走上依法治理轨道、实现人口和谐奠定了坚实的基础。具体法规与相关内容有：

在省级层面上，《广西壮族自治区人口与计划生育条例（2002）》第14条规定："夫妻双方均是一千万人口以下的少数民族的，由本人提出申请，经夫妻双方所在单位或者乡（镇）人民政府、街道办事处审查，报县级计划生育行政部门批准，可以安排生育第二个子女。"第20条规定："符合本条例规定要求生育第二个子女的，生育间隔应当满四年，但女方年龄满28周岁以上的不受生育间隔时间限制。"

《重庆市人口与计划生育条例（2002）》第20条规定："提倡一对夫妻生育一个子女，有一个子女的夫妻，符合下列条件之一，可以申请再生育一个子女：（1）双方均为独生子女或少数民族农村居民的；……（8）夫妻双方为农村居民，居住在少数民族自治地区、聚居区，一方为少数民族的；（9）市人民政府认定的部分山区农村的独生女户、少数民族户或边远高寒大山区的独生子女户。"第21条规定："申请再生育的夫妻，女方不满28周岁的，申请生育时间应当间隔三周年以上。"

《贵州省计划生育试行条例（1987）》第5条规定："提倡和鼓励晚婚、晚育，按《婚姻法》规定的婚龄推迟三年以上结婚的为晚婚，妇女晚婚后或年满24周岁后生育第一个孩子的为晚育。"第6条规定："提倡和推行一对夫妻只生育一个孩子，严禁计划外生育。"第7条规定："夫妻双方或一方是国家工作人员、企事业单位职工、城镇居民，符合下列情况之一的，允许生育第二个孩子：（3）夫妻双方均为少数民族的。"第8条规定："夫妻双方是农民，符合第7条各款规定之一或有下列情况之一的，允许生育第二个孩子：（2）夫妻一方是少数民族的；……"第9条规定："夫妻双方都是少数民族的农民，两个孩子中有一个为非遗传性残疾，不能成为正常劳动力的，允许再生育一个孩子。"第10条规定："符合第7条、第8条、第9条规定条件的夫妻，经本人申请，县级计划生育委员会批准，生育间隔四年以上，方可安排生育。"

《贵州省计划生育条例（1998）》第13条规定："提倡和鼓励晚婚、晚育。晚婚指按法定婚龄推迟三年以上的初婚；晚育指已婚妇女24周岁以上或晚婚后怀孕生育第一个子女。"第16条规定："夫妻双方是农民，除适用第15条规定外，符合下列条件之一的，可以生育第二个子女：（2）夫妻双方或一方是少数民族的。"第17条规定："夫妻双方都是少数民族的农民，两个子女中有一个为非遗传性残疾，不能成长为正常劳动力的，可以再生育一个子女。"第19条规定："符合本条例第15条、第16条、第17条的规定，要求再生育的，须经县级人民政府计划生育行政主管部门审核批准，生育间隔必须四年以上；女方30周岁以上生育第一个子女的，不受间隔限制。"

《贵州省人口与计划生育条例（2002）》第28条规定："提倡和鼓励晚婚、晚育。晚婚指按照法定婚龄推迟3年以上的初婚；晚育指已婚妇女24周岁以上或者晚婚后怀孕生育第一个子女。推行和鼓励一对夫妻只生育一个子女。"第31条规定："夫妻双方是农民，除适用第30条规定外，符合下列条件之一的，可以申请生育第二个子女：（1）夫妻双方或者一方是少数民族的；……"第32条规定："夫妻双方都是少数民族的农民，两个子女中有一个为非遗传性残疾，不能成长为正常劳动力的，可以申请再生育一个子女。"第34条规定："符合本条例第30条、第31条、第32条的规定，申请再生育的，须经县级人民政府计划生育行政部门审核批准，办理《计划生育证》。生育间隔必须四年以上；女方30周岁以上生育第一个子女的，不受间隔限制。"

《云南省人口与计划生育条例（2002）》第19条规定："提倡农业人口一对夫妻生育一个子女。确有实际困难要求生育第二个子女的，由夫妻双方申请，经县级计划生育行政部门审查批准，可以生育第二个子女。"第20条规定："少数民族农业人口在执行本条例第19条规定的基础上，有下列情形之一的，夫妻双方可以提出申请，经县级计划生育行政部门批准，可以再生育一个子女：（1）夫妻双方都是居住在边境村民委员会辖区内的少数民族；（2）夫妻双方或者一方是独龙族、德昂族、基诺族、阿昌族、怒族、普米族、布朗族的。"第23条规定："符合再生育规定的，生育间隔时间应当在四周年以上。""符合本条例第20条规定，需要缩短生育间隔时间的，经县级计划生育行政部门批准，生育间隔时间可以缩短至三周年。"

《西藏自治区计划生育暂行管理办法（试行）（1992）》第5条规定："提倡和鼓励晚婚、晚育，汉族按《婚姻法》规定的婚龄推迟三年以上结婚为晚婚，已婚妇女年满 24 周岁生育第一个孩子为晚育。区内藏族及其他少数民族按西藏自治区施行《中华人民共和国婚姻法变通条例》规定的婚龄推迟三年以上结婚为晚婚、已婚妇女年满 22 周岁生育第一个孩子为晚育。"第 7 条规定："凡在藏工作的汉族干部、职工及家属（含城镇居民和户口落农村者）均按国家对干部、职工及城镇居民的要求，提倡'一对夫妇只生育一个孩子'，严格控制生育第二胎，禁止生育第三胎。"第 8 条规定："区内藏族干部、职工及其户口在单位的家属城镇居民，一对夫妇可有间隔地生育两个孩子，生育第二胎必须间隔三年以上。严格控制第三胎。"第 10 条规定："在边境农牧区的乡（区）和门巴族、珞巴族以及夏尔巴人、僜人中，暂不提倡生育指标，但必须大力宣传《婚姻法》，推广新法接生，进行合理生育、优生优育科学知识宣传教育，努力提高人口素质。"

《西藏自治区施行〈中华人民共和国婚姻法〉的变通条例（1981）》第 1 条规定："结婚年龄，男不得早于 20 周岁，女不得早于 18 周岁。"

在地州市层面上，《黔南布依族苗族自治州执行〈中华人民共和国婚姻法〉的变通规定（试行）（1985）》第 3 条规定："结婚年龄，男不得早于二十周岁，女不得早于十八周岁。提倡晚婚晚育。"

《四川省甘孜藏族自治州施行〈中华人民共和国婚姻法〉的补充规定（1981）》第 2 条规定："结婚年龄，男不得早于二十周岁，女不得早于十八周岁。"第 13 条规定："本规定适用于我州各少数民族，也适用于和少数民族结婚的汉族。"

《四川省甘孜藏族自治州计划生育办法》（1988 年颁布，1999 年修正）第 12 条规定："提倡和鼓励晚婚晚育。男女双方按法定婚龄各推迟三周岁以上结婚的为晚婚。女方在法定婚龄的基础上四年以后生育的为晚育。"第 13 条规定："生育必须按计划进行。提倡和鼓励一对夫妻只生育一个孩子。不得非婚生育，不得早婚早育，不得计划外生育。"第 14 条规定："符合下列情况之一的夫妻，经过批准，可以生育第二个孩子：（1）少数民族中的职工、城镇居民；（2）汉族农牧民、菜农；（3）内地进州正住户籍满 5 年的汉族职工、居民和汉族农牧民。"第 15 条规定："符合下列情况之一的夫妻，经过批准，可以照顾生育第三个孩子：（1）少数民族农牧民；（2）少数民族职工、居民和菜农中的二等甲级以上残废军人，或者夫妻一方因公致残相当于二等甲级以上残废军人的；

（3）少数民族职工、居民、菜农和汉族农牧民中，因离婚再婚的夫妻，再婚前一方有两个孩子，另一方无子女，或双方各有一个孩子的；（4）散居在高寒、边远山区少数民族聚居区的汉族农牧民。"

《四川省凉山彝族自治州施行〈中华人民共和国婚姻法〉的规定（1983）》第 5 条规定："结婚年龄，男不得早于 20 周岁，女不得早于 18 周岁。实行计划生育，鼓励晚婚晚育。"第 12 条规定："本规定适用于自治州内各少数民族和与少数民族结婚的汉族。"

《凉山彝族自治州实施〈四川省人口与计划生育条例〉的补充规定（2003）》第 3 条规定："自治州实行计划生育的基本国策，提倡和鼓励公民晚婚、晚育，做到少生、优生、优育。已婚少数民族妇女二十二周岁以上生育第一个子女的为晚育。"第 4 条规定："夫妻符合下列条件之一的，可以照顾生育子女……（3）少数民族非农村人口和散居在低山、河谷地带的少数民族农村人口，经批准可以生育第二个子女；（4）居住在边远、高寒地区的少数民族农村人口，经批准可以生育第三个子女；（5）少数民族农村人口中的再婚夫妇，一方子女不超过两个，另一方无子女，或双方各一个子女的，经批准可以再生育一个子女……"

《阿坝藏族羌族自治州计划生育办法（1995）》第 9 条规定："提倡和鼓励晚婚、晚育。汉族男 25 周岁以上、女 23 周岁以上，少数民族男 23 周岁以上、女 21 周岁以上初婚的为晚婚，已婚妇女在晚婚年龄的基础上推迟一年以上生育第一个孩子的为晚育。"第 11 条规定："少数民族夫妻，可以申请有计划地安排生育第二个孩子。汉族农牧民夫妻，经过申请批准，可以照顾生育第二个孩子。"第 13 条规定："符合下列情况之一的，经过申请批准，可以再生育一个孩子……（3）因离婚再婚的少数民族农牧民夫妻，再婚前一方有两个孩子，另一方无子女的，或双方各有一个孩子的……"第 14 条规定："居住在阿坝、若尔盖、红原、壤塘四县以及其他海拔在 3000 公尺以上的乡（镇）的汉族非农牧业人口，常住户籍在八年以上的，可以申请有计划地安排生育第二个孩子。"第 15 条规定："少数民族农牧民夫妻符合下列情况之一的，经过申请批准，可以照顾生第三个孩子：（1）居住在阿坝、若尔盖、红原、壤塘四县的；（2）经州人民政府确定的偏远高寒地区的吊散户；（3）亲兄弟或亲姊妹中只有一个有生育能力的；（4）双方均系独生子女的；（5）夫妻一方是二等甲级以上伤残军人或因公致残，相当于二等甲级以上伤残军人的。"

　　此外，还有《松桃苗族自治县执行〈中华人民共和国婚姻法〉变通规定（1985）》《马边彝族自治县施行〈四川省计划生育条例〉的补充规定（1993）》《峨边彝族自治县施行〈四川省计划生育条例〉的补充规定（1989）》等县、区、市层面的法规。同时，还有省区市、地州市、县区市级有关人口与计划生育的政策法规性文件，限于篇幅，在此不一一列举。

图 10 - 7　乡规民约碑

　　从上我们可以看出，西南民族人口法律文化建设取得了长足的进步，当然，西南人口法律文化绝非仅是相关的法律法规政策制定，而是包括人口法律政策宣传、人口法律政策实施、人口法律政策遵守、人口法律实施监督在内的体系规范。在西南民族地区来讲，不少地方有着制定自治条例、单行条例、变通条例的立法资源优势，加上独特的人口文化环境，因而所显示出的当代民族人口法律文化又无疑有着自己的优势和特色，并在国家人口法律文化体系中有着独特的地位。但不可否认，西南民族地区社会经济发展现阶段的欠发达状况与民主法制建设的滞后，以及人口问题的多元性，如人口数量增长过快、人口素质偏低、人力资本积聚弱、出生性别比失调、未富先老的老年化、贫困人口贫困程度深范围广等，不可避免地会对当代西南人口法律文化建设产生影响，这需要在新的时期在立足现实的基础上，在科学发展观的指导下积极进取、开拓创新，不断将人口法律文化建设推向前进，以服从、服务于和谐人口文化建设。为使人们对西南民族人口法律文化建设有一个概况性的了解，本书在此特就出生性别比失调依法治理作专题讨论，以示一斑。

（二）西南民族人口法律文化个案分析——基于出生性别比失调的思考①

从"四普"以来，西南民族地区出生性别比呈不断攀升态势，广西几乎都在 120 以上的高位徘徊，远远高于国际社会公认的 103—107 的正常值；"五普"出生性别比最低的贵州从 107.03 升至 1% 抽样时的 127.65，云南也由 110.57 上升至 113.16。民族州县出生性别比的攀升则更为突出，势头迅猛。西南民族地区愈益凸显的出生性别比失调，是该地区人口数量、人口素质、人口贫困等问题尚未完全解决而出现的又一人口问题，这已引起了国家、社会的高度关注。

1. 西南民族地区依法治理出生性别比的背景

"四普"以来，我国出生人口性别比的不断偏高问题引起了学界、地方政府和社会的高度关注，失调治理问题也逐渐纳入国家政策体系当中。2000 年 3 月，中共中央、国务院《关于加强人口与计划生育工作稳定低生育水平的决定》指出，严格控制人口增长的政策在一些农村地区可能导致男女出生性别比例失调，但出现这一现象的深层因素是社会经济不发达、传统的重男轻女与传宗接代等观念在起作用。在深层次原因未得到根本解决的情况下，如果以放宽生育率为条件来改变出生性别比，其作用不仅有限，而且还有害。进一步稳定低生育水平有助于最终解决男女出生性别比失调，治本重于治标。2004 年中央人口资源环境工作会议上，胡锦涛总书记将出生性别比升高问题列为人口和计划生育工作要集中力量抓好的三件大事之一。2006 年，《中共中央国务院关于全面加强人口和计划生育工作统筹解决人口问题的决定》强调，要高度重视出生性别比的治理工作，要采取科学而又有力的措施逐步使出生性别比趋于正常。

我国政府在出生性别比失调综合治理的立法方面给予了相当程度的重视。1994 年 10 月 27 日通过的《母婴保健法》明确规定禁止鉴定胎儿性

---

① 该部分内容是据笔者《西南民族地区出生人口性别比失调问题研究》（民族出版社 2010 年版）之"综合研究"部分和笔者《西南民族地区出生性别比依法治理：实践、问题与建议》（《贵州民族研究》2008 年第 5 期）、笔者与张幸福合著之《综合治理出生人口性别比失调的法治因素论析》（《贵州社会科学》2007 年第 10 期以及张幸福硕士论文《西南民族地区出生性别比失调治理相关法律法规研究》（贵州大学，2008 年 5 月 1 日）等研究成果整理而成。

别。2001 年 6 月 20 日出台并实施的《中华人民共和国母婴保健法实施办法》第 22 条明确规定："严禁采用技术手段对胎儿进行性别鉴定。"2002 年 9 月 1 日实施的《中华人民共和国人口与计划生育法》第 35 条规定："严禁利用超声技术和其他技术手段进行非医学需要的胎儿性别鉴定；严禁非医学需要的选择性别的人工终止妊娠。"

2002 年，国家 11 部委联合发布的《关于综合治理出生人口性别比升高问题的意见》。明确了宣传、计生、教育、公安、民政、劳动、农业、卫生、统计、药监、妇联等各相关部门在综合治理出生性别比升高问题中的职责。2003 年 1 月 1 日实施的国家计生委 8 号部长令《关于禁止非医学需要的胎儿性别鉴定和选择性别的人工终止妊娠的规定》制定了确保胎儿性别比正常的具体管理措施。

为配合上述政策法规的贯彻实施，国家人口计生委决定开展以治理出生性别比升高问题为切入点，以转变群众男女生育观念为根本目的的"关爱女孩行动"。2003 年，发出了《关于开展"关爱女孩行动"试点县的通知》，确定了试点县及相应的行动方案和目标，开展了宣传教育、利益导向、打击"两非"和优质服务等工作建设。

在上述背景下，西南各省市区相继把出生性别比治理作为提升人口计生工作整体水平和促进人口安全、社会和谐发展的一项重要工作摆上议事日程。自 2004 年起，贵州、广西、云南、重庆即根据全国"关爱女孩行动"、治理出生性别比失调的有关政策和工作部署，从各自省（市、区）情实际出发，开展了依法治理出生性别比失调的系列工作。

2. 西南民族地区出生性别比失调依法治理实践

（1）治理出生性别比失调的法律法规制定

1988 年 9 月 17 日，广西壮族自治区第七届人民代表大会常务委员会第五次会议通过了《广西壮族自治区计划生育条例》，禁止进行胎儿性别鉴定，揭开了西南民族地区依法治理出生性别比失调的序幕。自此，西南民族自治地区或依据国家、省、市（地、州）相关法律法规，或在此基础上结合当地实际情况制定出更具体的法规和实施细则，对出生性别比失调问题进行综合治理。

在省级层面上，西南民族地区四省、区、市根据各自的实际情况相继出台了《计划生育条例》，并于 2002 年由各地人大常委会修订为《人口与计划生育条例》。各地条例均严禁违法鉴定胎儿性别和选择胎儿性别的人工终止妊娠行为。为了加大治理出生人口性别比失调的力度，还先后出台了专项法规：《广西壮族自治区禁止违法鉴定胎儿性别和选择胎儿性别终止妊娠的规定》（2000）、《云南省出生人口性别比升高问题综合治理规定》（2005）、《贵州省禁止非医学需要的胎儿性别鉴定和选择性别终止妊娠的规定》（2005）、《关于广泛开展关爱行动综合治理出生人口性别比偏高问题的实施意见》（黔府办发〔2006〕35号）、《重庆市人民政府办公厅关于广泛开展关爱女孩行动综合治理出生人口性别比偏高问题的通知》（2006）等。

在地、市级层面上，自2004年起，很多地、州、市根据上位法和本辖区的实际情况，制定了相应的法规、规章和政策。如《南宁市关于综合治理出生人口性别比升高问题的决定》《南宁市人民政府关于严禁非医学需要鉴定胎儿性别和选择胎儿性别终止妊娠的通告》《贵港市政府关于严禁非医学需要鉴定胎儿性别和选择性别终止妊娠的通告》《北海市禁止鉴定胎儿性别和选择胎儿性别终止妊娠的暂行规定》《梧州市禁止违法鉴定胎儿性别的管理办法》；云南省《德宏州人民政府关于广泛开展关爱女孩行动综合治理出生人口性别比偏高问题行动计划的实施意见》《怒江州人民政府关于执行〈云南省人口与计划生育条例〉实施办法》《文山州关于广泛开展关爱女孩行动综合治理出生人口性别比升高问题实施意见》；贵州省《黔东南州关于综合治理出生人口性别比失调的意见》《黔西南州关于广泛开展关爱女孩行动综合治理出生人口性别比失衡问题的实施意见的通知》《黔南州加强出生人口性别比综合治理工作意见》等。

在县级层面上，不少地方根据相关法律、法规、政策和县情出台了相应的法规、规章和办法。如重庆市《黔江区关于切实加强降低出生婴儿性别比工作的通知》《黔江区关于深入开展关爱女孩行动综合治理出生人口性别比偏高问题的通知》，广西《武鸣县关于严禁利用超声技术和其他技术手段进行胎儿性别鉴定的通知》《武鸣县关于禁止非医学需要鉴定胎儿性别和选择胎儿性别终止妊娠的通告》《富川县禁止非医学需要的胎儿性别鉴定和非法选择性别的人工终止妊娠的规定》《平南县关于严禁非医学需要鉴定胎儿性别终止妊娠的规定》，贵州《丹寨县关于进一步加强综合治理出生人口性别比失调的实施意见》《天柱县关于严禁利用技术手段对胎儿进行性别鉴定与施行选择性别的终止妊娠的通知》《道真县关于加强出生人口性别比综合治理工作意见》，云南《弥渡县开展关爱女孩行动综合治理出生人口性别比偏高问题实施方案》等。

到目前为止，西南民族地区已逐步建立起以国家相关法律、法规为指导，各省相关法律、法规为主体，市（州、地）、县相关法规为补充的法律框架，对监管主体、监管对象、监管内容、法律责任等做出了详细的规定，为治理出生性别比失调提供了较为全面的法律保障体系。

图 10 - 8　性别和谐宣传牌

（2）西南民族地区出生性别比失调依法治理专项实践

一是开展强化政策、法规的宣传教育活动。宣传教育是政策、法规良好贯彻执行的先行条件，一般情况下，少数民族地区计划生育执行程度（或力度）往往受到民族群众思想观念的影响。为让"关爱女孩行动"深入人心，遏制出生性别比升高的势头，西南民族地区不仅利用广播、电视、网络、标语、标牌、宣传品、宣传画等宣传手段，大力宣传有关严禁"两非"、奖励扶助的法律法规和政策，传播"生男生女一样好，女儿也是传后人"、女孩成才、女孩致富、女孩养老、招婿上门等婚育新风，营造关爱女孩的氛围，还利用群众喜爱的少数民族特有的文化形式，渗透关爱女孩、治理出生性别比失调的内容，扩大宣传面，增强影响力。同时，发挥人口学校、计生协会等阵地作用与计生网络深入基层的优势，对群众进行深入的宣传教育。2004 年，广西全区计生宣传品进村率达到 80%。① 贵州省为提高宣教质量，由省计生委制作了图文并茂的《与爱同行——关爱女孩行动读图手册》，并在全省范围内广泛发放。各少数民族地区在苗年等节日中以苗歌、侗戏等形式，宣传婚育新风，营造关爱女孩的社会氛围，取得了良好效果。如黔东南州 2005 年开展大型宣传活动 50 余次，发放宣传资料 80 余万份，文艺节目演出 20 场次。② 2006 年，云南省各地在开展关爱女孩知识竞赛活动中，印制各类宣传品 12 万份（张、套），开展各种文艺演出和宣传咨询活动 11000 多场，参与活动或接受宣传教育的群众达 100 多万人。③ 通过宣教活动，使国家和地方治理出生性别比失调的政策法规深入人心，为治理活动的开展创造了有利的社会氛围，在一定程度上影响了群众的生育观念。

二是开展专项治理，严厉打击"两非"行为。西南民族地区根据国家和地方出台的政策法规，开展了富有成效的专项治理工作。具体为：其一，加强医疗器械管理，取缔非法行医和无照经营，整顿医疗市场。虽然笔者没有总的资料数据，但可从各地的工作开展中见其一斑。2003—2004 年，广西玉林市检查医疗机构 732 个（次），查处违规执业行为 66 起，取缔非法行医 45 起，立案 45 起，收缴药品器械 198 件，没收违法所得 7.54 万元，罚款 14.65 万元；2005 年，云南省开展"打击非法行医专项行动"，截至 9 月，取缔非法行医机构 1236 户，并对一些正规医院的胎儿性别鉴定、擅自终止妊娠等违法行为给予行政处罚，共有 5000 多家医疗机构被查处。④ 2006 年，该省又分三个阶段开展打击非法行医的"雷霆一号""雷霆二号""雷霆三号"行动，按月份分阶段对民营医疗机构（6 月）、个体诊所（8—9 月）、政府办医疗机构（10 月）进行专项检查，仅第一阶段就检查民营医疗机构 4684 家，对违法行医的 363 家给予警告，

---

① 唐炳贵：《桂北地区农村出生人口性别比调查报告》，《南京人口管理干部学院学报》2006 年第 2 期。

② 杨军昌：《黔东南州出生人口性别比状况分析及对策研究》，《人口与计划生育》2007 年第 2 期。

③ 云南省计生委提供。

④ 云南省计生委提供。

973 家责令改正，47 家责令停业，吊销执业许可证 13 家，处理 282 名医务人员，没收违法所得 10.5 万元，罚款 78.9 万元。① 2005 年，贵州省成立联合执法队伍，定期开展"两非"专项检查。截至 2006 年，共抽查 3000 多家医疗机构和药店，查处违法违规的 324 家，取缔无证行医诊所 63 家，查处案件 60 件。② 黔西南州加强对 B 超机的管理，2005 年对全州 222 台 B 超机进行登记，集中对兴义市进行专项检查，取缔非法经营点 45 个，查处案件 75 件，收缴罚款 12.22 万元。③ 其二，打击非法胎鉴和选择性别的人工流产，加大对溺婴弃婴、贩卖女婴案件的打击力度。防城港市计生和卫生部门联合开展了对 B 超机和对孕情跟踪管理的专项治理活动，共查处弃虐女婴 18 人，擅自终止妊娠 9 人，产后隐瞒生育 12 人。④ 广西玉林市对 2003 年发生的"3·17"贩卖婴儿案进行立案侦查，在一审判决中，52 名主犯 6 人被判死刑，5 人被判无期徒刑，17 人判 10 年以上有期徒刑，23 人被判 10 年以下有期徒刑，有力打击了弃婴贩婴违法犯罪行为。⑤ 黔东南州自 2004 年以来，集中对"两非"和溺婴行为进行专项整治，对有违法行为的 139 户分别给予罚款、警告、限期整改等处理。对台江县郜学良于 2004 年 4 月将其出生两天的女儿用毛毯、砖头将其裹缚沉入河中溺死的溺婴案件，以伤害罪判处其有期徒刑 5 年。⑥ 重庆市彭水县 2004 年查处了非法送养、非法接生、残害女婴等"两非"案件 4 起，分别处以检讨、罚款、没收设备、判刑等处罚。⑦ 其三，实行分娩实名制，提倡定点接生和住院分娩。2007 年以来，广西桂林市所有医疗机构的分娩、引产、计免、B 超检查实行严格的实名制，并将分娩引产实名登记内

---

① 卫生部：《云南省开展雷霆行动严厉打击非法行医》，2006 年 11 月 28 日。

② 《贵州采取五项措施治理出生人口性别比失衡》，http：//www. gov. cn。

③ 黔西南州计生局：《规范制度强化管理综合治理出生人口性别比失衡》，http：//www. gov. cn。

④ 《广西壮族自治区综合治理出生性别比升高问题工作会议材料》，2004 年 6 月 22 日。

⑤ 广西特大贩婴案开庭审理，http：//topic. xywy. com/wenzhang/20040506。

⑥ 黔东南州计生局：《强化综合治理出生人口性别比　推进社会主义和谐社会建设》，2006 年 4 月 29 日。

⑦ 彭水县计生局：《彭水苗族土家族自治县出生人口性别比偏高的成因及治理情况》，2006 年 8 月 8 日。

容列入目标管理责任状，作为计生考核的重要内容。① 天柱县大力提倡定点接生和住院分娩，实行一产费用平价优惠，乡镇卫生院平产接生不超过150 元，中心卫生院不超过 200 元，县级医疗机构不超过 300 元；设立孕产妇住院分娩贫困救助资金，对家庭人均收入 625 元以下的孕产妇，每例救助金额不低于 40 元；发生难产或并发症的救助金额不低于费用的30%。2005 年，全县共救助产妇 131 人，发放救助金 35400 元，降低孕产死亡率，有效减少了溺婴弃婴现象。②

　　三是加强流动人口管理的区域协作。西南民族地区是进城经商务工人员的重要输出地，省际流动人口规模大，同时毗邻县乡风民俗相似，交往密切，人口短距离流动频繁。为打击流动人口的跨境"两非"活动，加强对流动人口计划生育管理，广西开展了出生性别比失衡治理工作的区域合作。2005 年，在有关部门组织下，湖南永州、广东清远、肇庆市及广西贺州四市在广西贺州市召开湘桂粤边界出生性别比治理区域协作会议，会议达成了四市在联合宣传、人口流动管理、打击跨境"两非"、互通信息、定期磋商五项协议。③ 通过搭建区域合作平台，建立了"两非"管理工作的区域联系。广西富川、江华、江永三个邻县采取县际区域协作，联手综合治理出生性别比，经召开联席会议，三县达成了《区域协作综合治理出生性别比偏高问题协议书》，就加强宣传教育、流动人口管理、"两非"管理、孕情跟踪服务、信息沟通等方面协作联手，共同治理。以信息沟通为例，为加强对超生技术和流动人口及其孕情管理，三县分别落实 1 名信息员，专门负责信息互通工作，坚持每季互通一次。④ 人口流动过程的"两非"行为一直是出生性别比失衡治理工作的漏洞和难点，是出生性别比长期居高不下的一个重要原因。召开联席会议，制定"两非"管理的区域合作工作协议，一定程度上堵住了治理工作的盲点，对于加强打击跨境"两非"活动，实现出生性别比的稳步下降具有积极意义。

---

① 《出生人口性别比偏高　桂林严格实行分娩实名制》，http：//www. health. sohu. com，2007 年 2 月 26 日。
② 天柱县人民政府：《天柱县综合治理出生性别比失衡试点工作材料》，2006 年 4 月 29 日。
③ 泛珠三角合作信息网，http//www. pprd. org. cn/renkou，2005 年 9 月 9 日。
④ 广西人口和计划生育委员会：《区域协作综合治理出生性别比偏高问题》，《广西人口》2006 年第 2 期。

3. 依法治理出生性别比失调的存在问题分析

（1）立法问题分析

目前，西南民族地区在禁止"两非"方面出台了多层次的法规和规章，但有些立法尚存在一些不完善之处。下面主要以各省《人口与计划生育条例》和治理出生性别比偏高的专项法规来进行探讨。

一是对"两非"违法行为的打击力度弱。各省相关规定主要包含两个内容：其一，对违反规定的卫生医疗机构、计划生育技术服务机构、个体诊所及其责任人的处罚。四省均规定，对于医疗卫生机构、计划生育技术服务机构从事"两非"的，处以罚款，对直接责任人吊销执业证书，对有直接责任的主管人员给予行政处分。重庆还规定，构成犯罪的，依法追究刑事责任。可见，各省对于违规的医疗卫生机构、计划生育技术服务机构及有关人员的处罚还是比较严厉的。而对违规的个体诊所的处罚，各省规定出入较大：广西规定并处罚款和吊销执业证书，贵州仅规定处以罚款，云南无处罚规定，重庆没有将其单独列出，也没有明确规定"情节严重"的具体情形。而个体诊所正是"两非"行为猖獗的重要场所。其二，对违反规定的夫妇的处罚。贵州规定对其处以1000元以上3000元以下罚款；符合二孩生育条件的，不再安排生育。广西规定三年内不予安排其生育指标。重庆规定严厉查处"两非"、溺弃女婴的案件，但对于涉及"两非"案件的孕妇夫妇是否处罚、怎样处罚无明确规定。云南无相关处罚规定。除贵州外，其余三省的处罚要么较轻、要么不明确、要么缺失。总的来看，违法成本低的问题是治理出生性别比失调的严重障碍。

二是二孩生育证管理存在缺陷。在我国，由于符合法定条件生育和计划内生育不是一个概念，这让一些希望第二胎生男孩的夫妇钻了法律上的空子。四省规定：符合再生育一胎条件的夫妇，需要持相关证件去计划生育行政部门申请二孩生育证。而有些符合再生育一胎条件的夫妇先怀孕，如果查出是男孩，就去申请办证。提前怀孕，至多交点罚款或社会抚养费。如果是女孩，就以无证怀孕为由，将其引产。而在实际工作中，基层计生管理部门为了完成年度人口计划，一般都会同意。

三是对利用其他婚姻形式进行性别选择的行为打击不力。利用未婚同居、隐藏婚姻、假离婚以及包二奶等来达到以生男和多生为主要目的的违法行为长期存在。此类生育均为政策外生育。研究表明，在政策外生育中存在着较为严重的性别选择行为，使得出生性别比的失调更为严重。[①] 根据四省相关立法，对此类违法生育只能征收一定数额的社会抚养费，是国家工作人员的开除公职。而对于如何打击利用上述婚姻形式进行胎儿性别选择的行为缺少相关管理规定，同时，对于在上述婚姻形式中违犯了其他法律、法规的行为缺乏追究相应法律责任的规定。

四是对个体诊所购买和使用 B 超机缺乏相关管理规定。近年来，由于购买 B 超机的成本大大降低，拥有 B 超机的个体诊所数量迅速上升。而他们之所以购买 B 超机大多是受高额利润的驱使，打着为孕妇检查胎位和查病治病的幌子去行性别鉴定之实。这些人散居农村，难以监督，又不担心开除工作，因此绝大部分人都做胎儿性别鉴定，有的甚至以此为业。[②] 正是由于个体诊所 B 超机的使用以及某些公立医院医护人员对 B 超机的滥用，成为引起出生婴儿性别比失调的直接原因。而目前四省尚无相关立法对个体诊所购买 B 超机的资质和使用、管理条件做出规定。

五是就同一问题做出的处理规定不同。2002 年的《贵州省人口与计划生育条例》（以下简称《条例》）规定，利用超声技术和其他技术手段为他人进行非医学需要的胎儿性别鉴定……违法所得 1 万元以上的，处违法所得 2 倍以上 6 倍以下的罚款；没有违法所得或者违法所得不足 1 万元的，处 1 万元以上 3 万元以下的罚款。而 2005 年的《贵州省禁止非医学需要的胎儿性别鉴定和选择性别终止妊娠的规定》（以下简称《贵州禁止"两非"规定》）相关条款为：医疗卫生机构、计划生育技术服务机构、个体诊所违反规定的，由相关部门责令停止违法行为，并处以 1000 元以上 3 万元以下罚款。两个法规中，罚款的起点相差 10 倍。最高罚款额也有较大差别：由于《贵州禁止"两非"规定》中没有区别违法所得的多少进行处罚，因此，最高罚款额不超过 3 万元；而《条例》中对违法所得超过 1 万元的最高处罚额可达 6 倍，即最少在 6 万元以上。《贵州禁止"两非"规定》作为在《条例》指导下产生的下位法，却与《条例》的

---

① 杨军昌：《黔东南州出生人口性别比状况分析及对策研究》，《人口与计划生育》2007 年第 2 期。

② 李子康：《从性别比升高专项治理看完善计生法律法规的紧迫性》，《人口与计划生育》2005 年第 1 期。

相关规定相矛盾，这不仅使执法者无所适从，还容易引起执法过程中的宽严失当，给公正执法造成障碍。

六是一些地方法规的部分条款违反了《行政处罚法》和《行政许可法》等相关法律规定。根据《行政许可法》的规定和国务院公布的行政许可项目，人口计划生育部门依据人口计划生育地方性法规的规定批准当事人申请再生育子女的行为是一种行政许可行为。人口计划生育部门对违法当事人做出收回二孩《生育证》的处理应属吊销许可证的行政处罚。根据《行政处罚法》的有关规定，行政规章无权做出吊销许可证行政处罚的规定。但个别省的政府规章却做出了类似的规定。① 如贵州省规定，符合法定生育条件妊娠 14 周以上的妇女，不得终止妊娠，违反规定的……符合二孩生育条件的，不再安排生育。《行政许可法》第 12 条规定，行政机关采用事后监督等其他行政管理方式能够解决的，可以不设立行政许可。《国家人口计生委关于贯彻实施行政许可法的意见》中指出，近年来各地根据本地实际，逐步取消了生育第一胎的审批，是人口计生部门的自我改革，符合行政许可法的精神，是历史性进步。而《云南省人口与计划生育条例》第 24 条规定："夫妻要求生育第一个子女的，由双方向女方工作单位所在地或者女方户籍所在地乡级人民政府或者城市街道办事处办理生育手续。"既不符合《行政许可法》的要求，也不符合《意见》精神。

（2）执法存在问题

依法治理出生人口性别比升高是一项艰巨的任务。我们知道，任何法律、法规要发挥其功能，必然要通过执行主体对它的践行才得以实现。出生性别比失调治理相关法律、法规的相继出台和实施，实践证明其产生了积极的作用和深刻的影响。但不可否认的事实是，西南民族地区出生性别比总体上并未因包括法治在内的各种措施的采取而得到有效的遏制，而是继续保持攀升的势头，就法治角度而言，除了我们的上述分析外，在执法环境与过程中存在的问题也必须引起重视和思考。在此，我们仅对这方面存在的问题作如下几方面的讨论。

第一，宣传不力，认识不够，依法行政观念不强。在西南民族地区，

---

① 江中三：《综合治理出生人口性别比问题亟待完善相关立法》，《人口研究》2005 年第 2 期。

由于一些地方领导法制意识淡薄，不注重出生性别比失调的危害性及其治理的重要性、艰巨性等方面的宣传教育工作，在治理上未站在大局、战略、发展的高度进行思考，在综合治理中，依法行政观念不强，导致行政侵权、违反程序执法甚至腐败等现象发生，这在一定程度上造成了综合治理出生性别比失调的效果不显著。

第二，执法不公，职权异化现象不同程度存在。人口与计划生育行政管理人员的执法权是一种职权。但在实际的运作过程中，职权往往被异化为个人权利或者特权，忽略依法管理、依法行政，导致执法不公。其表现有：一是以"人情"作为执法的尺度。在对待不同对象、不同情况、不同环境上，"法律面前人人平等"意识淡薄，常常出现面对同一性质的违法行为，而执法尺度依据违法者与自己是否有人情关系，且这种关系的亲密度如何；二是滥用权力。在胎次、性别选择管理上有的严重不按相关政策与法规执行，"乱开口子，乱表态""不给好处不办事，给了好处乱办事"，以权谋私、武断专横，罚与不罚、处罚程序和处罚程度随意而定。

第三，守法不严，法律、法规规定的有效管理措施难以落实。不可否认，现阶段，西南民族地区城乡居民的生育观念离人口与计划生育法律要求尚有较大差距，公民遵守法律法规的自觉性还不强，因而"两非"行为、超生躲生、溺弃女婴等现象禁而未止，而其中一些地方干部和执法人员守法不严也助长了上述现象的发生，有的甚至对"两非"行为对象抱同情态度或本身就有无视法律而满足一些人生男即止的初衷。法律法规规定的有效管理措施如B超管理、终止妊娠药物管理、医务人员管理、孕情跟踪管理等因之而难以落实。

第四，监督不力，约束机制运转不畅。对出生性别比失调治理监督，从理论上包括权力机关监督、司法监督、行政机关内部层级监督、社会监督四个层面，但事实上出生性别比失调治理工作并没有受到有效监督。由于各种原因，地方人民法院受理计划生育行政案件还不多，行政复议机关很少将计划生育类案件列为受案范围，计划生育信访案件不被重视，计划生育侵权案例很少在媒体曝光等现象不同程度地存在着。而富人性别选择性超生、"两非"行为、溺弃女婴、执法人员滥用权力而执法不公执法不严等未得到较好的监督、约束和惩处。

第五，案件查处难，综合治理局面有待形成。一方面，治理出生性别比失调工作是一项涉及社会方方面面的系统工程，仅靠人口计生部门单打一时难以奏效。而相关的法律、法规对事关这项工程的宣传、卫生、药监、公安、劳动、司法、教育等部门都规定了相应的法定职责，但事实上各地各部门在工作协作上存在严重不平衡的现象，再加上计生执法队伍存在素质方面问题，以致在执法中出现案件发现难、调查取证难、打击处理难等"三难"问题。这也从另一方面助长了违法行为人的嚣张气焰，也使得出生性别比治理的成效大受影响。

4. 进一步加强出生性别比依法治理的相关问题思考

性别和谐是人口安全的基础，是构建和谐社会的题中之意。依法治理出生性别比失调问题不仅是依法治国的本质要求，也是西南民族地区民族繁荣与小康社会建设的必然要求。西南民族地区进一步开展出生性别比失衡治理工作，应当以邓小平理论、"三个代表"重要思想和科学发展观为指导思想，贯彻落实中央人口资源环境工作座谈会精神，动员全社会力量，维护妇女儿童的合法权益，形成有利于女孩及其家庭的社会舆论氛围、政策体系和法制环境。为此，特就依法治理相关对策作如下思考。

首先，加强和完善相关管理办法和制度：一是改革二胎生育证管理办法，借鉴一胎生育证管理方式，允许符合条件的夫妇先怀孕再申请领证，不再将有无生育证作为认定计划内和计划外生育的依据。而一旦怀孕，就要纳入孕情全程跟踪管理服务，不允许其以无证为由流产胎儿，孕情无故消失的要追查原因，进行胎儿性别选择的要依法重罚。对于不到间隔年限生育的，要重视运用市场手段解决问题——加大社会抚养费的征收力度；二是建立健全对女婴消失的责任追究制度，完善女婴死亡原因核查机制。要求计生部门加强对以女婴死亡为由申请生育证的核查，不仅要对死亡女婴进行确认登记，还要核查医疗记录，了解死亡原因。对声称女婴死亡又不能提供相关证据、证明的，要严加核查，对有遗弃、溺杀女婴嫌疑的，应通报公安机关介入调查，对有违法犯罪行为的，要依法严厉打击；三是提高购买、使用B超机的准入门槛。即在相关的卫生法律法规制定或修改上，对B超机的购买资质和使用条件进行明确的规定。提高个体诊所购买和使用B超机准入门槛，可以从人员、技术、范围、规模等方面做出严格的要求，比如，近几年专项治理文件纷纷规定，凡用B超为孕妇做超声检查至少要有3名以上医务人员在场，并及时搞好登记，以此加强

图 10-9　性别平等宣传画

监督。如果我们在有关法律法规上对购置 B 超有人员配置方面条件的限制，那么只有一人的个体诊所就会被卡住。只此一条就可以堵死不少个体医生利用 B 超鉴定胎儿性别的路子。[1]

其次，修改完善相关立法并从严治理富人、名人的违法生育行为。针对地方相关立法就同一问题做出不同规定的问题，建议各级立法机关依照《立法法》的有关原则规定，对相关立法进行修改和完善，建立起协调一致的法律规范体系。同时，四省立法机关要依据《行政处罚法》《行政许可法》的原则，对相关规定进行清理、修改、完善和规范，使治理出生性别比失调的法律法规真正做到既能维护公共利益和社会秩序，又能保护公民的合法权益。此外，鉴于名人超生的严重态势与对社会的消极影响，建议相关立法明确规定：对于拥有 80 万元（合 10 万美元）以上财产的富人阶层、政治或其他领域的名人，提高违法生育的缴纳额度。同时，对违法生育典型进行公开曝光，增大其违法生育的成本。

最后，加大对"两非"行为的处罚力度。鉴于我国出生性别比持续攀升的状况，应借鉴印度、韩国等利用刑法严厉打击"两非"行为并取得较好效果的做法，争取将"两非"罪名入刑。目前，在《刑法》中没有设立与禁止"两非"相应罪名的情况下，便做出了"从事非医学需要

---

① 李子康：《从性别比升高专项治理看完善计生法律法规的紧迫性》，《人口与计划生育》2005 年第 1 期。

的胎儿性别鉴定和选择性别的人工终止妊娠，情节严重的，追究相应的刑事责任"的规定，但却因无法落实而处于尴尬境地，各省应加大行政处罚的力度。建议：（1）云南、贵州、重庆修改《人口与计划生育条例》和治理"两非"的专门规定，明确对违规个体诊所的经济处罚和其他行政处罚；（2）云南、广西、重庆在相关立法中增加对违犯规定的夫妇进行经济处罚和其他行政处罚的规定。

第三节　现代化语境下西南民族人口法律文化的发展前景

西南少数民族人口法律文化是在西南独特的社会环境和地理环境中产生和发展的，是各族人民历史、文化、价值观念的集中表现，这些调整着人口关系的民间法文化是与其社会生产力相适应的，具有朴素、原始的特点。随着 20 世纪 50 年代的社会主义改造以及 20 世纪 80 年代计划生育国家政策的全面实行，各民族人口法律文化也发生着深刻的变化。传统人口法律文化也在逐渐走向现代化，人口再生产经受着现代文明的洗礼，新型的人口法律文化同时也在建设和发展之中。

一　现代国家法文化与民族法律文化的冲突

传统人口法律文化在 20 世纪 80 年代起逐渐发生了变化。由于国家人口法逐渐向西部的推移，生活在西南地区的各少数民族人口关系经历了一次由传统向现代、由无意识到有意识、由无科学指导向有科学指导的变化。根据国家有关法律、政策，各民族地区结合地情实际，均采取了一定的措施提倡、实行计划生育，只是不同民族、不同地区在生育政策规定、生育政策执行等方面的标准有异、宽严程度有别而已。

但是，作为国家人口法——《人口与计划生育法》及其相关法律法规是以国家名义制定的，是由政府组织实施和适用全国的。国家政权在法的施行中起着主导地位和决定作用，但它的实施却不是孤立的，即与各种各样的社会文化现象有着千丝万缕的联系，例如传统的婚姻观念、家庭观念、宗教信仰以及生态环境，等等。由于在实施上的自上而下，决定了其与各民族传统人口法律文化无论在形式上还是在内容上都有着诸多不同。不少西南少数民族在传统人口法律文化、人口思想意识上的表现是一种非理性的行为，并且由来已久地内化为自己的生存需要，而国家人口法是一种理性行为，其中很多理念与传统民族人口法律文化有着较大的多方面的冲突，对此应有较深刻的认识。以婚姻方面为例。

首先，民族人口法律文化与人口法在缔结与解除婚姻关系的实质要件方面存在着冲突。现代法律认为，婚姻关系的确立和解除必须具备一定的实质要件和形式要件才能进行。婚姻的实质要件是指婚姻当事人在缔结或解除婚姻关系时，自身的情况以及双方间的关系必须符合法律规定的条件。而形式要件强调的则是婚姻关系的缔结或解除要符合法律规定的程序和方式。在实质要件方面，西南少数民族婚姻习惯法与国家法之间主要存在以下冲突。

第一，限定婚龄与自由婚龄的冲突。我国现行《婚姻法》规定的结婚年龄是，男不得早于 22 周岁、女不得早于 20 周岁，晚婚晚育应予鼓励。然而，西南不少农村少数民族婚姻在结婚年龄方面处于自由婚龄状态。20 世纪 80 年代末期，云南红河哈尼族彝族自治州下辖的金平苗族瑶族傣族自治县铜厂乡大塘子村苗族的婚龄一般为男子 17—20 岁，女子 16—19 岁，个别地方、个别男女还有 10 岁、11 岁结婚的。该行政村下属的新寨自然村 42 个育龄妇女，22 岁以下结婚的 38 人，占 90.48%。其中早婚比例占多数，平均结婚年龄只有 17.88 岁。[①] 这种事实上的自由婚龄与国家婚姻法规定的限制性婚龄形成了明显的冲突。

第二，一夫一妻与事实上的一妻多夫、一夫多妻的冲突。我国现行的《婚姻法》规定，我国实行一夫一妻的婚姻制度。然而，西南乡村少数民族婚姻关系中一夫多妻和一妻多夫现象仍然存在。如截至 1985 年，云南德宏州盈江县重婚者 130 人，其中景颇族 106 人，傣族 18 人，其他民族 6 人。勐海县哈尼族重婚人数占全县重婚总数的 93%。[②] 这种现象同国家《婚姻法》的一夫一妻规定构成事实冲突。

第三，结婚自由权的限制与反限制的冲突。我国《婚姻法》规定，

---

① 高发元：《云南民族村寨调查——金平铜厂乡大塘子村（苗族）》，云南大学出版社 2001 年版，第 130 页。

② 徐中起：《少数民族习惯法研究》，云南大学出版社 1998 年版，第 39 页。

我国实行婚姻自由制度。但是按习惯，当事人婚姻自由权的行使，在西南乡村少数民族中仍然受到不同程度的限制。2000年，云南省河口瑶族自治县瑶山乡水槽村包办婚姻现象十分严重。"水槽村公所的10个瑶族寨子中，30岁以上的已婚者，99%以上由父母包办婚姻。"① 云南洱源县西山乡蕨菜登村的56户白族人家中，有已婚夫妇49对，其中47对由父母包办在幼年完婚，其余2对也是幼年完婚。

　　其次，两者在缔结和解除婚姻关系的形式要件方面存在着冲突。其表现有三。

　　第一，婚姻当事人履行结婚登记程序和不履行结婚登记程序的冲突。我国《婚姻法》规定："要求结婚的男女双方必须亲自到婚姻登记机关进行结婚登记。"然而，在西南乡村少数民族中，依据习惯法，却普遍存在不履行登记结婚程序，而在于宴请亲朋好友吃喝，举行隆重的婚礼的现象。如苗族人"婚姻成立以举行婚礼为标志，绝大部分青年结婚时不进行婚姻登记，不领取结婚证。""办理婚姻登记手续的男女青年仅占苗族结婚总数的3.57%。"②

　　第二，"抢婚"行为的异化与女性保护宗旨的冲突。作为嫁娶仪式的"抢婚"，是当事人和家长合意设计的迎娶方案，它既增加了婚礼的喜庆气氛，也符合社会行为规范。然而在现实生活中，西南乡村少数民族的"抢婚"，常常会异化为真抢。将一种传统结婚仪式，演变为一种真实的违背女方意志的暴力成婚行为，将男女双方的合意结婚，蜕变为男子单方面强制结婚，使"抢婚"的性质由合法变为了违法。③ 如贵州省雷山县郎德镇的一个苗族村寨上郎德村在2005年年底前发生"抢婚"5例，其中20世纪90年代前3例，20世纪90年代以来2例，都对婚姻当事人造成了不同程度的侵害。

　　第三，离婚的民间方式与法定方式的冲突。从习惯法中可知，西南乡村少数民族民间离婚方式可谓五花八门。如吞食字据离婚——这种方式流

____

　　① 高发元：《云南民族村寨调查——河口瑶山乡水槽村（瑶族）》，云南大学出版社2001年版，第122页。

　　② 高发元：《云南民族村寨调查——金平铜厂乡大塘子村（苗族）》，云南大学出版社2001年版，第135页。

　　③ 石维海：《少数民族婚姻习惯法冲突管窥——以西部乡村少数民族为例》，《吉首大学学报》（社会科学版）2003年第2期。

行于黔西南麻山一带的苗族，"口唤"离婚——妇女离婚必须凭丈夫的"口唤"（许诺）离婚，赐衣离婚——要求离婚的女子只需给男方缝一件新衣服即可，劈竹离婚——男女一方要求离婚或双方协议离婚以劈竹为定，等等。我国《婚姻法》对离婚方式作了明确规定：第一种方式是协议离婚，第二种方式是诉讼离婚。然而，西南乡村少数民族的民间离婚方式，均为离婚当事人双方的承诺。这种方式显然与法定方式的要求是相冲突的。

著名思想家卢梭认为，除了根本法、公民法和刑法之外，"还存在着第四种法，而且是很重要的法；它既没有铭刻在大理石上，也没有铭刻在公民的内心里；它是国家真正的宪法，它每天都在获得新的力量，当其他法律过时或消灭时，它会使它们恢复活动或代替它们，它会维持人们的法律意识，逐渐用习惯的力量取代权威的力量。我们说的就是风俗、习惯……具体的规章不过是拱顶上的拱梁，而缓慢诞生的风俗习惯才是拱顶上难以撼动的基石。"① 在这里，卢梭揭示了一个客观的社会现象，那就是民族习惯法与国家制定法两者之间构成了"拱梁"与"基石"的关系。如果"拱梁"与"基石"的结构协调，则必定是民族和谐发展的通天大道，如果"拱梁"与"基石"的结构错乱，则必然引起民族纷争，造成民族社会的恶性运行。不难想象，民族婚姻习惯法与国家婚姻法的冲突如果不及时疏理，不化解冲突，不研究对策，它必然产生负面效应。

其一，必须重视西南乡村少数民族婚姻习惯法与国家婚姻法的冲突现象所造成的紊乱婚姻秩序。少数民族的婚姻习惯法是一把双刃剑：一方面，文明的、科学的习惯有利于社会的发展，与国家法的立法目的相统一，为国家《婚姻法》的贯彻落实奠定了重要的基础；另一方面，一些落后的带有封建迷信色彩的陋习，在部分民族婚姻当事人中，尚有较大市场。以布依族为例，其不落夫家的习俗产生的负面效应有：一是早婚，即15岁就"办酒席"结婚；二是包办婚。由于早婚者处于特殊的年龄段，其弱智力结构、特殊的经济地位和社会地位，使结婚男女无法掌握婚姻自由权，因而造成大量的包办婚；三是不履行婚姻登记，习惯性"办酒"成婚，潜伏着婚姻的稳定危机；四是不落夫家期间长，

① ［法］卢梭：《社会契约论》，商务印书馆1982年版，第73页。

女子自由活动余地大，婚姻纠纷案件多，矛盾容易激化。为了缩小这些负面效应，研究化解冲突的政策与策略就成了我国人口法律文化研究的当务之急。①

　　其二，西南少数民族习惯法与国家婚姻法的冲突现象，阻碍着人口与计划生育政策的执行。西南少数民族在传统生育观念指导下，早婚、早生、多生已形成了多年的习惯。有些少数民族对生男生女、生多生少、娶妻纳妾均用习惯法加以确定。如云南哈尼族习惯法规定，婚后连续生七个女孩而无男孩的男性，可以再娶一妻。② 河口瑶族自治县瑶山乡水槽村年轻妇女大都生育3—4胎，老年妇女大都生育7—8胎。③ 这些多胎生育又往往与早婚密切相连，因为早婚直接延长了生育期，为多生提供了时间保证。这种生育状况无疑与国家计划生育的宗旨是互相矛盾的。随着国家政治经济条件的发展，只有从源头上治理早婚、早生、多生的现象，才能保证人口与计划生育法的贯彻实施，这已经成为当代大多数国人（包括少数民族公民）的共识。

　　其三，西南少数民族婚姻习惯法与国家婚姻法的冲突现象，直接导致民族人口素质的下降，影响了西部开发战略的实施和民族共同发展繁荣的实现。禁止近亲结婚是我国《婚姻法》列举的结婚的禁止性条件之一。可是，依照民族婚姻习惯法，近亲结婚却禁而不止。联合国援华项目《少数民族人口调查研究》课题组1990年对贵州罗甸、贞丰、册亨三个布依族高密度聚居县调查表明，当地村民近亲结婚的比例20世纪60年代为9.57%，70年代为7.99%，80年代为5.93%。④ 当地村民流传这样的顺口溜："亲上加亲亲更亲，水上加水水更深，姑表姨表成双对，了却双方父母心。"事实上，这种近亲结婚必然形成一种恶性循环。西南少数民族人口素质偏低，其产生原因是多方面的，但按民族婚姻习惯法实行近亲结婚是一个极其重要的原因。要提高民族人口素质，发展民族经济，加快西部开发步伐，摆在人们面前的紧迫任务，就是要化解少数民族婚姻习惯

---

　　① 石维海：《少数民族婚姻习惯法冲突管窥——以西部乡村少数民族为例》，《吉首大学学报》（社会科学版）2003年第2期。

　　② 徐中起等：《少数民族习惯法研究》，云南大学出版社1998年版，第42页。

　　③ 高元发：《云南民族村寨调查——河口瑶山乡水槽村（瑶族）》，云南大学出版社2001年版，第24页。

　　④ 严天华：《贵州少数民族人口发展与问题研究》，中国人口出版社1996年版，第36页。

法与国家婚姻法的冲突。

透析西部乡村少数民族习惯法与国家婚姻法的冲突现象，制订切实可行的冲突化解方案，必将为国家《婚姻法》和《人口与计划生育法》的贯彻实施提供极其有利的条件。

二　实现民族人口法律文化的现代化反思与展望①

（一）实现民族人口法律文化的现代化反思

就人口文化而言，每个民族的人口文化都有其价值。每个民族的人口法律文化也都有其独特的一面，都在调整着本民族的人口关系，指导着本民族的人口发展，因为每个民族的人口法律文化的形成是与该民族的社会发展状况、社会生活需要相适应的，离开这一特定的社会环境，它就显得没有任何价值。但这并不等于说每个民族的人口法律文化就是进步的。事实如上所述，西南少数民族不少人口法律文化非但不能促使其人口健康繁衍，反而会危害人口的发展、人与自然、经济的和谐发展。虽然 20 世纪 80 年代国家人口法逐渐在向西南少数民族地区渗透，使各民族的人口法律文化发生了较大变迁，使人口再生产有了新的生机和活力。但我们应该看到，西南民族地区调节人口关系的传统法律文化是千百年沉淀下来的，是不可能在短时间里消失的，在相当长的时间，它们仍将继续存在，并且对人们的生产、生活产生影响。同时，国家法文化也不可能完全顺利地切入传统的文化机制中，它与旧有的法文化还需要一个磨合的过程。因此，如何实现民族人口法律文化的现代化成了亟待解决的问题。

目前，国家人口与计划生育政策在西南少数民族地区的全面、深入实行还有一定难度，政策还不能全面落实，这与少数民族自古就有自己的一套人口法律文化分不开的。两种法文化相碰，矛盾不可避免。笔者认为，要实现民族人口法律文化现代化，其主要困难来自以下几个方面。

首先，西南民族地区的人口法律文化都有其自己的地域特点。斯图尔德说过："相应的环境特征由文化决定，较简单的文化比发达的文化更直接地受环境制约。"生态环境有强大的制约作用。千百年来靠山吃山的西

---

① 该目在写作中，主要参考颜丰硕士论文《贵州民族人口法律文化研究》（硕士学位论文，贵州大学，2008 年 5 月 1 日），并结合西南资料撰写而成。

南各民族不能不直接面对恶劣的自然环境，生产方式和生存方式受着大山的制约。在这种山地文化里孕育和发展的独特的人口法律文化，形塑了不同于周边环境的人口生产方式、人口生育模式和人口生育观念。法律文化的地域性会形成地区和群体的自我封闭，对外来者或外来文化产生一种排斥的态度。虽然这种排外态度并不一定要采取激烈的对抗方式，但在心理上会形成一种不信任感。由此可以认为，人口法律文化的地域性还会增加人口与计划生育工作，统筹解决人口问题的复杂性和推进向现代化人口法律文化的转变难度。

其次，西南民族人口法律文化的起源、延续和宗旨都是和该民族群体的繁衍密切相关的。独特的人口法律文化反映了该民族对人口关系的共识和一致。这也是任何法文化共有的特征。法文化的群体共识性实际上体现了一种社会群体对自己民族的保护意识。这种意识是通过社会群体中每个人的自我控制实现的。外来者只有接受了该地区的社会规范，才能进入这个群体。不遵从这个社会规范的人都会被群体视为外人。国家人口法文化在某些方面同样也面临这种状况。同样，在群体内，本地法文化也成为衡量外来法文化是否正义的标准尺度。即使国家推行的计划生育是有利于群体的人口生产和发展，也会在一定时期因被视为异风异俗而受到冷遇。因此，法文化的群体共识性强化了传统文化的生命力，减弱了新文化的感染力，这就不可避免地对现代国家人口与计划生育法的推行，在某些方面造成一定的阻力。

最后，一个民族对自己本民族人口再生产总结出来的人口法律文化不是一代人两代人所能建立的，而是经历了几十代甚至上百代人漫长的岁月。在西南少数民族这种农业社会崇拜祖先的文化氛围中，作为该社会群体之一员，谁都不敢轻易地违背或改变既定的社会规范。因为不遵从自己的社会规范，实际上就是否认历史，否认整个群体和自己的民族。这种"忤逆"的罪名是任何想留在该民族社会中的人都担当不起的。正是由于这些特点，当国家在其他汉族地区早就实行计划生育的时候，而西南民族地区人口法律文化在向现代化变迁中呈现出的明显的时间滞后性，我们不能不对之予以重视和思考。

从上面的分析看，实现现代人口法文化的转变不仅仅要转变生育观念，也要移风易俗，在西南少数民族地区建立符合国家人口与计划生育政策的现代人口法律文化。首先，应当加强对民族地区各民族传统人口法律

图 10 - 10　十侗款会

文化的研究。只有这样，才能从源头上弄清传统人口生产模式的成因，为建立现代新型人口法律文化作铺垫。鲁迅先生说过这样一句话："倘不深入民众的大层中，于他们的风俗习惯，加以研究、解剖，分别好坏、存废的标准，而于存于废，都慎选施行的办法，则无论怎样的改革，都将为习惯的岩石所压碎，或者只在表面上浮游一些时。"这些都有赖于人口学者、民族学者以及民族法学者的共同努力。其次，改变一个民族千百年来的人口生产方式及其影响人口关系的传统法律文化是一件不容易的事情，但这件工作做好了，势必会推动其他工作的开展，特别是有利于促进新的人口文化的建立。在某些情况下，一个民族的生育观念、人口法律心理变了，生育行为也会有所变化，从而起到主观控制客观的作用。最后，虽然西南许多少数民族的人口法律文化从大体上来说是传统的，但在某些方面也有合理的成分和积极的因素。因此，在宣传、实践人口与计划生育政策、法律法规时，要注意采取当地人容易接受的方式方法，特别是要努力挖掘当地人口法律文化中积极的因素，使之与国家《人口法》有机地结合在一起，推进民族人口法律文化的现代化转变进程。

（二）民族人口法律文化的未来展望

现阶段，尽管西南相当部分少数民族地区仍为传统意义上的乡土社会，但社会经济文化各方面发生着翻天覆地的变化却是不争的事实。新中国成立后，国家权力在各民族地区的渗入使民族社会发生了深刻的变化，随着改革开放和市场经济体制的建立，民族地区经历着现代文化和生活方式的洗礼与冲击，民族地区已不再是单一的民族乡土社会。民族社会的各种变化，必然对人口法律文化的方方面面产生深刻的影响。正是在国家人口法律文化的推动下，西南少数民族在接触、接受、接纳未曾有过的新鲜事物，如避孕的方式、孕产妇的围产保健、住院分娩、儿童免疫预防、结婚证的领取、出生缺陷干预常识和措施等，更重要的是观念上的冲击，如女儿也变成了传后人，生儿育女不再是神秘的事情，生育要有间隔，生儿育女的多少应小家顾大家、小局顾大局等。尤其是改革开放以来，西南民族社会的婚姻家庭生活方式也发生了前所未有的变化。婚姻生活中，婚嫁流动范围打破了血缘民族、地域的界限，青年男女获得了婚姻自主权，传统的早婚、近亲结婚、包办婚等陋习已被逐渐抛弃，婚姻过程融入了现代文明的元素。在国家人口法文化的冲击下，人们在感受新鲜事物带来的困惑和惠利之时，也在反思自己传统人口法律文化的未来走向，并对影响着自己民族人口再生产和种族繁衍大事的人口法律文化有着新的展望，从无奈和被动的接受者转变为自觉的遵从者。

我们对民族人口法文化的未来展望到底该是什么样，其发展蓝图又是怎么样，这都要根据未来整个民族文化的发展战略做出科学判断。文化发展战略是对文化事业的发展确立一个长远的、系统的、全局性的总体目标。它既不是抽象的理论思考，也不是具体的工作计划，而是由丰富内容构成的庞大系统工程，其中有根据宏观的、长远的预测确定的奋斗目标，以及为实现这个目标而规定的战略重点、战略规划、战略措施和相应的一系列文化政策。

作为子文化的民族人口法律文化，目前正处于传统的人口法律文化体系即将解体，而新的人口法律文化体系尚未完全建构的境况之下。因此，人口法律文化发展战略作为民族地区人口与经济、社会、自然协调发展的导航灯的作用显得日益重要。在对待民族地区传统人口法律文化上，笔者认为，各民族有着千百年的传统人口法律文化的发展历史，它们都是中华民族光辉灿烂的人口法律文化组成部分之一，这是各民族群众能够引以为自豪的精神财富。但到了现代化的今天，如果只是在传统人口法律文化框架中循环，陶醉其间，就远远不够了。现代人口法律文化既要从传统人口法律文化中汲取养料，又要对其中腐朽的、消极的、不利于人口发展的东西坚决予以摒弃。当然，我们同样也要反对那种对民族传统人口法律文化不加分析地一概否定或一概排斥的态度。未来的人口法律文化发展战略，必将不只局限于小康社会、社会主义初级阶段，而是能从历史的、宏观的视野和高度给予中国社会人口发展终极的人文关怀。

首先，民族地区未来人口法律文化必定是以适应现代化生产的人口再生产为基础，能够满足民族地区广大群众经济生活需要的民族文化价值体系。它必然包含适应现代化人口再生产需要的各种要素。民族传统人口法律文化中合理的、积极的适应人口与社会、自然、经济发展的有利因子必定在新的人口法律文化中得以保存，并被赋予新的内涵，同时具有强烈的民族特性。

其次，新的民族人口法律文化必定是与和谐社会的共创，与其他现代优秀人口文化、先进的国家法文化、现代化生产等全面协调发展的法文化。这种人口法律文化不仅要解决中国现代化生产中人口发展与经济、自然、社会发展中的种种矛盾，更要解决群众精神领域的人口问题，如建立新型的生育观念，树立和谐、安全的人口意识、人口价值观念等。

因此，民族人口法律文化未来展望应是：建立在以人为本的基础上，以人口文化各方面继承发展、开拓创新而又良性运行为基本内容，以协调、可持续发展为特征，以人的全面发展、人类文明进步为最终目标的新革命性的人口发展战略法律文化。这种人口法律文化的发展是最高意义上的发展，是统领民族人口再生产、民族人口与资源环境经济社会协调发展和可持续发展基本战略的制度保障。

第十一章　西南民族人口文化的时代变迁

文化发展是一条历史长河。西南民族人口文化是西南民族在历史的长河中，人口与发展实践经验沉淀、凝聚与传承的结果。与西南民族地区社会生产力发展相适应，它具有朴素、神秘、交融、多元等特点，并随着时间的推移在保存其固有的特质下贯注着时代的印迹而发生着或弱或强的变迁。这种变迁尤其随着20世纪50年代的社会改革和20世纪80年代以后国家计划生育政策的全面实施、市场经济的逐步建立、西部大开发进程的加快而显得十分突出，正在与现代化、全球化带来的各种观念文化发生着剧烈的碰撞，并在碰撞中走向创新和发展。

第一节　西南民族人口文化的时代变迁的原因与模式

一　西南民族人口文化变迁的原因

文化是不断变迁的，属于其范畴的人口文化也是如此。文化变迁指的是文化在发展进程中，由于文化特质、文化因素上量的渐变以及进而导致的文化结构、文化模式的质的变化。其变迁的过程和规律主要是从量变到质变、从自发到自觉、从物质层面到精神层面，是一个克服文化惰性的过程。

一般来说，文化变迁是由多个方面综合作用的结果，概括起来主要是以下几个方面：首先，引起文化变迁的根本原因是社会生产方式的变革。社会生产方式的变化必然要求社会政治关系发生变化使之相适应，随之带来文化上的变迁。所以社会革命往往伴随着文化上的巨大变革，特别是意识形态领域中的革命。其次，文化自身的矛盾冲突引发的文化分化。马克思主义哲学认为事物的发展是内外因素共同作用的结果，文化变迁亦是如此，其自身的矛盾冲突和分化也会引起文化的变迁。而且文化自身的矛盾和冲突有存在和发展的相对独立性，使得文化的发展和变迁独具特色。最后，地理环境的变化，间接影响了文化的变迁。社会文化虽由人们的智慧和实践所创造，但也是社会和自然在实践基础上相结合、相统一的结果。因此，社会文化也要受到地理环境条件的影响，具有自然的特征，染上自然的色彩。气候条件的变化、自然资源条件的限制都会造成人们生活方式的变革，相应地引起文化特质和文化模式的变化。此外，一个社会、一个国家、一个民族、一个群体文化的变迁，还要受到外来文化传播的影响。即是说，外来文化的传播必然引起该群体原有文化和外来文化的冲突，导致文化的变迁。具体到当代来说，即是任何文化都要面临"现代化"和"全球化"的挑战。在这种背景下，任何文化都会受到外来文化和本国正在发生的"现代化"等种种现象的冲击，并因之而发生各种形式的变迁，甚至是剧烈的变迁。

图 11-1　人口政策宣传牌

如果我们将西方的现代化看作一种类型的现代化，将广大非西方国家的现代化看作第二种类型的现代化，那么，非西方国家中又处在"文化边缘"的少数民族的现代化可以看作第三种类型的现代化。[①] 这一划分的直接依据是少数民族所面临的来自自身以外的双重压力，即来自西方模式的全球性现代化压力和来自其他民族主流文化的现代化压力。对于人口不多、文化相对脆弱、简单的一些少数民族来说，这些压力对其社会文化的消极力量是相当巨大的。同时，我们也应该看到，"全球现代性"背景下的社会转型是一种社会结构的革命性变迁，既包括社会的基本价值、社会生活方式等显性结构的改变，也包括社会文化心理、道德价值信仰等隐性结构的改变，这一转型过程需要内部动力与外部压力的共同作用，如果这两种力量具有较高的契合性，那么其合力作用将表现为社会转型的有序与平稳；反之，就会出现社会转型的失序和散失方向。[②] 如果联系历史现实来看，在中国民族地区的现代性转型中，外部压力（国家引导）要远远大于其内部动力（自然发展）的作用，尤其是改革开放以来，随着主体社会发生的变化，少数民族地区的文化转型与文化变迁也相应地不再以一种有意识的国家意识为主导动力，变迁因素也日益多元化。[③] 如果说在 20 世纪 50 年代至 80 年代西南民族人口文化的变迁动力的主要因素为国家意识的话，那么，在 20 世纪 80 年代中后期以来其多元化的因素共同作用表现得尤为突出，同时又因西南民族地区社会经济发展程度不一，文化多样性特征突出，以及国家人口与计划生育政策"区别对待"的实际，也使人口文化变迁的动力因素具有交错复杂的特点。但从本质上看，西南民族人口文化变迁，不管它来自于哪方面的原因，都必须通过民族文化内部的自身分化、冲突来完成，只因其上述原因而变迁的模式不同而已。

二　西南民族人口文化变迁的模式

文化变迁的模式从速度上讲，有"急剧变迁""渐进变迁"之别；从变迁的范围看，有局部变迁与全局变迁之辨；从变迁的结果上看，有"直接变迁""交错变迁""消减变迁""发展变迁"之分；从变迁的原因

---

① 纳日碧力戈：《现代背景下的族群建构》，云南教育出版社 2000 年版，第 271 页。
② 万俊人：《"现代性"与"中国知识"》，《学术月刊》2001 年第 3 期。
③ 张胜冰、魏云：《少数民族审美文化的困境与相关理论的探讨》，《思想战线》2001 年第 6 期。

上看，有"自然变迁""资源变迁""计划变迁""引导变迁""强制变迁"之异。由于西南民族人口文化内容异常丰富，新中国成立后各民族社会经济状况不尽划一，人口再生产的模式和转变存在着差异，加上各种政策、文化等的交汇作用和影响，西南民族人口文化尽管始终处在或快或慢的变动中，但变迁的影响因素存在着差别，变迁的模式在各个时期又不尽一致，因此很难在整体上对之做出一个笼统性的高度概括。我们仅在此结合新中国成立后有关西南民族人口发展的各方面因素综合分析，从文化变迁引发原因的视角出发，认为西南民族人口文化变迁总体上具有国家形态主导下的"引导型变迁"的模式特征。同时，在不同时期、不同民族在"引导型变迁"中也不同程度、不同范围地存在着"强制变迁""计划变迁""自愿变迁"。而其中的"计划变迁"由于国家意识在其中的决定地位，因此也可列于"引导型变迁"之中。

　　"引导型变迁"主要是由于国家意志、国家力量的介入而引发的人口文化变迁。在这一特定意义上，西南民族人口文化变迁带有一定的被动性。从现代化的视角来看，社会经济的现代化必然伴随着人的现代化，即是说作为生产关系的首要因素，也是社会组成的首要因素的人口的发展与社会经济的现代化相互作用、相互影响。在一定程度上可以说，正是社会经济的发展、现代化进程的加快推动着人口现代化理念的形成及其探索与实践。而事实上，伴随着社会经济现代化的人口现代化可看作一个理性设计的方案和目标，从这一角度出发，西南少数民族社会至今还没有一个自我设计的完整的人口"现代化方案"。再从人口现代化的目标来看，多数西南民族社会并未能够实现或完成人口类型或人

图 11-2　婚育新风宣传标语

口变量自传统向现代的演进、转化的变革过程，即使一些民族如壮族、白族、仡佬族等实现了人口再生产类型的转变，即从传统的高出生、低死亡、高增长转变为现代的低出生、低死亡、低增长类型，但这仅仅体现了人口现代化生育数量特征的转变，并不能说明人口现代化核心的人口素质现代化（包括人口身体素质现代化、教育科学技术素质现代化和思想道德素质现代化）、人口现代化重要内容的人口结构现代化（包括人口年龄结构、人口城乡结构、人口产业结构等现代化）的转变和实现。现实的基本情况是，现代化、全球化背景下的国家力量的介入，以及其他发达地区的影响是引发西南民族地区社会转型和变迁的主要因素。这种基于外部压力的变迁，事实上已给西南少数民族社会带来了不少包括人口在内的社会与文化问题，因此，只有明确西南少数民族社会与文化（当然包括民族人口文化）的这一"引导型变迁"模式，当进一步探索西南民族人口变迁与发展的现实处境时，才能够准确地对一些相关问题作具体的定位分析。

1949 年中华人民共和国成立之后，随即在少数民族地区进行民主改革。这次改革是一场推翻旧制度的政治变革，也是少数民族地区的一次重大的社会变迁。在这一次变革中，中国共产党领导西南各民族人民在同汉族发展水平基本同步的羌、白、纳西、回、彝、苗、水、布依、蒙古、满等民族地区或部分地区实行了土地改革，消灭了封建剥削制度；在傣族、藏族、凉山彝族和小部分拉祜族、哈尼族中废除了奴隶制度和农奴制度；使独龙、怒、傈僳、佤、德昂、布朗、景颇、基诺等民族实现了从原始社会或保留着浓厚原始公社制残余的社会形态向社会主义社会的直接过渡。通过社会改革，西南民族地区建立了以公有制为基础的社会主义制度，克服了以前阻碍生产发展和人口再生产的种种因素，为各民族发展生产、走向现代化提供了先决条件。同时，也因各民族地区经济的发展，卫生医疗条件的逐步改善，福利待遇的逐步提高，民族平等、团结，民族区域自治及各民族共同发展繁荣政策的制定和实行等，为民族人口发展提供了前所未有的基础和条件，传统人口文化也因之而受到前所未有的洗礼。其主要表现为：在生育观念上，在多种因素尤其是在对少数民族"放开生育"政策的作用下，多子多福、养儿防老等主流传统观念有所固化，相对良好的生存条件又使人们的生育意愿有了实现的可能；在人口素质上，信仰小乘佛教的一些民族如傣族、德昂族、布朗族、部分阿昌族、佤族等的青壮年走出寺院返回土地从事生产，人们提高科学文化素质的愿望与实践也多从寺院走进了现代学校；而带有浓厚宗教、迷信色彩的生殖、养育文化随着科学知识的普及而受到强烈的冲击；人口的综合素质，尤其是科学文化素质整体有了提高，人口素质之于民族社会进步的联系、关系认识在不断增强。此外，人和自然和谐的文化随着人口的增长在发生悄然的改变而逐渐呈现不协调的音符；积极的、健康的人口老年文化在逐渐形成，等等。从总体上讲，新中国成立以来，尤其是改革开放以来，西南各民族人口文化与包括国家文化在内的外来文化发生着激烈的碰撞，变迁迅速。而其中，以基诺族为例，处于原始社会末期的民族之于人口文化变迁的"震惊"则无疑又更为突出和典型。

在文化人类学视野中，他者文化有计划整体性的突变被称为"直接过渡"。由于文化变迁连续性的中断，原有"生存方式"的解体或坍塌，人们所熟知的思维方式、行为模式被迫改变，传统文化的消失则不可避免。20世纪50年代中期，有66万人口的云南边疆部分少数民族地区，通过采取一系列特殊政策和措施而跨越了几种社会形态"直接过渡"到社会主义社会。其中居住在西双版纳州景洪市基诺山的基诺族便是其中之一。该族1979年被确定为单一民族，随着"直接过渡"的展开和深化，"外面的"和"现代化"文化阵阵袭来，昔日封闭的基诺山逐渐融入全球化和现代化的洪流中。面对"强势"的他者文化，人口较少的无文字的基诺族的传统文化一时不知所措。传统文化"塑造"的老人们面对民族传统的流失不免怆然泪下，"明知不可奈何而安知若命"，虽有民族文化代表人物"明知不可而为之"，故也深深地感到"无力回天"。现代教育和现代文化"培养"的年轻人，自然认为"外面的世界很精彩"，"外面的生存方式"更有吸引力，对民族文化知之甚少。① 而作为民族文化之中的"人口文化"的变迁表现十分突出：从人口素质文化上来讲，基诺族从新中国成立前没有成功创办过一所学校，到20世纪80年代实现了村村有学校，新中国成立前没有一个读书人的基诺族（除1人被迫代替其他民族充当学差外），"现在仅初中学生就有6000多人，输送高中生、大学生

---

① 董学荣、罗维萍：《"直接过渡"与基诺族的文化变迁》，《贵州民族研究》2008年第4期。

600 多人，50%以上的人口具有初中文化程度"；① 在人口习俗文化上，"男性小伙子争相留长发、染黄发、抽烟、酗酒"，流行歌曲取代了昔日动人的民歌，奇装异服取代了民族服装；邻里互助、无私帮助、相互友善的人际关系变得商品化、市场化。如"传统基诺社会一家建房，全村帮忙，不仅心甘情愿提供无偿援助，而且有的人还要带上吃的、用的东西，甚至自己家里'储备'的建房材料。现在帮亲戚朋友建房一般要付工钱，每天从 20 元到 50 元不等"。有着众多风俗禁忌的基诺族社会，现在的回答却是"和你们汉族没有多少差距"，"没有什么禁忌"。在人口思想素质文化上，传统基诺社会夜不闭户、路不拾遗，"现在的社会不安定因素越来越多，很多人认为治安状况越来越不好，因此，有的人家筑了围墙，安了铁门，上了锁。""祖祖辈辈从未有过的赌博、斗殴、盗窃等现象"在滋生着。从婚姻文化看，长期实行族内婚的基诺社会，现在的"姑娘们则想方设法离开山寨，不惜一切代价出走城市或外地。"② 这些都显示出了伴随"直接过渡"而带来的使基诺人苦闷彷徨的文化冲突和巨变。

　　如果说，我们以改革开放前后为界，将国家形态对少数民族文化变迁在主体导向上进行分段而分别看成是政治主导、经济主导的话，毫无疑问，改革开放前国家意识形态及其政治导向几乎完全左右着少数民族的文化变迁，少数民族在自己的文化变迁上基本失去了自主能力。各个民族的价值观念、思维方式、社会规范因之均发生了结构性改革，在这一阶段，我们也可视之为"强制性变迁"。这在上举事例以及西南各少数民族人口政策等方面表现得非常明显。改革开放后，党和国家基于国家意识形态经济导向而制定的路线、方针、政策，成为影响少数民族和民族地区文化变迁的主导因素，但已不是单一的因素。面对多元文化的冲击，少数民族群体逐渐在文化的互动中意识到自己文化的重要性，开始要求保护、继承和发展自己的文化。民族文化变迁演变成国家意识主导下的多元文化冲突和融合中的变迁。或者说，国家意识强制下的少数民族文化变迁给少数民族带来了强烈的文化"挫折感"，并在"挫折感"的作用下，在 20 世纪末

---

① 董学荣、罗维萍：《"直接过渡"与基诺族的文化变迁》，《贵州民族研究》2008 年第 4 期。

② 同上。

引发了少数民族文化的抢救和保护浪潮。即是说，各少数民族对于在"直接过渡"或"引导型变迁"中产生的对自己民族文化自信的"挫折"逐渐转化为对自己文化的"自觉"。"文化自觉是指生活在一定文化中的人对其文化有'自知之明'……是为了加强对文化转型的自主能力，取得适应新环境、新时代文化选择的自主地位。"① 文化自觉是人们对文化的自我觉悟，对自己、对社会、对自然的明智思考和言行。它意味着思想的苏醒，人文的再复兴，是对文化的主动性思考，是思想的深化。而在民族"文化自觉"的过程中，更需要国家的大力支持、社会各界的广泛关注、专家学者的上下求索。正是在此基础上，基诺族人民在政府的关怀下，认真审视自己的文化变迁和未来的发展模式，潜移默化地以国家的行为准则和道德规范衡量自己的社会文化（包括人口文化），自觉地将自己的文化向国家意识形态要求的方向上变迁，并在其中逐渐增添了对本民族文化的自信心和自豪感，这正如杜玉亭所指出："尽管像基诺族这样的无文字人口又少的小民族的主要表现是文化趋同，但人们近来已发现这一失误，亦在设法挽救自己的优良文化传统。"而"珍视本民族千百年来创造的传统文化，并使它与现代发展相适应，从而使自己的现代化具有优良的民族文化特点，可谓一种新的民族觉醒"②。

纵观新中国成立以来我国民族人口政策的产生与变化，没有任何一个阶段不显示出国家意识决定和引导的人口文化变迁。在"人多力量大"的观念影响下，不可避免地存在着民族繁荣的标志就是人口增长的片面意识。不管是在提高出生率、降低死亡率的"人口兴旺"政策的新中国成立初期，还是在国家提倡和实行计划生育"基本国策"之早期，亦即20世纪80年代前的"在少数民族中不提倡计划生育"，仅"对子女多、间隔密、有节育要求的夫妇"给予指导的阶段，"人众"二字始终是政府意识和民族社会"人口文化"的主题词，并对后来在少数民族中提倡和"也要实行计划生育"的实践产生了较为严重的影响，而后续政策的执行，以及相继计划生育政策到国法新型人口文化的升华，更使民族人口文化处在不断的碰撞和变迁之中，民族人口文化也因之而变得更加多元并总

① 费孝通：《反思·对话·文化自觉》，《北京大学学报》1997年第3期。
② 杜玉亭：《传统与发展——云南少数民族现代化研究之二》，中国社会科学出版社1990年版，第37页。

体朝着安全、和谐的方向发展。

　　为了能较为具体地了解西南民族人口文化变迁与建设的现状，本书选取在贵州的如下实地调查个案以观其一斑。

　　——新农村建设带动人口文化建设——芦猫塘村。贵州省清镇市红枫湖镇芦猫塘苗族村是一个以布依族、苗族为主的少数民族村。2010 年 12 月，全村有 274 户 950 人，其中少数民族人口 805 人，占总人口的 84.7%，自建村以来，由于受传统思想观念、自然条件等方面制约，经济社会发展相对滞后，违法生育的情况比较突出，计生工作十分被动。经过政府引导下的以"新农村建设带动人口文化建设"行动的实施，人口文化建设呈现了崭新变化，人口计生工作一跃而成贵州典型。其实施人口文化建设的主要做法可作如下归纳：一是将人口文化建设融入新农村建设。在婚育新风进万家的基础上，芦猫塘村创新宣传载体，丰富活动内容，吸引群众参与，传播婚育新风。2008 年以来，结合新农村建

图 11-3　人口文化长廊

设特点，投入 10 余万元在村驻地建立了生育文化园、生育文化雕塑和以关爱女孩和婚育习俗为主要内容的生育文化墙；形成了生育文化一条街，设置计生宣传广告，在墙壁上张贴以"婚育新风、尊老爱幼、邻里和睦"等为主要内容的系列宣传画；二是组织新型的人口文化活动。修建了展示《中国人口报》《人口与家庭》《贵州人口墙报》等报刊的宣传栏，让群众及时了解计生政策、生殖健康等知识；经常组织群众利用民族节日、各种计生纪念日开展丰富多彩的文化活动；三是建计生幸福林。为了树立文明进步的婚育新风，表彰自觉实行计划生育的家庭，该村建立了计生幸福林，给该村实行计划生育政策的计生户栽种树木，挂牌管护，以示表彰。通过上述活动的开展，芦猫塘村村民的生育观念、人口行为发生了实质性的改

变，一跃而为贵州著名的民族人口文化建设先进村。[①]

　　——对优良传统习俗文化的张扬促进人口文化建设——大岩村。大岩村是黔南州龙里县边远偏僻的布依族聚居山寨，长期以来，这里的民族风情浓郁，世世代代有着爱树如命的习俗，但随着交通的发展和人口的不断增加，当地伐木敛财、毁林开荒的现象时有发生，人口行为固守着传统的多子多福、儿孙满堂观念而人口计划生育工作艰难。为改变这一状况，该村自 2000 年起，结合当地民族风情广泛开展树婚育新风、创文明计生户活动：一是利用"六月六"布依族歌会，以歌谣形式宣传优生优育知识，号召青年破传统陋习，树婚育新风，建文明幸福家庭。这一活动的开展，使一些青年男女冲破封闭式婚姻陋习同外地民族相互通婚，并户户与所在镇计生办签订"计划生育诚信协议书"。二是结合布依族有爱树如命和房前屋后种树的习俗，倡导和坚持少生孩、多种树、护好树活动。从 1996 年开展这项活动以来，该村无一例计划外生育，有的还放弃二孩生育指标终身只生一个孩子。三是结合布依族比较稳定的婚姻家庭习俗，开展创建文明幸福家庭活动，"少生孩子，多挣票子""建和谐家庭，创文明村寨"蔚然成风。四是在充分搞好生态保护的同时，利用民间根雕制作工艺与根雕文化，发展根雕产业，其中尤其扶持计生两女户、独女户从事根雕业致富。该村根雕产品销往云南、陕西、广东、上海等多个省市，甚至还远销国外，根雕年收入近百万，是黔南州"根雕艺术之乡"，贵州省"根雕艺术之乡"。大岩村通过继承并发展原有的民族习俗并使之服务于人口发展现实需要，从而实现了改变经济落后面貌、实现人口观念与行为转变的目的。2004 年年初，全村人口由 7 年前的 876 人减少到 868 人，全村 218 户人家，计生文明户就有 198 户，占全村总户数的 90.83%。[②] 到 2010 年时，全村家庭仅增 1 户为 219 户，人口仅增 1 人为 869 人，成为远近闻名的文明村寨和人口文化示范村寨。

　　——以"人口文化节"为平台推动特色人口文化建设——普定县。贵州普定县位于贵州省西部。总面积 1079.93 平方千米，总人口为 47 万，辖五镇六乡，世居着苗、布依、仡佬、彝、汉等民族。该县文化底

---

　　① 参见笔者与李永贤合著之《贵州农村人口文化建设的理论构架及路径研究——基于清镇市芦猫塘村、普定县的实证分析》文，《西北人口》2011 年第 2 期。

　　② 李智环：《贵州农村生育现状实证分析》，硕士学位论文，贵州大学，2007 年 5 月 1 日。

蕴浓厚，村村有地戏、寨寨有花灯。该县针对多子多福、传宗接代等传统人口观念浓烈、男性生育偏好刚性因而制约着人口问题综合治理、统筹解决的实际，在人口和计划生育工作中，树立了"文化为魂，婚育观念为根"的理念，把建设具有鲜明时代特色的人口文化作为人口计生工作的首位工程，不断探寻并传播具有时代特色的人口文化的新机制、新模式，将人口文化融入地方传统文化之中，推动先进人口文化建设。主要内容有：一是重视人口文化建设保障体系。在《普定》杂志、普定电视台开办"人口文化"专栏、节目；依托《当代贵州》网络事业部，创建《普定人口网》；建立县级人口文化一条街，11 个乡级人口文化大院，33 个村级人口文化大院（长廊）；在县、乡、村组建 100 支人口文化宣传队；成立的普定县人口文化文艺作品创作小组，每年召开普定县人口文化作品创作座谈会，促进人口文化建设向纵深发展。二是倡导婚育新风，探索人口文化建设新形式。自 2008 年起，普定县每年举办"黔中人口文化节"。每届人口文化节，均推出千名儿童书画表演赛、关爱女孩演讲比赛、人口计生系列活动。具体有以"人口、环境、家园"为主题的千名儿童书画表演赛、以"关爱女孩，构建和谐社会"为主题的演讲比赛。在人口文化节上，发放年度计划生育奖励扶助、特别扶助、生产扶助、人口计生成才奖"四项"奖励金。三是依托传统文化，加大新型人口文化宣传力度。例如 2009 年 8 月 7 日至 13 日，普定县举办了以"科学发展、人口和谐"为主题的"贵州·普定第二届黔中人口文化节"，文化节主要内容为：文艺演出暨"人口文化进校园""关注老年健康、共绘美丽夕阳"义诊、"阳光女孩"才艺展演中 50 多名女孩先后表演了民族芦笙舞、竹竿舞、板凳舞等，展现了浓厚的民族风情、送"生殖健康进百村千户""人口·环境·和谐"书画摄影展、"六奖同发"（六奖：即计划生育奖励扶助金、特别扶助金、生产扶助金、少生快富奖励金、人口计生"成才奖"、计划生育建房补助金），场面热烈，影响突出。[①]"黔中人口文化节"已成了贵州人口文化建设的著名品牌。

---

① 参见笔者与李永贤合著之《贵州农村人口文化建设的理论构架及路径研究——基于清镇市芦猫塘村、普定县的实证分析》文，《西北人口》2011 年第 2 期。

——以"两个统筹"为载体促进新型人口文化建设——湄潭县。[1] 湄潭县位于贵州高原北部，地处大娄山南麓，乌江北岸，在名城遵义东南侧。湄潭县辖 9 镇 6 乡、120 个村委会 18 个居委会。2010 年总人口 37.74 万人。除汉族外，有彝、白、傣、壮、苗、回、瑶、布依、蒙古、水、满等民族居住于此，是典型的山区农业县。在 2006 年 12 月 17 日《中共中央国务院关于全面加强人口和计划生育工作统筹解决人口问题的决定》和 2007 年 7 月 31 日中共贵州省委、省人民政府《关于全面加强人口和计划生育工作统筹解决人口问题的意见》发布后，湄潭县在原有人口计生工作成效基础上，明确提出了贯彻落实中央《决定》精神的一系列重大措施，积极推进"两个统筹"——统筹人口自身协调发展、统筹人口与经济社会资源环境协调发展。

在 20 世纪 80 年代末，湄潭县作为全国农村改革试验区，探索出了"增人不增地，减人不减地"的农村土地制度，并被写入中央文件。进入 20 世纪 90 年代中后期，特别是 21 世纪以来，群众权利意识日益凸显，人

图 11-4　计生升学奖励

口自身问题也逐步多样化。面对新的挑战，湄潭县在有关国家法律和政策指导下，积极推进"两个统筹"，以民生需求为导向，以优质服务为突破口，以围绕群众的需求为出发点和落脚点，全面搭建计划生育优质服务平台，不仅要做好避孕节育、人口控制，还要关怀人的生命质量、生命健康、生命诉求、生命环境。在制度上，完善了计划生育利益导向"四项

---

[1]　对湄潭县"两个统筹"的论述主要参考笔者与徐静、丁凤鸣合著之《贵州省"两个统筹"模式研究——基于余庆、湄潭的实践探索》文，《人口·社会·法制研究》2010 年卷，第4—19 页。

制度"，① 建立了六大工作机制，② 创造了"九登门"服务③。在措施上，一是深化生育服务。推进依托计生工作和妇女工作资源整合，着力推进"家庭保健"工程。将家庭保健融于计生宣传和服务之中，以"健康检查、婚前咨询、孕期服务、产后服务"为重点，将服务对象从育龄人群拓展到青春期、母婴期和中老年群体。目前，全县已有 89 个村（居、社区）实施了"家庭保健"工程，为群众自觉参与人口计生工作搭建了更加广阔的平台。二是开展生活服务。依托城乡一体化发展的政策机遇，以计生对象户为主体，着力打造"美丽家园"工程。目前，全县已有 73 个村（居、社区）实施了该项工程。三是推动生产服务。依托村居民自治，落实"支部加协会"。为尽快实现群众"少生快富"的愿望，将计划生育与产业发展紧密结合，在全县认真开展"支部加协会、建设新农村"示范工作。计生协会在村党支部的领导下，带领群众依靠资源优势、发挥集体智慧、推动产业发展。迄今已建成了计划生育协会茶叶分会 75 个、果蔬分会 56 个、畜牧养殖分会 72 个、青田鱼养殖分会 18 个、旅游分会 30 个，帮助解决计划生育家庭在生产经营中的具体困难。四是强化利益导向。在国家一系列普惠民生政策出台的背景下，推行"普惠加特惠"政策。2006 年出台《湄潭县农村计划生育利益导向试行办法》，建立了以奖励、优惠、扶持、救助、保障为一体的计生利益导向政策体系。至今在生产扶助、住房补贴、建房补助、绝育补助、新农合补助、生活补助、学生助学金等方面累计投入资金 3000 万元，惠及 8 万余人。五是开展"幸福

---

　　①　湄潭县计划生育利益导向"四项制度"：一是计划生育家庭奖励制度，包括独生子女父母一次性奖励费、独生子女保健费、放弃二孩生育奖励、节育奖励、绝育手术奖。二是计划生育家庭保障制度，包括农村奖励扶助、新型农村社会养老保险、基础养老金补贴、新农合参合补助金及医疗费减免补助、城镇低保户独生子女户奖励扶助金。三是计划生育家庭救助制度，包括计划生育特别扶助、节育并发症特别扶助、独生子女死亡、伤残抚慰。四是计划生育家庭优惠制度，包括高考助学金、农村"两户"女孩中、高考加分照顾。

　　②　六大工作机制：一是服务质量评估机制，二是服务条件保障机制，三是服务过程随访机制，四是避孕方法知情选择机制，五是出生缺陷干预机制，六是生殖道感染干预机制。

　　③　"九登门"服务：一登新婚夫妇的门，宣传政策法规、优生优育知识，免费发放叶酸；二登孕妇的门，宣传孕期保健知识，指导科学怀孕；三登产妇的门，送一份贺礼，宣传科学育儿和避孕节育知识；四登手术对象的门，了解术后情况，宣传保健知识；五登"两户"人员的门，兑现奖励扶助，开展帮扶工作；六登"三查"服务对象的门，宣传定期健康检查的好处；七登不孕不育对象的门，提供咨询转诊服务；八登计划外怀孕妇女的门，落实补救措施；九登子女死亡对象的门，传递党和政府关心，帮助落实再生手术，解决有关经费。

工程·救助贫困母亲行动"，帮助部分贫困母亲成为当地致富能手和计划生育、精神文明建设的带头人，营造扶贫济困、关爱母亲、奉献爱心的道德新风尚。六是开展"法律知识进万家"活动，提高广大群众法律意识，自觉规范自己的生育行为和利用法律维护自己的合法权益。

通过系列工作，湄潭县从 1975 年到 2010 年的 35 年间，全县人口出生率从 38.4‰下降到 10.78‰，符合政策生育率从 53.25% 上升到 95%，低生育水平得到稳定。2006 年以来，全县出生缺陷发生率从 2.5‰下降到 2010 年的 1.5‰。人口对经济发展、资源环境的压力得到明显缓解，2010 年，全县人均国民生产总值达 5685 元；农民人均纯收入 4198 元，比全省平均水平高 1043 元。目前，人均耕地 1.09 亩，比全省平均高 0.39 亩，森林覆盖率 56.5%。2006 年至 2010 年，全县出生缺陷发生率分别为 2.5‰、3.46‰、1.67‰、1.07‰、1.5‰，不仅呈总体下降趋势，而且远远低于同期全省平均水平。"两个统筹"的不断推进，使湄潭县的人口文化朝着优生优育、少生少育、人口发展和谐、代际和谐、人口与资源环境和谐的方向发展，人口自身发展、人口与经济社会资源环境发展呈现出了协调共进的喜人态势。

从上述实例中可以看出，在西南民族人口文化的变迁过程中，仍然充分体现出了"引导型变迁"的特质。但在这一变迁过程中，也体现出西南民族对人口文化的"文化自觉"以及在此基础上的相应行为变迁，而这种自觉的变迁实际表现在民族人口文化现状的各个方面。这里本书以"黎平现象"为示。

我们来看相关媒体的报道：2007 年 8 月 31 日，贵州人口网登发肖鸿专稿《探索民族地区统筹解决人口问题的新思路——曾祥权黎平调研纪实》；同年 10 月 15 日，黔东南日报第四版以半个版面发表了黎济生、韩鸿周、廖乙勋的文章——《震撼贵州的黎平现象——黎平人口与计生"8001"现象的大冲击波纪实》；2008 年 8 月 7 日，《贵州日报·金黔在线》登载了徐静、丁凤鸣撰写的《对农村放弃"政策内二孩生育"现象的思考》，均对"黎平现象"进行了解读。

所谓"黎平现象"，就是指该县部分享有"政策内二孩生育（即指一部分夫妻根据《中华人民共和国人口与计划生育法》和《贵州省人口与计划生育条例》的规定，具有生育第二个孩子的资格）"的家庭推迟、放弃二孩生育的突出现象。截至 2006 年 12 月 31 日，该县农村推迟、放弃

"政策内二孩生育"的家庭共计 8001 户，而且推迟、放弃的速度呈快速增加之势。黎平地处黔、湘、桂三省（区）的交界处，少数民族人口与农业人口分别占到全县 51 万人口总数的 84% 和 90.73%，是一个典型的老、少、边、穷贫困县。该县人口发展在国家民族人口文化大背景下，增长迅速，1950 年人口为 19.31 万人，1987 年上升至 39.2 万人，净增了103%，2007 年总人口 51.7 万人，人均耕地 0.63 亩，比 1987 年人均0.83 亩下降了 24% 左右，比 1950 年减少了近 2 倍。在人口与计划生育执行过程中，同样经历了"天下第一难事"的过程，而在进入 21 世纪以后，由于人口与计划生育工作思想教育与利益向导的结合，特别是农村计生户养老保障奖励扶助制度的建立和实施，群众的生育观念一度发生了深刻的变化。2006 年与 1975 年相比，人口出生率从 38.45‰ 下降到 14.3‰，自然增长率从 24.79‰ 下降到 8‰。该年全县有 826 对适婚青年主动推迟结婚，1022 对婚后推迟了生育子女的时间，595 对夫妇申请办理了独生子女父母光荣证；7406 对夫妇分别以书面或口头承诺推迟或放弃政策内的二孩生育指标，是为"8001"黎平现象。分析这种现象产生的原因，大致有五个方面：一是计生户养老保障扶助制度的建立和逐步完善，减少了他们"老无所养"的后顾之忧；二是家庭还不富裕，增加子女数就等于增加经济压力，会导致生活水平的下降；三是生活理念发生变化，多生一个孩子会增加一个拖累，造成更多的不自由；四是多生一个孩子或政策内生育间隔期太长，培养孩子所需要的精力和财力就会分散和延长；五是不少家庭孩子多并非福祉，且家庭养老也没有保障。旧时，多一个子女还会导致财产分割的矛盾纠纷等。这里我们不难看出，在这"南部侗族"聚居的黎平，人们的生育观念、养老观念、发展观念、人口生态观念、和谐等观念在发生着剧烈的变化，而这种变化又无疑与我国改革开放政策的形成，市场经济体制的逐渐建立，尤其是国家近四年来在进一步加强人口与计划生育工作、统筹解决人口问题所采取的一系列宣传教育、奖励扶助、养老保险政策有着根本的联系，从中也看出该县民族群众之于人口生育选择上的文化自觉。

三 西南民族人口文化变迁中值得注意的问题①

在现代化、全球化背景下，由国家形态和行政力量作用下的西南民族地区的人口文化变迁在总体上朝着人口现代化的方向前进的同时，也存在着多元性、非均衡性、不协调性等问题。这些问题产生的原因非常复杂，对先进人口文化和人口安全产生的影响严重，已经成了国家、社会和各族人民共同关心的问题。其中最为典型的是由于重男轻女、社会性别不平等而带来的西南民族地区出生性别比失调及带来的相关影响，比如"未富先老"的老龄化进程对传统养老文化的挑战，人口流迁文化中的就业、就学、就医等方面的身份、权益平等问题，以及人口外流与对"三农问题"的关系作用等。在此，本书就生育文化产生出的西南民族地区出生性别比失调和因人口流迁而带来的老年问题（以贵州为例）作具体的分析。

出生性别比在 102—107 一直被国际社会公认为通常理论值，即每出生 100 名女婴所对应出生男婴数置于 102—107，其他值则被视为异常。从"五普"和 2005 年 1% 人口抽样调查、"六普"资料对比来看，西南各省市区（除西藏偏低或正常外）出生性别比都呈幅度不等的攀升态势，广西大部在 120 以上高位徘徊，远远高于国际社会公认的 102—107 的正常值；"五普"最低的贵州从 107.03 升至 127.65，"六普"也高达 126.2。民族自治州出生性别比的攀升则更为突出（见表 11－1），如贵州黔东南州 1981 年就开始失衡，1990 年达到 123.10，"五普"为 125.53，1% 抽样调查时再升至 134.06，"六普"达 138.54。该州与广西南宁、钦州、贵港、贺州等地是民族地区出生性别比失调的典型"三高"（长期、普遍、重度偏高）区域。而在"五普"时尚处正常区值的民族州县，时隔几年也跨入了出生性别比不平衡的门槛，如云南德宏州从"五普"时的 102.77 上升为 1% 时的 122.82。广西河池从 2005 年 1% 人口抽样调查的 108.42 猛升至"六普的"141.90。贵州黔西南州"五普"处于正常状态，

---

① 该目内容主要依据笔者《西南民族地区出生性别比失调依法治理：实践、问题与建议》（《贵州民族研究》2008 年第 5 期）、《西南民族地区出生人口性别比失调问题论析》[《中央民族大学学报》（哲学社会科学版）2010 年第 1 期] 等文整理而成。

而在1%人口抽样调查就上升至121.99，"六普"再上升至135.03。当然，

表11-1　西南（部分）民族地区（自治州）出生性别比失调状况

地区	性别比			地区	性别比			地区	性别比		
	五普	1%抽样	六普		五普	1%抽样	六普		五普	1%抽样	六普
云南西双版纳州	112.79	84.40	102.92	广西柳州市	105.20	119.50	123.08	广西贺州市	126.40	123.96	127.21
云南大理州	101.97	98.44	106.23	广西桂林市	119.24	120.75	98.66	广西崇左市	119.20	113.16	123.01
云南楚雄州	108.93	108.31	104.14	广西梧州市	134.26	116.06	122.94	广西河池市	119.16	108.42	141.90
云南红河州	116.07	119.05	113.53	广西北海市	128.26	109.68	132.37	广西白色市	111.46	115.91	129.59
云南文山州	117.40	126.56	113.61	广西防城港市	140.40	119.61	153.57	贵州黔西南州	101.18	121.99	135.03
云南德宏州	102.77	122.82	110.21	广西钦州市	139.87	124.24	124.77	贵州黔东南州	125.23	134.06	138.54
云南怒江州	102.27	111.10	107.90	广西贵港市	135.82	141.63	154.83	贵州黔南州	115.65	124.62	128.48
云南迪庆州	104.29	95.30	106.17	广西玉林市	147.84	109.76	141.10	重庆5自治县	134.63	122.89	113.27
广西南宁市	133.57	131.17	134.86	广西来宾市	133.43	110.00	102.03				

資料来源：广西、贵州、云南"五普"、1%人口普查资料。注：重庆5自治县指黔江1区，石柱、秀山、酉阳、彭水4县。

通过出生人口性别比失调综合治理，一些民族地方攀升的势头得到了遏制，典型者如广西来宾、重庆5自治县，分别从"五普"时的133.43、134.63下降到"六普"时的102.03、117.27。还有，一些地方普查年度的数据波动较大，如广西三次普查的数据为128.26、109.68、132.37，玉林市为147.84、109.76、141.10。从总体上看，云南民族地区的出生人口在"六普"时相对处于正常状态。"六普"数据显示，西南民族地区出生人口性别比数据最高的广西防城港市为153.57，最低的桂林市为98.66，高低相

差 54.91。

可见，在西南民族地区人口数量、人口素质、人口贫困等问题尚未完全解决之际，日益凸显的出生性别比失调问题已成为出现的又一不可忽视的人口问题。

通过对人口普查、人口计生统计数据以及实证调查等资料分析，我们认为，西南民族地区出生性别比失调问题表现出了长期累积（广西全区、重庆五民族县——秀山、石柱、酉阳、彭水、黔江和黔东南州，以及黔南州的都匀市、平塘、瓮安、荔波、三都等县出生性别比失衡开始于 20 世纪 80 年代前后，积累时间已在 25 年以上。此外，贵州黔南州整体及所辖多数县市，云南红河、文山等州，以及重庆秀山县于 20 世纪 90 年代开始攀升，积累时间也在 15 年左右）与近年攀升现象突出（近期失衡有云南西双版纳、怒江、迪庆、楚雄四州，黔西南州）、普遍失调（广西全境、黔东南州、重庆各自治县是普遍失调的典型）与局部偏低并存（2005 年 1%抽样时西双版纳为 84.4、大理为 98.44 等，"六普"广西桂林为 98.66），重度失调（如广西在"五普"时就有 5 地市为 130 以上的重度失调状态，贵州黔东南州在 130、140 以上的县市分别占 1/2、1/4）与轻度徘徊（在 107—112 间轻度徘徊典型者如云南各州）彼此交错、孩次上升出生性别比上升（如广西"五普"时 1—5 孩性别比为 109.97、160.61、184.09、201.67、183.23）、在政策界限上计划外出生性别比高于计划内（如黔东南州 2000—2005 年计划内为 122.2、121.7、124.6、120.1、118.9、114.9，而计划外则分别为 174.5、178.4、187.3、185.5、192.8、206）、少数民族出生性别比失衡问题凸显（"五普"时，西南侗、土家、瑶、壮、哈尼、苗、黎、彝、布依、白、傣等 11 个人口超过 100 万的少数民族中，除傣、白 2 个民族出生性别比分别为 105.36、100.79 未偏高外，其余 9 个民族出生性别比均超过了 120）等七大特征。

研究表明，出生性别比偏高，已经或可能产生的后果主要表现在婚姻挤压问题凸显和影响婚姻家庭的稳定、影响人口安全、经济发展与社会和谐。而事实上，西南民族地区由于出生人口性别比的长期失调，已经产生了相应的系列问题。这里笔者从拙著《西南民族地区出生人口性别比失调问题研究》[①] 析出如下内容对产生的婚姻挤压问题予

———————————

① 杨军昌：《西南民族地区出生人口性别比失调问题研究》，民族出版社 2010 年版。

以分析。

　　婚姻挤压是指婚龄男性人口或女性人口无法找到配偶的一种婚配困难现象。在一个生育率和年龄结构相对稳定的人口中，每年出生人口及由其决定的各低年龄人口数量将形成一个稳定值，若在此条件下，若每年出生人口的性别比持续偏高，在各年龄人口相继进入婚配年龄时，将造成婚配性别比失衡问题，导致大量适婚男性不能成婚。"五普"资料显示，西南民族地区婚龄前人口性别比已经不同程度偏高。例如，广西 0—18 岁人口性别比达到 120.49，该年龄段男女绝对量的差异已达到 144.8 万。贵州少数民族 0—19 岁人口性别比达到 116.83，比汉族同年龄段性别比高1.49。为了知其问题的严重性，我们再看相关权威部门的论述：广西统计局根据"五普"数据得出结论，认为"20 年后，广西将有 20% 左右的男青年，可能因为没有适龄女青年而无法结婚，不能过上正常的婚姻家庭生活"。并证实"广西乡村 30—39 岁未婚大龄男性已占该年龄男性的12.4%，同龄未婚女性仅占该年龄女性人口的 1.1%"。而从 2005 年 1%人口抽样调查表明："广西人口性别比失衡导致男性失婚现象日益明显，15 岁以上未婚男女性别比达到100：148，而 30 岁以上未婚人口中，城镇未婚男性占同龄人口的 6.24%，女性为 1.27%，而乡村未婚男性占同龄人口的比例达到 7.21%，女性仅为 0.87%。""婚姻挤压"程度可见一斑。事实上，由于多年出生性别比失调而带来的婚姻性别挤压后果已在局部地区开始显现，并且这种问题所反映出来的已经不仅仅是人口学视角关注的问题，更是社会学领域所关注的重要问题。如一些农村贫困地区出现的所谓"光棍村"现象：贵州某县一水族行政村，2004 年 3 月在全村 471人中，年满 23 周岁的"光棍汉"就有 51 人。此外，某市一称为牌坊的民族村寨，全村 2249 人，仅"光棍汉"就有 282 人，其中 30 岁以上的光棍俯拾皆是，40 岁以上的有 60 多个，而与之对应的是同村未婚女青年仅60 人，且都外出务工。

　　婚姻是产生家庭的主要形式，家庭是社会的细胞，家庭的稳定是社会稳定的基础。出生性别比升高可能对婚姻家庭秩序造成一定影响。首先是引发婚外性关系加剧和离婚率上升的可能。由于"婚姻市场"缺乏足够的配对女性，大量未婚男性便将寻配的视角延伸到婚内的妇女，这意味着为已婚妇女提供了再次择偶的机会，从而引发婚外性行为的概率加大。其次是对家庭功能的弱化。西南民族地区的家庭类型尽管日益呈小型化、核心化趋势，但其传统的生育、生产、生活、教育、养老、娱乐等功能仍然健全，由于大量适龄男子因无法成婚，自然无法通过婚姻来实现新家庭的组建并发挥其各项功能。最后是"边疆婚姻"问题凸显。由于长期战争导致的男女比例严重失调，越南男少女多的现象突出，男女性别比降为49∶51。而广西、云南文山等州出生性别比又长期偏高，跨国婚姻弥补与调节了两国性别比失衡的需求和矛盾。据统计，广西大新、龙州、凭祥、宁明、东兴5个边境县市2006年共有5018对跨国婚姻。这种婚姻固然具有利于婚龄性别比例失调的缓解，促进边民和平交往与和谐的一面，但它造成或带来的诸如家庭稳定性差、子女教育缺乏、贩卖人口、走私、贩毒等问题也不容忽视。此外作为边疆地区，西南民族地区本身的社会稳定对我国边疆安全具有极其敏感的影响，不排除敌对势力借人口问题制造混乱的可能性。

"婚姻挤压"市场虽然不遵循"供不应求，价格上涨"的规律，但具有"优胜劣汰"的生存竞争性质，相继出现的大龄未婚人群主要是城乡地区的弱势群体，尤其是农村贫困人口，他们在婚配竞争中必然处于弱势地位，尽管不排除这将成为他们知"耻"而后勇的激励因素，但是更多的是造成他们缺乏自信心和社会责任感，得过且过，不思进取，普遍持"一人吃饱，全家不饿"的价值观念。这样的社会风气一旦弥散开来，对西南民族地区新农村的经济建设及和谐社会构建将是一个不可等闲视之的消极因素。我国传统观念认为"成家"和"立业"是联系在一起的，当一个人不能正常婚配时，会逐渐产生一种失落和无用感，产生怨天尤人的社会情绪，甚至强烈感到社会不公，由此会对政府和社会产生埋怨和失望心理。如果这种情绪和心理得不到有效的排解和疏导，很容易变成一种反社会行为，促使各类暴力犯罪、性犯罪及拐卖人口等案件频频发生，从而危害社会稳定。事实上，这种现象在西南民族地区都有不同程度的发生。

无疑，出生性别比失调这一客观存在的人口问题及由此所引发的一系列社会问题，在西南民族地区来讲，还可能成为民族问题和边疆安全问题，因此，这一问题解决的意义无疑重大深远。这一人口问题，当然也是社会问题的显现，原因无疑是多种因素综合作用的结果，但文化的因素绝对不能忽视。这里我们自然而然地联系到美国社会学家 W. F. 奥格本在1923年出版的《社会变迁》一书中使用的"文化堕距"的理论。"文化堕距"理论认为，在社会变迁过程中，文化集丛中的一部分落后于其他部分而呈现呆滞的现象，一般地说，物质技术方面的变化发生在前，非物质的适应性文化变化于后。如科学技术上的发明创造和发现，使物质生产发生了变化，而指导和管理生产的政策、组织、制度等并没有及时作相应的调整，这时后者就成为文化变迁过程中的滞后部分，从而发生堕距现象。但是，非物质的适应性文化的变化先于物质文化的变化的情况也经常发生。马克思主义辩证唯物论的观点也认为，物质文化决定非物质文化，而非物质文化一经形成，便具有相对的独立性和稳定性。首先，从客观过程来看，在物质文化发生变化的时候，这种变化信息传达到适应性文化中去要有一个过程，即适应性文化反映物质文化的变迁要经历一段时间，即时间差，然后才能发生相应的变化，因而发生堕距现象。其次，特殊利益集团的保守。凡是对某一集团有特殊利益的文化，必然受到该集团的保护，因而使这种文化得以保存。文化堕距不可避免，但是可以通过社会整合和社会改革而缩短。

基于这一理论来审视西南民族的传统人口文化，不难看出由于地域的封闭性，人口文化素质较低，经济的相对滞后，人们受传统文化的影响相对较大而观念转变"堕距"突出，"重男轻女""儿女双全"等为主要特征人口文化反映在人们的道德、知识、民俗和制度上，具有广泛的社会基础，可谓根深蒂固。诚然，西南民族人口文化中许多具有优秀、科学、合理的成分，很多消极落后的东西在不断扬弃，符合时代要求的观念和行为正在树立和实践，可说这是民族人口文化建设中的主流，但"父母之命，媒妁之言""三从四德""三纲五常""不孝有三，无后为大"等封建主流文化在不少民族地区刚性地存在着，并深深地影响着民族同胞的经济社会生活，进而影响着人们的生育、性别选择等人口行为。由此可见，在弘扬优秀民族传统文化的同时，反思我们人口文化建设中的经验与存在的问题，在遵循文化发展规律的基础上，采取积极有效的措施，进一步加强先进人口文化建设，促进人们的生育观念和人口意识的现代转变，推进和谐、科学的人口文化建设进程，既是光荣而艰巨的系统工程，又是人口文化建设与经济发展协调共进的理性追求，必须高度重视和积极实践。

人口老龄化是关系到社会生产和经济发展的重大问题之一。进入21世纪以来，世界各发达国家都已经迈入了老龄化社会、少数发达国家已经处于深度老龄化社会，相当一部分发展中国家也已经或即将迈入老龄化社会，我国在2000年左右已开始进入老龄化国家的行列，贵州在20世纪80—90年代曾因人口年龄结构比全国年轻10年而处于最年轻的省份之一，也于2005年提前进入老龄化社会。西方发达国家老龄化基本是和经济发展程度同步的，即国家经济实力和社会富裕程度"边富边老"。如果说我国是在"未富先老"的情况下进入老年型社会的话，作为"欠开发、欠发达"的贵州"未富先老"现象则更加突出。人口老龄化的出现，一方面是由于经济总量迅速增加和医疗卫生水平普遍提高，人口出生率和死亡率长时期处于世代更替之下，人口平均寿命延长，老年人口绝对数量增多；另一方面是大量劳动年龄人口外出，导致青少年和青壮年人口比重下降，老年人口比重相对上升。而对贵州来讲，人口的流迁是造成老龄化比率上升较快的主要原因。

　　2005 年全国 1% 人口抽样调查资料显示，贵州人口年龄结构类型已从成年型晚期转变为老年型人口年龄类型，比预计的 2010 年提前 6 年进入老龄化社会。根据抽样调查结果，在 2001—2005 年短短 5 年时间里，贵州人口少年儿童系数由 2000 年的 32.68% 下降到 2005 年的 28.35%，下降 4.33 个百分点；2000 年贵州 65 岁及以上老龄人口占全省总人口的比重（老年比）为 5.97%，与 1990 年的 4.61% 相比，10 年时间上升 1.36 个百分点；2005 年 65 岁及以上老龄人口占全省总人口的比重为 8.21%，5 年时间上升 2.24 个百分点，2000 年第五次人口普查，贵州人口老化系数居全国第 24 位，比全国低 1.13 个百分点。2005 年 1% 人口抽样调查表明，贵州人口老化系数反超全国 0.25 个百分点，凸显贵州老年比重陡然提高和老龄化发展速度超快的特征。

　　我们知道，老龄人口占总人口的比重（老年比）是人口老龄化的重要指标，分子是老龄人口总数，分母是常住半年以上的总人口。从计算的角度来说，无论是分子数量变动或是分母变动均会对计算结果产生影响。其中分子（老龄人口总量）变动的因素基本上属于人口年龄变动的自然影响，而以常住人口总量为分母计算的老龄人口比重开始受到人口机械变动的影响。可以说，贵州老龄人口进程的影响因素虽有人口年龄结构的自然变化，但更主要是由于农村大量青壮年劳务外出而带来的"分母影响"，导致了人口老龄化进程的加快和城乡老龄化程度的严重倒置。

　　自 20 世纪 90 年代以来，随着严格的城乡二元户籍管理制度的改革开放，受行政体制和劳动力市场规律的双重影响，贵州人口大量流出到外省务工经商，成为人口净迁出省。2000 年"五普"表明：贵州总流动人口 472 万人，其中流往省外的人口为 231.22 万人。据 2005 年 1% 人口抽样调查资料计算，2005 年，贵州流动人口总量已达 927.48 万人。占贵州 2005 年年末常住半年以上人口（包括未落户口的人）和流往省外半年以上人口总量的21.27%。其中630万人流往省外，占14.45%；农村流动人口841.32万人，占全部流动人口的90.71%，其中劳动力人口占82%。概括而言，两成人口在流动，一成半人口流出省外，流动人口九成来自农村。在流往省外的人口中，0—14岁、60岁以上这一老一小两个群体人口占流往省外人口的比重为6.85%，15—34岁为84.22%，15—59岁为93.15%。2010年"六普"时，贵州净流出省外人口达717.81万人，占户籍人口（4189.0万人）的比重达到17.14%，其中劳动年龄人口（15—59岁）占流出人口的86.11%。表明从2000年开始，流出人口呈增长趋势且已达到加速增长。2000年贵州净流出人口仅为223.89万人，到2010年净流出人口已是1990年的3.17倍。如果按照户籍人口计算，贵州省60岁及以上老年人口占总人口比例为11.46%，65岁及以上为7.96%，分别比按照常住半年以上人口计算的比例低1.38和0.75个百分点，表明贵州流出人口迅速增加导致老年人口比重快速上升，大量中青年劳动力向省外流动，加剧了贵州常住人口老龄化的程度。这在宏观上加重了劳动人口的负担，微观上则减少了老龄照料和服务提供者，削弱家庭赡养能力，亲情慰藉难以得到满足也成为老年人面临的普遍问题。

事实上，贵州老龄化加剧还包括经济、社会各方面的原因，但从人口文化的视角来看，传统文化中所形成的根植于土地的农业文化正在消退，而市场经济作用下现代主流文化对农业文化的影响或者说替代正在发生，地域之间经济社会的联系加强的同时，为文化变迁创造了客观的条件，尤其在西南少数民族地区，传统封闭的生活方式被打破的同时，本土文化不可避免地受到了外来文化（尤其是城市文化）的冲击，经济好转带来生活上的改变更是促使这种文化领域的变迁向着纵深发展。在这种情况下，一方面，少数民族地区青年一代受主流文化的影响较强，在试图进入城市的同时一定程度上丢掉了民族传统文化价值观的约束，他们尽可能多地想变为"城里人"；另一方面，民族老人由于生产过程中劳动力的整体弱化以及对传统文化的保守思想等必然选择留在农村，越来越多的农村"留守老人"开始出现。并且，老一代之于家庭和对子代的影响力都随着家庭权利、地位的弱化而大大削弱，即是说在这个文化变迁的过程中，老一代人只能作为文化变迁的"见证人"而非"主持人"。从这层意义上讲，少数民族地区这种政府力量（或者强制变迁）之外的来自经济原因的文化变迁显得更深刻，并将随着现代化发展和城市化深入而更加持久。那么，如何在这个过程中保住少数民族地区民族文化中的优秀成分，更将是作为人口文化研究值得关注的问题，也是民族自身和社会的担忧所在。

第二节　西南民族人口文化变迁的效应及其反思

毛泽东在《新民主主义论》中讲道："新的政治力量、新的经济力量、新的文化力量，都是中国的革命力量。"党的十六大报告说："当今世界，文化与经济和政治相互交融，在综合国力竞争中的地位和作用越来越突出。文化的力量深深地熔铸在民族的生命力、创造力和凝聚力之中。"从这个意义上，我们可以简单地认为，文化力即是人类创造的文化凝结在人类活动中而产生的一种力量，亦即文化力量。

一　效应表现

众所周知，一种文化的生成和发展，既有其内部的动因，也有外部的推动作用，是一种社会矛盾运动。文化力作为文化的一种内在力量，是文化作用的合理显现，甚至也可以说是文化的内核。从文化自身而言，无论这种力量是消极的还是积极的，都对文化的发展起着较大的内驱和调适作用，能够不断调整文化的发展方向、发展轨迹，并产生一种内在的驱动力。当然，一般而言，消极的文化产生消极的文化力，积极的文化产生积极的文化力，这在古今中外的文化发展史中已得到了证实。[①] 进一步说，就是消极文化力也会驱动着某种消极的文化不断走向极端，直至衰退甚至灭绝；而积极的文化力则不断驱动积极的文化不断自我完善，走向进步，创新发展。此外，文化力会化为文化发展主体——个体人或族群的主观意识，推动文化的建设和发展，并使文化积极发挥其功能作用。[②] 中国人口

---

① 丹增：《文化力与文化生产力：文化经济发展的立足点》，《创造》2007 年第 5 期。

② 同上。

和计划生育的实践表明，"文化力"对人口文化建设、发展起到了推动和促进作用，而产生于社会主义初级阶段的人口文化，诸如政策文化——"控制人口数量，提高人口素质"，法律文化——《计划生育法》《母婴保健法》《妇女权益保障法》《婚姻法》《义务教育法》，以及各省区市人口与计划生育条例等，生育文化——优生优育、少生优生、男女都是继承人等，行为文化——"关爱女孩行动""少生快富工程""婚育新风进万家""出生缺陷干预""奖励扶助""计划生育优质服务""计划生育养老保障""人口文化大院"等的宣传、教育、普及和实施，对人口和计划生育事业，对促进人的全面发展，实现以人为本，统筹解决人口问题发挥了推动力、导向力、凝聚力和鼓舞力的作用。在此，本书首先以一份生育观念的转变课题资料的记述为示①：

笔者主持的国家社科课题《西南民族地区出生性别比失调问题研究》（05XRK003）的研究成果认为，通过在西南民族地区人口与计划生育工作开展而促使群众生育观念转变的表现主要体现在以下几个方面。

一是村民们"养儿防老""养儿防病"的观念有所改变。"养儿防老""养儿防病"观念是西南大多数民族根深蒂固的传统意识，是制约西南民族地区人口与计划生育工作、统筹解决人口问题的观念"瓶颈"。计划生育工作的开展，特别是计划生育养老保险的实施，解除了农村独生子女户和双女结扎户的后顾之忧，在那些奖励扶助力度大的地方，群众的反应更为热烈。我们在贵州丹寨县的调查数据表明，有66%的人认为女孩与男孩在养老方面没有差别或没有明显差别。又据广西人口计生委"关爱女孩行动"资料：广西"永福县桃城乡湾里村上台屯有十几户独女户，符合生二孩条件，可是他们不愿再生；一些县乡的群众还主动举报非法鉴定胎儿、遗弃女婴等行为"。

二是女孩户的发展弱化了人们对男孩经济效用的期待。关爱女孩行动、计划生育"三结合"使纯女户经济上有了较大的发展，奖励扶助和优生优惠政策提高了女孩及其家庭的生存、发展能力，贫困救助使生活困难的纯女户迅速脱离困境，走上了自我发展的道路。纯女户的变化，对传统思想浓厚的村民们产生了很大的震动，男孩经济效用的期待在其中有所

---

① 参见笔者《西南民族地区出生人口性别比失调问题研究》，民族出版社2010年版，第124—125页。

弱化。贺州市八步区将纯二女结扎户优先列为家庭经济发展的重点扶助对象，通过扶持生产，增加收入，率先成为小康家庭的典范。2006 年，对新增加的 68 户农村纯二女户结扎户兑现了每户 1000 元的生产扶助金，共6.8 万元；在组织劳务输出和调整承包地、宅基地时优先安排；分配集体收益时按多一人份分配等措施的采取，使该区纯二女户的经济状况不断提高，生活水平高于当地的平均水平。

图 11－5　宣传标语

　　三是群众的生育观正在由重视孩子数量向重视孩子质量变化。首先，计划生育奖励扶助措施的落实，不仅仅使农村部分计划生育家庭在经济上得到了实惠、社会上有了地位、生活上有了保障，而且也使他们的生育观念发生了很大变化，很多群众正在由重视孩子数量转向重视孩子质量，尤其是优生和对孩子教育的重视；其次，计划生育优质技术服务、妇幼保健服务的开展，不仅提高了出生人口素质和妇女身体素质，提升了妇女地位，堵塞了性别选择的漏洞，而且，婴儿身体素质的提高，也在一定程度上降低了父母对孩子数量的期望。

　　四是群众对女孩的价值持积极正面的评价。"婚育新风进万家""关爱女孩行动"所倡导的新型生育文化的传播，奖励扶助各项措施的落实，使人们对女孩价值的看法有了较大的改观。《西南民族地区出生性别比失调问题研究》课题实施中的《西南民族地区群众生育意愿调查问卷》调查资料结果显示（见表11-2）：79%的调查对象认为女孩在增加家庭劳动力方面与男孩没有差别或没有明显的差别，81%的调查对象认为女孩在为家庭经济做贡献方面与男孩没有差别或没有明显的差别，66%的调查对象认为女孩在养老等方面与男孩没有差别或没有明显的差别，56%的调查对象认为纯女户家庭不会受到周围人的歧视。总的来看，通过以治理出生性别比为重点的各项综合治理，人们的生育观念已经有了较大的改变，新型生育文化建立的人文环境正在逐渐形成。

表 11 - 2　　　　　　　　　被调查者对男孩、女孩的态度

项目及分类		频数	百分比
增加家庭劳动力	有差别	164	21%
	没有差别	242	31%
	没有明显的差别	375	48%
为家庭经济做贡献	男孩贡献大一点	172	19%
	女孩贡献大一点	120	13%
	没有明显的差别	622	68%
养老	有差别	309	34%
	没有差别	353	38%
	没有明显的差别	261	28%
女孩	能传宗接代	414	45%
	不能传宗接代	508	55%
和有男孩的家庭相比 女孩户在生产生活中	会遇到更多的困难	304	34%
	没有明显的差别	586	66%
周围人对纯女户	会歧视	377	44%
	不会歧视	486	56%
享受计划生育奖励扶助 独女或双女家庭	仍然想生男孩	487	55%
	不想生男孩	397	45%

不仅如此，社会主义人口文化的功能价值还表现在人口的综合素质特别是科学文化素质得到了前所未有的提高，人口与资源、环境协调发展和

可持续发展的观念得到进一步增强，西南少数民族地区社会公共事业得到进一步发展，社会性别主流化程度得到进一步提升等方面。这里，有必要就为当代中国农村养老文化打开新局面的"余庆模式"① 作简单的评价。

余庆位于贵州省东部区域，是一个多民族聚居县。在全县总人口中，农业人口达90%，是典型的山区农业县，其中农村独生子女户、两女绝育户在2002年就有2万余户。为解决这部分人的养老问题，经过反复论证，于2002年10月出台了《余庆县农村独生子女户、二女绝育户养老金使用管理办法》，并于2003年7月在县第十四届人大常委会第五次会议通过了《余庆县农村独生子女户、两女绝育户养老补助金管理暂行办法》。该《办法》的核心内容为：首先，在县财政局建立"两户"养老金专户。养老金筹集一是从县、乡两级地方财政中按预算提取；二是从社会抚养费和农村税费改革后中央转移支付部分，每年提取20%；三是有收费项目的企事业单位捐助；四是社会和个人捐赠。其次，建立计生户档案等级制度，即对农村"两户"家庭夫妇的出生年月情况进行检查统计造册，以掌握养老补助信息并利于工作开展。最后，严格按照管理制度发放养老金，即凡年满60周岁的农村"两户"，各乡镇每月10日前将花名册送县计生局核实无误后，按每户每月80—100的标准划拨养老金，并及时发放。这种由政府统筹实施、相关部门参与，以财政收入为主、社会捐助为辅，基本满足农村计生户养老生活需要的农村计划生育养老保障制度，即被称为"余庆模式"。

余庆模式推出以后，很快就产生了强烈的社会反响，得到了社会各界和人民群众的高度认可和评价。2003年，国家人口计生委、财政部数次组织人员前往余庆，对"余庆模式"进行调研，随后在2004年7月首先在四川、云南、甘肃、青海和重庆以及河北、山西、黑龙江、吉林、江西、安徽、河南、湖南、湖北9省中各1地（州、市）和贵州遵义市开展"农村部分计划生育家庭实行奖励扶助制度"试点工作。全国农村养老保障制度自"余庆模式"发端后，自此为农村养老保障模式的建立"撕开了裂口"。

---

① 对"余庆模式"的叙述，主要参考杨斌、朱健华等著《经济欠发达地区农村计生养老保障制度建设的有益探索——"余庆模式"的分析》[《贵州师范大学学报》（社会科学版）2003年第5期]文。

"余庆模式"产生于经济欠发达而又传统人口文化浓厚的西南农业山区县，它的产生、推广及其实践，有着重要的意义与价值。

首先，该模式是贯彻落实"三个代表"、实践科学发展观的具体体现，有利于全面小康建设的目标实现。计划生育实质上是一场移风易俗的文化大变革，是中国先进文化前进的客观需要。"余庆模式"是农民群众转变生育观的强大"催化剂"，有利于先进、文明的社会主义生育文化的建立，进而推进农村精神文明建设，促进农村文化教育、医疗卫生事业的发展。计划生育基本国策无疑代表了我国最广大人民群众的根本利益。"余庆模式"将这种利益明确地呈现在农民群众面前，让他们看得见、摸得着。而且，让对国家、社会做出重要贡献的农村计生户老有所养，更使农民群众深切地感受到，党和人民政府是真正为人民群众谋利益的。同时，"余庆模式"有利于引导农民群众选择文明、进步的生活方式，实行计划生育，减轻人口压力，努力发展经济，提高受教育水平，发展思想道德素质、科学文化素质和健康素质；有利于引导农民群众正确认识人与社会、环境、资源的关系，选择可持续发展的道路，建设生产发展、生活富裕、生态良好的新农村；有利于引导农民群众通过实行计划生育加入养老保障体系，消除后顾之忧，加快经济发展，早日过上富足的小康生活。

其次，有利于传统生育观念的转变。理论和实践证明，人口与计生工作难就难在怎样使群众落后陈旧的生育观念得到转变。而在经济欠发达的西南民族地区，家庭养老依然是农村普遍的养老形式，人们不可避免地有着严重而顽固的子女性别偏好和"养儿防老"的思想意识。"余庆模式"无疑抓住了问题的"牛鼻子"，通过建立农村计生养老保障制度和计生利益导向机制，既解决了农村计生户的养老问题，使之解决了养老后顾之忧，同时有利于"重男轻女""养儿防老"等传统生育观念的转变。

最后，"余庆模式"有利于稳定低生育水平。西南民族社会在较长时间内未严格实行计划生育，就在各省区市《人口与计划生育工作条例》严格实行以来，民族地区的政策都是较汉族地区"宽一些"，亦即民族地区人口获得的人口转变时间实际比汉族地区短而任务艰巨。各民族人民在国家文化的感召下，做出了理性选择和牺牲后，多数民族地区实现了人口再生产类型的转变，进入了低生育水平阶段，但这种转变及其基础仍不很牢固，面临的人口问题仍十分严峻。"余庆模式"的推出，无疑使"多子多福""老有所靠（儿子）"等低生育水平的观念受到了强烈的冲击，有助于人口与计划生育工作的深入推进和人口问题的统筹解决。我们认为，人口文化之于"余庆模式"的作用，主要体现在生育观念的转变方面，尤其在少数民族集中杂居的地方，各民族自身文化（尤其是生育文化）之间的差异客观存在，那么，如何从一个客观的角度来引导这种分散的文化经济观向一致性认同转变？在"余庆模式"的成功背后我们看到，社会政策和文化宣传的作用是十分重要的，仅有政策保障是不充足的，更加需要的是一种文化层面的人文引导，即文化力的作用。其中，文化的教育功能在男女之间的无差异性在一定程度上起到了否定"男女有别""男尊女卑"观念的作用，往往这种亲身感受"男女一样"的体会更能深层次促使传统生育观念的转变。"余庆模式"同时证明，一种优质人口文化的形成和发展，不能单靠文化本身的抽象力，还必须有现实的政策和社会方面的支持和保障。

二　问题反思

文化与文明是两个不同的概念，其显著区别就是文明是基于文化综合内容基础上的科学的、合理的、积极的东西，它摒弃了文化中不合理和落后的成分。根植于传统人口文化基础之上的社会主义人口文化的建设和完善，不可避免地受到传统文化"堕距"特性的影响以及社会经济发展状况的制约，而有一个逐渐走向系统、完善的过程。从新中国成立后的人口文化建设来看，我国的人口文化建设大致经历了新中国成立后到20世纪70年代末，再到十一届三中全会以来的两个阶段。第一个阶段可谓人口文化产生和缓慢发展阶段。这一阶段，我国人口在生产类型由旧中国的高出生、高死亡、低增长的状态转变为高出生、低死亡、高增长状态，人口增长迅速，人口素质虽有所提高，但仍不能满足社会主义建设的需要，人口结构的各个方面都发生着较大的变化。在这一阶段，用马克思主义人口理论去观察新中国成立后人口状况的诸种变化的精神产品——人口文化，会发现其处于曲折缓慢的状态。比如人口数量文化，20世纪50年代末由于人口高出生、高增长状况而形成的"节制生育"的文化，到20世纪50年代后期就遭到了批判和否定，随着20世纪60年代初的又一次人口增长高峰而又重新获得认可。但在1966年开始的十年动乱中，处于形成时期的低生育文化又遭否定。随后随着人口生育的无政府状态，人口急剧增长，20 世纪 70 年代以后在全国推行计划生育，又再次对低生育文化予以肯定。这种人口文化的曲折发展历程由我国政治经济曲折发展所致。第二阶段是社会主义人口文化发展、繁荣阶段。从党的十一届三中全会以后冲破人口禁区开始至今。其标志有以下几点：一是在三中全会"解放思想、实事求是"方针指导下，1979 年为马寅初的《新人口论》彻底平反，为社会主义人口文化建设开辟道路；二是在全国深入持久地开展了人口与计划生育工作，并取得了举世瞩目的成就：全国少生 4 亿多人，有效地缓解了人口对资源、环境的压力，有力地促进了经济发展和社会进步；三是从1978 年至今，召开了十余次全国人口科学大会，对新中国成立以来的人口发展作了全方位的总结，进一步发展了马克思主义人口理论，同时促进了人口学学科体系的建设和人才培养工作；四是 1993 年 7 月专门成立了"中国人口文化促进会"，各种人口文化理论的研究和相关活动的相继开展把"人口文化"建设推向了新的高潮；五是《人口与计划生育法》及其相随而来的相关政策法规以及地方性法规的颁布和实施，使人口文化实现了从国策到国法新型人口文化的升华，人口文化进入了以人为本、统筹解决人口问题的新时期。

在肯定人口文化建设取得巨大成就的同时，面对新阶段人口问题及其社会主义事业发展目标的要求，本着客观、科学的态度，站在发展和战略的高度反思历史，不难发现我国人口文化建设、人口与计划生育工作中还面临着很多艰巨的任务和急需解决的问题。在此，仅结合西南民族情况作如下几个方面的讨论。

一是关于生育观念的转变问题。新型生育观念在 20 世纪 70 年代起就在西南民族地区宣传、教育、实践，尤其是相应的奖励扶助措施开展以来，人们的生育观念确实发生了很大的转变，为新型生育文化向纵深推进奠定了良好的群众基础。但由于多方面原因的影响，"多子多福""重男轻女""养儿防老"等传统生育文化在一些民族同胞身上依然根深蒂固，其现实反映就是出生性别比在民族地区的不断攀升、规模的不断扩大和治理效果的微弱，进而引发的累积效应使新型生育文化面临严峻的挑战。

二是由于家庭的核心化趋势不断加深，人口的流动使传统的"孝文化"逐渐淡化，养老文化正在退化，家庭养老模式面临着严重的冲击。不少农村"留守老人"生活条件艰苦，心理慰藉缺失，同时又负担沉重，医疗保障条件差，处境悲凉。同时，很多地方在这个社会转型期忽视了传统养老文化的弘扬和新型养老文化的建构，政府和社会力量的介入微薄。这与新时期所提倡的"健康老龄化""积极老龄化"社会建设存在差距。

三是对人口生态文化的研究，尤其是在建设方面对民族自有的传统文化精华重视不够、借鉴不力，使内涵丰富的传统生态文化未发挥应有的作用。同时，之于生态环境问题突出、人均资源日减的矛盾的分析多限于人口数量的增减和开发的作用，而对于其他因素，如"适当放宽"民族人口生育政策与人口的相对过快增长而产生的人地矛盾等未作过多的分析和思考。

四是人口流迁文化中多注意人口流动的推拉因素及流动的经济、社会效应，而对于流动人口流出的能力培养，在流动过程中的就业、就医及其生活状况重视不够。虽然其中也注意了诸如民族人口流动的语言、习俗及子女就学等问题的讨论，但多属于学者的行为而缺少社会的关注。其中，对于民族人口流动而对本土文化、对农业发展和农村公益事业建设、对婚姻市场以及返乡农民工的就业培训等问题的影响，在一些地方还未纳入政府的视野和决策的议程。如何化消极因素为积极因素，建构有序而又和谐的人口流迁文化，确实尚有很多工作要做。

图 11-6　人口文化活动

五是人口教育文化上存在的薄弱环节值得认真关注。据有关研究表明，在中国 31 个省市区的人类发展指数排序中，由高到低处于第三类地区（发展指数在 0.66 以下）的有 11 个省中，西南地区就有广西（0.6596）、四川（0.6529）、云南（0.5929）、贵州（0.5659）、西藏（0.4931）。而残疾现患率①高于 6.45% 以上的，全国有 13 个省市区，其中西南地区就有上述 5 个省区，即四川（7.5738）、广西（7.2314）、西藏（7.0124）、贵州（6.4988）和云南（6.4919）。② 教育文化素质偏低的人口及其原因对策、残疾人的生存与发展、权益保障问题有待于理论研究和实务实践进一步加强。此外，尚存于一些地区、一些民族中的"贫困文化""惰性文化"也应纳入人们的研究与工作视野。

六是在人口文化建设上过多地听命而动，内容划一，形式雷同。这种现象尤在近几年开展的诸如"关爱女孩行动""婚育新风进万家""移民搬迁异地开发扶贫""奖励扶助"等人口文化过程中表现得较为突出。虽然在其中也有利用民族传统文化的形式，如"民族民歌唱新生"，但多未结合民族传统文化、民族风俗习惯、民族生存环境以因势利导，民族文化在其中不仅未受到足够的重视和运用，相反还在趋同的形式中面临被淹没的威胁。事实上，地方的、民族的、喜闻乐见的形式、内容结合于当代人口文化建设的工程上，不仅会丰富内容和形式，而且会收到积极的效果。其中的关键必须是要有"心""力"的同时投入。

七是人口法律文化还有待于进一步完善。人口法律文化在西南民族社会可谓源远流长，在长期的社会生产实践中各民族形成的各自的系列规范对民族的生存、繁衍、发展起着重大作用，但是因为历史的局限所存在的不科学、不合理的成分必然与现代化产生矛盾、冲突，在现代民族社会生活中也不难看出其中的多维碰撞。现代法是在继承习惯法基础上的时代发展和升华，其中的规范人口发展的法律，包括地方性法律如何吸纳习惯法中的合理内容、吸收其合理的成分，发挥其积极功能，现在人们对此关注

---

① 患病率（Prevalence Rate）也称现患率，是指某特定时间内调查人口中，某种疾病和残疾新旧病例所占的比例。患病率可以按观察时间不同分为期间患病率和时点患病率，一般情况下时点患病率比较常用。时点患病率 = 某一时点特定人群中某病新旧病例数/该时点人口数（被调查、观察人数）＊K，K = 100%，1000/千，或者 10000/万。《人口与发展》2008 年第 5 期。

② 丁杰、武继磊：《我国区域残疾现患率与人类发展指数相关性研究》，《人口与发展》2008 年第 5 期。

不多，重视不够。况且，现代法律法规在制定和实践中还存在着缺失、不当、不力之况（之前已有相关讨论），因此，必须高度重视，加强研究，不断完善，使人口法律文化在人口问题统筹解决、依法治理中发挥应有的作用。

　　以上是笔者结合学习与相关研究而做出的几点概括。当然，由于我国是一个人口大国，历史与现实的交织，特别是新中国成立后人口快速增长与社会经济、资源环境之间的矛盾不断加剧，使得人口问题更加复杂化，而对其观念上反映的文化无疑更加多元。西南地区又因是我国多民族聚居区、我国三大民族人口大省集中区、贫困人口集中连片区、经济社会发展严重不平衡区，使得人口文化更是斑斓纷繁。在新时期人口文化建设中，对它的审视也显得仁者见仁，智者见智。但总体来讲，西南民族人口文化建设关系着西南地区人口与社会经济资源环境的协调发展和可持续发展，关系着人和自然的协调发展和民族的共同发展繁荣。它的建设，既要有内容上的继承和发展，又要有制度和机制的创新，更要有国家和社会的支持和关心以及西南各族人民在文化上的行动自觉。

第十二章　西南民族人口文化的
发展思索

　　马克思说："人们自己创造自己的历史，但是他们并不是随心所欲地创造，并不是在他们自己选定的条件下创造，而是在直接碰到的、既定的、从过去承继下来的条件下创造。"① 文化有它的深度，有它的广度，有它的过去，有它的未来，"我们文化的发展不能离开它的历史，也就是它的传统，传统不能让它死""如果我们在向前发展的道路上摒弃了许多优秀的文化传统，把它们作为一种落后的东西加以剔除，使许多民族和国家在失去其文化自信心的同时，也失去了其文化上的原动力。那么人类文化的未来发展就将受到种种局限，并将失去许多新的可能性"② 因此，必须"要好好地利用这些已有的、我们的先人为我们创造的、珍贵的人文资源，让它们变成我们丰富的生活资源，我们宽广的精神追求"③ 人口文化具有鲜明的历史性、民族性，经历了从原始社会人口文化、农业社会人口文化、工业社会人口文化到现代社会人口文化的演变过程。当历史跨入 21 世纪，经济、社会、科技等逐渐走向现代化，人口生产的目的在于促进人口与经济、社会更好更快发展，谋求人口与资源、环境的发展、协调与可持续，已在国际社会引起共识，还人类本原意义的以人为本、全面、协调、可持续的人类发展已成为现代社会人口文化的要素特征。当新的文化要素得以成长传播，并且被社会接受和分享时，即成为现代社会文化的组成部分，进而深刻地影响着人们的人口观念和社会人口行为。当

---

　　① ［德］马克思：《路易·波拿巴的雾月十八日》，《马克思恩格斯文集资料汇编》，人民出版社 2011 年版，第 54 页。

　　② 方李莉：《费孝通晚年思想录——文化的传统与创造》，岳麓书社 2005 年版，第 50、79、100 页。

　　③ 同上。

然，由于"文化堕距"的固有保守性，文化在非物质方面的变迁往往是渐进和十分缓慢的，人们放弃旧有的价值标准风俗和信仰转而支持新的文化要素的过程是一个痛苦的扬弃、自新的文化努力，但人类文化就是这样在不断的探索中前进和发展的。文化的变迁、文化的自新是一个渐进的过程，一种文化的某一方面的变化，迟早会带来其他方面的变化。因此，倡导和传播新型人口文化，会使新的文化要素引导文化变迁，使科学的、理性的、以人为本的、和谐协调的价值意识和观念植根于现代社会人口文化的沃土中，形成人们共享的人类社会珍品，从而对现代社会的人口行为产生积极的影响。

第一节　西南民族人口文化的特点与　　当前人口文化建设实践困境①

一　西南民族人口文化的特点

通过前述论述，我们看到，作为西南民族文化亚文化的西南民族人口文化范畴所涉及的民族多，时间跨度长（区域民族人口、单一民族人口都如此），内容广泛。仅于课题研究视角就较为集中体现出人口生育、成长、迁移流动、老年高年长寿、死亡这一生命历程的文化事象，与人口再生产密不可分的婚姻、家庭、亲属、继嗣、伦理、习俗、财产继承等制度性的规范和行为，人口、人类发展与资源环境、法律规制相互作用、互为影响的观念意识及其行动调适等三大方面的内容整合，显现了西南民族人口文化集原生性、民族性、山地性、宗教性、多元性、制度性、发展性等为一体的独特风貌。西南民族人口不仅全方位地影响着西南民族人口再生产，而且对促进西南民族地区的人口与经济发展、社会进步、人口与资源环境协调和谐产生了积极的作用和影响。总体来看，西南民族人口文化的主要特点可作如下归纳。

---

① 该节是在笔者与李永贤合著之《贵州农村人口文化建设的理论构架及路径研究——基于清镇市芦猫塘村、普定县的实证分析》（《西北人口》2011 年第 2 期）一文的基础上结合西南资料提炼而成。

第一，民族性与独特性并存。讨论西南民族人口文化，必须首先看到作为其主体的民族人口文化部分，这种民族人口文化本身就是独具特色的人口文化。不同民族在自己民族的繁衍发展中，创造、总结、沉淀、发展了属于本民族的民族人口文化，表现为民族生育习俗，甚至一切与人口过程有关的规范的或不规范的文字的或口头的、制度的或非制度的文化元素和文化现象。黑格尔说，"差异产生美的和谐"。正是由于西南各个少数民族独特的人口文化的条条溪流，汇成了西南民族人口文化这条滔滔江河，从古而今始终浸润着人口的再生产，协调着人口变动与资源环境的互动平衡，当然也凸显了各少数民族在西南特定生境中争取人种的延续、人丁的兴旺中积累起来的文化和智慧的光芒。

图 12 - 1　人口文化宣传墙

第二，传统性与现代性相依。西南民族人口传统文化是西南各民族自古以来形形色色的人口文化现象的总和，是在西南民族传统社会生活中形成和传承的，大凡包括婚嫁、生育、教养、流迁、死亡、丧葬、家庭家族、礼仪规制、行为习俗，等等，是历史上得到的、经过选择并能够传承到今天、传承到未来的东西，其丰富而又复杂，恒久而又不失变化。作为每个民族的"固有文化"，其在现实中以不同的形态展现出来——或在历史上曾经存在过但已消失只有记忆（如葬俗之"悬棺葬"），或在历史中已经存在，在现实中有所保留，或虽不再完整但残余影响仍然较深（如婚礼中的"回车马神"，养育中的"寄拜""架桥"），或存在于历史又完整保存于现实。由于西南民族人口文化是与民族社会经济生活、时代发展紧密相关的观念意识，伴随着经济的发展、生活的现代化方式转变，各民族的人口意识、生育观念、人口行为等都发生了或隐或现的变化，其中那些较为容易被主流的、新型人口文化所倡导和相似或者相同的部分变化尤为明显，或者说已融入成为当代人口文化的一部分，并对民族社会的人口行为产生影响。

第三，先进性与落后性同在。积淀数千年之久的文化，精华和糟粕并存。文化的核心是价值观，对文化的把握离不开对价值及价值观的深刻理解。少数民族传统文化的"先进"与"落后""精华"与"糟粕"的属性判断，实质就是对价值观的判断。任何一种文化，尤其是传统文化中无不"包揽"着"先进"与"落后"的成分。文化的"先进""落后"属性是一个历史范畴，对其界定是一个复杂而非简单的过程。实际上，在西南民族人口文化中，先进性与落后性的内容客观存在着，比如在婚嫁年龄上，早婚晚婚各地都有；在生育数量质量上，既有多子多福的多育观念，又有重质量轻数量的选择；在生育性别上，在男孩偏好的主流下，也有重男不轻女、重女轻男的价值选择；在人口环境关系上，既有多生多育"竭泽而渔"式的向环境索取而致"一方水土养不活一方人"或"越生越穷，越穷越生，越生越垦"的个案事象，又有人口资源环境协调和谐的"适度"人口观念与行为；在人生礼仪或人的生命历程中的关系事节上，既有科学、合理、节俭、文明等先进性元素的张扬，又有诸如巫术、求签、卜卦、浪费、野蛮等愚昧落后、迷信成分的植入等。当然，任何一个民族的人口文化都会伴随着生产力水平的不断发展而变迁发展，实现合理的扬弃，但这个过程由于"顽强恪守传统"的文化事实多数是处于一种渐进的状态。也要看到，民族人口文化落后的成分在现实社会中，客观上有着心灵安抚、精神慰藉、秩序维系等动能，亦即有其生存的土壤，在一定的发展阶段，就不能用机械主义、教条主义甚至是官僚主义的态度直接否定与扼杀，而要在不断改变这种人口文化生存的抽象文化环境和客观文化环境的基础上促进它彻底的自我优化和蜕变，因为从历史的角度来看，所有人口文化的成果都是在其所依赖的文化环境变化中自我完善的结果。

第四，神秘性与习俗性交融。这里讲的神秘性，主要是诸如民族地区人口生产过程中普遍存在的图腾崇拜、生殖崇拜、神灵崇拜等精神信仰行为，以及一些农村地区广为流行的求子祈福中的求神还愿、因果报应、生死轮回等无法在现实世界生活中直接实现的意识。如果没有神秘性，许多农村地区世代流传的人口文化就要失去其吸引力、感召力和凝聚力，就要影响这种文化在人口生产领域的作用力。比如，侗寨占里自明末清初以来就实行人口一家二孩的生育"贯制"，在新中国成立以后的人口增长不超过5%、一家一户仅生育二孩且80%以上为一男一女的人口控制绩效所折射出的人口文化神秘现象就引起实务与学术界的广泛关注。在人口生产和再生产的层面上，对于与现代科学有距离或不能为人们所认识、所把握的现象，不能简单地认为是单纯的迷信和落后思想，反而这种源于宗教、祖先崇拜、自然崇拜、草根医药等的神秘性，在很大程度上起到了民族共同意识的形成和巩固作用，也使得民族人口的繁衍得以代代庚续不断。不同的神秘信仰既是不同民族自我意识形成的精神根源，更是一些特定的民族习俗诸如祭龙神、四月八、三月三、姊妹节、萨玛节、鼓藏节、端午节、泼水节、绕三灵、吃新节等得以形成和定型的基础。在许多少数民族中，自从有了神秘的信仰，就有了各种形式的习俗，这种习俗的原始形式许多是来自神秘的祭祀或者共同祈求的某种愿望，包括对子孙繁衍的愿望和民族自身壮大发展的愿望，也就将人口生产和再生产的行为包容在了各种特殊的习俗当中。

图 12-2　人畜兴旺祭祀

第五，制度性与口头性互补。民族地区传承着许多制度化的人口文化内容，集中表现在人口再生产过程的各个环节当中，诸如成人、婚姻家庭、祭祀、社交等礼仪，求子、怀孕、产后等规制，养育教育、养老敬老、死亡丧葬等规范、程序等。这些制度性规范用习惯法的形式，或用家族规范的形式固定下来，用以处理人口过程中出现的各种需要用集体意识裁决的问题，抑或保障某种人口生产模式的完整性和有效性。正是因为制度性人口文化的形成及其作用发挥，西南各个民族的历史文化、生计方式、族系继嗣、社会组织、习俗风尚等才有了生存和传承的土壤与根基。此外，西南民族人口文化的不少内容还存在于民众的日常生活中，这些人口文化的内容已经被内化为某种生活方式、生活理想或选择，包括婚姻对象的选择、家庭组成、家庭规模、子女性别的选择等，虽表现为非制度性的形式，但其影响深刻，最不易改变。一般情况下制度性的人口文化与口头性的人口文化是互为补充的，也是同时存在的，没有单纯的制度文化所能涵盖的人口生产过程，也没有仅仅靠口头的人口文化传承就能规范的人口再生产过程。

第六，稳定性与创新性共存。有专家认为："物质生产的发展成就易于各民族的相互吸收与借鉴，而反映民族特征的精神文化却有相对的稳定性。它作为民族的精神寄托，在物质生活水平接近、相似或一样的条件下，仍将构成民族差异的主要因素。"[①] 西南民族人口文化是西南各民族在不同历史阶段特定的经济、政治、社会和文化的基础上形成并演变发展而来的，经济基础稳定即使社会发生变革，民族人口文化也保持着相对的稳定性。稳定性是民族人口文化得以传承的主要原因。由于人口再生产具有惯性的规律，是一种较为稳定的生产，自然需要一种较为稳定的、能持续起作用的人口文化来维系和推进。稳定性将人口文化固定在民族的范围内，内化在民族情感和民族灵魂当中，通过制度性的力量和一辈对一辈的潜移默化的影响和灌输，民族人口文化得以完整地代代相传。但任何一个民族的文化也不总是永恒凝固、一成不变的。在这个过程中，随着经济的发展，时代的前进，民族"文化自觉"意识的增强，同时又由于民族文

---

① 郝时远：《现代化过程中的少数民族文化》，《少数民族文化与社会动态》，日本国立民族学博物馆平成十六年版，第58页。

化是一种必然在代际间传递的财富，使得民族人口文化的变迁与发展也势在必行。实际上任何一成不变的文化传递是不可能的，也是没有生命力的，同样，民族人口文化在传承的过程中，这种文化的创新在每一代中都会发生，这保证了每一时期的人口文化都能适应特定阶段人口发展的需要，不至于因为文化上的冲突而导致其失去对人口生产的引领。在新的时期，就是民族人口文化创新发展的必然趋势与动力。

二　当前西南民族人口文化建设实践困境

在当前西南民族人口文化建设中，事实上没有一个系统的人口文化建设理论准备与建设的过程相适应。许多地方都有像芦猫塘村个案那样的做法，将人口文化建设植入新农村建设和乡村经济发展事业中去，或者说把现有建设项目附贴上人口文化的标签，但都未评估人口文化与这些活动的主次关系和地位。此外，像前述普定县那样将人口文化建设通过许多富有新意的创新方法加以实践，或是有如提倡推广和完善人口文化大院、人口学校、人口文化知识长廊、宣传栏等阵地建设；或是人口文化、老有所为、巾帼建功等文化节日与"关爱女孩行动""幸福母亲"等活动开展都可认为是人口文化建设的创新实践，同时由于复杂的地情环境和丰富而又复杂的文化沉淀、人们对固有观念与相沿成习的风俗的认同坚守，以及人口文化建设理论未及时到位以发挥方向的引领，还有因为机制建设与人口工作重点的局限，人口文化建设作为一项专门的事业在西南民族地区尚未形成制度性的实践，不管从计生工作或是文化工作的角度，多数将人口文化建设附加在相关的主导或计划性项目之中，虽然在实践方面客观上有利于人口文化工作的开展，但是人口文化建设的主题和规模也因此而大打折扣，其影响力和感染力与工作预期存在较大距离。这种人口文化建设实践模式，可认为是众多主体（主题）文化建设项目（活动）附着建设而人口文化鲜明特征难以凸显的单向性模式（西南民族人口文化当前建设模式图形包括存在不足和反馈模块两部分构成）。其中所反映的问题，不仅在芦猫塘村和普定县的人口文化建设中存在，很多地区在这个过程中都忽略了人口文化的内容和地位这一前提性问题。这样一来，人口文化建设难以形成深入人心的局面，也难以成为一种普遍为民众自觉接受和内化的观念，无疑需要在新的时期通过改革优化来实现创新发展。

在目前的西南民族人口文化建设中，同时存在着一系列的困境关系处理问题。比如，在传统人口文化内容与新型人口文化内容交叉上，如何取舍？在广大的西南民族社会里，在历史、地理、社会、政治等原因共同作用下，形成了许多别具特色的民族人口文化，包括婚姻文化、家族文化、村落文化、养育文化、养老文化、丧葬文化、流迁文化等，这些文化中一些本身就是当今所提倡的新型人口文化的内容，但也存在着当今人口文化价值观所要摒弃的糟粕。在实践中，由于新型人口文化本身还处在一个建设、发展阶段，尚未完全成熟。如果认为新的人口文化大致包括适度人口、少生优生、男女平权、流迁有度、老有所养、死有善终、代际和谐、人口资源环境协调、以人为本来实现人的全面发展，这样的景象已成事实趋势，但蔚然成风和全面实现还需要付出很多的努力，还需跋涉艰辛的路程。何况，新型或先进的标准和内容规定，在风向一定的前提下，尚有很大程度上的灵活性和变动性，民族人口文化到底开展什么内容，有什么要求，要达到什么标准，实现什么效果都还在探索之中。那么，如何在民族传统人口文化的基础上建立更先进、更新型的人口文化，这种取舍必须考虑民族社会生活的实际和文化环境状况。又如，民族人口文化建设与计划生育工作实践手段抵触，如何平衡？2000—2010 年，全国少数民族人口年均增幅 0.67%，是全国平均增长水平的 1.17 倍。而集中居住于西南的民族中，怒、布朗、普米、京、珞巴等民族在 2.00% 以上，人口增幅为16.13%，门巴、阿昌、藏等民族在 1.48%—2.00%，哈尼、德昂、彝、景颇、基诺、傈僳、傣、佤、拉祜、瑶等民族在 0.57%—1.48% 之间。满、侗、瑶、哈尼、水、毛南、仡佬等民族性别比偏高。民族人口文化建设的一个直接目的，就是用先进的人口文化作用于民族人口自身发展，实现民族人口生产和再生产的软性控制。然而，计划生育工作是一种对人口生产的硬性控制，其执行过程中的任何阻力和困难都被直线下降的人口出生率等指标的辉煌所掩盖。民族人口文化建设则是一种需要被内化为自主意识的软性控制，就当前看来，相对于全国平均水平来讲，在严峻的生育形势还未彻底解除的情况下，仅仅依靠文化层面的力量来规范人口的数量发展和性别比平衡，风险必然存在。那么，如何在这两者之间找到一个符合农村人口发展实际情况的制衡点，十分关键。再如，民族人口文化建设与民族地区新农村建设同等重要，如何结合？党的十六大以来，社会主义新农村建设的各项工程陆续开展，当前已经在许多地区取得了历史性的成

就，农村地区的新农村建设正处在关键时期。民族人口文化建设是党的十
七大以来国家高度重视的全国性建设工程，因此，二者在这个特殊的历史
时期不期而遇，偏废任何一项，都是不利于人民群众的长远利益和根本利
益的，如何将这两者合理、有序地结合起来，这是西南人口文化建设实践
工作中必须妥善处理的问题之一。

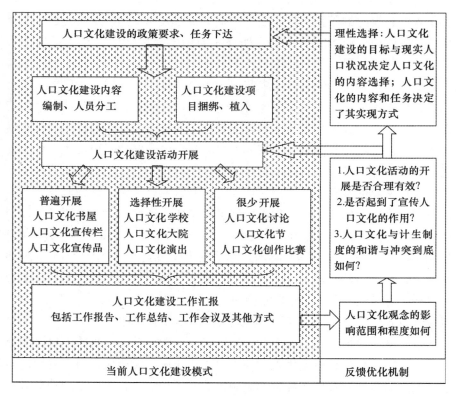

图 12 - 3　西南民族人口文化建设的现状和优化模式

　　还应该看到，在西南民族地区这样一个特殊的人口文化生境中，传统
文化和民族特有的人口文化都是新时期新型人口文化建设的重要内容和基
础。民族传统人口文化需要新型人口文化的涤荡和风尚引领，但新型人口
文化建设不能单一、强制地灌输和覆盖，更不能伤害民族群众的感情和民
族情结，而是建立在民族当前人口文化基础之上的文化理性创新，需要积
极考虑人口文化的融合、吸收、借鉴、演变、改进等有利于人口文化建设

的可能方式，以期建立起一种能联系人口文化各个层面的立体的观念体系，既符合现代人口与和谐人口发展的要求，又不违背和否定民族人口文化中蕴含的文化智慧。

此外，政府和人口文化领域专家、学者对民族人口文化的关注和研究，是推动民族人口文化理论建设快速发展的必然路径，也是当前西南民族人口文化建设中最为薄弱的环节。仅靠在原则性、笼统性的政策要求下仓促生成的地方性人口文化建设工作文件或报告是不够的，真正符合实际的人口文化建设科学理论，还需要专家学者、政府特定项目的专门工作者以及相互之间的共同研究来推动。一个地方人口文化建设的成功，能够为下一个地方的成功提供借鉴、创造可能，也是最终形成西南民族地区普遍性人口文化建设新局面和持久性的人口文化理论体系的重要动力源。

第二节　西南民族人口文化发展方向及其意义价值

一　发展方向——和谐人口文化

（一）和谐与和谐文化

辩证唯物主义和谐观的基本观点认为，和谐是对立事物之间在一定的条件下，具体、动态、相对、辩证的统一，是不同事物之间相同相成、相辅相成、相反相成、互助合作、互利互惠、互促互补、共同发展的关系。是指对自然和人类社会变化、发展规律的认识，是人们所追求的美好事物和处世的价值观、方法论。而美好的社会理想和社会状态，即"形成全体人们各尽其能、各得其所而又和谐相处的社会"，是人们追求和向往的和谐社会。

和谐文化是以和谐的内涵为理论基础的文化体系，是当今世界最先进的思想文化，是创建和谐社会与创建和谐世界的前提条件。只有在和谐文化的引导下，才能创造出和谐的政治与和谐的经济，只有用和谐文化培养出来的人，才能自觉去创建和谐社会与创建和谐世界。和谐文化的形成，是一定的社会主体对历史的、现实的和未来的社会生活的认同和向往。从以人为本的科学发展观的理念出发，社会主义和谐文化关注人与自我、人与人、人与社会、人与自然之间的和谐相处。从表现形式上看，和谐文化既有思想观念形态方面的内容，又有制度规范形态方面的内容。就思想观念而言，和谐文化体现着人们对和谐社会的认知以及对社会和谐目标的追求；就制度规范而言，和谐文化体现着人们在和谐观念引导下建立的一系列调整利益关系、化解社会矛盾的制度设计和机制规范。①

纵观历史，和谐社会建设是一个历史性的文化命题。中华民族是一个拥有数千年历史的文明古国，长期的历史积淀已经形成了一种代代相传、富有民族特色的和谐思想，成为维系我们这个民族的精神纽带，也成为人们日常生活的行为准则。早在先秦时期就有了"和"的观念，在之后的各个历史时期，"贵和""和谐"已成为主流的社会理念。可以说，"和谐"已深深融入我国传统社会生活的各个方面，贯穿于人们对人与自然、人与社会、人与人之间以及民族、国家之间关系的认识中，成为我国传统文化的主要特征之一。在儒家学说中，"和"的思想占据了重要地位。在孔子看来，"和"是天下之达道，只有"和"才能够让万物生长繁育、人们各就其位。当然，"和"并不是一味追求一致，而是求同存异，正所谓"君子和而不同，小人同而不和"。

孔子毕生都在倡导"和"的思想，积极宣扬"礼之用，和为贵""均无贫，和无寡"等思想，强调"和"不仅是处理人与人之间关系的基本准则，而且是调解人们之间利益冲突的处世方式和治国之术。此后，儒家学派的其他代表人物继续遵循了这一理念，并将其发扬光大，比较有代表性的如荀子的"和则一，一则多力，多力则强，强则胜物"，强调只有和谐才能产生战无不胜的力量；孟子的"天时不如地利，地利不如人和"所阐述的也是类似的道理；董仲舒更是提出凡物必有合等观点。可以说，和谐的理念一直贯穿于儒家思想之中，并没有因为时间的改变而消失。和谐不仅是儒家的重要观点，在我国传统文化的其他思想流派中也有诸多论述。老子强调"万物负阴而抱阳，冲气以为和"，提出万事万物都包含阴和阳两个方面，两方面相互融合构成"和"，这是宇宙万物的本质及其生存的基础；管子强调"畜之以道则民和；养之以德则民合，和合故能习"，倡导以道德的培养来促进人与人之间关系的和谐，以和谐对抗分裂，保护自己和他人；墨子则将和谐作为处理人与人、人与社会关系的基本原理，将家庭不和、离散之心视为天下不安定的原因，即所谓"离散

---

① 卞敏：《论社会主义和谐文化建设》，《东南大学学报》2007 年第 4 期。

不能相和合"；佛教中也有不少"和"的思想，如"诸法因缘和合生"等。和谐也是马克思主义的重要价值取向。马克思主义认为，人之所以为人，是因为劳动。通过劳动，人们不仅能够满足基本生存需要，更重要的是能够达到一种身心和谐的境界，找到生活的目标和追求，找到生活的重心和价值。这种目标和价值能够引导人们以积极的态度生活，实现身心全面发展，并使文明得以延续和发展。因此，马克思主义始终倡导独立的劳动意识，强调通过劳动达到社会财富的最大化以及最大限度地满足人的各种需要，从而建立平等、自由、和谐的社会秩序。①

胡锦涛同志 2005 年 2 月 19 日在省部级主要领导干部"提高构建社会主义和谐社会能力"专题研讨班的重要讲话中指出："我们所要建设的社会主义和谐社会，应该是民主法治、公平正义、诚信友爱、充满活力、安定有序、人与自然和谐相处的社会。"② 这一论述包括三个层次的内容：一是体现社会主义本质，就是社会主义和谐社会的理论与实践要围绕促进人的自由全面发展来展开；二是实现人、社会、自然及其相互关系和谐，包括人自身和谐、人际关系和谐、人与社会关系和谐、人与自然和谐；三是现代社会，即不是在自然经济基础上、封建专制制度下，用封建道德伦理维系的所谓安定有序的社会，而是在社会主义市场经济基础上、社会主义民主政治制度下，用社会主义和谐文化维系的现代社会。③ 不仅涵盖着政治、经济、社会、文化和生态等各个领域的和谐，更在于指出社会主义和谐社会的基本特征。这就是说，我们所要构建的社会主义和谐社会，是在经济、政治、社会、文化不断发展基础上实现的全面和谐，具有基础性、普遍性和可持续性。中共十六届六中全会通过的《决定》把"讲话"的 6 个方面作为构建和谐社会的总要求。这个总要求可理解为社会主义和谐社会是体现社会主义本质的实现人、社会、自然及其相互关系和谐的现代社会。

建设和谐社会，既需要雄厚的物质基础、可靠的政治保证，也需要良好的文化条件。

---

① 田阡：《把握内涵要求，建设和谐文化》，《人民日报》2012 年 5 月 17 日。

② 胡锦涛：《中共中央举办的省部级主要领导干部提高构建社会主义和谐社会能力专题研讨班开班式上的讲话》，新华网 2005 年 2 月 19 日。

③ 廉海明：《论构建社会主义和谐社会的内容和新途径》，《科学大众（科学教育）》2011 年第 1 期。

　　一个国家、一个社会，没有文化，就等于没有灵魂，就会失去凝聚力和生命力。在各种思想文化有吸纳又有排斥，有融合又有斗争，有渗透又有抵御，呈现出前所未有的相互交织、相互激荡之势的当代，传统文化与外来文化、先进文化与落后文化、主流文化与亚文化、雅文化与俗文化等之间都构成一定的文化张力，无不蕴含时代特有的文化矛盾和文化特征。构建社会主义和谐社会，必须大力推进和谐文化建设，培育和发展和谐文化。

　　党的十七大报告指出："当今时代，文化越来越成为民族凝聚力和创造力的重要源泉，越来越成为综合国力竞争的重要因素，丰富精神文化生活越来越成为我国人民的热切愿望。要坚持社会主义先进文化前进方向，兴起社会主义文化建设新高潮，激发全民族文化创造活力，提高国家文化软实力，使人民基本文化权益得到更好的保障，使社会文化生活更加丰富多彩，使人民精神风貌更加昂扬向上。"并强调在"推动社会主义文化大发展大繁荣"中，要"建设社会主义核心价值体系，增强社会主义意识形态的吸引力和凝聚力"，要"建设和谐文化，培养文明风尚""弘扬中华文化，建设中华民族共有精神家园"，并在其中"推进文化创新，增强文化发展活力"。① 胡锦涛强调："和谐文化既是和谐社会的重要特征，也是实现社会和谐的精神动力。建设和谐文化，是构建社会主义和谐社会的重要任务，也是构建社会主义和谐社会的重要条件。"② 和谐文化是和谐社会的重要特征，也是实现社会和谐不可或缺的力量。和谐文化建设的内涵既包括了社会主义理想，又包括了和谐社会和小康社会的奋斗目标，体现着取向、规范与导向的功能。没有文化上的和谐，没有先进文化的积极引领，社会的和谐就没有思想根基和文化源泉。无论是经济社会的协调发展、人与自然的和谐相处，还是人与人的团结和睦，乃至人自身的心理和谐，都离不开和谐文化的支撑。没有和谐文化，就没有社会和谐的思想根基，也不可能有建设和谐社会的实践追求。

　　美国著名政治学专家塞缪尔·亨廷顿根据冷战后文明内部以及文明之

---

　　① 胡锦涛：《高举中国特色社会主义伟大旗帜，为夺取全面建设小康社会新胜利而奋斗——在中国共产党第十七次全国代表大会上的报告》，2007 年 10 月 15 日，新华社北京 10 月 24 日电。

　　② 胡锦涛：《在中国文联第八次全国代表大会上的讲话》，2006 年 11 月 10 日，《十六大以来重要文献选编》（下），中央文献出版社 2008 年版，第 753 页。

间发生的局部冲突，在他的《文明的冲突与世界秩序的重建》一书中得出结论："20 世纪 80 年代末，随着共产主义世界的崩溃，冷战的国际体系成为历史。在后冷战的世界中，人民之间最重要的区别不是意识形态的、政治的或经济的，而是文化的区别。"冷战后，世界格局的决定因素表现为七大或八大文明，即中华文明、日本文明、印度文明、伊斯兰文明、西方文明、东正教文明、拉美文明，还有可能存在的非洲文明。冷战后的世界，冲突的基本根源不再是意识形态，而是文化方面的差异，主宰全球的将是"文明的冲突"。"在这个新世界中，区域政治是种族的政治，全球政治是文明的政治。文明的冲突取代了超级大国的竞争。""我所期望的是，我唤起人们对文明冲突的危险性的注意，将有助于促进整个世界上文明的对话。"① 亨廷顿"文明冲突论"的观点，尽管是站在美国文化优越的角度思考国际政治与文化的关系，带有许多的偏见和不实之词，但是，他的这一结论让我们认清了文化举足轻重的地位，也从反面给中国和谐社会建设予以提示，即和谐文化建设在中国将有重要的现实意义和理论意义，无论是研究历史，还是预测未来，都应把文化或文明作为一个重要的精神性的因素予以高度重视、认真建设。和谐文化既是和谐社会的重要特征，也是实现社会和谐的文化源泉和精神动力。

《中国现代化报告 2006——社会现代化研究》中的一个重要结论是："广义社会现代化的三个基本动力是：社会推力、社会拉力（文化变迁、政治发展和全球化等形成的社会拉力）、社会压力……三种力不仅直接作用于社会现代化，而且通过相互作用，间接作用于社会现代化。知识创新和制度创新是社会现代化的主要动力源泉。"② 这一结论也充分说明了文化对社会发展的重要作用。和谐文化建设就是适合我们国情的一项重大创新。

（二）和谐人口文化

一般认为，和谐人口是指人口与经济社会发展相协调、与资源环境可

① ［美］塞缪尔·亨廷顿：《文明的冲突与世界秩序的重建》，新华出版社 2010 年版，第 2 页。

② 中国现代化战略研究课题组、中国科学院中国现代化研究中心：《中国现代化报告 2006——社会现代化研究》，北京大学出版社 2006 年版，第 92 页。

持续、与政治进程相一致、与社会发展相适应的状态，即是人口发展处于规模适度、素质优良、结构合理、代际和谐、层际包容、人自身全面发展的状态。和谐人口文化是以崇尚和谐、追求和谐为思想内核和价值取向，以倡导和谐人口理念，培育和谐人口精神，营造和谐人口氛围为主要内容的人口文化，是和谐文化的重要组成部分，体现着和谐文化的精神与价值追求。和谐社会建设呼唤和谐人口文化建设，和谐社会需要和谐人口文化的关怀和引领。和谐的人口再生产进程，和谐的人口要素及其关系，和谐的人口与经济社会发展状态，和谐的人口与资源环境协调可持续图景，和谐的人口与计划生育工作环境建构，需要和谐的人口文化的功能作用与促进。和谐人口文化是当代先进人口文化的内核和实质，是新时期人口文化建设和发展的方向，是和谐社会建设的重要组成部分。正是在此意义上，我们认为西南民族人口文化发展的方向是和谐人口文化的建立，和谐人口文化是西南民族人口文化建设和发展的根本目标。

2007 年 12 月 7 日，国家人口计生委在宁波召开的"第三阶段全国婚育新风进万家经验交流会"上，明确提出要在科学发展观的指导下，在建设和谐社会进程中，要"大力推进和谐人口文化建设"。2012 年 1 月 17 日国家人口计生委出台的《关于加强人口文化建设的意见》进一步强调加强人口文化建设的重要性和紧迫性，要求在推进社会主义现代化建设的进程中，要"通过文化的先导作用，促进人口自身数量、素质、结构、分布等各要素的协调发展，促进人口与经济、社会、资源、环境的协调和可持续发展，促进人的全面发展、家庭和谐幸福和社会和谐发展"。[①]

基于上述和谐、和谐社会、和谐文化与和谐人口概念及其关系的论述，不难看出和谐人口文化包含以下几层含义。

一是人口自身发展和谐文化。从人口内生变量来看，人口自身发展包括生育率、死亡率、自然增长率等方面的变动，而其中一个变量的非正常变动，都会引起人口总体或局部的巨大改变，都会对人口发展带来严重的后果。比如人口膨胀或锐减，人口年龄结构断层，性别结构的失调导致的婚姻挤压，随人口过度减少的民族文化基因流失等。为此，要求人类在人口再生产过程中要用和谐的观念指导自己的行为，使人口自身的发展始终处于和谐状态之中。例如，其中的和谐生育文化不仅倡导晚婚晚育、优生

---

① 国家人口计生委网站，www.chinapop.gov.cn。

优育、少生优生、生男生女都一样、避孕节育，而且提出孕前的知情选择，增加孕前理性思考，前移生育重心，做到有备而生、计划而生，从而实现和谐生育、生育安全。

二是人口与资源环境和谐、可持续的文化。人口学家克拉克洪（Clyde Kluckhohn）认为："文化时时处处在控制着我们的生活，不管我们是否意识到这一点，我们从生到死，都不断受到文化的压力，迫使我们遵守某些行为范型。"① 人与自然和谐，人口与资源环境协调、可持续发展，是当今世界共同遵守的文化规范。资源是有限的，且绝大多数是不可再生的。环境是一定的，良好的生态系统的形成是一个长时间的过程。一部人类发展史，就是人类和资源环境相互作用的历史，资源与环境质量对人口的数量、素质、分布以及人类的发展未来等产生着重要的影响，因此，在发展中国家的现代化过程中尤其要注重人口与资源环境和谐文化的建设。

三是性别和谐、男女平等的文化。性别和谐、男女平等是社会和谐的基础，它引领着家庭和谐、代际和谐以及社会和谐。但长期以来，重男轻女、男尊女卑的人口性别文化影响着社会性别主流文化，影响着社会发展的进程。科学发展观指导下的人口文化要求建立以人为本、全面健康、协调的社会关系，构建和谐人口文化的必然要求是必须摒弃重男轻女、养儿防老等陈旧的文化，建立全方位男女平等的新文化。事实上，由于我国仍然处于社会主义初级阶段，经济社会在不同的地区、不同的领域发展很不平衡，经济结构和城乡二元结构存在的实际差别，使许多封建落后文化与糟粕思想长期存在，并可能长期影响性别和谐、平等的文化建设，这是在和谐人口文化建设中必须认真面对的现实。

四是与社会经济发展相适应、相协调的人口文化。人口的变动与发展同经济增长和社会进步存在着密切的互动关系：良性的、适度的人口变动会推动经济增长和社会进步，普及教育，加大卫生保健和基础设施的投资力度，控制传染性疾病，全面提高人口素质和生活水平，消除贫困，构建社会安全网，健全社会保障制度，无疑会带动人口的良性发展；经济增长结构的调整、公平分配资源和财富的可持续经济增长则势必推动社会发展和人的全面发展。人口与经济、社会的全面、协调、可持续发展本身是一

① ［美］伊恩·罗伯逊：《社会学》，黄育馥译，商务印书馆1990年版，第99页。

种良性循环；反之，则意味着恶性循环，倒退的甚至逆转的人类发展势必带来经济社会倒退，继而导致人类发展的进一步恶化。因此，必然的选择就是构建人口与社会、经济和谐、协调发展的文化，以引导人口变动与发展进入可持续的良性循环。

五是与国家政治进程及法律法规协调、和谐的文化。自古以来，人口发展与国家政治关系密切。一个国家的人口总量、人口构成、人口分布特别是包括政治素质在内的人口综合素质对一个国家的政治进程有着十分重大的影响。社会的发展、民主政治建设的推进，要求在人口发展方面与国家政治进程相一致，以使不同阶层人口的政治意识得到沟通，政治参与得到实现，并以此促进国家的民主政治建设。未来的社会，必是一个依法治国的社会，也是一个法律、法规逐渐健全的社会，更是一个法律面前人人平等的社会，这就要求人们的各种人口行为的判断和确立，必须符合社会经济和谐发展、可持续发展的要求，并依法规范自己的行为。为了实现人口与社会、经济的可持续发展，必须构建以国家人口法为准绳的人口法律文化，只有在符合法律要求的人口文化影响下，各种人口行为才能符合社会经济以及政治进程发展的要求，才能够自觉纠正和处理人口过程中的一些偏差和问题，才能使人口发展与国家形态的各个方面相协调。[①]

二　意义价值

构建社会主义和谐社会，人口问题是关键。良好的人口环境是保证经济快速发展、社会全面进步和人民安居乐业的基本前提，也是建设小康社会，实现社会和谐的重要基础。我们倡导和建设的人口文化，是具有中国特色的社会主义文化，它不仅是全面加强人口与计划生育工作，统筹解决人口问题，实现和谐人口的支撑力和驱动力，而且作为中国特色社会主义文化的组成部分，也是综合国力的基本构成元素和重要组成部分，是社会文明、社会和谐的成因和标志，是民族生命力、创造力和凝聚力的基因和酵体。毫无疑问，和谐人口文化也是中国特色社会主义社会的本质属性和内在要求。[②] 建设和谐人口文化，其意义主要有：

---

① 张敏才：《建设和谐人口文化为统筹解决人口问题服务》，《人口研究》2008 年第 1 期。
② 同上。

其一，建设和谐人口文化是提升我国软实力的支撑力。20 世纪 80 年代，美国哈佛大学著名教授约瑟夫·奈提出了"软实力"的概念。按照约瑟夫·奈的说法，一个国家的核心竞争力除经济、科技、军事等"硬实力"之外，还包括文化意识形态、制度安排、外交实力等"软实力"，而文化软实力是其核心。联合国教科文组织提出，发展可以最终以文化概念来定义，文化繁荣是发展的最高目标。和谐人口文化建设，是和谐文化的重要组成部分，是实现社会和谐的文化源泉，也是全体人民团结进步的重要精神支撑之一。"提高国家文化软实力，要努力夯实国家文化软实力的根基。"① 建设和谐人口文化，按照和谐人口文化的理念，培育人口计生和谐精神，营造人口计生和谐氛围，无疑会增强社会主义文化的生命力和吸引力，促进国家软实力的提升。

其二，建设和谐人口文化是实现文化自身和谐的促进力。当前，任何一个国家和民族的人口文化发展，都是在既有文化传统基础上进行传承、借鉴、变革和创新的。我们正处在一个思想大活跃、观念大碰撞、文化大交融的时代，社会生活多样、多元、多变的特征日益凸显，先进、健康、落后和腐朽等人口文化同时并存，正确思想和错误思想、主流意识和非主流意识形态相互交织、相互影响、相互激荡。和谐人口文化的建设，有利于人们从中对丰厚的传统人口文化进行梳理，深入发掘，取其精华，去其糟粕，将优秀的传统人口文化发扬光大。同时，积极汲取、借鉴国际社会人口文化的优长，海纳百川，择善而用，从而促进人口文化自身建设更具实践特色、民族特色、开放特色和时代特色。②

其三，建设和谐人口文化体现了以人为本、关心民众、服务民众、共创事业的凝聚力。在计划生育严格控制人口增长阶段，靠国情、国策教育人，靠舍小家保国家的文化理念凝聚人。在稳定低生育水平阶段，宣传教育的内容有所拓展，创新了生育文化、婚育新风等人口文化内容，以这些人口文化建设的新内容来凝聚人心；在统筹解决人口问题阶段，许多新情况、新问题日益突出，如青少年早恋问题、未婚同居和生育问题、独生子女素质教育问题、计划生育老年人口保障问题、男女平等问题、生殖健康问题、夫妻和谐

---

① 习近平：《提高国家文化软实力》，《习近平谈治国理政》，外文出版社 2014 年版，第 160 页。

② 李培生：《人口文化软实力的内涵和作用》，《人口与计划生育》2008 年第 11 期。

图 12 - 4　和谐的音符——儿童鼓楼大歌

及健康的生活方式问题、性病艾滋病问题等。必须建设和谐人口文化，坚持以人为本，实行人文关怀、人性关怀、人情关怀，将关心国家利益与关心人民群众个人利益相结合，关心各类人群的切身利益，建立起科学、文明、进步的婚恋文化、婚姻文化、少生优生文化、优育优教文化、孝道文化、邻里友好文化、夫妻和谐文化、生殖健康文化、健康科学的生活方式文化、男女平等文化、关爱女孩文化、计生家庭的优先优惠文化等大人口文化，以此来吸引各类人群，凝聚人心，促进社会向前发展。[①]

　　其四，建设和谐人口文化是全面加强人口计生工作和实现和谐计生、和谐人口的统筹力。我国人口计生工作取得了举世瞩目的伟大成就，但也必须清醒地认识到，21 世纪将迎来人口总量、劳动年龄人口和老年人口高峰，人口惯性增长依然强劲，人口素质总体不高，出生人口性别比居高不下，流动迁移人口持续增加，贫困人口结构趋于多元，促进人口与经济社会资源环境和谐发展的任务十分艰巨。在统筹解决人口问题的过程中，人口和计划生育工作仍然存在深层矛盾和突出问题，更加需要注重人文关怀和心理疏导，和谐人口文化在其中无疑具有引领和统筹的作用。[②]

---

　　① 李培生：《人口文化软实力的内涵和作用》，《人口与计划生育》2008 年第 11 期。

　　② 张敏才：《建设和谐人口文化，为统筹解决人口问题服务》，《人口研究》2008 年第 1 期。

其五，建设和谐人口文化是人口文化建设中解决突出矛盾和化解问题的推动力。当前我国人口文化建设同经济社会发展和人民日益增长的精神文化需求还存在突出矛盾和问题，主要有：重男轻女、多子多福等传统人口文化观念在一些地方的影响根深蒂固，用先进人口文化引领婚育观念和行为的任务十分迫切；一些地方和单位对人口文化建设重要性和必要性认识不足，人口文化在推动全民族文明素质提高中的作用亟待加强；有影响的人口文化精品力作不多，文化产品创作生产引导力度需要加大；舆论引导能力需要提高，网络建设和管理亟待加强；人口文化基本公共服务体系不健全，城乡、区域之间发展不平衡；人口文化产业规模不大、结构不合理，束缚人口文化发展的体制机制问题尚未根本解决；人口文化理论研究和实践探索亟待加强，队伍能力尚需提高。[①] 和谐人口文化建设，有助于这些矛盾和问题的化解和消除。

其六，建设和谐人口文化，有助于转变发展观念，创新发展模式，提高发展质量，正确处理经济发展与人口、资源、环境的关系，在经济社会向前发展中以一种友好的、可持续的发展方式来面对我们赖以生存的自然环境，切实做到人与自然的和谐。有助于增强"既要金山银山，更要绿水青山"的生态文明意识，走资源节约型、环境友好型的发展之路，实现文明发展、和谐发展、科学发展。

总之，和谐人口文化建设是新时期和谐文化建设的重要组成部分，是先进人口文化建设的目标和实质，是促进社会和谐的重要基础，是促进西南民族地区全面发展的推动力，是促进西南各民族共同发展繁荣的软实力。

第三节　西南民族和谐人口文化建设面临的挑战与机遇

一　西南民族和谐人口文化建设面临的挑战

和谐人口文化是中国特色社会主义文化的重要组成部分，聚焦于提高人的素质，关注人的自身生产、生存环境和生活质量，是促进社会文明进

---

① 国家人口计生委：《关于加强人口文化建设的意见》，2012年1月17日。

步和人的全面发展的软实力，也是西南民族社会迈向文化大区的重要助力。西南民族和谐人口文化建设，是在我国现代化的历史进程中，在国际经济全球化、世界政治多极化背景下的重要文化建设任务。这一任务在广泛而深刻的变革中，"机遇前所未有，挑战前所未有，机遇大于挑战"。[①] 因此，必须"坚持社会主义先进文化前进方向，树立高度的文化自觉与文化自信"。[②] 既要充分地认识、把握发展机遇，又要积极地应对、迎接各种挑战，在实践中勇于开拓创新，只有这样才能带来西南民族和谐人口文化健康发展并走向繁荣。

分析西南民族和谐人口文化建设中面临的挑战，是为了更好地把握机遇，变不利为有利，变被动为主动，变盲目为理智，变困难为动力。总的来讲，西南民族和谐人口文化建设面临的挑战可做如下几方面的概括。

（一）国际环境

文化产业是 20 世纪末兴起的特殊产业，文化产业的国际竞争力，已成为衡量国家文化软实力的重要标志。在当今西方发达国家，优势文化产业已经成为国家对外贸易的主导产业和国民经济与社会发展的支柱产业并对我国和发展中国家的文化产业形成了控制、挤压、遏制的势头，这势必给我国文化建设事业带来严峻的挑战。同时，在当今信息社会，凡是传播手段先进、传播能力强大的国家，其文化理念和价值观念就能广为流传，就能掌握影响世界、影响人心的话语权。文化的传播能力已经成为国家文化软实力的决定性因素。在世界舞台上，一个国家媒体在国际传播秩序中的地位，很大程度上决定了它在国际上的影响力。因此，在西方发达国家，媒体被视为行政、立法、司法之外的"第四权力"。不可否认的事实是，西方媒体掌握国际社会的"话语权"。目前，四大西方主流通讯社，即美联社、合众国际社、路透社、法新社占据世界新闻发稿量的 4/5，西方 50 家媒体跨国公司占据世界 95% 的传媒市场，美国控制全球 75% 的电视节目的生产和制作，占领全球 50% 以上的电影市场。近年来，我国媒

---

① 胡锦涛：《高举中国特色社会主义伟大旗帜，为夺取全面建设小康社会新胜利而奋斗》，人民出版社 2007 年版，第 1 页。

② 胡锦涛：《坚定不移沿着中国特色社会主义道路前进，为全面建成小康社会而奋斗——在中国共产党第十八大代表大会上的报告》；王怀超：《沿着中国特色社会主义道路前进——深入学习研究党的十八大精神》，中共中央党校出版社 2012 年版，第 16 页。

体在对外传播方面取得了长足进步，但我们要清醒地看到，我国传媒综合实力和我国的国际地位还很不相称。例如在网络语言英语化的趋势下，互联网的中文信息输入量（且大部分是新闻）不到总量的万分之一。① 而在文化安全领域，由于西方通过各种途径对我国进行文化、价值观的强势渗透，比如，通过对文化产品和媒体的市场占领，控制文化产品的内容和控制媒体传播的思想文化与价值观念，或通过出资办学、资助留学等，输入西方理念，实施西化、分化战略，动摇人们对马克思主义的信仰、对中国特色社会主义的信念和对中国共产党的信任。由此可见，包括西南民族人口文化建设在内的我国文化建设事业面临的意识形态领域的形势错综复杂，迎接的挑战是前所未有的。

（二）国内影响

国内挑战主要来自如下方面：（1）文化观念的落后。观念、认识是行动的前提。长期以来，文化建设之所以滞后于经济社会发展，一个重要的原因就是重经济建设轻文化建设的观念严重存在。一些地方长期对文化建设认识不深、重视不够、投入不足、措施不力，单纯强调经济增长，忽视了经济、社会、文化、自然的协调发展。（2）社会转型期的文化多元化影响。任何一个国家要把全社会的意志和力量凝聚起来，都必须有一套与经济基础、政治制度相适应的核心价值体系。当代中国正处在社会转型过程中，社会转型期最突出的文化特征就是人们思想活动的独立性、选择性、多变性、差异性明显增强，各种思想文化、价值观念同时并存。多元文化对防止文化封闭僵化，促进文化繁荣、增强思想活力和文化创造力等具有重要的积极作用，但如果没有先进文化的引领，没有核心价值观的引导，腐朽落后的文化、错误的价值观就会乘虚而入，滋生蔓延。（3）文化体制障碍的制约。文化生产力已成为生产力中最活跃、最关键的因素之一。近年来，我国开展的文化体制改革取得了重大进展，在一定程度上解放和发展了文化生产力。但在实际工作中，仍然偏重于行政手段，轻视或忽略经济和法律等手段的运用，政府管得太多、太死，体制机制改革还不深入、不彻底，影响文化发展和文化资源优化配置的深层次矛盾和问题依

① 廖文新、王桂泉、徐海峰等：《兴起社会主义文化建设新高潮的机遇和挑战》，《党政干部学刊》2008 年第 8 期。

然突出。改革开放以来，尽管政府管理文化事业和文化产业的方式发生了很大变化，但造成了文化行政部门宏观管理职能的弱化和社会办文化积极性的降低，制约着市场配置文化资源作用的充分发挥。[①]（4）农村文化发展滞后的掣肘。文化发展要坚持全面协调可持续发展，要统筹城乡文化发展。多年来，我国在文化建设中呈现出重城市文化轻乡村文化的偏差，都市文化发展态势较好，而乡村文化建设大多处于自生自灭状态，乡村传统文化不断弱化，乡村人的文化生活单调贫乏，甚而乡村宗族势力复燃，迷信文化日炙。农村是和谐人口文化建设的主战场，加强农村文化建设，加大文化资源投入对农村的倾斜，逐步改变城乡之间文化发展不平衡状况，已是任重道远而又刻不容缓。

（三）西南情况

西南各民族生息繁衍于西南高原、盆地、高山峡谷、丘陵兼具的自然环境中，各民族又由于具体生存的特定环境不同，产生了不同的生计方式、文化习俗、社会制度与社会实体。同一民族的成员凭借其特有文化，去征服、改造和利用其生境，以创造所有成员的全部生存条件，维系自己民族的世代延续。也正是因为生境的特殊性，西南民族经济社会发展相对缓慢，以至新中国成立初期较为完整地保存着立体的经济文化形态。也因为环境与发展进程的影响，西南民族地区在进入工业社会的当代，经济发展水平仍然较大距离地落后于全国平均水平，比如 2009 年，西南地区的云南、贵州、广西、四川、重庆的人均生产总值分别为 13539 元、10309元、16045 元、17339 元、22920 元，分别只及全国平均水平的 52.94% 、40.31% 、62.74% 、67.80% 和 89.62% 。西南是全国城市化水平最低的区域，农村人口的经济收入状况，折射了西南民族社会的经济发展水平。2010 年，云南、贵州、广西、四川、重庆农村居民家庭人均纯收入分别为 3952.03 元、3471.93 元、4543.41 元、5086.89 元、5276.66 元，分别只及全国平均水平的 66.76% 、58.66% 、76.76% 、85.94% 和 89.15% 。从理论上讲，伴随着工业化、城市化等高度物质文明的建立，人们的生育观念、生育行为会相随发生与现代社会要求一致的根本性变化，但上述西

---

　　①　廖文新、王桂泉、徐海峰等：《兴起社会主义文化建设新高潮的机遇和挑战》，《党政干部学刊》2008 年第 8 期。

南地区的经济发展状况与"生育性别差异效用"的结合使得传统的人口文化中一些与现代社会要求不协调的诸如多生多育、传宗接代、男性偏好等观念和行为尚有较厚的土壤和市场。又由于"生育性别差异效用"除体现在经济尚不发达之下男孩效用的相对优势外，还表现于"社会文化效用""心理效用"的巨大作用力，因此在人口行为中的"利己"选择倾向下所体现的封闭落后以及力图维持现状并使之永久化的倾向不可完全避免，这也是文化发展中惰性的方面。加之目前西南民族社会养老保障制度不完善、覆盖面窄，养老依然需要由家庭来承担，以及一些传统价值观和社会习俗等因素的影响，无疑会使和谐人口文化的建构尚有很多刚性的东西需要突破。

前已有述，西南地区集中了我国超过 1000 万人口的三个民族人口大省（广西、云南、贵州），"六普"时人口在百万的 18 个民族中，就有壮、苗、彝、布依、侗、瑶、白、土家、哈尼、傣、藏等民族集中居住于西南，是我国民族人口集中连片、增长较快的主要区域。自 20 世纪 90 年代以来，经过计划生育工作的长期磨合，大部分民族家庭都是 1—2 个孩子，但人口自然增长率均高于全国平均水平，人口与资源环境的压力相当突出。据中国科学院卫星遥感对我国土地承载力的评估，云南、四川、贵州都在土地承载力超负荷之列。土地承载力影响着生产力的布局和农业的发展，超负荷状态还会造成环境恶化，如西南山区的水土流失、云贵高原喀斯特地区的石漠化。"贫困是生态及其他灾难的根源。"西南民族地区是我国贫困人口集中的重点区域，2011 年 6 月贵州省委、省人民政府在《关于全面加强人口和计划生育工作，确保实现"双降"目标的意见》中说："人口总量大、经济总量小、人均水平低、发展速度慢、贫困人口多，是贵州的基本省情和面临的突出矛盾。"[①] 云南也是如此，云南有 29 个民族自治县，其中 20 个属国家重点扶持县。广西有 80 个民族县，其中 48 个是国家和区级贫困县，占民族县的 60%。四川的 36 个国家贫困县中，有 20 个民族贫困县；28 个省级贫困县中，民族贫困县 10 个。[②] 民族

---

① 中共贵州省委、贵州省人民政府：《关于全面加强人口和计划生育工作，确保实现"双降"目标的意见》，2011 年 6 月 30 日。

② 马仲良：《国外大城市调控人口的对策与措施研究》，《城市管理与科技》2007 年第 5 期。

地区贫困人口的覆盖面相当广泛。反贫困的首要任务是加快经济发展、解决温饱、稳定脱贫并走向富裕的问题，这必然与包括和谐人口文化在内的文化建设产生矛盾和抵触，影响和谐人口文化建设的顺利进行。

西南民族人口发展现状中呈现出的逆和谐人口文化现象反映出和谐人口文化建设的艰巨性。这些现象据"六普"资料有如：民族人口的自然变动差异大，如在西南少数民族中，出生率大多在10‰—15‰，高出全国水平约4.5个千分点，其中高（阿昌21.14‰）低（纳西族9.73‰）相差1倍以上；年龄构成悬殊，其中少儿系数极差11.01个百分点（傣族20.06‰，珞巴族31.07‰），老年系数极差5.15个千分点（纳西族9.18‰，珞巴族4.05‰）；出生人口性别比严重异常，如广西"四普""五普""六普"分别为122.30、125.57和128.44，贵州黔东南州同时期分别为115.70、125.23和138.54；平均受教育程度低且高低差距明显，西南世居少数民族中，只有京族人均受教育年限高于8.80年的全国平均水平为9.00年，其中最低门巴族5.22年，高低相差3.78年。可以看出，和谐人口文化建设的人口环境尚存在着诸多的不和谐因素，既表明良好人口环境建构迫切需要和谐人口文化的引领，又表明这些人口问题会对和谐人口文化建设形成制约和影响。

历史唯物主义要求我们用发展的观点来看待事物，既不能割断事物的过去，又要面向现在与未来，我们对待文化的态度亦不能例外。而在我们考察传统人口文化对现况的影响时，更要侧重于历史发展的角度，不能忽视传统人口文化的惯性作用。我们认为，在人口文化的组成部分中，观念与习俗占据核心地位并发挥着举足轻重的不可替代的作用，而且更是代表其历史过程的重要成分。比如，传统生育观念"传宗接代""养儿防老"基本涵盖了传统生育文化的内容。这里，我们仅就现实社会中"传宗接代"的观念做简要讨论。在不少民族地区的农村，妇女若不生孩子，要经受异乎寻常的压力，生育孩子则能得到一种肯定性的评价。同时，族亲和姻亲是农民最主要的交际网络，也是他们最基本的社会支持系统，是农民在遭遇天灾人祸等不测风云时，可以依靠的主要资源。而"传宗接代"的核心就是生育男孩，虽然传统上为了"续绝"，有过继、收养、入赘等替补性的办法，但其目的，无非是在万不得已的情况下，变通地满足生育男孩的心理需求。毕竟"变通"比不得"正宗"，在日常生活中，嗣儿、养子和赘婿往往受到无形的排斥和贬抑，因为他们不是来自一条"血脉",是文化的赝品,身份上自然要打折扣。因此,当"传宗接代"的传统生育观念与人口控制的文化行为相遇时,在生育率不断下降尤其是进入更替水平的状况下,生育一个男孩成为了农民生育需求中的底线,这正是有的学者提出的生育上难以逾越的"文化边界"。[①] 这也是前述西南民族社会出生性别比失调等逆和谐人口现象的文化根源。可以在一定程度上说,复杂多元、内涵深邃的西南民族文化,具有强烈的"惰性"稳定性特征,其中消极的不合理的成分在民族经济尚不发达、人民科学文化素质尚需进一步提高、生活质量有待进一步改善的环境下,必然有其存在的"市场"和"土壤",在很大程度上挑战着人们的人口文化心理和行为,羁绊、阻碍着西南民族人口文化的当代变迁,必须高度重视和面对。

二　西南民族和谐人口文化建设的机遇环境

从国际上看,当今世界,不同文化的交流与合作、竞争与碰撞的力度不断加大,文化与经济、政治相互作用,与科技相互融合,使其作为一个整体,已经熔铸在一个国家的生命力之中,并深刻地影响到区域增长过程,推动经济增长方式的转型。文化的力量已经由隐性的力量转变为显性,站在发展的前台。西南民族和谐人口文化建设在迎接挑战的同时也面临着良好的机遇环境。

在国际机遇上,首先是西方国家推动文化发展的经验可供借鉴。20世纪90年代以来,西方一些发达国家在推动经济全球化的进程中,实现了文化产业的快速发展,同时在文化理论研究上取得了重大的成果,比如约瑟夫·奈的《软力量》(Soft Power)、亨廷顿的《文明冲突论》(Clash of Civilizations)、萨义德的《文化与帝国主义》(Culture and Imperialism)等。大多西方国家把文化发展纳入国家总体发展战略,在政府的规划和政策引导下实现了文化大发展,其成功的经验和有效做法值得吸取和借鉴。其次是国外对中华文化的需求拓展了我国文化发展的国际空间。文化,是社会的产物,社会经济实力是文化发展与传播的根基。中国文化伴随着中国改革开放的不断深入和国力的不断提升以及其本身的魅力与价值而受到全球的重视和青睐,中国文化在国外的交流传播盛况前所未有。目前,我

---

① 　陈震、陈俊杰:《农民生育的文化边际性》,《人口研究》1997 年第 6 期。

国已在 140 个国家和地区建立了 150 余所孔子学院。最后是全球化为推动文化参与普遍化和文化趋向市场化、世俗化，为先进文化真正成为大众文化奠定了深厚基础。全球化的到来，使人们的文化参与越来越普遍化。网络文化的出现，使文化参与空前直接与普遍，同时使得文化的多样化、无规则化超过了以往任何时期。在全球化时期，市场经济作为配置经济资源的最有效手段，被推广到世界各地。① 市场行为本身隐含着丰富的人文内涵，文化走向市场化、世俗化，可大大增强文化的活力。在全球化环境下，还有利于借鉴一切有助于促进我国和谐文化建设的国外有益文化生产理念、经营管理经验，提高我们的国际化的文化营销能力、知识产权保护能力，充分吸收一切有利于有益文化发展的人类文明成果，使中华文化不仅深深植根于民族传统文化的沃土，而且适应世界文化发展进步的潮流，并在博采众长中获得新鲜血液，获得新生、繁荣和博大的更加广阔的平台。

邓小平指出："世界在变，人们的思想不能不变。"② 对少数民族文化的创新既是对民族传统的创新，又是不断对时代精华的吸纳，唯有创新，才能不朽。从国内来看，改革开放以来，我国经济发展，政治稳定，社会进步，人民生活水平总体上达到小康，这为文化建设提供了宝贵的机遇、良好的环境和条件。首先，我国经济实力增强为文化建设奠定了坚实的物质基础。经济发展是文化繁荣的基础，社会进步是文化兴盛的条件，经济社会的快速发展必然要求也伴随文化的兴盛和繁荣。历史上，每一个经济社会快速发展的时期，往往也是文化繁荣兴盛的时期。早在新中国成立前夕，毛泽东同志曾预言，随着经济建设高潮的到来，不可避免地将要出现一个文化建设的高潮。③ 经过 30 多年的改革开放，我国经济社会保持持续快速健康发展，在世界经济剧烈动荡中创造了持续快速增长的中国奇迹。国内生产总值 2005 年超过英国和法国，2008 年超过德国，2010 年超过日本，2011 年国内生产总值达到 47.3 亿元，总量跃居世界第二，经济总量占世界的份额由 2002 年的 4.4% 提升到 2011 年的 10%，对世界经济

---

① 彭焕才：《全球化中国先进文化建设的机遇与挑战》，《湖南省社会主义学院学报》2002年第 2 期。

② 《邓小平文选》，人民出版社 1993 年版，第 213 页。

③ 廖文新、王桂泉、徐海峰等：《兴起社会主义文化建设新高潮的机遇和挑战》，《党政干部学刊》2008 年第 8 期。

的贡献率为 20%，经济实力和综合国力迈上新台阶。[①] 不断增强的经济实力，使国家能够拿出更多物力、财力投入文化建设。其次，中国特色社会主义的实践和理论为文化建设提供了重要条件。改革开放以来，我们党在发展中国特色社会主义的伟大实践中，开辟了中国特色社会主义道路，形成了中国特色社会主义理论体系。这既为文化建设提供了实践基础，又为文化建设提供了理论指导。一方面，中国特色社会主义伟大实践为文化建设提供了新鲜养分。中国特色社会主义实践是符合历史发展方向的实践，蕴含丰富的先进文化元素和营养，是我国文化发展的丰厚土壤，是中华民族在历史进步中实现中华文化发展繁荣的活水源头。另一方面，中国特色社会主义理论体系为文化建设指明了方向。中国共产党在马克思主义中国化的过程中，形成了邓小平理论、"三个代表"重要思想和科学发展观等一系列重大战略思想，这一中国特色社会主义理论体系本身是被实践证明的正确的文化成果，代表了先进文化的前进方向，为我们更加自觉、更加主动地推动社会主义和谐文化建设指明了方向。最后，党和国家的文化发展战略决策为文化建设提供了科学的方向引领和政策支持。党的十六大以来，我们党提出了中国特色社会主义经济建设、政治建设、文化建设、社会建设"四位一体"的总体布局，把文化建设摆到更加突出的位置。十七大进一步提出推动文化大发展、大繁荣、兴起社会主义文化建设新高潮的战略任务。十八大更加明确要求要"扎实推进社会主义文化强国建设"。在此基础上，党和国家对文化建设的认识不断深化，先后出台了一系列文化政策和法律法规，确保了社会主义文化建设健康有序地发展。2005 年 12 月，中共中央、国务院发出《关于深化文化体制改革的若干意见》，同年 9 月，中共中央办公厅、国务院办公厅印发了《国家"十一五"时期文化发展规划纲要》。2009 年 9 月，国务院出台了《文化产业振兴规划》。2010 年 7 月 23 日，中央政治局专门就深化文化体制改革问题进行集体学习，胡锦涛同志在讲话中进一步明确了推进文化改革发展的指导思想和重点任务。《中共中央关于制定国民经济和社会发展第十二个五年规划的建议》专门以一个部分，阐述"推动文化大发展大繁荣，提升国家文化软实力"问题。党的十七届六中全会就深化文化体制改革、推

[①] 王怀超：《沿着中国特色社会主义道路前进——深入学习研究党的十八大精神》，中共中央党校出版社 2012 年版，第 1 页。

动社会主义文化大发展大繁荣问题进行了专门研究，并做出《中共中央关于深化文化体制改革、推动社会主义文化大发展大繁荣若干重大问题的决定》。2013 年 12 月 30 日，在中共中央政治局就提高国家文化软实力研究进行第十二次集体学习时，习近平同志强调：建设社会主义文化强国，着力提高国家文化软实力。[①] 党中央对文化工作高度关注和重视及其一系列重大决策，对兴起社会主义文化建设新高潮、加快文化事业发展指明方向提供了遵循。在实践上，文化产业被列入国家产业振兴计划，成为国民经济支柱性产业，20 多个省提出并实施了"文化大省"战略，一些文化品牌已蜚声海内外，如"七彩云南""多彩贵州风""印象刘三姐"等。2002—2012 年"过去的 10 年，我国政府对文化建设的投入，是过去几十年的总和，覆盖城乡的基本公共文化服务体系已经建成"[②]，文化的阳光遍洒神州大地。

在人口文化建设上，2012 年 3 月，国家人口计生委下发了《关于加强人口文化建设的意见》（以下简称《意见》），指出了加强人口文化建设的重要性和紧迫性，明确了人口文化建设的指导思想、总体目标和基本原则。《意见》总揽全局，内涵深刻，是人口计生系统贯彻党的文化发展战略的具体举措，是加强新时期人口文化建设的重要文件。在每年开展的文化科技卫生"三下乡"活动中，国家人口计生委组织各地积极协调地方文艺院团和系统内文艺骨干，深入农村人口计生工作先进乡镇、村居，开展文艺慰问演出，满足农村群众精神文化需求。中国人口文化促进会制定了《人口文化工作"十二五"规划》，组织、完成第十四届中国人口文化奖（戏剧、曲艺、歌舞类和文学、美术、摄影类）评选工作，开展了"人口文化唱响西部"系列活动。西南各省除制定有贯彻国家人口计生委《关于加强人口文化建设的意见》的文件外，在原有基础上相继开展一系列人口文化建设活动。比如，贵州省为强力助推全省人口计生"双降"目标实现，开展了人口文化"五建三送"（即建人口计生宣传读报栏，建人口文化大院，建人口文化活动中心，建人口文化宣传队，建人口文化景

---

① 习近平：《建设社会主义文化强国，着力提高国家文化软实力》，新华网 2013 年 12 月 31 日。

② 王怀超：《沿着中国特色社会主义道路前进——深入学习研究党的十八大精神》，中共中央党校出版社 2012 年版，第 80 页。

观；送一堂人口计生知识课，送一张计生家庭"全家福"照片，送一袋人口计生宣传品）、"人口文化三进三送"（人口文化进农村、进城镇、进校园和送生殖健康、送婚育文明、送人文关怀）等活动。全省先后确立了16个县（市、区）为省级人口文化建设试点县，分别建成了贵阳市云岩区"贵州民族婚育风情文化园"、遵义市红花岗区"黔北婚恋育文化景观"等一系列具有民族特色、鲜明地域特点的高品位人口文化景观园区。具有浓郁民族特点和地方特色的人口文化宣传载体，如黔西南州的"布依山歌唱计生"、黔南州的"好花红"、普定县的"人口文化节"，让"人口文化"从概念到内涵逐步深入人心。

云南省从2008年10月启动了为期3年的"人口文化大院"建设工程。工程项目包括在全省16个州市的129个县市区的行政村（社区）创建建设施完善、功能齐全、作用发挥好、辐射力强的村级人口文化大院；建立129支热心于人口计划生育事业，具有一定宣传特长的婚育新风志愿者文艺宣传队。2012年12月25日，广西人口计生委、广西计划生育协会主办了"高唱主旋律，奏响幸福歌"山歌演唱会。演唱会以山歌表演、广西特色戏曲、快板、情景剧等具有地方民族特色的宣传党的人口计生政策，弘扬新型人口婚育文化，展示全区人口计生工作者的精神风貌。上述活动中展现出的人口文化建设取得的成绩和积累的经验，为西南民族和谐人口文化建设打下了坚实的基础，体现出西南各民族群众日益增长的精神文化需求，为和谐人口文化建设提供了强大的内动力，呈现出西南全社会重视、参与文化建设的日益高涨热情，为西南民族和谐人口文化建设营造了一个良好的社会氛围。

第四节　西南民族和谐人口文化建设的路径与动力

一　和谐人口文化建设的指导思想与基本原则

和谐人口文化建设的指导思想与基本原则是坚持国家人口计生委《关于加强人口文化建设的意见》的明确规定，就是"高举中国特色社会主义伟大旗帜，以马克思列宁主义、毛泽东思想、邓小平理论和"三个代表"重要思想为指导，深入贯彻落实科学发展观，坚持社会主义先进文化前进方向，紧紧围绕经济社会发展和人口工作大局，以科学发展为主题，以建设社会主义核心价值体系为根本任务，以满足人民精神文化需求为出发点和落脚点，以改革创新为动力，大力发展民族的、科学的、大众的人口文化，培养高度的人口文化自觉和人口文化自信，提高全社会文化素养和文明素质，为实现人口均衡发展和人的全面发展提供坚强思想保证、强大精神动力、有力舆论支持和良好文化条件。在人口文化建设中应做到三个基本原则，即"三个坚持"："坚持社会主义先进文化前进方向，用社会主义核心价值体系引领人口文化建设，在全社会倡导科学、文明、进步的婚育观念和健康文明的生活方式""坚持以人为本，满足人民群众日益增长的精神文化生活需求，发挥人民群众在人口文化建设中的主体作用，促进人的全面发展与家庭和谐幸福""坚持把社会效益放在首位，社会效益和经济效益有机统一，遵循文化发展规律，适应社会主义市场经济发展要求，推动人口文化事业和人口文化产业全面协调可持续发展。"①和谐人口文化建设的指导思想与基本原则的坚持，是能否在和谐人口文化建设中正确把握文化多样性与主导性、民族性与现代性、理想性与现实性的辩证统一问题，正确处理个体与整体、理想与现实、治理与预防以及人口文化与传统婚育文化、新型生育文化及和谐文化的关系，既能在研究中自始至终坚持以社会主义核心价值体系的一元主导，又是能否在研究中做到继承发扬、开放借鉴、批判鉴别、开拓创新的关键。只有把握好上述指导思想，西南民族和谐人口文化建设才不会迷失方向，才能够在建设中正确把握规律，目标明确，认识统一，行动协调，措施有力，实效明显。

二　和谐人口文化建设的路径与动力

（一）和谐人口文化重在建设

任何一种文化形态的生成与发展，都是一个逐步积累的过程，不可能通过疾风暴雨式的"文化运动"来实现。建设和谐人口文化，以培育和谐人口精神，树立和谐人口理念为目标，更应突出强调建设的重要性。当前，我国人口文化发展正处于一个重要的战略机遇期，面临着巨大的发展

---

① 国家人口计生委：《关于加强人口文化建设的意见》，2012 年 1 月 17 日。

空间。必须坚持和谐人口文化重在建设的理念，要在全社会努力地培育和谐精神、倡导和谐理念、营造和谐氛围，增强建设的凝聚力和向心力。在建设中要清醒地认识到和谐人口文化建设是一个持续推进的过程，只有坚持不懈的努力，积少成多，聚沙成塔，才能汇聚成和谐人口文化的时代潮流而促进社会主义文化软实力的增强。

在和谐人口文化建设中，必须立足于我国社会主义初级阶段这一最大实际，科学把握社会转型期思想意识发展变化的新特点，以培育和谐精神、梳理和谐理念为根本，突出工作重点，创新工作方法，加强教育与法律规范建设工作，发挥人民群众在人口文化建设中的主体作用，以开拓创新的精神推动和谐人口文化建设。

建设社会主义核心价值体系、马克思主义指导思想、中国特色社会主义共同理想、以爱国主义为核心的民族精神和以改革创新为核心的时代精神以及社会主义荣辱观，是我们党在深刻总结历史经验基础上在思想文化建设中的重大理论创新，是社会主义意识形态的本质体现，在整个文化建设中居于统摄和支配地位。推动社会主义人口文化发展繁荣，必须将社会主义核心价值体系建设作为第一位的任务，要全面地把握社会主义核心价值体系的深刻内涵和基本要求，努力将社会主义核心价值体系融入和谐人口文化建设的各个方面，坚持用社会主义核心价值体系引领人口发展工作，发挥其积极、进步、先进、文明、和谐的价值导向，引领和谐人口文化建设。

和谐人口文化是实现社会和谐的文化源泉，也是各族人民团结进步的重要精神支柱之一。在以社会主义核心价值体系引领和谐人口文化建设中，要坚持多样性与主导性统一、民族性和现代性统一、理想性和现实性统一。要在坚持以社会主义核心价值体系为主导的前提下，注意贯通古今，吸收传统文化中的精华和实质；融合中外，借鉴西方文化中的思想精髓和优秀成果，并在其中开拓创新；同时要处理好个体与整体、理想与现实、治理与预防等之间的关系，努力建成一元主导、多元辅补、会通古今、兼融中西的具有先进性与广泛性相统一的和谐人口文化。

在和谐人口文化的建设过程中，要注意重点的突出和方法的创新。当前就建设和重点来讲，要紧紧围绕稳定低生育率，统筹解决人口问题而展开，积极做到塑造新风貌与婚育新风进万家相结合，健全新保障与人口计划生育利益导向机制相结合，培养新农民与提高人口素质相结合，建设新

图 12-5　人口文化墙报

城乡与统筹人口问题的解决相结合，发展新生产力与实施产业养老工程相结合，完善法律法规与人口发展与管理法制化相结合。同时，积极拓展和大力推进婚育新风进万家活动、关爱女孩行动、新农村新家庭计划、生育关怀行动、幸福工程、创建幸福家庭活动、阳光计生行动等实践活动，弘扬以"计划生育、优生优育、男女平等、敬老养老、生殖健康、家庭幸福"等为主要内容的新型家庭人口文化建设，努力提高全社会文明素质，实现低生育水平的稳定、人口素质的提高、人口结构的优化、人口分布的合理引导、人口安全的保障。

在建设过程中，要认真贯彻落实国家人口计生委《关于加强人口文化建设的意见》精神。第一，加强人口新闻舆论工作，牢牢把握正确舆论导向。加大正面宣传力度，完善新闻发布制度，建立健全人口舆情监测、预警和应对的长效工作机制，及时回应社会关切。第二，加强人口文化阵地建设。整合资源，动员社会各方面力量，进一步加强人口文化园、人口家庭服务中心、人口文化大院、新家庭文化屋、人口文化网等人口文化传播阵地建设。拓展网上人口文化阵地，推动优秀人口文化作品的传播。第三，繁荣人口文化作品创作生产，加大人口文化作品的开发力度，努力推出思想性、艺术性、观赏性相统一，体现地域特色而群众又喜闻乐见的文图音像宣传品、出版物、文艺作品以及适合互联网、手机、现代远程传播等新媒体的人口文化精品佳作，进一步提升人口文化的社会影响力。

人民群众是物质文明的创造者，也是精神文明的创造者，是历史的主人，也是文化的主人。要坚持发挥人民群众在和谐人口文化建设中的主体作用，形成政府、社团和民间组织牵线搭桥，企业和各界人士大力支持，人民群众积极参与，共同创建和谐人口文化的格局。尤其是在广大农村，更要采取切实有力的措施，调动人民群众投身和谐人口文化建设的积极性，支持开展其乐于参与、便于参与的人口文化活动，并为他们提供必要条件，调动他们的文化创造潜能。同时，还要充分发挥文化能人、民间艺人传承发展民族民间文化方面的作用，共同促进和谐人口文化建设。

（二）坚定事业化、产业化、体制化发展之路

坚持把发展公益性人口文化事业作为保障人民文化权益的主要途径，做到"以公共财政为支撑，以全人口为服务对象，针对生命周期不同阶段人群的特点，以人口文化活动中心、人口家庭服务中心、新家庭文化屋等为载体，开展人口文化公益服务"[①]。这既是保障人民群众文化权益的需要，也是实现基本公共服务均等化的要求，体现了以人为本、发展成果人人共享的理念。在文化建设中，既要强调物质方面基本公共服务的均等化，也要强调文化方面基本公共服务的均等化；既要发展以市场为导向的经营性文化产业，更要发展以服务人民大众为主旨的公益性人口文化事业，特别是农村公益性人口文化事业，把"送文化"变成"种文化"，在广大农村播撒先进文化种子并精心培养，使其生根开花。在城市，要把流动人口纳入城市人口文化基本公共服务体系，积极开展面向农民工的服务和倡导。要采取因地制宜、百花齐放、多种形式、不拘一格的方式，如人口文化大院、人口文化广场、人口文化沙龙、人口文化书屋等发展人口文化，促进人口文化和谐。

不仅如此，在和谐人口文化事业建设的同时，要高度重视文化产业的发展。发展人口文化产业是社会主义市场经济条件下满足人的全面发展需求的重要途径，反映着文化经济潜能的挖掘与开发，是文化生产力发展的不竭动力。文化产业的兴起与出现，使得文化不再只是一种文化活动，它同时也是一种经济活动。当然，对经济产业而言，文化产业的发展有着自身独特的规律，一方面要注重与其他经济产业在各方面出现的交叉与叠合现象，遵循一般经济规律；另一方面还要从文化发展的角度遵循文化发展规律。文化产业直接地提出了文化生产关系要适应文化生产力发展要求的问题，也成为解放和发展文化生产力最直接、最有效的途径。文化产业的出现，开发了文化的商品价值，也开发了一个新的生产领域和经济领域，作为新的经济高地，社

---

① 国家人口计生委：《关于加强人口文化建设的意见》，2012年1月17日。

会资本也表现出进入文化产业的积极性。"文化产业和文化事业是文化建设之双翼。文化事业的发展，同样蕴含着文化生产力的建设和发展。"① 在大力发展文化产业的同时，绝不能忽视推进公益性的文化产业建设。

在文化事业、文化产业发展中，更不能忽视文化体制的建设与创新问题。人类数百年的发展史表明，文化作为社会的上层建筑，它的发展和繁荣，既需要一定的经济基础，需要发挥文化工作者的积极性、创造性，进行不懈的文化积累和文化创新，同时也需要与之相适应的文化政策和文化体制做保证。文化体制主要指一个国家或地区依据自身文化发展的实际，为了更好地实现文化发展战略而制定的刚性体系，它是文化价值的外化，包括决策、管理、评判、监督等各环节。每个环节都有相应的政策、法规、制度等具体性管理运作机制。它潜在地表明一个国家或地区对待文化的根本态度、基本要求和基本领导方式，是文化建设和发展所需遵循的根本纲领。无疑，文化体制的发展、完善及运作是关系到国家和民族文化兴衰的重大战略问题。和谐人口文化建设，包括和谐人口文化事业化、产业化，都需要与之相适应的文化体制作保障，同时文化体制也需要不断创

图 12-6　人口文化活动

---

① 丹增：《文化力与文化生产力：文化经济发展的立足点》，《创造》2007 年第 5 期。

新、变革来顺应和谐人口文化的建设需求。在和谐人口文化建设的新时期，应站在全局、大体、战略的高度审视评价我国文化体制，包括人口文化体制建设的状况，并在此基础上开拓可能的体制空间，使和谐人口文化建设有更宽松的制度环境，并在建设中弘扬民族精神，走自己民族的道路，同时顺应全球化的时代主流，在文化体制的具体措施中遵循国际惯例，积极吸纳其中先进的成分，使文化体制不断完善，与时俱进，并能充分发挥其在和谐人口文化建设中的应有功能。

（三）科学处理与其他文化的关系

费孝通先生曾告诫，在文化建设中，"我们要在认识和发展自己文化的同时，还要考虑到如何处理自己的文化和其他不同文化相处的问题"。[①] 和谐人口文化建设是社会主义文化建设的重要组成部分，其他文化的建设对和谐人口文化有着重要的作用和意义。从彼此联系与相关关系来看，首先，经济文化是和谐人口文化建设的前提。经济文化是人民在发展生产力过程中形成的一系列思想、观念、制度和习俗，它是生产力和思想观念相结合的产物，是经济建设健康发展的源泉和结晶。[②] 经济文化对人口文化有直接的影响，如长期以来，在西南民族地区，出现了"越穷越生，越生越穷"的恶性循环，极大地阻碍了人口文化的建设，其经济文化根源有如传宗接代观念、重男轻女思想、早婚早恋文化以及多子多福观念等。发达的经济文化有利于人口观念的与时俱进、开拓创新。只有坚持以经济建设为中心，不断增强综合国力，才能更好地解决和谐人口文化建设中的矛盾和问题。在这方面，对经济欠发达的西南民族地区来讲，意义显得更加突出和深远。其次，政治文化建设为和谐人口文化建设指明了方向。政治文化建设在现代化、全球化进程加快的环境下，其实质就是政治文明建设，其核心内容是民主发展的积极成果。人口文化建设离不开政治文化建设，政治文化建设规定和制约着人口文化建设的根本方向，关系到人的思想政治素质的提高，关系到人

[①] 方李莉：《费孝通晚年思想录——文化的传统与创造》，岳麓书社 2005 年版，第85 页。

[②] 陈灿伶：《用科学的发展观看人口文化与相关文化的关系》，《人口与计划生育》2005年第 1 期。

的积极性、创造性的发展。① 为了使人口文化保持正确的政治方向，必须向全体人民开展马列主义、毛泽东思想、邓小平理论、"三个代表"和科学发展观的教育，开展社会主义核心价值体系的建设，使人民群众在此基础上把握正确的价值观、人生观、世界观，增强发展意识、和谐意识和使命感。只有这样，和谐人口文化才能得以健康发展。再次，道德文化建设是和谐人口文化建设的环境。中共中央颁发的《公民道德建设实施纲要》明确指出，要在全社会大力倡导"爱国守法、明礼诚信、团结友善、勤俭自强、敬业奉献"的基本道德规范，努力提高公民的道德素质，促进人的全面发展。这"十二字"基本道德规范包含了中华民族的传统美德和党的优良传统作风，又借鉴了世界各国道德建设的成功经验和先进文明成果，具有鲜明的时代特色。和谐人口文化建设要以道德文化建设为标准和要求，在其中大力倡导以尊老爱幼、男女平等、夫妻和睦、婚育新风、勤俭持家、邻里团结为主要内容的家庭美德，以文明礼貌、助人为乐、爱护公物、保护环境、遵纪守法为主要内容的社会公德，不断提高人们的思想道德素质，从而促进社会和谐、人口和谐。最后，科技文化建设是人口文化建设的先导。科学文化建设是经济建设的基础，也是人口文化建设的先导。江泽民曾就提高全民科学文化素质、加强科技文化建设问题强调指出："应当在全党全社会大力弘扬科学精神，普及科学知识，树立科学观念，倡导科学方法，弘扬科学精神，更加自觉地学习科学知识，树立科学观念，掌握科学方法。"② 因此，必须大力加强科学教育和科学普及工作，努力传播科学知识、科学精神、科学思想和科学方法，提高公众的科学素养，引导群众养成健康文明的生活习惯，增强自觉抵制各种愚昧、迷信和歪理邪说的能力。和谐人口文化的形成，既依赖于先进科学技术的发展，同时又是科学文化的重要组成部分。人口的生产既是社会现象，又有深刻的科学道理，要通过普及人口和计划生育科学知识和政策法规，在广大人民群众中进一步树立科学、文明、进步的生育观念，增强人民的生殖保健意识和自我保健能力，促进

---

① 陈灿伶：《用科学的发展观看人口文化与相关文化的关系》，《人口与计划生育》2005年第1期。

② 江泽民：《必须在全国兴起科技进步和创新高潮——在中国科学院第十次院士大会和中国工程院第五次院士大会上的讲话》，新华社北京2000年6月6日电。

人的全面发展和家庭文明幸福，为稳定低生育水平、统筹解决人口问题提供良好的文化环境。①

（四）加强文化人才的造就培养

现代化、全球化的各种竞争归根到底是人才的竞争。"人才资源是第一资源""人才优势是最大的优势""得人者昌，用人者兴，育人者运""文化建设最重要的是抓方向，抓队伍建设。"② 发展文化产业，人才是关键。文化人才是文化建设、文化发展核心的竞争力。西南民族和谐人口文化建设要求扎扎实实抓好文化人才工作，造就文化人才。

所谓人才，是指在一定的社会条件下，能以其创造性劳动，对社会发展、人类进步做出某种贡献的人。2003 年 12 月 19 日，党中央、国务院召开的全国人才工作会议认为"人才存在于人民之中，只有具有一定的知识或技能，能够进行创造性劳动，为推进社会主义物质文明、政治文明、精神文明建设，在建设中国特色社会主义事业中做出积极贡献的，都是党和国家需要的人才"。③ 文化建设，包括文化事业、文化产业等，是知识经济的重要组成部分。文化不仅需要积淀，还需要振兴，更需要创新。作为知识经济形态的文化建设，需要有继承创新意识，开拓进取意识，有传统文化、当代文化理论与实践的研究人才，需要善于文化策划、包装、推介服务等市场运作的职业经纪人才，需要具有世界眼光、精通经营管理的优秀文化产业的管理者和文化企业家人才，需要文化创新人才、文化规划人才、网络科技人才，需要一支规模宏大、结构合理、素质较高的文化人才队伍。总之，文化人才是文化建设的可持续发展最重要的资本，解放和发展文化生产力必须有文化人才作为支撑。

相对于东中部来讲，西南各地文化人才都存在着较为突出的问题，如贵州省存在的问题有"人才队伍总量不足，有影响的拔尖人才紧缺，人才老化较为严重，人才分布不平衡，策划人才和复合型人才严重匮乏"。④

---

① 陈灿伶：《用科学的发展观看人口文化与相关文化的关系》，《人口与计划生育》2005 年第 1 期。

② 江泽民：《努力开创社会主义精神文明建设的新局面》（1996 年 10 月 10 日），载《江泽民文选》第一卷，人民出版社 2006 年版。

③ www. scio. gov. cn/zhzc/6/2/201112/t106，2003 年 12 月 19 日。

④ 李军：《以超常规举措，加强宣传人才队伍建设》，《当代贵州》2006 年第 2 期。

四川省虽然近几年在文化产业人才队伍建设方面取得了较大成绩，但总的来看，"四川文化产业人才队伍建设仍然存在明显的结构不合理现象"，其主要表现在五个方面：从业人员的类型结构不合理，经营管理类人员所占比重过低；从业人员的学历结构不合理，高学历高职称的人才比重偏低；从业人员年龄结构不合理，35 岁以下的人员所占比例相对过小，后备人才不足；人才作用发挥不充分；人才规模较小且地区和行业分布不均衡等问题。① 就是文化产业已成为经济新的增长点，文化建设走在全国前例的云南省，也有文化人才短缺之忧，"云南文化人才尤其是高层次文化人才紧缺的现象日益凸显，并逐渐成为影响和制约云南文化更快更好地发展的一大瓶颈"。② 造成西南地区人才问题的主要原因是长期以来，人才观念淡薄，政策机制不够完善或执行乏力，人才自我提高意识不强，人才队伍建设缺乏规划，以及经济发展水平制约人才队伍建设等。

西南民族和谐人口文化建设需要能力强和素质高的文化队伍为之努力。时代的要求、现实存在的问题，迫切需要西南各省采取积极有力的措施加快文化人才队伍建设，造就文化人才队伍。在此我们认为，一是要更新人才观念，完善人才政策，营造有利于优秀人才脱颖而出的良好环境；二是要制订好人才建设规划，培养文化建设的领导与骨干队伍，文化建设的专业人才队伍，市场型、复合型的实战本领人才队伍以及理论研究、教育教学的人才队伍等；三是构建新型的文化建设运作机制和用人机制，充分发挥人才的作用，做到人尽其才，才有所用；四是制定适合于文化人才的人事管理制度，探索文化人才的行业管理办法，促进文化人才合理流动；五是加大文化人才的培养力度，建立人才培养基金，健全人才培养体系，把学校教育和社会教育有机结合起来，使文化建设人才辈出。总之，要在文化人才上用好现有人才，培养后备人才，吸引外来人才。

（五）继承和发扬中国传统文化中的和谐理念

任何文化都有它的深度、有它的广度，有它的过去，有它的未来。传统文化是我们的根和魂，社会发展迅速，我们更不能丢掉传统。费孝通先生曾强调，在现代化建设中，"我们要好好地利用这些已有的、我们先人

---

① 蒋颖、吴斌：《四川文化产业人才队伍建设调查与思考》，《新闻界》2006 年第 4 期。

② 晏友琼：《加强云南文化人才队伍建设的实践与探索》，《学术研究》2006 年第 12 期。

们为我们创造的、珍贵的人文资源，让它们变成我们丰富的生活资源，我们宽广的精神追求"。① 胡锦涛同志指出，在推进社会主义文化强国建设中，"要全面认识祖国传统文化，取其精华，去其糟粕，使之与当代社会相适应、与现代文明相协调，保持民族性，体现时代性"。② 文化建设是一个国家或民族以其固有的文化传统为基础而进行的文化传承、变革与创新。我国有着优秀的"和合"文化传统，经过数千年的积淀和发展，已经深深地融入中华民族的血脉之中，成为中华文明的基本特性和重要价值取向。在人与自然的关系上，我国传统文化强调天人合一，重视尊重规律、休养生息；在人与人的关系上，强调以和为贵，重视家庭和睦、融洽相处；在国家与国家的关系上，强调协和万邦，重视睦邻友好、互利互惠。这些宝贵的精神财富至今仍然得到人民群众的广泛认同，仍然是衡量人们道德素质的重要尺度，为我们今天建设和谐文化提供了丰富而厚重的思想资源。只有深刻认识祖国传统文化的现实价值，继承和弘扬中华优秀文化传统，才能在历史提供的高起点上创造出更高层次的和谐文化。要深

图 12-7　希望的田野

---

① 方李莉：《费孝通晚年思想录——文化的传统与创造》，岳麓书社 2005 年版，第 100 页。

② 胡锦涛：《高举社会主义伟大旗帜，为夺取全面建设小康社会新胜利而奋斗》，2007 年 10 月 15 日，载《十七大以来重要文献选编》（上），中央文献出版社 2009 年版，第 27 页。

入挖掘我国传统文化中有利于促进社会和谐的内容，汲取其合理的思想内核，使优秀传统文化得以传承、优秀民族文化得以新生。当然，继承不是墨守成规，对体现和谐思想的传统文化资源，必须赋予新的时代内涵，体现新的时代精神。① 在其中，也必须吸收和借鉴世界优秀文化成果。建设和谐人口文化，离不开与世界文化的交流与对话，离不开对各国有益的人口文化成果的学习与借鉴。要以更加开放的心态、更加开阔的视野，充分借鉴一切有利于促进和谐人口文化建设的有益经验，充分吸收一切有利于增强人们和谐精神的文化成果，使和谐文化深深植根于中华文化的沃土。

必须强调，在继承和发扬我国传统优秀文化过程中，必须高度重视西南民族传统人口文化中科学、合理、和谐成分的发掘、整理、继承和弘扬，它是西南民族和谐人口文化建设中最有民族性、地方性，也最具有历史性、多元性和生命力的资源基础和财富。实际上，费孝通先生于此早有提示和告诫，他认为"分布在云贵高原一带的高原文化，这一类文化由于地处偏僻，所以比较原始，有些地方甚至还保留了人类最早的采集、渔猎文化，这些文化类型在一些发达国家也许是早已绝迹了的，但它们在我国西部的某些地方还在继续保存，我们不要小看它们，这是一笔属于全人类的宝贵财富。所以，我们要珍惜它，不能随意地破坏它"。② 我们当代的和谐人口文化建设必须在自我传统的基础上自我更新，进行创造，必须从传统文化中汲取营养，找到自信，达到自觉，走向自新。

当然，我们在强调继承和发扬中国传统文化中的和谐理念的同时，也要积极学习、借鉴其他国家及其民族的优秀文化成果与文化建设经验。文化在人类社会整个发展过程中，不同的国家及其民族都有各自独特的优良文化存在，每个国家与民族的文化都有各自的优点长处，这也使世界文化具有了多姿多彩的内容。各国文化能为人类所传承，说明它们的基本内核往往是相容相通的，无论是东方文化还是西方文化，在其发展上，都有它们各自的独到之处。对于追求发展和谐的内容方面，各国文化都有自己所坚持的特点，都对人类的发展进步做出了相应的贡献，应该彼此包容，相互尊重，增加学习、交流和借鉴。建设西南和谐民族人口文化，离不开交

① 刘云山：《建设和谐文化，巩固社会和谐的思想和道德基础》，《人民日报》2006 年 10 月 24 日第 2 版。
② 方李莉：《费孝通晚年思想录——文化的传统与创造》，岳麓书社 2005 年版，第 90 页。

流与对话。以博大的胸怀和宽阔的眼界，博采众家之所长，积极学习借鉴各国的优良人口文化成果，开创和谐共荣的人口文化氛围，这是和谐人口文化建设所必需的条件之一，是一条必经之路。只有在学习中借鉴，在冲击碰撞之下升华，才能更好地促进西南民族和谐人口文化的建设和发展繁荣。①

通过以上的分析、论述，我们认为，西南民族人口生育文化是西南少数民族人口得以繁衍，民族得以壮大的文化作用体现；人口制度文化是少数民族人口、社会关系得以有秩序、完整地传承的基础性文化保障；人口流迁文化是西南民族人口保生存、求发展，融入改革开放大潮而勇于进取的行为动力；人口死亡文化反映在文化层面的意义，是一个民族将落后生产力与宗族幻想联系在一起的纯朴写照；人口生态文化中虽然包含着万物有灵等传统落后意识，但其作为人与自然和谐的文化途径，其中有着丰厚的优秀特质，是现代生态文明建设内容的基础文化来源；人口法律文化之于少数民族人口发展的规制意义，在历史和现实中有着十分重要的价值，不可或缺。西南少数民族人口文化的变迁过程和模式，是民族历史文化与阶段性社会主流文化相互冲突、融合的过程，是西南民族地区人口文化本身和其他文化因素以及社会经济因素相协调的途径。人口文化变迁的模式及其发展走向——和谐人口文化，更是对民族人口文化消失、扬弃、创新、进步的总体探索的理性认识。对和谐人口文化发展的途径和动力的思考，是对民族人口文化建设理论与实践价值认识与选择的题义规定，也是社会主义核心价值体系框架内西南少数民族地区和谐人口文化建设的客观要求。最终，在社会主义先进文化建设的时代背景要求下，和谐人口文化建设客观地成为和谐社会建设的重要内容，也是西南民族地区和谐发展的根本保障。具体来讲，和谐人口文化是人与自然的和谐、人与社会的和谐、人的心灵和谐的最终体现，它是社会和谐的至高境界。

毛泽东同志在《新民主主义论》中曾指出："中华民族的旧政治和旧经济，乃是中华民族的旧文化的根据；而中华民族的新政治和新经济，乃是中华民族的新文化的根据。"② 习近平同志指出："一个国家、一个民族的强盛，总是以文化兴盛为支撑的。没有文明的继承和发展，没有文化的

---

① 祖晨阳：《当前社会主义和谐文化建设思考》，《人民论坛》2012 年第 20 期。

② 《毛泽东选集》第 2 卷，人民出版社 1991 年版，第 664 页。

弘扬和繁荣，就没有中国梦的实现。中华民族创造了源远流长的中华文化，也一定能创造出中华文化新的辉煌。"① 和谐人口文化是社会主义先进文化的重要组成部分，是国家文化软实力的重要支撑。而全面小康建设与和谐社会建构是和谐人口文化建设的根据与环境支持。当前，西南民族地区以及全国的和谐人口文化发展正处在一个重要的战略机遇期，面临着巨大的发展空间。我们讲重在建设，就要把和谐人口文化作为一个持续推进的过程，通过不懈的努力，积少成多，汇聚成和谐人口文化的时代潮流。联合国世界文化与发展委员会在《文化多样性与人类全面发展》的报告中指出："文化赋予人类存在的意义，它本身就是人类发展的目的。"从这个意义上，我们首先要明确认识到文化本身与人口发展之间有着深刻的联系，人类自身发展的同时，客观上也发展了文化。尤其是在西南少数民族地区，民族文化在民族生产生活中起到了历史性的现实作用，犹如一个民族人口延续一样重要，或者说，人口繁衍与民族文化始终是连在一起的。和谐人口文化的建设和实现，必定有助于社会主义文化的大发展、大繁荣。

最后，借助费孝通先生的一句名言来结束全文，这就是：社会和文化可以使人"不朽"。②

① 习近平：《建设社会主义文化强国　创造中华文化新的辉煌》，《人民日报》2014 年 7 月 9 日第 15 版。

② 方李莉：《费孝通晚年思想录——文化的传统与创造》，岳麓书社 2005 年版，第 109 页。

参考文献

[1]《马克思恩格斯全集》第 3 卷，人民出版社 1995 年版。

[2]《马克思恩格斯全集》第 4 卷，人民出版社 1995 年版。

[3]［德］恩格斯：《家庭、私有制和国家的起源》，人民出版社 1972 年版。

[4]［德］马克思：《1884 年经济学哲学手稿》，人民出版社 1985 年版。

[5]［德］恩格斯：《自然辩证法》，人民出版社 1984 年版。

[6]《列宁全集》，人民出版社 1972 年版。

[7]《毛泽东选集》，人民出版社 1991 年版。

[8] 国际人口科学联盟编著：《人口学词典》，商务印书馆 1992 年版。

[9]《中国大百科全书·民族卷》，中国社会科学出版社 1986 年版。

[10] 中国各民族宗教与神话大词典编委会：《中国各民族宗教与神话大词典》，学苑出版社 1990 年版。

[11] 国家人口和计划生育委员会：《中国人口和计划生育史》，中国人口出版社 2007 年版。

[12] 中国教育统计年鉴编委会：《中国教育统计年鉴（2011）》，人民教育出版社 2011 年版。

[13] 路遇、滕泽之：《中国人口通史》，山东人民出版社 2000 年版。

[14] 丁世良、赵放主编：《中国地方志民俗资料汇编》（西南卷），书目文献出版社 1991 年版。

[15] 邹东涛：《中国西部大开发全书》第 2 卷，人民出版社 2000 年版。

[16] 陈明立：《中国人口法学》，四川人民出版社 1994 年版。

[17] 杨筑慧：《中国西南民族生育文化研究》，中央民族大学出版社 2006 年版。

[18] 辞海编辑委员会：《辞海》，上海辞书出版社 1999 年版缩印本。

［19］《辞源》，商务印书馆 1984 年版。

［20］［美］摩尔根：《古代社会》，商务印书馆 1977 年版。

［21］［美］塞缪尔·亨廷顿：《文明的冲突与世界秩序的重建》，新华出版社 2010 年版。

［22］［美］克鲁洪等：《文化与个人》，高佳等译，浙江人民出版社 1986 年版。

［23］［英］马林诺夫斯基：《文化论》，费孝通等译，中国民间文艺出版社 1987 年版。

［24］［英］泰勒：《原始文化》，顾晓明译，浙江人民出版社 1987 年版。

［25］［德］黑格尔：《法哲学原理》，范扬、张企泰译，商务印书馆 1982 年版，转引自顾伟列《中国文化通论》，华东师范大学出版社 2007 年版。

［26］［美］露丝·富尔顿·本尼迪克特：《文化模式》，何锡章、黄欢译，华夏出版社 1987 年版。

［27］［美］玛格丽特·米德：《三个原始部落的性别与气质》，宋践荣译，浙江人民出版社 1988 年版。

［28］纳日碧力戈：《现代背景下的族群建构》，云南教育出版社 2000 年版。

［29］［爱尔兰］伊恩·罗伯逊：《社会学》，黄育馥译，商务印书馆 1990 年版。

［30］梁漱溟：《东西文化及其哲学》，商务印书馆 1987 年版。

［31］陈序经：《文化学概观》，中国人民大学出版社 2005 年版。

［32］刘作翔：《法律文化理论》，商务印书馆 2001 年版。

［33］司马云杰：《社会文化学》，山东大学出版社 1987 年版。

［34］李竞能：《人口理论新编》，中国人口出版社 2001 年版。

［35］王跃生：《社会变革与婚姻家庭变动——20 世纪 30—90 年代的冀南农村》，生活·读书·新知三联书店 2006 年版。

［36］田雪原：《人口文化通论》，中国人口出版社 2004 年版。

［37］宋兆麟：《民间性巫术》，团结出版社 2005 年版。

［38］廖明君：《生殖崇拜的文化解读》，广西人民出版社 2006 年版。

［39］夏建中：《文化人类学理论学派——文化历史的研究》，中国人民大学出版社 1997 年版。

［40］［德］施密特：《原始宗教与神话》，萧师毅等译，上海文艺出版社
　　　 1987 年版。

［41］李中清：《婚姻家庭与人口行为》，北京大学出版社 2000 年版。

［42］林耀华：《民族学通论》，中央民族大学出版社 1997 年版。

［43］宋蜀华、陈克进主编：《中国民族概论》，中央民族大学出版社
　　　 2001 年版。

［44］邹蓝：《巨人的跛足》，黑龙江人民出版社 1992 年版。

［45］陈淑君、陈华文：《民间丧葬习俗》，中国社会出版社 2006 年版。

［46］王计生：《事死如生：殡葬伦理与中国文化》，百家出版社 2002
　　　 年版。

［47］余谋昌：《生态文化论》，河北教育出版社 2001 年版。

［48］郭家骥：《生态文化与可持续发展》，中国书籍出版社 2004 年版。

［49］郑宝华主编：《谁是社区森林的管理主体——社区森林资源权属与
　　　 自主管理研究》，民族出版社 2003 年版。

［50］顾军等：《文化遗产报告——世界文化遗产保护运动的理论与实
　　　 践》，社会科学文献出版社 2005 年版。

［51］鲁西奇：《区域历史地理研究：对象与方法——汉水流域的个案方
　　　 法》，广西人民出版社 2000 年版。

［52］费孝通：《生育制度》，北京大学出版社 2006 年版。

［53］周长洪：《生育观念转变及其度量——尺度与评估方法》，中国人口
　　　 出版社 2003 年版。

［54］夏建中：《文化人类学理论学派——文化研究的历史》，中国人民大
　　　 学出版社 2003 年版。

［55］鲁迅：《二心集》，人民文学出版社 1973 年版。

［56］刘铮：《人口现代化与优先发展教育》，《人口研究》1992 年第
　　　 2 期。

［57］王学义：《人口现代化研究》，中国人口出版社 2006 年版。

［58］杨知勇：《西南民族生死观》，云南教育出版社 2001 年版。

［59］史继忠：《西南民族社会形态与经济文化类型》，云南教育出版社
　　　 1997 年版。

［60］汪宁生：《西南访古卅五年》，山东画报出版社 1997 年版。

［61］贵州省人口普查办公室：《2005 年贵州省 1% 人口抽样调查资料》，

中国统计出版社 2007 年版。

[62] 贵州省第五次人口普查办公室编印：《黔东南苗族侗族自治州 2000 年人口普查资料汇编》2002 年第 2 期。

[63] 四川省统计局：《四川省统计年鉴（2004）》，中国统计出版社 2004 年版。

[64] 西部大开发中的人口问题课题组：《西部大开发中的人口问题》，中国统计出版社 2005 年版。

[65] 黄才贵：《独特的社会经纬——贵州制度文化》，贵州教育出版社 2000 年版。

[66] 《黔东南自治州民间文学资料集》第一集。

[67] 李廷贵：《采风》，贵州人民出版社 1981 年版。

[68] 贵州省民族文化学会：《民族文化复兴与区域发展历史性跨越》，作家出版社 2007 年版。

[69] 马曜主编：《云南简史》，云南人民出版社 1983 年版。

[70] 杜玉亭：《传统与发展——云南少数民族现代化研究之二》，中国社会科学出版社 1990 年版。

[71] 张建章：《德宏宗教》，德宏民族出版社 1999 年版。

[72] 温益群：《木鼓中的母性之魂》，云南教育出版社 1995 年版。

[73] 孙兆霞：《屯堡乡民社会》，社会科学文献出版社 2005 年版。

[74] 张联芳主编：《中国人的姓名·苗族》，中国社会科学出版社 1992 年版。

[75] 张晓：《西江苗族妇女口述史研究》，贵州人民出版社 1997 年版。

[76] 贵州省编辑组：《苗族社会历史调查》，贵州人民出版社 1986 年版。

[77] 伍新福：《苗族文化史》，四川人民出版社 2000 年版。

[78] 吴泽霖、陈国均：《贵州苗夷社会研究》，民族出版社 2004 年版。

[79] 何积全主编：《苗族文化研究》，四川民族出版社 1992 年版。

[80] 周相卿：《苗族习惯法研究》，贵州人民出版社 2006 年版。

[81] 贵州省编辑组：《苗族社会历史调查（三）》，贵州民族出版社 1987 年版。

[82] 《苗族风情录》，四川民族出版社 1983 年版。

[83] 黔东南州民委、文研室编：《苗族民间文学资料》第一集。

[84] 冯祖贻等：《侗族文化研究》，贵州人民出版社 1999 年版。

［85］张民：《榕江县三宝侗族婚姻调查》，载贵州省民族研究学会、贵州省民研究所主编《贵族民族调整》（之四），1986 年内部印刷。

［86］贵州侗学会编：《侗学研究》，贵州民族出版社 1998 年版。

［87］贵州省编辑组：《侗族社会历史调查》，贵州民族出版社 1988 年版。

［88］全国政协暨湖南、贵州、广西、湖北政协文史资料委员会：《侗族百年实录》，中国文献出版社 2000 年版。

［89］徐祖祥：《瑶族文化史》，云南民族出版社 2001 年版。

［90］周素莲：《瑶乡风情》，贵州民族出版社 2002 年版。

［91］杨知勇、秦家华、李子贤编：《云南少数民族生葬志·白族》，云南民族出版社 1988 年版。

［92］李扎行主编：《拉祜族民间舞蹈》，云南民族出版社 1993 年版。

［93］刘之侠、石国义：《水族文化研究》，贵州人民出版社 1999 年版。

［94］玉石阶：《壮族民间宗教文化》，民族出版社 2004 年版。

［95］陈天俊等：《仡佬族文化研究》，贵州人民出版社 1999 年版。

［96］李汝明主编：《丽江纳西族自治县志》，云南人民出版社 2001 年版。

［97］陈长平、陈胜利：《中国少数民族生育文化·土家族》，中国人口出版社 2004 年版。

［98］曹成章：《傣族村社文化研究》，中央民族大学出版社 2006 年版。

［99］《滇粹·云南世守黔宁王沐英传附后嗣十四世略》。

［100］《万历会典》第 19 卷。

［101］《圣祖仁皇帝实录》第 27 卷。

［102］《世宗宪皇帝实录》第 67 卷。

［103］佚名：《平南传》，王勺、陈德远点校，贵州省历史文献研究会，2005 年内部印刷。

［104］《清道光·李班氏族谱》。

［105］《光绪顺宁府志》卷十一《食货志·户口》。

［106］贺长龄：《耐庵奏议存稿》卷五《覆奏汉苗土司各情形折》。

［107］《道光钦州志·延厘堂集·奏疏卷上·奏陈地方情形疏》。

［108］《黔南识略·黔南职方纪略》，杜文铎、吴慧媛、周载章、徐宏慧点校，贵州人民出版社 1999 年版。

［109］丁宝桢：《丁文诚公奏稿》，何萍、陈琳等标点，郝向玲、朱国梅校对，贵州省文史馆等 2000 年内部印刷。

[110] 汉元方：《清禁棚民开山阻水以杜后患疏》，《道咸同光奏议》第29卷。

[111] 杨廷烈：《同治·房县志》卷四《赋役》。

[112] 《明会典》卷六十九《庶人纳妇》。

[113] 杨立新点校：《大清民律草案》，《民国民律草案》，吉林人民出版社2002年版。

[114] 光绪官修《大清会典事例》卷三六九，京师官书局光绪二十五年版。

[115] 《黔南职方纪略卷二》。

[116] 贵州省地方志编纂委员会：《贵州省志·地理志》，贵州人民出版社1988年版。

[117] （民国）《贵州通志·前事志》。

[118] 贵州省地方志编纂委员会：《贵州省志·文物志》，贵州人民出版社2003年版。

[119] 黔东南州地方志编纂委员会：《黔东南州志·地理志》，贵州人民出版社1990年版。

[120] 爱必达、罗绕典：《黔南识略·黔南职方纪略》，贵州人民出版社1992年版。

[121] 杨宪邦：《对中国传统文化的在评价》，载《传统文化与现代化》，中国人民大学出版社1987年版。

[122] 张岱年：《文化体用简析》，载《文化与哲学》，教育科学出版社1988年版。

[123] 余飘：《关于人口文化概念的辨析》，载中国人口文化促进会编《人口文化论》，大象出版社1996年版。

[124] 余飘：《论开拓人口文化与增强综合国力》，载人口文化论集编辑委员会《人口文化论集》，中国人口出版社1999年版。

[125] 李建新：《对人口文化的理论内涵和人口文化学体系的理解与讨论》，载人口文化论集编辑委员会《人口文化论集》，中国人口出版社1999年版。

[126] 曹景椿：《试论计划生育与人口文化》，载人口文化论集编委会《人口文化论集》，中国人口出版社1999年版。

[127] 路遇：《论人口文化》，载人口文化论集编辑委员会《人口文化论

集》，中国人口出版社 1999 年版。

[128] 田雪原：《关于人口文化》，载中国人口文化促进会编《人口文化论》，大象出版社 1996 年版。

[129] 杨魁孚：《关于有中国特色社会主义人口文化的粗浅思考》，载中国人口文化促进会编《人口文化论》，大象出版社 1996 年版。

[130] 王崧兴：《中国的家制度与现代化》，载乔健主编《中国家庭及其变迁》，香港中文大学出版社 1991 年版。

[131] 杜若甫、肖春杰：《用 38 基因座的基因频率计算中国人群间遗传距离》，《中国科学》（C 辑）1998 年第 28 卷第 1 期。

[132] 邢启顺、麻勇斌：《黔东北苗族传统文化约束力在森林管理中的嬗变》，载何丕坤等《乡土知识的实践与发掘》，云南民族出版社 2004 年版。

[133] 吴正彪：《乡土知识中的"自然中心主义"：岜沙苗族的生态伦理观》，载孙振玉主编《人类生存与生态环境》，黑龙江人民出版社 2005 年版。

[134] 何耀华：《关于促进山区民族经济开发与社会进步问题》，载何耀华主编《山区民族经济开发与社会进步》，学林出版社 1994 年版。

[135] 赵旭东：《乡土社会的"正义观"——一个初步的理论分析》，载王铭铭、王斯福主编《乡土社会的秩序、公正与权威》，中国政法大学出版社 1997 年版。

[136] 杨军昌：《贵州民族自治地区的人口与可持续发展问题研究》，贵州人民出版社 2003 年版。

[137] 李灿光：《云南省农村人力资源研究》，载四川统计局编《西南人口问题实证研究》2007 年版。

[138] 杨学政：《达巴教和东巴教比较研究》，载《宗教论稿》，云南人民出版社 1988 年版。

[139] 贵州省 2004 年人口理论课题：《贵州省实施"关爱女孩行动"的调查分析》（验收本），2005 年。

[140] 杨军昌：《西南民族地区出生人口性别比失调问题研究》，民族出版社 2010 年版。

[141] 方李莉：《费孝通晚年思想录——文化的传统与创造》，岳麓书社 2005 年版。

[142] 中国现代化战略研究课题组：《中国科学院中国现代化研究中心》，《中国现代化报告 2006——社会现代化研究》，北京大学出版社 2006 年版。
[143] 王怀超：《坚持和发展中国特色社会主义——深入学习贯彻党的十八大精神》，中共中央党校出版社 2012 年版。
[144] 张世明：《清代边疆开发不平衡性：一个从人口学角度的考察》，《清史研究》1998 年第 2 期。
[145] 中共中央宣传部、中共中央文献研究室：《论文化建设——重要论述摘编》，学习出版社、中央文献出版社 2012 年版。
[146] 杨昳、李克建、肖琼：《中国西南少数民族文化要略》，四川人民出版社 2011 年版。
[147] 何光渝、何昕：《原初智慧的年轮——西南少数民族原始宗教信仰与神话的文化阐释》，贵州人民出版社 2010 年版。
[148] 郎玉平、刘毅等：《西南少数民族民俗风情要略》，四川人民出版社 2011 年版。
[149] 胡锦涛：《高举中国特色社会主义伟大旗帜，为夺取全面建设小康社会新胜利而奋斗》，2007 年 10 月 15 日。
[150] 李光耀：《文化是中国最大的发展力量》，《企业家天地》，2007 年。
[151] 周琳琳：《山东省人口现代化浅析》，中国论文下载中心，2006 年 2 月 14 日。
[152] 宋兆麟：《生育巫术对艺术的点染》，《文博》1990 年第 4 期。
[153] 木丽春：《论纳西族生殖崇拜》，《云南社会科学》2004 年第 6 期。
[154] 李子泉：《傣族石崇拜及其传统与艺术表现》，《民族调查研究》1988 年第 1 期。
[155] 张文：《教育人类学视野中的西南少数民族生殖崇拜》，《西南大学学报》（社会科学版）2007 年第 2 期。
[156] 顾建国：《苗族“芒蒿”的文化审美意识》，《民族艺术》1993 年第 2 期。
[157] 杨军昌：《侗寨占里长期实行计划生育的绩效与启示》，《中国人口科学》2001 年第 4 期。
[158] 华热·才加让：《藏传佛教寺院教育的特点及现代性启示》，《青海

师范大学学报》（社会科学版）2005 年第 3 期。

[159] 安永新：《封建教育制度在贵州的形成和发展》，《贵州文史丛刊》1998 年第 4 期。

[160] 陈业强：《广西书院研究》，《广西地方志》2004 年第 2 期。

[161] 涂途：《"人口文化"面面观》，《陕西师范大学学报》（社会科学版）2005 年第 5 期。

[162] 傅安辉：《西南民族地区放蛊传说透视》，《黔东南民族师范高等专科学校学报》2005 年第 2 期。

[163] 杨子慧：《农村"人口文化大院"建设调查报告》，《江西行政学院学报》2006 年第 1 期。

[164] 蒋立松：《经济文化类型：西南地区民族关系的物质基础》，《西南民族大学学报》（人文社科版）2005 年第 5 期。

[165] 蓝勇：《清代四川土著与移民的地理分布特征研究》，《中国历史地理论丛》1995 年第 2 期。

[166] 苍铭：《西南边疆历史上人口迁移特点及成因分析》，《中央民族大学学报》（社会科学版）2002 年第 5 期。

[167] 汪润元、勾利军：《清代长江流域人口运动与生态环境的恶化》，《上海社科院学术季刊》1994 年第 4 期。

[168] 杨军昌：《贵州农村特困人口移民搬迁及扶贫开发》，《人口与经济》2003 年第 4 期。

[169] 王明东：《独龙族的生态文化与可持续发展》，《云南民族学院学报》2001 年第 3 期。

[170] 任永堂：《生态文化——现代文化的最佳模式》，《求是学刊》1995 年第 2 期。

[171] 袁国友：《中国少数民族生态文化的创新、转换与发展》，《云南社会科学》2001 年第 1 期。

[172] 张继禹：《道教对生态保护的启迪》，《中国宗教》1999 年第 2 期。

[173] 廖文新、王桂泉、徐海峰等：《兴起社会主义文化建设新高潮的机遇和挑战》，《党政干部学刊》2008 年第 8 期。

[174] 马军：《论彝族文化习俗中的生态经济观》，《生态经济》2001 年第 8 期。

[175] 降边嘉措：《藏族传统文化与青藏高原的生态环境保护——关于西

部大开发一些问题的思考》，《西北民族研究》2002 年第 2 期。

[176] 杨宗亮：《云南壮族的自然崇拜及其对生态保护的意义》，《云南民族大学学报》（哲学社会科学版）2005 年第 2 期。

[177] 王世杰：《喀斯特石漠化——中国西南最严重的生态地质环境问题》，《矿物岩石地球化学通报》2003 年第 2 期。

[178] 毛坤瑜、唐沿诚：《中国西部地区生态环境面临的问题及对策》，《中国西部科技》2003 年第 2 期。

[179] 王克勤、赵瑾：《西南地区经济可持续发展的支撑点——生态环境的保护和重建》，《国土与自然资源研究》2001 年第 1 期。

[180] 李阳兵、王世杰、容丽：《西南岩溶山区生态危机与反贫困的可持续发展文化反思》，《地理学》2004 年第 12 期。

[181] 袁国友：《中国少数民族生态文化的创新、转换与发展》，《云南社会科学》2007 年第 1 期。

[182] 吴应辉：《基诺乡生态保护与农民利益调查》，《云南社会科学》1999 年增刊。

[183] 翁家烈：《清代贵州民族关系的变化》，《贵州文史丛刊》1989 年第 1 期。

[184] 杨风、李继红：《四川人口现代化发展路径研究》，《西南民族大学学报》（人文社科版）2008 年第 7 期。

[185] 王朝科：《民族人口现代化初探》，《西藏大学学报》2003 年第 6 期。

[186] 王翠绒、易想和：《论人口现代化与全面建设小康社会》，《广东社会科学》2003 年第 5 期。

[187] 张果、黄强：《四川人口现代化与经济现代化关系研究》，《云南地理环境研究》2007 年第 5 期。

[188] 万俊人：《"现代性"与"中国知识"》，《学术月刊》2001 年第 3 期。

[189] 董学荣、罗维萍：《"直接过渡"与基诺族的文化变迁》，《贵州民族研究》2008 年第 4 期。

[190] 费孝通：《反思·对话·文化自觉》，《北京大学学报》1997 年第 3 期。

[191] 罗文青：《和平交往：广西边境地区跨国婚姻问题探讨》，《广西师

范大学学报》（哲学版）2006 年第 1 期。

［192］丁杰、武继磊：《我国区域残疾现患率与人类发展指数相关性研究》，《人口与发展》2008 年第 5 期。

［193］张敏才：《建设和谐人口文化为统筹解决人口问题服务》，《人口研究》2008 年第 1 期。

［194］丹增：《文化力与文化生产力：文化经济发展的立足点》，《创造》2007 年第 5 期。

［195］李军：《以超常规举措，加强宣传人才队伍建设》，《当代贵州》2006 年第 2 期。

［196］蒋颖、吴斌：《四川文化产业人才队伍建设调查与思考》，《新闻界》2006 年第 4 期。

［197］晏友琼：《加强云南文化人才队伍建设的实践与探索》，《学术研究》2006 年第 12 期。

［198］张汝伦：《文化研究三议》，《复旦大学学报》1986 年第 3 期。

［199］杨甫旺：《彝族石崇拜与生殖文化探讨》，《民族艺术研究》1997 年第 8 期。

［200］王夫棠：《在全国婚育新风进万家活动汇报会的发言》，《人口文化》2000 年第 2 期。

［201］黔东南州人口计生委：《强化综合治理出生人口性别比》，《推进社会主义和谐社会建设》2006 年 4 月 29 日。

［202］刘郁：《巫术心理治疗的意义场域同构——以侗族、彝族的巫术为个案》，《人口·社会·法制研究》，知识产权出版社 2005 年。

［203］《十六大报告辅导读本》，人民出版社 2002 年版。

［204］《西南六省区市经济协调会议第 20 次会议纪要》，2005 年 8 月 15 日通过，http：//www. 34Law. com，2009 年 1 月 28 日。

［205］联合国教科文组织：《文化政策促进发展行动计划》，http：//news. sina. com. cn/，2004 年 10 月 12 日。

［206］江时强：《当代生活报》2008 年 8 月 24 日。

［207］詹姆斯·格兰特：《致医生的一封信》，《健康报》1994 年 7 月 31 日。

［208］何海宁：《贵州牌坊村：282 条光棍汉的心灵史》，《南方周末》2007 年 8 月 16 日。

[209] 文新宇：《苗族婚姻礼俗及其与婚姻法的冲突——贵州省黔东南州雷山县上朗德村苗族婚姻状况调查》，中国西部经济法律网，2004年3月30日。

[210] 冯骥才：《生态文化是人类文明的核心内容》，http：//www. cflac. org. cn，2008年11月25日。

[211] 黄岗：《婴儿高死亡率调查》，《民政知识》，http：//www. jiaoyou8. com。

[212] 《2005年重庆市人口状况简析》，重庆人口网，2006年6月22日。

[213] 周重要、王研：《务实、科学出效益——云南省财政厅扶贫工作纪实》，http：//www. xinhua net. com。

[214] 《广西出生人口男女比例失调20年后2成男子成光棍》，中安网，2004年12月18日。

[215] 《人口性别比失衡——调查显示广西男性失婚现象凸显》，中安网，2005年5月24日。

[216] 刘志群：《门巴族生殖崇拜及其祭祀习俗》，info. tibet. cn，2008年11月25日。

[217] G. P. Murdock, *Social Structure*, New York：The Free Press, 1949 (1965).

[218] Kim, Doo-Sub, "Missing Girls in South Korea：Trends, Levels and Regional Variations". *Population*, 2004. 59 (6).

[219] Kim, Doo-Sub, *Changing Trends and Regional Differentials in Sex Ratio at Birth in Korea：Revisited and Revised*, *Gender Discriminations Among Young Children in Asia*, India：French Institut of Pondicherry, 2005.

[220] Teitelbaum M. S. , "Factors Associated with the Sex Ratio in Human Populations" In：Harrison, G, A. amd Boyce, A. J. eds, *The Structure of Human Populations*, London Oxford University Press, 1972.

[221] Parazzini F. , La Vecchia C. , and Levi F. , and Franceschi S. , "Trends in Male：Female Ratio Among Newborn Infants in 29 Countries from Five Continents", *Human Reproduction*, 13 (5), 1998 May.

[222] Mizuno R. , "The Male/Female Ratio of Fetal Deaths and Births in Japan", *The Lancet*, 2000 Aug. , 26, 356 (9231).

后　记

本书的主题，从 2004 年的贵州省"关爱女孩行动"项目研究开始，萦绕于心已有十个年头。其间，由于《西南民族地区出生人口性别比研究》《西南山地人口资源环境问题研究》等国家、省社科规划项目需要研究、结题所扰，一度影响了研究的进行，但却为主题研究做了较为丰富的资料与理论积累。辗转起伏，如今终于搁笔了却了心愿，尽管诚惶诚恐。

从人口文化的视野研究西南民族人口问题，对笔者来说是一个严峻的挑战与压力，只能循序渐进而图之。为此，在 2005 年贵州省高校基地课题"贵州民族人口文化研究"成果（该成果 2013 年 12 月由知识产权出版时，书名为《传统与跨越：贵州民族人口文化研究》）的基础上，笔者于 2006 年以"西南民族人口文化研究"为选题申报了省教育厅重点项目并获准立项。至于这一选题的因由和研究的设想，因在书中已有交代而不再述，但其却像一股持续的推力激劝着我在这一选题研究上连续多年劳碌着，尤其在 2006 年于兰州大学师从王希隆先生攻读民族社会学博士学位时以之为博士论文开题后，便集中精力在该领域开展了系列调查研究工作。2009 年 6 月顺利通过答辩的博士论文即为 2010 年以同名选题申报国家社科项目并获准立项积累了较好的前期成果，也为 2013 年顺利结项并获"良好"等次铺就了道路。恩师希隆先生为中国民族学会、中国民族史学会副会长，国家级教学名师，学识渊博，治学严谨，著述等身，德才双馨。在《西南民族人口文化研究》博士论文写作期间，先生始终给予着无私的帮助、指导和关怀。师恩难忘，不尽言表。

在《西南民族人口文化研究》国家社科基金课题立项后的 3 年时间里，笔者与课题组成员申茂平、刘金华、李智环、杨沛艳等为此在西南的田野东奔西忙，夙夜忧思，既有若干失落，也有不少收获，其间先后有二十余篇论文和研究报告在学术期刊公开发表。成果如期结题后，2014 年

11 月虽被国家社科规划办选入《国家社科基金项目成果选介汇编（第十辑）》作为重点宣传和推荐的基础研究项目成果之一，但笔者深知，全书的体系、分析、研究和言说，无论如何也是粗浅的、片面的、滞涩的，与高质量著述相比尚有很大的差距。

特别要强调的，一是我指导的硕士研究生不少以我的贵州省、西南地区民族人口文化课题为硕士论文选题依据，如李智环的《贵州农村生育现状实证分析》、张敏的《贵州少数民族地区人口生态文化研究》、张幸福的《西南民族地区出生性别比失调治理相关法律法规研究》、杨旭的《西南少数民族人口制度文化研究》、颜丰的《贵州民族人口法律文化研究》等，他们的硕士论文及其相关研究成果为本书的写作提供了不少可资的素材，是本书成稿的坚实基础；二是课题研究过程中得到了西南各省区不少理论与实务工作者的指导与支持，同时在研究中吸收、借鉴了不少前贤、俊学的相关研究成果和图片资料，有的因篇幅或信息所限未曾一一注明，在此深表感激也诚望海涵。可以说，呈现于读者手上的这份成果凝聚了许多人的心血、智慧与艰辛劳动，在此，实难以一个"谢"字了得。

西南民族人口文化积淀久远，内涵丰富，形式多姿，表现复杂，作用多元，其尚有很多方面有待进一步调查、分析和研究，笔者在此仅是做了初步的铺垫性工作，期盼有更多的有识之士和专家学者参与到该领域的研究中来，更真诚地希望我们的研究得到识者、读者们的批评指正，不吝赐教！

杨军昌

2014 年 12 月于贵阳花溪榕筑